KB079179

역사 속의 성리학

성리총서 15

역사 속의 성리학
Neo-Confucianism in History

지은이 피터 볼(Peter K. Bol)
옮긴이 김영민
펴낸이 오정혜
펴낸곳 예문서원

편 집 김병훈
인 쇄 주) 상지사 P&B
제 책 주) 상지사 P&B

초판 1쇄 2010년 10월 30일
초판 4쇄 2021년 2월 26일

주 소 서울시 성북구 안암로9길 13, 4층
출판등록 1993. 1. 7 제6-0130호
전화번호 925-5913~4 / 팩시밀리 929-2285
Homepage http://www.yemoon.com
E-mail yemoonsw@empas.com

ISBN 978-89-7646-262-6 93150

YEMOONSEOWON #4 Gun-yang B.D. 41-10 Anamdong 4-Ga, Seongbuk-Gu Seoul KOREA 136-074
Tel) 02-925-5914, 02-929-2284 Fax) 02-929-2285

값 28,000원

성리총서 15

역사 속의 성리학

Peter K. Bol 지음 / 김영민 옮김

예문서원

"Kees Bol, Margaret Bol, Satomi Matsumura, Christopher Bol에게"

감사의 말

이 책은 송나라－원나라－명나라 변천에 대한 1997년 미국학술원(ACLS : American Council of Learned Societies) 학술회의를 위한 논문을 쓰면서 처음 구상되었다. 그 논문은 폴 스미스(Paul Jakov Smith)와 리차드 폰 글란(Richard von Glahn)이 편집한 『중국사 속의 송・원・명 이행기』(*The Song・Yuan・Ming Transition in Chinese History*; Cambridge : Harvard University Asia Center, 2003)에 「신유학과 지역사회 : 12세기에서 16세기까지」("Neo-Confucianism and Local Society, Twelfth to Sixteenth Century")라는 제목으로 실렸다. 그 논문에 담긴 주장의 일부는, 그 초기 형태가 『중국사학中國史學』(*Chinese History*) 6(1997), 1－22에 실린 「신유학과 중국사」("Neo-Confucianism and Chinese History") 및 『중국문철연구통신中國文哲研究通訊』 9(1999), 89~103쪽에 실린 「12~16세기의 문화, 사회 및 리학」(「十二至十六世紀的文化, 社會及理學」)이라는 글에 나와 있다.

이 책에 실린 글들은 1999년 봄 대만 중앙연구원中央研究院(Academia Sinica)의 중국문철연구소中國文哲研究所(the Institute of Chinese Literature and Philosophy)에 특별초빙학자(Specially Invited Visiting Scholar)로 참가했을 때, 2000년 봄 버클리 대학 동아시아 언어문화과의 톰킨스 강좌(the Tompkins Lectures), 2000년 봄 대만 중앙연구원 역사언어연구소歷史言語研究所(the Institute of History and Philology)의 신역사(the New History) 강좌, 2000년 봄 홍콩 중문대학의 역사학

과 강좌, 2005년 봄 미시간 대학의 탕쥔이 강좌(the Tang Junyi Lectures), 2006년 가을 하버드 중국 인문학 시리즈(the Harvard China Humanities), 콜롬비아 대학의 신유학 관련 각종 모임 등, 여러 토론장에서 발표되었던 글들이다. 그때 함께했던 이들에게 감사한다. 이 책의 원고를 읽고 논평해 준 주핑쯔(Chu Ping-tsu), 김영민, 옹창웨이(Ong Chang Woei)에게 특별히 감사한다. 주핑쯔, 김영민, 옹창웨이의 박사논문, 그 밖에 천원이(Chen Wenyi), 힐다 드 비르트(Hilde De Weerdt), 피터 디트만슨(Peter Ditmanson), 로버트 포스터(Robert Foster), 앤 게리트슨(Ann Gerritsen), 민병희, 더글러스 스코니키(Douglas Skonicki), 송재윤, 퀴리 비락(Curie Virag)의 박사논문은 내가 신유학에 대해 사유하는 데 공헌하였다. 또 로버트 하임스(Rober Hymes)와 익명의 독자가 해 준 논평도 원고를 수정하는 데 귀중한 도움이 되었다.

예외적이라고 할 만큼 뛰어난 동료들과 학생들이 모인 학과에서 일할 수 있었던 것은 내게 큰 행운이었다. 여러 해에 걸쳐 그들은 중국과 중국의 역사에 대한 나의 사유를 넓혀 주었다. 나는 여느 사람이 기대할 수 있는 것 이상으로 뛰어난 선생님들로부터 배우는 혜택 또한 누렸다. 미국을 넘어 보다 큰 세계에 대해 생각하게끔 해 준 버지니아 짐머만(Virginia P. Zimmerman), 역사 연구가 얼마나 흥미로울 수 있는지를 보여 준 헨리 드류리(Henry N.

Drewry), 사서오경을 진지하게 다루는 그 자신의 방법을 보여 준 아이신 기오로(Aisin Gioro Yü-yün), 중국의 지적 전통을 중국 역사의 일부로서 연구하게끔 인도해 준 윌라드 피터슨(Willard J. Peterson), 이들 선생님에게 감사한다.

피터 볼(Peter K. Bol)

역자의 말

I.

이 책은 하버드대학의 중국사상사 담당교수인 피터 볼(Peter K. Bol)이 2008년 하버드대학 아시아센터를 통해 출간한 *Neo-Confucianism in History*의 번역이다. 필자가 언급하고 있듯이, 이 책은 원래 일종의 입문서로서 고려된 것이었으나 통상의 입문서에서 기대할 수 있는 것보다 많은 전문적 내용을 담고 있다. 그리고 기존 신유학(Neo-Confucianism, 성리학) 연구서와 명백히 구별되는 관점을 천명하고 있다.

기존 신유학 연구서들과 구별되는 이 책의 특징은, 저자의 표현을 빌리자면, 신유학 철학사가 아니라 "신유학자들과 세계와의 교섭"을 탐구한 데 있다. 그러한 특징은 영어권의 신유학 연구사의 다음과 같은 흐름 속에서 이해될 수 있다. 신유학에 대한 현대적 연구가 시작된 초기에는 신유학이 일종의 정치이데올로기에 불과한 것으로 처리되는 경향이 있었다. 그에 대한 반동으로, 신유학이 가진 인문학적 · 철학적 함의를 밝히는 데 주목하는 학자들이 나타났다. 예컨대, 시오도르 드 배리(William Theodore de Bary), 윙칫찬(Wing-tsit Chan), 뚜 웨이밍(Tu Weiming) 등의 학자들이 넓게 보아 그러한 연구의 흐름에 속한다고 할 수 있다. 1980년대에 접어든 이후, 일련의 학자들이 신유학에 대한 기존 연구를 소위 지성사(intellectual history)적 연구태도로서 극복하고자 하였다. 피터 볼은 그 중 대표적인 학자라고 할 수 있다. 이들은 신유학의 철학적 내용을 진지하게 검토한다는 점에서 신유학을 일종의 정치이데올로기로 치부하는 이들과는 구별된다. 동시에, 그 철학적 내용이, 그 철학이 베풀어진 세계와의 상호작용 속에서 이해되어야 한다고 본다는 점에서 신유학의 철학적 연구에만 집중하는 학자들과도 구별된다.

자신이 취하는 연구태도와 선행하는 연구경향과의 차이를 잘 의식하고 있는 피터 볼은 "나는…… 인간은 본성상 모두 신유학자라고 생각하는 사람들과, 신유학의 철학은 유아론적 헛소리(solipsistic drivel)라고 생각하는 사람들 사이의 중간에 놓여 있다"라고 말한다. 인간은 본성상 모두 신유학자라고 믿는 사람들은, 신유학을 수용하지 않는 사람들이 이해할 수 있는 언어로 신유학을 해석하려고 하지 않을 가능성이 높다. 그들은 신유학자의 세계관과 개념에서 벗어날 필요를 느끼지 않거나 벗어날 능력이 없기 때문이다. 다른 한편, 신유학의 철학을 알아듣기 어려운 헛소리쯤으로 여기는 사람들은, 신유학의 사상적 내용을 연구가치가 없는 것으로 치부할 것이다. 현대의 동아시아를 사는 우리에게 신유학의 사상적 자원은, 무시할 수 없는 정체성의 일부인 동시에 이미 상당 부분 타자화된 대상으로 존재하고 있다. 그렇다면 우리에게 필요한 것은, 신유학의 사상과 실천이 진지한 연구의 대상임을 인정하되 그 내용을 보다 넓은 맥락 속에서 재음미하고자 하는 태도일 것이다.

여기서 말하는 보다 넓은 맥락이란 적어도 두 가지가 있을 수 있다. 첫째, 신유학의 사상과 실천이 처해 있는 역사적 맥락을 재구성하여, 그와 같은 역사적 맥락 속에서 신유학을 음미해 보는 일. 그와 같은 작업이 성공적일 경우, '유아론적 헛소리'처럼 들리던 신유학의 사상이 당대의 정치 · 사회 · 경제적 현실과 맞물려 긴박하게 개진된 입장이었음이 드러날 것이다. 둘째, 서양을 비롯한 다른 문화권의 사상과 비교의 차원에서 신유학의 입장을 음미해 보는 일. 이와 같은 작업이 성공적일 경우, 신유학의 사상세계는 자기충족적(self-sufficient)인 것에 그치지 않고 오늘날 우리의 고려와 선택을 위해 경쟁 중인 여러 지적인 입장 중의 하나로서 자리매김하게 될 것이다. 이 책의 저자인 피터 볼은 전자의 맥락을 철저히 추구해 나가는 학자라고 해도 틀리지 않을 것이다. 원서의 제목이 담고 있는 'in history'라는 표현은, 그간 신유학에 대한 연구가 탈역사적이었다는 비판을 함축하고 있으며, 보다 나은 연구는 신유학이 처해 있던 역사적 맥락을 고려할 때 가능함을 암시하고 있다. 위와 같은 연구태도가 한국에서의 동아시아사상사 연구에 일조할 수 있으리라는 생각에서 본 역자는 이 책을 번역하였다.

Ⅱ.

2009년 7월 7일과 8일, 하버드대학에서는 'Ideas, Networks, Places : Rethinking Chinese History of the Middle Period'라는 이름의 학술대회가 열렸다. 이것은 피터 볼 교수의 회갑을 기념하기 위하여 미국, 캐나다, 중국, 한국, 대만, 영국 등 전 세계에 흩어져 있는 그의 제자들이 모여서 개최한 학술대회였다. 본 역자를 비롯한 그의 제자들은, 선생에게 알리지 않고 이 학술대회를 준비한 뒤에 선생을 느닷없이 현장으로 초청하였다. 먼 길을 마다하지 않고 모인 제자들에 대한 선생의 감사와 놀라움 속에서 논문의 발표가 진행되었다. 논문발표 뒤에 이어진 친교의 자리에서, 그의 제자들은 자신들의 선생이 너무나 헌신적인 스승이었음을 감사하는 동시에 지나치리만큼 무서운 스승이었다고 꼬집었다. 이에 대한 선생의 반응은, "I am more than aware of it"(나는 너무나도 그 사실을 잘 알고 있다)라는 것이었다.

그처럼 엄격하고 무서웠던 선생의 태도는 학생들에게 고통을 가중시키는 것이었으나, 그로 인해 학생들이 한 걸음 더 나아갈 수 있었음을 인정할 수밖에 없다. 본 역자가 이 책을 번역한 것은 위에서 언급한 바의 학술적 이유 이외에도 그와 같은 가르침을 베풀어 준 선생에 대한 작은 감사의 표시이기도 하다. 졸역이 그 감사의 뜻을 해치지 않기를 바랄 뿐이다.

III.

이 번역에 적용된 몇 가지 기술적인 사항을 다음과 같다.

첫째, 원서의 제목을 직역한다면 '역사 속의 신유학' 정도로 번역할 수 있을 것이다. 그러나 번역본의 제목으로는 '신유학' 대신 '성리학'이라는 표현을 채택하였다. 본문에 나와 있듯, 저자는 Neo-Confucianism을 성리학과 동일시하고 있는 반면, 한국에서의 용례에서는 대체로 신유학과 성리학은 동일시되지 않기 때문이다. 한국의 용례에서는 신유학은 대체로 현대에서의 일련의 유학재해석 흐름을 지칭한다. 다만, 본문에서는 저자의 의도를 살린다는 차원에서 시종일관 Neo-Confucianism을 '성리학'이 아닌 '신유학'으로 번역하였다. 왜 본문에서는 Neo-Confucianism의 번역어로서 성리학보다 신유학이 더 적절한가에 대해서는 제3장의 서두를 참고할 수 있다.

둘째, 원문의 문장구조를 그대로 유지할 경우 독자에게 의미가 전달되지 않는다고 판단되는 경우, 문장구조를 해체하거나 다소 의역하기도 하였다. 마찬가지 이유에서 독자의 이해를 돕기 위해 괄호 안에 역자가 단어를 첨가하기도 하였다. 번역 대상인 원서가 고전이 아닌 연구서인 이상, 일정 정도의 의역은 허용될 수 있다고 보았다.

셋째, 본문에 나와 있는 인용문의 한문 원문은 영어 원서에 기록되어 있지 않은데, 중국어 번역본 등의 도움을 받아 수록하고자 하였다. 해당 인용문의 번역은 한문 원문을 참고하되 이 책이 영어 원서의 번역인 만큼 일차적으로는 영역된 내용을 반영하고자 하였다.

넷째, 저자가 특별히 주의를 기울이고 있는 용어들—예컨대 사士, 문文, 학學, 리理, 도道, 기氣 등—은 별도의 번역을 하지 않고 용어 그대로 표기하였다. 영어 원서에서는 그와 같은 용어의 번역과 해석에 각별한 주의를 기울이고 있는데, 고심 끝에 리理를 coherence로, 사士를 literati로 번역하고 있는 것이 그 예이다. 독자들은 그러한 용어들이 책 전반에 걸쳐 어떻게 해석되고 있는지를 주목하면 저자의 의도에 더욱 가까이 접근할 수 있으리라 생각한다. 끝으로, 서지 사항을 타이프 해 준 조교 정연경 양, 그리고 편집 과정의 수고를 감당해 준 예문서원 여러분께 감사드린다.

2010년 8월 김영민 씀

차례 ‖ 역사 속의 성리학

서론: 역사 속의 신유학

우리가 중국 역사에 대해 이야기할 때 신유학(Neo-Confucianism)—11세기 도덕철학자들의 가르침에 기초한 사상의 학파이자 12세기에 형성된 엘리트 사회운동—이 차지하는 자리는 어디인가? 중국의 지적 전통(intellectual traditions)을 연구할 때, 고대 중국의 사상가와 텍스트를 위해서는 언제나 특별한 자리가 마련되어 왔다. 중국의 고대는 통치자들과 개인들을 인도할 사상(ideas)에 대해 사람들이 논의를 시작한 때였다. 중세에 무르익은 종교운동들—특히 불교—은 그들이 도입한 새로운 사고방식 그리고 그들이 만들어 낸 새로운 공동체 때문에 지속적으로 우리의 관심을 끌어 왔다. 근대중국사상의 경우는 전 지구적(global) 상황에서 어떠한 가치가 중국을 인도해야 하는가, 라는 긴급한 질문을 다루었다. 이에 반해, 신유학은 그러한 역사 흐름의 중간에 끼어 있다. 신유학도 일종의 유학(Confucianism)이기는 하다. 그런데 신유학자들은, 공자孔子와 맹자孟子가 참으로 말하고 싶었던 것을 자신들이 재발견하였다고 주장하였으며, 고대 텍스트의 해석을 통해 자신들의 발언을 하였다. 신유학계의 공자에 해당한다고 할 수 있는 주희朱熹는 무척 많은 저술을 남겼는데, 그는 독자들이 공자와 유교 경전들에 대해 이미 익히 배워 알고 있다고 가정하고 글을 썼다. 일부 현대 학자들은 신유학이 불교와 도교로부터 기본 개념들을 차용하여 전통윤리에 새로운 철학적 기초를 부여하였다고 주장하지만, 일세대 신유학자들은 자신들이야말로 불교와 도교를 불필요하게 만들었다고 생각했다. 신유학은 중국이라는 제국 역사의 후반부를 지배한 정통(orthodoxy)이었고, 바로 그러한 이유 때문에 근대적 국민국가(modern nation-state)를 창조하고자 했던 이들로부터 강한 비난을 받았다. 그리고 신유학 학설(doctrine)의 일차적 해석자가 되었던 근대 철학자들은 전 지구적 문맥 속에서 중국을 위한 지적·도덕적 기초를 발견해야 한다는 과제에 사로잡혔다. 게다가 신유학은 가르치기 쉽지 않다. 적어도 나의 동료들은 그와 같은 경험을 내게 털어놓았다. 신유학은 너무 난해하고, 너무 비의적(esoteric)이다, 라고 그들은 말했다. 신유학은 마치 중국 대학의 교실에서 중세 기독교를 배우고 익히는 일처럼, 이해하기가 용이하지 않은 사상이다.

신유학자들은 역사나 문학에 그다지 관심을 갖지 않았다. 신유학자들이 역사와 문학에 대해 갖는 관심이란, 자신의 도덕수양에 쓰일 수 있는 한도 내에서의 관심이었다. 그리고 역사가들이나 문학가들도 신유학에 많은 시간을 투자하려고 하지 않았다. 어떤 사람들은 그게 그럴 만도 하다고 말할 것이다. 신유학이란 지난 천 년 동안에 걸친 중국 제국의 사물의 질서에 대한 이데올로기적 정당화에 불과하다고 그들은 생각하니까……. 그들이 상상하는 중국 제국의 모습이란, 국가는 점점 독재로만 치닫고 지배층은 사회 속의 일들과 주변세계를 도외시하고 있으며, 전 사회가 그러한 국가와 지배층의 착취에 시달리고 있는 어떤 상태이다. 그러나 나는 그렇게 묘사하는 그 한마디 한마디에 모두 동의하지 않는다. 걱정스럽게도, 그런 식의 묘사야말로 여전히 '전근대' 혹은 '전통' 중국의 마지막 천 년을 요약해 버리는 방식이다. 그런 식의 요약을 일삼는 사람들은, 중국의 과거(civil service examination)제도가 얼마나 만연했는지를 지적하면서 자신들의 요약이 진정 역사적 근거를 가지고 있다고 주장할 것이다. 아닌 게 아니라, 11세기 이래로 과거제도는 모든 현縣(county) 단위의 학교까지 뻗어내려 갔고, 그 학교들에서 학생들은 신유학의 사서四書에 기초하여 글쓰기를 훈련했다. 그런데 그러한 일이 일어난 것은 사실 신유학의 철학이 처음 나타난 지 200년이 지나고 나서였다. 그렇게 오랜 시간이 지나고 나서인 1315년에 이르러, 그것도 중국인이 아니라 중국의 모든 것을 자신들의 제국에 합병해 버린 몽고 지배층에 의해서 이루어진 일이었던 것이다. 몽고족이 중국을 합병한 뒤 40년이 지나서의 일이었다.

이 모든 것이 신유학을 역사 속에 위치시켜 놓고서 그에 대해 생각해 보는 일을 어렵게 만들거나 혹은 덜 긴급하게 만든다. 신유학자들이 얼마나 많은 저술을 남겼으며—그들의 중요한 철학적 저술들이 많이 영어로 번역되어 왔다— 신유학자들이 살았던 시대와 장소에 대해 우리가 얼마나 많이 알 수 있는지를 생각하면 신유학에 대한 이러한 관심 부족은 한층 더 역설적이다. 상업적 출판이 점점 흔해져 가던 바로 그 시절에 신유학은 퍼지기 시작하였다. 그 당시 많은 현縣들이 하나둘 정도의 인쇄업자들을 가지고 있어서 더 많은 텍스트들이 유통되고 남겨질 수 있었다. 여러 집단들이 지방의 학교와 서원에 투자하여, 지식인들에게는 커리어를, 학생들에게는 모일 장소를 제공했다. 지방역사가 편찬되어 지방민들에게 자신들의 성취를 기록할 기회를 부여함으로써 이전 시기에는 불가능했던 구체적인 기록이 우리에게 전해지게 되었다. 사유재산이 증가하여 신유학자들은 자신들의 책을 출판하는 데 필요한 돈을 거두어들였고 사당(shrine)과 서원(academy)을 건설하고 자선활동단체를 조직할 수 있게 되었다. 그리하여 그들이 전국적으로 명성을 얻을 수 없을 때에는 지방에서 명성을 획득할 수 있었다. 그 결과 우리는, 신유학자들과 그들이 산 세계에 대해서 그 이전 시기의 지식인들에 대해 알 수 있는 것보다 더 많은 사실을 알 수 있다.

그러나, 신유학자들은 그들이 살던 세계에 어떻게 적응하고 있었으며, 또 어떠한 차이를 만들어 내었는가? 철학적 사고방식을 가진 이들이나 역사적 사고방식을 가진 이들은 공히 이러한 질문들을 깊이 있게 제기하지 않아 왔다. 그들은 각기 다른 이유 때문에 그러하였다. 철학적 사고방식을 가진 이들은 사회적 이해관계가 철학사상(philosophical ideas)을 설명할 수 있다는 것을 부인했는데, 이러한 부인은 나름 정당하다. 역사적 사고방식을 가진 이들은 이데올로기가 역사의 진행을 결정한다는 것을 의심했는데, 이러한 의심 역시 나름 정당하다. 나는 이 양자의 중간에 처해 있다. 인간은 본성상 모두 신유학자라고 생각하는 사람들과, 신유학의 철학은 유아론적 헛소리(solipsistic drivel)라고 생각하는 사람들의 사이에 나는 놓여 있다. 나는 신유학을 12세기에서 17세기까지의 사람들이 자신을 둘러싼 세계를 이해하는 방식, 그 세계에 어떻게 대응하는가에 대한 선택에 심오하게 영향을 준 운동(movement)이라고 본다. 그러한 이유로 나는 신유학은 지대한 역사적 중요성을 가지고 있다고 생각한다. 신유학을 당시의 문맥에서 바라보는 데 있어서 우리는 역사적 태도를 가져야만 한다. 동시에 신유학자들의 사상을 이해하는 데 있어서는 철학적일 필요가 있다. 그렇게 함으로써 과거의 중국에 존재한 철학과 역사의 연구에 중요한 전언을 전해 주기를 나는 희망한다.

요즘은 신유학과 역사 간의 관계를 생각해 볼 좋은 시기이다. 중국사에서의 중간시기(the middle period)에 대한 우리의 이해를 수정하게 해 준 많은 작업이 이루어졌다. 신유학이 처음으로 사회적·정치적 엘리트 사이에 뿌리를 내린 곳인 중국 남부지역에 대한 연구도 많이 축적되었으며, 신유학자들이 자신의 시대에 대하여 어떻게 발언했는지를 훨씬 용이하게 볼 수 있게 해 주는 더욱 흥미로운 이야기들도 나타났다. 그리고 지난 20년간 중국에서는 일시적인 학술적 관심 이상의 것일 수도 있을 정도로 신유학에 대한 폭발적인 관심이 일어났다. 왜냐하면, 신유학이 흥기할 무렵인 11세기 후반에 존재했던 정통(orthodoxy)의 입장에서는 국가가 사회적·경제적·문화적 삶을 변모시켜야만 인간의 조건이 개선될 수 있다고 주장했었고, 신유학은 바로 그러한 정통에 대항하여 대안을 찾고자 하는 몇 가지 노력의 하나로서 시작된 것이기 때문이다.

이 책은 11세기에서 17세기에 걸친, 송宋·원元·명明 시기에 이루어진 신유학과 사회적·정치적 엘리트로서의 사士(literati) 계급과의 교섭(engagement), 신유학과 지방사회와의 교섭, 신유학과 제국 국가와의 교섭에 대한 해석적인(interpretive), 때로는 논쟁적인(polemical) 탐구이다. 또한 이 책은 무엇이 이 시기를 그 이전 시기와 다르게 만들었는가에 대한 사색이며, 그에 관하여 사유할 때 우리가 제기해 볼 만한 질문들에 대해 곰곰 생각해 본 결과이다. 나는 이미 많은 나라 언어로 서술된 바 있는 신유학철학사보다는 신유학자들과 세계와의 교섭에 대하여 탐구하고자 시도하였다. 이 책의 내용을 저술함에 있어 나는 입문서가 필요하다는 사실을 고려하였다. 즉, 나는 중국사에 대한 관련 지식이나 신유학자들이 전제하고 있는 사상을 아직 알지 못하는 이들을 위해 책이 필요하다는 사실을 염두에 두었다. 이 때문에 때로는 설명들이 길어지곤 하였다. 중국사상을 공부하는 이들은 사상에 관련된 역사적 맥락이 재검토할 가치가 있다고 느끼게 되기를, 그리고 다른 한편으로 중국 역사를 연구하는 이들은 신유학자들과 그들의 사상이 생각해 볼 가치가 있다고 느끼게 되기를 나는 희망한다.

나는 8세기 중반에 그 권력의 정점에 이르렀던 저 위대한 당나라 제국과, 그보다는 작지만 결코 덜 야심적이지는 않았던 11세기의 송나라 사이의 많은 차이에 대한 설명으로부터 이 책을 시작한다. 사라져 버린 것들과 새로운 것들을 통틀어, 그 차이들은 제국의 국가와 그 속에서의 사士의 역할에 대한 이데올로기적 기초의 재검토를 위한 무대를 만든다. 그 재검토의 시도가 바로 제2장의 주제이다. 그 시도의 결과는 '신법新法'(the New Policies)이다. '신법'

은 사회를 변혁할 수 있는 통치제도를 창조하기 위한 집합적 노력이었다. 그 통치제도는 부를 증대시키고 교육을 확대하는 동시에 다른 한편으로 국가권력의 강화를 통해 사회를 변혁시키고자 하였다. 신유학자들의 역사는 제3장에서 개관하였다. 신유학자들은 신법에 반대하는 변두리 도덕사상가로서 자신의 여정을 시작하였다. 그들을 억압하고자 한 조정의 시도에도 불구하고 12세기 후반과 13세기에 이르러 신유학자들은 사士 집단의 많은 사람들에게 자신들의 비전을 공유하게끔 만들었다. 그 비전이 초래한 결과가 뒤의 네 장의 주제이다.

제4장은 도덕적 권위를 정치시스템으로부터 떼어내어 개인에게 향하도록 만들었다고 주장한다. 그와 같은 신유학의 정치관은, 자아(self)를 사회와 정치 영역에서의 도덕 근거로서 새롭게 정의하였다. 4장에서 논하는 변화의 기초가 되는 것은 바로 제5장에서 서술하는 학學(배움, learning)의 새로운 이론이다. 이 학의 이론은, 신유학 가르침의 실천과 신유학 텍스트의 학습을 통해 인간은 타고난 잠재성을 실현할 수 있음을 설명하고 있다. 그 잠재성이란 바로 사회에서 도덕적 행위자가 될 수 있는 잠재성이며, 그러한 잠재성은 인간이라면 누구나 자연계라는 보다 큰 유기적 세계 속의 생물의 하나로서 공히 가지고 있는 것이다. 신유학 저술의 많은 부분은 학의 이론에 대한 것이다. 가르치고 강의하는 행위—때로는 몇 만 명에 달하는 청중을 대상으로 하는—는 강학講學(discoursing on learning)이라는 이름으로 알려져 있다. 궁극적으로, 여기서 말하는 '학'이란 개인들로 하여금 어떤 상황에서든 시종일관 즉각적으로 도덕적인 행위를 하게 만들고자 하는 것이다. 그런데 제6장에서 주장하듯이, 도덕적으로 올바른 선택은 신유학의 도덕사상이 가진 다음과 같은 핵심적 믿음에 기초한 것이다. 바로 우주의 모든 사물은 그 근본적인 본성으로서 통일성(unity)과 조리일관성(coherence)을 가지고 있다는 믿음이다. 실제로, 제

국이 가지고 있다고 전제되었던 이상적 통일성은 내면화되어 개인의 도덕과 사회적 행동을 위한 기초가 되었다.

마지막 장은 다음과 같은 주장을 개진한다. 신유학자들이 자신들의 학을 지방사회에서 실천함에 따라 신유학은 새로운 사회적 이상을 창조하였다. 그 이상에 따르면, 지방사회는 국가의 후원을 받되 사의 자발적인 노력에 의해 운영된다. 이러한 윤리는 13~14세기 동안 남부지방에 널리 퍼졌다. 명나라 초기에는 신유학을 국가적으로 지원하고 전국에 걸쳐 자율적인 지방공동체를 창조하라고 명함으로써 그 극점에 달하였다. 그리고 이러한 법제화가 실패하기 시작하였을 때, 신유학은 다시금 사회적 소명을 가지게 되었다. 즉 지방의 활동주의(activism)와 사 집단의 자발주의(voluntarism)의 시대가 다시 한 번 도래한 것이다. 신유학은 17세기 들어 지성계의 중심적 위치를 잃어버리게 된 뒤에도 지방교육의 기초로서 지속되었다. 그리고 후기제국시기의 질서(the late imperial order)는 국가 자체의 존속에 필수적인 요소로서 지방엘리트의 리더십을 계속해서 수용하였다. 신유학이 그러한 질서를 가능하게 했다는 것이 이 책의 주장이다.

제1장 11세기의 신세계: 750년도와 1050년도의 비교

첫 세대 신유학자들은 11세기 후반에 등장했다. 당시는 격렬한 이데올로기적 논쟁의 시기였다. 많은 이들이 자신들이야말로 모든 이들이 공유할 수 있고 모든 이들의 선택을 인도할 수 있는 학學의 길을, 단 하나의 학의 길을 발견했다고 주장하였다. 신유학자들은 구체적인 사안에서는 다른 점이 있었지만—즉 그들은 대부분의 사람들보다 더욱더 많이 개인 윤리에 관심을 가졌다— 그들은 앎(knowledge), 의미(meaning), 행위(action)에 진정한 기초가 있어야만 한다고 생각한 당시의 믿음을 공유하였다. 11세기를 풍미한 확실성에 대한 추구는 지금이야말로 마침내 새로운 사물의 질서—그 이전에 존재한 제국의 왕조들인 한나라와 당나라의 사회보다 나은 사회—를 창조하는 것이 가능해졌다는 믿음에서 나온 것이었다. 동시에 그것은 자신들이 무엇을 해야 할지 잘 모르겠다는 정치엘리트들의 의심과 불확실성에 대한 반작용이기도 하였다. 희망에 차 있었건 두려움에 떨고 있었건, 11세기에 글을 쓰던 사람들은 이제 무엇인가 바뀌어 버렸고 현재는 과거와 다르다는 전제를 가지고 있었다. 현재가 과거와는 달라져 버렸으므로, 한나라(BC 202~AD 220)와 당나라(618~907)의 입헌적 사유(constitutional ideas)—정치, 문화, 부, 지위를 엮는 그들 나름의 방식—가 현재를 더 이상 인도할 수 없게 된 것이다. 한나라와 당나라라는 두 개의 가장 거대했던 제국이 해답을 줄 수 없다면, 현재 겪고 있는 불확실성에 대한 이유뿐 아니라 자신들을 인도할 새로운 지침 또한 찾아야 했던 것이다. 그러

면, 우리는 11세기 경 상황이 어떻게 변해 버렸는지에 대한 탐구로부터 시작하기로 하자.[1)]

…*…*…*…*…

세상이 얼마나 변해 버렸는지를 보기 위해서, 11세기의 한 사士—스스로를 공적인 삶에의 참여자라고 간주하는 교육받은 사람—를 상정하여 그가 자신의 시대와 당나라 전성기의 차이를 어떻게 정리할지 생각해 보자.

우선, 그는 '대송국大宋國'(Great State of Song)의 창건이 일종의 성공이라고 생각할 이유를 가지고 있었다. 후주後周의 어린 군주로부터 왕위를 찬탈한 조광윤趙匡胤(太祖 : 재위 960~976)은, 중원의 개봉開封에서 '대송국' 창건의 성공을 선언하였다. 원래 송나라는 907년에 당나라가 망한 이후 중원을 차지하고 있던 일련의 단명短命 국가 중 여섯 번째 나라에 불과하였다. 그러나 송나라는 그 여섯 나라 중에서 처음으로 당나라 이후에 남쪽에 세워진 독립국들을 제압하였고, 내부적인 찬탈로부터 스스로를 보호할 수 있었다. 통일제국에 대한 국내적 도전을 진압하고 나자, 송 태조와 그의 형제이자 후계자인 송 태종太宗(재위 976~997)은 국가 건설(state building)에 주력하였다. 국경을 정하고 독립적인 절도사節度使(military governor)들을 통제하고 행정관을 모집하고 징세를 정식화하고 군대를 정비하고 국가적 법률체계를 재건하는 일 등이 바로 그것이다.

1050년에 이르자 송나라의 제도적 성공은 분명해졌다. 이 세대의 사士 집

1) 세 개의 최근 연구가 당송변혁기 중국의 정치적, 경제적, 사회적, 문화적 생활의 변천에 대한 해석과 역사서술을 조망하고 있다. 일본 학계가 해당 학술논의의 토대 형성에 기여한 바를 토론한 글로는 von Glahn, "Imagining Pre-modern China"가 있다. 이 글은 송나라를 세계사적 시각 속에 위치시키고 있다. 그 밖에 Bol, 「唐宋變型的反思」를 참조할 수 있다. 역사적 변화를 개념화하는 데 따르는 주요 이슈들에 대한 중요한 논의로는 柳立言, 「何謂唐宋變革」 참조. 그 글의 내용 중에서 최근 중국 학계 동향을 논의한 부분은 특히 유용하다.

단은 더 이상 자신들을, 자신들이 '오대五代'라고 부르게 된 과거 시기와 비교하지 않았다. 대신 그들은 한나라와 당나라라는 과거의 거대한 두 제국에 주목하였다. 그 두 나라는 역사상 오직 두 번, 장기간에 걸쳐 남과 북의 많은 영역을 지배했던 사례였는데, 한나라는 먼 과거였지만 당나라는 그렇지 않았다. '사'는 『당률唐律』(*Tang's legal codes*)을 읽을 수 있었고, 당나라의 위대한 고전학자, 문인, 역사가, 그리고 박학한 사제(cleric)들의 저작을 읽을 수 있었다. 그리고 당나라의 역사를 송나라의 관점에서 읽을 수 있었다. 왜냐하면 1057년에 구양수歐陽脩와 송기宋祁(998~1061)가 당나라의 공식 역사를 보다 가독성 있는 문체와 그들 자신의 사유를 반영한 방식으로 새로 써냈기 때문이다. 오늘날 『신당서新唐書』라고 알려진 이 225장으로 된 작품은 정치사의 연대기를 담고 있을 뿐 아니라, 국가 활동의 모든 주 영역에 대한 논설을 담고 있다. 조정의 전례, 세금제도, 군대, 역법曆法, 과거시험과 인력충원체제(選擧), 제국도서관의 목록(藝文) 등이 그것이다. 각 차트는 당 왕조가 지속되던 동안의 조정의 재상들과 지방의 절도사 명단을 담고 있으며, 또 다음과 같은 분야에서 명성을 쌓은 이들의 전기를 150장에 걸쳐 담고 있다. 황가皇家의 구성원, 권력을 공유했던 문무백관, 정치적 청렴이나 충성, 개인적 도덕성, 행정의 전문성, 허위와 잔인함 등으로 유명했던 이들, 유학자들(경전의 공식 주석을 마련하고 거대한 규모의 문서를 수집하고, 역사를 편찬하거나 혹은 예식을 규정한 이들), 문인들, 모범적인 여성들, 환관들, 끝으로 당나라와 우호적이든 적대적이든 관계를 맺었던 많은 외국의 지도자들.

그러나 우리의 '사'가 당나라의 과거를 보다 면밀히 살펴보았을 때, 당나라의 실제 모습은 그 삼백 년 역사가 불러일으킬 수 있는 기대에 미치지 못하였다. 그는 당나라 멸망 이후에 당나라의 역사를 돌이켜보는 이의 입장에 있었다. 따라서 그는, 수도 및 각 지역을 약탈했던, 그리하여 당나라를 황폐화시켰던 870년대와 880년대의 반란에 대해 알고 있었다. 그 반란이 일어나기 이전에 이미 절도사들은 중앙의 징세를 거부하고 그들 자신의 후계자를 임명함으로써 당나라 조정의 지방에 대한 통제를 꾸준히 무력화시켰다. 가장 중요하게는, 그는 당나라의 힘이 정점에 달했던 755년에 일어난 안녹산의 난에 대하여 알고 있었을 것이다. 안녹산安祿山(703 경~755)은 북동쪽 국경에 있던 자신의 주둔지로부터 휩쓸고 내려와서 북서쪽에 있던 수도 장안을 탈취함으로써 황제가 도망가게끔 만들었다. 우리의 '사'는 750년대 중반 이래로 당나라는 쇠락했다고 결론짓거나, 혹은 그 이후 당나라 조정이 중앙의 권위를 회복하는 데 몇몇 순간적인 성공이 있었을 뿐이라고 강조할 수도 있을 것이다. 우리는 이 모든 일이 벌어지고 난 뒤인 먼 후세에 살고 있다. 그래서 우리는 그 반란들이야말로 당나라가 유지하고자 노력했던 권력-부-문화-지위의 통일된 위계질서가 무너지기 시작한 순간임을, 그리고 사물의 질서에 일련의 근본적인 변화가 그 당시에 전개되고 말았음을 알 수 있다. 지적인 야심이 있는 '사'라면 몇몇 위대한 당나라 시인과 산문가들—예컨대 두보杜甫(712~770)와 한유韓愈(764~824)—을 알고 있었을 것이다. 그들의 작품은 그 '사'의 지적 우주(intellectual universe)의 유의미한 일부였다. 그 시인들과 산문가들은 반란 속을 살아갔거나 반란 직후에 태어났다. 그들은 어떻게 하면 반란 이전의 세상을 복구할 것인가를 묻지 않고, 세계는 앞으로 어떻게 되어야 할 것인가를 처음으로 묻기 시작한 사람들이었다. 안녹산의 난은 일련의 제도적·사회경제적 변화의 출현을 알리는 것이었으며, 송나라는 그 변화를 이어받았다. 그런데 제국의 영광과 새로운 것의 추구 사이에는 지적인 간극이 놓여 있었다.

우리의 '사'가 대격변의 전야에 자신의 시대(1050년대)와 당나라의 전성기(750년 경)를 비교한다고 가정해 보자. 가장 분명한 변화는 무엇이었을까?

1. 대외관계

당나라는 한때 실크로드를 따라 저 먼 곳까지 자신의 지배적인 존재감을 유지하고자 거대한 군사를 파견했었다. 그러나 송나라는 더 이상 그러지 않는다는 사실을 우리의 '사'는 알 것이다. 송나라는 북, 남, 서쪽에 있는 많은 부족, 동맹, 나라들을 제국으로 편입해 내는 정도의 한정된 능력을 가지고 있을 뿐이었다. 이 상황은 거의 '동등자 속의 중국'(China among equals)에 해당한다.[2] 이것은 송나라가 약했기 때문이 아니라, 각 부족들이 강성해지는 법을 배웠기 때문이었다.

송나라는 거대한 무장병력(비록 기병 부문은 약했지만)과 우월한 기술력(화약을 사용하는 폭탄과 로켓을 포함하여)을 보유하고 있었으며, 보급선을 유지하는 일련의 요새를 차지하고 있었다. 그러나 북쪽에는 거란족(Khitans)이 당나라로부터 이미 국가를 만드는 법을 배운 상태였다. 거란족의 나라는, 송나라 사람들에게는 전통적인 황제국처럼 보였고 중앙아시아 사람들에게는 전통적인 칸국(khanate)으로 보였다. 907년에 성립한 거란의 요나라는 송나라 국경과 한반도의 고려(918~1392) 사이의 북동지역을 차지하고 있었다. 송나라 군대는 요나라로부터 현재의 북경 부근에 있는 연운십육주燕雲十六州[3])를 탈

2) * *China Among Equals*에서 제기된 모리스 로사비(Morris Rossabi)의 주장에 따르면, 송나라의 대외관계는 한 명의 통치자에게 천하의 모든 사람들이 공물을 바친다는 수사학을 실제에서는 구현해 내지 못하였다. 그런데 송－요 관계를 검토한 글(*From War to Diplomatic party* 2; 또한 8－38을 보라)에서 데이비드 라이트(David Wright)는 다음과 같이 지적하였다. "동등하게 독립적인 주권국이 이루는 국제 공동체의 개념은 송나라 시기의 동아시아에는 존재하지 않았다. 북송대의 중국은 스스로를 많은 동등자 중의 한 국가가 아니라, 요나라라는 단 하나의 동등자를 가진 국가라고 생각하였다." 그 밖에 Tao, *Two Sons of Heaven* 참조.
* 표시는 원서의 각주에 해당하는 내용이다. 원서에서는 출전 등을 미주로 처리하고 있으나 이 번역서에서는 각주로 옮겼는데, 본 주와 같이 원서의 각주에 해당하는 내용과 겹치게 되어 * 표시를 붙여서 구분하였다.

3) 역자 주 : 後唐의 禁軍長官으로서 河東節度使와 北京留守를 겸하고 있던 石敬塘

환하려고 시도했으나 요나라에 패배를 당하였다. 요나라 군대가 송나라 수도에 진군하고 난 뒤인 1004년에 화약이 맺어졌는데, 그 첫 번째 대가로 송나라는 요나라에 매년 20만 필의 비단과 10만 온스의 은을 바쳐야 했다.

북서쪽의 상황을 보자. 황하 상류 만곡부의 서쪽에서 탕구트 족(Tanguts)이 똑같은 것을 배우고 있었다. 탕구트 족은 일찍이 송나라와 요나라의 헤게모니를 수용한 바 있었다. 그러던 그들의 왕 혹은 칸은 1038년에 서하西夏(the Great Xia)라는 왕조국가를 건설하였다. 자신들의 독특한 문자체계를 공포한 지 1년 뒤의 일이었다. 이후 서하는 실크로드를 따라 북서쪽으로 확장해 갔으며, 송나라의 공격으로부터 효과적으로 자신을 방어하였다. 1044년에 송나라는 요나라에 바치던 것의 절반에 해당하는 액수를 서하에게 바치기로 하였다. 저 남쪽에서도 역시 거대한 변화가 있었다. 939년 북베트남 지역이 독립하여 대월국大越國(Dai Viet)으로 알려지게 되었다. 또 남서쪽(현재의 운남) 지역은, 당나라 때의 남조국南詔國이 이제는 대리국大理國으로 바뀌기는 하였지만, 여전히 독립적 왕국으로 남아 있었다.

우리의 '사'는 이 모든 것에 대해 어떻게 생각했을까? 당시 경세가들은, 오랑캐가 선진 제국에게 조공을 바치게 마련이라는 옛 생각은 이제 더 이상 현실에 들어맞지 않는다고 생각하였다. 실제로 송나라와 요나라는 각각의 황제들이 천자天子라는 타이틀을 가지는 것을 용인하였다.[4] 우리의 '사'가 이러한 경세가들의 생각에 동조했을 수도 있다. 오랑캐와 맺어진 조약과 그들에게 주는 배상금은 국가적 창피라고 보아서 좀더 공격적인 대외정책을 요구한 이들도 있었고, 장기적인 평화가 가능하다고 본 이들도 있었고, 외침에 대한 지속적인 경계를 주장하되 송나라가 해외를 침공하는 데에는 반대

(892~942)이 936년 거란의 원조를 받아 後唐을 멸망시키고 後晉을 세운 대가로 거란에 할양한 땅이다.

4) Tao, *Two Sons of Heaven*, 77－78.

한 이들도 있었다. 우리의 '사'가 이들의 생각에 동조했을 수도 있다. 외국에 주는 보상금이 얼마나 부담이 되는 것인지는 참고체계(frame of reference)를 어떻게 설정하느냐에 달려 있다. 그것은 정부 재량으로 지출할 수 있는 자금에서의 지출로 계산한다면 상당한 부담이었겠지만, 중앙의 국고세입의 백분율로 본다면 3~4 퍼센트를 넘지 않았을 것이다. 게다가 배상금의 일부는 국경무역과 관련된 세금을 통해서 송나라 경제로 다시 흘러들어 왔다.[5] 보다 심각한 이슈는 국방에 들어간 예산 부분이었다. 그것은 현금 국고세입의 80 퍼센트에 달하였다.[6]

북방민족끼리 연이어 국가를 건설하는 일은 향후 수세기 동안 지속될 것이었다. 송나라는 이전 왕조국가보다 부유하였으나 이웃나라는 전에 없이 더 잘 조직화되었고, 보다 원거리에 위치한 부족들도 그들로부터 배우기 시작하였다. 1115년, 지금껏 요나라에 복속되어 있었던 여진족은 자신들의 나라인 금金나라(1115~1234)를 세우고 요나라를 공격하였다. 송나라는 이때가 북경 주변의 연운 16주를 차지할 수 있는 기회라고 생각하여 위기에 처한 요나라를 공격하였다. 금나라가 승리하기는 했지만, 금나라는 요나라의 파괴에만 만족하지 않고 송나라를 다음 상대로 삼았다.[7] 그리하여 결국 송나라 황제와 퇴위한 그의 아버지가 사로잡혀서 북쪽으로 끌려갔다. 송나라 왕조는 항주杭州에 근거지를 두고 다시 성립되었다. 그리하여 왕조의 흐름은 다시 이어졌지만, 북쪽 땅은 금나라에게 빼앗기고 말았다. 금나라는 몽고족에게 멸망하는 1234년까지 북쪽 지역을 차지하고 있었다. 송나라 역시 1270년대에 몽고족에게 망하였다. 송나라를 멸망시킨 몽고족은 금·하·송나라의 정복

5) Mote, *Imperial China*, 117.
6) Hansen, *The Open Empire*, 269.
7) 금나라, 그리고 일부 송나라 사람의 관점에서 보자면, 송나라는 금나라가 요나라를 공격할 때 도와주어야 할 의무를 제대로 이행하지 못한 것이다.

지에 대해 원元이라는 왕조명을 사용하면서, 동유럽에까지 이르는 거대한 제국을 형성하였다. 원나라는 거의 일세기 동안이나 존속하였고, 새롭게 일어난 명明나라(1368~1644)에 의해 내쫓긴 다음에도 북쪽 국경에서 위협적인 존재로 남아 있었다.

17세기 초, 여진족은 다시 일어나 스스로를 만주족이라고 칭하면서 청淸이라는 왕조명을 내세웠다. 1644년, 그들은 명나라 수도 북경을 차지하였다. 1680년대에 이르러 만주족은 명나라의 전 영토에 대해 직할체제를 완비하였다. 이것만으로도 떵떵거릴 만한 성과였지만, 만주족은 그 다음 세기에도 확장을 계속해서 영토를 두 배로 늘렸다. 청 제국 영토의 많은 부분은 오늘날 중국 땅이 되었다. 요컨대, 지난 천 년 가운데 대략 절반에 해당하는 시기 동안 만리장성 바깥에 있는 부족들이 오늘날 '중국'[8]이라고 부르는 땅의 전부 혹은 부분을 지배하였던 것이다. 만일 11세기의 사士라면 이와 같은 상황을 상상조차 할 수 없었을지도 모르지만, 우리가 지금 상상하고 있는 사는 1050년대 송나라의 국제관계가 750년대 당나라의 국제관계와 실로 다르다는 것을 알았을 것이다.[9]

(명목뿐이라 할지라도) 전 지역을 통괄하는 단독의 통치자 없이 그저 복수

8) * 나는 중국을 China보다는 central country로 번역한다. 송, 금, 원, 명나라의 士들에게 중국이란 '중심성에 대한 주장'(claim to centrality)을 의미하였다. 중국이란, 東周의 봉건 제후들에게는 통상 '중국'(central states)이라는 중원지역의 국가를 지칭하는 영토적인 용어인 동시에, 주나라 문화에 충성스러운 그 지역들을 지칭하는 문화적 용어이기도 하였다. 나는 'state'로 번역되기도 하는 '國'을 country로 번역한다. 중국사의 중간시기(middle period)에 '국'이라는 용어는 왕조국가가 생겼다가 사라질 수 있는 일관된 시공간적 실체를 지칭한다. 'Middle kingdom'은 중국에 대한 가장 흔한 번역이지만, 그 번역어는 이 실체를 정치적 구성체로만 환원시킨다. 士들이 중국문화전통이라고 여긴 바에 대해서 정복왕조들이 경의를 표하지 않으면서 동시에 중원 땅을 장악하는 것은 역사적으로 가능하였다. 몽고족이 그 예이다.

9) 北方의 나라들에 대한 최고의 개괄적인 설명은 Mote, *Imperial China*, 2－91; 168－288이다.

의 국가가 공존하는 이러한 국제적 현실을 어떻게 이해해야 하는가, 이것이 당면한 이데올로기적 질문이었다. 다른 누구보다 황제들 자신이 이러한 상황을 자신들의 위엄에 대한 모욕으로 간주하였다. 제국의 수사학은 통치자를 보편적인 제왕으로 간주했기 때문이다. 당시의 일부 사람들이 볼 때 황제들은 1070년대 들어 공격적인 국경정책을 다시 시도하는 배후의 추동력으로 여겨졌다. 그리고 그러한 정책은 1126년에 북쪽 땅을 상실하게 되는 파괴적인 결과를 낳았다.

당면한 이데올로기적 질문에 대해 가능한 한 가지 답은, 일종의 민족성(ethnicity) 개념을 추구해 가는 것이다. 즉 각 나라들은 구별되는 별개의 사람들을 지배하기 때문에 정당하다고 생각하는 것이다. 요, 금, 원나라가 각기 다른 민족들에 대한 국가이듯 송나라는 '중국인'에 대한 국가라는 생각이며, 송나라는 그러한 생각에 기초하여 대외관계를 맺을 수 있었다. 이에 관련된 회화들은 송나라가 오늘날 우리가 생각하는 민족성의 차원에서 이웃국가들을 바라보았다는 것을, 즉 그들은 생긴 것이 다르고 말하는 것이 다르고 사는 방식이 다르므로 다른 사람들이라고 생각했다는 것을 암시하고 있다.[10] 이런 식의 생각은 당나라 식 해결책과는 매우 다른 것이었다. 당나라 때 작동했던 구분은 제국에 참여하는 이들과 제국 밖에 남아 있는 이들 간의 구분이었다. 당나라 때에는 멀리서 온 사람들—예컨대 일본으로부터 온 사람들—도 당나라 체제 내에서 높은 지위에 오를 수 있었다.[11] 당나라 조정에 조공을 바치되 지배는 받지 않는 국가와 부족에 '속한' 사람의 경우에도 그러한 참여는 가능하였다. 이에 비해 송나라 때는 그러한 일이 간혹 일어나기는 했을지라도

10) 朝貢을 주제로 한 회화가 사라지고 遼나라 사람들을 다른 종족으로 묘사하는 民族誌적(ethnographic) 회화가 등장했다는 주장에 대해서는 다음 글 참조. Leung, "The Frontier Imaginary in the Song Dynasty"; "Felt yurts neatly arrayed".

11) Holcombe, "Immigrants and Strangers".

일반적으로 실행 가능한 것은 아니었다. 그런데 실제로 모든 국가들이 민족적으로 다양한 주민을 거느리고 있었고 영토를 변경 지역까지 유지했다는 사실은, 그 변경에 사는 사람들까지 편입하겠다는 것을 의미한다. 이러한 방식은 특히 북방민족들에게 해당되었다. 북방민족들이 송나라의 영토를 차지하고 나자, 그들은 소수자인 동시에 정복민의 처지에 놓이게 되었다. 그들의 입장에서 보면, 국가를 민족적 그룹의 공동체로 보는 것은 정치적 차원에서 타당하지 않았다. 요나라와 금나라의 문서에서는 '송나라 사람들'(宋人)을 특정하게 지칭해서 말했다. 그리고 송나라 문서에서 요와 금의 사람들에 대해 논한 내용을 보면 국가가 민족성보다 중요했다는 사실을 알 수 있다. 많은 수의 각기 다른 문화적 그룹들이 단일한 정치적 권위 아래에서 사는 상황이 전개되자 그에 걸맞은 구분이 필요하게 되었다. 그리하여 일련의 송나라 문헌들은 변경 지역의 사람들 중 자신들과 유사한 사람들을 '한漢'이라 지칭하고 부족민들을 '번蕃'이라 지칭함으로써 구분하였다. 요, 금, 원나라의 문헌에는 자신의 백성 내에 존재하는 문화적 그룹에 대한 잦은 언급이 있다. 예컨대 금나라 칙령에서는 "관리들이 포고문을 작성할 때 여진, 거란, 한족은 각기 자신의 문자체계를 사용하게끔 한다"[12]라고 명하고 있다. 이것은 요나라, 금나라, 원나라가 자신들의 국가 내에 존재한 다양한 문화적 그룹에 대해 각기 다른 제도와 특별할당제 등을 사용한 것과 잘 들어맞는다. 해당 그룹은 자신을 소수민족으로 인식하였고, 권력과 부에 대한 특별한 권리를 지속적으로 주장하기 위해서는 문화적 독특성을 유지할 필요가 있었다. 그러나 한, 거란, 여진과 같이 분명하게 민족적 용어로 보이는 것들도 용례가 안정적이지만은 않았다. 몽고족은 때때로 그 셋을 통칭하여 북쪽의 한족이라 불렀고, 남송南宋(1126~1279)을 정복했을 때는 그곳 주민들을 '남인南人'이라 불렀다.

---

12) 〔元〕脫脫, 『金史』, 권4, 73, "百官誥命, 女直・契丹・漢人各用本字."

1368년 명왕조의 창건자는 자신의 통치권을 주민들과 외국에 선포하면서 위에서 말한 두 가지 방식을 모두 취하고자 하였다. 그의 설명에 의하면, 송나라 이후 다스림의 천명天命은 "중국으로 들어와 천하의 통치자가 되었던"(入中國爲天下主) 사막 출신(즉 몽고족)에게 갔었지만 이제 "내가 중국의 통치자가 되었다"(為天下主)는 것이다.[13] 그는 자신이 '중원中原'이나 '중토中土'가 아닌 남동쪽 출신임을 인정하였다. 그러나 그는 이제 북쪽을 정복하여 "양과 염소의 악취로" 화하문명을 더럽힌 유목민족(胡人)을 내쫓았다. 정치적 질서와 문명 간의 이 암묵적인 구분을 살펴보면, 정치적 정당성은 영토의 중심을 소유했다는 사실에서 오고 있는 데 비해 다른 이들을 이 중심지역으로부터 내쫓는 것에 대한 정당화는 자신이 역사적 문명에 충성한다는 사실에서 오고 있다.[14]

당나라 이후의 세계에서는 한때 거대제국의 수사학이었던 정치적 보편주의(political universalism)가 문젯거리로 등장하게 되었다. 비록 몽고족이 그러한 주장을 하기는 했지만, 명나라만 하더라도 기껏해야 많은 나라들이 공존하는 보다 큰 세계 안에서 중국을 차지하고 있음을 주장할 뿐이었다. 다른 극단에서 있는 입장, 즉 현대의 민족주의 등에서 발견할 수 있는 일종의 민족적 특수주의(ethnic particularism) 같은 입장은 요, 금, 원나라 치하에서 살던 수만 명의 사士들에게는 가능한 것이 아니었다.

그러나 11세기에 보편주의는 아직 죽지 않았다. 다만 그것은 두 가지 다른 종류의 보편주의로서 11세기에 나타났다(그리고 어느 정도로는 부활했다고도 할 수 있다). 그 중 하나는 문화적 보편주의이다. 문명이란 모든 이가 배우고 모든 이가 공유할 수 있는 어떤 것이다. 그것은 그 사람의 출생에 의해 좌우되는

13) 錢伯誠 等 主編, 『全明文』 I. 2.

14) 明太祖가 日本·吐蕃 및 기타 국가들에게 내린 詔書는, 錢伯誠 等 主編, 『全明文』 I. 22, 3-4, 324, 39, 47.

것은 아니다. 우리가 앞으로 살펴보겠지만, 그 주장은 관직을 맡아본 적이 없는 가문 출신의 사람이라도 학學에 의해 사士가 될 수 있음을 인정하는 것이었다. 같은 논리가 여진족에게도 적용될 수 있었다. 이것은 금나라 통치 하의 한족 사들에게는 주류적 입장이었고, 금나라 통치 하의 여진족에게도 어느 정도 해당되는 이야기였다.[15] 다른 하나의 보편주의는 신유학 도덕철학의 산물이었다. 모든 존재는 같은 도덕적 본성을 부여받는다는 것, 이것은 금나라에서도 나타난 바 있는 입장이었다.[16] 북방지역이 금나라에 의해 정복된 이후 신유학자들은 원래 북방지역의 수복을 요구하는 입장이었으나, 결국에 가서는 입장을 바꾸게 되었다. 물론 그들은 (四書와 같은) 특정한 텍스트와 (모든 인간은 같은 생래적 도덕 본성을 부여받았다는 이론 같은) 특정한 사상을 정의하였고, 자신들이 섬기는 국가에 충성을 바치기도 했다. 그럼에도 불구하고 신유학자들은, 도덕이란 모든 이에 의해 공유될 수 있으며 여진족이나 몽고족도 인간의 도덕적 본성을 수양하는 방법을 사람들에게 가르치는 학學의 전통을 존중해야 한다고 선언하였다. 결국, 당송변혁기는 보편주의의 종말을 가져온 것이 아니라 보편주의의 변형을 가지고 왔던 것이다.

2. 남과 북

사士들이 남쪽으로 주의를 돌렸을 때 그들은 또 다른 차이를 목격할 수 있었다. 즉 영토의 관할이라는 면이 아니라 그 영토의 주민에서 차이를 목격하였던 것이다. 그때까지 역사에서 가장 중요한 인구학적 변화는 남부의 약

15) Bol, “Seeking Common Ground”.
16) Tillman, “Confucianism in the Chin”.

진이었다. 752년에는 등록된 호구의 절반 약간 못 미치는 숫자(407만 호)가 남부와 사천四川분지에 살고 있었고, 나머지(486만 호)는 남쪽의 회하淮河에서부토 북쪽과 서쪽 산맥에 이르는 넓은 북부 평야, 그리고 회하의 서쪽 계곡, 황하 만곡부의 북동쪽 등지에 살고 있었다. 그러던 것이 1085년에 이르러서는 북쪽의 등록 호구가 불과 16퍼센트 증가하여 566만 호가 된 데 반해 남쪽과 사천지방에서는 두 배 이상 증가하여 1천 94만 호의 등록 호구가 살게 된 것이다. 지역을 다르게 분할하여 살펴보면 다음과 같다. 742년에 양자강 중류와 하류 지역, 그리고 남동쪽 해안의 지리학적 광역에는 등록된 전체 호구의 27퍼센트가 살고 있었으나, 11세기 중반에 이르러서는 그 비율이 50퍼센트에 육박하였던 것이다. 북송 말기의 등록 인구는 거의 2천 1백만 호구, 1억 1천만 명에 달하였다.[17)]

'남부'라는 생각, 그리고 북·남의 분리라는 생각은 이미 오랜 역사를 가지고 있는 것이었다. 수隋나라(581~618)가 마지막으로 남은 남쪽 왕조를 정복하여 남북통일을 이루고 대운하를 건설함으로써 수도인 장안과 남쪽을 연결했던 6세기 말에 그것은 특히 중요한 생각이었다. 그러나 1050년의 '남부'는 더 이상 양자강 하류에 집중된 단일 지역이 아니었다. 즉 수나라와 당나라 이전에 존재했던 남북조 시기와는 상황이 달라진 것이다. 이제 남부는 복수의 지역으로 이루어졌다. 당나라가 망하고 송나라가 들어서기까지 북쪽에는 5개의 왕조가 연이어 명멸하였는데, 이 시기에 남쪽에는 독립된 왕국들이 존재하였다. 그 나라들은 동시에 존재하는 5개의 독립된 정치체로 남부를 효과적으로 분할하였다. 다시 말하여 남부는 남동쪽의 한 지역으로부터 다섯 개의 자율적인 지역들로 발전한 것이다. 이것은 대략 오늘날의 절강浙江, 강

17) 董國棟, 『中國人口史: 隋唐五代時期』, 198~199; 吳松第, 『中國人口史: 隋唐五代時期』, 122~135.

소 남부(蘇南), 복건福建, 해안을 따라 광동廣東, 강서江西, 호남湖南 내륙에 해당한다. 즉 남부는 복수의 중심을 갖는 영역으로서, 제도적 · 경제적 · 인구학적으로 분절되었던 것이다. 이러한 상황은, 북서쪽 강 계곡 바깥에서 대부분의 인구가 하나의 연결된 평원에 살고 있던 북쪽의 상황과 근본적으로 대비를 이룬다. 송나라 때는 남부에서 절강-강소 남부, 강서, 복건의 세 곳이 특별히 중요하였는데, 남송 이후에는 광동지방의 중요성이 더하여졌고, 17세기에는 양자강 중부가 새로운 성장의 중심지가 되었다. 한편 남부의 특징적인 면모인 강과 산맥 체제의 지형은 넓은 평야 중심의 북부와 대비를 이루는데, 그러한 지형적 조건으로 말미암아 남부는 인구가 증가함에 따라 지속적으로 복수의 중심지를 유지하게 된다. 이와 같은 지역적 다양상은 오늘날 중국의 (방언을 분류한) 언어지도에도 반영되어 있다.

이러한 변화를 설명함에 있어 원인과 결과를 분리하기란 어렵다. 남부는 보다 높은 농업생산성의 잠재력을 언제나 갖고 있었다. 그리고 하천 체계를 감안할 때 교통비용도 낮다. 그렇다면 질문은, 왜 그러한 남부의 약진이 그토록 늦게 일어났느냐는 것이다. 부분적인 대답은 다음과 같다. 남부 역시 남부대로 파괴적인 반란과 지방정부의 붕괴에 시달려 왔지만, 755년 이후 북부에서 일어난 전쟁과 불안정은 남부로의 이민을 부추겼다는 것이다. 또 다른 이유는 정부 특히 당나라 정부로부터 관심과 투자의 대상이 되었다는 점이다. 당나라는 755년 이후 점점 더 세수를 남부에 의존하였으며, 10세기에는 지방왕국으로부터의 관심과 투자도 있었다. 끝으로, 남부는 반란 이전의 당나라 세금제도에 채 적응하지 않은 상태로 있었다는 점이다. 왜냐하면 남부에 살던 비엘리트 주민들에게 반란 이전 당나라 세금제도는 극단적으로 평등지향적이었다. 원리상 당나라 정부는 각 호구에다 생산노동인구수에 기초하여 같은 양의 땅을 분배했고, 그 대가로 정해진 곡물과 옷감, 노동력을 징수하였다. 농부가 일할 수 있는 나이가 지나면 그 땅은 재분배될 수 있었다. 어떤 의미에서, 세금이란 농부들이 국가(혹은 해당 땅을 빌려 준 관료가문이나 사원)로부터 빌린 땅에 대한 지대를 지불하는 것이었다. 이러한 땅의 재분배 시스템은 북쪽 평야에서는 명백히 작동했으나, 그것이 남부에서도 적용되었다는 가시적인 증거는 없다.[18] 구릉과 비가 많은 남부지방에서는 화전농법과 벼농사의 결합이 이루어졌는데, 이것은 토지재분배시스템을 불가능하게 만들었다. 그런데 이러한 조건은 동시에 논과 밭을 계단식으로 고치는 일에 투자가 이루어질 수 있다는 것을 의미하였고, 이것은 그렇게 투자된 땅을 개인이나 가문이 보유할 수 있다는 나름의 합리적인 예상 속에서 가능하였다. 정부의 세수를 확보하기 위하여 행해진 780년의 양세법兩稅法(the Twice a year Tax)개혁은 사적 소유의 현실을 인정한 것이었다. 그 조치는 개인보다는 호구의 재산에 징세한 것으로, 사실상 국가는 토지보유에 대한 통제력을 사적인 시장에 양도하여 호구들이 국가의 간섭 없이 토지보유를 늘리는 것을 허용하였던 것이다.

8세기와 11세기 사이에 변화를 위해 필요한 요소들이 충분히 집적되었고, 남부는 성장하기 시작하였다. 어떤 추정에 따르면, 11세기에 도달하면 국가재분배시스템으로 돌아가고자 하는 시도가 간헐적으로 있었음에도 불구하고 토지의 95퍼센트가 사적인 소유권자 아래에 있었다고 한다. 북부에서는 호구의 사분의 삼 정도가 자신의 땅에 대해 토지소유권을 가지고 있었고, 남부에서는 농부들이 대체로 소작인이었다. 농업의 꾸준한 발전, 그것과 함께한 구릉의 계단화, 습지의 배수, 관개시스템의 건설로 인해 남부에서는 인구가 늘어나도 먹고살 수 있게 되었고, 훨씬 많은 양의 곡물을 북부로 운송

18) 국가 주도의 均田制가 북부에만 존재하고 남부에서는 시행되지 않았다는 증거를 토론한 글로는, Leeming, “Official Landscapes in Traditional China” 참조.

할 수 있게 되었다. 당나라가 가장 번영하던 748년, 남부는 해마다 세금으로 걷은 250만 석(1石=60kg)의 쌀을 대운하를 통하여 북쪽으로 운송하였다. 1007년, 그리고 그 이후 11세기 나머지 기간 동안에 그러한 연간 운송량은 620만 석에 달하였다. 동시에 동남아시아의 조생종 쌀인 참파 쌀이 국가의 지원 하에 유입됨으로써 수확에 걸리는 시간이 150일에서 120일로 단축되었고, 12세기와 13세기에 이르러서는 다시 60일로 단축되었다. 이로 인해 농부들은 또 다른 농작물을 추가로 심을 수 있게 되었다. 11세기 중반에 이르면, 어떤 추정에 의하면 남부 들판의 80~90퍼센트가 참파 쌀을 재배하였다고 하는데, 정부는 아직 그 쌀을 세금지불용도로 받아들이지 않았다. 세금지불용도로 사용되는 고급 쌀은 남부 생산의 쌀 가운데 상대적으로 적은 비율을 차지하였던 것이다.[19]

이 모든 것은 남부에 보다 많은 부가 존재하였고, 따라서 그곳에는 부유한 가문이 차지하는 비율이 높아져 갔음을 의미한다. 1050년에 이르면 이미 남부인들이 식자층의 다수를 차지하였다. 한 세기가 지나지 않아 남부인들은 지적인 문화를 압도하였고, 이러한 상황은 이후로도 계속되었다. 1070년에 이르면 남부 출신 관료들이 정책을 결정하는 관직을 지배하게 된다.[20] 사士들은 이러한 사실을 알고 있었는데, 11세기 후반에는 이 사안의 해결책을 놓고 서로 의견이 갈렸다. 어떤 사람들은 조정이 과거제도에 지역할당제도를 만들기를 요구하였고, 또 다른 사람들은 지역적 대표성보다는 능력을 중시하는 시스템을 옹호하였다. 북부 출신 관리와 남부 출신 관리 (그리고 남부에서도 각기 다른 지역 출신의 관리) 사이의 긴장은 당파 형성의 한 근원이 될

---

19) 柳立言의 「何謂唐宋變革」은 사유재산에 대한 漆俠의 언명을 인용하고 있다. 경제 발전에 대한 나의 이해는 대체로 McDermott and Shiba, “Economic Change During the Song”에 기초하였다.

20) Hartwell, “Demographic, Political, and Social Transformation of China”.

수 있었다. 명나라는 두 개의 수도—남경과 북경—를 유지하였기 때문에 남과 북의 차이, 그리고 국방과 경제성장의 우선적 중요성을 인정하였다.21)

우선적으로 중요한 일이 무엇이냐에 대해 남과 북은 각기 입장이 달랐다. 북부에서는 변방의 수비가 주된 관심이었다. 북쪽 국경은 무력지대였고, 북부평원 및 북서쪽의 인력과 경제적 잉여는 그리로 빠져 나갔다. 그러나 남부 사람들에게 국경은 멀리 있는 어떤 것이었다. 그들에게 가장 중요한 국경은 해안이었고, 해안가의 거대한 도시들은 해외로 뻗은 무역망을 통하여 돈을 벌어 들였다. 복건지방이 특별히 발전한 것은 바로 이 때문이었다.22) 마을사람들이 강의 계곡을 통해서 거주지를 형성함에 따라 남부에는 이윤을 낼 수 있는 내부적인 변경마저 생겨났다. 다시 말해서, 남부에서는 경제발전이 북쪽 변경의 방어보다 더 중요하였다. 이러한 관점에서 보면, 남부 출신 재상인 왕안석王安石(1021~1086)이 경제발전을 촉진하는 정책을 채택한 반면 그의 최대 적수였던 북쪽 출신의 재상 사마광司馬光(1019~1086)이 사회안정을 우선시하면서 경제성장은 인구의 크기와 함수관계를 갖는다는 주장을 한 것도 놀랄 것이 없다.23) 남부에는 사회기반시설에 대한 투자와 시장네트워크가 주민들과 정부에 공히 보다 큰 부를 가져다 줄 것이라는 확신이 있었다. 농업기술, 곡식저장, 선박건조 방면의 발전, 그리고 도로와 수자원 관리 방면의 보다 많은 투자는 그러한 확신을 북돋았다.24) 당나라 때에는 수자원관리 프로젝트가 북부와 남부에 균등하게 시행되었으나, 북송대에 이르러서는 수자원관리 프로젝트의 75퍼센트가 남부에 있었고 프로젝트 전체 숫자는 두 배가 되었다. 남송대에 이르면 이 숫자는 다시 한 번 두 배가 되었다.25) 소택

21) Farmer, *Early Ming Government.*
22) So, *Prosperity, Region, and Institutions in Maritime China.*
23) Bol, "Government, Society, and State", 167.
24) 기술변화에 대한 조망은 Elvin, *The Pattern of the Chinese Past*, 113−199 참조.
25) 楊渭生 等 著, 『兩宋文化史研究』, 269쪽에서 遊修齡을 인용하고 있다.

지의 배수와 간척으로 인해 남동쪽에는 새로운 농지가 생겨나서, 강소 남부의 태호太湖 주변 지역에만 350만 무畝(1畝=1/6에이커)의 새로운 농지가 개척되었다.[26] 한 대략적인 추정에 따르면, 이 발전은 왜 당나라와 송나라 사이의 농업생산력에 두 배의 차이가 나는가를 설명하는 데 도움을 준다.[27]

북부와 남부 간의 차이는 교통비용 방면에서도 상당하였다. 당나라 조정은 북서쪽에 존재한 수도 장안長安으로부터 방사형으로 뻗어가는 도로망과, 남부로 연결되는 대운하에 의해 제국의 다른 지역과 연결되었다. 그리고 가장 중요한 일이었던 국경에로의 보급은 도로를 통해 이루어져야만 했다. 그러나 산이 많은 남부에서는 도로교통이 비싸게 마련이었으므로 하천시스템이 대안이 되었다.—물론 북부에도 하천과 운하가 있었고 남부에도 도로가 있었지만, 중요한 것은 비율이었다.— 그런데 하천을 통한 강 하류로의 운송비용은 육지운송비용의 오분의 일이었다.[28] 강 하류의 보다 큰 촌락들이 작은 상류의 촌락들에 대해 일종의 시장 역할을 하는 경제적 네트워크로서의 하천체계를 생각하면, 남부에서 물품가격은 더욱 낮아지고 이익은 더욱 커질 것임을 알 수 있다. 또한 수상운송시스템에서 중요한 개선이 이 시기에 이루어졌다. 1000년에는 평균 18톤급 배가 해마다 대운하를 따라 세 번 여행을 할 수 있었는 데 비해, 1050년에는 갑문, 물 관리, 선박건조 방면의 발달로 평균 25톤급 배가 해마다 네다섯 번 여행을 할 수 있었다.[29]

남부는 국방의 부담이 작았고 생산력은 더 높았으며 물류비용은 더 낮았다. 그리고 상업을 통해 더 많은 돈을 벌어들였다. 이 모든 것은 곧 남부가 더 부유했다는 것을 의미한다. 북부의 경우, 군대를 위한 보급과 노동력을

26) McDermott and Shiba, "Economic Change During the Song".
27) 葛金芳, 『宋遼夏金經濟研析』 141-143.
28) Hartwell, "Markets, Technology, and the Structure of Enterprise", 37.
29) McDermott and Shiba, "Economic Change During the Song".

확보하기 위해 정부는 토지를 장악하는 데 골몰해야 했다. 반면 남부의 경우, 상업의 장려가 삶의 질을 높이고 세수를 증가하는 방법임을 알고 있었다. 또 다음과 같이 말할 수도 있을 것이다. 북부에서는 조공식 생산양식(tributary mode of production)을 지향하였고, 그러한 생산양식 하에서는 물품의 생산과 유통이 정부의 징발에 의해 지도되었다. 반면 남부에서는 소자본주의식 생산양식(petty-capitalist mode of production)을 지향하였고, 다수의 소규모 무역상이 경제를 번영시켰다.[30]

1050년도에는 수도 개봉開封의 주변 지역이 가장 활발한 경제구역이기는 했지만 양자강 하류 배수유역이 이미 경제의 중심지가 되어 가고 있었다. 그곳의 도시들은 성장하고 있었고, 보다 발전한 수자원관리기술 덕분에 습한 저지대에서도 거주가 가능하게 되었으며, 세금할당도 상대적으로 낮은 상태였다. 1170년이 지나 북부가 여진족, 지방군벌, 몽고족에 의해 차례로 장악당하면서 남부의 경기는 더욱 부양되었다. 그리고 송나라의 수도도 항주로 옮겨졌다. 그리고 북쪽 평원을 아예 상실하게 됨에 따라 변경으로 물자를 나르는 데 들었던 물류비용이 절감되면서 방위예산 자체가 줄어들었다.[31] 중국 북부평원에서 일어난 일련의 정복으로 인해 북부는 큰 고통을 받는데, 1194년에 이루어진 황하의 흐름 변화가 수상운송시스템의 상당 부분을 파괴해 버리자 그 고통은 더 복잡하게 가중되었다.[32] 명나라가 1391년에 인구등록을 실시했을 때 북부, 북서, 그리고 사천지방에서의 손실 때문에 1100년에 비해 전체 인구가 30퍼센트 넘게 감소한 결과가 나타났다.

남부의 약진은 이데올로기 방면의 도전을 초래하는 결과도 낳았다. 그 결

30) '朝貢式'(tributary) 생산양식과 '小資本主義式'(petty-capitalist) 생산양식 간의 구별은 Gates, *China's Motor*에서 가져온 것이다. Gates는 그 양자를 지역적 차원에서는 구분하고 있지 않다.

31) 斯波義信(Shiba Yoshinobu), 『宋代江南經濟史の硏究』, 1장에서 4장까지.

32) Liu Guanglin, "Wrestling for Power", app. D.

과 중 경제와 사회 방면의 변화와 관계되어 있는 두 가지에 대해서는 나중에 논하기로 하고, 여기서는 그 결과 중에서 세 번째를 지적하고자 한다. 그것은 바로 행정기구의 크기와 주민과의 관계이다. 영토상의 변화를 고려하면서 볼 때, 750년과 1050년 사이에 전체 군현 숫자에는 거의 변화가 없는 반면 송나라는 약 두 배 정도의 인구에 세금을 부과하고 지배하게 되었다. 이 점은 행정기구가 인구증가를 따라잡지 못하였고, 그 결과 통치에 전반적인 쇠퇴를 가져왔다는 주장을 뒷받침하는 데 사용되어 왔다.[33] <지도 1>이 보여 주듯이, 행정단위의 공간적 배치 상의 변화가 상황을 부분적으로 호전시켰다고도 할 수 있다. 그러나 행정기구는 두 배로 늘어나지 않으면서 인구는 두 배로 늘었다는 것을 감안하면 위에서 언급한 주장은 여전히 타당한 것으로 남게 된다.

실질적인 차원에서 이것은 곧 정부가 750년에 가졌던 대 지방사회 통제력을 유지하는 데 실패하였다는 것을 의미한다. 750년에 정부는 이론상 모든 농부에게 토지를 보장할 수 있는 정교한 토지재분배시스템을 가지고 있었었다. 이런 식으로 정부가 대 지방사회 통제력을 잃었다면, 일반적인 복지에 대한 정부의 책임을 어떻게 다할 수 있었을까? 보수파들은 사회에 변화를 그만 일으켜서 사회질서를 안정화시키고(이 조치는 성장을 멈추게끔 할 것이었다) 효과적이되 제한된 정부를 유지하자는 주장을 하였다. 좀더 능동적인 입장을 가진 이들은 보다 많은 것을 요구하였다. 일부 사士들은 토지재분배체제로 돌아가자고 주장하였다. 토지재분배체제 하에서는 모든 이가 설자리가 있고 각자 충분한 것을 누리며 조화가 널리 이루어지게 될 것이라고 그들은 믿었다. 다른 사士들은, 보다 큰 정부를 만들어서 사회에 더욱 개입하고 경제성장

33) G. William Skinner는 "Introduction : Urban Development in Imperial China"에서 中央官僚體系와 州縣의 총수가 인구 증가에 맞추어 증가하지 않았음을 지적한다. 중국 인구는 11세기 말에 1억이었다가 19세기 말에는 4억 5천이 된다.

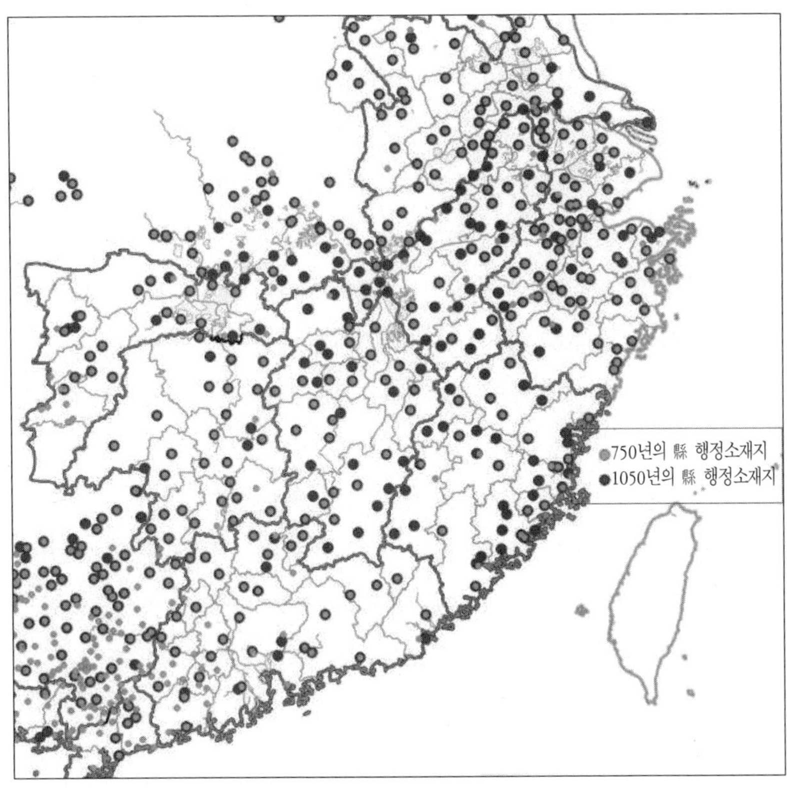

<지도 1> 750년과 1050년 동남부 지역 縣 행정소재지 분포

동남부 지역 縣 행정소재지(짙은 색 원)의 증가는 가장 많은 인구증가가 일어난 지역에서 나타났다. 이러한 현상과 대조되는 것이, 먼 남부지방에서 縣 행정소재지의 숫자가 가파르게 감소했다는 사실이다. 그 감소의 원인은 송나라가 당나라와 南漢 지역의 행정기지를 없앤 데 있다.

을 지도할 수 있는 제도적 능력을 고양해야 한다고 주장하였다. 11세기 중반에서 1126년 금나라의 정복에 이르기까지는 후자의 입장이 더 많은 인기를 얻었다. 왕안석과 이후 그를 이은 신법정권 하에서 특히 그러하였다. 1050년 즈음의 이상주의적 사士라면, 처음으로, 신법의 능동적인 정책이야말로 송나라 건국의 신념—정부 제도가 전 세계에 질서를 가져다 줄 것이라는 신념—에 충실한 것이라고 생각했을 것이다.

금나라가 북부를 정복해 버리자 남부 중의 보다 발전된 지역에서 두 가지 다른 입장이 출현하였다. 그 두 입장은 공히 정부 역할의 축소를 요구하는 것이었다. 사적인 시장과 상업에 믿음을 건 이들은 국가의 부에 대한 정부의 몫을 줄이고 화폐공급을 유지하며 민영 부문에 의해 주도되는 경제성장을 촉진할 것을 요구하였다. 지방 사士공동체의 도덕적 리더십에 믿음을 건 이들은 공동선(the common good)을 증진시키기 위해 관료체제 밖에서 무엇을 할 수 있을지를 물었다. 애당초 신유학자들은 정부의 확장, 그리고 신법에 의해 요구된 중앙집권을 거부하였다. 대신 그들은 지방의 자율적 통제, 도덕적 리더십, 서원, 의창義倉처럼 공동체를 위해 선행을 행할 방법을 제공하는 제도 등 지방 사士 엘리트들을 조직할 다양한 자발적 제도에 대해 논하였다. 신유학은 북부보다는 남부에서 지지자들을 확보하는 데 더 성공적이었고, 13세기 후반 북부와 남부가 재통합된 이후에도 그러하였다.[34)]

3. 상업과 도시화

750년에는 도시와 상업 중심지가 동시에 행정 중심지이기도 하였으며, 정부는 상업 활동을 감독하고 제한하였다. 그런데 1050년에 이르면, 도시화와 상업화는 정부의 행정시스템과 무관하게 발전하였다. 당나라 수도 장안과 송나라 수도 개봉간의 차이가 이 점을 보여 준다.

장안은 거대한 정방형의 제국도시로서 건축계획에 의해 만들어졌다, 그리고 중앙아시아를 중국 북쪽 평원으로 연결시키는 수송지대에 위치한 위수渭

34) Bol, “Reconceptualizing the Nation in Southern Song”.

水 유역의 통로에 전략적으로 위치해 있었다. 수도방위는 징집군인에 의해 유지되는 요새에 의존하고 있었고, 보급은 외부로부터 들어오는 조세물품에 의존하였다. 장안은 당나라 도시 중의 도시였으며, 조정은 당나라 문명의 축도였다. 수도는 모든 방면에서 최고의 것들을 구비하고 있었다. 진귀한 국내 물품들이 지방 현으로부터 배달되어 왔고, 상인과 사절들은 중앙아시아 육로와 동남아시아 및 남아시아의 해로를 통해 사치품을 들여와서 두 개의 거대한 시장 구역에서 팔았다. 장안의 상류층 밀집구역에는 저택들과 고위관리 가문의 정원이 있었다. 많은 사람들이 동쪽에 있는 버금가는 수도 낙양洛陽의 보다 쾌적한 환경을 선호하긴 하였지만 말이다. 장안의 엘리트 가문들은 자신들의 부를 돈이나 은보다는 비단과 토지를 통해 간수하였다. 750년에 당나라 국가는 여전히 토지와 노동에 대해 상당한 통제력을 가지고 있었기 때문에, 엘리트 가문들이 정부에게 봉사하면 정부는 그들에게 영지를 내주었다. 그런데 개봉 같은 새로운 스타일의 '개방형' 도시에 비하여, 장안은 '봉쇄형' 도시의 대표적 사례로 묘사되어 오기도 하였다. 우리의 사士는 그 차이에 대해 감을 가지고 있었을 것이다. 왜냐하면, 1080년에 제작된 장안의 지도는 담장과 문을 통해 분리된 넓은 길의 계획도를 담고 있기 때문이다. 그 지도에서 상업은 동쪽과 서쪽의 시장 구역에서만 이루어지도록 엄격히 제한되어 있었다.[35)]

반면, 송나라 수도 개봉은 남부로부터 올라오는 운하와 황하가 만나는 지점 근처에 있었다. 개봉은 행정도시이자 또 그만큼 상업도시이기도 하였다. 처음에 조정은 당나라모델로 돌아갈 것을 고려하였지만, 결국에 가서는 도로변을 따라서 상업이 이루어지도록 허가하였다. 그리고 주요한 정부청사 구역

35) 長安과 開封 간의 이런 대비 및 도시의 변천에 대해서는 Heng, *Cities of Aristocrats and Bureaucrats* 참조.

을 빼고는 도시의 발달이 사적으로 이루어지도록 허락하였다.(그래도 송나라는 수도 주변에 거대한 정방형의 벽을 건축하여 보다 제국의 수도답게 보이도록 만들기는 했다.) 1050년에 이르러 정부는 상업을 직접 통제하기보다는 상업에 세금을 매기는 쪽을 택하게 되었다. 당시 개봉의 인구는 도시와 도시 주변의 주민을 합하여 백만 명에 달하였다. 개봉은 확실히 가장 크고 부유한 도시였지만, 유일한 대도시나 문화도시인 것은 아니었다. 남부의 도시들인 양주揚州, 소주蘇州, 항주杭州는 상인과 관리 양쪽의 관심을 공히 끌었다. 그 도시들은 과거의 북부에서 행해졌던 정방형 바둑판 도시계획에 집착하지 않았다.[36] 당나라 때에는 중요한 도시와 마을은 동시에 주州(prefecture)와 현縣(county)의 행정 중심이기도 했지만, 1050년에 이르자 행정 중심 아닌 시장 마을이 남부와 북부 모두에서 점점 더 경제적으로 중요해졌다. 새로운 상업적 네트워크가 마을(village)과 시장마을(market town)을 연결하였으며, 그로부터 다시 작은 도시들, 큰 도시들이 연결되었다. 1084년에 이르러 송나라는 공식적으로 1,837개의 시장마을을 인정하였다. 그리고 송나라 이래로 도시와 시장마을 간의 경제적 위계는 지속적으로 발전되었고, 행정시스템은 거기에 적응하려고 시도하였다.[37]

보다 개방적이고 상업적인 송나라 도시 형태로의 이행은 755년 이후의 정부 권위의 몰락 및 상업의 발달이라는 나름의 뿌리를 가지고 있다. 780년대에 정부는 상업세(commercial tax)를 도입하였다. 송나라의 상업세는 가격에 따라 2퍼센트 매겨지는 통행세와 3퍼센트 매겨지는 판매세였다. 토지에 대한 직접통제를 포기하고 대신 세금을 매겼듯이, 새로운 조세수입을 위해서 송나라 정부는 상업에 대한 직접통제를 포기하고 대신 세금을 매긴 것이다. 마찬

36) Heng, *Cities of Aristocrats and Bureaucrats*, 189－190.
37) 斯波義信(Shiba Yoshinobu), 『宋代江南經濟史の硏究』.

가지로, 정부가 충분히 통제할 수 없었던 영역으로부터 조세수입을 획득하기 위하여 11세기 후반에는 소금과 술, 철에 대해, 그리고 결국에 가서는 차에 대해서까지 전매제도를 도입하였다. 그러한 조치는 사적인 통상을 부추겼다. 송나라 조세수입의 상대적인 비율표는, 상업경제가 처음으로 국가조세수입의 토대가 되었음을 보여준다. <표 1－1>은 1077년의 세수의 원천을 보여준다.[38)]

<표 1－1> 1077년 정부 수입의 내원(sources)

내원		가치(貫)	비율(%)
토지세	쌀	12,521,000	
	현금	5,586,000	
	은銀	60,000	
	옷감	1,629,000	
	사료	3,530,000	
	기타	64,000	
	소계	23,390,000	36.2
전매專賣	소금	12,030,000	
	술	7,865,000	
	차茶	2,029,000	
	소계	21,924,000	34.0
상업세		8,680,000	13.5
사유화된 수입 내원(예 : 술가게, 선착장)		6,027,000	9.3
관세		540,000	0.8
광업(주로 銅)		3,973,000	6.2
총계		64,534,000	99.8

자료 내원: Liu Guanglin, “Wrestling for Power”. 包偉明, 『宋代地方財政史』, 318쪽의 자료를 기초로 함.

1050년에 이르러 국가는 자신이 시장에 세금을 효과적으로 매길 수 있을 뿐 아니라, 화폐공급을 잘 유지하여 시장을 뒷받침해야 한다는 것을 알았다. 당나라와의 차이는 분명하였다. 740년대에 이루어진 연간 최대 화폐주조량은 동전 327,000관貫(1貫은 보통 1,000錢)이었는데 그마저도 디플레이션으로 인해 그 생산량이 삼분의 일로 줄고 말았다.39) 이에 비해 1050년의 연간 화폐주조량은 약 1백 5십만 관이었으며, 1080년에는 약 4백 5십만 관에 달했다.40)— 일부 학자들은 부를 축적하는 수단으로 은(silver)을 계산에 넣는다. 그들에 따르면, 750년경에는 36만 관에 해당하는 액수가 해마다 경제에 투입되었고, 1080년에는 9백만 관에 해당하는 액수가 경제에 투입되었다고 한다.— 가치로 따져보았을 때, 이러한 숫자는 750년에는 4백 6십만 부셸(bushel : 약 36리터, 약 2말)의 쌀에 해당하였고 1080년도에는 2천 1백 6십만 부셸의 쌀에 해당하였다.41) 또 11세기에는 태환어음이 사적인 상업에서 사용되기 시작하여, 1020년대에 이미 정부는 한 지역에서 지폐를 유통시키고 있었다. 그런데 화폐주조가 늘어났음에도 불구하고 몇몇 지역은 경제에 치명적인 현금부족에 시달리고 있었다. 한 세기가 지난 1160년대에 이르면, 정부는 잘 배서된 지폐를 성공적으로 발행하기 시작했다. 장기적으로 보면 가치를 축적하는 수단으로서 은이 지폐보다 더 중요하게 될 것이었지만, 송대에는 청동주화와 지폐가 은을 압도하였다.42) 송나라 경제는 그때까지의 중국 역사에서 유례가 없는 수준의 화폐화(monetarization)를 달성하였던 것이다.

우리가 정부 조세수입의 총액에 대해서는 결코 알 수 없겠지만, 1050년(인

---

38) 송나라 경제와 재정 정책에 대한 나의 이해는 Liu Guanglin, "Wrestling for Power"에 상당히 의존하고 있다.

39) 〔宋〕歐陽修・宋祁, 『新唐書』, 권54, 1386・1389; 〔唐〕杜佑, 『通典』, 204.

40) 高聰明, 『宋代貨幣與貨幣流通研究』, 103.

41) Hartwell, "Markets, Technology, and the Structure of Enterprise", 29－31.

42) 송나라 및 그 이후의 화폐정책에 대한 논의는 von Glahn, *Fountain of Fortune* 참조.

플레이션 시기)에 중앙정부는 2,000개가 넘게 존재했던 상업세 사무소, 소금·술 및 몇몇 다른 상품의 전들로부터 4천만 관의 현금세수를 기록하고 있었다.[43] 그렇다면 상업적 네트워크는 얼마나 퍼져 있었을까? 1077년의 상업세 할당 리스트는 284의 주州 수도 중에서 127개에 10,000관이 넘는 연간 할당액이 부과되고 있었음을 보여 준다. 이 할당액은 도시 상업 중심지의 순위를 제공하고 있는데, <표 1-2>를 통해 당시 복수의 네트워크가 생겨나고 있었음을 볼 수 있다.[44] 그러나 이 표가 보여 주고 있지 않는 중요한 사실은, 33개의 현 소재지와 시장 마을이 그들의 주州 소재지 이상의 할당액을 가지고 있었다는 사실, 그리고 22개의 현 소재지와 시장 마을은 10,000관 이상의 할당액을 가지고 있었다는 사실이다. 이것은 경제적 네트워크와 행정시스템이 구분되어 가고 있었다는 표지이다.(<지도 2>를 보라.)[45]

우리가 가지고 있는 기록은 도시 인구와 시골 인구를 구분하고 있지 않기

<표 1-2> 1077년 주州 행정소재지 상업세 할당액(1000貫 기준)

지역	연 할당액 (000s)			
	400	50~100	30~49	10~29
회하淮河 이남		5	8	40
사천四川 및 회하 이북		2	12	59
총수	1*	7	20	99

*는 開封

43) 高聰明,『宋代貨幣與貨幣流通研究』, 295; 郭正中,『兩宋城鄉商品貨幣經濟考略』, 349. 全漢升의 계산을 인용하여, 4500만 貫에 달한다고 하고 있다.

44) 郭正中,『兩宋城鄉商品貨幣經濟考略』, 224-228.

45) 郭正中,『兩宋城鄉商品貨幣經濟考略』, 229-301. 또 斯波義信(Shiba Yoshinobu),「宋代の都市化を考える」참조.

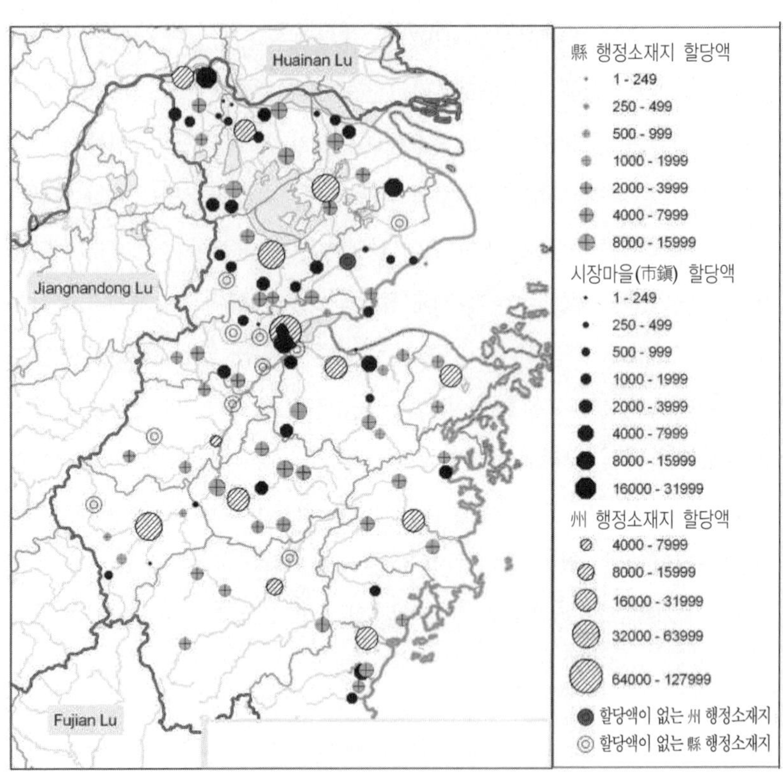

<지도 2> 1077년도 兩浙路의 상업세 할당액(단위 : 貫)

짙은 색 원은 시장마을(市鎭)을 가리키고 옅은 색은 縣 행정소재지, 빗금무늬는 州 행정소재지를 가리킨다. 같은 크기의 표시는 같은 양을 나타내는데, 縣 행정소재지보다 세금할당액이 더 많은 시장마을(市鎭)도 있고, 州 행정소재지보다 세금할당액이 더 많은 縣 행정소재지도 있다. 아예 세금할당액이 없는 행정소재지도 있는데, 이는 상업활동이 없는 곳을 의미한다. 이 지도가 나타내는 지역은 兩浙路(오늘날의 浙江, 蘇南, 安徽 동부)이다. 상업세 자료는 『宋會要輯稿』 참조. 1077년의 행정단위 위계에 대해서는 *China Historical GIS* 참조.

때문에 1050년에 얼마나 많은 사람들이 실제로 도시에 살고 있었는지를 언급하기는 무척 어렵지만(비록 송나라 조세제도는 시골과 도시의 호구를 다르게 취급하였고, 도시인들을 등록시키고 세금을 매긴 첫 왕조가 송나라이기는 하지만), 남송의 등록된 인구에 대한 상당히 믿을 만한 수치는 몇몇 주들이 상당히 큰 도시

중심지를 가지고 있었음을 보여 준다. 비록 수도 항주의 인구가 1170년과 1270년 사이에 약 10만에서 19만 호구로 늘어나고 사람 수도 50만에서 100만으로 늘어나기는 했을지라도(호구당 5인으로 계산), 항주조차도 남부에서 가장 큰 도시가 아니었다. 그리고 호북湖北의 무창武昌(송대에는 鄂州라고 불림)이나 사천四川의 성도成都 같은 도시들은 각기 10만 호구, 남경은 17만 호구, 복건의 항구도시인 천주泉州는 5만의 호구를 가지고 있었다. 주 차원의 총계는 당시 가능했던 도시의 성장에 대해 감을 전해 준다. 예컨대 740년도에 소주는 거의 8만 정도 호구의 인구를 가지고 있었고 11세기 초에는 그보다 더 적어졌으나, 1080년도에는 20만 호구, 1275년도에는 33만 호구, 1369년에는 47만 5천 호구에 달하였다.[46)]

마지막으로 두 가지의 언급을 통해 경제에 대한 개괄적 설명을 결론짓고자 한다.

첫째, 대외무역 방면에서, 그리고 대외무역과 화폐경제 간의 관계에서 분명한 차이가 나타났다. 당나라 군대는 중앙아시아로의 루트를 8세기 중엽까지 열어 놓았으나, 송대에는 곧 이 무역이 서하西夏에 의해 통제되었다. 송나라는 서하에 차를 팔고 대신 말을 사들였다.[47)] 국내 그리고 대외무역에서 차의 중요성은, 차 재배가 742년에는 52현縣(county)에서 이루어지다가 송나라 개창 시기에는 80현으로, 그리고 다시 북송 말에는 277현으로 늘어난 사실을 통해 알 수 있다.[48)] 중앙아시아 무역은 몽고족의 보호 아래 나중에 더 확대되었다.

해외무역은 750년과 1050년 사이의 기간에 극적으로 증가하였다. 11세기

---

46) 梁庚堯, 『宋代社會經濟史論集』, 510, 346.

47) 아시아 내륙지역과의 차와 말 무역에 대해는 Paul Smith, *Taxing Heaven's Storehouse* 참조.

48) 孫洪升, 『唐宋茶葉經濟』, 64−65; 69. 총수는 Liu Guanlin이 계산한 바에 따름.

에 이루어진 나침반의 발명으로 인해 이제 더 이상 배들은 해안의 지표에 의존하지 않아도 되었다. 이러한 점이 이 시기에서 갖는 경제적 효과를 측정하기는 불가능하겠지만, 11세기에는 사적·공적 무역사절단이 줄을 이었다. 동남아시아에서 발견된 송대의 난파선들은 수만 점의 도자기, 금속 도구 및 그 밖의 물품들을 싣고 있었다. 광주廣州에만 40개국이 넘는 나라들에서 온 배들이 도착하였다.[49] 복건의 천주는 동남아시아와의 무역을 위한 화물 통과항이 되었다. 일부 사람들은 조세의 필요가 결국 이 무역을 파괴하고 말았다고 주장하였으나, 또 다른 사람들은 상업친화적인 행정제도가 상거래 비용을 상당히 줄이고 해상무역에 도움이 되는 인센티브 구조를 만들어 냈다고 주장하였다.[50] 19,287척의 등록된 배를 기록하고 있는 남송대의 자료를 통해 연안무역의 규모를 추산해 보면, 승무원 규모를 감안할 때 당시에는 70만 명 정도에 이르는 사람들이 해운업에 종사하고 있었다고 할 수 있다.[51]

두 번째 결론은, 상업혁명의 정도와 당나라에서 송나라에 이르는 기간의 화폐경제 성장에 대한 것이다. 이 혁명은 비사치품(non-luxury goods)에 대하여 전국적인 시장을 만들어 내었는가, 아니면 각 지역들이 별도의 경제권에 머물렀는가? 경제성장은 시장에 의하여 추동되었는가, 혹은 북송시절에 일어난 일들은 국가의 경제력을 유지하고 상인들이 보급품을 북방변경의 요새로 운송하게끔 유인한 재정정책의 결과인가? 사적인 시장은 오직 16세기에만 경제를 추동하기 시작하였는가? 이러한 질문들에 대한 증거자료의 대다수는 다음과 같은 결론을 지지하고 있는 듯하다. 경제가 빠르게 상업화하고 있었고, 상인의 중요성이 인정되고 있었고, 원거리무역이 성장하고 있었고, 환금

49) 關履權, 『宋代廣州的海外貿易』

50) 이 두 가지 다른 견해는 각기 다음 저서에서 채택된 것이다. Clark, *Community, Trade and Networks*, 그리고 So, *Prosperity, Region, and Institutions in Maritime China*.

51) McDermott and Shiba, “Economic Change During the Song”.

작물이 늘어나고 있었고, 정부는 사회기반시설에 투자하고자 하였고 조세와 사적인 무역을 증가시키는 방식으로 화폐공급을 확대시켰다.[52] 문제라면, 증거자료의 많은 부분이 경제성장을 촉진하고 조세수입을 증가시키던 당시의 재정정책에 관련된 정부 문서로부터 나온 것이라는 사실이다. 그럼에도 불구하고 최근의 연구는, 경제와 일인당 부가 북송대에 정점에 달했고 그 수준은 향후 오랫동안 능가할 수 없는 수준이었음을 설득력 있게 보여 주고 있다. 16세기의 등록호구에 대한 현실적인 자료가 부족하기 때문에 일인당 부를 측정하기 어렵지만, 현재 자료는 오랫동안 중국 역사상 위대한 상업혁명으로 간주되어 온 명말의 경제가 송나라 때의 수준에 도달하지 못했음을 암시하고 있다.[53] 송대 남부의 확장은 농산물생산을 증가시켰는데, 이 증가된 생산물을 보다 큰 일인당 부로 확고히 전환시킬 수 있었던 요인은 한층 싼 수송수단, 해상무역으로부터의 이익, 말썽투성이인 북방경계로부터 보다 멀리 떨어져 있다는 점 등이었다.

750년의 이상적 질서는 정치적 위계가 부의 분배를 통제하는 질서였다. 그러나 1050년에 이르자 이상적인 질서는 더 이상 그러한 것이 아니었다. 이것은 어떠한 이데올로기적 문제를 제기하는가? 근본적인 문제는, 국가가 어떻게 사적인 부에 연결되는가 하는 것이었다. 왕안석의 신법정권은 시골에서의 신용을 통제하는 지주 그리고 상품의 배분을 통제하는 대상인들을 희생하면서까지 경제 부문에서 국가의 역할을 증대시키고자 하였다. 그러나 신법은 750년의 당나라모델로 복귀하고자 하는 것이 아니었다. 신법은 경제성장을 권장하였고, 장거리무역을 북돋았으며, 돈과 신용의 가용성을 높였

52) 이 견해를 채택할 때 나는 包偉民과 Miyazawa보다는 Shiba와 Elvin을 따랐다. 包偉民, 「宋代經濟革命論反思」; Elvin, *The Pattern of the Chinese Past*; Miyazawa Tomuyuki, 『宋代中國の國家と經濟』; Yoshinobu Shiba, *Commerce and Society in Sung China* 및 "Urbanization and the Development of Markets", 『宋代江南經濟史の研究』.

53) Liu Guanglin, "Wrestling for Power".

다. 신법주창자들과 다른 견해를 가지고 있는 이들은, 경제는 제로섬게임 부문이니만큼 정부는 조세를 줄여야 한다고 주장하였다. 즉 정부가 많이 가져갈수록 사적으로 쓸 수 있는 것은 줄어든다는 것이었다. 또 다른 사람들은 무역과 신용 문제에 덜 개입하기를 요청하였는데, 결국 이것은 시장에 경제를 맡기는 효과를 의미하는 것이었다. 초기 신유학자들 일부는 보다 과격한 정책을 제시하였다. 사적인 토지시장을 없애고, 지주의 영지를 농부들에게 똑같이 분배하며, 고대 정전법(well-field system)의 이상에 따라 평등한 농촌사회를 회복하자는 것이었다. 궁극적으로 신유학자 및 그 밖의 사람들 앞에 놓였던 질문은, 경제적 불평등의 현실을 받아들여야만 하는가의 문제가 아니라(남송대에 그들은 일반적으로 그러한 현실을 받아들였다), 경제적 권력이 정치적 권력으로부터 독립적으로 작용하는 세계에서 도덕이란 무엇을 의미하는가 하는 것이었다. 남송대 그리고 그 이후의 신유학자들은 사적인 부의 독립성을 옹호하였으나, 다른 한편으로 이익이나 정치적 파워가 도덕과 동등할 수는 없다고 주장하였다. 동시에 그들은 사적인 부가 자신들의 어젠다(agenda)를 지원할 수 있게끔 하는 많은 방법들을 발견하였다. 예컨대 출판 지원, 사당과 서원의 건립, 의창義倉(charitable granary)에 대한 기부, 종법체계의 확립 등이 그것이다. 이러한 것들이 이루어짐으로써 신유학자들은 조정으로부터 신유학의 권위를 인정받기를 원했음에도 불구하고 신유학운동을 전개하는데 있어 정부의 지원에 의존할 필요는 없게 되었다.

4. 사회적 변화

과거 사회에 대해 우리가 알고 있는 것은 많은 부분은 당시 엘리트들의 저작과 정부 문서에서 온다. 아래 논의에서 나는 엘리트에게 일어난 변화에 초점을 맞추겠다. 그러나 당송변혁기는 엘리트를 넘어선 일반 사람들에게도 영향을 미쳤다. 일반적으로, 당송변혁기를 통하여 전 주민에 대해 보다 높은 수준의 법적 보호가 가능해졌고(농업종사자들도 법정에 설 권리를 갖게 되었다), 경제적 거래도 문서상의 계약에 의존하게 된 것으로 보인다. 간단히 말해서, 대다수의 사람들을 법적 책임을 가진 사회적 행위자로 인식하게 되었고, 그와 같은 새로운 관념이 사적인 유대에 기초한 관계를 대체하게 되었다.[54) 그런데 이 점에서 우리는 두 가지를 주의해야 한다. 첫째는 지역적 차이가 존재했다는 사실로, 보다 발전된 지역에 있는 평민(commoners)들이 보다 큰 권리를 향유하였다. 둘째는 법적 체계는 소작인보다 지주의 편을 들었다는 사실로, 지주에 대한 소작인의 범죄는 소작인에 대한 지주의 범죄보다 더 엄하게 처벌되었다.[55)]

그러면, 누가 엘리트였나? 그들 자신의 용어에 의하면 엘리트는 사士였다. '사'는 정치적·문화적 삶에서 지도적 역할을 하는 사회의 상위계층을 의미하는데, 그러한 '사'의 용법은 1050년 당시 이미 1,500년의 역사를 가진 것이었다. 그런데 '사'가 된다는 것이 무엇을 의미하는가는 역사적으로 변화해왔다. 11세기 중엽에 정치적 용어로서의 '사'는 정부에서 일한다는 것, 즉 사대부가 되는 것을 의미하였다. 문화적인 용어로서의 '사'는 정부에서 일할 사람에게 걸맞은 교육을 받았다는 것을 의미하였다.(그래서 士를 literatus라고 번역한다.) 사회적 용어로서의 '사'는 교육받은 적이 있고 정부에서 일한 적이 있는 전통을 가진 가문 출신이라는 것을 의미하였다.[56)] 1050년에 우리의 '사'

54) 葉孝信 編, 『中國法制史』, 205－206, 12－14, 21－27, 40－41. 이 참고자료를 제공한 Liu Guanglin에게 감사한다.

55) McDermott and Shiba, "Economic Change During the Song".

56) Chaffee, *The Thorny Gates of Learning in Sung China*, 39－40; 이에 관련된 토론으로는 Bol, "The Examination System and the Shih" 참조.

는, 비록 과거시험을 치를 필요가 없다고 할지라도, 과거시험을 통해 테스트되는 종류의 교육을 받게끔 되어 있었다. 정부의 관리로 임명될 자격을 갖추게 되면 그는 대개 일단 군이나 현에서 공무원 생활을 시작하게끔 되어 있었다. 그가 지위가 높은 관리의 후원을 얻어 내거나 오랜 기간 동안 낮은 직위의 공무원 생활을 성공적으로 수행해 내면 보다 상위의 행정직으로 승진할 수 있었다. 고위관료를 친척으로 둔 사람들은 '문음門蔭'(protection privilege)을 통해 관료체제에 진입할 수 있었다. 문음제도는 고위관료가 자신의 친족을 위해 관직을 확보할 수 있는 제도였다. 친척 중에 고위관료가 없는 사람들이나 자력으로 처음부터 공무원 세계에 진입하고자 하는 사람들, 보다 그럴싸한 커리어를 쌓고 싶은 사람들은 점점 경쟁이 심해지고 있던 과거시험을 치러야만 하였다.

1050년대에 이르자 송나라 행로의 결과가 분명해지기 시작하였다. 정부는 사士들이 과거시험을 보도록 권장하였고, 군과 현에다 과거시험을 위한 교육을 위해 학교를 세우라고 요청하였다. 수험생들 수는 극적으로 늘어나기 시작하였으나, 공무원이 될 수 있는 기회는 늘어나지 않았다. 일부 사람들은 이제 문음제도를 통한 관리선발을 줄이고 과거시험을 통해 보다 많은 관리를 선발해야 될 때가 왔다고 생각하였다. 다른 사람들은 과거시험을 칠 수 있는 자격을 보다 강화해야 한다고 주장하였다. 또 다른 사람들은, 만약 정부가 보다 많은 일을 해 내기 원한다면 공무원 자리 자체를 반드시 늘려야 한다고 생각하였다. 그러나 분명한 사실은, 과거시험제도는 정치적 야심을 가진 사람들의 수를 점점 더 늘어나게 하고 있는 반면, 실제로 관직을 얻을 수 있는 전망은 점점 줄어들고 있었다는 것이다. 나중에 살펴보겠지만, 지방사회에는 자신들이 받은 교육 때문에 스스로를 '사'라고 생각하는 사람들이 다수 존재하고 있었는데, 이들은 정부의 권위에 위협이 되는 존재인 동시에 자신의 학설을 들어줄 청중을 찾던 이들에게는 청중을 제공하는 존재이기도 하였다.

송나라의 '사' 일부는 당나라 때에는 '사'라는 존재의 의미가 매우 달랐다는 사실을 잘 알고 있었다. 맨 꼭대기에는 거대한 사족(great shi clans)—정부의 후원을 받는 귀족계급에 가까운 어떤 집단—의 과두정치체제(oligarchy)가 당나라 정부를 지배하고 있었다. 그들은 수세기에 걸쳐 조정에서 봉직하면서 동급의 다른 가문과 통혼을 해 온 가문들이었다. 755년까지 조정은 가문의 등급을 기록한 전국적인 리스트를 만들어 유지했고 관직에 지원하는 이들의 족보를 체크하는 관청도 있었기 때문에, 이들 가문은 자신들의 지위를 확신할 수 있었다. 당나라의 거대 사족은 한때 시골의 거대 영주이기도 했으나, 자신들의 지방지배력을 조정의 관직과 녹봉과 맞바꾸었다. 최상위급 가문은 자신들의 아들이 조정에서 커리어를 쌓기를 기대하면서 지방관직은 그 아래 급의 가문에 맡겼다. 당나라 때에는 문음 특권과 하급직 상층부에서 승진하는 사람들로 대부분의 필요한 관리를 충원하였다.

당나라에서 송나라에 이르는 사 엘리트의 변천을 어떻게 이해할 것인가의 문제는 새로운 이데올로기 프로그램의 청중을 어떻게 생각할 것인가와 관련이 있다.[57] 여기에는 대략 세 가지 견해가 존재하는 것으로 보인다.

가장 초기의 견해이자 한때 가장 영향력이 있었던 견해는 다음과 같다. 정부를 지배했던 거대 사족의 귀족층은 당나라가 망하면서 사라지고 토지를 소유한 평민층으로부터 새로운 '지배계급'(ruling class)이 나타났다. 그들은 경쟁이 심한 과거시험을 통해 정부에 입성함으로써, 당나라 귀족층의 뒤를 이

57) 이와 같은 이슈들은 明清시대에 들어서서도 계속 존재하였다. 檀上寬, 「明清鄉紳論」; 宮澤知之, 「宋代地主與農民的諸問題」; 森正夫, 「宋代以後の士大夫と地域社會」; Tanigawa Michio, "Problems Concerning the Japanese Periodization of Chinese History" 및 「中國社會國家的特質與士大夫的問題」.

었다. 이 새로운 사람들은 학자이자 관료인 엘리트 즉 사대부로서 자신들을 영속시키게 되었다. 그런데 사대부들은 귀족적 혈통은 결여하고 있었다. 당나라 때의 고위관료들은 바로 그 귀족적 혈통 때문에 황제와 사회적 동등자일 수 있었으나, 송나라 관리들은 그러한 혈통을 가지고 있지 않았으므로 자신들이 유일하게 남은 귀족인 군주보다 하위에 있으며 군주에게 의존하고 있다고 생각하였다. 게다가 과거시험제도는 그 최종단계에 가면 왕이 관장하는 전시殿試를 치르게 되어 있었다. 이것은 곧 그렇게 선발된 관리들이 누리는 관직이 군주에게 직접적으로 빚진 것임을 의미하였다. 황제에게 부속된 사대부들은 황제가 추진하는 관료적 권력집중화를 지지하였다. 그러나 그러한 정책이 지주로서의 자신의 경제적 이해를 침해한다는 사실이 드러나자 그들은 국가에 대한 제도적 충성과 자신의 가문에 대한 경제적 충성 사이에서 분열하게 되었다. 궁극적으로는, 그들은 자신의 경제적 이해를 따르는 경향이 있었다. 그들은 부패하였고 이기적이었다. 결국 중국에는 독재군주와 이기적인 엘리트만 남게 되었고, 그로 인해 중국의 근대화는 좌절되었다. 이상과 같은 견해에 따르면, 신유학은 그 어떤 대안도 제공하지 못하고 그 어떤 차이도 만들어 내지 못한 것이었다.[58)]

당나라의 '봉건'귀족이 송나라의 '근대적' 관료제에 자리를 내주었다는 이러한 설명은 곧장 마르크시스트 역사가들에 의해 도전받게 되었다. 마르크시스트 역사가들은 대체로 다음과 같은 견해를 가지고 있었다. 당나라에서는 토지와 노동에 대한 국가의 지배가 이루어졌고, 그로 인해 농민들은 땅에 묶인 상태가 되었다. 즉 국가가 처리하기 좋게끔 된 셈이었다. 관리들은 바로 자신들이 구성하고 있는 국가를 위하여 그러한 주민들을 통제하였다. 당나라 시스템이 붕괴하자 관직 없이도 넓은 영지를 획득하는 것이 가능하게 되었

58) 宮崎市定, 「宋代の士夫」.

고, 그 결과 지주들이 봉건지배계급이 되었다.[59] 국가의 중앙 권위를 증대시키는 것은 생산수단을 통제하고 있는 이들(지주)의 이해에 맞았다. 왜냐하면 그들은 자신들의 이해를 소작인으로부터 보호하고 체제를 정당화할 이데올로기가 필요하였기 때문이다. 그리하여 일부 학자들은 신유학이야말로 그러한 이데올로기를 제공하였다고 주장하였다.[60]

보다 최근에는 사회변화에 대한 제3의 견해가 등장하였는데, 나는 이 세 번째 견해가, 문화, 가족, 정치적 활동, 삶의 현실 등에 대한 송나라 사들의 생각에 더 잘 들어맞는다고 생각한다.[61] 750년대에는 여전히 각자의 도덕적 수준과 문화적 세련도가 대부분 조상이 누구였는가에 의해 결정되었다고 전제할 수 있다. 사족들은 단순히 조정의 관리들에 불과한 것이 아니라, 관리들을 배출해 낼 수 있는 '최고의' 사람들이었다.(실제로는, 당나라 때에는 사족이 아닌 가문 출신을 관리로 등용하는 경우도 있었다.) 혈통은 중요하였고, 그래서 조정은 거대 사족들의 랭킹을 매기고 관직을 구하는 이들의 족보를 조사하였다. 사족들이 표방하는 바를 두고 생각해 볼 때, 정부에 거대 사족이 봉사하는 것은 왕조의 정당성 확보에 도움이 되었다. 그러나 어떤 가문을 거대 사족

---

59) 마르크스주의적 중국사 구분은 1948년 前田直典에 의해 처음 개략적으로 제시되었고, 그의 사후인 1949년에 石母田正에 의해 발전되었다. 石母田正는 송원시기 토지제도에 관한 周藤吉之의 연구를 활용하였다. 이러한 학자들과 그들의 정치적 태도에 대해서는 寺地遵(Teraki Jun)의 「日本における宋.史研究の基調」 참조. 唐宋에 대한 이러한 견해는 또한 仁井陞升의 法律 연구에 힘입었다. 중국 후기제국사에 대한 '東京學派'의 견해는 Grove and Daniels, *State and Society in China*에 번역되어 있다. '京都學派'와 '東京學派' 간의 논쟁에 대해서는 von Glahn, "Imagining Pre-modern China" 참조.

60) 姚瀛艇, 「試論理學的形成」.

61) 이러한 견해에 공헌한 저작들로는 다음과 같은 것들이 있다. Bossler, *Powerful Relations*; Chaffee, *The Thorny Gates of Learning in Sung China*; Ebrey, *The Aristocratic Families of Early Imperial China* 및 *Family and Property in Sung China*; Hartwell, "Demographic, Political and Social Transformation of China"; Hymes, *Statemen and Gentlemen*; Johnson, "The Last Years of a Great Clan" 및 *The Medieval Chinese Oligarchy*. 종합적 논의로는 Bol, *This Culture of Ours*의 제2장 "The Transformation of the Shih" 참조.

으로 만드는 것은 옛날부터 높은 관직을 했던 조상들의 존재였다.

다시 말해, 사회적 엘리트로서의 당나라 거대 사족(the Tang great clans)—그들은 실제로 사회 엘리트였다—이라는 존재를 그들이 관직을 유지하는 데 초점을 맞추고 있었다는 사실과 분리해서 생각할 수는 없다. 왜냐하면 이상적으로 말해서 정치적 권력의 위계와 사회적 신분의 위계는 같은 것이기 때문이다. 그런데 이러한 이상을 실제로 현실에서 구현하기 위해서는 사회 엘리트로서의 거대 사족의 구성원들이 정치적 엘리트에 걸맞은 관직과 품계를 유지하는 것이 가능하도록 제도적으로 뒷받침해 주어야 했다. 이것을 위해 당나라는 많은 사람들이 일종의 관직에 해당하는 신분을 누리게끔 하는 시스템을 만들었다. 관리들은 자신의 아들이나 손자를 정규 관료직에 앉힐 수 없을 경우, 대신 다양한 종류의 '금위군禁衛軍'(천자의 궁성을 지키던 군대 : 역자 주)에 앉히거나 '생도生徒' 신분으로 등록하거나 정부 관청의 전문적 스태프 내에 자리를 마련하곤 했다.(송나라에서는 아니었지만, 당나라에서는 하급관리직인 吏 신분에서 고위관직으로 가는 중요한 루트였다.) 그러한 신분 그룹(status group)에 속하는 사람들은 '유외관流外官' 즉 정규승진의 계통 밖에 있는 관리들이었지만, 관료시스템의 정점에 있는 구품九品으로 승진할 자격을 얻어 결국 '유내관流內官' 즉 정규승진의 계통 안으로 진입할 수도 있었다. 730년에는 (구품에 속하는) 정규관리가 1만 8천 명 정도였고, 이들에 못 미치는 정규계통 밖의 또 다른 관리 범주에 속하는 이들이 14만 명 있었으며, 그 정도의 신분도 가지지 못한 낮은 관직의 공무원이 30만 명 있었다. 749년에 정부는 398개에 이르는 사족 리스트를 만들었다. 그 각각의 사족은 몇 개의 지파를 가지고 있었으며,[62] 그러한 신분을 가진 14만 명의 남자 중에서 6만 명 정도가 생도生徒로 등록되었다. 문제는, 당시의 당나라 과거시험제도는 (일반적으로 귀족

62) Bol, *This Culture of Ours*, 43−45.

에 속하는) 2~30명 정도의 재능 있는 사람들을 경전이나 문학적 능력이 요구되는 조정의 관직에 충원하고자 하였는데, 과거시험에 합격한다는 것은 그러한 임명대상으로 고려될 수 있는 자격이 되었음을 의미할 뿐 자리를 보장하는 것은 아니었다는 점이다. 755년 이후에는 과거시험이 최고 15퍼센트 정도의 문관을 공급하였다.

당나라 시스템의 특징은, 관리가 될 수 있는 사람의 수를 뚜렷이 제한한 반면(600명 정도의 채용인원이면 구품을 충원하는 데 충분하였다), 그들의 많은 친족 구성원들에게도 상응하는 공식 신분을 부여하여 시스템 내로 흡수하였다는 점이다. 이 때문에 거대사족들은 지방에서의 권력을 확보하는 일보다는 정부 시스템의 일부가 되는 쪽으로 관심의 초점을 옮겼던 것이다. 그러나 사족들이 정부에 의존하게 된 것은 결국에 가서는 사족에게 비극이 되고 말았다. 왜냐하면, 당나라가 번진藩鎭에 대한 통제력을 무인들에게 빼앗기고 반란군이 그 도시들을 약탈함에 따라 사족은 문중의 친족들에게 직업과 소득을 제공할 능력을 잃어버리고 말았기 때문이다. 그리고 그러한 상황 하의 지방에서는 혈통이 이전보다 훨씬 덜 중요하게 되었다. 가문을 유지하고 있는 구성원들에게 누군가 보상을 해 줄 사람이 존재하는 한에서만 사족 신분은 의미가 있었다. 왕조가 망하자, 사족은 사라져 갔다.

1050년 경에는 무엇이 달라져 있었는가? 이때가 되면 12,700명의 사람들이 (무관이 아닌) 문관 신분을 보유하고 있었다.(우리는 얼마나 많은 실제 관직이 존재했는지는 알 수 없지만, 어떠한 관직—예컨대 監當官[tax station manager]—은 문관보다 더 하급으로 여겨졌고 문관 대신 무관이 그 직책을 맡았다는 사실을 알고 있다.) 12,700명의 절반 정도 되는 사람들이 정규 과거시험을 통해 품급品級(rank)에 진입하였을 것이고, 30 퍼센트 정도의 사람들이 정규시험에 반복적으로 떨어지는 이들을 위한 특별시험을 통과함으로써 품급을 얻었을 것이다.(이것이 곧 반드시 관직을 얻게 됨을 의미하는 것은 아니다.) 그리고 정확히 알 수 없는 수의 사람들(아마도 30퍼센트 이상의 사람들)이 아버지 혹은 할아버지의 관직에 의해서 품급을 얻었을 것이다. 다시 말해서, 1050년에 이르면 과거시험은 관료제에 들어갈 수 있는 주된 수단이자 고위관직에 오르는 유일한 수단이 되었던 것이다.

이러한 사실은 사의 정체성, 즉 무엇이 사를 사로 만드느냐에 대한 논쟁으로 연결된다. 어떤 사람들은 과거시험이란 사 중에서 관리를 선발하기 위한 것이었으며 사는 사실상 관직을 맡은 역사를 가지고 있는 교양 있는 가문의 사람들을 의미한다고 주장하였다. 다시 말해서 이런 주장을 하는 사람들은 사士를 세습되는 그룹으로 본 것이다. 이것은 대부분의 경우 사족의 선조(great clan ancestry)들에 대해 어떤 주장을 하는 것이 아니라, 국가는 정당한 가치와 정당한 교육, 그리고 공직봉직의 전통을 가진 가문 출신의 사람들에 의해 운영되어야 한다는 관념에 관한 주장이었다. 상업을 통해 재산을 축적한 사람들이나 공직봉직의 전통을 가지지 않은 가문들은 거기에 속하지 않았다. 그런데 다른 이들은 이와 다른 주장을 하였다. 과거시험은 교육과 재능을 테스트하는 것이므로, 사에 걸맞은 교육을 받은 이라면 누구나 사로 대접받아야 한다. 다시 말해서, 교육이 누군가를 사로 만들고 정부의 일에 걸맞은 인물로 만든다는 것이다. 이 점은 공직봉직의 전통을 가지지 못한 집안들이 살고 있던 중국 남부에서 특히 중요하였다.

이 논쟁은 1050년까지도 해소되지 않았다. 어떤 이들은, 사가 된다는 것은 공직봉직을 업으로 삼는 가문에 속함을 의미하는 것이라고 주장하였다. 송나라 창건 이래로 죽 왕조에 봉사하여 온 가문 출신인 사마광은 조정의 관리들로부터 최다의 추천서를 받은 이들만이 과거시험을 칠 수 있게 하자는 주장마저 하였다![63] 또 현직의 관리들은 과거시험 첫 단계에서 자기 자식들이 심한 경쟁을 거치지 않아도 되도록 다양한 종류의 특별시험을 개발하였다.[64] 이런 식의 전개는 결국 새로운 국가 귀족을 만들게 되는 셈이었다. 그런데 실제로는 왜 그러한 일이 일어나지 않았는가?

그러한 일이 일어나지 않은 이유는 대안적인 모델을 두고 실제적인 합의가 이루어졌기 때문이다. 통치하는 사람들은 가장 재능 있는 사람들이어야 한다, 재능은 교육을 통해 길러질 수 있다, 최고의 인재를 뽑기 위해 경쟁시험이 있어야 한다. 이러한 대안적 모델 때문에 가문들은 후손의 안녕을 위해 품급과 관직에만 의존하기는 어렵게 되었다. 게다가 1050년 경에는 과거시험의 맨 첫 단계인 해시解試(the entry-level prefectural examination)와 예부시禮部試(the capital examinationms)가 모두 수험자의 이름을 공개하지 않고 채점하는 시스템으로 바뀌었다. 그리하여 시험관들은 자신들이 합격시키는 사람들이 과연 자신들이 선호하는 배경을 가진 이들인지 확신할 수 없었다.(당나라 때에는 수험자의 신분을 알 수 있었다. 수험자들은 시험 전에 의례히 자신들이 쓴 글을 시험관들에게 돌렸다. 이러한 상황에서 과거시험은 시험관들의 총애하는 사람들이 누군지 비교해 볼 수 있는 기회를 제공하였다.) 주와 현에서 지방 학생들이 과거시험을 준비할 수 있게끔 학교를 설립함에 따라 시험을 준비할 기회 역시 늘어났다. 그러나 그러기 이전에 이미 시험 보려는 사람들 수는 꾸준히 늘어나고 있었다. 게다가 정규 9품 관리 이외의 많은 공식 관리신분 그룹을 지원하는 옛 당나라 제도도 이미 사라진 상태였다. 예컨대 리吏(clerk)는 정규승진 계통의 밖에 있었기 때문에 리吏가 되었다고 해서 바로 9품으로 승진할 수 있는 자격이 주어지는 것은 아니었다. 비록 때때로 조정이 잉여의 사士들을 리로 임용하기는 하였지만, 리가 된다는 것이 사가 되는 것의 명예로운 대안이 될 수

63) 〔宋〕司馬光, 『司馬文正公傳家集』, 권40, 517.

64) Chaffee, *The Thorny Gates of Learning in Sung China*, 95－115.

있다고 보는 사람은 거의 없었다.65) 수도의 태학太學에서 한 자리를 차지하고 있으면 모를까, 생도가 된다는 것 역시 특별한 신분을 가져다주는 것이 아니었고, 1050년에 이르면 그나마도 관리의 자식들에게만 제한적으로 주어지는 특권이 아니게 되었다. 요컨대, 정부는 더 이상 모든 사 가문 구성원들에게 명예로운 관리 경력을 제공해 줄 수 없었다. 게다가 과거시험 첫 단계를 합격한 학생들의 호구에게 요역의무를 면제해 주자, 더욱 많은 집안들이 자식들에게 과거시험공부를 시켰다.66)

이리하여 사 집안은 문제에 봉착하게 되었다. 정부가 자신들을 위해서 다른 이들을 배제해 가며 혜택을 베풀어 주거나 자식들에게 명예로운 커리어를 제공하지 않는다면, 달리 어떤 식으로 후손들이 사 신분을 유지할 수 있게끔 도와야 한단 말인가? 12세기의 문인이자 시인이었던 육유陸遊는 가문이 후손에게 무엇을 바라는 것에 대해 다음과 같이 말하였다.

> 그들의 먹을 것과 입을 것이 풍성해지기를 바라고, 제 나이에 결혼하기를 바라고, 그들이 사士가 되어야지 수공업자나 상인으로 전락하지 않기를 바라고, 리吏로 강등되거나 도교나 불교의 승려가 되고자 속세를 떠나는 일이 없기를 바란다.67)

만약 매 세대마다 정부에서 봉직하지 않는다면 엘리트 가문은 어떻게 사로서의 신분을 유지할 수 있을 것인가? 적어도 12세기 중반에 이르면, 이 문제에 대한 해결책이 남부에서 만들어졌다.

그 해결책에는 새로운 사회적 관습이 포함되었고, 또 사가 된다는 것이 가지는 의미를 새로이 개념화하는 일도 포함되었다. 그러한 해결책은 결과적

65) James T. C. Liu, “The Sung Views on the Control of Government Clerks”.
66) 近藤一成.「蔡京の科擧・學校政策」.
67) 〔宋〕陸遊,『陸放翁全集』, 권21, 124, “若推上世之心, 愛其子孫, 欲使之衣食給足, 婚嫁以時, 欲使之爲士, 而不欲使之流為工商, 降為皂隸, 去為浮屠老子之徒.”

으로 사 가문의 지방공동체를 형성하는 일을 수반하였다. 당 초기에 거대 사족은 정부에 품급을 가진 지방 권귀權貴(local magnates)로부터 관료적 귀족(bureaucratic aristocracy)으로 변신하였는데, 송나라에서는 궁극적으로 사 계급이 정부에서 봉직하는 사로부터 지방 사 엘리트로 변화하였다. 이 지방 엘리트 남자들은 과거시험을 위한 교육을 받았지만, 합격은 매우 드문 일이었다. 그들은 정부의 관직을 원했으나 실제로 관직을 얻기는 드물었다. 그래서 그들은 지방사회에서 중요한 역할을 수행하게 된다. 이러한 변화는 사회운동을 통해 두 가지 방향으로 일어났다.

첫 번째 방향은 지방의 유복한 가문들이 사 신분으로 승격된 것이었다. 이것은 사가 되기 위한 필수조건이 더 이상 관직봉직이 아니라 과거시험이 테스트하는 종류의 교육을 획득하였느냐 여부가 되면서 생긴 변화였다. 송나라 후기의 경세사상가 섭적葉適은 다음과 같이 말하였다.

> 보통사람 모두가 사가 될 수 있다. 그러나 모든 사람이 그렇게 되지는 않는다. 그리고 모든 사가 다 관리가 되지는 않는다.[68]

지방학교(州學과 縣學)의 수가 계속 늘어나자, 12세기에 정부는 그러한 학교에 등록한 이들의 가문에 대해서 세제 상의 특전을 주었다. 그러자 자신들의 고향에서 오랜 기간 부와 권력을 누려 왔던 가문들은 교육에 투자하기 시작하였다. 즉 사士로 변화하기 시작하였다. 그렇게 하는 것이 그들의 이익에 부합하였기 때문이다. 이것은 절강 동양현東陽縣의 곽郭씨 집안에 대한 이야기에 잘 드러나 있다. 12세기 중엽에 그 집안의 친구가 전해 주는 이야기는 다음과 같다. 곽씨 집안의 조부 곽언명郭彥明은 엄청난 재산을 모아, 수천

68) 陳雯怡, 『由官學到書院』, 361, "民得盡爲士也, 而不盡爲士. 士不得盡爲公卿也"로부터 인용.

명의 사람들이 그의 토지에서 일하였다. 그리하여 곽씨 집안은 그 지역의 유지로 널리 알려졌다. 그러나 권세 있고 부유하고 똑똑하다고 해서 이웃의 질투를 피할 수 있는 것은 아니었다. 곽씨 집안이 법을 어겼을 때, 사 집안들까지도 나서서 그들이 곽씨 집안으로부터 빼앗을 수 있는 최대한의 재물을 빼앗아 갔다. 이 이야기를 서술한 이는 두 가지 이유에서 과거시험이 중요하다고 설명한다. 지역유지의 관점에서 볼 때, 과거시험은 사에 속할 수 있을 수단으로서 지역유지의 이해를 보다 잘 보호할 수 있다. 공공선의 관점에서 볼 때, 그것은 권세 있는 집안들이 지방 사의 용인을 받기 위해 자신들의 행위를 조율하게 될 것이라는 점이다. 곽씨 집안은 결국 이 점을 알아차렸다. 집안의 아들은 손자의 과거시험 교육을 준비하였고, 손자 중의 한 명은 당대의 지도적인 사와 한편이 되었다.[69] 또 다른 자료를 통해 우리는 이 집안이 동양현에 있는 서원의 가장 중요한 후원자가 되었다는 것을 알 수 있다.[70]

두 번째 변화의 방향은 관리가문이 지방사회에서 자신들의 지위를 공고히 하기 위해 더욱 많은 노력을 들이게 되었다는 점이다. 아들들을 관직에 내보는 데 꾸준히 성공해 오던 가문들은, 11세기에 이르자 새로운 환경에 봉착하였다. 즉 가문이 대대로 관직봉사를 할 수 있으리라는 보장이 없어지게 된 것이다. 이러한 상황 속에서 그들은 자신들의 사회적 지위를 유지하는 데 주의를 기울이기 시작하였다. 그들이 취한 방식은 다음과 같은 것들이었다. 그들은 관료적 동맹관계를 맺기 위해 타 지역 출신의 관료들과 통혼하기보다는 같은 고향 출신의 다른 지도적 지방사족과 통혼함으로써, 그리고 사회적·문화적 생활영역에서 보다 큰 역할을 맡음으로써 고향에서의 입지를 공고히 하고자 하였다. 다음의 예는 그러한 가문 단위의 전략을 잘 보여 준

69) 〔宋〕陳亮, 『陳亮集』, 권34, 457.
70) Bol, “Zhang Ruyu, the Qunshu kaosuo, and Diversity in Intellectual Culture”.

다. 호칙胡則(963~1069)은 (東陽 근처의) 영강현永康縣 출신으로는 처음으로 과거시험에 합격하여 중앙의 높은 관직에 올랐다. 은퇴하게 되자 그는 영강현으로 돌아가지 않고 절강의 행정중심인 항주로 이사하였다. 그곳에서 그는 쉽게 다른 고위관리와 접촉할 수 있었고 자식들을 위한 인맥을 만들 수 있었다. 한편 호씨 집안의 다른 사람들은 영강현에 머물렀는데, 12세기에 들어 몇몇 영강의 호씨 가문 구성원들이 과거시험에서 성공했을 때조차 그들은 영강현에 그대로 머물면서 지방친족들과 유대를 강화하고자 하였다. 그들의 후손은 지역사회의 권력자로 남아 오늘날까지 이어지고 있다.[71] 11세기까지만 하더라도 영강현과 같은 지역에서 자식들을 같은 신분의 가문과 결혼시키고자 하는 관리들은 결혼상대를 먼 곳에서 찾아야만 했다. 그러다가 12세기에 이르러 영강현 지역의 관료와 사 가문의 수가 늘어나게 되면서 지역 내에서 같은 신분끼리의 결혼 파트너 찾기가 훨씬 용이해지게 되었던 것이다.[72] 물론 남부의 모든 곳이 영강현 같지는 않았다. 11세기에 이미 기성 관료가문이 많았던 고장인 강서江西 같은 곳에서는, 대외적으로 결혼 상대를 찾기보다는 지역 내에서 결혼하고자 하는 경향이 북송에서 남송기로 넘어가면서 이미 관찰된다.[73]

지방에서 지역기반을 만드는 일이 쉽지 않은 경우들도 있었다. 북송이 망함에 따라 남부로 피신하는 데 성공한 북부 관리가문들은 정착할 장소가 필요하였다. 그에 따라 곽씨 집안처럼 사 신분이 되기를 열망하는 힘 있는 가문들과 통혼하여, 그러한 결혼을 통해 얻게 되는 사회적 신분상의 이익을 얻을 필요가 있었다. 신유학을 전파하는 데 일익을 담당했던 학자 겸 관리 여조겸呂祖謙(1137~1181)은 북송대의 화려한 관료가문 출신이었다. 여진족이

71) Bol, "Local History and Family in Past and Present".

72) 이러한 견해는 본질적으로 Bossler, *Powerful Relations*에서 제시된 것이다.

73) Hymes, *Statesmen and Gentlemen*.

개봉을 장악하자, 여조겸의 가문 중에서 여조겸이 속한 지파는 남쪽으로 이주하여 금화金華(永康 근처)에 정착하였다. 그곳의 지방정부는 그들에게 집을 빌려 주었다. 여조겸의 아버지는 여조겸을 자신의 동료 관료의 딸과 결혼시켰지만, 여조겸(여조겸도 과거시험을 통과하여 일정 기간 동안 관직을 맡았었다) 자신은 딸을 새로 정착한 그 지방의 부호 가운데 한 명의 아들과 결혼시켰다. 그 상대 가문은 바로 전대에야 사士로서 자리매김한 가문이었는데,[74] 여조겸의 가문은 경제적 기반이 튼튼하지 못하여 거대 지방사족(the great local families)의 일원이 되지 못한 상태였다.

이런 식으로 되어 갈 바탕이 이미 만들어진 상태였긴 하지만, 1050년의 사가 이러한 전개를 예측했을까? 12세기의 관찰자들은, 과거에는 화려한 혈통과 고위직 간의 결혼이 더 중요한 요소였음을 잘 알고 있었다.[75] 그러나 1050년에 이르자, 사의 숫자가 늘어나고 있다는 사실, 남부 가문들 사이에 경쟁이 격화되고 있다는 사실, 그리고 이러한 조류 배후의 가장 중요한 요인은 부의 증가와 교육의 확대라는 사실이 분명해졌다. 12세기 시작 무렵, 정부는 학교에 투자하며 학생들을 지원하고 있었다. 송나라에서 '사'라는 용어는 오직 관직에 종사하거나 종사할 자격이 있는 사람에게만 적용될 수 있으며, (명청대에는 매우 많은 종류의 합격 단계가 있었던 데 반해) 송대에는 오직 진사합격만이 그러한 자격으로 간주될 수 있었으므로 사의 숫자는 매우 제한될 수밖에 없다는 주장을 펴온 학자들이 있다. 이러한 견해에 따르면, 사의 거대한 팽창은 1447년—이때 명나라 정부는 지방 합격후보생의 특별권리가 주어질 수 있는 학생수 제한을 없애 버렸다—에 이르러서야 일어나는 현상이 된다.[76]

---

74) 즉 潘景良의 가문. 〔宋〕呂祖謙, 『東萊呂氏集』 附錄, 권1, 1a－8a. 북방에서 남방으로 피신한 가문들에 대해서는 吳松弟, 『北方移民與南宋社會變遷』 참조.

75) 〔宋〕鄭樵, 『通志』의 「氏族略」 서론 부분.

76) 吳金成, 『明代社會經濟史硏究』.

그러나 나는 그와 같은 주장보다는 북송대 말에 이미 사의 거대한 팽창이 일어났다는 주장이 더 설득력 있다고 생각한다. 북송대 말에는 167,662명에 달하는 생도들이 관학에 등록되어 있었고 정부는 1백 50만 에이커가 넘는 땅으로부터 거두어들인 전조田租를 가지고 학생들을 지원하였는데, 그에 대한 연간 액수는 약 삼백만 관이라는 수치에 달하였다.77)

남부에서의 지방 사의 공동체의 성장은 몽고침략을 거치면서도 지속되었다. 여기서 학교의 역할은 명백하다. 복건·절강·강서·호남지역에서는 80퍼센트에서 100퍼센트에 이르는 현縣이 학교를 가지고 있었고(미완의 관련 자료에 따르면, 북부지방에서는 10퍼센트에서 25퍼센트 정도의 현만이 학교를 가지고 있었다), 그 밖에 350개의 사립학교가 있었다고 한다. 그 중 대부분은 1126년에 생긴 것이다.78) 남송에서 삼년마다 치러지는 향시鄕試(prefectural examination) 응시생의 숫자는 놀랄 만하다. 복건의 복주福州에서 2만 명 이상, 복건의 건녕建寧에서는 만 명 이상, 강서의 길주吉州에서는 만 명 이상, 절강의 엄주嚴州에서는 7천 명 이상, 절강의 또 다른 주州에서는 7천 명과 8천 명이었다.79) 이러한 숫자들을 염두에 두면 어떻게 해서 1250년에는 무려 40만 명의 응시생이 시험을 치르는 것이 가능했는지를 이해할 수 있다. 이러한 상황에 이르면, 그 사람들이 사士라고 불릴 수 있다는 데는 모두가 동의하였다. 그 중 누군가가 실제로 관직을 얻을 확률은 미미하였지만, 가문들이 족보를 편찬하고 친족관계를 강화함에 따라 시험응시생이 시험을 합격하고 관직을 가진

---

77) 학교에 등록한 학생 수에 대해서는 〔宋〕葛勝仲, 『丹陽集』, 권1, 2b－4b 참조. 宋나라 徽宗시기의 교육제도 변천에 대한 권위 있는 설명으로는 袁征, 『宋代教育』, 120－151 참조. 近藤一成(「蔡京の科擧・學校政策」)는 학교의 증가와 減稅는 士의 확대에 직접적으로 공헌했다고 주장한다. 吳金成의 견해에 대한 반론으로는 高橋芳郎, 『宋代の士人身分について』 참조.

78) Chaffee, *The Thorny Gates of Learning in Sung China*, 136－137.

79) 梁庚堯, 『宋代社會經濟史論集』, 626－629.

누군가의 친족이 될 가능성은 점점 더 높아졌다.[80]

관료가문에서 교육받은 이들의 공동체로서의 사의 정체성이 변화하는 데는 교육의 보급이 큰 역할을 하였는데, 여기에 덧붙여 출판 또한 중요한 역할을 하였다. 1050년에 이르러 우리의 사士는 활자본으로 된 책을 읽었을 것이다. 그는 그 책을 관립학교의 도서관이나 상업적인 서점에서 산 뒤 집에서 읽었을 것이다. 반면 750년의 사士는 오직 필사본으로 된 책을 읽었을 터인데, 이 역시 장기적 경향이었다. 북쪽에서는 932년에서 953년 사이에 130권 분책의 형태로 국자감國子監(National University)이 유교 경전 세트의 출판을 완료하였다. 남쪽에서는 지방관청이, 그리고 점점 더 상업적인 기업이 책을 출판하였다. 11세기 말에 이르면, 다양한 판본의 경전, 주석, 불교·도교 전적, 역사서, 정치 관련 서적, 철학 소논문, 문학선집, 개인문집 등을 살 수 있었다. 활판본이 1050년에 발명되어 때때로 사용되었으나, 대부분의 출판은 목판본이었다. 페이지 전체를 쓴 다음에 목판에 종이를 붙이고, 글씨 주변의 공간을 도려내고, 그 판에 먹을 묻혀서 한 페이지를 만들어 내는 것이다. 이 시스템의 가장 큰 장점은 일단 목판이 만들어지면 수요만큼 책을 찍어낼 수 있다는 점이다. 어떤 이들은 자신들의 원고를 도시의 유명 출판업자에게 보냈다. 다른 한편, 장인들은 일감을 찾아 가문, 학교, 절, 혹은 관청을 다녔다. 결국 많은 장소에서 책—특히 수험서와 종교서적—을 찍어 내게 되고, 새로운 책을 출판하기 위한 경쟁이 일어나 종종 다른 출판업자가 낸 판본의 해적판을 찍기도 하였다.[81]

그 결과, 송나라는 당나라에 비해 더욱 식자층이 늘어나고 출판이 활성화된 나라가 되었다. 우리는 2,200명 정도의 당나라 시인 이름을 알고 있지만

80) Bol, "The Examination System and the Shih".

81) Chia, *Printing for Profit*.

송나라의 경우는 9,000명이 넘는다. 약 10,000명에 달하는 송나라 사람의 산문이 남아 있는 데 비해 당나라의 경우는 그 1/4 정도 밖에 되지 않는다. 물론 이것이 아무래도 후대인 송나라 저작이 남아 있을 가능성이 더 크다는 사실을 반영한 것일 수도 있지만, 그래도 그 차이는 송대의 보다 커진 경향에 걸맞은 것이다.82) 전국적인 식자 엘리트의 규모가 더 커졌을 뿐 아니라, 송대 식자 엘리트들은 더 많은 정보를 가질 수 있었다. 주학州學이나 현학縣學들은 정치적인 중심과 연결된 커넥션을 통하여 학생들에게 지방관리가 될 수 있는 길을 열어 주었다. 정보를 얻을 수 있는 또 다른 방법도 있었다. 11세기 후반이 되면 조정저보朝廷邸報(official court gazette)를 주州(prefecture)에 배분하는 시스템이 확립되었고, 지방정부는 벽보를 통해 공중에게 새로운 규칙과 절차를 알릴 의무가 있었으며, 공적인 커넥션이 없는 사들에게 정보를 제공하기 위해 사적으로 출판된 문건들도 있었다.83) 공식적으로는 금지되었음에도 불구하고 출판업계는 시사에 관련된 정부 문서들을 출판하였고, 그런 경로를 통해 지방 사 공동체는 시사에 대한 정보를 얻을 수 있었다.84) 사적・공적 출판은 지속적으로 확대되었다. 절강 무주婺州(금화, 동양, 영강현을 포함하는)의 경우, 송 이전 시기에는 열 명도 안 되는 저자(author)가 있었으나 송대에는 약 150명의 저자에 대한 언급이 있다.85)

1050년에 '사'는 여러 가지로 인해 자신이 750년의 '사'와는 다르다는 사실을 알 수 있었다. 그는 더 이상 수세기 이전부터 내려오는 혈통을 가진 가문의 후손이라는 사실을 주장할 수 없었던 반면, 문관행정계통이 거의 전적으로 '사'라는 정체성을 가진 사람들 손에 들어가 있음을 알았다. 그는 학學을

82) 王水照, 『宋代文學通論』, 46－47.
83) 朱傳譽, 『宋代新聞史』, 1장－4장.
84) De Weerdt, "Byways in the Imperial Chinese Information Order".
85) 〔淸〕胡宗楙, 『金華經籍志』에 실린 기록에 기초함.

사 정체성의 핵심으로 간주하며, 따라서 '학'이야말로 관직으로 향한 최고의 길이라고 생각할 것이다. 그러나 동시에 그는 경쟁이 점점 더 심해지고 있고, 자신이 보다 부유하고 보다 상업화된 세계에 살고 있으며, 국제관계, 지역발전, 교육이 정부의 핵심 관심사라는 것을 알고 있었다. 그리고, 다음 장에서 살펴보겠지만, 상당히 많은 수의 사들이 '사'가 이 모든 사안을 어떻게 생각해야 할지, '정부'는 당대의 문제들을 어떻게 대응해야 할지에 대해 저술을 남기고 있었다. 사의 일부는, 현재의 정책은 관료제가 흡수할 수 있는 한도 이상으로 많은 관직지망생들을 만들어 내고 있으므로 실질적 임명을 받지 못한 관리들의 수를 줄여야 한다고 요구하였다. 그러나 또 다른 사람들은 인재들이 증가하고 있는 만큼 정부의 크기를 늘려서 그 힘을 보다 나은 사회를 만드는 데 사용해야 한다고 주장하였다. 이것이 바로 왕안석과 그의 후계자들이 취한 입장이었다. 그들이 행한 신법은 한 세대도 지나기 전에 관리의 숫자를 두 배로 만들었다.

1050년만 해도 여전히 사는 정부에서 일하는 것을 자신의 소명으로 생각할 수 있었다. 그 당시만 해도 정부 이외의 대안이 무엇일지에 대해 심각하게 고려하는 사람은 거의 없었기 때문에, 해결책은 사의 수를 줄이거나 정부의 크기를 늘리거나 둘 중의 하나였다. 그러나 12세기 말에 이르면, 남부에서는 둘 중 어느 쪽도 실현되지 않았다는 것이 분명해졌다. 교육의 기회가 늘어나고 사의 숫자도 계속 늘어났으나 관료제의 크기는 1050년 수준에 머물러 있었다. 그리고 관직을 가진 이들은 자신들의 후손에게 이득을 주기 위해 새로운 수단을 개발하였다.[86] 남부의 새로운 사회질서는 사를 제 위치를 지킬 수 있게끔 만들어주었으나, "사란 곧 관직에 봉사하는 이"라는 인식은

86) 門蔭 사용의 증가, 관리 후손들에 대한 경쟁에 기반한 자격시험의 감소는 Chaffee가 말하는 '공평원칙의 실패'를 낳았다. Chaffee, *The Thorny Gates of Learning in Sung China* 참조.

훨씬 더 약해졌다. 사가 지속적으로 증가함에 따라 점점 더 많은 수의 학자들이 지원을 얻게 되었다. 유복한 가문들은 사적인 선생(private teacher)을 원하였고, 서원은 학생들을 끌어들일 유명한 이름을 필요로 하였으며, 출판업자는 저자를 필요로 하였기 때문이다. 그러나 이제 사들은 점점 더 자신이 속한 지방에 관계하게 되었다. 1050년 남부에는 송나라 통치를 경험한 세대가 세 세대에 머물렀는데, 1200년에 이르자 여덟 세대가 있게 되었다. 이로 말미암아 교육과 관직봉직의 역사를 가진 지방 가문의 수는 늘어났다. 그런데 그러한 사람들이 늘어나다 보니, 고향을 떠나서 관직을 얻은 '사'가 되어야 할 이유도 점점 더 사라져 갔다.

이것은 다음과 같은 두 결과를 빚었는데, 신유학자들은 다른 이들보다 더 성공적으로 이 결과들에 부응하였다. 첫째, 스스로를 지방관리와 동급으로 보는 가문의 수가 지방에 늘어나면서, 그들은 지방정부의 행동범위를 제약하게 되었다.[87] 둘째, 이 지방 사 가문들은 스스로를 단결된 행동을 할 수 있는 공동체로 간주하게 되었다. 한 걸음 더 나아가, 일부 신유학자들은 그러한 행동을 통해 사회를 밑바닥부터 변혁시킬 수 있다고 생각하였다.

87) 이것은 柳立言의 「何謂唐宋變遷」이 제공하는 많은 통찰 중의 하나이다.

제2장 새로운 기초를 찾아서: 11세기

1050년에 아직 젊은이였을 우리의 사士에게로 다시 돌아가 보자. 당나라의 질서는 더 이상 부활될 수 없다고 그가 결론 내렸다고 가정해 보자. 그리고 그가 자신과 자신의 나라에 관하여 야심에 차 있었다고 가정해 보자. 즉 단지 과거시험에 합격하여 벼슬을 하는 정도를 바라는 데 그치는 것이 아니라 당시 사회가 공유할 수 있는 어떤 목적을 정의해 보려고 했다고 가정해 보자. 해답을 찾아 주변을 둘러보면, 곧바로 그는 시대의 목표가 무엇이어야 하는지, 그 목표가 어떻게 달성될 수 있는지에 대해 많은 사들의 견해가 일치하고 있지 않다는 것을 알게 될 것이다. 이 장은 그 논쟁들의 전개를 추적하고, 그 논쟁 속에 일세대 신유학자들을 위치시키고자 한다. 그러한 목적을 위하여, 11세기의 이데올로기적 논쟁을 형성한 세 가지 순차적인 경향에 대해 토론해 보겠다.

첫 번째 경향은 학學의 정치화(politicization of learning)이다. 사의 정치적 커리어 상 과거시험의 점점 중요해지자 과거시험을 개혁해야 한다는 요구 역시 증대하였다. 과거시험이 검증하고자 하는 내용을 바꾼다는 것은 곧 사들이 무엇을 배워야 하는지, 즉 사들이 정치, 문화, 도덕에 대해 생각하는 바를 바꾸는 일이라는 사실이 처음부터 드러났다. 당시에는 송나라의 성취 목표가 무엇인가를 두고 전국적인 차원의 논쟁이 벌어지고 있었다. 과거시험 개혁 논의는 그러한 전국적 논의의 부산물이었다. 동시에, 사의 커리어가 과거시험에서의 성패 여부에 달려 있었기 때문에, 과거시험을 둘러싼 논쟁은 송나라의 성취 목표를 두고 이루어지는 전국적 논의의 원인이 되기도 하였다.

두 번째 경향은, 제국의 이데올로기적 기초의 해체였다. 11세기 중엽의 지식인들은 당나라 시절에 제국을 정당화하였던 역사와 우주에 대한 사상들을 차츰 해체하였다. 전기제국(한나라와 당나라를 지칭: 역자 주)의 모델을 해체했다고 하여 그것이 바로 새로운 합의로 이어지는 것은 아니었다. 그 이후의 역사 전개를 알고 있는 오늘날의 우리는, 개인이 어떻게 하여 역사와 우주에 연결되어 있는가 라는 문제에 대하여 점차 새로운 믿음들이 등장하고 공유되었음을 알고 있다. 신유학은 분명히 그러한 새로운 믿음들의 형성에 공헌하였다. 그런데, 신유학자들만 새로운 해답을 제시한 것은 아니었다.

세 번째 경향은, 정부를 통하여 이데올로기적 성격을 가진 프로그램을 실현하고자 한 것이다. 북송대 마지막 50년 동안의 대부분을 어떤 한 그룹의 사들—신유학자들이 아니라 왕안석의 신법에 관계한 사람들—이 조정에서 권력을 장악하였다. 그리고 그들은 송나라의 성취 목표에 대한 자신들의 해답을 실제로 시행에 옮겼다. 그들이 수립한 새로운 사회적·경제적 정책들은 사회를 변혁시키고자 하였고, 그들이 새로이 만든 전국적인 학교체제와 커리큘럼은 학에 대한 사들의 접근법을 변혁시키고자 하였다. 그러나 그로 인해 사들은 서로 다른 당파로 나뉘게 되었다. 각 당파는 각기 다른 이데올로기를 신봉하였다. 신유학은 신법에 대한 대안 중의 하나였다. 신유학의 궁극적인 성공은 결국 신법의 거부를 의미하는 것이었으며, 이후 중국 역사에 심오한 영향을 끼쳤다.

1. 사들의 생각, 그리고 과거시험

1050년에 조정을 이끌던 사람들은 이런저런 곤란에 대처하기 위해 근근이 힘쓸 뿐이었다. 그들은 후사가 없었던 황제를 모시며 왕조의 지속성을 유지해 나가고자 하였고, 늘어나는 적자를 감당하며 예산을 맞추어 나갔으며, 북동쪽으로는 거란족, 북동쪽으로는 탕구트 족에 대하여 국경을 방어해야 하였다. 그런데 사들은 당시 가장 유명한 사상가들의 일부가 저술을 통해 이미 훨씬 더 야심적인 목표를 천명하였다는 사실을 알고 있었다. 1020년대에서 1040년에 이르기까지, 그들은 조정이 상황에 대한 통제력을 잃어가고 있다고 비판했다. 대안을 위해서 그들은 황제가 스스로 책임을 떠맡거나, 혹은 적어도 무엇인가 성취해 보고자 하는 이들을 조정으로 불러들여야 한다고 요구하였다. 그들의 수사학적 전략은 다음과 같았다. 일단 자신들의 시대를 고대(저 거대했던 당 제국 말고 그 이전의 고대)에 빗대어 평가하였다. 그리고 당시를 지배하던 치국책은 도가적 이상을 잘못 사용한 것(misplaced Daoistic ideal)에 불과하다고 비판하였다. 즉 그런 식으로 사회에 간섭하지 않고 사람들이 스스로 알아서 하라고 방치하는 것은 위대한 국가에 걸맞지 않는 일이라는 것이다. 이 그룹의 리더 범중엄范仲淹(989~1052)은 소극적인 통치는 이 시대에 맞지 않다고 하면서, 고대에는 "천하에 왕 노릇하는 사람들은 가르침을 통해 친히 사회변혁을 관장하였고, 백성들이 선善을 추구하도록 만들었다"[1)]고 주장하였다. 범중엄 그룹의 선동가이자 빼어난 저술가인 구양수歐陽修(1005~1072)는 1042년 「본론本論」("Essays on Fundamentals")에서 문제를 다음과 같이 설정하였다.

군사적으로 강대하고 경제적으로 부유한 나라, 부유하되 모두에게 공정한

1) 〔宋〕范仲淹, 『范文正公全集』, 권5, 9b, 「帝王好尚論」, "王天下者, 身先教化, 使民從善."

몫의 토지를 나누어 주며 모든 이들의 교육과 도덕적 가르침을 보살펴 주어 사회적 조화가 가득한 나라, 바로 이것이 구양수가 말하는 '고대국가'의 특징이다. 그런데 송나라 이전에 존재한 제국의 어떤 왕조도 이러한 이상을 달성한 적이 없고, 송나라도 아직 그러한 이상을 달성하지 못하고 있다는 것이다. 구양수에 따르면, 고대에 주목해야만 하는 진짜 중요한 이유는 옛사람들이 그러한 이상을 달성하기 위해 견지했던 원칙을 이해하기 위해서이다.

세상일에는 본말本末이 있고, 다스리는 일에는 선후先後가 있다. 요순堯舜의 문헌은 소략하지만, 후세 사람들이 세상을 다스리고자 한다면 반드시 삼대三代로부터 그 모델을 가져와야 한다. 그래야 본말을 추론할 수 있고 선후를 알 수 있다.[2]

범중엄은 호원胡瑗(993~1059)의 가르침 스타일이야말로 온 세상의 모범이 될 수 있다고 생각하였다. 호원은 자신의 학생들이 성인聖人이 되기를 바랐다. 그리고 호원이 생각한 성인은 관조적으로 한 발자국 떨어져서 모든 것을 이해하는 그런 사람이 아니었다.

성인聖人은 만물萬物을 관통하고 만사萬事를 밝히며 사회에 쓰임이 된다. 성인은 황제를 보좌하고 백성들의 복지를 증진시키며 만물을 보다 나은 상태로 만든다. 이것이 성인의 할 일이다.[3]

범중엄, 구양수, 호원은 제대로 된 정부라면 사물의 합당한 질서가 어떠해야 하는지에 대한 비전을 가져야만 하고, 그것을 실현하기 위해 기꺼이 일해야만 한다고 요구하였다. 그리고 그와 같은 이상을 실현하기 위해서는 자신들과 같은 사람들이 권력을 쥐어야 한다고 생각하였다. 실제로 그들은 잠시

2) [宋]歐陽修, 『歐陽修全集』(1961), 外集, 권9, 411－413, "天下之事有本末, 其爲治者有先後, 堯舜之書略矣. 後世之治天下, 未嘗不取法於三代者, 以其推本末而知所先後也."

3) Hon, *The Yijing and Chinese Politics*, 60.

나마 권력을 쥐는 데 성공하였다. 외세의 위협이 강해지고 비판을 수용하지 않을 수 없는 순간이 오자, 황제는 범중엄 그룹을 조정으로 불러들였다. 범중엄이 시행한 정책 중에는 과거시험개혁도 포함되어 있었다. 범중엄은 보다 과감한 아이디어를 가진 사士, 즉 자기 자신 및 자신의 지지자들과 같은 사람들에게 유리하게끔 과거시험을 개혁하였다. 그 개혁 내용은 곧 백지화되었지만, 실권을 잃었어도 범중엄 그룹은 젊은 사들이 배움과 글쓰기에 있어 정치적으로 강한 참여적 태도를 취해야 한다고 요구하였다. 범중엄 그룹의 설득력은 점점 더 강해졌다.

고위관리를 친척으로 두지 않은 한, 1050년 경에 공직을 맡고 싶은 사는 과거시험을 준비해야만 하였다. 해시解試나 성시省試의 경우 이제 시험 치는 이의 신원을 공개하지 않게끔 답안지가 작성되었다.—시험관이 채점하기 전에 아전들이 시험지를 다른 종이에 베껴 썼고, 이름 대신 번호가 부여되었다.— 즉 응시생이 누구인가보다 응시생이 말하는 내용이 더 중요하게 된 것이다. 과거시험에는 두 가지 경로가 있었고, 둘 중의 하나를 택해야만 하였다. 두 경로 모두 당나라 이래로 계속 존재하던 것이었다. 첫 번째 경로는, 하나 혹은 그 이상의 경전과 해당 주석들, 혹은 예전이나 법전, 진한秦漢시기 역사서의 텍스트를 외우는 것이었다. 두 번째 경로는 시와 산문을 짓는 작문능력을 테스트하는 것이었다.

과거시험에서의 경전

1049년, 550명의 급제생이 제과諸科로부터 배출되고, 그로 인해 제과가 가장 인기를 끌게 되었다.[4] 우리의 사士는, 물론 그 또한 일실된 『악경樂經』(*the*

4) 급제생의 숫자는 다음 책에서 얻은 것이다. Chaffee, *The Thorny Gates of Learning in Sung China.*

lost Music classic)을 합하면 육경六經이 된다는 것을 알고 있었고 또 다른 몇몇 텍스트들을 더 추가하면 구경九經이 된다는 것도 알고 있었지만, 경전이라고 하면 바로 오경五經을 떠올렸을 것이다.

오늘날 우리는 그 경전들이 각기 다양한 연대에 산출된 것으로서 일부는 공자 이전의 것이고 일부는 한나라 때 편집된 것이라는 사실을 알고 있다. 학자들 중에는 더러 의심하는 사람이 있기는 했지만, 11세기의 공식 입장은 그 경전에서 주장하는 바의 시대와 저자를 액면 그대로 믿는 것이었다. 그러한 견해에 따르면, 어떤 경전들은 기원전 3,000년 경 나라와 문명이 시작되던 시절에 성왕聖王들이 직접 저술하여 기원전 6세기에 공자에 의해 편집된 것이었다.

『서경書經』(*the Documents*)은 성왕시대로부터 내려오는 텍스트들을 편집한 것으로 간주되었다. 『시경詩經』(*the Odes*)은 옛 찬가, 노래, 시의 모음으로, 국가적인 행사를 축하하거나 그 당시의 정치 수준에 대한 사회적 차원의 정서를 표현한 것이었다. 『역경易經』(*the Book of Change*)은 64개의 괘卦(hexagram : 陽爻[—]와 陰爻[--]가 순차적으로 편성된 6개의 선)와 그에 대한 성인의 설명으로 이루어진 것으로, 점치는 과정과 텍스트 자체의 구조가 자연 흐름의 근본적인 패턴을 구현하고 있다. 그래서 『역경』은 인간사의 결과를 이해하는 지침으로 간주되었다. 『예禮』(*the Rites*)란 흔히 『예기禮記』(*the Book of Rites*)를 지칭하는데, 『예기』는 개념과 실천 모두를 포괄하는 넓은 의미의 예식에 대한 글들을 모은 책이다. 예에 따라 행동하면 사회적 조화를 가져온다고 가정되어, '예악禮樂'이라는 표현은 법과 형벌보다는 '예'와 '악'이라는 비강제적인 수단을 통해 다스림을 의미하였다. 예에 대한 텍스트는 두 개가 더 있었다. 바로 『주례周禮』(*the Rites of Zhou*)와 『의례儀禮』(*the Ceremonial*)이다. 『주례』는 기원전 1,000년 경 주왕조의 구조와 정부에 대한 상세한 설명을 담고 있는 것이었고, 『의례』는 정치적 엘리트를 위한 일련의 예를 상세히 기록한 것이었다. 『춘추春秋』(*the Spring and Autumn Annals*)는 기원전 722년에서 484년에 이르는 연대기로, 쇠망기의 정치적 사건에 대한 공자의 판단을 드러내기 위해 편집된 책이었다. 학생들은 『춘추』를 읽을 때 『춘추좌전春秋左傳』(*the Zuo Transmission of the Spring and Autumn Annals*)이 전하는 역사적 이야기와 함께 읽게끔 되어 있었다. 그 밖에, 『논어』의 표현들을 해석함으로써 정치적 행태에 대한 공자의 판단을 드러내려고 하는 텍스트들인 『춘추공양전春秋公羊傳』(*the Gongyang Transmission*)이나 『춘추곡량전春秋穀梁傳』(*the Guliang Transmission*)과 함께 『춘추』를 읽을 수도 있었다.

한대의 학자들은 조정의 후원 아래 이러한 텍스트들을 '경전'으로 확립시켰다. 그러면서 그들은 그 텍스트들에 대하여 두 가지 주장을 하였다. 첫째, 그 경전들은 성왕이 어떻게 문명을 창조하고 제국을 다스리며 이상적인 통합 사회질서를 창조하였는지를 드러내어 준다는 것이다. 둘째, 성왕이 그러한 일을 해 낸 방식은 후대에도 적용될 수 있다는 것으로, 이는 젊은 구양수가 「본론」을 쓸 때 채택한 생각이었다. 이러한 주장들에 대한 반론은 가능하였다. 실제로 반론이 제기되었지만, 반론 역시 경전을 어떻게 해석해야 하는가에 달려 있었다. 한대의 학자들은 경전에다 방대한 주석을 다는 기술을 발전시켰다. 그러한 주석을 통하여 그들은 정치적 · 개인적 삶의 기준이 어떤 것이어야 하는지에 대한 주장을 전개하였다. 주석 달기는 기원 후 221년 한나라가 개별 왕국들로 쪼개진 이후에도 지속되었다.

약 400년 뒤 당나라가 새로운 통일제국을 창건하자, 조정은 과거의 해석들을 집대성하는 작업에 착수하였다. 그 결과가 바로 『오경정의五經正義』(*The Correct Meaning of the Five Classics*)이다. 『오경정의』는 각 경전마다 하나의 주석을 표준적인 해석으로 채택하고, 지난 수세기 동안 나타난 많은 해석들 중에서 표준에 맞는 것들을 가져와 소疏(subcommentary)를 달았다.

그러나, 그저 경전을 외우고 주석에 대한 지식을 알고 있는 사들로부터 관리를 선발한다는 사실은 어떻게 정당화될 수 있었을까? 고대에 제국을 창건한 기록으로서의 경전은 역사 전개에 관한 당위적인 기초이자 통일제국의 기반인 동시에 제국을 다스리는 데 참여하는 모든 이들에게 필수적인 교육이었다. 당 조정은 다음과 같이 주장하였다.

> 경적經籍은 가장 영험한 것들을 신묘하게 가르쳐 주는 것으로, 성인에게 가능했던 일들이다. 그것을 통해 천지天地를 항상되게 하고 음양陰陽을 조율하며 기강紀綱을 바로잡고 도덕道德을 진흥한다. 겉으로는 세상 사물을 이롭게 할 방법을 가르쳐 주고, 속으로는 개인이 선하게 되게끔 해 준다. 이를 배우는 이들은 번성할 것이고, 이를 배우지 않는 이들은 쇠락할 것이다. 세상을 다스리는 대업大業에서 경적을 존중하면 황제의 덕을 완성할 수 있을 것이고, 평범한 사람이 경적을 외우면 왕공王公의 존중을 받을 것이다. 왕이 영향력을 유지하고 칭호를 널리 퍼뜨리며 교화敎化를 영광되이 하고 풍속을 개선시킴에 있어, 무엇이 이 도道로부터 말미암지 않으리요? 그래서 다음과 같이 말하는 것이다. 사람됨이 온유하고 돈후하다면 그것은 『시詩』의 가르침 덕택이요, 보다 큰 구도를 이해하고 미리 생각할 줄 안다면 그것은 『서書』의 가르침 덕택이요, 포용력 있고 조화롭다면 그것은 『악樂』의 가르침 덕택이요, 깔끔하고 정미하다면 그것은 『역易』의 가르침 덕택이요, 공손하고 존엄하다면 그것은 『예禮』의 가르침 덕택이요, 사안들 사이에서 유비를 해 낼 줄 안다면 그것은 『춘추春秋』의 가르침 덕택이다.[5]

---

5) 〔唐〕魏征・令狐德棻 等, 『隋書』, 권32, 903, "夫經籍也者, 機神之妙旨, 聖哲之能事, 所以經天地, 緯陰陽, 正紀綱, 弘道德, 顯仁足以利物, 藏用足以獨善. 學之者將殖焉, 不學者將落焉. 大業崇之, 則成欽明之德; 匹夫克念, 則有王公之重. 其王者之所以樹風聲, 流顯號, 美教化, 移風俗, 何莫由乎斯道. 故曰: 其爲人也, 溫柔敦厚, 『詩』教也; 疏通知遠, 『書』教也; 廣博易良, 『樂』教也; 潔靜精微, 『易』教也; 恭儉莊敬, 『禮』教也; 屬辭比事, 『春秋』教也."

이런 거대한 주장에도 불구하고 1050년에는 암기에 의존하는 분과의 합격생은 좀 이류 취급, 즉 합격을 위해서는 지력보다는 노력이 더 중요한 분과의 합격생 취급을 받았다. 그러한 분과의 합격 경력을 가지고는 수도의 명예로운 관직을 얻을 가능성은 거의 없었다.

문제는 두 가지였다. 첫째, 당나라 후반부터 학자들은 『춘추』를 위시한 다양한 경전에 대한 개인적인 해석을 저술하기 시작하였다. 그들은 경전이 자신들의 시대에 갖는 함의를 보여 주기 위해, 이제껏 정통으로 여겨지던 당나라 주석들로부터 과감히 이탈하였다. 구양수 및 다른 여러 사람들은 고대의 성왕들과 성인들을 진정으로 이해하기 위해서는 과거의 주석이 아니라 경전의 원문을 읽어야 한다고 생각하였다. 옛 성왕들을 인도한 가치는 무엇이었던가 라고 그들은 물었다. 옛 성왕들은 어떤 사회를 만들었는가? 현대가 그 고대를 따라잡기 위해서는 어떤 변화가 있어야 하는가? 이에 대해서 많은 견해들이 있었지만 새로운 합의는 없었기 때문에, 암기시험은 이러한 새로운 발전상을 그냥 무시할 수밖에 없었다. 봇물처럼 터져 나오는 새로운 주석들이 증거하듯이, 사들은 자신들에게 유의미한 방식으로 텍스트를 해석하기 원했다. 그러나 객관적일 수밖에 없는 암기시험은 텍스트에 정통하고 있는지의 여부만 테스트할 뿐, 텍스트의 의미(meaning)와 적실성(relevance)은 테스트하지 않았다. 1057년에 구양수와 여러 다른 사람들은 과거시험에 세 번째 분과를 만들어서 상황을 타개하고자 하였다. 세 번째 분과는 경전 텍스트에 대한 지식(knowledge) 시험을 여러 구절들의 '대의大義'(great significance)에 대한 논술 시험과 결합한 것이었다.[6] 이 세 번째 분과는 희망했던 것만큼의 호응이 없어서 1073년에 이르러 아예 폐지되었다.

6) 이것이 '明經科'이다. 그런데 이것은 암기 위주의 唐나라 명경과하고는 다르다. 明經科의 제정에 대해서는 〔淸〕徐松 編, 『宋會要輯稿』, 選擧三, 33a－34a.

과거시험공부와 문학

1050년에 우리의 사士는 두 번째 선택을 하였다. 그는 진사進士(literatus presented 〔to the court〕) 시험 분과에서 경쟁할 수 있었다. 이 시험을 치는 사람은 일정한 지식을 암기할 필요가 있었다. 시험에서는 응시생의 『논어』 암기능력을 테스트하였고, 『춘추』나 『예기』에 대한 사실을 묻는 열 개의 질문이 던져졌다. 그러나 진사 시험의 핵심은 문학적 테스트였다. 첫째, 당나라 운율의 엄격한 규칙에 따라서 정해진 주제에 대해 시와 부賦(rhapsody)를 지어야만 했다. 그리고 정해진 주제에 대한 산문을 쓰고, 또 당대 학술이나 정부 정책의 현안에 대한 질문에 대해서 세 개 혹은 다섯 개의 '책策'(treatises)을 지어야 했다.[7] 이 '창의적' 작문을 의무적으로 부과했기 때문에 진사 부문 합격은 특별한 의미가 있었다. 물론 우리의 사士는 (창조적이고자 하는 노력보다는) 아마도 작문을 위해 제시되는 주제를 파악하고 정해진 규칙대로 시를 짓는 과정에서 실수를 하지 않는 데 더 신경을 썼겠지만 말이다. 왜냐하면 너무 잦은 실수를 하면 즉각 불합격이 되기 때문이었다.[8]

누가 정부에서 일할 것인가를 결정하는 데 왜 문학적인 작문을 척도로 사용하였는가? 이에 대해 어떤 정당화 논리가 있을 수 있는가? 당나라 시험에서는 특정 종류의 관직에 국한하여 적은 숫자의 사람들을 시험을 통해

---

7) 과거시험 각 과의 내용, 五代시기의 과거시험모델, 초기의 변천양상에 대해서는 金中樞, 「北宋科擧制度研究(一)」, 2－12 및 「北宋科擧制度研究(續)」, 105－106. 참조.

8) 洪邁(『容齋隨筆』, 권3, 31頁)가 지적하기를, 宋初의 과거시험 응시자들이 주어진 시험 테마의 핵심이나 맥락을 항상 이해할 수 있었던 것은 아니라고 한다.(그래서 응시자들은 출제자에게 질문하는 것이 허락되었고, 몇몇 경우에는 책을 시험장에 가져들어갈 수도 있었다.) 이와 같은 洪邁의 언급은 1005년의 詔書에 의해서 확인된다. 徐松 編, 『宋會要輯稿』, 選擧一, 7b－8a 참조. 葉夢得(『石林燕語』, 권8, 3a－b)에 의하면, 결국에 가서는 경전과 역사로부터 추출된 시험용 구절들이 인쇄되어 응시자들에게 미리 배포되었다고 한다. 葉夢得과 洪邁의 논의는 殿試(palace examination)에 대한 것이다.

선발하였다. 문학적 시험은 박식할 뿐 아니라 문학적 작문 능력이 있는 이를 뽑는 수단이었다. 1050년에 이르면 과거시험은 관리를 충원하는 데 가장 중요한 수단이 된다. 왜냐하면 고위직 관리를 친척으로 두지 않는 한 과거시험을 통하지 않고 문관(civil official)이 될 수 있는 방법은 없었기 때문이다. 이것은 우연이 아니었다. 10세기 말엽에는, 송나라 조정은 특정 종류의 학學에 헌신한 사람만이 국정에 참여해야 한다고 믿게끔 되었다.

당나라에서는, 그리고 1050년에도 여전히, 암기시험에서나 작문시험에서나 공히 '학'을 통해 획득한 것을 테스트하였다. 당시에 이해된 바대로 하자면, 이것은 문文을 테스트함을 의미하였다. 송나라 창건자들이 (무인보다는) 사士를 등용하기 위하여 과거시험을 확대하였을 때, 그들은 "문을 통해 세상의 사들을 널리 초빙한다"[9]고 말하였다. 좋든 나쁘든 그들은 '문을 갖추지 않아 거친'[10] 사람들에게는 관직의 길을 닫아 버리고 있었던 것이다. 이러한 맥락에서, 문은 현재에 모델을 제공해 줄 수 있는 과거로부터의 저술(그래서 경전을 암기하는 것이다)과 훌륭한 문체로 글을 쓸 수 있는 능력(그래서 작문을 하는 것이다)을 의미하였다. '문을 가진' 사람이란 글을 잘 쓰는 법을 아는 사람이었고, 이것은 곧 테스트전통—경전, 역사, 철학적 저술, 각종 문학장르 상의 과거 저자들의 작품—에 박식할 것을 요구하는 것이었다. 그러나 글 잘 쓴다는 것이 곧 세련된 스타일로 시와 산문을 쓸 줄 아는 것을 의미하는 사회에서는, 박식하다는 것이 곧 글을 잘 쓴다는 것을 의미하는 것은 물론 아니었다. 암기시험을 통과한 사는, 한정된 분야에서나마 박식하긴 하겠지만, 가장 높은 문의 형태라고 할 수 있는 '문학적 기술'은 결여한 것으로 간주되었다.

이러한 모든 것들은 우리 사에게 이해 가능한 것이었다. 공자는 일찍이

---

9) "以文廣招天下之士." 麓保孝(Fumoto Yasutaka), 『北宋に於ける儒學の展開』, 33쪽에 인용된 葉夢得의 말이다.

10) 〔宋〕馬端臨, 『文獻通考』, 권35, 322a, "粗陋無文."

좋은 사가 된다는 것이 의미하는 바를 정의한 적이 있는데, 우리의 사는 과거 시험공부를 그러한 의미의 한 측면으로 간주할 수 있었다. 그에게는 높은 수준의 '덕행德行'(ethical conduct)을 유지할 것이 요구되었고, 그는 '효孝'(부모에게 존경심을 보이고, 친척이 죽었을 때는 정해진 촌수에 따라 상을 치르는 일)를 실천하고 잘 정의된 윤리적 표준에 따라서 타인과의 관계를 유지하여야 했다. 그는 잘 교육받을 것이 요청되었다. 그것은 곧 문학文學(文의 획득에 관련된 學)에 관해 성공적이어야 함을 의미하였다. 그리고 그는 '정사政事'(work of government)에 참여하여야 했다.—물론 이는 과거시험에 합격했을 때나 가능한 일이지만.— 이 세 가지는 개인적·사회적·정치적 영역을 대표하는 것으로, 나름의 특색 있는 관점을 표방하는 것이었다. 윤리적 행동이 가장 중요하다고 믿는 사람은 아무리 좋은 글을 써도 행동이 비도덕적이면 그에 대해 반대할 수 있는 것이고, 정치적 사고방식을 가진 사람(the politically minded)은 도덕성에 대한 관심으로 말미암아 정치적 효용을 방해하는 이에게 반대할 수 있는 것이고, 문인은 지적인 교양이 부족하다는 이유로 잘 나가는 정치가에게 반대할 수 있는 것이었다.

송대 초기에 '문', 그 중 특히 문학적 능력을 가진 사람들이 왕조의 성공에 중요하다는 것에 대해 의견의 일치가 있었다. 어떤 사는 다음과 같이 썼다.

> 문文은 세상에서 으뜸가는 가치를 가지고 있다. 왜냐하면, 비록 고금古今이 서로 형태가 다르고 남북南北이 서로 풍속이 다르더라도 그 핵심은 왕의 은혜를 널리 베풀고 아랫사람의 감정을 잘 전하며 성인의 도道로부터 어긋나지 않아서 세상의 임무를 완성하는 것이기 때문이다.[11]

11) 徐鉉, 『徐騎省集』, 권23, 230, "文之貴於世也尚矣. 雖複古今異體, 南北殊風, 其要在乎敦主澤, 達下情, 不悖聖人之道, 以成天下之務."

또 다른 사는 이렇게 말하였다.

> 사람이 '문'을 갖추는 것이 곧 세상을 다스리는 대도大道이다. 그 도를 얻은 이는 교화敎化를 통해 다스릴 수 있다.[12]

'문'을 통해서 통치한다는 것은 무력이 아닌(civil) 방식으로 통치한다는 것으로, 이전 세기를 특징짓던 강제나 폭력보다는 적절한 형식, 소통, 교육에 의존한다는 것을 의미하였다. 글을 잘 쓰는 관리들—배움을 통해 '문'을 획득한 관리들—은 문치文治(civil order)의 사상을 실현시키리라고 신뢰할 수 있는 사람들이었다.

두 가지 이유에서 우리는 이 '문文' 개념에 주목할 필요가 있다. 첫째, 우리는 철학사에 의해 지성사의 내용이 정해진다고 전제하지, 철학적이라기보다는 문학적으로 보이는 개념들에 의해 지성사의 내용이 정해진다고는 보지 않는 경향이 있다. 둘째, (다음 장에서 살펴보겠듯이) 일부 지식인들은 과연 그렇게 하는 것이 합당한가 하는 의문을 제기하기 시작하였다. 송대 초기에 '문'이라는 말은 송 왕조가 표방하는 전반적인 가치를 나타내는 것이었다. 여기에는 선례가 있었다. 한나라 때 '문'이라는 말은, 고대 주 왕조의 지배적 가치를 나타내는 말로 사용되었다. '문'이란 곧 하夏 왕조나 상商 왕조의 가치와 구분되는 주周 왕조만의 가치였던 것이다.[13] 시간이 지나면서 '문'이라는 말에는 몇 가지 의미의 층위가 더해졌다. '문'은 우주적 흐름이 밖으로 드러

---

12) 〔宋〕田錫, 『鹹平集』, 권2, 9b, "人之有文, 經緯大道. 得其道, 則持政於教化."

13) 이러한 생각은 대개, 周나라는 文을 중시하고 商나라는 敬을 중시하고 夏나라는 忠을 중시한다고 한 司馬遷(대략 기원전 145~85)의 주장을 참조한 것이다. 歐陽修는 이 주제에 대한 과거시험문제를 내기도 하였다. 『歐陽修全集』(1986), 528 및 劉敞(1019~1068)의 『公是集』, 권38, 10a, 「三代同道論」 참조. 歐陽修과 劉敞 모두 '文'만으로 충분한가 라는 의문을 제기하고 있다.

난 형태(天文), 인간사회의 형식(人文), 고대와 옛 경전으로부터 발원한 텍스트의 축적된 전통, 성왕과 관련된 정치·사회적 가치 및 규범적인 문화적 형식의 복합체(文敎), 종국에 가서는 개인의 문학적 성취까지 의미하였다. 문文과 학學을 겸비한 이는 해당 텍스트전통과 글쓰기 기술에 정통한 사람이었다. 그는 '문'으로 이루어진 현재에 존재하면서 글을 지었다. 그런데 그 '문'의 바탕은 과거의 텍스트, 문체, 모델이었다. 그러므로 진사 시험을 준비하는 과정에서 우리의 사는 '문을 행하는 것'(爲文)을 배웠고 문학작품(文章)을 생산하였다. 그 작품은, 성공적일 경우 경전, 역사, 철학, 문학작품을 망라하는 보다 큰 텍스트전통의 집성 속으로 들어갔다. 사들이 쓰는 '사문斯文'(This Culture of Ours)이라는 표현은 이 모든 것을 함의하는 것이었다. 사문이라는 말은 원래 공자가 주나라 창건자와 하늘과 자신 사이의 연관을 정의하기 위해 사용한 말이었다.[14] 사가 '문文'이라는 말을 '무武'(military)에 대비되는 의미(civil)로 사용할 때 우리는 그 'civil'이라는 말을 규범적인 의미로 이해해야 한다. 즉 그것은 과거의 사회·정치적 모델, 텍스트전통에 기반하고 글쓰기를 통해 작동하며 문학적 능력에 가치를 두는 통치 스타일을 말하는 것이다. 963년, 절도사들의 아전(藩鎭掌書記, the personal staff of the military governors)이라면 마땅히 '문학을 가져야만' 한다고 황제가 포고했을 때, 문치文治와 문학적·텍스트적 배움 사이의 연관은 분명했다.[15] 1000년도 과거시험에서 부賦의 주제가 나타내고 있듯이, 송나라는 "천하를 바람직하게 만들기 위하여 인문人文을 추구하였다."[16] 어떤 학자가 주장한 바와 같이, 통합된 제국을

---

14) 『論語』, 「子罕」.

15) 馬端臨, 『文獻通考』, 권38, 357c.

16) 『宋會要輯稿』, 選擧七, 5b－6a, "觀人文以化成天下." 여기에 언급된 테마는 『易經』의 否卦에서 따온 것이다. 宋나라 초기부터 1060년에 이르기까지의 殿試 시험문제 리스트에 대해서는 金中樞, 「北宋科擧制度硏究(一)」, 2－12 및 「北宋科擧制度硏究(續)」, 142－148 참조.

창조하는 데 있어 송나라가 성공한 것은 '문'을 존중하고 '학'을 중시한 데서 온 분명한 결과였다.[17]

이러한 교육을 추구함에 있어, 우리의 사는 선배들이 말한 "문文이 유儒의 직분"[18]이라는 말에 전적으로 동의하였다. 문학이 텍스트전통에 대한 수동적 지식을 의미하건 문장을 짓는 능력을 의미하건 간에, 문학에다 일정한 보상을 해 줌으로써 과거시험은 이러한 경향을 더욱 북돋았다. 황실이 갖는 왕조 차원의 이해관계와 사 계층의 집단적 이해관계는 과거시험 속에서 서로 만날 수 있었다. 물론 과거시험제도가 이러한 문화를 만들어 낸 것은 아니었다. 이러한 문화는 원래 중세 중국의 귀족적인 조정 내의 서클 속에서 탄생한 것이었으니까. 이러한 문화를 안으로부터 개혁하고자 하는 이들에게 과거시험이 어떤 넘을 수 없는 장애로 존재한 것도 아니었다.

고문, 그리고 과거시험공부에 대한 공격

1050년 우리 사士가 직면한 문제는 문文에 정통하는 것이 곧 학學이라는 인식이 내부적인 비판에 직면했다는 사실이다. 범중엄, 구양수, 호원 등이 그 비판자들이었다. 그들에 따르면, 당나라 조정의 스타일대로 시를 짓는 기술을 습득했다고 해서 그것이 곧 문에 담긴 이상을 이해한다거나 문에 담긴 이상에 헌신하는 것이라고는 할 수 없었다. 그것들은 별개의 것이었다. 물론 조서詔書(edict), 상소문(memorial), 관료들이 공식적인 직무를 행할 때 사용하는 증서, 축하연에서 사용되는 송가頌歌, 친구들 간의 편지, 간언을 하는 글, 전기와 지명志銘(inscription) 등, 문학적 성격을 띤 글을 잘 짓는 일은 중요하였다. 문학적 글쓰기의 기술을 갖춘다는 것은 문관으로서 복무할 수 있는,

---

17) 〔宋〕姚鉉 編, 『唐文粹』, 1a, 序, "非崇文重學之明效歟?"
18) 〔宋〕張詠, 『乖崖集』, 권10, 11a, "文者, 儒之職."

그리고 제국을 무력에 의해서가 아니라 문치의 힘으로 다스릴 수 있는 스타일과 문화적 역량을 갖춘다는 것을 의미하였다. 그러나 문치의 질서를 수립하는 것 너머의 어떤 것, 그러니까 왕조가 지녀야 할 보다 큰 목적에 대해서는 이러한 글쓰기 기술은 해답을 내놓지 못하였다.

1050년에 우리의 사는 과거시험을 위한 공부가 날카로운 비판에 직면해 있었다는 것을 알고 있었을 것이다. 비판자들은 과거시험시스템은 올바른 '문文'을 테스트하지 못하고 있다고 믿었다. 범중엄, 구양수, 그리고 그 밖의 다른 사람들은 과거시험공부 대신 자신들이 '고문古文'이라 부르는 어떤 것을 진흥시켰다. 구양수가 「본론」에서 쓴 바 있듯이, 이 '고古'라는 것은 역사적인 한 시간대(하·은·주 삼대)를 가리키는 동시에, 정부가 모든 것을 다 잘 처리하여 모든 필요가 다 충족되고 모든 사람들이 조화와 번영 속에 살았던 어떤 이상적인 세계를 가리키기도 한다. 고대의 문文이란 그 이상적인 세계의 접근통로를 제공하는 텍스트(경전), 그리고 그러한 텍스트들의 스타일, 둘 다를 의미하였다. 왜냐하면 그 텍스트들이 서술된 방식은 옛사람들이 따라서 행동하던 가치를 나타내고 있는 것으로 생각되어 왔기 때문이다. 이 명제의 논리는 명료하다. 안목 있는 사람들의 눈에는 누군가의 글 쓰는 방식을 통해 그 사람이 인도하는 가치가 들어오게 마련이다. 그렇다면 어떤 사람의 글 쓰는 스타일을 통해서 우리는 그 사람의 질과 그 사람이 어떻게 행동할지를 추론할 수 있다. 그러므로 고문을 공부한다는 것은—실제의 기능 면에서 말하자면 이상적인 문화를 공부한다는 것은— 곧 성인들의 가치를 배우는 일인 동시에 그 가치들을 자신의 것으로 만드는 일이다.

학學을 통해 성인들의 가치를 전유할 수 있다는 이러한 생각은 안녹산의 난 이후 등장한 당나라의 위대한 문인이자 고문운동의 창시자인 한유韓愈에 의해서 정교하게 정리되었다. 한유는 고대의 문文을 배우고 고대인의 스타일대로 글을 쓰기 위해서는 성인의 도(聖人之道, the Way of the Sages)를 이해해야 한다고 주장하였다. 한유와 송대 한유 추종자들에게 있어 성인의 도를 배우는 일은 곧 문학적 차원의 변화 과정이었다. 고대의 텍스트들을 공부함으로써—이상세계의 통일된 체계와 그 세계가 인도하는 가치들을 이해하기 위해 많은 텍스트를 익힘으로써— 배우는 사람은 점차 자신의 글쓰기 방식을 변화시키게 된다. 그렇게 되면 그의 글쓰기는 고대적이 되고 이상주의적이 된다. 문학 스타일 상의 변화로 말할 것 같으면, 그는 더 이상 중세의 귀족적 조정에서 쓰이던 장식적이고 윤색된 대구對句 스타일을 사용하지 않게 된다. 그는 이제 관습과 결별하여 자신이 표현하려는 사상에 맞는 글쓰기 스타일을 만들어 간다. 이리하여 나타난 결과 중의 하나는 산문과 시 사이의 구별이 뚜렷해진 것이었다. 1050년이 되면 이 현상은 분명하게 드러난다. 한유 자신이 시와 산문을 엄격하게 구별했는지는 분명하지 않다. 그가 살던 시대에, 모든 장르의 세련된 글들 즉 모든 문文은 각기 적절한 모델을 가지고 있었다. 그런데 고문古文은 장르나 운율에 대한 것이 아니었다. 고문의 형식이나 주제는 관습으로부터 자유롭고 예측불허의 것일 수 있었다. 고문은, 전수받은 모델을 정교화하는 것보다는 사물의 규범적 차원에 대한 생각을 분명히 하는 데 관심이 있었다. 이는 아무래도 시 아닌 다른 스타일의 문장에 더 걸맞았고, 그리하여 고문이란 곧 '고대 스타일의 산문'을 의미하게 되었다.

한유는 모든 사들이 자기 자신의 스타일로 자기 자신의 작품을 창조할 수 있어야 하고, 동시에 이상적인 고대와 그 이후의 역사에 대한 이해를 공유할 수 있어야 한다고 생각했다. 그는 이러한 생각을 그의 유명한 이데올로기적 에세이인 『원도原道』(*Finding the Source of the Way*)에서 펼쳐 보였다. 그리고 이러한 생각은 11세기 고문가들에게 지적인 어젠다를 설정하는 역할을 하였다. 고문의 스타일로 글을 쓴다는 것은 시험장에서 테스트되는 류의 사회적으로 무난한 스타일을 맹목적으로 따르는 것을 의미하는 것이 아니라, 스스로의 동기에 의한, 스스로의 발전을 위한 배움을 의미하였다. 그리고 한유가 주장한 대로 고대 성인의 도를 배운다고 하는 것은, 고대에 존재했던 통합된 사회질서가 삼대의 마지막인 주나라를 끝으로 단절되었음을 인정하는 것이었다. 한나라와 당나라의 제국은 통합된 사회질서를 회복했다고 주장하지만 사실은 그러지 못했다는 것이다. 송나라는 고대에 의지해야지, 제국의 역사에 의지해서는 안 되었다. 왜냐하면 제국의 역사와 단절되어야만 고대의 성취에 다가갈 수 있었기 때문이다.

우리의 사는 이러한 견해를 피해갈 수 없었다. 그것이 꼭 그가 그 견해에 동의해야만 했다는 것은 아니지만 말이다. 고문가들에게는 반대자들이 존재하였다. 그 반대자들의 경고에 따르면, 사회변혁에의 요구는 이상적인 문학적 사변에 기초한 것으로서 사회를 개선시키기보다는 왕조를 파괴할 가능성이 높았다. 예컨대, 우리의 사는 범중엄 그룹의 개혁 시도에 대해서 알고 있었을 것이다. 1044년, 서하西夏와의 전쟁에서 비롯된 국가적 위기의 순간에 범중엄과 그 동료들은 조정에 정책을 펼 수 있는 짧은 기회를 잡았다. 그때 그들은 관료선발방식을 바꾸려고 시도하였다. 문음門蔭을 통해 관직에 들어오는 사의 숫자를 제한하여 보다 많은 사람들이 과거제도를 거치게끔 만들고, 후보자들로 하여금 스스로의 '윤리적 행동'(履行無惡)의 증명을 서면으로 제출하도록 하였다. 또, 산문에 대한 시험을 먼저 보도록 과거시험의 순서를 바꾸어서, 시부詩賦를 짓는 능력보다는 책策·논論에 의해 당락이 결정되도록 하였다. 그리고 지방학교의 수를 대폭 증가시켰다.

범중엄 그룹은 하나의 붕당이었다. 그러나 그들은 붕당이라는 명칭을 회피하기보다는 기꺼이 받아들였다. 원래 붕당이란 왕조의 이해관계보다는 자신들의 사적인 이해관계를 추구하는 모임을 의미하였으므로 이론상으로는 받아들여질 수 없는 개념이었다. 그래서 구양수歐陽修는 1044년에 쓴 「붕당론朋黨論」("On a Party of Friends")이라는 글에서, 진정한 정치적 분기分歧는 이상을 함께 추구하고자 하는 군자君子(황제는 이들을 지원하여야 함)와 군자들에 반대하는 이기적이고 협애한 소인小人들 간의 분기일 뿐이라고 과감하게 주장하였다. 구양수에 의하면, '붕당'은 자신들이 추구하는 가치에 의해 단결하며, 같은 도를 공유하고 같은 마음을 갖는다.[19] 그런데 구양수의 가장 충성스런 찬양자 중의 한 사람이었던 소식蘇軾(1037~1101)이 나중에 지적한 바대로, 이것은 위험한 주장이었다. 자신만이 옳고 자신이 동의하지 않는 모든 사람들은 그저 이기적일 뿐이라면, 황제가 그 붕당을 편들지 않아 원칙을 지키는 사람으로서 관직을 물러나게 되었을 경우, 나라를 망칠 사람들이라고 지적한 이들의 수중에 정부를 전적으로 맡겨놓는 꼴이 되므로 궁극적으로는 그에게도 망쳐진 나라꼴에 대한 책임이 있게 되는 것이다. 따라서 그렇게 하기보다는 보다 수용적인 태도를 취하여, 비전을 공유하지 않는 사람들도 관직과 녹봉을 받게끔 하여 그들로 하여금 의로운 붕당이 정책을 결정하도록 내버려 두게 만드는 것이 좋다는 것이다.[20]

구양수의 주장에는 나름의 장점이 있었다. 그의 붕당은 이데올로기에 기반한 정치적 붕당이었고, 개혁 어젠다를 추진하였다. 1050년 경이라면 우리의 사는 구양수의 길을 피해갈 수 있다고 생각했을 수도 있다.—일단 그때 범중엄과 구양수는 실권을 잃었다.— 그리고 태학太學에 자리를 확보해 줄 고관 친척이 있는 이들은 과거시험에 합격할 가능성이 높았는데, 적어도 수도에는 그러한 유망한 젊은이들이 많이 있었다. 그런데 그들은 고문을 회피하였다. 그러나 1057년이 되자 상황이 변하였다. 구양수가 과거시험의 관장자인 지공

19) 『歐陽修全集』(1961), 권17, 124.
20) 〔宋〕蘇軾, 『蘇東坡集』, 권4, 12; 권8, 52－53.

거知貢擧로 임명된 것이다. 그는 자기 스스로의 해석을 통하여 경전 속의 성인의 도를 추구하는 사들에게 유리하도록 시험문제를 출제하였으며, 고문을 사용해서 답안을 쓰는 사람에게 유리하도록 평가기준도 바꾸어 놓았다. 그리하여 당시의 가장 영악한 사들조차 낙방을 하였고, 그들은 구양수의 집 밖에서 소동을 부렸다. 그러나 그때 급제한 사람들 중에서 그 세대의 지도적 지식인들 몇몇이 배출되었다.

고문의 보급은 학學을 일종의 이데올로기적 사안으로 만들었다. 고문의 지지자들은 자신들의 신분에 관계없이 당대의 중요한 이슈들에 대하여 쓰고자 하였고, 정부를 손에 쥐고서 자신들의 비전을 실천에 옮기고자 하였다. 그리고 고문가들은 고문에 반대하는 이들에 대해 그렇다면 나름의 대안을 주장하라고 몰아붙였다. 역설적이게도, 학學이란 고대의 이상을 이해하고 구현하는 방식이라고 정의함에 따라 문文의 중요성은 떨어지고 말았다. 왜냐하면, 고문가들에 따르면 궁극적으로 중요한 것은 문화가 아니라 사상이었기 때문이었다.

이처럼 학이 사에게 조정의 권력자들을 공격할 권위를 준다는 생각이 나타났고, 그로 인해 합의에 의한 통치는 종결되었다. 한 세대 뒤, 1057년에 과거에 급제했던 명민한 고문가 중의 한 사람인 소철蘇轍은 당시를 회고하면서 원로경세가 장방평張方平(1007~1091)의 보수적 견해를 소개하였다. 장방평은 조정이 맨 위에 위치하는 단 하나의 지적 위계가 존재해야 한다고 생각하였다. 그가 볼 때 최근에 왕조가 쇠퇴하게 된 원인은 송나라가 대응해야 할 외국의 숫자가 증가하거나 그들의 요구가 늘어나서가 아니라, 그가 '사설私說'(공평무사하지 않은 이기적인 견해)이라고 부르는 것들이 늘어났기 때문이었다. 그에 따르면, 과거에 조정의 포고는 그 자체로 정론이었으나 1040~50년대에 와서는 상황이 바뀌어 조정이 힘을 잃게 되었다는 것이다. 소철은 그와 같은 관찰에는 동의하였으나, 또한 다음과 같이 주장하였다. 옛날에는 모든 일을 권세 있는 대신들 마음대로 하였고 그들 밑에 있는 사람들은 어찌해 볼 도리가 없었는데, 조정은 의견들을 제재할 제도적 '권리'를 지니는 것이 아니라 다만 리더십을 발휘해야 하는 제도적 '역할'이 있을 뿐이다. 실질적으로 이러한 소철의 주장은, 조정의 견해의 권위는 힘이 덜 있는 이들이 자신의 견해를 가지는가 마는가에 달린 것이 아니라—즉 이견을 억압하는 것은 정치적 견해차에 대한 해결책이 아니라는 것이다— 권력자들의 질과 그들의 시행하는 정책에 달려 있다는 것이다. "진정 바른 사람들이 윗자리에 있다면, 일을 행함에 있어 사사로움이 개재되지 않고 행동이 적절하여 아랫사람들이 불평할 것이 없고 조정은 위엄을 갖게 될 것이다." 그런데 이렇게 말한 다음 소철은 다른, 좀 덜 조정중심적인 견해로 나아갔다. 수사적으로 그는 다음과 같이 물었다. "하급자들이 자기 나름의 견해를 갖는 것을 조정이 못하게 만들 수 있는가?" 그 질문에 대한 대답은 명백히 "아니오"였으므로, 소철은 다음과 같이 결론지었다. 하정불상달下情不上達의 상황, 즉 아랫사람이 느끼는 바가 위로 전달되지 않는 상황이 생기지 않도록 조정이 걱정해야 하며, 아랫사람들의 느낌과 비판이 옳다면 그들을 따라야 한다는 것이다. 조정이 사들의 견해를 받아들인다고 해서 조정이 덜 중요해지는 것은 아니었다.[21]

2. 당나라 고대모델의 해체

12세기 후반, 사士들의 견해는 각 파로 나뉘었고, 각 파는 나름의 사상을

21) 蘇轍, 『龍川別志』, 권1, 11ab, "誠使正人在上, 與物無私, 而舉動適當, 下無以議之, 而朝廷重矣."

가지고 있었다. 이 시기는 중국 역사의 위대한 시기 중의 하나였다. 그런 점에서 이 시기는 제자백가가 횡행한 전국시대와도 같았다. 그런데 이 시기와 제자백가 시기와의 차이에도 주목해야 한다. 11세기의 저술가들은 전국시대 사상가, 한대의 경전주석가, 한대 이후에 형성된 많은 불교의 학파들, 시간이 흐르면서 축적되어 온 수많은 역사 · 철학 · 경전주석 · 문학으로 가득 찬 역사를 되돌아보았다. 그들은 자신들이 처음으로 어떤 사상을 생각해 낸다는 생각을 할 수 없었다. 게다가 다양함 자체가 그들의 우려를 자아내었다. 많은 이들은 전국시대에 많은 사상의 학파들이 생겨난 것이나 후대에 불교와 도교가 퍼져나가게 된 것을 인류가 하나밖에 없는 공통의 길을 잃어버리고 있다는 표시로 생각하였다. 그리하여 그들은 문명의 기원으로 눈을 돌렸다. 고대 성왕의 시기에는 통일성의 열쇠가 존재했다고 그들은 믿었고, 그 열쇠를 찾고자 하였다.

우리의 사가 과거시험에 합격하고 나서 관리로서의 커리어와 배움의 영역에서의 명성을 모두 추구하고 있다고 가정해 보자. 당시 지성계의 지형도는 어떠했을까? 만약 그가 문화—즉 자신과 세계를 매개하는 문화적 형식들—가 가장 주요하다고 믿었다면, 그는 남부지역 강서江西 출신의 구양수, 그리고 서부지역 사천四川 출신의 문화계의 권위자 소식蘇軾에게 의지하였을 것이다. 소식은 동생 소철과 더불어 마음이 맞는 사들(그리고 약간의 불교 승려들)의 서클을 형성하였다. 그들은 문文의 중요성을 계속해서 믿었다. 만약 그가 공익에 봉사하기 위해서는 사회를 변화시킬 정부의 힘을 키워 주어야 한다고 믿었다면 강서 출신의 왕안석王安石에게 의지하였을 것이다. 왕안석은 경전이 담고 있는 정치적 이상에 대해 고문 스타일의 에세이를 썼으며, 그러한 활동을 통해 점점 많은 추종자들을 규합하였다. 1060년대에 이르면 왕안석은 조정에서 권력을 쥐게 되고, 신법新法을 개시하게 된다. 신법은 수많은 세기를 통틀어 가장 급진적인 국가활동주의(state activism)였다. 북서쪽 지방의 섬서陝西 출신의 역사가 사마광司馬光(1019~1086)은 신법에 대해 의혹을 거두지 않았고, 우리의 사가 그러한 의혹을 공유할 수도 있었을 것이다. 사마광은 안정의 열쇠는 사회의 개혁이 아니라 관료제의 개혁이라고 주장하였고, 1086년에 재상이 되자 모든 신법을 없애버리려고 시도하였다. 끝으로, 우리의 사가 개개인의 행태—그들이 개인적인 차원에서 윤리적 행위를 하건 말건 관계없이—야말로 사회와 정부의 기초가 된다고 생각했다면 북서쪽 지방 출신의 장재張載(1020~1077)를 추종했을 수도 있다. 장재 그리고 그의 일가친척인 북부 낙양 출신의 정호程顥(1032~1077)·정이程頤(1033~1107) 형제는 도덕사상을 자연계의 이론에 정초시켰다. 이상 언급된 모든 인물들은 전국적인 명성을 얻었고, 생전에 많은 추종세력을 거느렸다. 그리고 그들 모두는 광범위한 이슈에 대한 발언 기록들을 남겼다.

그들 모두는 자신들이야말로 사들이 어떻게 배움을 추구해야 하고 정부가 어떻게 일해야 하는지에 대한 진리를 발견하였다고 주장하였다. 과거 천 년 동안, 그러니까 제국의 역사 내내 망실되어 있던 그 진리를 발견하였다고 주장한 것이다. 그들 대부분은 자신들이 이해한 진리가 옛 성인들이 실천한 바로 그것과 똑같은 것이라고 주장하였다. 자신들은 고대와 문명의 기원으로 거슬러 올라가서 현대를 위한 지침을 발견하였다는 것이다. 물론 이러한 사고방식 자체가 송나라 사상가들과 그 이전 사상가들 간의 차이점이라고 생각하는 것은 문제가 있다. 왜냐하면 당나라 조정 역시 당 제국은 고대의 문명 기원에 충실하였다고 주장했기 때문이다. 따라서 당나라와 송나라 사이의 차이는 고대를 어떻게 이해하였는지, 그리고 자신과 고대와의 관계를 어떻게 설정하였는지를 살펴보아야 한다. 11세기의 다양한 지적 조류들 모두가 고대에 대한 당나라의 주장을 해체하는 작업을 일삼았다. 송나라 사상가들의 관점에서 보자면 자신들이야말로 역사의 새로운 시작점이라고 여길 만하였다. 그런데 당나라 식 고대모델이란 도대체 무엇이며, 그것을 해체하면 무엇이 생겨나는가?

당나라모델 : 천지, 고대, 제국

우리는 고대에 관한 당나라모델을 누적적이고 상호 연관되어 있는 한 세트의 층위들로 분석할 수 있다. <표 2-1>에 묘사된 바와 같이 당나라모델의 궁극적인 기초는 '하늘'과 '땅'(天地) 그리고 만물의 하나로서의 '인간존재'(人)에 있다. 그 다음에 오는 층위는 선왕(성왕)들의 출현이다. 그들은 처음으로 인간들을 조직화했다. 그들이 세계를 다스리기 위해 만든 제도는 문명을

<표 2-1> 고대(antiquity)를 모형화하기

<table>
<tr><td rowspan="2">고대이후</td><td>한漢 · 당唐</td><td>두 개의 거대한 통일제국; 이들은 "고대를 복구하였다." 즉 이들은 제국을 다시 건설하고, 고대와의 연속성을 회복하여 쇠락의 추세를 되돌렸다.</td></tr>
<tr><td>진秦</td><td>의도적으로 고대의 제도적 유산과 결별하였다.</td></tr>
<tr><td rowspan="6">고대</td><td>삼대三代 및 주周의 쇠락</td><td>선왕이 창건한 시스템의 쇠락, 고대와는 다른 제도와 실천이 출현하게 됨.</td></tr>
<tr><td>공자</td><td>고대의 쇠락이 분명해지자, 미래를 위하여 경전을 정리해서 고대의 선왕이 만든 모델을 밝힘.</td></tr>
<tr><td>경전</td><td>이 문헌은 선왕과 신하들의 저작과 세계를 나타낸다. 나중에 공자에 의해 정리되었다. 한대漢代 이래로 많은 주석이 이루어짐.</td></tr>
<tr><td>문명</td><td>문자文字, 예의禮儀, 기구器具, 역법曆法, 제도制度 등. 조화로운 인간 공동체를 실현하기 위하여 선왕이 창조한 것이다. 비록 변형되고 다양화되고 부연되기는 했지만, 현재까지 지속되고 있다.</td></tr>
<tr><td>선왕先王, 성왕聖王</td><td>선왕들은 문명을 창조함에 의해 인류를 자연세계로부터 끌어내었다. 선왕들은 자연세계의 드러난 패턴을 관찰하여 사회조직을 위한 지속적 지침으로 번역하였다.(예컨대, 曆法 만들기, 위계 수립, 공간의 조직화 등) 주나라 초기 이래로는 진정한 성왕이 없다. 그러나 성왕들이 창조한 제국과 통합된 사회질서는 자연의 유기적 시스템과 공명한다.</td></tr>
<tr><td>천지만물</td><td>일체의 생명을 생산하고 유지하는 유기적 시스템으로서의 자연세계. 인간은 원래 자연세계에서 출발하였다. 그곳에서 인간은 생존을 위하여 금수와 경쟁하였다.</td></tr>
</table>

형성해 내었는데, 이러한 선왕들의 성취는 후에 경전화된 텍스트들에 기록되어 있다. 공자는 올바른 길을 사회에 제시하기 위하여 경전을 편집하였지만, 안타깝게도 그 노력은 문명의 쇠락을 막지는 못하였다. 문명의 쇠락은 진나라에서 정점에 달하였다. 진나라는 고대인들과의 어떠한 관계도 부정하였다. 그러나 그 관계는 한 제국에 의해 처음으로 복원되었다. 그러고 나서 다시 쇠락의 시간이 도래하였고, 그것은 또다시 당나라에 의해 복원되었다.

당나라 조정의 학자들은 이러한 모델을 두 가지 목적을 달성하기 위해 사용하였다. 첫째, 이 모델은 결국 실패하고 만 수나라를 이어 중앙집권화된 통일제국이 다시 들어서는 일을 정당화하였다. 그들의 견해에 따르면, 당나라는 우주의 작용과 근본적으로 일치하고 있던 고대의 질서를 회복한 것이었다.(왜냐하면 선왕들은 문명의 모범을 천지의 패턴에서 가져왔기 때문이다.) 둘째, 당나라가 성공하기 위해서는 새로운 제국이 선왕들에 의해 창조된 문명과 형식 상의 연속성을 복원할 필요가 있었다. 선왕들의 문명은 경전을 통해 알 수 있다. 그것이 한때 망실되었으므로 공자가 고대 시스템의 모델을 복원하기 위하여 경전을 편집하였던 것이다. 이러한 당나라의 견해에 따르면, 고대는 지속적이고 누적적인(그러나 진보적이지는 않은) 방식으로 전개되는 전체적인(totalistic) 정치 · 사회 · 경제 · 문화 · 도덕적 질서의 출발점이었다. 때때로 고대와의 관계가 주춤하기도 하고 제국이 패망하기도 했지만, 다시금 그 연결의 실타래는 복원되고 제국은 복원되는 것이었다. 진나라 패망 이후에는 한나라가 고대를 복원하였고, 그러고 나서 당나라가 다시 한 번 복원하였다. 제국이 성공적일 때에는 인간의 활동과 자연의 작용 양면에서 공히 적합한 기능이 발휘되어, 정치적으로 구성된 인간 영역과 저절로 그러한 자연 영역 간에 간극이 없게 된다. 과거와의 관계는 맹목적인 모방에 의해 가능한 것이 아니었다. 과거와의 관계를 표현하는 일은 과거의 문화적 형식과 현재의 문화적 형식 간의 연속성을 창조해 냄에 의해 가능해진다.

초기 당나라는 고대에 대한 이러한 이해를 제국의 입헌적 기초로서 간주하였다. 이러한 점은 다음과 같은 영역에서 공히 분명하게 드러난다. 제국창건의 수사와 예식, 8세기 중엽까지의 지성적·문학적 문화를 지배하게 된 학문(이 학문은 조정에서 지원하였다), 무후武后(武則天, Emperor Wu)가 주周라는 왕조명을 채택한 것(비록 그녀는 불교 텍스트와 불교식 통치자모델을 장려했지만), 755년 안녹산의 난 전야인 천보天寶 연간에 반포한 새로운 예禮, 주나라모델에 따라 당나라 제국시스템을 정리한 『육전六典』(*the Six Canons*)의 편찬 등의 영역이 바로 그것이다.[22)]

당모델에 대한 도전

당모델에 대한 도전은 755년 반란 이후 곧 시작되었다. 예컨대 한유는 당나라가 고대와 진정한 관계를 수립했다는 것을 부정하였다. 그는 공자와 맹자 이후 성인의 도가 전수되지 못했다고 주장하였다. 공자와 맹자 이래로 어떤 왕조도 문명의 근원으로 돌아가는 데 성공한 적이 없었다는 것이다. 한유의 명제는 반란 이후의 당나라에서 대단한 반향을 얻지 못했으나, 1050년에 이르면 많은 사士들의 신조가 되었다. 우리 사의 살아생전, 그가 속한 지성계에서는 당나라 고대모델을 매 요소마다—천지의 작용, 성인, 문명의 시스템, 경전의 텍스트, 공자의 위치, 전기제국들의 지위— 재고하게 된다. 그리고 그 요소들이 흠 없이 완벽하게 연결되어 있다는 주장 역시 지성계 내에서 도전받게 된다. 그러면 그 요소들을 하나하나 살펴보기로 하자.

공자 공자는 여전히 경전의 편집자로 남아 있었지만, 공자가 전달하고자 한 메시지의 내용 자체에는 점점 더 많은 관심이 기울여지게 되었다. 예컨

22) 이 단락과 다음 단락 내용의 상세한 논의는 Bol, “When Antiquity Mattered” 참조.

대 왕안석에게 있어 공자란, 고대가 이루어 낸 그 누적된 성취가 바로 사회조직에 관한 불변의 원칙에 기초한 것이었음을 이해한 사람이었다. 공자는 단순히 요임금과 순임금이 타당한 모델이라고 재확인한 것이 아니었다. 왕안석은 (맹자가 말한 바를 이어받아서) 말하기를, "공자는 요임금과 순임금보다 현명하다"[23]라고 하였다. 다른 이들, 이를테면 정이와 같은 이들이 보기에 공자가 중요한 것은 문명체계의 해석자였기 때문이라기보다는 『논어』의 선생이었기 때문이다. 즉 공자는 학생들에게 그들 스스로 어떻게 성인이 될 수 있는지 가르쳤기 때문에 중요하였다.[24] 또 주돈이나 장재 같은 도덕철학자들에게 공자는 단순히 과거의 성취를 전수한 인물이 아니었다. 그들에게 있어 공자는 인간의 도덕성이 천지의 유기적인 흐름에 기초해 있음을 보여주기 위해 『역경』을 이용한 철학자였다.

경전 경전은 재해석되고, 문제시되었다. 당 초기의 주석 전략과 송나라의 주석 전략 간의 차이는 훈고訓詁적 접근(philological approach)으로부터 도덕(義理)주의적 접근(moralistic approach)으로의 변화라고 종종 이야기되어 왔다. 그런데 이것은 너무 단순한 이분법이다. 보다 유용한 구분은 주석을 통해 행해지는 해석의 목표 간의 차이로 이해하는 것이다. 당 초기에 주석의 목표는 고전에 대한 기존 주석들을 종합하여 경전의 한마디 한마디가 의미하는 바의 정확한 이해에 도달하는 것이었다. 그와 같은 목표는, 경전이 말하는 바는 묘사적(descriptive)인 동시에 규범적(normative)이라는 전제에 바탕한 것이었다. 하지만 11세기에 이르자 성인들이 지녔던 생각 자체를 이해하는 것이 주석의 목표가 되었다. 왜냐하면, 경전이 묘사하고 있는 사회정치적 성취들을 가능케 한 것은 바로 그런 생각들이었기 때문이다. 따라서 당나라의 지적

---

23) 〔宋〕王安石, 『臨川先生文集』, 권67, 711－712.

24) 程頤는 1059년에 쓴 「顔子所好何學」에서 이 점을 확인하고 있다.(〔宋〕程顥・程頤, 『二程集』, 伊川集, 권8, 577－578)

도전이 각종 주석 간의 모순을 정리해 내는 것인 데 비해, 송나라의 지적 도전은 지금까지 분명하지 않았던 경전 자체의 의미를 드러내는 전략을 개발하는 것이었다. 그 작업이 처음으로 행해진 것은 8세기 경 이루어진『춘추春秋』에 대한 연구였다. 그것은 12세기에 들어와서 손복孫複의『춘추존왕발미春秋尊王發微』(*Exploring the Subtleties of the Spring and Autumn Annals' Respect for the King*)에서 시작되었고, 곧 다른 경전 연구에로 확장되었다. 이러한 흐름은 한당대의 주석 전통의 권위를 침식하면서, 새로운 세대로 하여금 자기 자신에 대한 통찰을 개발할 목적으로 경전 자체를 읽도록 고무하였다.[25]

경전을 역사화(historicize)하는 다양한 방식이 존재하였다. 왕안석에게 경전이란 사후적인 편집 결과로서, 그 편집에 의해 고대 시스템의 논리가 드러나게 되는 것이었다. 소식蘇軾과 소철蘇轍의 아버지인 소순蘇洵(1009~1066)에게 경전이란, 고대인들이 사람들로 하여금 정부가 부여하는 것들을 받아들이게 하기 위해 발전시킨 전략들—그 전략들은 각기 서로를 강화시키는 관계에 있다—의 부산물이었다.[26] 일부 사람들은 전수된 판본의 정확성에, 심지어는 진실성에 대해서도 의문을 제기하였다. 그러한 경향은 '의경疑經'(경전을 의심함, doubting the Classics)이라고 불렀는데,『시경』과『역경』에 대한 구양수의 저작이 그 예이다.『시본의詩本義』(*the Original Meaning of the Odes*)에서 구양수는, 당시에 유전되고 있던『시경』은 4개의 역사적 단계(창작, 채집, 편집, 주해)를 거쳐 형성된 것이라고 주장하였다. 따라서『시경』의 의미는, 텍스트에 어떤 체계적인 배치의 질서를 전제하고 그 관점으로부터 이해해야 하는 것이 아니라, 그러한 4가지 역사적 단계의 관점에서 이해해야 하는 것이었다.[27] 그 밖에,

---

25) 경전에 대한 독자중심적 접근법은 劉敞의 注解에서 분명히 드러난다. 劉敞은『春秋』에 특히 매료되었다. Hervouet, *A Sung Bibliography*, 49에 실린 Inaba Ichiro의 논의를 참조하라.

26) 〔宋〕蘇洵,『嘉祐集』, 권6, 1a－10a.

27) 歐陽修,『詩本義』, 권14, 7a－9a.

전해 오는『역경』판본에 대한 구양수의 공격은 천지와 성인이 창조한 사회 간의 연관을 부정하고자 하는 그의 프로그램의 일환이었다.[28] 소순은 한 걸음 더 나아갔다. 그는『역경』을 일종의 신화화 전략으로 보았다. 백성들에게 부과되는 질서가 정치적 구성물이 아니라 자연적인 것임을 믿게 하려는 수단이라는 것이다.[29] 경전에 대해 이처럼 여러 가지 의문을 제기할 수 있게 되자, 구양수가 결국 그러했듯이, 다음과 같은 결론을 내리는 것이 가능해졌다. 그러한 경전이 오늘날 사람들의 이해를 매개하고 있는 만큼, 고대에 대한 어떤 것도 확신할 수 없다.[30]

문명 고대에 창조된 문명도 재검토 대상이 되었다. 8세기에 이미 명료하게 정리된 바 있듯이, 근본적인 이슈는 그 문명이 전례적 질서(ritual order)냐 아니면 사회경제적 질서(socioeconomic order)냐 하는 것이었다. 전례적 질서라면 그 문명의 목적은 이기적인 욕망에 의해 좌지우지되고 말 사람들을 사회화하고자 하는 것이고, 사회경제적 질서라면 그 문명의 목적은 사람들의 물질적 요구를 충족시킴으로써 사람들이 호혜적 공동체 속에서 살 수 있도록 해 주는 것이다. 전자의 견해는 당 초기에 보편적이었다가 그 이후로도 지속적으로 진작되었다. 채양蔡襄(1012~1076)[31]과 장재張載의 주장이 대표적인 그 예이다. 문명의 물질성에 대해 논한 이들 중 가장 강력한 주장을 편 사람은 이구李覯(1009~1059)였다. '예禮'를 논한 그의 일곱 편의 글은 예 개념을 확장시키고 변모시켜 놓았다.[32] 이구의 논의는 그 배후에 근본적인 도덕적 질문이 놓여 있음을 인정하면서도, 물질론적 관점(material view)은 문명이란 것이 이해관계 즉 이익(利)의 추구에 기반하고 있다는 사실을 함의하는 것이었다.

28) Bol, "The Sung Context", 26－42.
29) 蘇洵,『嘉祐集』, 권6, 1a－2b.
30) 歐陽修,『歐陽修全集』(1961), 外集, 권16, 481－482.
31) 〔宋〕蔡襄,『蔡襄全集』, 424 및 557－558.
32) 〔宋〕李覯,『李覯集』, 5－23; 蘇轍,『欒城集』, 1268－1269.

이구는 그러한 함의가 별 문제될 것이 없다는 입장이었으나, 다른 이들은 문명은 '올바름' 혹은 '도덕'(義)에 기초해야만 한다고 확신하였다. 그런데 실천의 차원에서 이것이 무엇을 의미하느냐가 논란거리였다. 의義와 리利 간의 구별은 외부적 문화형태에 의해서 정의되는가, 혹은 인간 경험 속의 어떤 실질적이고 진실된 그 어떤 것에 관계되어 있는가, 아니면 인간 존재의 생물학적 성질에 기초하고 있는가? 물론 의와 리를 구별하지 않고 둘 다 취하는 입장이 있을 수도 있었다. 즉 구양수가 『신당서新唐書』의 「예악지禮樂志」("Treatise of Rites and Music")를 소개하면서 언급한 바와 같이 고대의 질서에서는 그 어떤 구별도 필연적이지 않았다고 생각할 수도 있다.[33] 혹은 장방평張方平과 구양수 본인이 주장한 바와 같이 (비록 물질적 측면이 우선할지라도) 의와 리가 다같이 필요하다고 지적할 수도 있다.[34]

텍스트는 문명의 기원에 대한 논쟁을 매개하지만, 텍스트만이 고대의 유일한 유산인 것은 아니었다. 송나라 때는 고대문물 특히 청동기에 대한 새로운 관심이 일어났다. 실재하는 사물이 가지는 즉각성(immediacy)과 진실성(authenticity)에도 불구하고, 예기禮器의 묘사와 고례古禮의 재창조가 그러하듯이 그 물건이 갖는 의미는 해석의 대상이었다.[35]

선왕 선왕先王의 의미도 면밀한 검토의 대상이 되었다. 선왕은 사회를 다스릴 책임을 가진 통치자의 전범으로 간주되어야 하는가, 아니면 모든 이가 공유할 수 있는 개인적인 차원에서의 사고와 행위의 전범인가? 선왕들은 단지 관찰하고 행동하기만 했는가, 아니면 사유하고 반성하였는가? 선왕이 중요한 이유는 그들이 실제로 성인이어서인가?—만약 그렇다면 그 성인됨이 의

33) 관련된 논의로는 Bol, *This Culture of Ours*, 195－196.

34) 세 부분으로 이루어진 歐陽修의 글 『本論』(『歐陽修全集』, 外集, 권9, 411－413; 『歐陽居士集』, 권17, 121－124) 및 다음 글 참조. 張方平, 『樂全集』, 86－88(「禮樂論」); 92(「僭俗」); 110－112(「食貨論」); 275－278(「論率錢募役事」).

35) Asim, "Aspects of the Perception of Zhou Ideals in the Song Dynasty".

미는?— 그들의 성취는 그들의 정치적 위치에 의존하고 있는가? 이러한 질문들에 대해 각기 다른 결론을 내기는 했어도, 성인됨이라는 문제는 모든 자연철학자·도덕철학자들—주돈이, 장재, 소옹, 정호·정이 형제 등—이 심각하게 다룬 문제였다. 또 그 문제에 별로 관심이 없을 것 같아 보이는 인물들의 경우에도 성인됨의 문제에 많은 관심을 가졌다. 이를테면 소씨蘇氏 형제를 예로 들 수 있다. 그들에게 있어 성인의 도는 개인적인 차원에서 실현되어야 할 어떤 사고방식을 대표하는 것이었다.[36] 왕안석도 성인이 어떻게 그처럼 효과적으로 기능할 수 있었는지에 대해 관심을 가졌다.[37] 이러한 인물들에게 성인이란 어떤 보편성의 실현을 대표하는 인물이었다면, 사마광과 같은 일부 사람들은 똑같은 대상을 두고 성인이 아니라 역사적이고 정치적인 인물이라고 해석하였다.

천지 끝으로 천지天地와 만물萬物에 대한 새로운 이론들이 출현하였다. 소옹은 자연현상의 발생과 인간역사의 순환을 다 설명할 수 있는 우주론을 전개하였는데, 특히 그의 술수術數 체계는 우주론의 주된 전통이었던 오행설五行說을 포기하고 음양陰陽에 기초한 사분四分(quadripartite)시스템을 제안한 것이었다. 한편, 장재가 제시한 천지의 발생과 순환 과정에 대한 이론은 '기氣'(energy-matter 혹은 material force)에다 기초를 두고 있었다. 그의 주장에 따르면, 그 이론은 생명과정의 본질을 설명할 수 있는 것으로, 현상을 환상이라고 보는 불교의 입장과는 달리 현상세계의 실재성(the reality of the phenomenal word)을 주장하는 것이었다. 정이는 '리理' 개념을 새로이 하여, 그것을 모든 사물에 조직, 과정, 기능의 일관성을 부여하는 원리로 변화시켰다. 이 밖에 다른 이들 역시 천지에 대한 자신들의 이해를 전개해 나갔다. 사마광은 『잠

---

36) 예컨대, 1061년 과거시험(博學宏詞科)을 위해 쓴 글들을 보라. 蘇軾, 『蘇東坡集』, 권6, 18 및 권6, 45－48(「中庸解」); 蘇轍, 『欒城集』, 386－389(「上兩制諸公書」).

37) 『臨川先生文集』, 47－48(「與祖擇之」); 181(「進洪範表」); 242－243(「九變而賞罰可言」).

허潛虛』(*Hidden Vacuity*)에서, 소식은 『역전易傳』(*Commentary on the Change*)에서, 그리고 다른 많은 사람들이 『역경』에 대한 주석을 통해서 자신들의 견해를 밝혔다. 왕안석은 우주에 대한 새로운 이해방식을 제안하지는 않았다. 그러나 커리어 말년에 이르러 그는, 세상에는 '자연지리自然之理'(so-of-themselves)라는 것이 존재하는데 그것은 사물의 자연스러운 질서의 일부이며 문명체계의 기초라고 주장하였다.[38]

천지에 대해 저술한 이들이 어떤 사안에 대한 이야기를 회피하였는지를 아는 것도 마찬가지로 중요하다. 그들은 전기제국시기에 주류적 위치에 있던 우주감응이론(天人感應, cosmic resonance theory)을 어쩌다가 언급할 뿐, 조정의 정책을 비판하는 맥락에서는 대체로 무시해 버렸다.[39] 우주감응이론에 따르면, 자신을 구성하는 기氣의 질(quality) 때문에 모든 사물과 그 과정들은 특정한 범주에 속하게 되고, 같은 범주의 사물들은 서로 '감응'한다.(예컨대 각기 다른 악기라도 같은 음조에 맞추어져 있을 경우 한 현이 울리면 다른 현들이 그에 공명한다.) 우주감응이론에 의해 정리된 만물과 그 작용의 범주들은 자연계에나 인간질서에게나 공히 유효하므로 그 이론은 거대한 정치적 함의를 갖게 된다. 자연질서는 그 자체로 항상적이고(constant) 예측가능하며 조화롭기 때문에 어떤 탈선이든 그 책임은 인간에게로 돌아간다. 그리고 인간질서의 핵심적 인물로서 자신과 타인의 행동을 조화시킬 권력을 지닌 자는 황제이기 때문에, 다음과 같은 결론이 도출된다. 정부에 봉직 중인 사람들이 사물의 온당한 질서에 어긋하게 행동하면, 천지는 괴이한 사태로써 그에 대응하거나 (그 괴이한 사건은 장차 닥칠 보다 큰 해악의 전조로 해석될 수 있다) 홍수와 지진과

---

38) 『臨川先生文集』, 181(「進字說票」).

39) 이에 대한 중요한 예외가 불교 승려 契嵩(1007~1071)이다. 그는 佛教와 우주감응이론이 양립가능하다고 강조하였다. 우주감응이론의 역사와 북송대에서 그 이론이 처한 상황에 대해서는 Skonicki, "Cosmos, State and Society" 참조.

같은 완연한 변고를 일으킨다. 자연질서의 규칙을 따르고 모든 사회가 거기에 순응하도록 만드는 것은 황제의 책임이다.[40]

공동기반의 표지들

요컨대, 당나라의 제국질서로는 되돌아갈 수 없게끔 된 시대에 자신이 살고 있다는 사실, 그리고 당시의 주도적 지식인들에 의해 당나라 제국질서를 정당화했던 고대모델이 허물어지고 있다는 사실이 이제 우리의 사士에게 명백했을 수 있다. 11세기 지성계 전체를 통틀어 볼 때, 고대가 현재에 대한 의미를 가지긴 하되 그 의미의 내용은 그 전과 다르다는 공감대가 형성되어 있었다. 따라서 당나라모델의 모든 부분들—천지, 성인, 문명, 경전, 공자 등—이 재검토되었다. 사상가들은 점점 더 정치적으로 되어 갔고, 정치가들은 점점 더 이념적으로 되어 갔다. 그와 같은 사상가와 정치가들이 11세기 후반의 정치적·지적 삶을 정의하게 되면서 천지, 성인, 문명, 경전, 공자와 같은 사안들은 정치적인 함의로 가득 차게 되었다.

그런데 그 이후의 역사 전개를 알고 있는 우리는 송나라 사士들이 당나라모델을 문제시하는 방식에 어떤 근본적인 공통점이 있음을 알 수 있다. 고대모델의 각 층위에 대한 이해에 공통점이 있었던 것이 아니라, 그 층위들이 연결되는 방식에 대한 이해에 공통점이 있었던 것이다.

당나라모델에 따르면, 고대의 여러 층위들은 다음과 같은 과정에 의해 상호 연결된다. 고대의 성인들은 하늘의 패턴을 문명의 패턴으로 번역하였고,

---

40) * 현상세계가 氣로 이루어져 있다는 생각은 자연계의 작용에 대한 후대의 사유에서도 여전히 발견되며, 중국 의학이론에서는 물론 핵심적인 개념으로 지속되었다. 신유학자들에게도 역시 氣는 감응을 일으키는 것으로 이해되었다. 그리하여 외적인 현상이 어떻게 자연스럽게 사람의 느낌을 자극하는지를 설명하고, 조상에게 성심껏 제사를 지내면 왜 흩어졌던 氣가 다시 모여서 영혼과 같은 존재형태(spectral presence)를 이루는지를 설명한다.

공자는 고대의 텍스트들을 전수해 주었고, 그것이 한당 제국으로 이어졌다. 바로 그러한 자연의 패턴, 전수받은 모델 및 텍스트를 형상화하고 복제하며 정교화하는 과정을 통해 그 층위들이 상호 연결되는 것이다. 이러한 이유 때문에 당 초기에는 경전의 '의미'를 이해한다는 것은 경전의 말들이 지시하는 바를 아는 것에 달려 있다고 보았다. 그런데 11세기 사상가들은 그러한 이해는 그 연결고리들이 생겨나는 방식을 잘못 파악한 것이라고 보았다. 그들에 따르면, 정말 중요한 연결고리는 바로 마음(心)의 인지기능이 갖는 매개 역할인데 아직까지 그 정말 중요한 연결고리는 제대로 탐색된 적이 없었다. 마음이야말로 선왕들의 행동이나 텍스트의 말들, 천지간에 드러나 있는 현상 저변의 패턴이나 원칙, 공통성, 시스템 등을 모두 이해할 수 있다. 왕안석이 지적한 바 있듯이, 성인들은 자신들의 마음을 가지고 도를 이해한다. 그래서 그들이 여러 세대를 거치면서 행한 모든 것들은 완전히 일관된 전체를 형성한다. 그러나 뒤 세대들은 마음으로 도를 이해하지 않고 과거의 형식을 모방했기 때문에 실패하였다. 마음으로 도를 이해했더라면 그들은 시대의 요구에 부응하기 위하여 제도를 바꿀 수 있었을 것이다. 공자는 바로 이 점을 이해한 사람이었다. 그리하여 공자는 진정으로 근본적인 것이 추론 가능하도록 경전을 편집하였다.[41] 성인이 자신들의 마음을 통하여 이해한 것이란 사물들을 체계화하는 어떤 필수적인 원칙들이었다. 바로 이러한 기초 위에서 왕안석은 다음과 같이 주장하였다. 고대에 문자체계가 발전된 방식은, 각 글자들의 내적 구조는 '스스로 그러한 이치'(自然之理, principle of what is so by itself)를 구현하고 있으므로 지시대상의 합당한 기능을 정의하는 것이었다. 정서법(orthography)은 시간의 흐름에 따라 바뀌어 왔지만 이 원칙들은 현재 전하는 문자들의 구조적 요소들에 대한 비교분석을 통해 식별할 수 있다.[42] 그리하

41) 『臨川先生文集』, 47－48(「與祖擇之」); 240－241.

여, 말들 자체와 텍스트의 구조가 드러내주는 바와 같이, 의미는 말뜻의 정의에 있다기보다는 사물들의 관계체계 내에 있게 된다는 것이다.

성인들 자신은 이것을 이해했는가? 왕안석의 『주례의周禮義』(Meanings of the Rites of Zhou; 나중에 周官新義라고 칭하게 됨)를 읽어 보면, 그는 다음과 같이 암시하는 데 그치고 있다. 고대에 사물이 조직화된 방식은 필연적 원리들과 조화를 이루고 있으며, 그것은 공자의 마음이 여과해 낸 경전에 합치하는 것이다. 그런데 그 원리들을 이해하고 섬세하게 정의해 내는 일, 암시적이었던 것을 명시적으로 드러내는 일은 오늘날 사람들의 몫이다.[43]

『주례의』를 저술하기 한참 전인 1058년에, 왕안석은 자신의 기본적인 입장을 다음과 같이 적고 있다.

> 이제二帝(요・순)와 삼왕三王(우임금・탕임금・문왕) 간의 시간적 거리는 천 년이 넘습니다. 한번 다스려졌다가 한번 어지러워지기를 연속하고, 번성기와 쇠락기가 모두 존재하였습니다. 그들이 맞이한 변화와 상황은 각기 달랐고, 그들이 실시한 조치들도 모두 달랐습니다. 그러나 국가와 사회를 다스리는 데 관한 그들의 뜻은 그 본말과 선후의 차원에서 달라본 적이 없습니다. 그래서 저는 마땅히 그 뜻을 본받아야 한다고 말씀드립니다. 그 뜻을 본받을 수 있으면 우리가 행하는 변화와 개혁이 세상 사람들의 이목을 놀라게 하거나 불평을 자아내지 않고 선왕의 정책에 합치하게 될 것입니다.[44]

왕안석의 사촌인 증공曾鞏(1019~1083) 역시 천지, 성왕, 문명 간의 연결고

---

42) 『臨川先生文集』, 181.

43) Bol, "Wang Anshi and the Zhou li".

44) 『臨川先生文集』, 권39, 410, "夫二帝三王, 相去蓋千有餘載, 一治一亂, 其盛衰之時具矣. 其所遭之變・所遇之勢, 亦各不同, 其施設之方亦皆殊. 而其爲天下國家之意, 本末先後, 未嘗不同也. 臣故曰當法其意而已. 法其意, 則吾所改易更革, 不至乎傾駭天下之耳目, 囂天下之口, 而固已合乎先王之政矣."

리는 마음에 있는데 성인은 자신들의 마음을 수양하여 천지의 원리에 대한 지식을 얻고 그것을 세상을 다스리는 데 적용하는 사람이라고 하면서, 오늘날 '학學'의 임무도 마찬가지라고 결론지었다. 세계의 원리를 이해하고 그것을 적용하는 일이 '학'의 임무라는 것이다.[45]

왕안석 반대파의 지도자인 사마광은 고대의 해석에 기초하여 사회를 근본적으로 변혁하는 일에 대해 언제나 반대하였다. 사마광이 고대를 어떤 정책의 정당화기제로 사용하는 일은 드물었다. 그러나 그 역시 마음을 수양하고 마음을 평정상태에 두며 산만한 상태를 배제하는 것이 '공公'(공통의 이해에 맞는 공정한 판단을 하는 것)으로 가는 열쇠라고 생각하였다. 마음이 균형 잡힌 판단을 하려면 평정상태를 유지하는 것이 필수적이므로, 외물이 그 평정상태를 흔들지 않게 하는 것이 해결책이라고 그는 보았다.[46]

소식은 『역경』과 『서경』에 대한 주석에서 천지, 성인, 문명, 경전 사이의 관계에 대한 자신의 이해를 자세히 천명하였다. 그에 따르면, 성인에 의한 '학'과 행위의 과정은 곧 천지의 창조과정을 그대로 따르는 것이었다. 성인이나 천지나 공히 내부에 고갈되지 않는 근원(inexhaustible source)을 가지고 있다. 성인들은 때에 따라 변화함을 통해 자신의 항상성을 유지한다. 그러면서 마주하는 사태들에 반응하여 새로운 사물들을 창조하는 것이다. 여타 사람들은 성인들이 창조한 사물을 통해 모방할 대상과 지침을 얻을 수 있게 된다. 사람들은 『주역』의 괘 혹은 성왕의 제도를 따라 살 수 있는 것이다. 그러나 공자와 경전의 진정한 가르침은 사람들이 성인들의 구체적인 창조물을 초월하여 그들 스스로 사물의 창조자가 될 수 있는 방법을 훈련시키는 것이었다. 성인이 문명을 창조하는 데 성공할 수 있었던 것은 얽매이지 않는 창조적인 사상

---

45) [宋]曾鞏, 『曾鞏集』, 433－436, "理解世间之理, 并把它付诸实行."

46) Bol, *This Culture of Ours*, 235－236.

가였기 때문이지 모방자였기 때문이 아니었다. 앞선 유학자들이 놓친 것은 바로 이 점이었다.[47)]

신유학의 창시자들인 도덕철학자들은 성인의 마음에 더욱 큰 무게를 두었다. 천지의 원리를 이해하고 문명의 건설을 지도하는 것은 바로 마음이다. 장재의 경우, 성인의 학學이란 자신의 기氣를 정화해서 천성을 깨달아 창조과정에 조화를 이루는 것이었다. 그는 기 개념에 기초한 자연계의 이론을 가지고 있었지만, 자연계에 관해서는 기본적인 일관성을 파악하는 데 만족하였다. 그의 진정한 관심은 마음수양의 모델로서의 성인에 있었다. 순수한 마음은 공평한 상태에 있으므로, 원만하고 조화로운 삶의 과정의 원리와 합치되는 것이 어떠한 것인지를 분별할 수 있다. 이것은 마음이 가지고 있는 '덕성의 앎'(德性之知, moral knowledge)으로서, 누적적인 사실적 지식과는 질적으로 다른 어떤 것이다.[48)] 장재가 말하는 성인의 마음은, 인간의 삶에 작동하는 창조적 과정을 분별할 수 있는 수준까지 그 의식을 확장할 수 있다. 성인은 모든 활동의 중앙에 위치한 거울로서, 삶의 과정의 많은 가닥들의 전개를 정확하게 반영한다. 편견으로부터 자유로운 성인의 마음은, 모든 것을 받아들이고 사태가 어찌 전개될지 조짐(the incipient springs of developments)을 알아차리기 때문에, 어떤 사태가 닥쳐 자극해 오더라도 자발적이면서도 적절하게 반응한다. 외부세계와의 교류를 통하여 창조과정에 간섭함 없이 그 창조과정을 지속시켜 줄 수 있는 것이다. 또한 성인의 마음은 발전과 변화의 패턴을 간파할 수 있기 때문에 사람들을 지도할 수 있다. 예컨대 절기와 농업의 순환주기를 알아차리고 예로써 인간사를 규율하며 인격적 모범을 통해 다른 사

47) Bol, *This Culture of Ours*, 282－293. 보다 자세한 논의는 Bol, "Su Shih and Culture"를 보라. 蘇軾의 文藝思想에 나타난 理의 중요성에 대해서는, Fuller, *The Road to East Slope*, chap 1 참조.

48) Kasoff, *The Thought of Chang Tsai*, chap 3.

람들의 마음을 고무해 주는 것이다.[49]

정이程頤는 보다 복잡한 구도를 제시하였다. 천지의 도는 단지 '리理'(사물의 일관된 작동의 필연적 원리)의 또 다른 이름일 뿐이다. 모든 사물은 천지의 산물로서 리를 구현하며 본래부터 일관성을 가지고 있다. 천리天理(우주 전체와 그 안에 있는 모든 사물들의 리)는 모든 인간들에게 본성(性)으로 똑같이 부여되어 있으며, 생래적인 도덕적 감수성을 제공할 수 있다. 마음(心)은 사물의 리에 대한 인간의 인식과 그 자신의 본성에 대한 인식을 매개한다. 성인은 가장 순수한 기로 된 마음을 가지고 태어나서, 사물의 리를 충분하고 완전하게 인지하며 사태에 반응할 때 천리와 조화된다. 그런 까닭에 성인들은 각 시대의 인간 조건에 맞추어 점진적으로 문명을 창조하였다. 문명은 그 어떤 의미에서도 인공적인 작위가 아니며, 성인 덕분에 리와 완전히 조화를 이루고 있는 것이다.

그런데 정이가 성인들은 자신들의 행동에 자의식을 가지고 있었다고 보지 않았다는 사실은 상황을 좀더 복잡하게 만들고 있는 듯하다. 그가 볼 때 성인들은 그저 자연스럽게 반응한 것일 뿐이었다. 다시 말해서, 성인들은 자신들의 활동을 가능케 하는 정신적 과정을 스스로 개념화하지 않았던 것이다. 물론 정이도 성인들이 형식과 외면의 차원에서 활동한 것처럼 보인다는 것을 인정하였지만, 그렇게 보일 뿐 실질까지 그렇다고 생각한 것은 아니었다. 실질적 과정에 대한 이해의 결여는 고대 그 당시에 성인 아닌 사람들이 왜 성인들을 모방하는 것 외에 다른 방도가 없었는지, 또 성인들이 창조한 제도와 예식의 형태를 유지하는 것 외에 다른 방도가 없었는지를 잘 설명해 준다. 결과적으로 성인 아닌 통치자가 출현하고 기의 질이 쇠락하면 인간성은 더 이상 유지되지 않는다. 그런데 공자는, 성인들의 정신적 작용을 이해하였고,

49) Kasoff, *The Thought of Chang Tsai*, chap 4.

그 과정이 실제로 어떻게 작동하는지를 설명할 수 있었다. 즉 사람들을 성인으로 만들어 줄 '학'의 프로그램을 제시할 수 있었던 것이다. 결국 공자의 가르침은 정신적 수양과정으로서의 '학'에 대한 이론적 기초의 실마리를 제공해 주었다.[50]

'학' 그리고 새로운 자아 관념

우리의 사士는 이 모든 것으로부터 무엇을 도출해 낼 수 있었을까? 고대에 존재한 문명의 기원으로 돌아간다는 것은 고대인의 제도나 텍스트를 공부하거나 정책 및 저술 방면에서 그들을 흉내 내는 것 이상의 것이라는 결론을 끌어 낼 수 있었을 것이다. 그리하여 문명의 기원으로 돌아간다는 것은, 항구적인 가치를 가진 것들을 창조해 내기 위하여 성인들이 거쳐야 했던 과정 그 자체를 자기 내부에서 실현하는 일을 의미하였다. 그 자체로는 분명히 드러나지 않는, 사물들에게 일관성을 부여하는 원리나 의도 또는 관념 등을 보아 내기 위하여 성인들은 자신의 마음을 활용하였고, 그 결과로서 비로소 맹목적인 모방을 떠나 변화를 이루어 낼 수 있었던 것이다. 이것은 정책결정에 관하여 큰 함의를 가진 것이었다. 당시 사람들은 당나라 이래로 생겨난 변화 속에서 살고 있었는데, 그 변화를 새로운 시스템 속에 통합시켜 내는 법을 이해하기만 하면 그 변화에 대처할 수 있게 된 것이었다. 이것은 또한 '학'에 관해서도 큰 함의를 지닌 것이었다. 학은 이제 마음을 사용하여 그 자신의 힘으로 무엇인가를 보아 내는 일을 의미하게 되었다. 이제 학은 통치자가 '교화敎化'(transformation through instruction)를 행하는 것을 돕거나 아랫사람들의 느끼는 바를 소통하게 하는 수단이라기보다는, 통치자에게 무엇을 해야 할지를 일러 주는 수단이 된 것이다.

---

50) Bol, *This Culture of Ours*, 306−327.

학에 대한 이러한 새로운 비전은 솔선하는 사를 채용하고자 했던 범중엄의 1044년 개혁안과 잘 들어맞았고, 고문가들을 선호했던 구양수의 1057년 과거시험개혁과도 잘 들어맞았다. 1058년에 황제에게 제출한 긴 상소문에서, 왕안석은 국가의 변혁을 위해서는 정책을 만들 능력이 있는 사를 키워낼 학교시스템을 건립해야만 한다고 주장하였다. 소식은 문학과 예술을 수양과정을 위한 패러다임으로 간주하였다. 그 수양과정의 목적은 과거모델 학습과 사물이 갖는 근본적인 공통점을 결합하여 항구적인 가치를 갖는 새로운 사물들을 생산해 내는 것이었다. 도덕철학자들은 학을 도덕적 자기수양의 핵심이자 좋은 사회를 위한 기초로 간주하였다.

1050년 경이라면 아직 인지되고 있지 않았을 수는 있어도, 사 자신의 자아에 대한 관념 역시 새로운 학에 대한 관념에 걸맞게 변화하고 있었다. 당 초기의 사라면, 싫든 좋든 모든 사람들이 자기 나름의 개성을 가지고 있으며 사회적 조화는 자신을 올바른 모델에 순응시키는 데 달려 있다고 생각했을 것이다. 혹은 만약 당 초기의 사가 불교적 관점을 가졌을 경우라면, 자신의 개성이란 자신의 욕망과 갈망의 산물이라고 보아 그것을 극복하기 위해서는 사실 실질적이고 영원한 것은 없으며 진정한 불성佛性(Buddha nature)은 그저 공空(emptiness)일 뿐임을 깨달아야 한다고 생각했을 것이다. 이러한 생각은 유사한 결론을 옹호하게 된다. 자신의 욕망으로부터 거리를 둘 수 없는 사람들은 합당한 사회규범에 순응해야만 한다. 그런데 송나라의 사는 자신이 이해할 수 있는 어떤 중요하고 항구적인 것이 자아에 존재한다고 생각하기 시작하였다. 점점 더 11세기 사들은 모든 인간들이 생래적으로 공유하고 있는 것이 무엇인가를 묻게 되었다. 정이와 같은 도덕철학자들은, 만물의 하나인 자신의 생물학적 존재에 의해 모든 사람들은 똑같이 본성(性)을 품부받는다고 주장하였다. 정이의 견해에 의하면, 그것은 다름 아닌 천지의 리理였고,

그것에 대한 마음의 자각을 발전시키는 이들은 도덕적 지침을 얻게 된다.[51] 인간 본성이 도덕적 지침을 함유하고 있다는 생각에 반대하면서 모든 이가 똑같이 지닌 것은 인간 행동에 대한 지침으로는 적합하지 않다고 생각하였던 구양수 같은 이들마저도 인간은 생래적으로 사물을 이해할 수 있고 그러한 이해능력을 배양할 수 있다고 믿었다.[52] 소식의 입장은 더 미묘하였다. 본성이 존재하기는 하지만, 본성에 대한 우리의 앎은 본성으로부터 나온 것에 의해 매개된다(mediate). 따라서 우리는 본성을 절대적으로 알거나 정의할 수 없다. 익힌 고기를 그 고기를 익힌 불과 동일시할 수 없고 아들을 아버지와 동일시할 수 없듯이, 본성으로부터 나온 것에 의해 본성을 정의할 수는 없다. 그러나 소식은 '내재하는 주재자'(master within)가 있다는 데 대해서는 의심하지 않았다. 개인은 그 내재하는 주재자에 의존해야 하며, 그 내재하는 주재자야말로 개인이 갖는 창조성의 궁극적 근원이라고 소식은 보았다.[53] 왕안석은 인간 본성에 대한 앎이 정책 만드는 일에 지침이 될 수 있다고는 생각하지 않았다. 그러나 그 역시 인간 모두에게는 공통되는 무엇인가가 있고, 성공적인 정책은 그것과 반드시 조화를 이루어야 한다고 보았다.

개인이 자기 안에 어떤 실질적인 것을 함유하고 있고, 그것이 그 개인으로 하여금 사물을 새롭게 이해할 수 있게 해 준다는 생각에 대응하였던 것이 정情(감정)에 대한 긍정적인 재평가였다. 정은 이제 세계에 대한 인간의 교류를 가능하게 해 주는 어떤 것으로 여겨지게 된 것이다. 사들은 정을 욕欲(이기적 욕망)과 구별하는 일을 중요하게 생각하였다. 그들이 보기에, 욕은 (정과는 달리) 사람들로 하여금 타인의 이해관계를 자기의 이해관계 아래로 복속시키려 들게끔 만들기 때문이다.[54] 우주론과 천지의 자연적 과정에 관심이 없

51) Graham, *Two Chinese Philosopher*, 44－58.
52) James T. C. Liu, *Ou-yang Hsiu*, 96－98.
53) Bol, "Su Shih and Culture", 78－81.

다고 주장하는 이들, 그리고 인간 본성을 도덕적 차원에서 정의하기를 거부하는 이들마저도 감정(때로는 욕망까지)이 사회생활을 조직화하는 데 긍정적인 역할을 할 수 있는 생물학적 소여所與임을 보여 주고자 하였다. 감정이나 욕망은 조절되거나 관리되거나 억압되어야만 할, 사회적 조화의 장애물들이 결코 아니었다. 규범적인 인성론을 주장하는 사람들이나 인간을 욕망과 감정에 의해 추동되는 존재로 보는 사람들 간에는 근본적인 공통점이 있었다. 양쪽 다 인간에 대한 실질적인 어떤 것, 없애버릴 수 없는 어떤 것에 대해 고려하고 있었다. 11세기 말에 이르면 인간 조건에 대한 원자론적 견해는 설 땅을 잃게 된다. 즉 각자 나름의 개성을 가지고 있고, 각기 다른 그 개성의 도덕적 질은 자아에 닥쳐오는 사물들에 대한 반응에서 드러나게 된다는 견해가 사라져 가게 된 것이다. 그러한 견해가 폐기되자, 그러한 견해로부터 도출되었던 결론도 폐기되었다. 사회적 조화를 위해서 인간은 규범적 형식에 순응해야 하고, 도덕적으로 우월한 개인들은 좋은 성장환경과 혈통으로부터 생겨난다는 결론이 폐기된 것이다.[55]

학學이란 자기 안에다 독립적인 판단 근거를 배양하는 일이라고 보는 생각은 사들 간에 (판단 근거가 외부에 있다고 보던 때에 비해 : 역자 주) 보다 큰 지적 불확실성을 초래하였다. 해답을 지녔다고 믿어지는 사람에게 동조자들이 몰리게 된 현상도 이러한 점에서 설명될 수 있을는지 모른다. 그럼에도 불구하고, 점점 더 사들은 세상일은 정부가 혼자 결정할 사안이 아니라 각자 스스로 어떻게 생각하고 행동하느냐에 달려 있다는 생각에 익숙해져 갔다.

---

54) 당나라와 송나라에서의 각기 다른 '情'의 역할에 대한 비교는 Virag, "That Which Encompasses the Myriad Cares"를 참조하라.

55) 예컨대, 唐나라 墓志銘에 나타난 道德 품성의 遺傳 가능성에 대한 설명으로는 Bossler, *Powerful Relations* 참조.

3. 신법 : 체계의 법제화

11세기에는 위와 같은 경향들—과거시험을 통해 고문의 이상에 헌신하는 사들을 충원하고자 하는 생각, 한당 제국시대의 고대 관념의 거부, 학이란 곧 평천하에 대해 체계적인 사유를 하는 것이라고 보는 견해—이 신유학의 승리로 귀착된 것이 아니라 왕안석과 그의 계승자들이 추진한 신법新法으로 귀착되었다. 1069년에서 1124년에 이르는 대부분의 기간에 조정을 주도한 사람들은 왕안석의 비전에 충실한 이들이었다. 연이은 세 명의 황제들은 꾸준히 왕안석의 신법을 지원하였다.(그런데 태후들은 신법을 지원하지 않았다. 1085~1093년 그리고 1100년의 섭정기에 태후들은 신법의 반대자들을 복직시켰다. 그러나 황제가 자기 힘으로 나라를 다스리게 되면 그들은 다시 축출되었다.)

왕안석이 비전을 제시하자 처음에는 광범위한 지지가 있었다. 일단 젊고 야심 있는 황제가 막 권좌에 올랐다. 그리고 조심스럽고 보수적인 정책으로 점철된 수십 년을 뒤로 하고, 많은 사람들이 왕안석을 고대의 이상에 헌신할 사람, 사회를 변혁시키는 과업에서 국가를 주도해 나갈 인물로 간주하였다. 우리는 우리의 사士가 그러한 지지자 들 중 한 명이었을 것이라고 상상할 수 있다. 그러나 또한 그는 이내 왕안석의 일처리 방식에 낙담하게 된 사람들 중의 한 명일 수도 있다. 그가 낙담하였다면, 그는 왕안석의 반대파들인 사마광, 소식, 정이 중의 한 사람을 선택해야만 하였다.[56] 1126년, 북쪽 지방을 여진족에게 잃게 되자 사들은 급격히 왕안석의 유산을 거부하였다. 결과적으로 우리는 왕안석의 옹호자보다 반대자들에 대해서 더 많은 것을 알 수 있게 되었다.

왕안석은 비전을 가지고 있었다. 그는 사회를 동원(mobilization)하는 데 필

---

56) 당시의 黨爭에 대해서는 羅家祥, 『北宋黨爭硏究』 참조.

요한 체계—부분들이 공헌하여 스스로 유지되는 전체를 창조하게끔 하는 각기 다른 부분들의 배치—가 존재한다고 확신하였다. 정권을 쥐기 10년 전에 왕안석은 유명한 상소문을 통해 자신이 가진 접근법의 사례를 상세히 제시하였다. 그가 제안한 통치시스템에 따르면, 지방의 관학官學은 모든 지방의 사들을 흡수하여 그들에게 물질적 지원을 제공하고 다양한 텍스트를 통해 교육하며 지방사회를 개선시키기 위하여 무엇을 할 수 있는지를 생각하게끔 교육하고, 그 중에서 특히 우수한 사람을 뽑아서 더 교육을 시킨 다음 관리로 임명하여 그 임명된 곳에서 지방사회를 위해 새로운 솔선의 역할을 하게끔 하는 것이었다.[57)]

모든 부분들이 상호 의존하고 상호 지원하는 사회의 체계적 조직이 필요하다는 생각은 고대의 경험에 의해 증명된 바 있다고 왕안석은 주장하였다. 그리고 그러한 고대의 경험은 공자 덕분에 전하는 경전과 목전의 현실에 대한 연구를 통해 재발견되었다. 경전은 사물의 필연적이고 보편적인 질서와 일치한다.

> 세상이 완전한 경전을 보지 못한 지 오래되었다. 경전을 읽는 것만으로는 경전(경전의 체계)을 알기 부족하다. 그래서 나는 읽지 않는 책이 없다.…… 그리고 농부와 장인에게 이르기까지 묻지 않는 대상이 없다. 그런 다음에야 경전의 일반적 구조와 목적에 대해 의심이 없게 된다. 후세와 선왕의 시대는 다르다. 이와 같이 하지 않으면 성인을 완전히 알 수 없다.[58)]

세상이 변화하고 현대가 고대와 다르다는 사실이 곧 만물을 '스스로 유지

---

57) 『臨川先生文集』, 권39, 410－423.

58) 『臨川先生文集』, 권73, 779, "世之不見全經久矣, 讀經而已. 則不足以知經. 故某……無所不讀. 農夫女工, 無所不問. 然後於經爲能知其大體而無疑. 蓋後世學者, 與先王之時異矣, 不如是, 不足以盡聖人故也."

되는 통합된 체계'(integrated, self-sustaining system)로 구성해 내는 원리 자체가 변했다는 것을 의미하는 것은 아니다. 관건은 사물의 리 혹은 조직의 일관된 체계를 이해하는 것이다. 왕안석은 다음과 같이 썼다. "만물은 지극한 리(至理)를 갖는다.…… 그 리를 정교하게 파악하는 방법은 통일성에 이르는 데 달려 있을 뿐이다."[59] 그의 사촌이자 절친한 사이였던 증공은 이를 다음과 같이 설명하였다. 고대의 이상세계에서는 도덕이 모든 이에게 같고 풍속이 한결같다. 리에 대하여 이야기하는 사람들은 항상 같은 결론에 이르게 되는데, 그것은 리가 항상 들어맞으며 다른 대안이 없기 때문이다.[60] 바로 이것이 마치 '한 사람이 이론화한 것처럼' 경전들이 일관되어 있는 이유이다. 그리고 마찬가지 이유에서 후대의 지적 다양성은 '리에 들어맞지 않아서' 생긴 결과이자 성인의 뜻에 맞지 않는 가치를 소유해서 생겨난 결과이다. 비록 경전이 현재에 존재하는 모든 것들을 포함하고 있지는 않지만, 그들이 드러내는 것은 사물의 필연적 질서와 일치하므로 거기에 기초해서 다른 현상들도 참작할 수 있다. 신법은 실제로 그러한 일관된 체계를 건립하고자 하는 시도였다. 그 체계는 서로 다른 종류의 행위들이 어떻게 연결되어야만 하는지에 대한 생각에, 그리고 지방의 수요와 기회에 대한 조사에 근거한 것이었다.

왕안석의 정책은 750년에서 1050년 사이에 일어난 거대한 사회·경제·문화적 변화에 대한 계획적인 대응이었다.[61]

1. 토지사유에 대응하여: 정부는 토지측량을 실시하여 모든 토지를 등록하고 토지세를 새로 매긴다. 청묘법靑苗法(a program of spring loans)을 시행하여

59) 『臨川先生文集』, 권66, 707, "萬物莫不有至理焉,……精其理之道, 在乎致其一而已."

60) 『曾鞏集』, 권12, 197－198, "道德同而風俗一, 言理者……未嘗不同其指. 何則? 理當故無二也.……不當於理.……是非取舍不當於聖人之意者亦已多矣."

61) 新法에 대한 개괄적 논의로는 다음의 저술들을 참조할 수 있다. Bol, *This Culture of Ours*, chap 6－7; 東一夫, 『王安石新法の研究』; James T. C. Liu, *Reforms in Sung China*; 葉坦, 『大變法』.

관으로부터의 대부를 보장함으로써 농민들이 부유한 지주층에 덜 의존하도록 만든다. 그리고 지방정부는 국가의 토지를 빌려 준다.

2. 상업발전과 경제의 화폐화(monetarization)에 대응하여: 정부는 지폐, 액면가가 큰 동전을 통하여 화폐의 공급을 늘리고 교역을 촉진시킨다. 국가는 시역법市易法(state trading offices)을 통해 도시에서 도매교역에 종사하여 보다 꾸준한 물품공급과 가격안정을 확보한다. 지금까지 현물이나 노동력 제공을 통해 충당되어 왔던 납세를 현금으로 이행하게끔 하고, 그것을 통해서 부역대신에 노동자를 고용한다.

3. 토지시장과 상업의 확대에 따른 향촌사회의 불안정에 대응하여: 모든 향촌 호구(household)를 포괄하는 보갑법保甲法(mutual responsibility system)을 실시한다. 남자들은 군사훈련을 받는데, 이는 농민들로 하여금 군인의 역할도 겸하게 하여 지방치안에 힘을 보태기 위함이다. 보갑법은 징세를 위해서도 사용된다. 지금까지 최상위 부유층으로 하여금 지방정부에 아전과 징세담당관을 공급하게 했던 전통을 폐기하고, 대신에 다수의 호구로부터 현금으로 세금을 거두어 필요한 인원을 채용할 수 있도록 한다.

4. 변경에서의 외국 위협에 대응하여: 정부는 북부, 서부, 남부의 변경에 확장주의정책(expansionist policy)을 채택함으로써 가능할 때마다 변경의 여러 종족들이 송나라 질서 내로 귀순할 수 있도록 한다.

5. 지방교육과 과거시험 참여 요구에 대응하여: 정부는 주州와 현縣의 학교에 투자하여 지방의 학교들과 태학(National University)을 연결하는 등급제 학교시스템을 만드는데, 이는 등급제 학교시스템으로써 과거시험제도를 대체하기 위함이다. 그리고 학생들이 통과한 등급에 따라 학생들과 (그들의 세대에) 면세 혜택을 준다. 응시자의 시문을 짓는 능력 대신에 경전해석능력을 테스트하게끔 과거시험제도를 개혁한다. 경전에 새로운 주석을 달아서,

전국에 적용되는 커리큘럼을 배포한다.

신법은 정부를 사회·경제 영역에서의 주도자로, 그리고 변화의 엔진으로 만들었다. 신법에는 계획의 각 부분마다 방대한 새 규칙이 달려 있었다. 그러나 그 계획을 실제로 관장하는 '관료-기업인'(bureaucratic entrepreneurs)들이 자신들의 활동 영역과 세수稅收 기반을 확대하기 위하여 새로운 기회들을 이용했기 때문에, 신법의 제도들은 지속적으로 변화하였다.[62)]

처음부터 왕안석은 사士를 시스템 내로 끌어들이고자 하였다. 시스템이 결국 자신들의 본래 이해관계에 봉사한다는 것을 백성들이 깨닫고 나면 개혁에 대한 그들의 반대도 사라질 것이라고, 왕안석은 황제를 안심시켰다. 그러나 사들의 경우에는 사정이 달랐다. 새로운 발전들을 통합해 내고 지속적인 발전을 확보하려면, 정부를 관리할 사들은 체계적인 사고를 하도록 교육받아야만 했다. 이견과 개별적인 의견들이 팽배한 세상에서 '도덕과 풍속의 통일'(同道德一風俗, making morality the same for all and unifying customs)을 이루려면 교육이 관건이었다.[63)]

정권을 잡고 나자 신법정권은 신속하게 새로운 교육시스템을 만들고자 하였다. 암기시험을 폐지하고, 진사시험에서 시문테스트는 빼고 경전의 의미를 해석하는 산문시험을 강조하였다. 비판자들은 왕안석이 모든 사람들을 자기 자신처럼 만들려고 한다고 한결같이 비판하였지만, 왕안석은 자신이 모방을 요구한다고 생각하지 않았다. 사람들이 외관을 모방하는 데 급급하여 성인들이 스스로의 사유에 근거하여 창조적으로 행동했음을 잊어버리자, 고대의 이상적 질서가 쇠퇴하기 시작하였다고 왕안석은 학생들에게 경고하였다. 학생들은 스스로 고대인들의 사유를 이해해야만 했다.[64)]

---

62) Paul Smith, *Taxing Heaven's Storehouse.*

63) Bol, "Examinations and Orthodoxies", 32-46.

64) 『臨川先生文集』, 권67, 714.

1076년 왕안석은 관직에서 영원히 은퇴하였다. 그러나 사회를 변혁시키고자 하는 이 거대한 시도의 가장 중요한 이론가로 남았다. 그는 스스로 공자의 후계자임을 자처하였다. 관학에서 사용할 용도의 사전으로서, 글자에 담긴 원리들을 설명한 책인 『자설字說』(*Explanation of Characters*)의 서문에서 왕안석은 공자와 같은 주장을 하였다. 즉, 주나라 문명을 지속시켰던 공자와 마찬가지로 자신이 하늘의 보우를 받는다는 것이다.[65] 왕안석은 스스로에 대해서 이렇게 말하였다.

> 하늘이 사문斯文을 쇠하도록 내버려두지 않으시려고, 나로 하여금 사문의 기원을 조명하게 하셨다. 그러므로 가르치고 배우는 이들은 반드시 이 책으로부터 시작하여야 한다. 이것을 이해한 사람은 도덕의 십분의 구를 파악한 것이다.[66]

심료沈遼(1032~1085)와 같은 왕안석 지지자의 눈에는 왕안석의 '신학新學'(New Learning)이야말로 인간 본성의 핵심(性命之要, the essentials of human nature)과 윤리의 기초(仁義之本, the foundations of ethics)를 일관되게 결합시키고 창조적인 통찰, 문학적 글쓰기의 의도, 경학의 합당한 형식을 유지한 것이었다.[67] 1104년, 왕안석은 공묘孔廟에 모셔짐으로써 공식적으로 역사상 진정한 현인이자 공자와 성인에 대한 권위 있는 해석자로 인정받았다.

그러나 모든 사들이 왕안석에게 설득당한 것은 아니었다. 1050년대에 관

---

65) *『論語』, 「子罕」, "子畏於匡. 曰: 文王既沒, 文不在玆乎. 天之章喪斯文也. 後死者不得與於斯文也. 天之未喪 斯文也. 匡人其如予何?"(공자께서 匡 지역에서 〔사람들에게 에워싸여〕 경계하는 마음을 가지고서 말씀하셨다. 문왕께서 이미 돌아가셨으니, 文이 여기〔나에게〕 있지 않은가? 하늘이 장차 이 文〔斯文〕을 없애려 했다면, 〔문왕보다〕 뒤에 죽는 내가 이 文에 참여할 수 없었을 것이다. 만약 하늘이 이 문을 없애려 하지 않는다면, 광 지역 사람들이 나를 어찌하리요?)

66) 『臨川先生文集』, 권84, 880, "庯詎非天之將興斯文也, 而以餘贊其始? 故其教學必自此始. 能知此者, 則於道德之意, 已十九矣."

67) 〔宋〕沈遼, 『雲巢編』, 권8, 73b－74a.

직을 맡은 사라면 다음과 같은 상황을 목도할 수 있었을 것이다. 백성들의 물질적 복지를 증진시키고 교육을 확대하며 사람들이 서로에게 책임을 지게끔 하고 시장경제를 확대하며 세계를 마찰 없이 기능하는 시스템으로 변혁시키고자 하는 신법의 노력은 늘 뜻한 대로만 되지는 않았다. 일부 취약한 지방경제에서는 신법이 부과한 대규모의 변화가 오히려 역효과를 불러왔다.

우리의 사를 불안하게 만들 수 있는 요소는 또 있었다. 신법정권 하의 조정은 비판자들을 관직으로부터 내쫓았고, 결국에 가서는 블랙리스트에 올리고 귀양을 보냈다. 또한 소식蘇軾과 그 지지자들 저작의 조판雕版(printing block)을 불태우라고 명하였고, 정호·정이 형제의 학설을 금지하였으며, 사마광의 사후에는 사마광을 공격하였다. 그리고 신법정책은 다른 이들의 희생 속에서 재산을 증식한 권세 있는 지방가문들을 명시적으로 조준하였기에, 전통적으로 교육을 스스로 책임져 왔던 사 가문들은 이제 과거시험을 치게 하려면 자식들을 관학에 보내야만 했다. 조정은 문학과 예술의 거대한 후원자로 자임하였다.—신법을 지지한 마지막 황제인 휘종徽宗(1100~1125 재위)은 스스로 새로운 궁정화풍의 옹호자로 나섰다.— 그러한 것은, 문학과 예술은 저자 자신의 통찰과 소양을 반영해야 한다고 믿었던 소식과 같은 이들의 입장과 반대되는 것이었다. 신법은 교역과 상업을 진작시키고자 하였으나, 관청이 거대한 상인들의 도매를 대신하게끔 하였다. 그리고 지금까지 향촌대부업을 맡고 있던 부유층을 대신하여 정부가 농부들에게 대부해 주었다. 신법은 새로운 지식과 기술을 장려하는 가운데 반대의견에 대해서는 거듭 묵살해 버렸다. 이러한 일들에 황제들은 나름의 역할을 하였으나, 신법을 지지해 주는 대신 황제 자신을 선양하는 정책들을 요구하였다. 공격적인 외교정책은 궁극적으로 예기치 못했던 재앙으로 끝을 맺게 되었다. 여진족이 세운 금나라는 송나라와 연합하여 요나라를 전복시킨 뒤에, 이번에는 화북평원華北平原 지대로 진주하여 송나라 수도를 점거하고 1128년에는 마지막 두 황제를 포로로 잡아갔다.

신법이 새로운 질서를 확립하였으므로 더 이상의 논의가 필요치 않다는 주장에 반대하는 사람들로서는, 자신들이 대안을 가지고 있다는 것을 보여주어야만 하였다. 그리하여 우리는 신유학자들에게 주목하게 된다. 정이는 신유학운동의 기초가 된 가르침을 제공하였는데, 그는 생애 막바지에 이르러 왕안석에게 정면으로 도전하였다. 공자와 맹자 이후 사문斯文을 되살린 인물이라고 자평하는 왕안석에 반박하며 정이는 다음과 같이 썼다.

> 성학聖學이 전해지지 않은 지 이미 오래되었다. 나는 수많은 세대 뒤에 태어났지만, 이 도를 밝히고 이미 끊어진 상태에 있는 사문을 되살리고자 한다.[68]

다음 장에서는 정이의 주장이 어떻게 받아들여지게 되었는지, 어떻게 그 주장이 이해되었는지, 어떤 결과가 뒤따랐는지 살펴볼 것이다.

---

68) 『二程集』, 伊川集, 권11, "聖學不傳久矣. 吾生百世之後, 志將明斯道, 興斯文於既絶."

제3장 신유학자들

1. 신유학자들과 유학자들

여기에 사용된 '신유학자'(Neo-Confucian)라는 말은, 스스로 11세기 정호·정이 형제의 철학적 가르침에서 기원하는 지적 흐름(intellectual stream)에 참여하고 있다고 생각하는 사람들을 지칭한다. 그리고 '신유학'(Neo-Confucianism)이라는 말은, 인간의 도덕이나 인간의 본성 혹은 그러한 토대로부터 발전해 온 우주에 대한 교설들을 지칭하고, 또 그러한 견해들의 신봉자들을 함께 묶어 주면서 그들로 하여금 자신들의 생각을 실천에 옮기게끔 만들어 주는 사회적 활동을 지칭한다. '신유학'이라는 말은 현대적인, 그리고 외래(foreign)의 표현이다. 신유학운동을 공히 지칭하는 중국 명칭은 매우 여러 가지이다. 출현한 순서대로 나열해 본다면, 도학道學(도에 대한 배움), 리학理學(모든 사물에 일관성을 부여하는 원리들에 대한 배움), 심학心學(마음에 대한 배움), 성리학性理學(본성과 원리·일관성에 대한 배움), 그리고 때로는 간단히 성학聖學(성인에 대한 배움)이라고도 하였다. 이 중에서 리학이라는 명칭이 중국어 상에서 표준적인 표현이 되었다. 이 명칭들의 각각은 신유학의 철학적 논의의 어느 한 부분을 강조하면서 여타 부분을 희생한 것인데, '신유학'이라는 말을 쓰면 어느 부분을 특히 강조하기 않고 모든 부분을 다 지칭할 수 있다는 장점이 있다. 또 신유학이라는 이 영어표현은, 신유학자들이 스스로를 유학자로 생각한다는 사실, 그리고 공자의 가르침에 대한 참된 이해를 가지고 있다고 생각한다는 사실을 인정하는 것이다. 그러면서도 '신'(Neo)이라는 표현은 그들이 새롭고 또 매우 중대한 면에서 다르다는 사실을 우리에게 인지시킨다. 지적인 교의(intellectual persuasion)이자 사회적 운동(social movement)으로서의 신유학은 누적적인 전통(cumulative tradition)이다. 그것은 12세기에 이르러서는 사士의 삶에 있어 핵심적인 것이 되었으며, 그 이후 오랜 세기 동안 핵심적인 위치를 누려 왔다. 그러나 누적적인 전통이란, 다양한, 심지어 모순적인 견해와 실천까지를 포함할 수 있다.[1)]

초기 신유학자들은 자신들이 그 이전까지 유학자로 여겨져 온 이들과는 다르다는 주장을 하였는데, 이것은 아직 사들에게 널리 받아들여지기 이전 초기 신유학의 특징이다. 1068년 정이는 공자와 맹자(공자에 대한 첫 번째 위대한 해석자) 이후에 나타난 후대 유학자들의 가치에 대해 의문을 제기하였다.

> 후대 유학자들은 문장 짓기와 경전 공부를 일삼아 왔다. 문장의 경우는, 말을 아름답게 장식하고 뜻을 신기하게 하여 사람들의 이목을 즐겁게 하려는 것뿐이다. 경전 공부의 경우, 말뜻을 해석하고 선배 유학자들의 장단점을 비교하여 독특한 생각을 만들려는 것뿐이다. 이와 같은 학學이 과연 도道에 이를 수 있겠는가?[2)]

---

1) 'Neo-Confucianism'이라는 용어의 역사에 대해서는 de Bary, *The Liberal Tradition in China*, 3－4. 참조. Hoyt Tillman은 Neo-Confucianism이라는 용어의 사용과 de Bary 식의 Neo-Confucianism 이해에 반대하였다. Tillman, "A New Direction in Confucian Scholarship" 및 de Bary, "The Uses of Neo-Confucianism: A Response to Professor Tillman" 참조. 내가 보기에는, 수세기에 걸쳐 있는 연구 주제를 다룰 때는 연구 대상이 되는 전통의 외부에 있는 용어를 사용하는 것이, 그 전통의 내부에 있는 용어를 사용하는 것보다 상대적으로 작은 혼란을 유발한다. 중국어로 된 관련 용어에 대해서는 朱漢民, 『宋明理學通論』, 40－43 참조.

2) 姚名達, 『程伊川年譜』, 47; 『二程集』, 伊川文集, 권9, 579－580, "後之儒者, 莫不以為文章治經術為務. 文章則華靡其詞, 新奇其意, 取悅人耳目而已. 經術則解釋詞訓, 較先儒短長, 立異說以爲已工而已. 如是之學, 果可至於道乎?"

정이의 견해에 따르면, 유학자가 다른 지식인들과 다른 핵심적 요소는 '도道'의 추구이다. 도에 의해서 우리는 '모든 이가 공유해야 할 가치'와 같은 것을 이해할 수 있다. 도 자체를 알고자 추구하지 않았다는 이유로, 정이는 과거에 유학자로 간주되었던 한나라의 경학자들이나 당나라의 문인들을 모두 배제하였다. 정이에 의하면 그들은 (도 자체보다는) 도에 대한 지식에 다가갈 수 있게끔 하는 매체—지식의 근원으로서의 경전, 그리고 지식을 소통하는 수단으로서의 글쓰기—에 더 관심이 있었다. 정이는 이러한 평가를 자신이 살던 당시에도 적용시켜 문인과 경학자들을 거부하였다.

> 오늘날 학을 행하는 사람은 세 부류로 나누어진다. 문文을 잘하는 사람은 문사文士이고, 경전을 논하는 사람을 강사講師이다. 도를 아는 것만이 유학儒學이다.[3]

생애 말년에 정이는 자신과 자신의 형(정호)이 배움의 진정한 방법을 발견하였다고 확신하였다. 그리고 신유학이 지성계의 중심을 차지하게 되자, 사람들은 '유학'이라는 것이 곧 정이가 유학이라고 정의한 바의 것임을 보다 쉽게 인정할 수 있게 되었다.

그러나 역사학자의 관점에서 보면, 누가 유학자이고 누가 유학자가 아님을 말하기 위해서 유학에 대한 특정한 정의를 반드시 채택할 필요는 없다. 유학자가 된다는 것은, 그 시대에 유학자라고 자처하는 이들이 행하는 바를 행하는 일에 불과하다. 유학이란 유학자들이 행하는 바 이상의 것이 아니다. 그런데 정이는 철학적 관점에서 그 사안에 접근했기 때문에, 그리고 도를 안다는 것이 의미하는 바를 자신이 이해하고 있다고 확신했기 때문에, 공자와 맹자 이래 11세기까지 진정한 유학자는 아무도 없었다고 결론 내릴 수

---

3) 『二程集』, 遺書, 권6, 95, "今之學者歧而爲三: 能文者謂之文士; 談經者爲講師; 惟知道者乃儒學也." 이 내용은 遺書, 권18, 187 등에도 실려 있다.

있었다. 정이가 보기에, 경학자들이나 문인들은 유학자들을 저버렸거나 혹은 전혀 유학자라고 할 수 없었다.

신유학자들은 이데올로기적 일관성과 통일성을 원했다. 그들은 자신들이 참이라고 믿는 바와 공자와 맹자의 가르침을 합치시켰다. 공자의 『논어』에 대한 신유학자들의 해석은 그 이전 시대의 해석들과 중요한 측면에서 달랐다. 그런데 그것은 신유학자들의 독해가 틀렸다는 것을 의미하는 것이 아니라, 신유학자들이 이어받은 전통으로부터 이탈하였다는 것을 의미하였다.[4] 유학에 대한 역사적 접근과 철학적 접근이 빚는 모순으로부터 내가 내리고자 하는 결론은 이러하다. 그것은 바로, 모든 시대에 통용될 수 있는 하나의 이론 혹은 실천으로서의 유학의 본질을 소급적으로 정의하는 것은 가능하지 않다는 것이다. 이러한 견해에 동의하지 않는 다른 학자들은, 역사상 존재했던 핵심적인 유학자들에 의해 구성되어 전개되는 전통으로서의 유학의 역사를 서술하기도 한다.[5] 그러나 내가 보기에 우리가 말할 수 있는 것은 다음과 같은 것들뿐이다. 정호·정이 형제 이래로 신유학자들은 진정한 유학자가 된다는 것은 특정 이데올로기에 대한 헌신 여부에 의해 결정되는 것이라고 생각하였다. 당시에는 경학자들이나 문장가들을 유학자라고 부르는 일이 유행하였는데, 신유학자들이 보기에 그것은 유학자의 정체성을 잘못 이해한 데서 나온 것이었다. 신유학자들은 자신들이 생각하는 진정한 유학자와 여타의 유학자를 뚜렷이 구별하였다.

그런데 나는, 유학의 진정한 본질을 정의했다는 신유학자들의 주장을 수용하지 않고서도 그들을 넓게 정의된 '유학전통'의 참여자로 간주할 수 있다고 생각한다. 여기서 어떤 특정 학설의 차원에서 유학을 정의하는 대신에,

---

4) Gardner, *Zhu Xi's Reading of the Analects.*
5) 그와 같은 관점에서 서술된 유학사의 좋은 예로는 Berthong, *Transformations of the Confucian Way*를 들 수 있다.

역사상의 특정 전제, 질문, 관심영역을 공유한 이들과 그렇지 않은 이들을 일반적으로 구분해 보도록 하자.[6] 앞 장에서 논의한 11세기의 사상가들이 그러했듯이, 스스로를 유학자라고 부른 사람들은 그러한 특정 전제, 질문, 관심영역을 핵심 이슈라고 보았을 가능성이 높다. 불교와 도교의 종교적 전문인들은 그렇게 생각했을 가능성이 상대적으로 적거나, 혹은 그렇게 생각하지 않아도 되게끔 하는 나름의 사고방식이 있었다. 그런데 신유학자들과 핵심 이슈의 일부 혹은 전부를 공유한 종교적 인사들도 있기는 하였다. 그리고 많은 독자들이 신유학자들의 핵심 이슈들이 바로 다름 아닌 자신들의 관심사이기도 하다고 느꼈으리라 생각한다. '유학적 지향'(Confucian orientation)이라 부를 수 있는 그 어떤 것이란 대체로 수많은 문화들에서 공히 발견되는 세속적(this-worldly)이고 실용적(pragmatic)인 관점이다.

그 공통된 지향점이라고 부를 수 있는 첫 번째는 다음과 같은 전제이다. 어떤 형태로든 권력관계가 있게 마련이다. 통치가 있게 마련이고, 전쟁이 있게 마련이다. 누군가는 통치자가 되고, 다른 누군가는 통치자를 보좌하며, 또 다른 누군가는 통치를 받게 마련이다. 이것이 곧 정부가 인간공동체의 궁극적인 표현이라거나 백성이 통치자에게 무조건 복종해야 한다는 말은 아니다. 다만 정부와 통치자는 피할 수 없는 조건이라는 말이다. 물론 세상 모든 사람이 이러한 전제를 공유하는 것은 아니다. 고대에서조차 선왕(Former King)들이 정부를 제도적으로 수립한 일은 황금시대(golden age)의 시작이 아니라 황금시대의 종언을 알린 것이라고 주장한 사람들이 있었다. 그러나 그런 사람들과는 달리 권력관계가 삶의 피할 수 없는 일부라고 전제하는 사람들은, 그러면 어떻게 해야 정부를 개선할 수 있는지, 개인은 정부와 어떤

6) 일반적 구분을 하는 방법으로서 이와 같은 이슈들을 사용하는 것은, 맹자가 유가의 입장과 비유가의 학설들을 구분한 데 상당히 힘입고 있다. 그리고 Peterson, "Squares and Circles"의 논의에도 힘입었다.

식의 관계를 맺어야 하는지를 물었다. 이러한 관점에서 보면, 권력이 아예 존재하지 않는 듯이 행동하거나 도덕적 인간이 되고자 하는 개인의 노력에 권력은 아무런 관계가 없다는 듯이 행동하는 것은 곧 무책임하게 행동하는 것과 같았다.

두 번째 전제는, 친족과 가족은 중요하다는 것이었다. 이 점을 부정하는 것이 가능하기는 했다. 일부 사람들은, 친족과 비친족을 구분하지 않고 모든 사람을 공평하게 대한다면(자신의 아버지를 존경한다면 그 존경을 모든 아버지에게로 똑같이 확장해 나가지 않을 이유라도 있는가?) 세상이 보다 나은 곳이 될 거라고 주장하였다. 그러나 가족이란 엄연히 존재하게 마련이라고 믿는 사람들에게 진정한 질문은, 가족 내의 관계는 어떻게 수행되어야 하는지, 가족관계는 얼마나 멀리 확장될 수 있는지, 각 가족들은 서로 어떻게 연결될 수 있는지, 가족의 이해관계는 공동체나 국가의 이해관계와 어떻게 균형을 이룰 수 있는지 하는 질문들이었다. 모든 이들은 필연적으로 누군가를 통해서 이 세상에 태어나게 되어 있다. 그렇다면 질문은, 그런 사실을 받아들이면서 그에 대해서 우리가 무엇을 해야 하는가이다.

세 번째 전제는, 노동의 분업은 불가피하다는 전제이다. 고대에는—그리고 후대의 일부 종교공동체에서는— 일부 사람들이 자족적 공동체의 이상에 끌리기도 하였다. 그들은 타인에게 의지하지 않고 순수한 사람들끼리 생존을 꾸려나가는 자급자족공동체를 창조하자는 생각에 매료되어 있었다. 그러나 인간은 궁극적으로 그 누구도 자급자족할 수 없다고 생각한 사람들은 생산 노동의 분업을 전제하였다. 누군가는 육체노동을 하고 다른 누군가는 정신노동을 하고, 누군가는 노동자가 되고 다른 누군가는 관리자가 되고, 누군가는 부자가 되고 다른 누군가는 빈자가 되는 것이 바로 그것인데, 그렇다면 부의 추구와 관련하여 무엇을 해야 하는가가 문제로 대두된다. 부의 추구는 제한되어야 하는가? 국가가 부의 추구를 조절해야 하는가? 부는 가족 단위로 관리되어야 하는가, 개인 단위로 관리되어야 하는가? 부를 축적하고 소비할 수 있는 도덕적인 방법이 있는가?

네 번째 전제는, 문화적 형식의 역사적 축적—사람들로 하여금 서로 간에 의미를 공유할 수 있게끔 하는 매체—은 무시될 수 없다는 것이다. 이 전제는 예禮와 같은 사람들의 행위형식과도 관계가 있지만, 사람들의 말과 글을 구성하는 언어에 매우 분명하게 적용되었다. 말과 글에서 사용되는 용어들은 합의된 의미를 가지고 있었으며, 언어는 사람들이 보고들은 바, 혹은 사람들 마음 속의 것을 전달하기 위해 사용될 수 있었다. 말, 행동, 글, 통치의 사례들은 과거로부터 존재하였다. 그 사례들은 참고되거나 무시되었는데, 싫든 좋든 그 존재 자체는 부인될 수 없었다. 그렇다고 그것이 곧 보편적인 합의를 이끌어내는 것은 아니었다. 어떤 사람들은 언어에 제한된 신뢰도와 타당성을 부여했을 뿐이었고, 다른 어떤 사람들은 과거는 현재에 대한 가이드로서의 어떠한 권위도 가질 수 없다고 생각하기도 했다. 하지만 보편적으로 문화적 형식의 축적은 사람들에게 엄청난 무게감으로 다가왔고, 이러한 무게는 소위 문화의 부담(the burden of culture)이라고 불릴 만한 것이었다. 그와 같은 부담을 받아들이면 곧 텍스트와 그 텍스트가 표현하고자 하는 현상과의 관계, 언어를 해석하는 데 필요한 규칙들, 자신이 의도한 의미를 명확하게 하는 저자의 능력 등에 대한 질문들이 촉발된다.

다섯 번째 전제는, 인간의 삶에 영향을 미치는 것들의 일부는 인간의 의도와는 무관하게 작동한다는 것이었다. 그러한 것들 중 가장 중요한 것은 천지天地(우리는 자연이라고 부를 만한 것)였으며, 혹자는 귀신도 그러한 것에 속한다고 생각하였다. 정부, 가족, 경제, 문화가 모두 자연계라는 보다 큰 맥락 속에서 전개된다는 전제인데, 그렇다면 그것들은 어떻게 상호 연결되어 있으며,

그 관계들이 사회에 대해 가지는 함의는 무엇인가? 마찬가지로, 죽음이란 삶에 관한 하나의 사실인데, 그렇다면 산 자가 죽은 자의 관계는 어떠하며 그 관계가 산 자에 대해 가지는 함의는 무엇인가?

송 · 원 · 명대 대부분의 사士(좁게는 유학자, 더욱 좁게는 신유학자)들은 이러한 전제들과, 이 전제들로부터 파생되는 정부, 가족, 경제, 문화, 자연에 대한 관심들을 공유하였다. 그러한 관심사들에 대하여 저술을 남기는 전통들이 존재하였고, 송 · 원 · 명대 대부분의 사들은 그러한 전통들의 후계자들이었다. 당시 신유학자들은 다른 유학자들에 비해 여러 모로 특별하였다. 일단 그들은 위에서 언급한 바와 같은 관심사가 제기하는 질문들에 대답하는 방식에서 특별하였으며, 나아가 스승-제자 관계로 이루어지는 그들만의 학파를 형성하고자 하는 욕망이라는 면에서도 다른 유학자들과 구별되었다.7) 정이는 자신과 정호가 재발견하였다고 믿은 특정 종류의 학學을 도학道學(the Learning of the Way : 진정한 도에 대한 통찰을 낳는 배움)이라고 부르기 시작하였다. 이름 자체는 본질적인 것이 아니었다. 후대의 신유학자들이 지적한 바와 같이, '도학'이라는 이름 자체는 배운다는 일이 진정으로 의미하는 바를 지칭하는 것이었으므로 앞에 아무런 수식어도 달지 않고 그냥 '학學'이라고 해도 되는 것이었다. 내가 볼 때 정이는 다른 식의 배움은 도道로 향하지 않는다는 것을 지적하고자 하였으리라고 생각된다. 정이는, 그러한 명칭을 통해 도학이라는 명칭이 당시에 보다 널리 쓰이던 문학文學이라는 용어와 대비를 이루기를 원하였다. 문학이라는 용어는 학을 문과 연결시킨 것이었으며, 배움이라는 과업은 텍스트를 마스터하고 문학작품을 짓는 것이라는 함의를 가지고 있었다.

정이 이래로 일부 사들은 도덕과 가치를 이해하기 위한 접근법을 지칭하

---

7) 土田健次郎(Tsuchida Kenjiro), 「社會と思想」.

기 위하여 '도학'이라는 용어를 사용하였다. 도덕과 가치의 이해야말로 신유학자들을 여타의 유자들과 구별시키는 점이었다. 14세기에 송나라에 대한 공식적인 역사를 편찬할 때, 역사가들은 신유학자들의 홍성을 공식적으로 승인해 주었다. 전통적으로 관찬사서에는 유학자들에 대한 부문인 「유림전儒林傳」과 문학가들에 대한 부문인 「문원전文苑傳」이 있었는데, 거기에 「도학전道學傳」을 추가하였던 것이다. 「도학전」은 주희와 그 계승자들이 정의한 바대로의 정호·정이 형제 학파들을 담고 있었다. 이와 같은 독립 부문의 설정은 역사가들이 다음과 같은 점을 승인한 것이었다. 첫째, 신유학은 전통적인 유교와 다르다. 둘째, 유학자로 불릴 수 있는 사람들 가운데에는 신유학자들의 주장을 받아들이지 않는 사람들이 있었다. 이제 우리 앞에 놓인 과제는 내부적 관점과 외부적 관점을 결합하는 일이다. 내부적 관점이란, 신유학자들이 스스로를 어떻게 생각하는지가 신유학자들의 행동방식에 중요하게 작용하였다는 사실을 인정하는 것이다. 외부적 관점이란, 신유학자들이 당대의 모든 사람이 다 수용할 수는 없는 어떤 주장을 하였다는 사실과 신유학자들이 남들과 공유할 수 있는 관심사를 가지고 있었다는 사실을 둘 다 인정하는 것이다.

2. 내부적 역사를 외부적으로 읽기

이전 시대 유학자들의 지적 실천(intellectual practice)과는 대조적으로 신유학자들은 각자 그들 스스로의 역사를 반복해서 썼는데, 그 역사 이야기들은 첫 부분—11세기 후반에 도를 재발견하였다는 부분—만 같을 뿐이었다. 시간이 갈수록 신유학사를 다시 쓰는 일은 신유학 캠프 내의 특정 학설을 정당화하는 수단이 되었다.[8] '도통道統'(genealogy of the Way)에 대한 이러한 관심은, 신유학사 상의 진리는 실재에 대한 올바른 이해라는 점에서 명백하다는 주장과 긴장관계에 있는 것으로 보인다.(이 주장에 대해서는 뒷장에서 논할 것이다.) 내부적 역사들은 사실 누가 권위를 갖고 있는지, 그 권위는 어디에서 왔는지를 판별하는 방법이다. 이러한 역사들은 학생으로 하여금 타인의 가르침을 믿게끔 고무하는 효과가 있다. 그러한 역사를 통해 학생이 해야 할 일은 그 스스로 사고하기보다는 다른 사람이 말한 바를 이해하고 실천하는 것이 된다. 물론 이러한 방법은 신유학이 누적적 전통이 되게끔 하였다.[9]

정이가 형 정호를 위해 지은 묘표墓表를 보면 우리는 그러한 일들이 처음부터 행해졌음을 알 수 있다. 정씨 형제는 북방의 저명한 가문 출신이었다. 정호·정이 형제는 조상이 송나라 개창 때부터 조정에 관직을 가지고 있었기 때문에 문음을 통해 관료가 될 수 있었으나, 일부러 과거시험을 치는 쪽을 택하였다. 정호는 구양수가 주재한 그 유명한 고문 스타일의 과거시험에 합격하여 관료가 되었고, 처음에는 왕안석을 지지하였다. 왕안석은 그를 파견하여 지방의 조건을 조사하여 개혁안을 제출하게끔 하였으나, 정호가 제출한 교육·군사·부세賦稅 등과 관련된 지방사회개혁안은 왕안석이 원하던 내용이 아니었다. 정호는 신법에 반대함으로써 곧 강등되고 관직에서 해임되었다. 정호의 관료경력은 다시 정상화되지 않았지만, 그와 정이는 선생으로서 명성을 얻었다. 정이는 정호의 묘표에서 다음과 같이 썼다.

---

8) 이러한 과정에 대한 논의로는 Thomas Wilson, *Genealogy of the Way*를 참조하라. 牟宗三의 경우가 보여 주듯이 현대의 유가철학자들도 상당 부분 같은 방식으로 해 나가고 있다.

9) * 토마스 윌슨(Thomas Wilson)이 보여 준 바와 같이, 신유학의 내부적 역사들은 학설의 전수와 권위의 계보를 확립하는 수단이었다. 불교에도 그러한 예가 있다. 禪宗의 祖師譜系(the lists of Chan patriarchs)가 그것이다. 그리고 유교적 모델도 있다. 당송시대의 고문가들은 자신들이 본받고자 하는 道와 文을 구현한 성인의 순차적 리스트를 작성하였다.

> 주공周公(주나라 세 번째 왕의 후견인이자 주왕조의 구원자)이 돌아가시자 성인聖人의 도道가 행해지지 않았고, 맹자가 돌아가시자 성인의 학學이 전해지지 않았다. 도가 행해지지 않자 백 세대 동안 좋은 통치가 없었고, 학이 전해지지 않자 천 년 동안 진정한 유학자가 없었다. 좋은 통치가 없어도 사士는 사숙私淑(간접적인 배움)[10]을 통해 좋은 통치의 도를 얻어 후세에 전할 수 있지만, 진정한 유학자가 없으면 사람들은 방황하여 갈 곳을 모르게 되고 인욕이 날뛰어 천리天理(모든 인간이 생래적으로 가지고 있는 도덕적 지침)가 사멸하게 될 것이다. 선생(정호)은 맹자로부터 1400년 후에 태어나셨으니, 전해지지 않던 학學을 남아 있는 경전으로부터 얻어 이 도道로써 이 백성들을 깨우치고자 하셨다.[11]

이것은 기본적으로 계보에 대한 주장이다. 정호는 성인의 학을 이해하였기 때문에 1400년 만에 나온 유일하게 진정한 유학자라는 것이다. 정호는 성인의 학을 이해함으로써 역사상 새로운 두 번째 시작점이 되었고, 남은 동생을 자신의 후계자로 삼았다.

이러한 주장은 그 당시에는 견강부회같이 보일 수도 있었다. 왜냐하면 한유가 이미 맹자 이래 잃어버린 성인의 도를 되찾았다고 주장한 바 있기 때문이다. 정이는 자신의 주장을 보강하기 위하여 올바른 통치(governance)와 올바른 학學 간의 중요한 구분을 만들었다. 사람들이 성인의 도에 대해 논의한 것은 곧 정부에 대해 이야기한 것으로서 그들의 이야기는 대체로 맞았다고 할 수 있지만, 그들은 '성인의 학'이란 그와는 다른 것이라는 사실을 이해하지 못했다는 것이다.

정이가 말하는 '성인의 학'이란, 교육이 통치를 보완하는 짝이라고 본 과거

---

10) *『孟子』, 「離婁下」, "予未得爲孔子徒也, 予私淑諸人也"에서 유래.

11) 『二程集』, 伊川文集, 권11, 640, "周公沒, 聖人之道不行. 孟軻死, 聖人之學不傳. 道不行, 百世無善治; 學不傳, 千載無真儒. 無善治, 士猶得以明夫善治之道, 以淑諸人, 以傳諸後; 無真儒, 天下貿貿焉莫知所之. 人欲肆而天理滅矣. 先生生千四百年之後, 得不傳之學於遺經, 志將以斯道覺斯民."

의 사상과는 달랐다. 즉 정이의 '성인의 학'은 교화教化—즉 정치적 중심(the political center)이 관리나 조정의 식자들을 통해 사람들에게 어떻게 행동하라는 가르침을 지침을 내려 보내어 사람들을 가르치는 일—가 아니었던 것이다. 정이의 '성인의 학'은 관료제 밖의 학자들에 의해서 수행될 수 있고, 그 학자들이 정부를 관장하고 있지 않아도 충분히 효과적일 수 있는 어떤 것이었다. 이것은 또한 다음과 같은 주장을 천명한 것이라고도 할 수 있으리라 생각된다. 좋은 통치에 대한 지식은 간접적인 방식으로도 획득될 수 있는 반면, 도덕적 학은 '진정한 유학儒學' 스승과의 실제 대면을 통한 직접적인 접촉이 요청된다는 것이다. 이 점은 자신의 형 정호를 한층 더 특출한 사람으로 만들어 주는 것이기도 했다. 왜냐하면, 정호는 자신의 힘으로 망실된 성인의 학을 1400년 만에 찾아내었기 때문이다.

정이는 정호의 행장行狀에서 어떻게 하여 자신의 형이 성인의 학을 찾아낼 수 있었는지를 다음과 같이 설명하고 있다.

> ① 정호 선생은 15~16세 경에 학學을 시작하였는데, 여남汝南의 주무숙周茂叔(주돈이) 선생이 도道를 논하는 것을 듣고는 과거시험공부를 그만두고 도를 구하고자 하는 뜻을 갖게 되었다. 그러나 그때만 해도 아직 핵심을 알지 못하여, 여러 사상과 학파를 두루 헤매었고 도교와 불교에도 근 10년간 출입하였다. 그리고 나서 육경六經으로 돌아와 마침내 도를 얻게 되었다.
> ② 뭇 자연 사물과 인륜에 통찰이 있었다.
> ③ 본성을 실현하고 명命에 이르는 일은 반드시 효제孝悌에 기반해야 하고, 신묘한 것을 궁구하고 변화를 이해하는 것은 예악의 이해로부터 나와야 함을 알았다.
> ④(불교와 도교 같은) 이단의 사이비함을 분별해 내었고, 백 세대가 지나도록 계속 우리를 둘러싸 온 미혹들을 제거하였다. 진나라·한나라 이래로 아무도 이 리理[12]

12) principle로 번역되는 '理'는 정호·정이 형제의 핵심적인 철학용어이다. 내가 왜 'coherence'라는 번역어를 채택하는지는 뒷장에서 논의될 것이다.

에 이르지 못하였으니, 그가 말하기를 "맹자가 돌아가신 이후 성학聖學이 전해지지 못했는데, 사문斯文을 부흥시키는 것을 내 책임으로 삼겠다"라고 하였다.[13]

①에서는 정호가 과거시험공부 및 그 밖의 다양한 학술에 대해서 이미 잘 알고 있었고 불교와 도교 또한 탐구했으나 그 어느 것도 합당하다고 생각하지 않았다는 것을 말하고 있다. ②는 자연의 과정과 사회생활 양면을 모두 고려하였다는 뜻이고, ③은 가장 추상적이고 초월적으로 보이는 사안이 윤리적·문화적 실천과 통합적으로 연결되어 있음을 이해하였다는 것, 다시 말해서 고매한 진리가 세속과 분리될 수 없는 것임을 이해하였다는 것이다. ④는 결국 정호가 왜 종교 학설들이 맞는 듯이 보여도 잘못된 것임을 설명해 내어 사람들을 그릇된 믿음으로부터 해방시켰고, 이를 통해 고대 이래 처음으로 진리를 파악한 사람이 되어 진리를 퍼뜨렸음을 말하고 있다. 그리하여 공자처럼 고대 성인의 사문斯文(This culture of ours)을 중흥시키는 것을 자신의 소명으로 삼았다는 것이다.[14]

신유학은 정씨 형제, 그 중에서도 형보다 20년이나 오래 산 정이로부터 시작하여 마침내 누적적인 지적 전통이 되었다. 그의 제자들은 학學에 대한 사제간의 토론을 기록하였고, 그렇게 만들어진 『어록語錄』(*records of speech*)은 신유학 이론의 핵심적인 기반이 되었다. 그러나 신유학의 가르침을 집대성한 것은 주희朱熹(1130~1200)였다. 그에 대해서는 곧 살펴보겠지만, 주희 또한 『이락연원록伊洛淵源錄』(*the Records of the Origin of the School of the Two Chengs*)[15]이

13) 『二程集』, 伊川集, 권11, 638, "自十五六時, 聞汝南周茂叔論道, 遂厭科擧之業, 慨然有求道之志. 未知其要, 泛濫於諸家, 出入於老釋者, 幾十年. 返求諸六經, 而後得之. 明於庶物, 察於人倫. 知盡性至命, 必本於孝悌. 窮神知化, 由通於禮樂. 辨異端似是之非, 開百代未明之惑. 秦漢而下, 未有臻斯理也. 謂孟子沒而聖學不傳, 以興起斯文爲己任." 程頤에게 '道'와 '理'는 상응하는(equivalent) 것이다.

14) * 이렇게 말함으로써, 정호는 왕안석이 자기야말로 '사문'을 중흥시킨 첫 번째 인물이라고 주장한 데 대해 논박하고 있는 것이다.

라는 한 편의 신유학사를 저술하였다. 주희는 신유학의 첫 번째 세대에서 이른바 '북송오자北宋五子'(The Five Masters of the Northern Song)를 확정하였는데, 여기서 그는 창건자의 지위를 정호가 아닌 주돈이周敦頤(1017~1073)에게 부여하였다. 정씨 형제는 십대 초반에 주돈이로부터 배운 바 있는데, 주희의 주장에 따르면 주돈이는 정씨 형제에게 태극太極 개념을 통해 '리'의 통일성이라는 중요한 우주론적 개념을 전수하였다는 것이다. 물론 정씨 형제가 주돈이로부터 배운 시기를 감안하면 그런 주희의 주장은 설득력이 떨어지고, 또 일군의 사람들은 주돈이의 태극 개념에 대한 주희의 이해는 의도적인 오독이라고 판단한다. 하지만 나는 신유학이 통일성의 전제를 요구한다고 본 주희의 생각이 매우 타당했다고 본다.[16] 한편 주희는 소옹邵雍(1011~1077)도 북송오자에 포함시키고 있다. 소옹은 이미 성숙한 정씨 형제와 낙양洛陽에서 빈번한 접촉을 가졌다. 그러나 소옹은 정씨 형제가 가지 않은 길을 간 사상가였다. 그의 술수지학術數之學은 숫자의 체계에 기반하여 관계의 체계적인 구조를 정의한 것이었는데, 그 구조는 자연계의 사물과 과정뿐 아니라 인간사회의 역사적 발전 과정에까지 공히 적용되었다.[17] 마지막으로 주희는 장재張載를 북송오자에 포함시키고 있다. 장재 역시 서북西北의 관료집안 출신으로, 그는 우주의 전개 과정을 기의 순환이라는 관점에서 일관되게 이해하였다. 장재는 정씨 형제의 일가로서 자기 나름의 추종자들을 거느리고 있

---

15) 〔宋〕朱熹, 『伊洛淵源錄』.

16) 周敦頤에게 으뜸가는 지위를 주는 데 대한 반론으로는 Graham, *Two Chinese Philosophers*, 152－175를 참조하라. 주희의 이해에 기초하여 번역된 周敦頤의 『太極圖說』에 대해서는 Wing-tsit Chan, *A Source Book in Chinese Philosophy*, 463－465 참조. 주희의 이해가 아니라 周敦頤 본인의 이해에 충실하게 번역하고자 한 시도로는 De Bary and Bloom, *Sources of Chinese Tradition*, 672－676에 실린 Jospeh Adler의 번역을 참조하라.

17) Birdwhistell, *Transition to Neo-Confucianism*; Wyatt, *The Recluse of Loyang*. 邵雍의 사상에 대한 다른 이해로는 Bol, "Reconceptualizing the Order of Things"를 참조하라.

었고 정씨 형제에게도 영향을 끼쳤다. 그러나 그는 정씨 형제보다 훨씬 일찍 세상을 떠났으며, 그의 사후에 제자 일부는 낙양으로 가서 정호·정이 형제의 문하에 들어갔다.[18)]

소위 '북송오자'는 사물의 광범위한 질서에 대한 사유에 관심을 보인다는 점에서는 고문가들과 같았다. 그러나 그들은 문文이 진정한 가치를 이해하는 데 핵심적이라고 보지 않았다. 그들은 신법에 반대하였으며, 모두 북쪽지방 출신이었다. 여타 11세기 지식인들과 구별되는 점은, 그들은 천지의 과정에 관심을 가졌다는 사실이다. 그들은 생명을 창조하는 과정이 도덕의 진정한 기초이며, 따라서 정치의 기초이기도 하다고 생각하였다. 사람들이 그것을 알아보느냐 혹은 이해하느냐의 여부와 무관하게, 인간의 판단이 정초될 수 있는 실질적인 어떤 것이 존재한다고 그들은 보았다. 그것은 사들이 고대를 어떻게 해석하든, 조정이 학교에서 무엇을 교육하라고 명령하든, 사람들이 그 실질적인 것이 무엇이라고 생각하든 관계없이 실질적으로 존재하는 어떤 것이었다. 이 실질적인 기초는 합당한 방식으로 학學을 행하기만 하면 절대적 확실성을 가지고 개인이 알아낼 수 있는 것이었다.

정이는 형이 서거한 후 많은 제자들을 가르쳤다. 그 대부분은 북방 출신이었는데, 정이의 유명한 제자들—사량좌謝良佐(1050~1103), 여대림呂大臨(1046~1092), 유작遊酢(1053~1123), 윤돈尹焞(1071~1142), 양시楊時(1053~1135)— 중에서 양시는 여진족에게 북방을 잃게 된 정강의 변(靖康之變) 이후에 "정자程子의 학설이야말로 왕안석의 신학新學의 유일한 대안"이라고 적극 선양하였다. 양시는 복건福建 출신이었고, 복건은 양시 그리고 그 누구보다 주희 덕분에 신유학의 새로운 중심지가 되었다.[19)] 정이는 선종禪宗에서 하는 방식으로 자신이 '후계자'

18) Kasoff, *The Thought of Chang Tsai.*

19) 福建지역의 신유학 발전에 대한 사회역사적 설명으로는 小島毅(Kojima Tsuyoshi), 「福建南部の名族と朱子學の普及」 참조.

를 지목하지는 않았다. 그리고 그의 사후 수십 년 동안 그의 주된 제자들은 각기 다른 방향으로 나아갔다.[20] 일부 사람들은 사들을 대상으로 메시지를 설파하던 대혜종고大慧宗杲(1089~1163)와 같은 불교 선사를 따르기도 하였다.[21] 1126년 북방을 잃어버린 이후, 정치·문화 속에서 신유학의 위치는 부침을 겪었다. 남송 초기 조정에서 신유학을 신학의 대안으로 자리매김하려던 신유학자들의 시도는 북방을 수복하기 위해 전쟁을 치를지라도 여진족과는 화해할 수는 없다는 자신들의 입장 때문에 좌절되었다. 그리하여 '정자의 학'(程子之學)은 1155년까지 금지되었다.

'정자의 학'은 남부에서 여전히 주목을 받고 있던 왕안석의 정치적 프로그램이나 소식의 문화적 프로그램과는 다른 어떤 것을 대표하였다.[22] 처음 전파될 때 '정자의 학'은 개인 도덕을 중시하는 사상으로, 그리고 북방을 잃게 만든 주범으로 찍힐 수 있었던 신법에 반대하는 이데올로기로 인식되었으며, 또한 북방이 여진족 소유라는 것을 인정하는 그 어떤 화해조약에도 반대하는 입장으로도 유명하였다. 그리하여 '정자의 학'은 조정의 권력자들에 반대하는 이들을 옹호하였다. 그런데 '정자의 학'에 공통적으로 헌신한 사람들 사이에서도 각기 다른 해석이 존재하였다. 예컨대 복건 출신의 호안국胡安國(1074~1128)은 오랫동안 정이의 철학을 『춘추春秋』의 해석에 적용하는 데 헌신하였다. 『춘추』는 신법정권 하에서는 과거시험 교육으로부터 제외되어 있던 책이었다. 호안국의 아들 호굉胡宏(1105~1155)은 호남湖南지방에서 20년간 살면서 영향력 있는 선생이자 자기 나름의 사상가가 되었다. 호남에 자리 잡은 장식張栻(1133~1180)은 여진족과의 화해를 반대한 유명한 사천四川 출신

20) 예컨대 Selover, *Hsieh Liang-tso and the Analects of Confucius* 참조. 董玉整(『中國理學大辭典』, 115－116)의 주장에 따르면, 尹焞의 영향력 부재는 그가 程頤의 학설을 너무 글자 그대로 따랐기 때문이었다.

21) Borrell, "ko-wu or kung-an?"

22) Bol, "Chu Hsi's Redefinition of Literati Learning".

군사지도자의 아들이었다. 그는 호굉의 영향을 받았고, 스스로 정씨 형제 문하의 진정한 후계자라고 생각하였다. 여조겸은 가장 화려한 경력을 지닌 북방 관료집안의 후손으로, 그의 아버지 대에 난을 피하여 절강浙江의 무주婺州에 자리 잡았다. 여조겸은 신유학, 문학文學, 사학史學을 결합하고자 시도하였다.

'정자의 학'으로부터 계발된 사람 중 가장 중요한 인물은 복건 출신의 주희이다. 주희는 정씨 형제의 학설에 관련된 모든 주된 개념들을 다룬 체계적인 사상가였으며, 수백 명에 달하는 헌신적인 학생들을 거느린 스승이었다. 또한 그는 역사적 · 철학적 · 문학적 텍스트들을 쓰고 편집하고 출판한 위대한 지식인-기업가(intellectual entrepreneur)였으니, 그가 산출한 저작들은 신유학에 굳건한 텍스트적 기초를 부여하였다. 뿐만 아니라 그는 사 가문들을 설득하여 각자의 지역에서 신유학적 교육, 예禮, 사회적 프로그램 등을 지원하게 한 사회활동조직가였다. 주희는 사람들로 하여금 자신의 리더십을 받아들이고 자신의 대의를 지지하게끔 설득하는 대단한 능력을 지니고 있었으며, 동시에 다른 사람의 잘못을 매우 기민하게 지적하였다. 그는 정호 · 정이 형제에게서 가능성으로만 존재했던 몇 가지 사안을 다듬고 정리하여 하나의 일관된 프로그램으로 만들어 내었다. 신유학은 주희 이후에 '주자학'(Zhu Xi-ism)이 되었다고 해도 지나친 말은 아니다.[23)]

이에 대한 예외가 강서江西의 육구연陸九淵(1139~1194)이었다. 육구연은 주희를 비판하기를, 텍스트 공부에 주의를 집중함으로써 성인됨(sagehood)을 너무 이론화하고 실천을 약화시켰다고 하였다. 오늘날의 시각에서 돌이켜보면,

---

23) Chaffee 와 de Bary 가 편집한 *Neo-Confucian Education*; Wing-tsit Chan, *Chu Hsi and Neo Confucianism Chu Hsi: New Studies* 및 Zhu Xi, *Learning to be a Sage* 참조. 신유학 진영 내의 다른 입장들에 대한 朱熹의 대응에 대해서는 Tillman, *Confucian Discourse and Chu Hsi's Ascendancy* 참조.

육구연은 의지에 의해 생래적인 도덕적 능력을 실현하는 일이 가능하다고 믿는 사람들의 대변자가 되었다고 할 수 있다. 육구연은 자기 자신의 메시지를 가지고 있었고, 그를 따르는 추종자들이 많았다. 그는 사람을 감동시키는 힘을 지닌 공공강연자로서 많은 사람들과 교류하였지만, 논리적인 주장을 펼치거나 주석이나 체계적 논술을 통해서 이론을 확립하지는 않았다.[24] 육구연은 정호·정이 형제가 도에 대한 통찰을 가지고 있었고 한당대의 유학자들을 뛰어넘는 수준의 실천력이 있었음을 인정하였으며, 또 진정한 학學은 맹자 이후로 전수되지 않았음을 인정하였다. 따라서 내가 보기에, 육구연의 가르침은 정호·정이 형제의 철학적 전제의 맥락 속에서만 성립될 수 있는 것이었다. 그러나 육구연 자신은 정호·정이 형제가 도를 재발견했다고 인정하지는 않았다. 그것은 곧 다름 아닌 자신이야말로 맹자 이후 처음으로 도를 제대로 이해한 사람이라는 의미였다. 육구연은 사람이 세계와 일관된 일체를 이루는 체험을 할 수 있다고 확신하였는데, 그러한 체험은 차근차근 누적적으로 행하는 학을 통해서는 얻을 수 없다고 보았다. 주희가 생각한 대로 육구연은 과연 만만치 않은 주희의 경쟁자였고, 육구연의 메시지를 따르는 사람들이 꽤나 있었다. 육구연은 신유학 학설의 문맥 안에서 존재할 수 있는 하나의 입장을 대변하였다. 어떤 사람들은 주희와 육구연이 신유학의 양극을 대표하며 그 양극이 합쳐질 때 비로소 신유학의 전체를 이루게 된다고 보았다. 물론 이것이 보편적인 견해는 아니었지만, 적어도 원나라 때 남부 신유학의 가장 영향력 있는 인물 중 한 사람이었던 오징吳澄(1249~1333)은 그런 견해를 대표하는 인물이었다. 그는 주희와 육구연이 신유학의 두 측면을 대변한다고 보았고, 자신이 그 두 측면을 결합할 수 있다고 생각하였던 것이다. 15세기에

24) 陸九淵에 대한 나의 이해는 Foster, "Differentiating Rightness from Profit"에 상당히 빚지고 있다.

도 육구연과 주희를 같은 계열로 만들고자 하는 유사한 시도가 있었다. 내가 보기에 그러한 시도들은, 학學에 대한 신유학의 입장을 모든 것을 포괄하는 단일한 학설로 유지하고자 하는 욕망을 보여 주는 것이다.[25]

신유학자들은 광범위한 사 계층—즉 관리들과 과거시험에 응시하는 다수의 사람들—의 지지를 원하였다. 동시에 그들은, 성인의 학에 대한 자기들 견해의 정당성을 인정하라고 조정과 황제에게 압박을 가하였다. 그러나 몇 번의 시도에도 불구하고 그것은 주희의 생전에는 성공하지 못하였고, 12세기 후반에는 거꾸로 신유학에 대한 비판이 증가하였다. 신유학자들은 자신들이 남들보다 우월하다고 생각하여 당파를 만들고, 다른 이들이 잘 모르는 용어를 사용하면서 문학적·관료적 성취의 가치를 무시하고 반대자들을 비난하는 데만 급급하다는 것이 비판의 내용이었다. 1198년, 조정은 사회변혁의 열망을 포기한 지 이미 오래된 상태였다. 그러한 조정은, 주희와 그 추종자들에게 '위학僞學'(false learning)이라는 꼬리표를 붙인 후 정권에 반대하는 이데올로기적 반대자라 하여 금지령을 선포하였다.[26] '위학'이라는 표현은, 도학道學 즉 도道에 대한 학學을 한다는 신유학자들의 주장을 꼬집어 비판한 것이었다. 주희가 세상을 하직할 당시에도 금지령은 아직 해제되지 않은 상태였다. 그러나 그 이후 수십 년 동안 신유학은 사들 사이로 계속해서 퍼져 나갔고, 권력자들이 좋아하건 말건 과거시험 출제자들과 응시자들은 신유학의 언어와 관심사를 채택하였다.[27] 그러자 이제 조정이 한걸음 물러섰다. 1241년, 황제는 주희

---

25) 吳澄의 '종합'에 대해서는 Gedalecia, "Wu Cheng's Approach to Internal Self-cultivation and External Knowledge-Seeking" 참조. 陸九淵의 학설을 받아들인 또다른 14세기의 학자들에 대해서는, 馬淵昌也(Mabuchi Masaya), 「元明初性理學の一側面：朱子學の瀰漫と孫作の思想」 참조. 주희의 학설과 육구연의 학설을 화해시키고자 한 명나라 시기의 시도에 대해서는, 〔明〕程敏政, 『道一編』 참조.

26) 이 黨禁에 대해서는, Schirokauer, "Neo-Confucians Under Attack" 참조.

27) De Weerdt, "The Composition of Examination Standards".

의 주석이야말로 공자와 맹자의 도를 밝히는 것이라는 내용의 조서詔書를 내렸다. 1241년, 한걸음 더 나아가 조정은 주희와 북송 신유학 스승들을 수도의 공묘孔廟(the Confucian temple 혹은 文廟[the Temple of Culture])에 모시게 하고 이어서 전국 주현州縣(prefecture and county)의 공묘에도 모시게 하였다. 공묘에 모셔진 사람들은 당대의 권위 있는 위대한 유학자(大儒)로 공식인정을 받았고, 황제로부터 현령에 이르기까지 정부는 그들의 혼령에 제사지냈다. 그 과정에서 조정은 왕안석을 공묘로부터 퇴출시키고 신유학의 역사관을 채택하였다. 맹자 이후 잃어버렸던 도는 주돈이, 정호·정이 형제, 장재에 의해서 재발견되었고, 주희에 의해서 남부로 전파되었다.[28] 1315년 원나라가 과거시험을 복구시켰을 때, 복구된 과거시험은 주희의 주석에 대한 지식을 요구하였다.

원대 남북부의 신유학

과거시험은 1315년에 재개되었다. 총 네 부분으로 이루어진 시험 중 첫 번째 부분은 사서四書에 대한 주희의 주석에 기초하여 글을 쓰게 되어 있었다. 이로부터 과거시험이 폐지되는 1905년까지 신유학은 과거시험제도의 일부로 남게 된다. 과거시험에 참여하는 것을 꺼린 이는 거의 없었지만, 신유학자들은 오랫동안 과거시험제도와 불편한 관계를 맺어 왔다. 서면 테스트가 도덕적 수양의 지표가 될 수는 없다고 여겼기 때문이다. 그러나 일부 신유학자들은 1315년의 상황을 승리로 받아들였다. 그들은 원나라로 하여금 자기들 입장의 타당성을 인정하게끔 하는 데 성공했던 것이다. 1241년 송나라 조정으로 하여금 주희와 북송대의 신유학 스승들을 공묘에 모시게 했던 것과 마찬가지로, 절강浙江 출신의 정단례程端禮(1271~1345)가 말한 바와 같이 이제

28) 조정에서 신유학을 승인한 정치적 의도에 대해서는, James T. C. Liu, "How Did a Neo-Confucian Scholl Become the State Orthodoxy?" 참조.

'진정한 학'과 '시험공부를 위한 학'이 형식상 통일을 이루게 된 것이다.

> 허문공許文公(許衡)이 주자학으로써 세조황제를 도운 이래로,…… 세상의 학자들은 모두 주자가 주석을 단 경전을 존중할 줄 알았고 그것을 통해 공자, 맹자로까지 소급해 갈 수 있었다. 그 공이 매우 크다. 우리의 과거제도는 주자의 (과거시험에 대한) 『사의私議』(*private proposal*)를 따르고 있다. 명경과明經科는 정주程朱(정이와 주희)의 학설을 따르되 옛 주소注疏를 함께 사용한다.…… 경전의 뜻에 대해 논술을 할 때는 정주의 학설을 주소의 학설과 비교하여 한나라 유학자들의 주석의 장단점을 판별해 낸다. 송나라 말기에 의미 없는 공허함과 지나친 문식을 통해 경전을 망친 문제를 말끔히 씻어 내었다. 그리하여 경술經術(Classical studies)과 리학理學(the Learning of Principle)과 거업擧業(examination training)을 통합하여, 도에 뜻을 둔 사들이 보다 용이하게 자신들의 길을 추구하게끔 하였다. 어찌 한나라, 당나라 때의 과거시험에 비길 수 있으리요![29]

원나라 과거제도에 대한 찬양이 지나치게 낙관적인 면은 있지만,[30] 어쨌든 이 정단례의 언급은 과거제도가 북부(허형이 대표)와 남부(주희가 대표) 모두를 위한 제도라는 점을 분명히 지적하고 있다.

정단례가 보기에, 신유학은 남부 사람인 주희가 정의한 것이었다. 북부지방에 허형이 있기는 했어도 남송대 이래 대부분의 영향력 있는 신유학사상

---

29) 〔元〕程端禮, 『畏齋集』, 권5, 1b, "自許文公以朱子學光輔世祖皇帝……天下學者皆知尊朱子所注之經, 以上溯孔孟, 其功大矣. 貢擧之制, 又用朱子『私議』, 明經主程・朱說, 兼用古注疏,……所作經義, 能條擧程・朱注疏之說, 辨漢儒傳注之得失, 一洗宋末反覆虛演文妖經賊之弊. 俾經術理學擧業合一, 以便志道之士, 豈漢唐宋科目所能睨其萬一?"

30) * 원나라 과거제도는 급제를 잘 부여해 주지도 않았고, 지속적으로 유지되지도 않았다. 실제로는 개인적 연줄, 학교에서의 선생 자리, 지방정부에서의 아전의 자리 등이 士가 관직으로 나아가기 위한 보다 중요한 방법이었다. 몽고인・色目人(중앙아시아인)・漢人(북부의 중국인, 여진족, 거란족), 남부 사람에게 각기 할당을 두고 다른 시험교과를 부과하였는데, 다른 어떤 그룹도 몽고인에게 주어진 급제자 수보다 많은 급제자를 내지 못하였다.

가는 남부 출신이었으며, 서북지방에 약간명이 있었을 뿐 화북평원 쪽에서는 거의 아무도 배출되지 않았다. 남송대에 신유학이 남부로 퍼져 나간 것은 복건, 절강, 강서와 같이 경제적으로 번영한 지역을 중심으로 해서였는데, 500여 명에 이르는 주희의 제자들 대부분이 이곳 출신이었다.[31] 그 밖에 사천지방에도 일부 주도적 인물이 있었다.[32] 비록 북송 신유학 스승들이 북부 지역 사람들이었고—정호·정이 형제의 기반은 낙양— 그 추종자들의 대부분도 북부지역 사람들이었지만, '정자의 학'에 대한 신법의 억압과 뒤이은 금나라의 침입은 북부에서 신유학을 대체로 지워 버렸다.

그러나 이것은 남북부 차이에 대한 적합한 설명이 아니다. 금나라가 지배하는 동안 북부에서는, 신유학은 부재하였지만 다른 북송의 지적 전통이 융성하고 있었다. 금나라 치하에서 한인漢人 사들로 구성된 지성계는 문학적 과목을 치는 과거시험 쪽으로 치중해 있었고 정호·정이 형제보다는 소식과 같은 인물을 찬양하였다. 1160년 이후, 금나라는 너그러운 과거시험을 통해 많은 수의 사들을 관리로 채용하였고, 관직을 갖게 된 이들 사와 여진족 조정은 공통의 기반을 찾는 데 힘을 기울였다. 그리하여 이들은 여진족의 군사주의가 영속하는 데 반대하여 문치文治를 옹호하였는데, 북송과의 문화적 연속성은 금나라 정당성의 증거이기도 했다. 그런데 1126년 이후 북부는 경제침체에 빠지고, 1194년에 황하가 물길을 바꾸면서 상황은 더욱 악화되어 홍수가 중원지역을 황폐화시키게 된다. 더욱이 1209년과 1230년에 일어난 몽고족의 침입은 북쪽을 한층 더 파괴하였다. 이제 사의 생존은 정치적 권위를 가진 세력의 선의에 한층 더 의존하게 되었다.[33]

---

31) 南宋 이래 福建·浙江, 江西 등지에 신유학자들이 군집한 상황에 대해서는, 何佑森, 「兩宋學風的地理分布」 참조. 朱熹의 알려진 門人 511명 중에서 가장 많은 집중도를 보인 지역은 福建(171), 浙江(76), 江西(81)이다.(劉樹勳 著, 『閩學源流』) 劉樹勳의 통계는 467명이라는 陳榮捷(『朱子門人』)의 통계를 보완하고 있다.

32) 蔡方鹿, 『宋代四川理學硏究』.

남부에서는, 신유학 지지자들은 처음에 조정이 신법의 대안으로 신유학을 지지해 주기를 희망하였다. 그런데 그들은 금나라와의 화해에 반대하는 사람들과 연합하였다.(금나라와의 화해는 곧 북부의 상실을 수용하는 것을 의미하였다.) 때문에 조정이 금나라와 화해하기로 결정하면서 신유학 지지자들은 세를 잃어버리게 된다.[34] 그리하여 남부에서 신유학은 지방사회의 사士들에게로 퍼져 나갔고, 결국 지방에 있는 사들의 사적인 후원과 지방관리들의 간헐적인 지원에 의존하게 되었다. 공적·사적 재정지원을 받은 사립서원의 증가는 지방에 있는 사들의 공동체를 뿌리내리게 하고 신유학 가르침의 청중을 제공해 주었다. 양자강 남부는 경제적으로 부유하였고, 그와 같은 부는 자신들의 아들들에 대한 지원을 가능하게 했다. 자신들이 관직 경력이 있는 가문이냐는 관계가 없었다. 게다가, 주희의 신유학은 지방 사들이 자신들의 고향에서 공적인 삶에 적극적으로 참여할 수 있는 방식에 대해 특별한 주의를 기울인 바 있었다.

1271년, 몽고족은 몽고제국의 동쪽 부분에 왕조국가를 건설하고 원元이라는 이름을 붙였다. 그들은 사士들과 그 가문에 특권을 베풀었다. 이러한 준비과정을 거쳐 남부의 많은 사들을 포용할 수 있게 되자, 몽고족은 많은 수의 학교에 재정지원을 하고 사들에게 선생 자리를 주었다. 이러한 일들이 1315년 과거제도를 복구하기 훨씬 전부터 행하여졌다.[35] 1270년대에 이르러, 150년의 분열 끝에 북부와 남부는 통일되었다. 이제 북부의 사들과 원나라 조정은 신유학이 남부 지성계의 주류가 되어 있음을 알게 되었다. 비록 금나라 후반쯤에 이미 정호·정이 형제의 가르침과 상당 부분의 주희의 가르침이 북부에 알려져 있었지만, 남부에서의 신유학의 위상에 대해 알게 된 통일

---

33) Bol, "Seeking Common Ground".

34) 뒷장에서 보다 자세히 상황을 설명하게 될 것이다.

35) 蕭啟慶 著, 『元代的儒戶』(姚大力, 「元朝科擧制度」).

뒤의 북부에서는 신유학에 대한 관심이 한층 더 높아졌다.36)

내가 보기에, 남부와 북부의 차이는 사들의 경향 차이였다. 남부의 신유학자들은 자신들이 지방의 자원에 의지할 수 있음을 알았던 반면에, 북부의 신유학자들은 국가에 의존하였다. 쿠빌라이 칸은 수도의 교육 책임을 허형許衡(1209~1281)에게 맡겼다. 하남河南 출신의 허형은 북부에서 정주程朱의 신유학을 옹호한 인물들 중 가장 유명한 사람이었다. 그가 특별히 중시한 사상은, 만약 군주가 도덕에 대하여 책임지지 않으면 관리가 책임질 수 있다는 것이었다. 게다가 허형은 신유학이 외국인 통치자의 변혁과 관리들의 지도에 활용될 수 있다고 믿었다.37) 허형은 금나라와 원나라의 '세후世侯'(overlords) 치하에서 성장하고 수도에서 생활하였는데, 그런 영향으로 위에서 아래로 질서를 부과하는(impose) 관점을 취하게 된 것으로 보인다. 상례를 벗어나는 절차들과 정실이 판을 치는 정권 속에서 관료제의 권위를 보다 집중할 필요가 있었고, 그와 같은 과정에서 신유학이 정당화기제로서 기능할 수 있다고 본 것 같다.

남송 이래로 남부의 사들에게는 지방 전통에 참여하여 여러 관계를 발전시키고 명성을 얻을 수 있는 길, 혹은 국가중심적 커리어를 추구하는 길의 두 가지 선택이 주어졌다. 그러나 북부의 사들에게는 오직 하나의 가능성만이 있었다. 지방 전통이 부재한 상황에서 오직 국가만이 존재할

---

36) 북부의 신유학에 대해서는 Tillman, "Confucianism in the Chin" 및 三浦秀一(Miura Shūichi), 『中國心學の稜線 : 元朝の知識人と儒道仏三教』, 47－99 참조. Tillman의 연구에 따르면, 이제껏 받아들여져 온 견해와는 달리, 신유학이 북방에 전파된 것은 趙復이 1235년에 몽고족에게 포로로 잡히기 이전이라고 한다(趙復이 몽고족 지배의 초기에 중요한 지적 역할을 수행한 것이 사실이라고 할지라도). 姚大力, 「金末元初理學在北方的傳播」 참조. 金나라의 지성계에 대해서는 Bol, "Chao Ping-wen" 참조.

37) 원나라에서의 신유학의 발전에 대한 개괄로는 Wing-tsit Chan, "Chu Hsi and Yuan Neo-Confucianism" 참조. 그 밖에 de Bary, *Neo-Confucian Orthodoxy*, 35－60, 특히 許衡에 대한 부분 참조.

뿐이었다.[38] 이런 까닭으로 인해, 비록 그의 학생들이 관리의 길로 나아갔음에도 불구하고 절강 무주 출신의 신유학자 허겸許謙(1270~1337)은 고향에 남아 커리어를 쌓을 수 있었지만, 강서 출신의 오징은 지도적 위치에 있는 관리들과 관계를 맺으면서 전국적인 명성을 추구할 수밖에 없었다. 오징은 국가를 성공하게끔 만드는 일보다는, 사들 간의 차이를 불식시키고 신유학 학설로 말미암아 갈라져 있던 주희와 육구연의 캠프를 통일시키는 데 관심이 더 많았던 것으로 보인다.[39] 흔히들 야만적인 몽고족이 중국의 사를 존중하지 않았기 때문에 중국의 사들은 정부에서 봉사할 기회가 없었다고 말하곤 한다. 그러나 이것은 사실이 아니다. 비록 정책을 구상하는 위치에 접근할 기회가 송나라 때보다 훨씬 제한되기는 했어도 남부의 사들 또한 원나라 정치권에 참여할 수 있었다. 일부 남송 관료들과 그 가문들이 송나라에 충성을 다하고자 왕조의 멸망과 함께 스스로를 희생한 것도 사실이지만, 동시에 지적되어야 할 것은, 통치자가 몽고족으로 바뀌고 그 통치자들이 중앙아시아인들을 자신들의 대리인으로서 가장 신뢰했다고 해서 송나라가 망한 뒤 사들이 몽고에 충성하지 않았던 것은 아니라는 사실이다. 종족이 다르다는 사실이 관직에 대한 욕망이나 도덕적 의무감을 압도한 경우는 드물었던 것으로 보인다.[40]

명나라에서도 남부 사람들이 신유학사상가들의 대부분을 차지하였다. 명

38) Wenyi Chen이 "Networks, Communities, and Identities"에서 제시한 내용이다. 이것은 남부와 북부의 士 커리어와 이데올로기를 상세하게 비교한 끝에 나온 매우 중요한 결론이다.

39) 吳澄은 Gedalecia의 *The Philosophy of Wu Ch'eng* 및 *A Solitary Crane in a Spring Grove*의 연구주제이다. 金華의 許謙은 고향에서 가르침에 종사한 사례이다. 蒙培元, 『理學的演變』 참조.

40) 송나라의 忠義觀에 대해서는 Jay, *A Change in Dynasties* 참조. 일부 학자들은 士大夫들이 원나라에 충성을 바친 것에 대해 곤혹을 느꼈다. 錢穆, 「讀明初開國諸臣詩文集」 참조.

나라 때는 남부 사람들에 광동 출신 사들이 더해져서 두 번에 걸친 신유학활동주의—16세기 전반의 양명학파와 17세기 초반의 동림서원—를 이끌었는데, 그 추종자들의 가장 많은 수가 남부 출신 사들이었다. 원나라는 통일제국을 건설했고, 명나라는 그 통일제국을 지속시켰다. 이들 제국의 과거제도 덕분에 신유학의 텍스트와 학설은 전국적 청중을 얻게 되었지만, 여전히 남부 사람들과 그들의 관심사가 신유학운동을 지배하고 있었다. 왜 그러하였는가에 대한 나의 대답은, 신유학은 남부 사들의 지방 경향에 더 잘 들어맞았고 국가에 쉽게 복속되지 않았기 때문이라는 것이다. 이에 대해 보다 많은 문헌자료를 가지고 논해 보도록 하겠다.

명대의 신유학과 제국

과거시험제도에 신유학 학설이 포함되자 『사서집주四書集註』(사서에 대한 주희의 주석)는 교육의 필수적인 부분이 되었다.[41] 원나라 조정의 경우는 이데올로기나 전국적인 정통사상을 수립하는 데 관심을 가졌다고 볼 만한 증거가 적은데, 명나라 조정의 경우는 그러한 관심이 많았다. 그리하여 일부 현대 학자들은, 명 왕조에 이르러 신유학은 비로소 국가가 지원하는 정통사상이 되고 제국전제주의(autocracy)의 이데올로기적 기초가 되었다고 결론을 짓는다. 이 문제에 대해서는 다음 장에서 보다 자세하게 다루기로 하고, 여기서는 때때로 이데올로기적 통제를 추구하였던 조정과, 자신들이야말로 이데올로기의 합당한 근원이라고 생각했던 신유학자들 간의 갈등을 추적해 보고자 한다.

명나라는 남부에 기반을 둔 왕조로서 양자강 유역의 남경에 수도를 두고

41) * 문학적 작문기술을 테스트하는 시험이 과거시험의 세 번째 부문에 있었다. 그러나 이 부문은 다른 부문에 비해 중시되지 않았다.

시작되었고, 북경은 1421년에 와서야 가장 중요한 수도가 되었다. 명나라의 창건자로서 1368년에서 1398년까지 재위한 주원장은 자신의 관료들에게 점점 더 의혹을 품고 피의 숙청을 시작하였는데, 그 숙청에서 4만 5천 명에 달하는 관리들과 그 일족 및 관계자들이 처형당하였다. 1370년 주원장은 과거시험제도를 시행하였다가는 바로 폐지해 버렸고, 이후 1384년에 다시 시행한 이래로 계속 제도를 유지하였다. 그러나 주원장은 학생들에게 자신의 포고문(大誥)만을 공부할 것을 요구하였다. 또 그는 정부의 구조를 조정하여 문관文官·감찰監察·군사軍事 부문에 대한 직접적 권한을 유지하였다. 어떤 학자들은, 주원장의 참모였던 사들의 저작을 통해서 주원장의 전제적 권위집중화(autocratic centralization of authority)에 대한 정당화를 읽어 내고, 황제가 주민들의 스승이 되어야 한다는 주원장의 확신을 그들이 북돋우었다고 생각하였다.[42] 사에 대한 주원장의 태도는 변화가 많았다. 어떤 때 그는 신유학의 고향이자 자신의 참모의 고향인 남동부 사 엘리트들의 파워를 파괴하기로 작심하기도 하였고, 또 다른 때에는 그들의 지원을 갈구하기도 하였다. 사들의 입장은 어떠했을까? 주원장의 정책에 대한 엘리트 가문들의 반응은 저항에서 지지까지 폭넓게 걸쳐 있었다.[43]

명 초기 사회정책을 입안함에 있어, 이 명나라의 개창자는 신유학사상을 잘 알고 있는 남동부 그룹과 일정한 공통 기반을 찾았다. 지방공동체의 권위를 제도화한다는 점에서 명나라 사회정책은 남송 및 원나라의 신유학운동과는 공명하되 당나라 및 송나라 건국 전후의 정책과는 사뭇 다른 것이었다. 황제가 그 누구도 자기보다 강한 사회도덕적 권위(authority of social morality)를 갖지 못하도록 했을지라도, 명나라의 건국은 남부 신유학운동의 토대 위에서

---

42) Dardess, *Confucianism and Autocracy*.
43) 檀上寬(Danjō Hiroshi), 『明朝專制支配の史的構造』, pts 1・2.

이루어진 것으로 간주될 수 있다.[44] 주원장 재위 말년에 가서는, 주원장의 초기 참모들은 죽거나 은퇴하거나 심지어는 처형당했다. 주원장을 뒤이은 황제의 재위기간 중 지식인 리더는 방효유方孝孺(1357~1402)였다. 방효유는 영파寧波 출신으로 주원장의 초기 참모인 무주 출신 송렴宋濂(1301~1381)의 후원을 받았는데, 주원장이 행한 대대적 숙청 이후에 신유학자들의 대변인이 되었다. 그는 남부 사들의 지방적 성향을 공유하면서, 덜 법가적이고 덜 잔혹한 사회적 질서를 구상하였다. 그 구상 속에서 공동체의 이해관계는 지방 사들의 리더십과 연결되어 있었다.[45] 주원장의 연호는 '홍무洪武'(무를 넓힘)였던 반면에 그의 손자이자 계승자인 다음 황제(재위 1399~1402)의 연호는 '건문建文'(문을 세움)이었다.

신유학을 국가 지원의 정통으로 만들고자 하는 노력들 중 가장 그럴싸해 보인 시도는 세 번째 황제 재위기간에 일어났다. 주원장의 아들로서 원나라의 옛 수도(현재의 북경) 지역을 지휘하던 영락제는 군대를 이끌고 남진하여 1402년에 왕위를 찬탈하였다. 그는 쿠데타를 지지하기를 거부한 지도적 위치의 관리들을 처형하였는데, 거기에는 방효유와 그의 친척들도 포함되어 있었다. 그의 왕위찬탈은 결국 국왕 시해였고, 그것은 관료들을 달래야 하는 상황을 만들었다. 영락제는 다양한 방식으로 그 일을 해 냈다. 먼저 그는, 국정운영에 지속적으로 간섭하고 공포로써 관료제를 운용했던 주원장의 스타일을 멀리하고, 대신 외교정책으로 관심을 돌리고 변경으로 원정을 하여 남아시아

44) 이는 내가 다음 저작들에서 제시된 전거들을 해석하는 방식이다. Andrew, "Zhu Yuanzhang and the Great Warnings"; George Jer-lang Chang, "Local Control in the Early Ming"; Farmer, *Zhu Yuanzhang and Early Ming Social Legislation.*

45) 方孝孺의 중요성을 인정하는 저작들로는 다음을 참조. Dardess, *Confucianism and Autocracy*, 264－289; 檀上寬(Danjō Hiroshi), 『明朝專制支配の史的構造』, pt 3. 또한 Ditmanson, "Contesting Authority"; 姬秀珠, 『明初大儒方孝孺研究』; Mote, "Fang Hsiao-ju".

와 동남아시아 및 멀리 아프리카에까지 대규모 함대를 보냈다. 전 황제를 지지하다 처형된 남부 사람들에 대해서도 어느 정도 보상을 제공하였다. 과거시험의 합격자 472명 중 39명을 제외한 전원을 남부사람으로 뽑았던 것이다. 끝으로, 많은 사들을 고용한 대규모 학술프로젝트를 지원하였다. 그 프로젝트 중에는 신유학사상과 관련된, 1415년에 완성된 세 개의 공식 대전大全이 있다. 『성리대전性理大全』(*the Great Compendium of [Neo-Confucian Explanations of] Nature and Principle*), 『사서대전四書大全』(*the Great Compendium of [Neo-Confucian Commentaries on] the Four Books*), 『오경대전五經大全』(*the Great Compendium of [Neo-Confucian Commentaries on] the Five Classics*)이 그것이다.[46)]

영락제의 찬탈 행위에 대한 관료들의 수용, 신유학에 대한 지원, 황제 스스로 신유학에 헌신하겠다는 공적인 표명, 과거시험 내에서 갖는 주희 주석의 위상 지속, 신유학 텍스트에 대한 지원 등은 모두, 이때가 바로 신유학의 가르침이 국가 정통(state orthodoxy)으로 편입되고 그 속에서 사들의 마음이 좁아지고 닫히게 된 시기였음을 시사한다.[47)] 그러나 신유학을 제국의 이해관계 아래 복속시키고자 한 신유학자들의 면면을 사료에서 찾기는 힘들다. 명성을 얻은 이들은 오히려 조정으로부터 거리를 둔 사람들이었다.[48)] 그런데 그들 중에서도 북부 경향과 남부 경향 간의 구분이 있었던 것 같다. 예컨대 산서山西 출신의 설선薛瑄(1389~1464)은 자신을 허형許衡과 동일시하면서 스스로를 주희의 진정한 계승자라고 여겼으며 국가 지향의 신유학을 대변하였다.[49)] 그러나 명대 후반의 관점에서 보자면 그 시대의 중요한 신유학사상

46) 林慶彰, 「五經大全之修纂」.

47) Elman, “Where is King Ch’eng” 및 “TheFormation of ‘Dao Learning’ as Imperial Ideology” 참조.

48) Wing-tsit Chan, “The Ch’eng-Chu School of Early Ming”, 45.

49) 薛瑄과 그의 北方學派에 대한 수정주의적 연구로는 Koh, “East of the River and Beyond” 참조. 薛瑄의 許衡에 대한 견해 및 지방 전통에 대한 경시에 대해서는

가는 강서 출신의 오여필吳與弼(1391~1469)로, 그의 영향은 같은 강서 출신인 호거인胡居仁(1434~1484)이나 광동廣東 출신의 진헌장陳獻章(1428~1500) 같은 제자들에 의해 다음 세대로 퍼져 갔다. 이 두 사람은 과거시험공부와 관료 커리어를 멀리하였으며, 가르침과 배움에 헌신하였다. 나중에 살펴보겠지만, 오여필은 국가 정통(state orthodoxy)에 대해서는 관심이 없었고 영락제와 같은 통치자가 도덕적 권위를 갖는다는 생각을 노골적으로 거부하였다.

15세기 말에는 정치적·지적 영역에서 대단히 불만이 고조되어 있었다.[50] 1449년, 황제가 만리장성을 넘어 원정을 나섰다 몽고족에게 포로로 잡혔는데(土木堡 사건), 이것은 무능한 리더십의 상징이자 대창피였다. 조정에서는 당파 간의 싸움이 격렬했고, 환관들이 국정을 농단했다. 강하게 항의하는 이들에게는 엄한 형벌이, 심한 경우는 처형까지 내려졌다. 학자들 간에는 주희의 주지주의(intellectualism)에 대한 도전이 있었는데, 이것만으로는 새로울 것이 없겠지만 인간의 도덕적 잠재력의 동일성 같은 신유학 전제들에 대한 철학적 논란의 시작이 주목된다.[51] 동시에, 14세기 후반부에 급격히 나빠졌던[52] 남부의 경제가 회복하기 시작하였다. 이러한 경제회복은 더욱 많은 가문들이 더욱 많은 자손들에게 과거시험공부를 시킬 수 있게 되었다는 것을 의미한다. 그리고 이에 따른 학생 수의 증가는 사립서원의 부활, 선생이나 책 등에 대한 수요의 증가를 의미하였다. 그 결과 많은 지역·지방에서 지적 활동이 다시 꽃피었고, 그것은 지방 사들 간 공동체의 부활을 가져왔다. 그리고 일부

같은 글의 57−64 참조. 河南 출신의 또 다른 북부 신유학자는 曹端(1376~1434)이다. 그는 山西에서 가르쳤다.

50) 15세기 지성계는 전면적 연구가 필요한 분야이다. 15세기 지성계에 대한 개략으로는 Chu Hung-lam "Intellectual Trends in the Fifteenth Century" 참조.

51) 王廷相이 그와 같은 사람 중의 하나이다. Ong, "The Principles Are Many" 참조.

52) 그러한 경제악화의 원인이 어떻게 하여 明初까지 소급될 수 있는지에 대해서는 von Glahn, "Ming Taizu ex Nihilo?" 참조.

지역에서는 신유학활동주의에 대한 관심이 새롭게 일어났다. 그러나 학생들이 많아졌다는 것은 곧 사들의 좌절감이 증가하는 것이기도 하였다. 왜냐하면 학생의 증가는 곧 과거시험에 급제하지 못하는 사람들이 늘어난다는 것을 의미하기 때문이다. 그래서 송나라와 원나라 때의 선배들처럼, 그들은 공적인 가치를 가지면서 자신들의 힘으로 할 수 있는 것들을 찾는 데 관심을 가지게 되었다.[53)]

신유학의 도덕성에 대한 점증하는 관심을 모아 내어 가장 위대한 대변자이자 가장 영향력 있는 사상가가 된 사람은 절강浙江 출신의 왕수인王守仁(陽明, 1472~1529)이다. 그는 다음과 같이 말했다.

> 우리 시대는 성인의 도를 충분히 잘 알고 있지만, 둘러보아도 성인을 찾아볼 수 없다.[54)]

사와 사 아닌 사람들에게 공히 던진 왕수인의 메시지는, 이제 다시 성인이 되고자 해야 할 때라는 것이었다. 주희 및 당대 주자학자들의 행태에 대해 왕수인은, 텍스트를 통한 도덕 공부로써 몸소 도덕을 실천하는 일을 대신하고 있다는 비판을 던졌다. 정치판에서는 도덕적으로 용감한 사람, 정부에서는 유능한 행정가, 영왕寧王 주신호朱宸濠의 반란을 진압하고 승리한 군사지도자 등, 각 방면에서 왕수인이 스스로를 입증했기 때문에 그의 사상 또한 설득력이 높아져 갔던 것 같다. 세상을 떠나기 전 이미 왕수인은 절강 출신의 장무章懋(1437~1522), 광동 출신의 담약수湛若水(1466~1560)를 제치고 자기 세

53) 浙江 婺州・金華의 경우에 대해서는 Bol, "Culture, Society, and Neo-Confucianism" 참조.

54) (明)王陽明, 『王陽明全集』, 230, "今世學者, 皆知宗孔・孟, 賤楊・墨, 擯釋・老, 聖人之道, 若大明於世界. 然吾從而求之, 聖人不得而見之矣."

대의 가장 유명한 신유학자가 되었다. 왕수인 및 다른 사람들이 알아차린 바와 같은, 도덕적 직관능력에 대한 믿음은 왕수인으로 하여금 남송의 육구연과 같은 편에 위치하게끔 만들었다. 그런데, 육구연은 너무 직관에 많이 의존한다는 이유로 주희로부터 강한 비판을 받은 바 있다. 한때 왕수인은 자신의 메시지가 주희의 메시지와 갈등하지 않는다고 사람들을 설득하려 한 바 있었다. 주희가 말년에는 자신과 같은 결론에 도달했다는 것이다. 그러나 왕수인과 주희의 차이는 너무 분명해 보였다. 그리고, 왕수인 자신이 인정한 바 있듯이, 왕수인의 가장 중요한 사상의 일부는 모순적으로 이해될 수 있었다. 그리하여 그의 학생들은 각기 다른 방향으로 나아가게 되고, 그 중의 하나는 급진적 주관주의(radical subjectivism)로 결과를 맺었는데, 바로 나중에 '태주학파泰州學派'로 불리게 되는 일파이다. 태주학파를 시작한 것은 왕간王艮(1483~1541)이었다. 그는 제대로 교육받지 못한 상인이었지만, 성인이 되겠다는 대단한 열망을 가지고 왕수인을 스승으로 모셨다. 태주학파는 우상타파(iconoclasm)와 상대주의(relativism)를 주창한 이지李贄(1527~1602)에 이르러 대단원의 막을 내리게 된다.

이지가 보편적 윤리의 가능성을 부정했다는 사실은 결국 그가 신유학의 프레임워크 밖으로 벗어났다는 것을 암시한다. 그러나 그러한 사실 때문에, 16세기에 일어난 신유학활동주의와 그들이 보여 준 헌신(commitment) 혹은 그러한 활동에 대한 조정 권력자들의 적의를 보지 못해서는 안 된다. 16세기의 신유학활동주의는 주희 지지자와 왕수인 지지자 모두에 의해 이끌어졌다. 우리는 이를 이지로부터 한 세대 뒤인 1620년대의 동림서원東林書院의 모습에서 확인해 볼 수 있다. 동림서원은 고헌성顧憲城(1555~1612)과 고반룡高攀龍(1562~1626)이 강소江蘇의 무석無錫에다 세운 서원으로, 사들의 전국적 규모의 지적 중심지였다. 서원의 구성원들은 학學에 대한 주희의 사상을 지지하였고, 태주학파의 주관주의에 적대적이었으며, 조정에 비판적이었고, 정치와 사회의 변혁에 헌신하였다. 이에 조정은 동림서원을 철폐하였고, 1626년 서원의 구성원들은 블랙리스트에 올랐다.[55)]

명나라 신유학 발전에 대한 이와 같은 개괄적 서술로부터 두 가지 결론이 도출될 수 있다. 첫째, 신유학의 현실참여 부활은 대체로 조정과 과거시험의 바깥에서 일어났다. 그것은 공식적인 후원의 결과가 아니라 당면한 현상태에 대한 반발이었다. 둘째, 주희와 왕수인의 가르침 사이의 차이는 이제 실제로 두 종류의 신유학이 존재한다는 것을 명백히 하였다. 일부 사람들은 주자학을 현상유지와 기존 권위에 관련 있는 것으로 여겼기 때문에, 세계에 뭔가 영향을 끼치고자 하는 활동가들은 주자학에 대해 논란을 일삼았다. 또한 조정과 사 사이의 분열, 특히 동남부에서의 분열상은 1570년대에 서원을 철폐하고자 했던 조정의 짧은 시도에서 분명히 드러난다. 서원철폐의 근거는, 서원들이 조정의 정책에 반대하는 지방 견해를 부추긴다는 것이었다. 그 밖에, 공묘에 왕수인을 모시려는 활동가들을 조정이 저지한 데서도 그 분열상은 드러난다.(왕수인은 1584년에 이르러서야 공묘에 모셔진다.)[56)]

1644년, 명 왕조는 만주족이 세운 청 왕조에 의해 멸망하였다. 청의 강희제康熙帝(1661~1722년 재위)는 자신의 권력을 공고화하는 과정에서 주자학의 대단한 후원자로 자처하였다. 강희제는 명나라 말기의 우상파괴 경향이나 상대주의나 방종을 용인할 통치자가 아니었다. 지성사의 관점에서 볼 때 이것은 지금까지 전개된 내러티브의 종착역을 의미하였다. 왜냐하면, 강희 연간의 후기에 이르면 지성계의 지도자들이 신유학과 단절하고 새로운 형태의 학學에 종사하는 것이 분명했기 때문이다. 신유학은 지성계 풍경의 한 부분을

55) 東林의 朝政에 대한 비판 및 朝廷의 東林에 대한 억압에 대해서는 Dardess, *Blood and History in China* 참조.

56) Chu Hung-lam, "The Debate over Recognition of Wang Yang-ming".

차지하였으나, 신유학 지지자들은 그 풍경의 윤곽을 정의할 능력을 잃어버린 상태였다. 그런데 사회·역사적 관점에서 보면, 주자학은 과거시험교육을 통해 여전히 살아남았고, 그런 점에서 사士 사회의 핵심 요소의 자리를 유지하고 있었다.

철학으로서의 신유학, 문화로서의 신유학

신유학의 내부적 역사는 상실과 회복의 내러티브였다. 주희의 내러티브에 따르면, 도道는 맹자 이후에 상실되었다가 주돈이와 정호·정이 형제에 의해 11세기에 회복되었다. 왕수인의 내러티브에 따르면, 도에는 다시 두 번째의 상실과 회복이 있었다. 주희가 주지적 학學(intellectual learning)에 초점에 맞추는 바람에 도가 상실되었다가 왕수인 자신이 회복하였다는 것이다. 신유학의 내러티브는 단지 어떤 사상이나 학파의 내부적 역사에 그치는 것이 아니라, 중국 역사의 새로운 시대구분이기도 했다. 전통적인 역사관은 제국의 부침 사이클의 관점에서 인간의 시간을 사유하였다. 천하가 하나의 통치자 아래 통일되었을 때 제국이 만들어지고, 그러고 나서 제국은 다시 분열한다. 상대적으로 오래된 이와 같은 견해에 따르면, 사회의 물질적·문화적·도덕적 복지는 제국의 상태에 달려 있으며 세계의 이상적 상태는 정치적 통일의 상태이다.[57] 그러나 신유학자들(그리고 신유학자들 이전의 고문가들)에게는 고대와 전기제국시기(漢唐) 간에 단절이 존재한다.

신유학의 시대구분은 왕조와 제국에 기초한 것이 아니었다. 대신 신유학은 역사적 시간을 세 기간으로 나누었다. 제일 처음에 오는 것이 고대이다.

---

57) 역사상의 제국과 문화에 대한 이런 견해는 현존하는 가장 오래된 문헌들에까지 소급된다. 『시경』에 대한 관련 논의로는 Saussy, *Problem of the Chinese Aesthetic*, 151 참조. 이러한 견해가 당나라 초기 역사관을 지배하였다. Bol, *This Culture of Ours*, 76－107. 참조.

고대에는, 첫 성왕聖王(sage-king)들과 그들을 이은 성왕들에 의해서 개창된 세 왕조가 존재하였다. 이때는 정부에서 도가 행해졌고 올바른 학이 보급되었다.[58] 두 번째로는, 도가 정부에서 행해지지 않고 학자들에 의해서 이해되지도 않은 시대이다. 다시 말해서, 많은 사람들이 한나라와 당나라를 왕조의 성공을 측정할 실제적 표준으로 간주하지만 신유학자들이 보기에 그와 같은 중앙집권적 관료제국시기는 도가 상실된 시대였다. 세 번째는, 비록 도가 정부에서는 실천되지 않고 있지만 학자들이 도를 다시 한 번 이해한 시대이다. 이 새로운 시대에 일부 사람들은, 인간은 스스로의 운명에 책임을 진다는 것을 깨닫고 '천지만물'의 자연계의 작용에 내재해 있는 조화로운 일관성을 인간사회에 실현하는 법을 이해하였다. 이 세 번째 시대는 송나라의 창건과 함께 시작된 것이 아니라, 정치적 권력을 가지고 있지 않던 학자들과 더불어 1060~1070년대에 시작되었다. 이 시대는 두 번째 시기의 제국 역사와 근본적으로 달랐다. 이 시대는 역사상 두 번째 단절점을 나타내며, 이 시점에서 도덕적 인간들은 정부가 협조하든 협조하지 않든 사회에 대하여 책임을 지기 시작하였다.[59]

이러한 역사인식과 초기 및 중세 기독교의 진보적 역사인식과의 차이는 계발적(instructive)인 바가 있다. 기독교 역사 서술에서는, 그리스와 로마의 이교도적 고대는 첫 번째 시기에 해당한다. 기독교의 등장은 두 번째 시기이며,

---

58) * 고대의 각 왕조는 결국 쇠락하였으나, 성왕이 나타나서 정부의 바른 질서와 學을 복구하였다. 전통적으로는 한나라와 당나라를 고대모델의 복구로 여겨 왔으나, 신유학의 관점에서 보면 한나라와 당나라는 도덕적 정부의 유일한 기초라고 할 수 있는 성인의 學을 회복시키지 않고 제국을 건설하였다.

59) 신유학자들은 제국의 부침으로서 역사를 설명하는 시각에 대해서 의식하고 있었다. Schirokauer, "Chu Hsi's Sense of History", 214 참조. 고대와 제국 출현 이후 역사 간의 이데올로기적 단절에 대해서는 한유가 처음으로 분명히 견해를 피력하면서 11세기 정치개혁의 대의로 채택하였다. 신유학자들 역시 그 모델을 채택하였으나, 그와 같은 역사관에서 한유가 차지하는 지위는 부인하였다.

첫 번째 시기와의 단절을 나타낸다. 믿음을 가진 이들이 구제받는 세 번째 시기는 아직 도래하지 않았다. 두 번째 시기에서의 책무는 사람들을 미래의 시간에 대하여 준비시키는 것이다. 구원이 미래에 약속되는 이러한 진보적 단계로서의 시간관은 19세기 마르크시즘에서 다시 나타났다.[60] 그러나 신유학자들에게는 첫 번째 시기인 고대는 이상적 시대였고 두 번째 시기는 쇠락의 시대였으며 미래에는 구원의 약속 같은 것이 없다. 세 번째 시기인 현재가 잘 되리라는 약속은 없다. 운명은 사들의 손에 달렸다.

신유학의 내부적 역사에 따르면, 단지 신유학의 등장 그 이유 하나만으로 송나라는 중국 역사에서 새로운 시작을 의미한다. 17세기 사람의 표현을 빌리자면, 송나라 시기는 '고대 이후의 고대'(三代後之三代)였다. 19세기에 살았던 유럽사상 번역가인 엄복嚴複(1853~1921)은 이렇게 말하였다.

> 중국이 오늘날의 모습이 된 원인은, 그것이 좋은지 나쁜지를 막론하고, 대부분 송나라 사람들이 만든 결과라고 할 수 있다.[61]

신유학자들은 자신들이야말로 고대에 대한 진정한 이해를 가지고 있으므로 후대 역사 속에서 특별한 위치를 가질 자격이 있다고 문화적·철학적 관점에서 주장하였다. 일단 그들은 고대로부터 시작된 문명의 기원과 관련 텍스트에 대한 해석을 제공하였다. 그 해석에 관하여 11세기에도 경쟁자들이 있었고 후대에도 늘 의심하는 사람들이 존재하였지만, 신유학자들의 고대관은 17세기까지 널리 공유되었다. 다른 한편으로, 그들은 일종의 통일장 이론(unified field theory)을 통하여 인간사회, 심리적 경험, 천지 사이의 연관성을

60) Breisach, *Historiography.*

61) 王水照, 『宋代文學通論』, 4, 46에 인용, "中國所以成爲今日現象者, 爲善爲惡姑不具論, 而爲宋人所造就, 什九可斷言也."

설명하였다. 신유학자들이 주장한 바, 창조 과정을 통해 존재하게 되는 모든 사물과 인간에게 천지의 리가 부여되어 있다는 생각(이러한 철학적 사유에 대해서는 뒷장에서 다시 논할 것이다)은 실재를 구성하는 본질(constitution)에 대한 보편적인 주장이었다. 그 주장은 참(true)이기 위하여 그 어떤 텍스트에도 의존하지 않았다. 1400년 동안 인간이 그렇다는 것을 알지 못했다는 사실도 그 주장을 덜 참이게 만들지는 못하였다. 고대인들이 사물에 대해서 자신처럼 자세히 진술한 바 없음을 주희는 인정하였다.—주희는 중요한 진리는 당대에 이해될 수 있는 방식으로 표현되어야 한다고 말함으로써 이 점을 설명하였다.62)— 그러나 신유학 철학은 고대인이 성취한 것, 그리고 왜 그들의 방식이 제대로 작동할 수 있었는지를 '설명'할 수 있었다. 요컨대, 신유학자들은 철학적 주장뿐 아니라 문화적 주장도 하였다. 문화적 주장이란, '우리'(신유학자들이 말하는) 고대와 '우리' 문명에게 역사적으로 근본적인 것을 신유학자들이 파악했다는 것이고, 철학적 주장이란, 그 문명이 생명 자체의 근본적 원리들과 조화를 이루기 때문에 성공했다는 것이다. 신유학자들의 용어를 빌려 말하자면, 그들은 천인합일天人合一의 방법, 즉 자연의 과정과 인간의 사회정치적 활동 사이의 연결고리를 발견해 낸 것이다. 고대인들이 역사적 존재를 가지게 될 문명을 창조하기 위하여 천지의 패턴에 의존했다는 생각은 한나라와 당나라 사람들도 하였다. 그 점에서는 신유학이나 한당대의 사상이나 다를 바 없다. 다른 점이라면, 신유학자의 경우 그 모든 것을 가능하게 하는 것이 국가체제라기보다는 개인의 학學이었다는 사실이다.

이 두 가지 주장—'우리의' 특정한 역사적·문화적 기원에 대한 진리를 발견했다는 것과, 우주를 지탱하는 자연적 과정에 대한 진리를 발견했다는 것—에 꼭 상호관계가 있는 것은 아니다. 만약 그 철학이 옳다면, 이론적으로 말하여 (신유학자

62) 朱熹의 『四書章句集注』에 있는 「中庸章句序」를 보라.

들이 동의하듯이) 현재와 상당히 다른 과거의 글과 모델을 꼭 되살려야 할 필요는 없다. 만약 인간사회가 올바른 원리들—역사를 초월해 있는 원리들—에 의해 운영되게끔 만들어질 수 있다면 문화는 바뀔 수도 있고, 그렇다면 과거에 존재하는 고대에 충성할 필요도 없는 것이다. 이것은 일부 신유학자들의 입장이기도 하였다. 그러나 만약 고대가 인의仁義롭고 조화로운 사회를 구현하기 위해 유일하게 가능한 모델이라면 해야 할 일은 그 모델을 최대한 복사하는 일이고(일부 신유학자들은 정말 그렇게 생각하였다), 그 경우 철학에 대한 실질적 필요는 없게 된다. 일반적으로 신유학자들은 두 가지 방식을 모두 추구하였고, 철학과 문화 양면을 겸하였다. 그리하여 신유학자들은 사상 방면에서는 불교 및 도교와(주로 불교와) 적대관계에 있게 되고, 다른 한편으로는 사들 자신의 문화전통과 적대관계에 있게 된다.(사회적 방면에서 이 적대관계가 어떻게 전개되는지는 마지막 장에서 다루도록 하겠다.)

철학으로서의 신유학의 역사에 대한 표준적 설명은 다음과 같다. 중세에 불교와 도교가 힘을 얻고 유교는 쇠락하였다. 송대에 이르러 유학자들은 전통 유교윤리에 보다 나은 기초를 부여함으로써 (주로) 불교의 도전에 응전하였다. 신유학자들은 리理(principle 혹은 coherence)와 같은 철학적 개념을 불교로부터 빌려 왔고, 기氣(energy-matter 혹은 material force)와 같은 개념은 도교로부터 빌려 왔다. 이러한 견해의 기원은 청나라 학자들의 신유학 비판에 있는 것 같다. 청나라 학자들은 송명대 신유학자들이 불교의 영향으로 말미암아 경전과 고대에 대한 올바른 이해를 갖지 못했다고 비판하였다. 그리고 이 견해를 수용한 현대의 역사학자들은 그것을 다양한 방식으로 설명하였다. 예컨대, 신유학을 유불도 삼교를 결합하고자 하는 11세기 사상의 욕망의 산물로 보기도 하고,[63] 그 당시 불교와 유교 간에 유사한 발전이 있었음을 지적하기도

63) 최근의 예는, 漆俠, 『宋學的發展與演變』, 140－188.

한다.[64] 확실히 유불도 삼교를 결합하고 하는 사들이 존재하였고, 불교 승려 중에도 어떻게 하면 당시 퍼져 나가던 불교와 고문운동을 결합할 수 있을까 고민한 이가 있었다.[65] 그러나 나는 신유학의 홍기를 단순히 철학의 관점에서 설명할 수 있다는 데 대해서 회의적이다. 많은 최근 연구결과들에 따르면 신유학의 홍기를 설명하는 데 보다 유용한 맥락은 바로, 사들 간의 논쟁이나 사들의 지적 삶(intellectual life) 속에서 문학 창작과 문헌 연구가 갖는 중심적 위치, 혹은 왕안석 신법에 대한 대안의 추구 등과 같은 것들이다.[66] 그러나 우리 목전에서 더 중요한 점은, 신유학이 채택한 수사적 입장(rhetorical stance)이다. 당나라 고문가 한유로부터 오는 그러한 수사적 입장에 따르면, 맹자 이후의 정치적 엘리트들은 고대의 진정한 의미와 성인의 도를 이해하지 못하였는데, 만약 그들이 제대로 된 이해만 가졌다면 도덕과 정치 간의 균열이 없었을 수도 있고 고대의 이상적 질서가 끊이지 않았을 수도 있다는 것이다. 한유가(그리고 신유학이) 이와 같은 논쟁적 주장—유학의 도에 대한 자신의 견해가 올바름을 강조하기 위해 자기 이전에 존재한 한·당 유학자들은 진정한 유학자가 아니었다고 하는 주장—을 내놓게 된 까닭은 유학의 도와 불교·도교 사이의 근본적인 차이를 역설하기 위해서였다.

사실 왕안석과 그의 신법 계승자 및 소식과 소식의 그룹은 불교와 도교의 철학에 대해 주로 전투적이라기보다는 개방적인 자세를 취하였는데,[67] 이러

---

64) 예컨대, 禪宗과 韓愈의 개인적 통찰 중시와 관련해서는 Yu Ying-shi, “Intellectual Breakthroughs in the T’ang-Sung Transition” 참조.

65) 贊寧과 智圓이 그 예이다. Welter, “A Buddhist Response to the Confucian Revival”, 36－47 참조. 契嵩은 그 자신이 유명한 古文家이기는 하였지만, 고문운동의 이데올로기적 주장에 대해서는 매우 비판적이었다.

66) 다음의 저작들이 그와 같은 견해를 대표한다. 葛兆光, 『七世紀至十九世紀中國的知識·思想與信仰』; 關長龍, 『兩宋道學命運的歷史考察』; 李華瑞, 『王安石變法硏究史』; 土田健次郎(Tsuchida Kenjiro), 『道學の形成』; 餘英時, 『朱熹的歷史世界』; 朱漢民, 『宋明理學通論』; 徐洪興, 『思想的轉型 : 理學發生過程硏究』.

67) 王安石은 직접 佛經에 대해 注解를 한 바 있고, 유가 경전을 다루듯 佛經을 다루어

한 상황이 곧 신유학의 불교사상 차용을 배제하는 것은 아니다. 신유학 철학을 공부하는 이들도 때로는 불교의 사상과 실천을 공부하였고,[68] 사들과 승려들 간의 교류 사례도 매우 많다.[69] 불교 단체를 위하여 글을 쓸 때 사들이 사용하는 수사법은 당나라에서 송나라에 이르는 동안 바뀌었는데, 그 변화의 흐름은 자못 사에게 좋은 쪽으로 편향된 것이었다. 불교가 사 사회에 널리 그리고 깊이 뿌리박고 있었다는 사실은 분명하다.[70] 자신들의 사고방식과 불교적 사고방식 간에 상통성이 있다고 본 신유학자들은 대체로 선승들에게서 공통 관심사를 발견한 이들이었다. 그런데 그들이 주목한 것은 선승들의 내성內省(introspection) 실천이었다. 선불교는 불교전통 중에서 가장 이론에 반대하는 종파이다.[71]

신유학의 불교철학 차용은 목적의식을 가지고 행한 것이라기보다는 우연적이고 부수적인 것이었다. 모든 사물이 같은 원리를 공유하고 있다는 사상, 그리고 특히 도덕수양에 있어 '마음'에 중요성을 부여한 것 등은 불교에 기원을 두고 있다고 하겠으나, 그것은 송나라 때에는 이미 사 사회에서 보편화된 생각이었다. 그러나 불교철학이 신유학보다 더 길고 심오한 전통을 가졌다고 일단 인정해 보자. 동시에 실재(reality)의 성격과 개인이 어떻게 그러한 실재

야 한다고 옹호하였다. 신법시기 동안에는 과거시험에 佛教와 道教의 개념을 사용하는 것이 허용되었다. 王安石이 불교에 대해 보여 준 개방성과 그에 대한 신유학자들의 비판에 대해서는 蔣義斌, 『宋代儒釋調和論及排佛論之研究』 참조. 徽宗은 新法을 지지한 마지막 황제였는데, 사회 전반과 과거시험에서 도교에 대해 전례 없는 수준의 지원을 하였다. Ebrey, "Art and Taoism in the Court of Song Huizong" 및 Bol, "Whither the Emperor?", 127 참조. 蘇軾에 대해서는 Grant, *Mount Lu Revisited* 참조.

68) Borell, "ko-wu or kung-an".

69) Huang Chi-chiang, "Elite and Clergy in Northern Song Hangzhou".

70) Halperin, *Out of the Cloister*.

71) 土田健次郎(Tsuchida Kenjiro), 『道學の形成』 중 華嚴宗을 논한 챕터; Peterson, "Confucian Learning in Late Ming Thought", 721－723의 王畿에 대한 논의.

에 연결되는지, 그리고 그와 같은 기초 위에서 성립되는 사회정치적 삶의 합당한 구성에 대하여 불교가 나름의 주장을 해 왔다고 인정해 보자. 그런데 바로 그 지점이야말로 양면적인 신유학의 주장, 즉 '우리' 문화의 특정한 기원과 실재의 성격을 둘 다 안다는 주장이 두드러지게 되는 곳이며, 바로 그 때문에 불교와 도교에 대해 우위를 주장할 수 있게 된다. 왜냐하면 불교와 도교는 공통된 문화의 기원으로서의 고대와 경전에 대한 통합된 이해와 진정한 헌신을 가졌다고(적어도 엄격한 검토를 견뎌 낼 수준으로) 주장할 수 없기 때문이다. 신유학자와 불교도 간에는 분명한 경계가 존재한다. 그 경계를 뛰어넘을 수도 있겠지만, 뛰어넘는 순간 특정 문화전통에 대한 자신의 책임감을 위협하게 된다.

다른 한편으로, 신유학자들은 사들이 행하고 있던 다른 류의 학學들도 경쟁자로 인식하였다. 사들은 일반적으로 고대에서 기원하는 문화전통에 대한 관심을 공유하고 있었다. 11세기에 다른 사상가들은 학이 어떻게 도덕과 정치를 결합할 수 있는가에 대한 자신들의 비전을 제시하였다. 이들에 대해서는 신유학자들도 (불교와 도교에 대해서와는 달리 : 역자 주) 문화적인 불충不忠(cultural disloyalty) 혐의를 씌울 수 없었기 때문에—주희는 특히 왕안석과 소식을 조준하였다—, 대신에 신유학자들은 경쟁자들에게 철학적 비일관성의 혐의를 적용하였다.

신유학이 갖는 문화와 철학의 양면성은 지지자들에게도 효용이 있었다. 철학적 보편자들에 관심이 없는 이들은 신유학의 문화적 프로그램에 헌신할 수 있었다. 고대와 경전의 해석으로부터 시작하는 그 문화적 프로그램에 헌신하면서, 지지자들은 그러한 헌신을 통해 자신들이 도덕적으로 진지하다고 주장할 수 있었다. 철학과 도덕의 내면적 기초에 관심이 있는 이들 역시 '우리' 문화에 충실함을 주장할 수 있었다. 그런데 신유학자들의 숙제는, 자신들의 철학이 어떻게 하여 그 문화와 들어맞는지를 보여 주는 것이었다. 신유학자들은 주된 청중인 사들에게 양자 간의 정합성을 유의미하게 보여 주어야만 했다. 대체로 12세기부터 그러한 작업이 시작되었는데, 신유학자들은 기존의 것들을 재가공하여 자신의 철학적 사상들과 조화를 이루게끔 하고 새로운 요소들도 추가하였다. 그 결과로 나타난 것은, 이전 전통을 완전히 뿌리뽑는 것이 아니라, 전기제국시기(한나라와 당나라)의 문화적 산물과 그 수사법에 새로운 층위를 더한 어떤 것이었다. 그것은 대안적인 문화체계인 동시에 부합하지 않는 것을 걸러내는 필터이기도 하였다. 신유학의 관점에서 보자면, 그 기반 위에서 인간은 이제 잘못을 시정할 수 있는 다시 한 번의 기회를 부여받은 셈이었다.

신유학자들이 이 작업을 얼마나 잘 해냈는지를 보려면, 신유학자들이 사들을 위해 생산해 낸 저작들을 살펴보면 된다. 그 저작들은 바로 경經(Classics), 사史(Histories), 자子(Philosophies), 집集(Literary Collections)이라는 네 개의 범주로 나누어진다.

12세기 이전만 해도 유가 경전이라고 하면 그것은 곧 오경五經을 의미하였다. 그러나 14세기 경이 되면 오경은 그 중요성에서 사서四書에 밀리게 되고, 그 과정에서 경학의 초점은 고대 통치자로서의 성인에서 자신을 수양하는 학자로서의 성인으로 변하게 된다. 『논어論語』—공자와 그 제자들의 대화와 언명 모음집—는 오랫동안 과거시험에서 필수였고, 『맹자孟子』—『논어』보다 훨씬 긴 이 책에서 맹자는 경세와 개인적 도덕수양에 대한 유학적 접근법을 논하고, 그에 대한 자신의 비전을 옹호하였다—는 왕안석에 의해 중시되었으나 사마광은 『맹자』가 위계적 정치체제를 위협한다고 보았으며, 『중용中庸』—원래 공자의 가르침이라는 명목 하에 『예기』 중의 한 편으로 제시되어 있던 것으로, 개인, 우주, 자아수양, 영성(spirituality), 사회적 책임 간의 연결고리를 만들었다—은 11세기에 많은 사람들에

의하여 읽혔다. 오직 『대학大學』—이 책 역시 『예기』 중의 한 편으로, 사물의 리를 이해함을 통하여 사회정치적 질서를 개인적 자아수양과 연결시킨다.—만이 그 이전에는 누리지 못했던 중요성과 많은 독자들을 새로이 가지게 되었다. 주희는 오랜 시간을 투자하여 분명한 주장을 담고 있는 사서 주석을 완성하였고, 그것을 통해 사서를 신유학사상의 주된 매체로 만들었다.72) 주희의 주석은 다른 사람들로 하여금 자신을 택하도록 부추겼으며, 1315년 과거시험이 다시 시행되었을 때 이미 널리 가르쳐지고 있었다. 과거시험제도 때문에 20세기 초까지 모든 사들은 사서와 주희의 주석을 읽어야만 했다. 심지어 오늘날까지 사서는 읽히고 가르쳐지고 있으며, 주석도 계속해서 저술되고 있다.73) 그렇다고 오경이 사라진 것은 아니었지만—오경도 신유학의 주석과 함께 하게 되었다— 18세기 중반까지 학생들은 과거시험을 위해 오경 중의 하나만 마스터하면 되었다. 이러한 상황은 1415년에 『사서대전四書大全』·『오경대전五經大全』, 『성리대전性理大全』을 편찬하는 기초가 되었다.

주자학파는 역사 또한 새로이 썼다. 주희의 『통감강목通鑒綱目』(*The Digest of the Comprehensive Mirror for Aid in Government*)은 1400년간의 중국정치편년사인 『자치통감資治通鑒』(*the Comprehensive Mirror for Aid in Government*)을 새로이 한 것으로, 역사적 사건에 대해 신유학적 시비판단을 적용시킨 것이다. 진덕수眞德秀(1178~1235)는 신유학적 자아수양이 통치자에게도 적용됨을 통치자들에게 보여 주었다. 그의 『대학연의大學衍義』(*the Extended Meaning of the Great Learning*)에서는 잘 다스린다는 것은 스스로를 올바르게 수양하는 것을 의미한다고 주장하고 있다. 그러나 이 책은 정치와 통치의 현실적 이슈라고 할

72) Wing-tsit Chan(in Etienne Balazs and Yves Hervouet), *A Sung bibliography*, 44. Gardner, *Chu Hsi and the Ta Hsueh*. 朱熹는 『論語』와 『孟子』의 해석에서 56명에 이르는 다른 학자들의 견해, 특히 정호·정이 형제와 그들의 추종자들의 견해를 인용하고 있다.

73) 韓秀麗, 『四書與現代文化』.

만한 것에는 주의를 기울이고 있지 않다. 15세기에 구준丘濬은 『대학연의보大學衍義補』(*the Supplement to the Extended Meaning of the Great Learning*)를 저술하였는데, 이 책은 비록 경세經世에 대한 것이기는 하지만 대부분 신유학 프레임워크를 벗어나지 않고 있다.[74] 또한 주희의 『명신언행록名臣言行錄』(*Records of the Words and Deeds of Leading Officials*)과 그 후편에서는 북송과 남송의 사료들이 다루어졌다. 이러한 저작들 및 그 밖의 유사한 저작들은 전기(biography)의 형태로써 신유학운동의 역사, 그리고 당대의 정치인과 학술인사들에 대한 신유학의 평가를 제공해 주고 있다. 원나라와 명나라 때에는 지방에서 편찬하는 저작들도 나타났다. 신유학자들은 종종 지방사 편찬에 역할을 담당하였고, 지방사를 통하여 지방사회와 지방의 현인에 대한 자신들을 견해를 피력하였다.[75] 가장 대단한, 그리고 아직도 영향력 있는 신유학지식인 전기 집성은 황종희黃宗羲(1610~1695)의 『명유학안明儒學案』(*the Records of Ming Confucian Scholars*)과 『송원학안宋元學案』(*Records of Song and Yuan Scholarship*)이다. 이 가운데 『송원학안』이 한층 더 포괄적인 저작으로, 황종희로부터 시작되어 전조망全祖望(1705~1755)에 의해 완성되었다.

신유학자들은 또한 일련의 저작을 통해 으뜸가는 '철학학파'로서의 강한 존재감을 표하였다. 『근사록近思錄』(*Reflections on Things at Hand*)에서 주희와 여조겸呂祖謙은 주로 북송대의 정호·정이 형제의 언명들을 편집하여 우주, 학學, 사회적 관계, 정치참여 및 여러 주제들에 대하여 그것들을 어떻게 사유해야 하는지를 설명하였다. 나중에 왕수인의 추종자들은 왕수인의 가르침과 저술로부터 취합하여 『전습록傳習錄』(*Instructions for Practical Living*)을 만들어 자신들의 대안으로 삼았다.[76] 그리고 주요 철학용어들에 대한 용어집들이

---

74) [明]丘濬, 『大學衍義補』.

75) 章懋가 편찬한 『蘭溪縣志』가 그 예이다.

76) Zhu Xi and Lü Zuqian, *Reflections on Things at Hand*; Wang Yang-ming, *Instructions*

있다. 정단몽程端蒙(1143~1191)의 『성리자훈性理字訓』(*Glosses of Terms for Nature and Principle*)은 30여 개의 용어를 설명하고 있는데, 진순陳淳(1159~1223)의 『북계자의北溪字義』(*Meanings of Terms*)는 그보다 훨씬 많다.[77] 한편, 어떻게 주요 개념들이 연결되어 있는지를 설명하는 도해들의 모음도 존재한다. 1172년에 이원강李元綱이 만든 『성문사업도聖門事業圖』(*Diagrams of the Sage Enterprise*)와, 대규모인 왕백王柏(1197~1274)의 『연기도研幾圖』(*Diagrams for Investigating the Subtle*) 등이 그것이다.[78]

끝으로 신유학자들은 문학의 영역에서도 자기주장을 하였다. 주희는 심미적 경험의 본질에 대한 새로운 견해를 제출하였는데, 그 내용인즉슨 심미적 경험을 도덕적 의미 아래에 복속시키는 것이었다.[79] 주희는 또 『초사집주楚辭集注』(*Collected Commentaries on the Elegies of Chu*)를 통해 미문학美文學(belletristic literature)의 기초 텍스트인 『초사楚辭』의 해석을 제공하였다. 여조겸은 『고문관건古文關鍵』(*Key to the Ancient Style*)을 지어 고문 형식의 산문을 분석하였고, 진덕수는 신유학적 원리에 의해 구성된 미문학 모음집 『문장정종文章正宗』(*The Correct Tradition of Literature*)을 지었다. 그 밖에, 신유학자들은 주돈이의 "문文으로써 도道를 싣는다"(文以載道, Literature is a vehicle for the Way)는 주장을 채택하여 '좋은' 문학에 대한 단순한 원칙을 천명하였다. 그 원칙은, 그들이 보기에 피상적이고 경박한 것들을 제거할 뿐 아니라 도덕철학으로부터의 문학의 독립성을 부정하고자 하는 것이었다.

국가가 때때로 신유학을 지원하고 과거시험에서 신유학 텍스트가 중요한 역할을 했다고 해서 다른 지적 입장이 불가능할 정도로 신유학이 송,

---

for Practical Living.

77) Chen Chun, *Neo-Confucian Terms Explained.*

78) Lackner, "Die 'Verplanung' des Denkens am Beispiel der T'u".

79) Fuller, "Aesthetics and Meaning in Experience".

원, 명, 청나라 사들의 정신계를 지배한 것은 아니었다. 신유학자들이 다른 지적 입장과의 경쟁으로부터 진정 자유로운 적은 전혀 없었다. 문학, 예술, 역사학, 경세학 같은 사 활동의 다른 영역들이 자동적으로 신유학사상을 반영하지는 않았다. 신유학자들이 경쟁자들을 무시할 수 없었듯이, 경쟁자들도 쉽사리 신유학자들을 무시할 수 없었다. 다른 영역의 사들의 사상, 실천, 종교운동과 신유학과의 관계에 대한 연구들을 살펴보면 그러한 점들을 알 수 있다.[80)]

3. 접근 방법과 질문

신유학은 전기중국제국에서 후기중국제국으로 가는 거대한 변환의 한 측면이다. 우리가 관심을 가져야 하는 이유는, 사士들이 배움의 방법과 목표를 이해하는 방식에 관하여 신유학이 수세기에 걸친 장대한 영향을 끼쳤기 때문이다. 신유학은 또한 축적적(cumulative)이고 자기지시적(self-referential) 경향이 강한 전통으로서, 신유학의 옹호자들은 이념적 연속성을 유지하기를 추구하였다. 그와 같은 점은 이전의 유교들에서는 볼 수 없던 것이었다. 그런데 송나라, 원나라, 명나라 중국의 역사를 고찰하는 데 있어서는 신유학을 입장(position), 정체성(identity), 사회운동(social movement)으로 나누어 보는 것이 유용하다.

신유학은 사들이 선생이나 텍스트로부터 배울 수 있는 어떤 수사적 '입장'(rhetorical position)이었다. 이런 신유학적 입장은 일련의 철학적 사상들에 관계되어 있다. 어떤 것들을 설명하는 철학사상(예컨대, 왜 사람들은 도덕적으로

80) 韓經太, 『理學文化與文學思潮』; 馬積高, 『宋明理學與文學』; 潘立勇, 『朱子理學美學』.

행위하게끔 배울 수 있는지, 도덕은 어떻게 이해되어야 하는지를 설명하는 철학사상), 나름의 역사를 가진 철학사상(예컨대, 맹자 이래로 망실되었다가 송대에 와서 재발견되었다는 역사를 가진 철학사상), 사들의 행동에 대해 어떤 함의를 가진 철학사상(예컨대, 통치자에게 어떤 책임을 가져야 하는가에 대한 철학사상) 등이 그것이다. 13세기 중엽에 이르면, 사들은 신유학의 입장에 대하여 일반적으로 익히 알게 되었다. 도덕을 논함에 있어 많은 사람들이 신유학이야말로 자신들이 취해야 할 입장이라고 여겨 수용하였다. 그렇다고 해서 반드시 그들이 신유학자로서 일생을 바쳐야 한다고 결론을 내린 것은 아니었고, 마찬가지로 개인의 도덕성이 여러 관심사 중에서 가장 중요한 관심사라고 결론을 내린 것도 아니었다. 그럼에도 불구하고 많은 사람들은 신유학이 옳은 입장이라고 수용하였다. 14세기의 위대한 문사(literary intellectual) 중의 한 사람인 절강 무주 출신 송렴은 자신의 세계가 다양한 지적 전통—북송의 왕안석과 소식의 지적 전통, 섭적 · 진량 같은 남송의 경세사상가, 육구연 같은 직관적 도덕사상가—의 후계임을 주장하였지만, 그런 가운데서도 송렴 및 여러 다른 사람들은 여전히 신유학은 송대의 기타 지적 전통들이 제공할 수 없는 본질적인 어떤 것을 함유하고 있다고 생각하였다. 다만 송렴은 신유학이 자신이 알기를 원하는 유일한 것이라고는 인정하지 않았다.[81] 결국 과거시험을 준비하는 이라면 누구든 사서에서 나오는 구절들에 대해 에세이를 쓸 수 있을 만큼 신유학의 입장에 대해 충분히 알아야만 했으나, 이것이 곧 그가 신유학에 대해서만 알고 있다거나 신유학의 입장에 따라서 인생을 살고 있다는 것을 의미하는 것은 아니었다. 과거시험은 답안지를 채점하는 것일 뿐, 수험자가 믿는 바나 수험자가 행위하는 바를 채점하는 것이 아니었다.

---

81) 〔明〕宋濂, 『宋濂全集』, 권52, 1356. 보다 심화된 논의로는 Bol, "Examinations and Orthodoxies", 48－56 참조.

신유학은 또한 '정체성'(identity)일 수 있었다. 어떤 사들은 자신들이 처한 시공간 속에서 신유학의 입장을 자신들의 정체성으로 받아들이기도 하였다. 이 말이 무슨 뜻인고 하니, 그들은 자신들이 이해한 바의 신유학의 입장에 충실한 삶을 실제로 살아가고자 시도했다는 것이다. 신유학은 그 자체의 역사를 가지고 있었는데, 그들은 그 역사에 대해 배울 수 있었고 그 역사에 참여하고자 결심할 수도 있었다. 그들 자신의 추종세력을 얻기만 한다면 그들은 권위를 가진 신유학의 전승자로 간주될 수도 있었다. 그런데 나는 자기 정체성의 기초로서 신유학 입장을 택한다고 공공연하게 주장한 사들만을 신유학자로 부르겠다. 신유학이라는 입장의 존재를 인정하는 사들과 신유학의 입장을 자신의 정체성으로 삼고자 애쓰는 사들 간의 차이를 알기 위해서는, 원나라 때의 사가 쓴 다음과 같은 구절을 보면 된다. 이 구절에서 그 원나라 사는 어떻게 하여 자신이 처음에 신유학의 입장에 대해 듣게 되었으며, 그런 뒤 어떻게 하여 그것을 자기 행동—도덕사상과 문학적 글쓰기 모두에 있어서—의 지침으로 받아들이게 되었는지를 설명하고 있다. 이 구절은 그의 문집 서문에 나온다.

> 내가 십대의 몽매하고 무식한 젊은이였을 때, 전언왕행前言往行(former sayings and past deeds; 과거의 말과 행동. 『주역』에 전거를 둔 표현: 역자 주)에 대하여 택한 어떤 믿음도 없었을 때, 다른 사람이 주자의 말을 암송하는 것을 들었다. 그 말은 마치 내 자신의 입에서 나오는 것 같았다.다른 사람이 주자의 도에 대해서 말하는 것을 듣자, 그것은 마치 내 마음 속에서 나오는 말 같았다. 주자의 가르침을 매우 좋아하고 많은 노력을 기울였다. 도덕적 원리 방면뿐 아니라 문장 쓰기에서도 주자를 모범으로 삼았다. 오랫동안 깊이 익숙하게 되자, 내가 옛사람을 공부하고 있는 줄을 모르고 옛사람이 나와 같다고 생각하게 되었다. 누군가 나에게 웃으며 말했다. "문장은 한유와 유종원을 종주로 삼고 도덕적 원리는 주희와 정이를 종주로 삼는 것은

사람들이 모두 합의하고 있는 바이다. 너의 학學 방식이 잘못된 것은 아닌가?"[82]

이 인용문을 보면 다른 사들은 구획을 통해 삶의 영역을 나누었음을 알 수 있다. 신유학 입장이 도덕원리들에 대한 토론에는 적절하다는 것을 인정하되, 그 영역에만 국한되어야 한다고 보았던 것이다. 그러나 위 인용문의 저자는 정이와 주희의 가르침이 삶의 모든 영역에 관한 것이라고 이해하였다. 그리하여, 비록 그의 동배들이 글쓰기 방면의 적절한 모델은 한유나 유종원 같은 당나라 고문스타일이라고 믿었을지라도 그는 정주학을 자신의 글쓰기에까지 적용하였던 것이다.[83] 대부분의 사들에게 있어 신유학의 정체성은 전부 아니면 무無라는 식의 제안이 아니었다. 인용문에 있는 누군가의 언급에서 드러나듯이, 각 개인은 실천의 차원에서 구획을 나눌 수 있었다. 예컨대 가례를 집행하는 데 있어 그는 주희를 따를 수 있지만, 그럼에도 그의 딸에 대해서는 남편이 죽고 나면 재혼을 해야 한다고 결정할 수도 있었고 또 불교식 장례를 원하는 부모의 요구에 동의할 수도 있었다. 게다가 신유학이 사의 삶의 모든 측면에 대하여 완결된 프로그램을 가지고 있었던 것은 아니었기 때문에, 합당함이라는 측면에 대해서는 사회적 해석과 개인의 판단에 맡겨진 부분이 많았다.

---

82) 〔元〕鄭玉, 『師山先生文集』, 自序(번역은 의역), "餘年十數歲時, 蒙昧未有知識, 於前言往行無所擇, 獨聞人誦朱子之言, 則疑其出於吾口也; 聞人言朱子之道, 則疑其發於吾心也. 好之既深, 爲之益力, 不惟道理宗焉, 而文章亦於是乎取正. 久而浸熟, 不知我之學古人, 而疑古人之類我也. 人有笑而問者曰: "文章宗韓柳, 道理宗朱程, 此萬世一論也. 子之為學, 不亦謬乎?"

83) 鄭玉이 반대한 이원론은 그의 시대 이전과 이후에 모두 발견된다. 어느 과거시험 일람(compendium, 이 책의 서문은 1245년에 쓰였다)에 실려 있는 구절은, 마음을 변혁시키기 위해서는 程頤를 활용하고 學을 변혁시키기 위해서는 蘇軾을 활용할 것을 이야기하고 있다. 〔宋〕劉達可, 『璧水群英待問會元』, 권44, 6b－7a. 이 참고자료를 제공해 준 Hilde De Weerdt에게 감사한다. 唐나라 古文의 '文'과 程朱의 '道'를 통일하라는 요구에 대해서는 方孝孺, 『遜志齋集』, 권14, 31b 참조.

세 번째로, 신유학은 '사회운동'(social movement)일 수 있었다. 신유학 입장을 자신의 정체성 기반으로 삼은 사들은 다른 사들에게 일련의 그룹 활동에 함께 참여하기를 권하였으며, 그런 일련의 활동을 통해 지방정부에 영향을 미치고 지방의 제도들을 만들어 내는 등의 역할을 하였다. 남송시대 이래 원·명대에 이르기까지 사들이 자기 자신의 변화뿐 아니라 공동체제도를 만들어 내어 지방을 개선시키는 데 관심을 둔 사례들은 무수히 많다. 그들이 만든 공동체제도들은 지방정부의 지시감독을 받지 않았고, 어느 한 가문이나 친족 그룹에 전적으로 속해 있는 것도 아니었다. 그러나 여기에도 사람마다 차이가 있었다. 신유학적 서원을 건립하는 데 참여할 수는 있어도 기근이 들었을 때 자기네 남아도는 곡식을 시장으로 반출하는 데는 협조하지 않는 경우도 있을 수 있었던 것이다.

이처럼 '입장', '정체성', '운동'의 세 가지로 나누어서 살펴보면, 신유학의 언어를 사용하는 능력이 있다고 해서 그것이 반드시 신유학에 따라 삶을 영위함을 뜻하는 것은 아님을 잘 알 수 있다. 심지어 신유학적으로 자신의 삶을 영위하고자 결심한 경우라 하더라도, 그렇다고 반드시 공동체제도를 만들어 내기 위해 다른 이들에 협조하리란 법은 없었던 것이다.

사들의 배움의 대상이 되고 또 부분적인, 혹은 전면적인 추종의 대상이 될 수 있었던 이른바 신유학적 '입장'이란 무엇인가? 우리가 살펴본 바와 같이, 신유학은 누적적인 지적 전통으로서 내적인 역사를 가지고 있었다. 그 전통은 다른 전통들 특히 불교와 도교로부터, 그리고 그 밖에 사의 또 다른 사상과 실천양식으로부터 스스로를 구별지우며 지속적으로 자신을 정의해 왔다. 신유학 전통은 전통의 창시자, 권위 있는 텍스트, 나름의 개념적 허위들, 예법을 가지고 있었다. 신유학 전통의 참여자들은 이전 시기의 인물과 텍스트들을 두고 논쟁하였으며, 누가 그리고 무엇이 신유학 전통에 포함되어야 하며 현재 권위를 가질 수 있는 인물은 누구인가에 대하여 토론하였다. 어떤 참여자들은 자신들만이 단 하나의 옳은 이해를 가지고 있다고 주장하였다. 그러나 그러한 주장은 하나뿐이었던 것이 아니라 여러 가지였다. 어떤 사가 유명한 신유학자가 되어 신유학의 역사에 남는 인물이 되었다고 할 때, 그것을 가능하게 한 것은 그가 다른 이들에게 자신의 견해에 주목하라고 설득해 냈기 때문이다. 신유학의 주요 사상가에 대한 연구들은 바로 그 과정을 추적한 것이다. 그 연구들에 따르면, 자기 자신의 입장을 분명히 하는 일은 종종 한때는 자기편이었던 이들의 사상을 반대하는 상황에 이르게 되곤 하는 것이었다.[84]

하지만 수세기에 걸쳐 입장, 정체성, 사회운동으로서의 신유학에는 반복되는 테마가 존재하였다고 나는 생각한다. 그 테마들은 우리가 중국의 후기 제국사를 생각하는 방식에 공헌할 것이다. 그 테마들은 정치, 철학, 신념, 공동체에 관계된 것들이다. 신유학자들은 정치적 · 사회적 목적을 가진 역사적 행위자(historical actor)이기도 하였다. 무엇보다도 그들은 사였고, 사들의 관심사에 관하여 발언하였다. 앞으로 이어질 장들에서 나는 신유학자들의 정치적 제안들의 실질 내용보다는, 그들이 정치적 권력이나 국가 시스템과 자신들의 관계를 어떻게 생각했는가를 따질 것이다. 또 철학사상은 신유학에서 핵심적이므로, 나는 신유학자들의 철학을 진지하게 고려할 것이다. 그러나 역사 속에서 신유학을 평가함에 있어, 나는 여섯 세기에 걸친 신유학 철학의 역사를 추적하지는 않을 것이다. 그 일은 다른 이들이 성의를 기울여서 이미 해 놓았기 때문이다. 내가 보다 관심을 갖는 것은, 신유학자들이 지성계의 다른 참여자들에 비해 철학적 담론에 매우 열중하였다는 사실, 그리고 그들의 철학적 주장에 깔린 근본적 신념이다. 마찬가지로, 나는 신유학의

84) 이 점은 Tillman, *Confucian Discourse and Chi Hsi's Ascendancy*에서 분명히 드러난다.

커리큘럼이나 공동체활동의 내용보다는, 신유학자들이 서원이나 기타 공동체조직을 만들었다는 사실 자체에 더 관심을 기울일 것이다.

결국, 저자는 어떤 질문을 던질 것인가를 결정하고 독자는 그 질문들의 유효성을 판정한다. 이어질 장들에서의 나의 목적은, 신유학자들이 자신의 역사와 자기 자신을 재해석하고 변화시켜 가는 와중에 반복해서 재등장해 온 어떤 특질을 판별해 내는 것이다. 앞으로 나는 신유학자들이 제국과 자신들 사이의 관계 혹은 정치와 자신들 사이의 관계를 어떻게 이해했는지에 대해, 그들이 가졌던 자기정당화(self-justification)와 실천으로서의 학學 개념에 대해, 그들의 학이 효과적이기 위하여 필요했던 신념들에 대해, 사들과 지방사회 속에서의 그들의 활동들에 대해 따져 볼 것이다.

부록

신유학에 대한 문헌은 매우 많다. 그 문헌들의 목록을 일별하는 것만으로도 책 한 권이 될 것이다.[85] 신유학에 대한 근년의 연구들은 신유학을 철학의 관점에서(신유학자들은 어떤 사상들을 가졌는가, 그 사상들은 어디에서 유래하는가, 그 사상들은 어떻게 서로 관계를 맺는가), 신유학의 내적인 역사의 관점에서(신유학은 어떻게 진화하여 왔는가, 신유학자들은 어떻게 자신의 전통을 구성했는가), 그리고 신유학이 처한 맥락의 관점에서(신유학은 어떻게 후기제국국가의 사회정치적 질서에 들어맞았는가) 탐구하여 왔다. 그러한 관점들은 상호배제적이지는 않지만, 동일한 것도 아니다.

---

85) 「宋明學研究文獻目錄」; Charles Fu & Wing-tsit Chan, *Guide to Chinese Philosophy*; 廣常人世(Hirotsune Jinsei), 『元明淸代思想研究文獻目錄』; 林慶彰, 『朱子學研究書目』; 吳以寧 編, 『朱熹與宋元明理學』.

철학적 접근 방법은 사상들을 명료히 하는 데, 그리고 신유학을 이해하는 수단으로서의 개념들을 설명하는 데 관심이 있는 연구들에서 발견된다. 그리고 각기 다른 시기의 다양한 사상가들을 뭉뚱그려서 근본적인 공통점을 정의하고자 시도하는 이들이 있다. 시대를 초월한 '유교'의 종합적 그림을 만들어 내고자 하는 거대한 시도 같은 것이 그 예이다.[86] 그러나 일반적으로 철학적 연구의 저자들은 잘게 쪼개는 사람들이다. 그들은 사상가들 간의 차이, 그리고 기본 개념들을 두고 벌어지는 차이들을 살펴보려고 한다.[87]

철학적 연구는 대체로 내적 역사에 대한 연구와 내용이 겹쳐진다. 일군의 학자들은 신유학의 내적 역사를 조직원리로 삼아 지도적 신유학자들의 사상 혹은 철학을 묘사한다.[88] 신유학의 많은 내적 역사들은 신유학 내의 하위구분(subdivision)에 초점을 맞춘다. 그 하위구분 가운데 가장 중요한 것이 주지적(intellectual) '정주程朱' 계통과 직관적(intuitionist) '육왕陸王' 계통 간의 구분이다. 그 구분의 명칭은 때로는 송대 신유학 대 명대 신유학이 되고, 때로는 '리학' 대 '심학'이 된다. 왕수인 이전 시기에 대해 그러한 구분을 적용시키는 것은 역사적으로 타당하지 못하다는 주장이 제기된 바 있지만, 그럼에도 이와 같은 구분들은 그 하위구분 중 가장 중요하게 여겨진다.[89] 전통적으로, 신유학의 내적 역사는 액면 그대로, 즉 과거에 대한 참된 기록으로 받아들여져 왔다. 그러나 실제로는 신유학자들 스스로 자신들의 내적 역사의 여러 판본을 구성하고 그에 대한 논란을 거듭해 왔다. 신유학의 내적 역사를 재서술하고 개정하는 것은 후대 인물들이 자신들을 지적 권위의 특정한 선상에

86) Yao Xinzhong, *An Introduction to Confucianism.*

87) 馮達文,『宋明新儒學略論』; 蕭國柱・朱葵菊,『中國人性論史』; 宇野哲人(Uno Tetsuto),『支那哲學史』; 山井湧(Yamanoi Yū),『明淸思想史の研究』; 張立文의『道』,『理』,『氣』,『心』.

88) Berthrong, *Transformation of the Confucian Way*; 陳來,『宋明理學』; 侯外廬 等,『宋明理學史』; 岡田武彥(Okada Takehiko),『宋明哲學の本質』.

89) De Bary, *Neo-Confucian Orthodoxy The Message of the Mind.*

놓거나 자기들 관점의 타당성을 확보하는 수단이었다.[90]

세 번째 접근 방법은, 신유학이 왜 흥기했으며 왜 특정한 방식으로 변화했는가를 설명하는 방법이다. 대부분의 경우 이것은 역사적 문제로 이해된다. 제공되는 설명들은 종종, 공적인 후원을 받는 사상은 국가 혹은 지배계급의 이해관계에 봉사한다고 전제한다. 이런 설명이 가진 난점은 이미 오랫동안 분명하였지만,[91] 그럼에도 불구하고 이와 같은 설명은 중국에서 여전히 지배적이다. 마르크스-레닌주의에 기초한 역사적 설명이 많은 신유학 연구자들을 설득시키지 못하고 있는데도 말이다. 정통적 해석에 도전하는 일에 따르는 어려움으로 인해, 신유학에 대한 보다 나은 설명을 제공할 수 있는 역사적 관점이 제출되지 않는 것은 아쉬운 일이다.

1983년에 발표된, 신유학의 등장에 대한 정통 마르크스-레닌주의적 설명의 한 예에 따르면 신유학은 다음과 같은 방식으로 이해되어야만 한다.

(1) 송나라는 전기봉건에서 후기봉건 단계로의 이행기였다. 이때 봉건전제주의(feudal autocracy)와 권력의 중앙집중이 일어났는데, 농민계급과 지주계급 사이의 모순이 격화되면서 농민들이 반란을 일으켰다. 그래서 지주계급은 정치적·지적 통제를 강화할 필요가 있었다.

(2) 사상의 전선이라는 면에서 볼 때 유교의 관념론은 이미 지주계급의 주도사상이 되었다. 그러나 유교관념론은 유물론으로부터의 비판에 대항하고 자신의 철학체계를 강화하기 위하여 불교와 도교에 의존할 필요가 있었다. 동시에, 불교와 도교는 정치체(polity) 내에서 자신의 입지를 확보하기 위하여 사회적 도덕을 가르치는 데 역할을 담당하기 시작하였다. 그 결과가 바로 불교·도교·유교 간의 오랜 혼융(intermingling)으로, 그러한 현상은 송

90) Thomas Wilson, *Genealogy of the Way*.

91) 山井湧(Yamanoi Yū), 『明清思想史の研究』.

나라 때 특히 강했다.

(3) 게다가, 가문체계(clan system)에 기초한 당나라 도덕질서가 붕괴한 이래로 송나라는 질서를 유지하기 위하여 봉건전제주의에 의존해야 했다.

(4) 자연과학과 기술 방면의 진보가 있었다.(예컨대, 화약, 나침반, 활자 인쇄)

이러한 상황은 왜 정주학程朱學이 유교의 윤리 및 정치를 불교와 도교의 철학적 원리들과 결합시켜 윤리철학체계를 만들었는지, 그리고 왜 정주학이 사회윤리와 불교의 욕망부정을 혼합시키면서도 불교를 이단으로 배척했는지를 설명해 준다. 이러한 설명은, 신에 대한 믿음에 기초하지 않았다는 점만 뺀다면 유럽 중세봉건시대의 금욕주의와 이단공격에 조응하는 설명이다. 이에 따르면, 신유학에 대한 올바른 평가는 다음과 같은 것이 된다. (1) 마지막으로 등장한, 그리고 최고급의 순수관념론이다. (2) 극점에 달한 봉건사회 이데올로기이다. (3) 후기봉건시기의 새로운 유교이다. (4) 봉건전제주의(feudal autocracy)를 지지하는 관료적 철학이다. 그리고 마지막 평가는 다음과 같다. 신유학은 틀렸고 그것의 사회적 효과는 부정적이지만, 신유학은 인식론 발전에 공헌하였다.[92]

마르크시스트 설명에 대한 흔한 대안은 다음과 같은 것이다. 한나라 제국의 붕괴 이후에 중국은 혼란에 빠져 있었고, 어떠한 정부도 질서 있는 사회를 건립할 수 없었다. 이 시기에 불교가 성행했는데, 불교는 제국의 복원에 의존하지 않고도 구원될 수 있는 대안적 방법을 제공하였기 때문이다. 그 결과 유교는 사회적 적실성이 결여된 학설이 되어 빈사상태에 빠졌다. 불교의 도전을 맞게 되자, 유교는 회복할 길을 모색하게 되었다. 유교는 전통적 유교윤리를 위한 철학적 기초를 만드는 방법을 불교로부터 배워 옴으로써 스스로를 회복시켰다. 그리하여 유교는 재생하였고, 후기제국질서의 기둥이 되었

92) 陳正夫・何植靖, 「試論程朱理學的特點」.

다. 이와 같은 설명의 변종은, 개인적 깨달음에 중점을 둔 선불교의 흥기가 결국 유교의 부흥을 이끌었고 그것이 신유학으로 결과를 맺었다는 주장을 펼친다.93)

그러나 내가 볼 때 신유학이 초기 단계에서 성공할 수 있었던 것은, 거대한 야망을 가지고 있으나 실현 전망은 낮았던 지방 엘리트 사들에게 교육·사회적 관계, 자기정당화의 계기, 지방 리더십의 기회, 도덕적으로 행동할 수 있는 방법 등을 제공하였기 때문이라고 생각된다. 이와 같은 나의 견해를 앞으로 차근차근 제시하도록 하겠다.

---

93) Chung Tsai-chun, *The Development of the Concepts of Heaven and of Man in the Philosophy of Chu Hsi*; Yu Ying-shih, "Intellectual Breakthroughs in the T'ang-Sung Transition".

제4장 정치

이번 장과 이어지는 다음 장들은 『대학』에 나온 일련의 연결고리들에 대한 것이다. 여기에 제공되는 번역은 주희의 해석을 따랐다.1)

『대학』의 내용은 그것이 두 가지 측면—자아에 대해 초점을 맞춘 측면과 타자에 대해 초점을 맞춘 측면—의 과정이라는 것과 『대학』의 궁극적 목적을 설명하는 것으로부터 시작한다.

> 대학의 도는 명덕明德을 밝히는 데 있고, 백성을 새롭게 하는 데 있고, 지극한 선에 머무르는 데 있다.2)

그런 다음, 분명한 목적을 가지게 됨으로써 비로소 가능해지는 인지 과정(cognitive process)을 논한다.

> 머무를 데를 알고 난 뒤에야 안정됨이 있고, 안정됨이 있고 나서야 고요할 수 있고, 고요한 뒤에야 편안할 수 있고, 편안한 뒤에야 생각할 수 있고, 생각한 뒤에야

---

1) 아래의 번역은 대체로 Gardner, Chu His and the Ta Hsueh, 88－94를 따른 것이다. 나는 Gardner의 번역에서 empire를 state로, state를 country로, household를 family로, principle을 coherence로 바꾸었다. 그리고 person, household, country, world에 관련하여 조동사 may를 추가하였다.

2) "大學之道, 在明明德, 在親(新)民, 在止於至善."(The way of greater learning lies in keeping one's inborn luminous virtue unobscured, in renewing the people, and in coming to rest in perfect goodness.)

머물 곳에 이를 수 있다.[3)]

그런데, 도덕적 앎(moral cognition)은 분명한 목적의식을 가지는 것 이상의 것이다. 도덕적 앎을 위해서는 사물의 본래적 질서와 리理를 알아서 그것을 행동의 기초로 삼을 것이 요청된다.

사물에는 본과 말이 있고 처음과 끝이 있다. 선후를 알면 도에 가깝다.[4)]

대학의 과정은 선후先後에 대해 알 것을 요청하는데, 그 앎은 사물의 의존관계(本末, relationships of dependency)와 순서(終始, beginnings and ends)에 대한 이해에 기초해야 한다는 것이다. 이 점을 올바르게 이해해야만 인식과, 자아의 변혁과, 사회정치적 행동 사이의 연결이 가능해진다.

옛날에 천하에 명덕明德을 밝히고자 하는 이는 먼저 나라를 다스렸고, 나라를 다스리고자 하는 이는 먼저 가족을 가지런히 했고, 가족을 가지런히 하고자 하는 이는 먼저 자신을 수양하였고, 자신을 수양하고자 하는 이는 먼저 마음을 바로잡았고, 마음을 바로잡고자 하는 이는 먼저 의意를 성실하게 했고, 의를 성실하게 하고자 하는 이는 먼저 앎을 이루었다. 앎을 이루는 것은 격물格物에 있다.[5)]

---

3) "知止而後有定; 定而後能靜; 靜而後能安; 安而後能慮; 慮而後能得."(Knowing where to come to rest, one becomes steadfast; being steadfast, one may find peace of mind; peace of mind may lead to serenity; this serenity makes reflection possible; only with reflection is one able to reach the resting place.)

4) "物有本末, 事有終始. 知所先後, 則近道矣."(Things have their roots and branches; affairs have a beginning and an end. One comes near the Way in knowing what to put first and what to put last.)

5) "古之欲明明德於天下者, 先治其國; 欲治其國者, 先齊其家; 欲齊其家者, 先修其身; 欲修其身者, 先正其心; 欲正其心者, 先誠其意; 欲誠其意者, 先致其知; 致知在格物."(Those of antiquity who wished that all men in the world keep their inborn luminous virtue unobscured put governing their countries well first; wishing to govern their countries well,

사물의 리理에 대한 이해라는 근본적인 작업으로부터 시작해야 평천하平天下에 이르는 각 단계로의 이행이 가능해질 수 있다.

> 사물이 격格해진 뒤에야 앎이 지극해지고, 앎이 지극해지고 난 뒤에야 의意가 성실해지고, 의가 성실해지고 난 뒤에야 마음이 바르게 되고, 마음이 바르게 되고 난 뒤에야 자신이 수양된다. 자신이 수양되고 난 뒤에야 가족이 가지런히 되고, 가족이 가지런히 되고 난 뒤에야 나라가 다스려지고, 나라가 다스려지고 난 뒤에야 천하에 질서가 구현된다.[6]

이제, 자아수양이 모든 사람에게 근본적이라는 결론이 도출된다.

> 천자에서 서인에 이르기까지 모두 수신을 근본으로 삼는다. 근본이 어지러운데 말단이 다스려지는 경우는 없다. 두터이 해야 할 바를 얇게 하고 얇게 할 바를 두터이 하는 경우는 있었던 적이 없다.[7]

---

they first established harmony in their families; wishing to establish harmony their families, they fist cultievated themselves; wishing to cultivate themselves, they first set their minds in the right; wishing to set their minds in the right, they first made their thoughts true; wishing to make their thoughts true, they first extended their knowledge to the utmost; the extension of knowledge lies in fully apprehending the principle in (or: the coherence of) things.)

6) "物格而後知至; 知至而後意誠; 意誠而後心正; 心正而後身修; 身修而後家齊; 家齊而後國治; 國治而後天下平."(Only after the coherence of things is fully apprehended does knowledge become complete; knowledge being complete, thoughts may become true; thoughts being true, the mind may become set in the right; the mind being so set, the person may become cultivated; the person being cultivated, harmony may be established in the family; family harmony established, the country may become well-governed; the country being well-governed, the world mat become tranquil.)

7) "自天子以至於庶人, 壹是皆以修身爲本. 其本亂而未治者 否矣. 其所厚者薄, 而其所薄者厚, 未之有也."(From the Son of Heaven on down to the commoners, all without exception should regard self-cultivation as the root. It is impossible that the root be unhealthy and the branches healthy. Never should the important be treated as trivial; never should the trivial be treated as important.)

『대학』은 신유학의 정치관을 토론하는 데, 그리고 신유학이 제국체제의 변화에 공헌했는지의 여부를 토론하는 데 유용하다. 왜냐하면 『대학』은 성공적인 통치란 모든 사람들에 의해 채택되어야 할 개인적이고 사회적인 변혁 과정에 달려 있다고 보기 때문이다. 간단히 말하면, 신유학은 통치를 보다 넓은 비정치적 문맥에다 위치시킨다. 주희나 왕수인이 해석하는 방식대로라면, 『대학』은 모든 사람에게 적용되는 가르침이다. 따라서 통치자와 관리에게 모두 적용될 수 있다.

신유학이 기존의 것과는 다른 어떤 것, 즉 변화를 만들어 내었다고 주장할 수 있기 위해서는 전통적인 정치관, 제국체제의 구조, 그리고 북송대에 이미 진행 중이던 기존 제국체제에의 도전에 대한 논의를 포괄해야 한다. 나는 현재 진행 중인 두 가지 학문적 논쟁으로부터 시작하고자 한다. 첫째는, 신유학이 정말 정치에 헌신했는가의 여부에 대한 것이다. 도덕철학과 개인수양에 대한 신유학의 관심은 내면으로의 전회를 이끌어 내었으며, 그 결과 당대의 문제에 대한 정치적 해결을 도외시하게 되었다는 것이다.[8] 이러한 지적은 신유학자들이 정부에 복무하는 것을 경시했다고 나무란 12~13세기 비판가들의 입장과 공명한다.[9] 이러한 입장에 반대하여, 주희는 여느 11세기 개혁가들과 마찬가지로 자신의 의제에 대한 통치자의 후원을 얻고자 노력하였으나, 조정을 지배하던 정치가들이 주희를(그리고 그에 동정적이었던 황제를) 좌절시켰다는 주장이 개진되었다.[10] 내가 볼 때, 신유학자들이 정부의 정책 및 황제와 관리의 행동에 영향을 미치고자 원했으며 또 자신들의 견해가 옳다는 것을 조정으로부터 공식적으로 인정받기를 원했다는 것은 매우 분명하다.

---

8) 예컨대 James T. C. Liu, *China Turning Inwards* 참조.

9) 劉清之에 대한 공격은 餘英時, 『朱熹的歷史世界』 第2冊, 118－131 참조.

10) 餘英時는 심도 있고 광범위하게 이러한 주장을 펼친다. 『朱熹的歷史世界』 第2冊, 60－68 및 182－186.

그러나 이 장에서 암시하고 또 사회 영역에서의 신유학자들을 다룬 마지막 장에서 보여 주듯이, 신유학자들이란 왕안석이 대표하는 것과 같은 정부활동주의(governmental activism)의 옹호자들이 아니었다고 나는 생각한다. 두 번째 논쟁은, 신유학이 실제로 전제(autocracy)를 뒷받침하였느냐는 문제이다. 예컨대 신유학자들은 다음과 같이 주장하였다고 말해져 왔다. "통치자에 대한 신하의 복종은 절대적이고 무조건적이어야 한다. 이것이 바로 주자가 성인으로 숭앙되고 신유학이 원·명·청대 황제들에 의해 공식적인 정통으로 추켜올려지게 된 이유이다." 한 걸음 더 나아가 다음과 같이 말해지기도 하였다. "의도(intent)라는 점에서 볼 때 새로운 유학은 옛날의 유학보다 더 전체주의적(totalitarian)이었다. 그것은 통치자에게 모든 사적·공적 도덕과 풍속을 단속하고 이단을 말살할 권위를 부여하였다."[11] 바로 이러한 견해들로부터 나는 논의를 시작하고자 한다.

1. 전제의 문제

흔히들 중국의 역사에 대해 이야기할 때 당송변혁기의 결과로서 중국의 통치가 한층 더 전제적으로 되었다고 말한다. 여기서 말하는 '전제'(autocracy)란 종종 정부와 주민에 대한 황제의 제어되지 않은 권력행사를 의미하였다. 앞에서 보았듯이, 그러한 권력행사는 이데올로기적인 인가를 받은 것으로 보일 수도 있고, 혹은 황제의 의지를 제어할 만한 입헌적 능력을 가진 대안적 권위들이 약해진 데서 오는 의도하지 않은 결과로 보일 수도 있다. 전제적

11) Fu Zhengyuan, *The Autocratic Tradition and Chinese Politics*, 58; 두 번째 인용문은 Arthur Wright를 인용한 것.

권력행사를 의도하지 않은 결과로 간주하는 이들은, 당송변혁기 동안 중세적인 거대 귀족가문들이 사라짐에 따라서 황가(imperial family)만이 유일한 귀족가문으로 남게 된 것이라고 주장한다. 송대의 사들은 경쟁시험을 통해 관리로 발탁되었으므로 황제에게 도전하는 데 필수적인 세습적 사회 명성이 결여되어 있었다. 이러한 견해가 함의하는 바의 결론은, 당송변혁기에 함축되어 있던 근대성을 향한 진보적 발전은 좌절되었고, 이후 천 년 동안 중국이 정체되었다는 것이다.[12] 이러한 견해 속에서는 황제의 권력이 정치적 시스템을 일반적으로 정의한다고 간주된다.

황제가 정치 과정에 대해 절대적 권력을 행사한다는 가정(assumption)에서 출발하는 이들은, 신유학이 황제의 전제에 대해 '입헌적'(constitutional) 도전을 이루어 냈는가를 물었다. 그리고 그들은 유사한 결론을 도출해 내었다. 이론적으로 신유학자들은 권위의 대안적 중심을 형성할 수 있는 잠재력을 가지고 있었으나, 실제로는 그렇게 하지 않았다.[13] 신유학자들은 "중심에 모든 가치가 위치해야 한다는 생각에 의문을 제기하지 않았다."[14] 주희의 철학은 통치자에게서 외부적 권위를 찾는 이들에게 정당화의 논리를 제공하였다.[15]

---

12) 송나라가 專制主義(autocracy)를 불러왔다는 생각은 內藤湖南(1866~1934)에 의해 제기된 바 있다. 특히 宮崎市定은 그 점을 활용하여 왜 송나라의 '근대적'요소가 실현되지 않았는지를 설명하였다. 이 점을 비롯한, 內藤湖南과 宮崎市定에 대한 일반적 설명은 Miyakawa, Hisayuki, "An Outline of the Naitô Hypothesis" 참조. 당송변혁에 대한 內藤湖南의 견해 형성 과정에 대해서는 Fogel, *Politics and Sinology* 참조. 그 밖에, 宮崎市定, 『東洋的の近世』; 佐伯富(Saeki Tomi)의 『宋史職官志索引』에 실린 'Introduction' 부분; 礪波護(Tonami mamoru)의 『唐代政治社會史研究』 등 참조. 「宋代の士風」에서 宮崎市定은, 士大夫는 滅私의 복종(selfless subjection)과 타산적·경제적 이해 추구의 양극 사이에 끼여, 결국 전제적 통치(autocratic rule)의 길을 열어주고 말았다고 주장하였다. 신유학이 그러한 곤경으로부터 벗어날 수 있는 방법을 제공했는지의 여부를 우리가 알 수 있다고 宮崎市定는 생각하지 않았다.

13) Chang Hao, "The Intellectual Heritage of the Confucian Ideal of Ching-shih", 72－91.

14) Lee, "Academies", 135.

15) Munro, *Images of Human Nature*, 155－191.

왜냐하면, 신유학자들에 의하면 "세계를 변화시킬 책임은 전적으로 통치자 및 통치자를 돕는 사람들에게 있기" 때문이다. 그리고 통치자가 그러한 사상을 자기 자신의 목적을 위해 전유하였을 때, 신유학자들은 그에 효과적으로 저항할 수 있는 제도적 기반을 가지고 있지 못하였다.16) 이러한 견해에 회의를 보이는 이들도 있었지만, 그들은 논쟁에서 이기지 못하였다.17)

내가 보기에, 관리들에 대한 황제의 제어되지 않은 권력으로서의 전제와 주민 일반에 대한 정부의 제어되지 않은 권력으로서의 전제는 구분되어야 할 필요가 있다. 그런데 우리는 후기제국시대—황제가 의심할 바 없이 중심에 있던—에 정부가 역사의 흐름을 결정하였다고 전제하는 데 조심해야 한다. 후기제국역사의 장기적인 경향—토지의 사유화, 경제의 상업화, 교육의 보급, 새로운 문학적 형식, 그리고 신유학의 철학—은 국가정책의 산물이 아니었다. 제국국가(imperial state)는 중앙집권화된 정치시스템과 국가 자신을 유지하고자 하는 노력 속에서 오히려 그러한 발전에 반작용의 역할을 했다고 보는 것이 더 나을는지도 모른다. 후기제국의 정치사를 다루는 그 어떠한 토론도 지방사회에 존재하였던 수많은 사들의 존재를 감안하지 않을 수 없다. 그들은 공직에 선발된 이들과 같은 교육을 받았으며, 신유학자들이 자신들 가르침의 가장 큰 청중으로 간주하였던 사람들이었다.

이 장은, 실은 신유학자들이 통치자와 관리들 간의 관계에 새로운 접근법을 제공하였다고 주장한다. 그 새로운 접근법은 전기제국모델과는 매우 다른 것으로서, 이 접근법을 통해 지방사회의 사들은 스스로를 정치와 공적 삶의 일부로 간주하였다. 이것은 제국의 수사학 상의 변화였으며, 정치적 실천

16) De Bary, *The Trouble with Confucianism*, 23.

17) 특히 중요한 사례가 사상사가 島田虔次이다. 島田虔次(Shimada Kenji), 『宋學の展開』, 440－443. 이에 대한 신유학과 그 밖의 이슈에 대한 1950년대 일본학계의 논의로는 山井湧(Yamanoi Yū), 『明清思想史の研究』, 4－14 참조.

상의 변화였다. 나는 여기서, 16세기에서 18세기 초반에 걸쳐 일어난 유럽의 정치체제 변화에 비견될 수 있는, 그 어떤 정치체제 상의 변화에 신유학이 공헌하였음을 시사하고자 한다. 전기제국비전에서는 강력한 통치자가 주민들을 통괄하고 자연이 제 길을 가게끔 하면서 인간과 하늘을 매개함으로써 모든 것이 그 통치자를 중심으로 운행되고 있었는데, 이제 그러한 비전은 신빙성을 잃었다. 대신, 통치자는 보다 인간의 모습에 가까워졌다. 통치자도 이제 사들이 하는 식의 학으로 자신을 수양할 것이 예상되었으며, 주민들의 지지를 유지하는 것은 공동선(common good)에 봉사하게끔 정부를 운영하는 데에 성공하느냐에 달려 있었다.[18)]

2. 제국의 수사학

기원전 221년 진나라가 통일제국을 형성해 냈을 때, 제국의 전기모델(the early imperial model of empire)이 수립되었다. 그 모델은, 황제를 정점으로 하는 위계적인 관료조직을 통해 황제의 권위가 주민들에게까지 미치게 하고자 하는 목적을 가지고 권력을 집중화하였다. 그 관료조직은 중앙의 수도에서 지방에 이르기까지 군현의 현지 행정을 통하여 지배력을 행사하였다. 이것은 주나라의 봉건제도와는 달랐다. 봉건제도는 최고통치자 자신의 친족과 동맹을 제후로 파견하는 것으로서, 제후는 해당 영토에 대한 세습적 권리를 누리면서 자신과 주 왕실의 방어를 위해 자원을 운용하였다. 그러나 한나라와 당나라의 많은 유학자들은, 단명한 진나라를, 그리고 진나라가 정책의 집행

---

18) 유럽의 경우에 대해서, 그리고 신권(divine right)을 통해 지배하던 군주에서 계몽군주(the Enlightenment monarchs)로의 변천에 대해서는 Monod, *The Power of Kings* 참조.

에 있어 법과 처벌에 의존한 사실을 경멸하면서도 실제로는 (주나라가 아닌) 진나라 정부시스템과 고전에 나오는 수사학을 결합하여 한 명의 왕이 '천하'를 지배한다는 생각에 복무하였다.

전기제국모델과 경전에 나오는 고대모델 간에는 차이가 있었고, 송대의 저술가들과 철학자들은 그 차이를 활용하였다. 통치권이 왕실에 있다는 생각은 하은주 고대의 삼대왕조까지나 들어맞는 것이었지만, 경전은 보편적 왕권의 기원을 오로지 능력 본위로 후계자를 뽑았던 요와 순이라는 성왕에로까지 추적해 나갔다. 이상적인 관점에서 보자면, 세습권에 의한 통치는 차선의 것이었다. 송나라의 일부 사람들은 황제가 장기 지속하는 제국을 만들어 내는 데 성공했다고 해서 한·당대의 통치자를 귀감으로 삼아서는 안 되고, 요와 순을 귀감으로 삼아야 한다고 촉구하였다. 군현제가 유일하게 시행 가능한 통치형태라는 사고도 도전을 받게 되었으니, 일부 신유학자들은 봉건제에 기초한 분산형 통치 및 보다 발전된 지방 리더십으로의 복귀를 요구하였다.[19] 그리고 송나라가, 서로 대사를 교환하고 평화조약을 맺는 복수의 왕조국가가 존재하는 세계에 자신이 존재하고 있다는 사실을 인정함에 따라서 천하와 제국을 일치시키고 통치권을 보편적 왕권과 일치시키는 사고는 더 이상 가능하지 않게 되었다. 그리하여 13세기 전반기—이 무렵 송나라는 금나라와 교전 중이면서 동시에 확장 중인 몽고제국에 대해서도 알게 된, 과거 북방에 있던 역사적인 정치적 중심(the historical political center)을 잃어버린 상태였다—의 과거시험 문제는 다음과 같이 세계의 다양성을 인정하면서 제국적 통일성(unity through empire)에 대한 대안을 제시하는 것이었다. "성인聖人은 천하를 한 가족으로

19) 송재윤의 논문 ("Shifting Paradigms in Theories of Government", chaps 5－6)은 北宋에서 남송에 이르는 기간에 정치사상 면에서 커다란 변화가 일어났음을 보여 주고 있다. 郡縣制는 돌이킬 수 없는 역사적 발전이라는 시각에서 封建의 원리에 기초한 탈중앙집권적 체제가 보다 낫다는 시각으로 변했다는 것이다. 남송 신유학자들은 일반적으로 그러한 견해를 공유하였다.

보고 중국中國을 한 사람으로 본다."[20]

송나라 특히 남송에 대해서는, 하나의 '제국'으로 보기보다는 송나라 스스로 사용한 '대송국大宋國'이었다고(empire가 아닌 state였다고) 보는 편이 더 유용할 것이라고 나는 생각한다. '송대'(Song dynasty)라는 우리의 표현은 때로는 구분할 필요가 있는 다섯 가지를 혼합하고 있다. 그것은 곧 국가기구, 황실, 지역, 백성, 시대이다. 송의 국가기구는 2만에서 4만에 이르는 관리들을 거느리고 있었다. 조趙씨 가문은 통치자를 배출하였는데, 그 통치자는 궁궐에서 살았고 개인적인 노복(侍從)으로 이루어진 내정內廷(inner court)에 의해 둘러싸여 있었다. 반면 국가기구는 문무백관으로 이루어진 외정外廷(outer court)에 의해 운영되었다. 송의 영토는 1100년 경 최대에 이르렀는데, 약 1200현縣(county), 300주州(prefecture), 26로路(circuit)로 이루어졌고, 인구는 1억이 넘었다. 송나라의 중앙정부는 현 단위 이하로는 정규관리를 파견하지 않았다. 현에는 보통 세 명의 중앙에서 임명된 관리만이 있었기 때문에, 지방의 세금, 정의, 안보 체계를 운영하기 위해서는 해당 지방민들로부터 아전을 뽑아야만 했다. 비록 1279년에 북부평원을 여진의 금나라에 빼앗기고 1235년에 사천지역의 많은 부분을 몽고족에게 잃기는 하였지만, 960년에서 1270년에 이르는 기간 동안 조씨 가문은 계속해서 황제를 배출하였다.

이러한 구분들은, 왕조에 '충성'한다는 것은 단순한 일이 아니라, 그 안에 관련된 여러 사항 간의 우선순위를 매기고 그에 대한 논란을 거듭하게 됨을 말해 준다. 영토를 극대화하는 것이 주민들의 복지 혹은 왕조의 존속보다 더 중요한 것인가? 신유학자들은 처음에는 잃어버린 북부지역의 회복을 요구하였으나, 결국에 가서는 국내적인 이해를 더 중시하여 전쟁에 반대하는

20) 程公許, 『滄州塵缶編』, 권14, 1a, "聖人以天下爲一家, 以中國爲一人." 이 구절은 『禮記』 「禮運」에서 나오는 것인데, 경전에 대한 여러 송나라 주석에서 인용된다. 특히 張載의 『西銘』을 해설할 때 가장 적절히 활용되었다.

쪽으로 돌아섰다. 황제와 왕실의 권위를 유지하는 일이 국가기구의 양호함보다 더 중요한 것인가? 1194년 광종의 폐위에는 신유학자들의 도움이 있었다. 정부의 세수를 증가시키는 일이 사적인 부를 보호해야 한다는 사회적 중요성보다 더 중요한 것인가? 신유학자들은, 국가의 재정적 요구나 수요에 맞서 사적인 부를 보호하고자 하는 이들의 편에 섰다. 게다가 제도적 이해(interest)에 있어서도 태생적인 차이가 있었다. 정부를 관장하는 '통치자'와 정부를 운영하는 '조정관리들' 간의 이해 차이; 군대나 기반시설 프로젝트, 조정의 관리 등을 지원하기 위해 재화와 노동력을 요구하는 '중앙정부'와 세금을 걷고 질서를 유지해야만 하는 '지방정부' 간의 이해 차이; '지방정부'와 먹고 살아야 하고 지방관리들의 요구에 응해야 하는 '지방주민' 간의 이해 차이 등이 그것이다. 이러한 이해들이 충돌할 때, 신유학자들은 편을 선택해야만 했다. 일반적으로 신유학자들은, 지방정부의 요구에 대해서는 지방주민의 이해를 선택하였고, 중앙정부의 정책에 대해서는 지방관리들의 융통성을 옹호하였으며, 내정內廷에 대해서는 문관관료들의 편을 들었다.

그러나 우리는 국가기구의 관점에서만 생각해서는 안 된다. 남부에는 여전히 무법적으로 행동할 수 있는 '지방의 권세 있는 가문'(地方豪強, powerful family)이 있었다. 그런데 내가 보기에 그보다 더 중요한 현상은 씨족조직(lineage)의 전파—처음에는 송과 원의 사 가문들 사이에서, 명대에 이르러서는 주민 전반에 걸쳐—였다. 씨족조직의 전파는 친족간의 연대를 유지하는 그 가문들에게 장기적으로 더욱 중요한 일이었다. 불교 사원, 그리고 그보다 적은 수의 도교 사원들은 지속적으로 지방정부보다 많은 땅과 건물을 가졌고, 그것들은 비정부적 차원의 공적인 공간·교육·공동체를 제공해 주었다. 남송대에 이르자 지방 사의 공동체가 형성되었는데, 그 사안에 대해서는 마지막 장에서 다루기로 하겠다.

통치자와 신하에 대한 전기제국모델

'천명天命'(the mandate of heaven)은 주周나라 시기에 형성된 유명한 주장이다. 이 주장에 따르면, 하늘은 주나라에게 다스릴 명을 내렸는데 만약 왕이 제대로 다스려 내지 못하면 그 명을 거두어 간다고 한다. 이 '천명'은 전기제국의 통치자들에게 왕권의 소유에 대한 수사적 정당화(rhetorical justification)를 제공해 주었다. 그런데 당나라 조정은 천명을 두 가지 방식으로 이해하였다. 첫 번째는, 하늘과 합치할 필요를 강조하는 것이었다. 여기서 하늘이란 인간의 삶을 지탱하는 자연계 혹은 천지의 통합된 과정을 의미하는 것이었다.

> 왕은 행동할 때 반드시 천지의 도를 따라야 하고, 단 하나의 사물도 그 본성을 잃게 해서는 안 된다. 왕은 행동할 때 반드시 음양의 합당함과 어울려야 하고, 단 하나의 사물도 해를 입어서는 안 된다. 그리해야만 우주의 질서를 유지하고 직관적으로 반응할 수 있다. 이리하여 종묘사직은 끊어짐이 없고 명성은 시들지 않는다. 그들의 도가 현묘함의 지극함이 아니라면, 이와 같을 수 있겠는가?[21]

제대로만 운영되면 인간계는 자연과 완전히 이어지고 삼라만상은 조화롭게 기능하게 될 것이었다. 결과적으로 이것은 통치자를 황제(보통 emperor로 번역되지만, 글자 그대로의 뜻대로 하자면 august thearch—존엄한 신적 존재—를 의미한다) 즉 우주의 주인으로 만들어서 그로 하여금 우주적 질서를 책임지게 하는 것이었다.

당나라 조정이 천명을 이해한 또 다른 방식은, 통치자가 주민들과 맺는 관계에 초점을 맞춘 것이었다. 당나라 황제들 중에서 가장 위대했던 태종이

---

21) 〔清〕阮元 編, 『十三經注疏』(『周易正義』「序」의 내용), "王者動必則天地之道, 不使一物失其性; 行必協陰陽之宜, 不使一物受其害, 故能彌綸宇宙, 酬酢神明. 宗社所以無窮, 風聲所以不朽. 非夫道極玄妙, 孰能與於此乎?"

그의 『제범帝範』(*Model for Emperorship*)에서 설명한 바와 같이, 황제의 관점에서 볼 때 황제란 최고의 존재였다.

> 사람은 나라의 시초이고, 나라는 통치자의 근본이다. 사람을 다스리는 통치자의 합당한 형태는 산처럼 높고 준엄하여 움직임이 없으며 해와 달처럼 밝고 널리 비춘다. 통치자는 뭇 사람들이 우러르는 바이니, 세상이 그에 귀속된다. 그 뜻을 크게 하면 모두를 아우를 수 있고, 그 마음을 가지런히 하면 판단을 제대로 내릴 수 있다. 위엄과 덕이 없으면 다스림이 멀리까지 미칠 수 없고, 자애로움과 후덕함이 없으면 사람을 포용할 수 없다. 친족들을 인仁으로써 달래고, 신하들을 예禮로써 대우한다.[22]

당나라의 경우, 황제는 모든 이의 삶을 법률적으로 통제할 권리를 주장하였다. 『당률』(*the Tang's legal codes*)이 전제하고 있는 세계는 품계와 특권과 의무가 모든 이—귀족, 관료에서부터 일반 백성에 이르기까지—를 대상으로 법적으로 정해져 있는 곳이었다. 그리하여 농민에게 부여될 땅의 양과 농민이 국가에 대해 지는 의무까지 일일이 상술되어 있었다.[23]

이러한 사고가 어떻게 통치자의 위풍을 고양했을지는 짐작할 수 있다. 그런데, 그러한 자기 이미지를 가진 통치자에게 관리들은 어떻게 도전할 수 있었을까? 한나라 이래로 그들은 천지이론(theory of heaven-and-earth)에 호소하였다. 그 천지이론은 일찍이 왕조가 천명을 받았음을 보여 주기 위하여 사용된 바 있었다. '우주감응'(cosmic resonance)이라고 알려진 이 이론은, 제국이 자연의 모델에 기초해 있을 뿐 아니라 자연에 공명한다고 주장하였다. 만약

---

22) 〔唐〕李世民, 『帝範』, 6, "夫人者國之先, 國者君之本. 人主之體, 如山嶽焉, 高峻而不動; 如日月焉, 貞明而普照. 兆庶之所瞻仰, 天下之所歸往. 寬大其志, 足以兼包; 平正其心, 足以制斷. 非威德無以致遠, 非慈厚無以懷人. 撫九族以仁, 接大臣以禮."

23) *The T'ang Code*, 2. 138－152.

제국이 제대로 운용되면 자연계 역시 제대로 운영되겠지만 제국이 잘못 통치되면 천지 역시 정상상태에서 벗어나 자연재해가 발생하고 궁극적으로는 사회가 제 길을 찾지 못하여 혼돈에 빠지게 되므로, 결국 최고의 인간 행위자인 통치자에게 책임이 있다는 것이다. 그러므로 자연계의 어떤 불순함—홍수, 지진 등—은 앞으로 다가올 보다 큰 문제의 전조였다. 천명에 대한 이러한 자연주의적 설명(naturalistic explanation)은 하늘의 기뻐함을 나타내는 표시로서의 상서로운 전조—하늘에 나타나는 광채, 곡식이 이중으로 열매 맺는 일 등—역시 고려하였다. 통상적으로 왕조가 새로이 건립될 때나 새로운 황제가 즉위할 때 그러한 상서로운 전조의 사례들을 수집하였는데, 이러한 전통은 송나라 때에도 지속되었다. 이와 더불어 관리들 또한 조정의 권력자를, 또 그의 정책을 바꾸라는 요구를 정당화하기 위하여 자연재해를 이용하는 데 숙달되어 있었다. 이처럼 우주감응이론은 황제권과 제국을 정당화하는 동시에 권력자들에게 도전할 수 있는 근거를 제공하기도 했다.[24)]

---

24) * 부연 : 모든 사물은 氣로 되어 있는데, 氣는 'energy-matter' 혹은 'material force'로 영역될 수 있다. 氣는 희박해질 수도 있고 짙어질 수도 있으며, 안정될 수도 있고 유동적이 될 수도 있다. 예컨대 계절의 변화를 氣의 상태의 변화로 이해할 수도 있다. 사물은 그 사물의 氣가 변하기 때문에 변한다. 그리고 그 氣는 지속적으로 승강하는 陰과 陽으로 양극화되어 있기 때문에 변한다. 예컨대, 陽氣(뜨겁고 남성적이고 건조하고 밝은)는 여름에 최고조에 달하고, 陰氣(차고 여성적이고 젖어 있고 어두운)는 겨울에 최고조에 달한다. 변화를 설명하는 또 다른 시스템은 五行인데, 그것은 음양과 연결되어 있다. 음양은 하나의 순환을 구성하는 오행을 추동하는 추진체 역할을 한다. 우주감응이론은 氣가 같은 종류의 氣의 반응을 자극한다고 주장한다. 예컨대 자석이 금속을 끌어당기면 몸의 작동이 밤에 느려진다. 어떤 현악기의 현을 뜯으면 다른 현악기의 같은 현이 진동하게 된다. 인간사회가 상궤를 벗어나면 조화롭게 흘러가게끔 되어 있던 氣의 흐름을 방해하게 된다. 그러한 일이 일어나면 자연계의 작용에 변고가 생긴다. 통치자와 조정은 사회의 집단적 氣를 조화시키고 관리할 책임이 있다. 실제로 일부 사람들은 주장하기를, 통치자가 계절에 맞는 예식을 거행함으로써 자신의 氣를 올바르게 배양하게 된다면 그 통치자는 자신들의 신민과 자연계의 氣를 다 조화롭게 할 것이라고 하였다.

경전과 역사는 제국을 정당화할 수도 있고, 권력자에게 도전할 근거를 제공해 줄 수도 있는, 또 다른 두 가지 원천이었다. 경전은 우주적 조화와 문명사회의 삶에 대한 모델을 제공해 주었다. 당나라 조정 학자들의 말을 빌리면 다음과 같다.

> 경적經籍은 가장 영험한 것들을 신묘하게 가르쳐 주는 것이며, 성인에게 가능했던 일들이다. 그것을 통해 천지를 항상되게 하고, 음양陰陽을 조율하며, 기강紀綱을 바로잡고, 도덕道德을 진흥한다. 겉으로는 세상 사물을 이롭게 할 방법을 가르쳐 주고, 속으로는 개인이 선하게 되게끔 이끌어 준다. 이를 배우는 이들은 번성할 것이고, 이를 배우지 않는 이들은 쇠락할 것이다. 세상을 다스리는 대업大業에서 경적을 존중하면 황제의 덕을 완성할 수 있을 것이요, 평범한 사람이 경적을 외우면 왕공王公의 존중을 받게 될 것이다. 왕이 영향력을 유지하고 칭호를 널리 퍼뜨리며 교화를 영광되이 하고 풍속을 개선시킴에 있어, 무엇이 이 도로부터 말미암지 않으리요?[25)]

이러한 제국의 비전은 텍스트의 세계에 존재하는 것이었다. 그러나 바로 그렇게 때문에, 그것은 재생산되고 해석되며 저술을 통해 선양될 수 있었다. 그리고 그것은 국가전례와 엘리트의 삶을 통해 행동으로 옮겨질 수 있었다. 경전 전통을 장악하고 있는 이들은 경전의 권위를 통해 제국시스템을 위해서 발언할 수 있는 위치에 있었지만, 동시에 현재의 정치·사회적 실천이 고대의 모델에 미치지 못한다고 지적함으로써 제국시스템에 도전할 수 있는 위치에 있기도 하였다.[26)]

---

25) 〔唐〕魏征·令狐德棻, 『隋書』, 권32, 903, "夫經籍也者, 機神之妙旨, 聖哲之能事, 所以經天地, 緯陰陽, 正紀綱, 弘道德, 顯仁足以利物, 藏用足以獨善. 學之者將殖焉, 不學者將落焉. 大業崇之, 則成欽明之德; 匹夫克念, 則有王公之重. 其王者之所以樹風聲, 流顯號, 美教化, 移風俗, 何莫由乎斯道."

26) Lewis, *Writing and Authority in Early China.*

역사 관련 저술도 통치자와 신하의 이해관계 모두에 봉사할 수 있었다. 한나라시기를 시작으로, 역사는 과거 경험의 저장고이자 현 통치자와 정부 행위의 기록이라는 두 가지 역할을 모두 수행하였다. 최초의 위대한 역사서라고 할 수 있는 사마천司馬遷의 『사기史記』 일부분은 당시 황제에 대한 비판으로 읽힌다. 두 번째 역사서인 반고班固의 『한서漢書』는 왕망王莽에 의해 찬탈되었던 한나라의 복원을 정당화한다. 당나라는 왕조의 역사기록을 만들고자 조정에 공들인 시스템을 구축하였는데, 그 시스템은 송나라 및 그 후대의 전범이 되었다.[27] 송나라의 역사가들은—이를테면 『자치통감』을 지은 사마광 같은— 각 왕조의 역사를 결정하는 어떤 원리들이 있다고 보고, 그러한 원리들을 명료하게 정리하여 연대기적 서술과 결합시킴으로써 새로운 해석적 역사(interpretive history) 유형을 만들어 내었다.

전기제국시대의 지배적인 전제는 조정이 역사의 행로와 사회의 가치를 결정해야 한다는 것이었고, 따라서 사회적으로 책임을 갖는 유일한 세속적 방법은 국가시스템 내에 자리를 갖는 것이었다. 조정에 동의하지 않는 사람들은 간언할 수 있었지만 항의와 제안이 무시될 경우에는 조정을 떠나 지방관의 자리로 옮기거나 정치적 변화를 기다리며 정치판을 떠나 은거해야만 했는데, 이때 기대하는 바는 바로 '복귀' 즉 유일하게 의미 있는 영역인 국가 내에서 다시 일하게 되는 것이었다.

송나라 사士들은 종교 사원이 대안임을 알고 있었다. 종교 사원들은 부를 가지고 있었고, 종종 높은 수준의 정치적 커넥션을 가지고 조정에 영향력을 행사했으며, 지방사회에서 중요한 경제적·문화적 역할을 하였다. 11세기에 사회의 공공선에 봉사하는 국가(activist state)를 적극적으로 요청한 이들은, 고대에 구현된 바 있는 국가의 사회에 대한 의무를 정부가 제대로 수행하지

---

27) Twitchett, *The Writing of Official History under the T'ang.*

못하고 있다는 증거로서 백성들이 불교에 빠져들고 있다는 사실을 지적하였다. 그러나 일반적으로, 종교적 삶을 선택하는 것은 곧 관료로서 정치시스템 내에 참여하는 길을 포기하는 것을 의미하였다. 유교사상가들에게 그것은 받아들일 수 있는 선택지가 아니었다.

신유학자들이 이론과 실천 양면에서 정치의 실질적 변화를 가져오는 데 공헌했다고 주장하기 위해서는 무엇이 필요한가? 일단 자신들이 정치적 권력과 권위에 대해 다른 식의 정당화를 명징하게 제시할 수 있음을 증명해야 한다. 그리하여, 사들에게 그것이 국가에 연결될 수 있는 또 다른 길을 제공한다는 사실을 보여 주어야만 한다.

북송시기 황권에 대한 도전

간헐적으로 송나라 지식인들은 우주의 주인이자 인간사회의 추축으로 있는 황제의 영광스런 지위를 침식하였다. 크고 작게, 황제권은 소실되어 갔다. 황제는 더 이상 스스로를 위해 거대한 황릉을 조성하지 않게 되었다.—송나라 능은 상대적으로 작았고, 황제가 죽고 나서야 비로소 신속하게 만들어졌다.[28]— 지방에서 황제의 칙령을 접수할 때도, 당나라를 방문한 일본인 승려 엔닌이 목격했던 것과 같은 특별하고 성대한 예식은 더 이상 베풀어지지 않았다.[29] 또 송나라가 요나라와 맺은 조약에서는 요나라 통치자를 마찬가지로 '천자天子'라고 칭하였는데, 그와 같은 호칭은 오직 하나의 진정한 제국, 한 명의 진정한 왕이 있을 수 있다는 견해와는 맞지 않는 것이었다.[30] 개혁가이든 보수주의자든 할 것 없이 일부 관리들은 '천명'이 실재한다는 것을 부인하고 대신

---

28) 劉毅, 「宋代皇陵制度研究」.

29) Arthur F. Wright, "Propaganda and Persuasion".

30) Tao, *Two Sons of Heaven.*

왕조가 권력투쟁을 통해 세워졌음을 인정하였다. 자연계의 변고는 기氣의 관점에서 이해되었을 뿐, 통치자에게 보내는 하늘의 경고로는 더 이상 해석되지 않았다.[31] 자연재해를 하나의 징조로 취급하고자 하는 이들도 이제는 정치적 유용성이라는 면에서 접근하였다. 즉 자연재해는 통치자로 하여금 자신의 통치를 반성하게 만든다는 것이다.[32] 11세기 정치지도자들—개혁가나 보수주의자를 막론하고—은, 통치자가 자신의 재상을 선택할 권리를 지니되 정책결정은 통치자의 몫이 아니라 대신들의 몫이라는 합의를 가지고 있었다. 황제권이 얼마나 제약받았는지는 당대의 두 정치지도자 왕안석과 사마광의 경쟁에서도 분명히 드러난다. 1050년대에 이상적 정치시스템을 묘사하면서 왕안석은 자신의 제안이 황제에게 올리는 것이었음에도 불구하고 황제의 역할을 무시하였고, 1080년대에 신법정권이 만든 정부구조조정안에서도 정부 각 부처는 황제가 아니라 중서성中書省(the State of Council)에 보고하게끔 되어 있었다.[33] 이에 반대하여 사마광은 스스로를 황제권의 옹호자로 자리매김하면서, 황제가 통제권을 잃어가는 위험에 처해 있다고 경고하였다.[34] 그러나 이런 사마광조차도 자신의 말을 경청하지 않는 황제는 모시고자 하지 않았다.

이 모든 것들은, 북송대 기간 동안 군주전제君主專制(autocratic rulership)가 약화되었음을 보여 준다. 보다 섬세한 견해에 따르면, 전제주의(autocracy)는 시스템 자체보다는 특정 황제, 특히 왕조를 개창한 두 황제와 관련이 있다고

---

31) 朱熹가 설명한 대로, 자연재해는 陰陽의 變化의 결과이다. "古之聖王, 遇災而懼, 修德正事, 故能變災爲祥."(『朱熹集』, 권14, 566－567)

32) 확실히, 관리들은 災異에 관한 보고를 계속 올렸고, 정부는 그것을 충실히 기록하였다. 다만 정부는 때때로 보고를 제한시키기도 했다. 楊世偉, 「災異理論與宋代政治」 참조. 재이와 우주감응이론의 정치적 이용에 대한 나의 이해는 Skonicki, "Cosmos, State and Society"에 많이 빚지고 있다.

33) Bol, "Government, Society, and State", 160－178.

34) 이것이 Xiao-bin Ji, *Politics and Conservatism in Northern Song China*의 중심 테마이다.

한다. 두 황제는 왕조의 안정을 위해서는 보다 큰 권위의 집중이 필요하다고 믿었다는 것이다.[35] 다른 학자들은, 황제는 행정시스템과 별개의 어떤 것이 아니라 바로 행정시스템의 주된 부분이었다고 주장한다.[36] 내가 볼 때 설득력이 있다고 느껴지는 것은, 송나라 정치시스템은 전제주의가 아니라 일종의 '사대부정치'였다는 견해이다. 송나라 사대부정치를 가능하게 한 기제는 바로 과거시험제도였다. 과거시험제도는 정치적 권위를 인증하는 수단으로서 기능하였던 것이다.[37] 장기적으로 볼 때 황제는 행정 권력을 지닌 존재에서 상징 권력을 가진 존재로 변하였다. 그렇게 변한 황제는, 늘 신하들이 요구하는 이상에 따라 행동한 것은 아니었을지라도, 자신이 속해 있는 시스템으로부터 엄격한 제한을 받는 존재였다. 그리고 황제는 피라미드의 정점이라기보다는 아치의 쐐기돌 같은 존재, 즉 그가 제자리에 있음으로 해서 그를 포함한 전체 구조물이 성공적인 작동을 이룰 수 있게 되는 그러한 존재였다.[38] 황제권의 역량을 선양하는 것처럼 보이는 행위들도 따지고 보면 결국은 군주전제의 증거라기보다는 지방의 이해관계를 긍정하고자 했던 행동으로 해석될 수 있다.[39]

---

35) 劉靜貞, 『北宋前期皇帝和他們的權力』. 王瑞來와 마찬가지로 劉靜貞는 세 번째 황제 真宗 시기에 변화가 발생했다고 본다. 그런데 劉靜貞는 그 변화가 제도상의 변화가 아니라 사람됨의 문제에서 유발된 것이라고 보고 있다. 真宗은 專制君主(autocrat)로서 기능할 만한 개인적 자질을 결여하고 있었고, 상징으로만 만족했을 뿐 신하들과 황후에게 권력을 넘겨 주었다는 것이다. 네 번째 황제 仁宗은 士大夫들 黨爭의 와중에서 중재자의 역할을 통하여 자신의 권력을 증진시켰다. 내 생각에는, 우리는 제도적 차원의 中央集權과 專制主義(autocracy)를 구분해야 하고, 皇權專制(autocratic rulership)의 제도화와 특정 황제가 外廷(outer court)에 대하여 권력을 유지하고자 한 시도를 구분해야 한다.

36) 寺地遵(Teraji Jun), 『宋代政治史研究方法試論』.

37) 近藤一成, 「宋代士大夫政治の特色」; 程民生, 「論宋代士大夫政治」. 程民生은 士大夫들이 일반적으로 황제의 권력을 제한하지 않았음을 지적한다.

38) 王瑞來, 『宋代の皇帝權力と士大夫政治』, 493-512; 같은 저자의 「論宋代皇權」과 「論宋代相權」.

39) 지방의 신들에 대해 조정이 인정해 주는 의미였다는 주장으로는 Sue Takashi,

개혁을 요구한—그리하여 조정 권력관계의 변화를 요구한— 관료들에게서 특히 분명하게 드러나는 역설이 있다. 즉, 그들은 통치자로 하여금 신하들에게 권위를 발휘하기를 요구하는 동시에, 통치자가 오직 자신들의 말만을 경청해야 한다고 주장했던 것이다.[40] 대부분의 북송 정치지도자들은 여전히 오직 정부만이 사회를 변화시킬 수 있다고 전제하고 있었다. 그렇다고 할 때, 황제가 전기제국의 관점에서 황제의 역할을 구상하는 것은 여전히 가능하였다. 신법을 추진한 마지막 황제 휘종이 특히 분명한 예라고 할 수 있다. 1103년, 신법의 반대자들을 귀양 보내고 나서 그는 전시殿試(palace examination)의 문제에서 자기 자신을 성왕으로 내세웠다.

옛날에 성인이 천하를 다스릴 때에는, 도에 따라서 그 임무를 맡기고 정책을 통해 그 임무를 수립하였으며 합당한 사람을 기용함으로써 그 임무를 보호하였다. 그렇기 때문에, 사회적 관계에 대한 다섯 가지 규범을 반포하자 그것이 잘 작용하였고, 아홉 개의 관직을 완비하자 그것들이 잘 작동하였으며, 많은 기술자들을 고용하자 그들이 규정을 받아들였고, 주변 오랑캐들을 원조하자 그 오랑캐들이 귀순하였다. 이것이야말로 짐이 원하는 바인데, 이것을 행할 방법을 모르겠다.

앞선 황제들의 위대한 덕과 뛰어난 성취, 그 혜택이 후세에 미친 은덕을 길이 생각한다. 그것을 회복해야지 잃어버려서는 안 된다. 은혜로써 친족을 화목하게 하기 위하여, 친족들에게 품계와 녹봉을 주고 혈연의 친소에 따라 구분을 지었다. 경전을 통해서 사士를 형성하기 위하여, 많은 유가의 스승들을 세우고 학교를 통한 가르침을 일으켰다. 그리고 시장가격의 균형을 맞추었고 분배를 고르게 하였으며 재정의 관리를 완비하였다. 군사적 성취에 대해 보상을 분명하게 하였고, 잃어버린 국경 땅을 회복하며 오랑캐를 제압하는 위엄을 널리 떨쳤다. 선善을 널리 드러내고 악惡을 벌하여, 군신·부자·형제 사이의 도덕적 원칙을 분명히 하였다.…… 그런

"The Shock of the Year Hsuan-ho 2" 참조.

40) 劉靜貞, 『北宋前期皇帝和他們的權力』, 193－204.

데 왜 도덕은 밝히기 어려우며, 풍속은 통일되지 않느냐?[41]

휘종은 자신을 전기제국 스타일의 통치자로 인식했을 뿐 아니라, 자신의 신적 지위를 주장하기 위하여 도학을 아낌없이 지원하였다. 아마도 그것은 지속되는 반대파의 주장을 잠재우기 위해 휘종을 이용하고자 했던 재상들의 요청 때문이었을 것이다. 휘종은 길조를 찬양하고(그러나 자연재해가 나쁜 정책의 결과라고 주장하는 이들은 벌하고), 자신을 영광되게 만들 새로운 방식을 추구하였다.[42] 1124년, 재위기간 내의 마지막 과거시험 문제에서 휘종은 자연 자체에 대한 자신의 통제를 주장하였다.

옛날에 성인은 도道로써 기氣를 통제하였고, 기로써 변화를 통제하였고, 변화로써 사물을 통제하였으며, 천지와 음양을 조화시켜서 만물을 이루어 내었다. 그것은 만물의 성쇠盛衰, 기우奇偶, 다과多寡 및 영휴盈虧의 기한, 좌우左右의 질서, 상하上下의 위계와 들어맞아서, (천지에) 기반하여 제도를 창출하는 도가 분명히 드러났다. 후대는 비루한 풍속의 폐단이 있고 천박하고 협소한 견해가 판을 쳐서 이와 같은 것을 드러내기 부족하다. 나는 하늘의 사례와 고대의 전범을 따라서, 완벽한 조화를 이루고 백성들에게 혜택을 주는 방법에 대하여 생각한다.[43]

---

41) 〔淸〕徐松, 『宋會要輯稿』, 選擧7, 31b, "昔者聖人之用天下也, 任之以道, 立之以政, 又〔用〕之以人, 故敷五典則遜, 修九功則敘, 迪百工則釐, 綏四夷則服. 朕甚慕焉, 而未知所以爲此之方. 永惟先帝盛德大烈, 施及後世博矣. 追而複之, 罔敢墜失. 蓋以恩睦族, 故爲之品制祿秩而辨疏之等; 以經造士, 故為之眾建師儒而興庠序之教. 平其市價, 通其有無, 以修理財之政; 明其功賞, 複其境土, 以宣禦戎之威. 彰善癉惡, 以明君臣父子兄弟之義……然而道德之難明, 風俗之不一, 何也?"

42) Ebrey, "Art and Taoism in the Court of Song Huizong"; Bol, "Whither the Emperor?"

43) 『宋會要輯稿』, 選擧7, 36b, "在昔聖人以道禦氣, 以氣禦化, 以化禦物, 而彌綸天地, 經緯陰陽, 曲成萬物, 因其盛衰, 奇偶多寡, 盈虧之數, 左右之紀, 上下之位, 而範圍裁成之道著焉. 後世弊於末俗, 淺聞單見, 不足與明. 朕承天休, 憲法上古, 思所以和同無間, 以惠元元."

그러나 시간이 흐른 뒤에 돌이켜 볼 때, 휘종이 전기제국의 수사법을 사용한 것은 상궤에서 벗어난 일이었다. 때문에 1126년 북부를 여진족에게 잃고 난 뒤 왕조의 재건을 감독하였던 고종高宗은 첫 번째 전시의 시험문제에서 휘종의 황제관을 거부하였다. 그는 길조 현상을 수용하기를 거부하면서 조정은 특정 사상이나 학파를 선호하지 않는다고 선언하였다.[44] 황제는 무시당하는 것을 원하지 않았다. 그렇다고 할 때, 휘종의 방식에 대한 대안은 무엇이었을까? 만약 신법이 받아들여질 수 없는 것이었다면 정부와 사회 간의 합당한 관계는 무엇이었을까?

3. 신유학과 정치

한유韓愈를 위시한 고문가古文家들은, 맹자 이후에 성인의 도道가 망실되었는데 자신들이 성인의 도와 문文을 자기 것으로 만듦으로써 성인의 도를 회복시키고 있다고 주장하였다.[45] 정이程頤는 문제를 재정의하였다. 정이의 주장에 따르면, 맹자 이후에 망실된 것은 성인의 도가 아니라—성인의 도는 곧 그들의 통치방식으로, 그것은 텍스트를 통해 알 수 있다— 성인의 학學이었다. 성인의 학 없이는 이 세계에 도덕질서란 불가능하다.[46] 따라서 정부가 올바른

44) 『宋會要輯稿』, 選擧 8, 1a. 南宋 초기에 王安石의 經典 주해는 공격을 받기는 했지만 금지되지는 않았다. 1138년 조정은 텍스트에 전적으로 의존하자는 왕안석의 제안을 명시적으로 거부하고, 대신 학자들로 하여금 전통적인 주석들과 자기 자신의 견해를 과거시험 답안에 사용하는 것을 허용하였다. 왕안석의 學에 어느 정도 연루되어 있고 程頤의 추종자들로부터 공격받은 바 있는 秦檜조차도, 왕안석의 잘못은 다른 이들을 자신의 견해에 일치시키려고 한 데 있다고 하면서 士는 결코 한 가지 견해에 집착할 필요가 없다고 주장하였다. 袁征 著, 『宋代教育』, 273－280 참조. 高宗이 길조를 부정한 것에 대해서는 楊世文, 「瑞異理論與宋代政治瑞異的否定」, 75 참조.

45) Bol, *This Culture of Ours*, 157－166.

체제를 갖춘다 하더라도 진정한 학이 실천되지 않는 한 세상은 도덕화되지 못할 것이다. 반면에, 신법이 횡행하던 시절에 정이가 목격했듯이, 정부가 잘못되더라도 일부 사람들이나마 학을 올바르게 이해하고 실천하는 것은 여전히 가능한 일이었다. 정이가 정식화한 통치(governance)와 학學(learning) 간의 대립은 통상 논의되는 '통치'와 '교敎'(혹은 敎化) 간의 구분과는 같지 않다.[47] '학'은 사람들이 스스로에게 행하는 일인 반면, '교'는 정부가 백성들에게 행하는 것이었다. 정이 및 이후의 신유학자들에게 있어서 '학'이란 개인이 도덕적인 것을 알게 되는 과정이었고, 주희가 인정했듯이 '교화'는 경전 상의 근거를 가지고 있는 생각이었다. 그러나 보다 나은 것은 '신민新民'으로, '신민'이란 각자가 스스로 가지고 있는 도덕적 본성을 재활성화시킬 수 있도록 도와주는 것을 의미하였다.[48] 신유학자들이 나중에 지적하듯이, 이것은 정치와 도덕의 통일은 다음 두 가지에 대한 인정을 요청하는 것이었다. 첫째는 정치와 도덕은 구분될 수 있다는 것이고, 둘째는 정치에 대한 권위는 학을 올바르게 수행한 이들에게 속한다는(왜냐하면 그들이야말로 도덕적 앎을 가진 사람들이니까) 것이다. 정이는 자신과 정호가 바로 그것을 해 낸(올바른 學을 수행해 낸) 사람들이라고 주장하였다. 신유학자들이 볼 때 정치의 상태와 무관하게 자신들이 직접 자기 스스로의 힘으로 올바른 학을 회복하였다는 사실, 그리고 조정의 반복되는 억압 시도에도 불구하고 그 올바른 학이 살아남고 널리 퍼졌다는 사실은, 도덕에 필수적인 학은 정치체제와 동일시될 수 없다는 분명한 증거였다.[49]

---

46) 이 구절의 원래 문장과 그 번역은, 제3장의 각주 11) 참조.

47) 예컨대 歐陽修는, 제국시기에는 사람들이 정치와 敎化를 구분하면서 후자를 소홀히 하였다고 주장하였다. Bol, *This Culture of Ours*, 195－197 참조.

48) De Bary, "Chen Te-hsiu and Statecraft", 352－353.

49) Wood, *Limits to Autocracy*, 111－119.

황제의 도덕적 권위 주장에 대한 도전

한 세기가 지나 주희는 『사서집주』 안에다 신유학자들만이 성인의 학學을 회복시켰다는 주장을 심어 놓았다. 정이의 경우는 올바른 학이 작동하지 않을 때에도 정부가 그럭저럭 고대의 모델에 충실할 수 있다고 보았지만, 주희는 유명한 논쟁을 통해 한층 더(정이 이상으로) 강하게 모든 전기제국의 통치자들에게 도전하였다. 주희에 따르면, 한나라와 당나라 때 가능했던 거대한 통일제국의 건설 같은, 전기제국 통치자들의 업적은 의심할 바 없이 대단해 보이지만 그렇다고 해서 그들 자신이나 그들의 업적이 선하게 되는 것은 아니다. 고대의 성왕들과 전기제국 황제들 사이에는 실질적인 차이가 존재한다. 고대의 성왕들은 올바른 학을 구현하여 그에 따라 다스린 반면 전기제국 황제들은 다스리긴 하되 학의 방법을 알지 못하였다고 주희는 생각하였다. 성왕들은 진정한 '왕王'(왕도정치를 행한 이들: 역자 주)이지만, 후대의 황제들은 '패霸'(패도정치를 행한 이들: 역자 주) 즉 힘을 통해 통치하고 동기가 이기적이었던 이들에 불과하다는 것이다.[50)]

이 견해의 함의는, 어떤 제국왕조도 '천명天命'(heaven's mandate)을 주장할 수 없으며 권력의 힘을 빌려 사람들에게 도덕을 가르칠 권리가 없다는 것이다. 통치자를 평가하는 신유학적 기준은, 그 행동이 도덕적 양심(天理, heavenly principle 혹은 universal coherence)에 의해 인도되었느냐의 여부이다. 신유학자들은 단 한명의 황제도 이 기준을 충족시키지 못했다고 결론지었다.[51)] 또 그러려야 그럴 수도 없었다. 오직 성인으로 태어난 사람만이 도덕적 양심에 의해

---

50) 陳亮은 고대와 후대의 제국시기는 연속적이라고 주장하였다. 그에 대한 朱熹의 반론은 Tillman, *Utilitarian Confucianism*, 153－168 참조.

51) 周公과 唐太宗은 모두 자신들의 형제를 살해하였다. 그러나 朱熹는, 周公의 행위는 표준에서 잠시 벗어난 權道일 뿐 여전히 성인됨을 유지한 것인 반면에 太宗은 이기심에 의해 그러한 행위를 하였다고 주장하였다. Wei Cheng-t'ung, "Chu Hsi on the Standard and the Expedient", 265 참조.

생래적으로 인도될 수 있기 때문이다. 그 밖의 사람들은 학을 통해서만 그것이 가능한데, 학의 도道는 1400년 동안이나 망실되었던 것이다. 고대에는 성왕이 존재하였으나, 제국시기의 통치자들은 단지 힘을 통하여 권력을 쥔 '패'일 뿐이었다. 그들은 그저 정치권력을 쥔 것에 불과한 인물들이기 때문에, 황제와 조정은 사람들이 어떻게 행동하고 생각해야 하는지에 대한 최종권위자가 될 수 없다.

이것은 단순히 천명을 가졌다는 왕조의 주장이 틀렸다는 뜻이 아니라, 천명이 통치자에서 올바른 학을 수행하는 이들에게로 옮겨 왔다는 의미이다. 그와 같은 주장은 호안국胡安國이 『춘추』에 대한 주석에서 펼친 바 있다. 호안국은 남송 초기에 정이의 가르침의 가장 중요한 수집자이자 옹호자였다.[52] 그는 신법 커리큘럼에서 유독 배제되었던 경전 『춘추』에 정이의 사상을 적용하고자 하였다. 1313년 원나라 정부가 과거시험에 공식적으로 신유학 커리큘럼을 채택했을 때 호안국의 『춘추』 주석이 채택되었고, 이것은 1793년에 이르기까지 공식적인 해석의 위치를 유지하였다.[53] 왜 이 『춘추』라는 경전이 그토록 중요했는가? 호안국의 설명에 따르면, 바로 『춘추』를 통해 공자가 정치에 대한 자신의 권위를 주장하였기 때문이다. 그리하여 공자는 옳고 그름에 대한 판단을 내릴 '천자天子'로서의 통치자의 권리를 전유해 오고 또 후대의 학생들도 그렇게 할 수 있게끔 해 주는 책(『춘추』)을 만들었다는 것이다. 호안국은 서문에서 다음과 같이 말한다.

> 옛날 각 나라들에는 모두 사관史官이 있어서 당시 일어나던 일들을 기록하였다. *『춘추』는* 노魯나라의 연대기였는데, 공자께서 첨삭을 하여 역사 밖에서 *마음을 전하는 핵심적인 텍스트가 되었다.* 맹자가 "공자는 *천자의* 일을 행한 것이다"[54]라

---

52) Van Ess, "The Compilation of the Works of the Ch'eng Brothers".
53) 侯外廬 等, 『宋明理學史』, 246－267.

고 말하였는데, 이것은 바로 핵심을 이해한 것이었다. 주周나라의 도가 쇠락하여 거의 사라질 지경에 이르자, 통치자의 권위는 땅에 떨어졌다. 난신적자가 줄을 이었고, 인간의 욕심이 제멋대로 판을 쳐서 천리가 사멸되었다. *공자는 바로 천리가 존재하는 곳이었다.* 공자가 자임하지 않았다면 어느 누가 할 수 있었으리요? 오전五典(다섯 가지 경전)이 존중받지 못하는 상황에서 그것을 바로잡는 것은 공자의 몫이었고, 오례五禮(다섯 가지 예)가 바르게 사용되지 않는 상황에서 그 예의 질서를 잡는 것은 공자의 몫이었으며, 오복五服(관직을 나타내는 다섯 가지 복장)이 사람들에게 바르게 돌아가지 않는 상황에서 그것을 제대로 할당하는 것은 공자의 몫이었고, 오형五刑(다섯 가지 형벌)이 제대로 사용되지 않는 상황에서 그것을 제대로 적용하는 것은 공자의 몫이었다. 그래서 공자가 이렇게 말했던 것이다. "문왕께서 이미 돌아가셨으니, 문文이 여기(나에게) 있지 않은가? 하늘이 장차 이 문(斯文)을 없애려 했다면 (문왕보다) 뒤에 죽는 내가 이 문에 참여할 수 없었을 것이다. 만약 하늘이 이 문을 없애려 하지 않는다면 광 지역 사람들이 나를 어찌하리요?"[55] 성인께서는 사문斯文의 흥망이 다른 사람이 아닌 자신에게 달려있게끔 했다고 생각하신 것이다. 그래서 말씀하셨다. "내가 (나의 길을) 전달하고자 한다면, 헛된 말보다는 실제의 일에서 드러내는 것이 더 절실하고 분명할 것이다."[56] 헛된 말은 그 이치를 전달할 뿐이지만 실제적인 일은 그 쓰임을 드러내 준다. 그래서 공자께서는 노나라 역사를 매체로 빌려서, 진정한 왕이 어떻게 어지러움의 상태를 질서의 상태로 되돌려 놓는지를 드러내신 것이다…… 그 공은 우임금이 홍수의 위기를 해결한 것만큼이나 위대하다……

핵심은 이 모든 것이 천자의 일이라는 사실이다…… 공자를 탓하는 사람들은, 난신적자들의 횡행을 막기 위해 *합당한 지위도 없으면서 242년간이나 통치자의 권위를 빌렸다고 말한다.*……

성인의 시대와 우리의 시대와는 시간적 거리가 멀다. 남아 있는 경전을 통해 성인의 작동을 알아보는 것이 어찌 쉽겠는가? 그러나 시대는 달라도 사람 마음에는

---

54) 『孟子』, 「公孫丑下」.

55) 『論語』, 「子罕」.

56) 司馬遷, 『史記』, 3297에서 인용.

같은 점이 있다. *만약 그 같은 점을 이해할 수 있으면, 그 먼 거리에도 불구하고 성인이 바로 곁에 있고 『춘추』의 판단기준이 내 안에 있을 것이다.* 최근에 왕안석의 새로운 이론이 떠받들어지고 국시國是 대접을 받는다. 춘추만이 과거시험에서 사士를 선발하는 데 사용되지 않는다.…… 정책을 결정하는 이는 여러 대안들을 재어볼 수단이 없고, 어디에 의지해야 할지도 모른다. 사람의 욕심은 날로 늘어나고 천리天理는 줄어든다. 그 결과 반역의 혼란이 횡행한다.[57]

호안국의 해석 속에서, 공자는 왕의 권위를 누릴 권리를 소유하였다. 주나라 왕이 아닌 공자가 도덕적 지도의 전범이 되었기 때문이다. 당나라 때의 공식적인 주석은 공자가 통치자적 권위를 주장하였다는 결론을 피하면서, 공자에 대해서는 단순히 주나라 왕들의 선례를 그의 시대에 적용시켰을 뿐이라고 해석하였다.[58] 호안국은 바로 그러한 당나라 주석에 이의를 제기한 것이다.—성인의 핵심 경전으로서의 『춘추』에 대한 관심이 부활한 뒤인 9세기 후반, 당나라 조정은 전방위적 위협에 처하였다. 그때 당나라 조정은 공자를 선사先師(first teacher)에서 왕王으로 승격시킴으로써 문제를 피해 가고자 했다.—

57) 〔宋〕胡安國, 『春秋胡氏傳』, 序의 부연, "古者列國各有史官, 掌記時事. 『春秋』, 魯史爾. 仲尼就加筆削, 乃史外傳心之要典也. 而孟氏明宗旨, 目爲天子之事者. 周道衰微, 乾綱解紐, 亂臣賊子接當世, 人欲肆而天理滅矣. 仲尼, 天理之所在, 不以爲己任而誰可? 五典弗敦, 已所當敘; 五禮弗庸, 已所當秩; 五服弗章, 已所當命; 五刑弗用, 已所當討. 故曰: '文王既沒, 文不在茲乎? 天之將喪斯文也, 後死者不得與於斯文也. 天之未喪斯文也, 匡人其如予何?' 聖人以天自處, 斯文之興喪, 在已而由人乎哉? 故曰: '我欲載之空言, 不如見諸行事之深切著明也.' 空言獨能載其理, 行事然後見其用. 是故假魯史以寓王法, 撥亂世, 反之正……功配於抑洪水……大要則皆天子之事也……罪孔子者, 謂無其位而托二百四十二年南面之權, 使亂臣賊子, 禁其欲而不得肆, 則戚矣……去聖既遠, 欲因遺經窺測聖人之用, 豈易能乎? 然世有先後, 人心之所同然一爾. 苟得其所同然者, 雖越宇宙, 若見聖人親炙之也. 而春秋之權度在我矣. 近世推隆王氏新說, 按爲國是, 獨於春秋貢舉不以取士……斷國論者, 無所折衷天下, 不知所適. 人欲日長, 天理日消, 其效使逆亂肆行, 莫之遏也." 호안국의 『춘추』 주석은 Wood, *Limits to Autocracy*, 123－131과 侯外廬 等, 『宋明理學史』, 224－247에서도 논의됨. 인용문 속의 흘림체는 필자가 추가한 내용임.

58) 〔唐〕孔穎達, 『春秋正義』.

공자 이전의 모든 성인들이 정치적 권위를 쥐고 있었다는 점을 감안해 보면, 호안국의 『춘추』 해석의 함의는 다음과 같다. 성인이기는 하되 천자는 아닌 공자가 통치자의 특권을 자임하였을 때, 정당한 권위의 소재는 통치자로부터 학인學人(man of learning)에게로 옮겨 가게 되었다는 것이다. 이러한 생각과 더불어, 누구나 학을 통해 성인이 될 수 있다는 생각, 즉 성인으로 태어난 운 좋은 소수에게만 성인됨이 한정되어 있지는 않다는 생각을 함께 고려해 보자. 그러면 신유학자들의 과감함을 알아차릴 수 있을 것이다. 정이가 현존하는 가장 초기의 저작에서 설명한 바에 따르면, 성인이 되고자 하는 학이야말로 공자가 자신의 학생들에게 가르친 핵심이었다.59) 그리하여 공자는, 만약 ① 성인을 성인이게끔 하는 요소가 정치적 권위가 아니라 도덕적 양심 발휘의 여부라면, ② 배워서 성인이 되는 일이 가능하다면, ③ 고대 이후에 존재한 통치자들이 성인이 아니었다면, 이 세계에서 권위의 유일하게 진정한 도덕적 원천은 도학道學(the Learning of the Way)을 이해한 사람들에게 있다고 결론지었다.

주희는 다른 경전에 비해 『춘추』에 대해서는 많이 말하지 않았지만, 호안국의 주석을 받아들였고 호안국 해석의 핵심은 공자가 통치자의 역할을 맡았다는 점임을 인정하였다.60) 주희는 통치권 외부에 도에 대한 별도의 권위가 존재함을 주장하였는데, 그와 그의 계승자들은 그러한 별도의 권위를 '도통道統'(Succession of the Way)이라고 불렀다. 주희에 따르면 '도통'은 공자에서 시작되어 맹자 이후에 끊어졌다가 성인의 학을 다시 찾은 주돈이와 정호·정이 형제에 의해 회복되었다고 하는데, 주희는 이러한 견해를 「중용장구서

59) 『二程集』, 伊川集, 권8, 578, 「顏子所好何學論」.

60) 朱熹, 『朱子語類』, 권82, 2155. 그러나 朱熹가 胡安國의 주석에 대해서 완전히 만족한 것은 아니었다. 그는 매 구절마다 공자의 의도를 추론해 내는 것이 가능한지에 대해 회의하였다. 『朱子語類』, 권82, 2144·2147·2154·2155.

中庸章句序」에서 천명하였다.[61] 그리하여 '도통' 개념은 보다 오래된 정치적 용어인 '정통正統'(correct succession)과 별개로 존재하게 된다. '정통'이라는 용어는, 고대 이후의 왕조들도 고대 성왕과 마찬가지로 천명을 받았기 때문에 고대 성왕의 '정당한(legitimate) 계승자'라는 뜻을 담고 있다.

정치적인 것과 도덕적인 것의 이분화는 두 가지 목적에 봉사하였다. 즉 신유학자는 그러한 이분화를 통해 다음 두 가지 입장을 천명한 셈이었다. 하나의 입장은, 정치적인 것이 더 이상 도덕적 권위를 가진 것으로 간주될 수는 없다고 할지라도, 정치적인 것 또한 계속해서 존재하고 논란거리가 되는 나름의 역사를 가지고 있다는 점을 인정한 것이다. 다른 하나의 입장은, 그러한 이분화를 통해 도덕적 권위가 정치적인 것을 초월해 있음을 주장하는 것이다. 그리하여, 예컨대 역사가 이심전李心傳(1166~1243)은 1239년 『도명록道命錄』(Record of the Way and the Mandate : 공묘에 신유학자들을 모시는 일을 정당화하기 위해 쓰인 텍스트)에서 "천하와 국가의 안위는 도학의 흥망에 달려 있다"[62] 라고 말하였다. 또 원나라 때의 역사가인 양유정楊維楨(1296~1370)은 정통政統(political legitimacy)은 도통道統(moral authority)을 따른다고 주장하였는데, 이것은 원나라 정부가 송나라에 대해서는 왕조사를 편찬할 의무를 지니나 금나라와 요나라에 대해서는 그렇지 않음을 의미하는 말이었다.(그러나 양유정은 논쟁에서 패하였고, 결국 『金史』와 『遼史』가 편찬되었다.)[63]

신유학이 도덕적 정치의 유일하게 진정한 기초라는 주장은 권력 없는 자

---

61) De Bary(*Neo-Confucian Orthodoxy*, 3－13)와 餘英時(『朱熹的歷史世界』 第1冊, 32－67)는 주장하기를, 朱熹의 「中庸章句序」가 군주 아닌 사람이 道統의 일부가 될 수 있음을 인정한 것은 아니라고 한다. 다만 餘英時는, 朱熹의 사위인 黃幹을 비롯한 다른 사람들이 「中庸章句序」를 그렇게 이해하였다는 것은 인정하였다.

62) 〔宋〕李心傳, 『道命錄』, 「序」, 1a, "道學之興廢, 乃天下國家安危之所關系."

63) 〔元〕楊維楨, 『三史正統辨』; Davis, "Historiography as Politics"에서 이에 대해 논의하고 있다.

들의 이기적인 주장, 즉 황제로 하여금 신유학적 관료들을 조정에 기용하라고 요청하는 주장에 불과할 수도 있다. 또 호안국의 『춘추』 해석은, 황제로 하여금 자신의 수중에 권력을 집중할 것을 요구하는 동시에 금나라로부터 북부지역을 되찾아 오도록 나라를 운영할 수 있는 이들을 관료로 임명하라는 주장으로 읽힐 수 있다. 호안국은 1137년에 자신의 저작을 조정에 제출하였다. 그러나 이듬해에 황제는 금나라와의 화해를 추구하는 이들의 대변자격인 당시 재상에게 정책을 맡겨 버렸다.[64] 12세기 대부분 동안 신유학자들이 북부지역의 수복을 요청해 온 사람들이었다는 점을 감안할 때 이러한 해석은 실로 그럴 듯하지만, 그렇다고 해도 호안국의 서문에 담긴 논점은 부정되지 않는다. 그러한 논점을 전제로 할 때, 과연 신유학적 통치자상은 어떠한 것인가?

신유학적 통치자

주희는 서른 살을 전후한 시기에 황제에게 상소를 올려 통치자에 대한 새로운 모델을 피력하였다. 상소의 많은 부분들이 주희 자신이 제왕지학帝王之學[65]이라고 부른 것에 할애되었는데, 11세기 후반에 이미 도덕사상가들은 그 주제에 관하여 글을 쓰기 시작한 바 있었다.[66] 어떤 사람들은 다음과 같은 주희의 언급을 읽으면서, 그가 통치자를 세상일의 궁극적 기초의 위치에까지 고양시킴으로써 통치자에 대한 충성을 정당화한다고 생각하였다.[67]

---

64) Wood, *Limits to Autocracy*, 119－129; 侯外廬 等, 『宋明理學史』, 228－241; 蘇耀宗, 「從尊王攘夷」.

65) 『朱熹集』, 권11, 439. 이 상소문은 1162년에 작성되었다.

66) 程頤 및 司馬光과 한편이었던 范祖禹가 대표적인데, 范祖禹에 대해서는 de Bary, *Neo-Confucian Orthodoxy*, 98－131 참조.

67) Munro, *Images of Human Nature*, 155－191.

제가 듣기로는, 천하의 일은 단 한 사람에게 그 근본을 두고 있습니다. 그 한 사람의 주인은 한 마음 속에 있습니다. 그러므로 통치자의 마음이 바르면, 천하의 모든 일이 바르게 될 것입니다. 그러나 통치자의 마음이 바르지 않으면, 천하의 모든 일이 바르지 않게 될 것입니다.[68]

그런데 우리는 이 구절을 그렇게 해석하는 대신 도덕적으로 중립적인 언명으로 독해할 수도 있다. 위계적인 세계 속에서는 통치자가 좋은 쪽으로든 나쁜 쪽으로든 가장 중요한 단 하나의 힘이다. 그리고 이러한 독해는, 만약 통치자가 그와 같은 책임을 지녔다면 마음을 바르게 해야만 할 것이라는 도덕적 결론을 도출해 낼 수 있다. 위의 언명을 통해 도저히 도출해 낼 수 없는 결론은, 통치자는 순전히 자신의 정치적 지위에 의해 도덕적 권위를 가진다는 입장이다. 주희의 견해에 따르면, 바른 마음을 가진 통치자는 도덕적 원리에 의해 인도될 것이며, 자기 이해에 의해 교조적인 결정을 내리지 않을 것이며, 공적인 논의(public opinion)를 억압하지 않을 것이다.[69] 통치자는 교정되고 인도될 필요가 있다고 본 점에서, 그리고 악한 통치자는 전복시킬 수 있다고 본 점에서 주희는 맹자와 입장을 같이한다. 앞에서 언급된 바와 같이 주희 및 기타 신유학자들은 1194년 광종光宗을 압박하여 황제위에서 퇴위하게끔 하는 데 일조하였다. 그 이유인즉슨, 아버지이자 은퇴한 황제인 효종孝宗(재위 1162~1189)에게 효도를 다하지 않았다는 것이었다. 이때 주희는 황제를 드높이고자 하는 이들에게 반대하면서, 고대에는 통치자와 신하가 거의 동격이었다고 주장하였다.[70]

68) 『朱熹集』, 권12, 490, "臣聞天下之事, 其本在於一人, 而一人之身, 其主在於一心. 故人主之心一正, 則天下之事無有不正; 人主之心一邪, 則天下之事無有不邪." 이 상소문은 1189년에 완성되었다.
69) Chun-chieh Huang, "Imperial Rulership in Cultural History", 196－200.
70) Schirokauer, "Chu Hsi's Political Thought", 140－145.

통치자에게 올린, 그리고 통치자에 대해 쓴 주희의 글에는 두 가지 거대한 테마가 있다.

그 첫 번째는, 통치자도 다른 인간들과 같은 도덕적·지적 잠재력을 가진 존재이며, 마찬가지로 타락에 노출된 인간이라는 점이다. 다른 모든 인간들과 같이 통치자도 '마음 본연'(此心之本然)의 천리天理를 가지고 있으며, 그 천리는 그를 공정함으로 인도할 수 있다. 그러나 기氣로 만들어진 사람의 일원이기에 통치자도 욕망에 노출되어 있고, 그것은 그를 이기성과 편견으로 이끈다.[71] 분명하고 공정하게 보고 공적인 이해에 합치하는 판단을 내릴 수 있는 잠재력을 발달시키기 위해서 통치자는 반드시 학學에 종사해야 한다. 학의 목적은 그의 '마음'을 변화시키는 데 있다. 내가 보기에, 학을 통한 정신적 변화 프로그램이 이상적인 통치자가 되는 데 열쇠가 된다는 생각은 매우 새로운 것이었다. 태어나면서부터 성인이었던 고대의 성인들조차 학에 종사하였다고 주희는 황제에게 말하였다. 그는 『서경』 속에서 네 줄의 경구를 인용하였는데, 그것은 성왕 순舜이 그의 후계자인 우禹에게 준 가르침이라고 말해지는 것이었다. 주희는 그 네 줄이야말로 성학聖學의 근본적인 계율이라고 생각하였다.

인심人心(마음이 기의 차원에서 일어나는 자극을 의식하는 것)은 위태롭고,
도심道心(마음이 천리를 의식하는 것)은 은미하다.
주의를 집중하고 일관됨을 유지하라.
중中을 꽉 잡으라.[72]

71) 『朱熹集』, 권13, 514. 이 상소문은 1181년에 작성되었다.
72) 『尚書』, 「大禹謨」, "人心惟危, 道心惟微; 惟精惟一, 允執厥中." 이 구절에 대한 논의는 제6장 참조.

아무리 통치자가 영리하고 그 행위가 고매하다 하더라도 학이 없으면 그는 선善을 볼 수 없고 사물의 당위를 분별할 수 없을 것이었다. 통치자는 어떻게 배워야 하는가? 통치자는 『대학』을 배워야 한다고 주희는 주장하였다. "전승이 끊겼던 공자와 맹자의 학을 재발견한" 정호·정이 형제에 의하면, 『대학』이야말로 배우고자 하는 모든 사람이 우선적으로 배워야 할 것이었다. 왜냐하면 『대학』이야말로 학이 사회적·정치적 삶과 연결되어 있음을 보여 주기 때문이다. 『대학』에 나오는 치지격물致知格物은 곧 순舜이 말한 바의 '정일精一'(주의를 집중하고 일관됨을 유지하라)이었고, 『대학』에 나오는 정심성의正心誠意는 곧 순이 말한 바의 '집중執中'(中을 잡으라)이었다.[73] 다음해에 주희는, 리理는 형태가 없으므로 리를 이해하기 위해서는 사물로부터 추론하는 법을 배워야 한다고 황제에게 말했다.[74] 주희에 따르면, 만약 황제가 더불어 학에 대해 논할 진정한 유학자를 초청한다면 학의 방법을 배울 수 있을 것이며 그 방법을 경전과 역사에 적용할 수도 있을 것이다. 1180년에도 주희는 황제에게, 돌이켜서 자신이 1162년에 보낸 상소문을 읽어 보라고 하면서, 거기에는 마음을 바로잡는 법이 나와 있는데 황제 혼자서는 마음을 바로잡을 수 없기 때문에 황제를 도와줄 현자가 필요하다고 역설하였다.[75] 학은 지속적인 노력을 요구한다. 통치자가 궁궐에 숨어 버리면 "마음이 바른 상태에 있는지 그른 상태에 있는지 알기 어렵다."[76] 요컨대, 통치자는 사士들이 하는 것과 똑같이 학에 종사하여야 한다. 그렇지 못할 경우 그는 제대로 기능할 수 없게 되기 때문이다. 주희는 경연經筵(Classics Mat : 신유학자들이 신유학자의 가르침이 어떻게 통치자의 관심사에 적용될 수 있는지를 직접적으로 황제에게 이야기

---

73) 『朱熹集』, 권11, 440－441(1162년).

74) 『朱熹集』, 권13, 506(1163년), "理無形而難知, 物有跡而易睹, 故因是物以求之, 使是理瞭然心目之間, 而無毫發之差."

75) 『朱熹集』, 권11, 456. 또한 권12, 490－491, 「講學以正心」(1189년) 참조.

76) 『朱熹集』, 권11, 462(1181년), "其心之邪正, 若不可得."

할 수 있는 수단으로 중시했던 제도)에서 행해진『대학』에 대한 공식 강의에서도 통치자를 위한 학이 다른 모든 이에게 필요한 학과 똑같다는 주장을 설파하였다.[77]

주희의 두 번째 테마는, 통치자는 행정체계의 한 부분이라는 점이었다. 이 행정체계의 구성은 다음과 같다. "현縣(county)은 주州(prefecture)에 의해 조율되고, 주는 로路(circuit comissioner)에 의해 조율되고, 로는 대성臺省(ministers of departments)에 의해 조율되고, 대성은 재상宰相(chief councilor)에 의해 조율되고, 재상은 명령을 내리기 전에 천자의 허락을 받아야 한다." 이런 행정체계 속에서 학에 헌신하지 않는 통치자는 정부의 구조를 질서정연하게 유지해야 하는 자신의 의무를 수행할 수 없었다. 상황 전반을 간파하고 고위직에 적합한 사람을 뽑으며 고관들이 올린 정책의 선후를 판단하기 위해서 통치자에게는 학이 요구되었던 것이다.[78]

주희는 자신이 통치자와 더불어서 성취하고자 하는 것—통치자로 하여금 성인이 되고자 배우기를 설득하는 것, 그리하여 가능하면 성왕이 되도록 하는 것—은 경전과 고대에 충실한 것이되, 그 기초는 경전이나 고대를 넘어서서 있다고 주장하였다.

> 폐하께서는 제가 드리는 말씀이 제가 지어낸 것이 아니라 옛 성현의 말씀임을 아셔야 합니다. 그리고 그것은 옛 성현이 지어낸 것이 아니라 천지의 규범과 표준이 가진 본래적 원리임을 아셔야 합니다...... 성인들도 그것을 어길 수 없습니다.[79]

---

77)『朱熹集』, 권15, 572－596.

78)『朱熹集』, 권11, 437－449(1162년); 권11, 450－458(1180년); 권13, 514－517(1181년); 권11, 460－487(1188년); 권12, 489－500(1189년). 핵심 논점에 대한 요약은, Schirokauer, "Chu Hsi's Political Thought" 참조. 통치자를 정부체계의 핵심 부분으로 간주하는 朱熹의 견해는 대체로 司馬光과 공명한다.

79)『朱熹集』, 권11, 485－486, "(陛下)知臣之所言, 非臣所爲之說, 乃古先聖賢之說. 非聖賢所爲之說, 乃天經地義自然之理. 雖以堯舜禹湯文武周孔之聖, 顔曾伋軻之賢, 而有所不能

게다가, 이 학의 이론은 정호·정이 형제의 현대적인 치밀한 서술을 통해서 이해되어야만 하는 것이었다.

주희가 생각하기에, 이런 식의 학에 대한 원리들은 고대에 충실한 것이지만, 그 원리들이 뿌리내리고 있는, 혹은 그 원리들의 추론 기반인 (고대의) 문화적·제도적 형식에 현대가 빚을 지고 있는 것은 아니다. 핵심적인 차이는, 고대인들은 타인을 가르치고 변화시키는 데 집중한 반면 후대에는 사士들이 자기 스스로를 변화시켜야만 했다는 점이다. 예컨대 『시집전詩集傳』에서 주희는, 성왕들이 백성들을 변화시키기 위하여 원래는 많은 시들을 사용하였다고 지적하였다. 그런데 성왕들의 통치가 끝나고 세상이 쇠퇴하자 공자가 시를 편찬하여 학생들을 가르칠 수단으로 삼았다는 것이다. 『시경』의 시는 원래 낭송을 통한 인간의 변화 같은 직접적이고 비매개적인 효과가 있었으나, 이제 학적인 담론의 대상이 되었다. 그런데 주석을 저술하면서 주희는 첫 번째 해석자인 공자를 다시 해석한다는 새로운 의미의 층위를 만들었으며, 더 나아가 스스로 『시경』을 읽는 방법을 명시함으로써 교수법(pedagogy)이라는 층위도 추가하였다. 고대의 왕들은 시를 사용하여 직접적으로 사람들을 변혁시켰다. 그런데 주희는 당대의 왕들에게 그와 같은 방법을 권하는 대신에, 각 개인들이 『시경』을 배움으로써 자기 스스로를 변혁시키도록 하였던 것이다.[80)]

마찬가지로, 주희는 『대학』도 고대적 사상의 관점과 당대적 사상의 관점 둘 다로부터 다루었다. 고대의 성왕과 선사先師들은 자신들이 지닌 생래적 잠재력을 실현한, 선택된 사람들이었다. 그들은 다른 사람들도 자신들과 똑같은 본성을 가지고 있는데 아직 계몽되지 않았을 뿐이라고 하면서, 사람은

違也."(Schirokauer, "Chu Hsi's Political Thought"로부터 인용)

80) 朱熹, 『詩集傳』, 序. Lynn, "ChuHsi as Literary Theorist and Critic", 344－346에 번역된 바를 따름.

모두가 본성을 회복할 수 있다(復性)고 가르쳤다. 그런데 비록 과거와 현재의 사람들이 같다고 할지라도 그러한 세상은 이미 지나갔다. 그런 성인의 학을 이제 정호·정이 형제가 회복시킨 것이다. 그러므로 사들은 텍스트를 통해서 성인들이 가르친 방법과 그들 가르침의 핵심을 발견할 수 있는데, 다만 이제는 단순히 가르침을 받는 것이 아니라 스스로 해야만 한다.[81] 이러한 취지로 정이는 거듭 고대의 학과 당대의 학 간의 구별을 만들었다. 고대에 사람들은 대체로 자신들을 둘러싼 환경—그들이 보는 꾸밈새, 그들이 듣는 음악, 그들이 거행하는 예식 등—에 의해서 변화되었는데, 그것들 중 어느 것도 정이 자신의 시대 학생들에게는 존재하지 않는다는 것이다. 그에 따르면 "오늘날의 학자學者들은 단지 의리義理(moral principle)를 가지고 있어, 그로써 마음을 수양할 뿐이다."[82]

모든 사람들의 공통점에 기초하였기 때문에 보편적일 수 있는 학學의 기준이 있다고 신유학자들은 생각하였다. 주희는 통치자도 그와 같은 기준을 채택하라고 요구함으로써 통치자의 위상을 변화시켰다. 통치자가 정부의 정점에 있다는 바로 그 이유 때문에, 통치자는 모든 사람들이 공유하는 학의 모델로서 봉사해야만 하는 것이다. 이리하여 통치자는 특정한 위치에 고정되고, 그 기준으로부터 이탈할 때 비판을 받게 된다. 과거의 학자들은 황제가 곧 세계의 '황극皇極'(august pivot) 즉 환경이 변함에 따라 스스로의 위치를 변화시켜서 자신의 중심성(centrality)을 유지하는 존재라고 생각하였는데, 주희는 그러한 황극 해석은 고대 황극사상에 대한 오해라고 강조하였다. 주희에 따르면, 황극이 진정으로 의미하는 바는 "통치자는 스스로 표준이 되어야 한다는 것" 즉 다른 사람들에게 척도가 될 수 있어야 한다는 것이었다.[83] 간단히

---

81) 『四書章句集注』, 「大學章句序」. Gardner, *Chu Hsi and the Ta Hsueh*, 77－86에 번역된 바를 따름.

82) 『二程集』, 遺書, 권15, 162－163, "今之學者, 只有義理以養其心."

말해, 주희는 통치자에게 정치적 역할뿐 아니라 도덕적 권위를 주장할 수 있는 근거도 함께 부여한 것이다. 그것은 위기지학爲己之學(learning for oneself)의 모델을 세상에 제공함으로써 가능한 것이었다.

물론, 자신의 앞에 있는 통치자가 성왕이 아니고 송나라도 고대가 아님을 주희는 인정하였다. 고대의 통치자들의 권위는 타인을 가르칠 수 있는 정치적 권위이자 도덕적 권위였으며, 그들 중 가장 뛰어난 성왕은 세습이 아니라 자신의 가치를 통해 권력을 가진 사람들이었다. 게다가 상소문에서 인정한 바와 같이, 당대의 통치자들은 사장詞章의 학(literary learning)에 심취하였고 공리적 경세經世의 학(utilitarian statecraft)이 가치 있다고 생각하였으며 변혁적 원리로서의 불교와 도교에 관심을 표명하였다. 주희의 살아생전 황제들이 신유학자들의 말을 경청하려고 하긴 했지만, 신유학은 황제들이 관심을 보인 여러 가지 중의 하나에 불과할 뿐이었다. 황제들은 신유학자들이 원했던 역할을 받아들이지는 않았던 것이다.

주희가 세상을 떠난 후, 위에서 말한 통치자관을 담은 책들 가운데 가장 널리 알려진 것은 진덕수真德秀의 『대학연의大學衍義』(*the Extended Meaning of the Great Learning*)이다. 진덕수는 통치자와 신하들 양쪽이 다 이 책을 공부해야 한다고 하면서, 그렇게 해야만 통치자는 "통치의 근원을 순수하게 하고, 신하들은 통치자를 바르게 할" 수단을 가지게 된다고 강조하였다.[84] 그는 주희의 『대학』 해석을 따랐지만, 그가 부연하는 부분은 그가 생각한 '기초' 즉 『대학』의 여러 단계 가운데 '격물치지格物致知'에서 '수신修身'에 이르는 부분 및 '제가齊家' 부분으로 제한되었으며, '치국治國'에서 '평천하平天下'에

83) 『朱熹集』, 권72, 3743－3748, "人君以身立極."

84) 〔宋〕真德秀, 『大學衍義』, 序, "爲人君而不知大學, 無以清出治之源; 爲人臣而不知大學, 無以盡正君之法." 이 텍스트 및 真德秀의 사상에 대해서는, de Bary, *Neo-Confucian Orthodoxy*, 98－113 및 같은 저자의 "Chen Te-hsiu and Statecraft" 참조.

이르는 부분은 건너뛰어 버렸다. 그럼에도 불구하고 진덕수는 매우 특이한 기능적 주장을 하였다.

> 제가 망녕되나마 드리고자 하는 말씀은, 이 『대학』이란 책이 곧 통치자가 천하를 다스리는 데 사용하는 법조문(律令格例, the full legal code)이라는 것입니다. 이것에 기반하면 다스려지고, 이것을 어기면 어지러워집니다.[85)]

주희는 『대학』을 통해 황제와 사가 어떻게 자신을 수양해야 하는지를 설명했는데, 진덕수는 『대학』이라는 책 자체를 참고점(the point of reference) 즉 황제의 행동을 위한 규범으로 만들어 버린 것이다. 실제에 있어서는 황제가 다른 사람이 정한 규범에 따라 살지 않을 수도 있지만, 중요한 것은 황제가 스스로 동의한다고 말하는 규범이 무엇이냐 하는 것이다. 왜냐하면 그 규범은 황제들을 바로잡고자 하는 신하들에게 정당한 비판을 위한 프레임워크를 제공해 주기 때문이다. 진덕수는 『대학연의』를 이종理宗(1225~1264 재위)에게 바쳤는데, 이종은 1241년 정호·정이 형제 및 주희가 성인의 도에 대한 해석의 권위자로서 공묘에 모셔지는 것에 동의한 황제이다.

송나라 이후에도 『대학연의』는 중요한 위치를 유지하였다. 1315년 신유학 사상이 과거시험의 필수부분이 되자 더욱 그러하였다. 통치자들은 신유학적 통치자관을 존중하는 것이 정치적으로 현명하다고 생각하였다. 원나라 때에는 황제의 교화를 위해 『대학연의』가 적어도 두 번 몽고어로 번역되었는데, 원의 황제들은 자신이 『대학연의』를 중시함을 보여 주기 위해 『대학연의』에 대한 찬사를 썼다.[86)] 명나라의 경우는 뒤에서 곧 다루도록 하겠다.

---

85) 真德秀, 『大學衍義』, "嘗妄謂『大學』一書, 君天下者之律令格例也. 本之則必治, 違之則必亂."

86) De Bary, *Neo-Confucian Orthodoxy*, 126. 몽고 지배 하의 신유학에 대해서는 같은 책 22-60 참조. 전통적으로는 북부지방에 신유학이 퍼지게 된 계기를 趙復에게

4. 신유학의 사명과 '사'

마지막 장에서 보다 자세히 살펴보겠지만, 남송·원·명대에 신유학자들은 관직이 없는 사士들이 자기네 고장에서 사회를 변혁시키고자 일할 수 있는 방법을 발견해 내었다. 여기서는 좀더 작은 질문, 즉 남송대의 신유학은 관리들과 지방 사들의 정치참여를 어떻게 재정의(redefine)하였는지에 대한 문제를 제기하고자 한다.

붕당과 동지적 공동체

이상적으로 말하면, 관리들은 자기 자신의 이해관계보다 왕조국가(dynastic state)의 이해를 우선시하고 통치자에게 충성으로 봉사하게끔 되어 있다. 그런데 실제로는 권세 있는 관리들의 연합이 조정의 권력을 좌지우지한다. 그 권세가들이 자리에서 물러나게 되는 것은, 위기가 발생하여 관료 세계나 황제로부터의 불만이 증가하면서이다. 북송시기에 들면 붕당朋黨의 성격이 바뀌고 관직을 잃은 관리들의 행태도 바뀌게 된다. 붕당은 점차 이데올로기적으로 되어 갔다. 구양수와 같은 고문가들이 보여 주었듯이, 조정에서 권력을 쥐기를 원하는 이들이나 권력으로부터 쫓겨난 이들은 글을 통해 자신의 견해를 선전하면서 시간을 보낼 수 있었다. 이에 따라 권력을 쥔 이들의 대응도 점차 엄혹하고 이데올로기적으로 되어 갔다. 신법이 시행되던 시기에 정부는 두 번이나 신법반대자들을 '붕당'으로 엮어 블랙리스트에 올렸고, 그들의 글과 가르침을 유포하는 것을 불법으로 규정하기까지 하였다.

남송대 신유학자들은 이데올로기적 당파를 결성하여 황제의 관심과 동의

돌려 왔지만(侯外廬 等, 『宋明理學史』, 687), 사실 그 과정은 보다 점진적이었으며 趙複보다 일찍 시작되었다. Tillman, "Confucianism in the Chin" 참조.

를 얻어 내고 조정의 경쟁자들을 거꾸러뜨리고자 하였다. 그런데 이와 같은 그들의 연합은 단순한 관료제 내의 정치적 당파에 불과한 것이 아니었다. 호이트 틸만(Hoyt Tillman)이 표현한 바와 같이, 그들은 도학에 헌신하는 관리들과 사들의 '동지적 공동체'(fellowship)이었다. 북송대에는 철학사상의 가르침을 매개로 한 이와 같은 선생—학생의 관계로 맺어진 동지적 공동체를 찾아보기가 힘들다. 예외가 있다면, 장재와 정호·정이 형제를 둘러싸고 모인 이들 정도이다.

이러한 동지적 공동체 형성의 핵심에 있었던 것은 신유학이 주장한 도덕적 권위였다. 살아생전 주희 및 그 밖의 인물들은 이미 높은 관직 없이도 전국적 명성을 쌓을 수 있음을 보여 주었고, 또 주희는 동지적 집단을 만들어서 은퇴 후의 시간을 보낼 수 있음을 보여 주었다. 주희는 과거시험에 합격한 1148년부터 세상을 떠날 때까지 관계官階(official rank)를 유지하였으나, 실제 관직을 맡은 것은 몇 년 되지 않고 조정에서 봉직한 것도 40일에 미치지 못한다. 주희의 영향력은 당대의 저명한 신유학조직자로서의 작업으로부터 유래한 것이었다. 그는 지속적으로 편지를 쓰고 책을 출판하고 사士와 관리들에게 강의를 하고 지역과 사회적 신분의 경계를 넘어서 네트워크와 동맹을 만들었으며, 도道에 대한 책임이 학자에게 있다는 말로써 그러한 자신의 행동을 정당화하였다.[87] 도통의 참여자로서 신유학 선생이 갖는 권위는 학생과 친구들의 인정에 의한 것이지 조정에 의한 것이 아니었다.—물론 조정이 동의하고 자신들에게 명예를 주기를 원하기는 했지만.— 정이와 그의 학생들은 정호에게 '명도明道'(도를 밝힘)라는 호를 사후에 부여했는데—장재의 학생들도 일찍이 똑같은 일을 그의 스승에게 하였다— 그러한 행위를 통하여 스스로 명예를 부여할 권리를 주장한 셈이었다. 이전까지는 명예를 부여하는 일이 조정의

87) Chu Ping-tzu, "Tradition Building and Cultural Competition", 97－134.

특권이었고 명예는 뛰어난 공훈을 세운 관리들에게로 돌아갔었는데, 신유학자들은 계속해서 자신들끼리 사후의 호를 부여하고 자기 자신과 나라의 역사를 편찬하였으며 자신들의 학교를 세우고 사당을 세워 자신들의 창건자와 후대의 스승들을 숭배하였던 것이다.

그와 같은 행동들은 사람들의 눈에 거슬렸고, 비판받았다. 1180년대에 조정의 고관들이 신유학을 공격하기 시작하였을 때 신유학자들은 붕당 이상의 혐의를 받았다. 자기들 나름의 언어와 예식을 사용하여 스스로를 변별시키는 '위학僞學'(거짓된 학문)의 추종자들로서, 불교・도교・마니교摩尼教와 같은 종교분파를 형성하였다는 것이다.[88] 그리고 1198년부터 1202년까지는 지도적 위치에 있는 경세사상가들과 신유학자들에 대한 제재가 지속되었다. 그런데 그러한 제재들은 신유학이 퍼져 나가는 것을 조금밖에 막지 못하였고, 결국 공격한 사람보다 공격당한 사람이 더 역사에 남았다.[89]

남송시대가 되자 북송 때는 보기 어려웠던 사립서원이 증가하였는데, 그 서원들은 신유학 선생들에게 청중을 제공해 주었다. 주희의 동맹자인 여조겸呂祖謙 같은 사람들은 학생들 간의 응집력을 규칙과 규약을 통해 제도화하고자 하였다.[90] 이러한 경로가 갖는 매력은 13세기가 되자 분명해졌다. 송나라가 몽고의 수중에 떨어진 시기를 전후하여, 여러 신유학자들은 스스로 선생이라 칭하면서 '도통'을 주장하였다.[91] 그들 중 일부는 아예 관계官階가 없는 사람들이었다. 이것은 정치적 이해관계와 전국적 시야를 갖춘 이들이 정부의

---

88) 예컨대 施康年이 朱熹의 葬禮 이후 올린 상소문을 보라. 〔宋〕樵川, 『慶元黨禁』, 30ab 참조. 이 참고사항을 일러 준 민병희에게 감사한다.

89) Schirokauer, "Neo-Confucians Under Attack".

90) 〔宋〕呂祖謙, 『東萊呂太史文集』, 別集5.

91) 북부의 許衡에 대해서는 Ditmanson, "Contesting Authority", 101－104 및 112－118 참조; 江西의 吳澄에 대해서는 Gedalecia, "Wu Ch'eng and the Perpetuation of the Classical Heritage in the Yuan" 참조; 관직을 맡지 않은 몇몇 金華지방의 신유학자들에 대해서는, Bol, "Culture, Society, and Neo-Confucianism" 참조.

바깥에서 문화적 · 사회적 · 경제적 프로젝트를 수행할 공간을 발견한 현상이었다. 이러한 현상은 송 이전에는 보기 어려웠던, 송대 이후의 중국 역사의 특징이라고 생각된다.

정치로서의 학

주희와 그 밖의 신유학 관리들은 글과 말을 통하여 정치적 사건들에 대하여 논하였다. 황제에게 보내는 상소문을 통해서만 그러한 일을 한 것은 아니었지만, 그들은 적어도 관리였다. 그러나 사士의 자격을 가지고 그들의 문하에 들어간 사람들은 대부분 관리가 아니었다. 주희를 비롯한 신유학자들이 아무런 공적 자격이 없는 사람들을 권면하여 정치에 대해 논하게 하고 정부의 특권적 영역이라고 여겨지던 활동에까지 종사하게 하는 것을 보면서, 일부 관리들은 불안함을 느끼게 되었다. 주희는 이미 황제에게 『대학』을 사용하여 황제의 의무를 가르친 바 있는데, 또다시 『대학』을 사용하여 그런 관리들의 도전에 응하였다.

> 치국治國, 평천하平天下, 성의誠意, 정심正心, 수신修身, 제가齊家는 모두 하나의 리理일 뿐입니다. 이른바 격물치지格物致知 역시 이것을 아는 것일 뿐입니다. 이것이 『대학』이라는 책의 취지입니다. 만약 치국과 평천하가 통치자와 대신들의 일이고 학자는 관여할 일이 아니라고 한다면, 그것은 내內와 외外의 도를 분리시키고 여러 갈래로 만드는 것이니 경전의 취지와 정반대가 되는 것 아니겠습니까? 우禹임금, 직稷, 안회顔回는 모두 도를 함께하였습니다. 통치를 하기 위하여 어찌 반드시 관직에 있을 필요가 있겠습니까? 그만큼 사람들을 교란시키는 가증스러운 생각을 저는 일찍이 들어본 적이 없습니다. 『대학』이 논하는 바는 한 개인에서 시작하여 천하로 뻗어갑니다.[92)]

---

92) 『朱熹集』, 권44, 2118, "治國平天下與誠意正心修身齊家, 只是一理. 所謂格物致知, 亦曰

사천四川지방의 지도적 신유학자인 위료옹魏了翁(1178~1237)은 똑같은 목적을 가지고 한층 더 실제적인 주장을 펼쳤다. 통치자가 천하를 통일할 수 있으면 좋겠지만, 그럴 수 없는 경우라면 신유학자들 스스로 힘을 가지고 마치 공자가 『춘추』를 가지고 했던 것처럼 해야만 한다는 것이다.[93]

여기서 우리는 통치자에게 권위가 그냥은 주어지지 않는다는 신유학의 주장에 상응하는 주장을 목격한다. 통치자는 자신이 세습한 자리에 걸맞게끔 자신의 잠재력을 갈고 닦아야만 한다. 그런데 사士나 그 밖의 모든 사람들 역시도 배울 수 있는 잠재력을 똑같이 가지고 있고 학學의 과정은 누구에게나 동일하다. 이러한 견해는 분명 관리들에게 힘을 실어 주는 것이지만, 어쨌거나 관리들은 자신들이 가지고 있는 관직에 의해서 정치적 발언을 할 수 있는 존재들이다. 그러므로 더욱 중요한 것은, 이러한 견해가 사 즉 배우기는 했으되 관직은 없는 이들에게 힘을 실어 준다는 사실이다. 주희는 그저 자유롭게 의견을 표시할 권리를 옹호한 데서 그친 것이 아니다. 관학官學과 사립서원이 널리 보급되고 또 정부의 금지에도 불구하고 민감한 정치적 내용을 담은 책이 유통되는 마당에, 자유롭게 말할 수 있는 권리는 기본이었다고 할 수 있다.[94] 주희는 사들이 위정爲政을 할 권리가 있다고 역설한 것이다. 위정이란 정책을 만드는 일과 그것을 실시하는 일을 모두 포함하는 용어이다. 주희가 그렇게 주장할 수 있었던 것은, 지방의 사들이 참여할 수 있는 사회질서에 대한 비전을 신유학자들이 가지고 있었기 때문이다.

知此而已矣. 此『大學』一書之本也. 今必以治國平天下爲君相之事, 而學者無與焉, 則內外之道, 異本殊歸, 與經之本旨, 正相南北矣. 禹稷顏回同道, 豈必在位乃爲政哉? 風壽洵湧之說, 亦所未喩. 此篇所論, 自一身而推之以及天下." 또한 Min, "The Republic of the Mind" 참조.

93) 〔宋〕魏了翁, 『鶴山集』, 권101, 3b－7a.

94) 정치적 내용을 담은 책의 유포와 관련해서는 De Weerdt, "Byways in the Imperial Chinese Information Order" 참조.

사회질서의 비전

남송에는 지속되는 국방의 문제가 있었다. 따라서 조정은 지방사회의 여건을 개선시킬 적극적 정책을 펼 수 없었다. 대신 신유학자들이 교육, 진휼, 공동체 건설, 공정한 부세 등의 방면에서 지방사회의 사회정치적 역할을 떠맡았다. 이것은 공공의식을 가진 사람들이 정부가 물러난 공간을 채우는 것 이상의 일이었다. 애당초 신유학자들은 신법의 통치방법을 거부하였고, 고대 이후에 출현한 중앙집권적 관료시스템이 조화롭고 생산적인 사회를 가져올 수 있음을 부정하였다. 그들이 보기에 덕 있는 사람에 의한 지방리더십이 훨씬 좋은 것이었다. 물론 (많은 유명한 경세사상가들이 그러했듯이) 그들 내부에 세부적인 차이는 존재하였지만, 대체적으로 신유학자들은 분권적 행정구조를 지지하면서 중앙정부의 세수와 지출을 감소시키고자 하였으며 지방관리에게 보다 큰 융통성을 부여하고 지방 사들에게는 새로운 역할을 맡도록 요청하였다. 여기서는 신유학자들의 사회적 비전을 대략적으로 소개하고, 보다 상세한 설명은 맨 마지막 장에서 하도록 하겠다.

북송대에는 제국시기 이전의 봉건제도와 정전제井田制(the well-field system)를 부활시키겠다는 생각이 확실히 미약했다. 여기서의 봉건제도란 고대의 봉건영주에 해당하는 역할을 할 사람들에게 영토의 책임을 이양하는 것을 말하고, 정전제도란 일정 세대들로 이루어진 공동체가 같은 몫을 나누어 갖는 시스템을 통하여 토지를 분배하는 것을 말한다.[95] 그와 같은 제도를 도입하자고 주장한 장재 같은 이들은, 새로운 지방영주들은 사람들에게 도덕적으로 헌신하고자 하는 배운 사람들로서 해당 지방에 뿌리를 내리고 있기 때문에 그 지방 사람들을 위해 진력하게 될 것이라고 믿었다.

세상을 떠나기 전에 장재는 정전제를 실시할 수 있는 토지를 모으려고

95) Hatch, "Su Hsun's Pragmatic Statecraft" 참조.

준비하고 있었다. 그는 토지가 사적으로 소유되고 매매되는 사회에서 그러한 일을 이행하는 데는 현실적 어려움이 있음을 인정하였지만, 그렇다고 하더라도 성인의 학에 종사하는 엘리트가 존재한다고 가정했을 때 그러한 엘리트가 지도하는 평등사회가 갖는 매력은 대단하였다.[96] 장재가 우주론적 차원의 견해를 펼쳤을 때 정부는 기껏 어려운 상황에 처한 이들을 돕는 수단에 불과하였는데, 그는 『서명西銘』(*Western Inscription*)이라는 영향력 있는 글 속에서 정부와 사회를 하나의 가족으로 보는 비전을 제시하였다.

> 하늘은 나의 아버지요 땅은 나의 어머니이니, 나같이 작디작은 생물도 그 안에서 편안한 자리를 차지한다. 그러므로 천지를 채우고 있는 모든 것을 나는 내 몸으로 여기고, 우주를 인도하는 것을 내 본성으로 여긴다. 백성은 나의 동포이고, 모든 사물은 나의 친구이다. 위대한 통치자는 내 부모의 맏아들이고, 대신들은 맏아들을 돕는 사람들이다. 나이 많은 사람을 존중하고, 나이 많은 이들이 받아야 할 합당한 대우를 한다. 고아와 약자들에게 자애를 베풀고, 어린이들이 받아야 할 합당한 대우를 한다. 성인은 천지와 자신의 덕을 같이하는 사람이고, 현자는 사람들 중에서 가장 뛰어난 사람이다. 세상의 피곤하고 약하고 불구이며 병든 사람들, 형제가 없고 자식이 없고 배우자가 없는 이들, 이 모든 이들이 다 어디 고할 데 없는 나의 형제들이다. 살아 있는 동안 나는 (천지를) 따르고 섬기며, 죽어서는 평안할 것이다.[97]

다른 사람들도 장재에게 공명하였다. 호안국의 아들 호굉胡宏은 봉건제도

---

96) Ong, "Men of Letters Within the Passes", 93－100.

97) 〔宋〕張載, 『張載集』, 62－63; 『正蒙』 17, "乾稱父, 坤稱母. 予茲藐焉, 乃混然中處. 故天地之塞, 吾其體. 天地之帥, 吾其性. 民吾同胞, 物吾與也. 大君者, 吾父母宗子, 其大臣, 宗子之家相也. 尊高年, 所以長其長. 慈孤弱, 所以幼其幼. 聖其合德, 賢其秀也. 凡天下疲癃殘疾, 煢獨鰥寡, 皆吾兄弟之顛連而無告者也……存, 吾順事, 沒, 吾寧也." Wing-tsit Chan, *A Sourcebook in Chinese Philosophy*, 497－498 참조.

와 토지분배제의 열성적 지지자였다. 그런 제도들이 받아들여지기만 하면 가난이 끝나고 모든 이들이 집과 공동체를 가지게 되며 토지에 대한 권리 때문에 서로를 고발하는 일과 학교가 관직을 얻으려는 사들로 넘쳐나는 일이 사라지게 될 것이라고 호굉은 보았다.[98)]

그러나 주희는 동의하지 않았다. 그러한 체제가 공정하다는 데 동의하지 않은 것이 아니라, 현실성이 없다고 본 것이다. 토지사유의 현실, 그리고 그러한 제도를 유지할 합당한 사람들을 찾기가 어렵다는 이유 때문이었다.[99)] 주희의 대안은 해결책이라기보다는 상황을 개선하려는 시도에 가까웠다. 그가 보기에, 송나라의 체제는 너무 중앙집권화되어 있고 신법에 의해 과도하게 권력과 융통성이 지방정부로부터 사라진 상태였다.[100)] 그래서 그는 지방정부에 더 많은 권위를 부여하기를 요구하였다. 그리하면 지방정부는 더 큰 융통성을 가지고 주희 자신이 고무한 바 있는 강력한 사 공동체와 더불어 일하게 될 것이었다. 그러나 중요한 한 측면에서는, 주희는 국가의 개입을 지지하기도 하였다. 부세가 공평하게 이루어지기 위하여 더 많은 조치들이 필요하다고 주희는 생각하였던 것이다. 가족 크기에 따라 사적 토지소유의 규모를 제한할 수도 있으며, 그렇게 함으로써 자신을 비롯한 많은 사람들이 목도한 바의 커다란 빈부격차를 막을 수 있을 것이라는 주장이었다.[101)] 일반적으로 말하여 주희는, 사람들에게 요구를 많이 하지 않는 작은 정부, 황제에서 백성에 이르기까지 도덕적이고 투명한 정부, 공정하고 예측 가능한 방식

98) Ching, “Neo-Confucian Utopian Theories and Political Ethics”, 1－12; 蕭公權,『中國政治思想史』, 511－514.

99)『朱子語類』, 권108, 2679－2686;『朱熹集』, 권68, 2596－2599; Tillman, *Ch'en Liang on Public Interest and the Law*, 49－54; Ching, “Neo-Confucian Utopian Theories and Political Ethics”, 15－19.

100)『朱子語類』, 권108, 2681; Schirokauer, “Chu Hsi's Sense of History”, 216－217.

101) 蕭公權,『中國政治思想史』, 512－524.

으로 사적 개인들과 이해관계에 관한 교섭을 하는 정부, 바로 그러한 정부를 옹호하였다.[102] 보다 평등한 사회를 바라는 이러한 비전은 강한 지방공동체 및 사 리더십과 더불어 신유학 비전의 일부로 지속될 것이었다.

신유학의 제도적 어젠다는 자발적인 공동체제도를 구상하였다. 내가 아는 한, 신유학의 비전은 신법처럼 지방사회의 물질적 · 도덕적 복지를 개선하기 위한 혁신적인 정부 프로그램을 가진 것이 아니었다. 14세기 중반의 한 저자는 제도사에 관한 책을 소개하면서 다음과 같은 표현을 사용하였다. "성性과 리理에 대한 학설이 일어난 이래로, 세상의 학자들은 도학道學과 정사政事를 두 가지 별개의 길로 보아 왔다."[103] 이 말은 신유학과 정부를 통한 활동 간에 존재하는 괴리를 치유키 위해 한 말일 수도 있겠으나, 동시에 당시의 상황을 인정하는 것이기도 했다. 구준丘濬(1420~1495)의 『대학연의보大學衍義補』(*Supplement to the Extended Meaning of the Great Learning*)를 통해서도 같은 결론에 이를 수 있다. 구준이 보기에 정부의 실제적 일들은 여전히 중요한 것이었으며, 그러한 실제적 일들이 진덕수의 『대학연의』의 핵심에 놓여 있는 자아수양과 양립 불가능한 것이 아님을 주장할 필요가 있었던 것이다.[104]

남부에서 지역적 차원의 사 공동체 및 자발적 리더십의 형성을 고무하는 일에 관한 한, 신유학자들은 대단한 성공을 거두었다. 그것이 현실화될 수 있었던 이유는 스스로 사의 정체성을 담지하는 지역주민이 급증한 데 있다. 그들의 숫자는 원나라 때에도 줄어든 것 같지 않다. 왜냐하면 관리 경력을 위한 기회가 줄어든 데 비해 학교의 숫자는 줄어들지 않았기 때문이다. 지방공동체를 바라보는 신유학자들의 시각은, 자기네 가족만 챙기고 이웃의 일에

102) 『朱熹集』, 권13, 512－524(1181년).

103) 呂祖謙, 『曆代制度詳說』, 序(彭飛), "自性理之說興, 世之學者歧道學 · 政事爲兩途."

104) 丘濬의 저작과 그에 대한 반응에 대해서는 Chu Hung-lam, "Ch'iü Chun's Ta-hsueh yen-i pu" 참조.

깊이 관여하지 않으려고 하면서 결국 자기의 이해타산만을 추구하는 납세자(tax-payer)들의 구성체로 지방사회를 바라보는 시각과 대조된다.[105] 신유학자들은 사립서원의 확대를 후원하고, 가르침을 업으로 삼는 모든 이들을 지원하였다. 또 자신들의 커리큘럼을 구성할 텍스트들을 출판하였고, 난민구제에 종사하였으며, 씨족 조직의 형성을 권장하였다. 신유학자들의 초점은 사들에게 관직생활을 준비시키거나 지방관리들과 제휴하는 데 있었던 것이 아니라 사들 간의 횡적 관계를 형성하는 데 있었는데, 그 중에서 특별한 성공을 거둔 조직은 자기네 지방을 벗어나서 있는 사까지도 흡수하였다. 남송시기와 원나라시기 동안, 사 공동체는 남부의 많은 지방사회 속에서 강력한 힘을 형성하였고, 지방호족과 지방정부 관원들에 의해 매수되지 않았다.[106]

5. 후기제국국가와 신유학 : 명대 초기의 중요성

다른 무엇보다도, 명대 초기에 이루어진 신유학에 대한 국가적 지원은 신유학이 제국국가의 이데올로기 정당화 기제라는 해석을 가능케 하였다. 태조太祖 혹은 홍무제洪武帝로도 알려진 주원장朱元璋은 무식한 고아에서 시작하여 모든 반란군 영수 중에서 가장 성공한 사람이 되었다. 1368년, 주원장은 명 왕조의 개창을 선포하고 남경南京을 수도로 정하였다. 그는 관료에 대한 권력을 자기 손에 집중시켰고, 관리들을 위협하는 공포정치를 시행하였다. 모반을 꾀했다고(아마도 맞을 것이다) 의심한 끝에 문무 관리들을 두 번에 걸쳐

---

105) 이 견해는 12세기 지방관들에 의해 쓰인 家規(guide for family)를 관통하고 있다. Ebrey, *Family and Property in Sung China.*

106) 풍부한 사료를 통하여 宋元시기 徽州에 대해 논한 것으로는 中島樂章(Nakajima Gakushō), 『明代郷村の紛争と秩序』, 66－148.

무자비하게 숙청하였는데, 그 숙청에서 4만 명 이상의 관리들과 관련자들이 처형되었다.107) 그런데 주원장은 스스로를 백성들의 안녕에 전적으로 헌신하는 사람으로 생각하였다. 관료들을 공포에 몰아넣는 동시에 사람들을 자기가 원하는 대로 행동하게끔 하는 통치자의 예로는, 모택동 이전에는 주원장이 가장 좋은 예이다.108) 1398년 주원장의 손자가 주원장의 뒤를 이었을 때 그 후계자의 조정에는 유명한 신유학자들이 포함되어 있었다. 그러나 1402년 북경에 있던 그의 삼촌 주체朱棣(成祖 혹은 永樂帝, 1402~1424 재위)가 반란을 일으켜 황제 자리를 찬탈하였는데, 그 이전의 어떤 황제보다도 더 영락제는 자신을 신유학에 동일시하였다.

명초를 신유학이 국가에 포섭된 시기로 간주하는 이들은 몇 가지 주장을 전개하였다. 첫 번째 주장: 장차 명 왕조를 개창할 주원장은 1350년대에 유학자 참모들을 주변에 끌어 모았는데, 신유학적 입장에 공감하고 있었던 그 참모들은 오직 강한 중앙정부만이 수십 년에 걸친 혼란 이후의 세계를 바로잡을 수 있다고 주장하였다. 다음 세대 유학자들은 그들의 선배들이 얼마나 잘못되었는지를 깨달았지만, 그들은 자신들의 선배 대신 황제를 탓하였다. 그리하여 다음 황제의 재위기간 동안 오류를 시정하고자 하였으나, 왕위찬탈자 성조(영락제)에 의해 짓밟히고 말았다.109) 두 번째 주장: 초기 명나라 황제들은 유교적 통치자 이상을 받아들이는 척하였고, 정치엘리트들은 자신들의 지위를 유지하기 위해 현재의 황제가 실제로 이상적인 통치자인 양 행동하였다.110) 세 번째 주장: 신유학은 명나라 통치자들이 성왕이라고 주장할 수

107) 이와 관련해서는 Thomas P. Massey의 원고 “Chu Yuan-chang, the Hu-Lan Cases, and Early Ming Confucianism”으로부터 도움을 받았다. 유혈이 낭자한 사건이 지방에서 많이 일어났으며, 숙청이 오래된 원한관계를 일소하는 데 활용되었다.

108) 朱元璋과 毛澤東의 비교는, Andrew and Rapp, *Autocracy and China's Rebel Founding Emperors* 참조.

109) Dardess, *Confucianism and Autocracy*, 255－256.

있고 성학과 성인의 정치를 재통합할 수 있게끔 해 주는 문화적 언어를 제공하였다. 그 결과 신유학은 제국의 이데올로기가 되고, 명청 정권에 공적 지지를 얻어다 주는 도구로 사용되었다.111)

나는 이 문제를 뒤집어서, 신유학의 입장이 명초 통치자관과 지방공동체에 어떤 영향을 끼쳤는지 묻고자 한다. 통치모델을 선택함에 있어, 태조는 때때로 과거 제국의 권위를 거부하고 고대를 선호하였다. 반복해서 태조는 정부조직구조를 바로잡아야 한다고 이야기하였고, (아마도 과거시험의 신뢰도에 대한 신유학자들의 의혹을 공유하며) 과거시험이라는 수단에 국한되지 않고 정부를 충원할 바른 사람들을 찾아내고자 하였다. 백성들과 통치자에게 공히 학교의 중요성과 선생으로서의 유학자들이 갖는 역할을 강조하였으며, 간언을 요청하고 장려하였다. 또 정사政事에서 통치자의 '정심正心'이 갖는 근본적 중요성에 대해 이야기하고 진덕수의 『대학연의』에 제시된 통치자의 자아수양 프로그램을 찬양하였다. 그리고 스스로를 원나라 선배들과는 달리, 자신의 역할에 부여된 의무를 열심히 수행하는 관리의 모범으로 생각하였다. 또한 그는 형벌만으로는 사회를 변혁시킬 수 없음을 알았으며, 아랫사람의 아첨과 윗사람의 독단이 가져다주는 위험에 대하여 경계하였다.112)

주원장은 재위기간 동안 지방공동체제도의 형성을 입법화하고, 지방의 지도자들에게 힘을 실어 주었다.113) 세금의 징수와 운반에 관련된 일을 조직·감독하는 데 있어서는 이갑제里甲制(the village tithing system)와 양장제糧長制(tax captain system)를 택하여 관청의 아전들(吏員, a clerical bureaucracy)보다는 지도적 위치에 있는 씨족 출신 지방지도자들을 활용하였다. 또 하층 단계의 쟁의

---

110) 檀上寬, 『明朝專制支配の史的構造』, 第4章.

111) Elman, *A Cultural History of Civil Examinations*, 68－70.

112) Dardess, *Confucianism and Autocracy*, 195－242; 〔明〕朱元璋, 「禦制大誥」, 『明朝開國文獻』, 권1, 4b－5b.

113) Farmer, *Zhu Yuanzhang and Early Ming Social Legislation*.

판결에는 노인제老人制(the village elder system)를 택하여 지방 사람들을 임명하였는데, 그들에게 지방관리들을 건너뛰고 직접 수도에 있는 당국과 접촉할 수 있도록 허락해 주었다. 도덕과 사회통합을 장려하기 위하여 마을 차원에서 학교와 공동체의 예禮를 수립하게 하였고, 그 결과 씨족 어른들의 권위가 인정받고 신유학적 가족 가치가 장려되었다. 동시에 태조는 전국적 교육시스템과 종교활동에 대한 새로운 관할을 통해서 중앙집권적 방식으로 영적 삶(spiritual life)을 통제하였는데, 이는 신유학자들의 경쟁에 제약을 가하였다.[114] 이와 같은 조치들은 수십 년에 걸친 내전 이후의 향촌사회에 안정을 가져다 줄 목적으로 시행된 것이었다. 그 조치들은 지방공동체의 권위를 제도화하였고, 지방공동체로 하여금 지방정부와의 관계에서 일정한 입지를 가지도록 해 주었다.

그런데 태조가 관료에 대한 황제의 우위를 결단코 주장한 것 또한 사실이었다. 1385년의 과거시험에서는 다음의 문제에 대해 묻고 있다. "천하에 도가 있을 때에는 예악禮樂과 정벌征伐이 천자로부터 나오고, 천하에 도가 없을 때에는 예악과 정벌이 제후로부터 나온다."[115] 이 과거시험의 일등답안은 황제의 손아귀로 권위가 집중되는 것을 찬양하고 있다. 태조는 스스로를 정치와 도덕을 통일한 성왕이라고 간주한 것이 아니었을까 라고 나는 생각한다. 그의 세계에서는 그의 통치의 정당성을 부인할 만한 어떤 근거도 있을 수 없었다. 그는 다음과 같이 포고하였다. "사람의 생명에 대해서 말해보자면, 부모는 다만 신체를 낳아주었을 뿐이고, 그 생명을 보존하는 것은 통치자에게 달렸다."[116] 비록 태조의 폭군적(despotic) 행위에 대한 이야기들의 일부

---

114) 明初 教育制度에 대한 논의로는 Schneewind, *Community Schools and the State in Ming China* 참조. 民間宗教의 통제와 관련해서는, Hamashima Atsutoshi, "The City God Temples" 참조.

115) 『論語』「季氏」, "天下有道, 則禮樂征伐自自天子出. 天下無道, 則禮樂征伐自諸侯出." 林慶彰, 「五經大全之修纂」, 377－381 참조.

는 후대에서 꾸며낸 이야기라고 할지라도,117) 그가 관료들을 의심했으며 전면적 순응을 요구했다는 것은 의심의 여지가 없다. 태조는 벌집과 개미탑, 즉 모든 이들이 의심의 여지없이 자신의 역할을 수행하는 사회를 무척 찬양하였다.118) 사람들이 스스로 자기 자신을 책임져야 하기를 원하기도 하였지만, 태조는 또한 백성들에게 어떻게 행동하여야 하는지를 이야기해주고 싶어하였다.119)

태조는 자신이 신유학자들이 내세우는 권위와 경쟁하고 있음을 알고 있었다. 공자와 맹자를 존숭하는 것은 곧 도덕적 권위가 학자들에게 있다는 생각을 존중하는 것임을 인식하였기에, 그는 공자와 맹자에게 제사지내는 일을 중단시켰고(나중에 복원시키기는 했지만) 또 통치자의 권위를 침해하고 있다고 생각되는 구절들을 『맹자』로부터 제거하라고 명하였다(이는 414년에 복원되었다).120) 태조는 지방사회를 강화시키기를 원하였으나, 자신의 제도 바깥에 있는 사士 조직을 장려하려고는 하지 않았다.

내가 보기에, 적어도 사회정책의 차원에서는 태조 재위기간과 계승자의 재위기간 사이에는 중요한 연속성이 있다. 방효유方孝孺는 태조 재위기간에 활동한 가장 유명한 신유학 사士였다. 그는 이미 성인의 도에 관심을 두었고 동지들 간의 네트워크를 만들었으며, 결국에는 사천에 있는 태조의 아들의 조정에 참여하였다. 방효유는 죽기 1년 전, 공자가 불혹不惑이라 말했던 마흔살이 되었을 때121) 태조가 스스로의 권위에 대해 가졌던 견해를 논박하는

116) 朱元璋, 「禦制大誥三編」, 『明朝開國文獻』, 40b－42b, "且人之生, 父母但能生身體而已, 其保命在君."

117) Hok-lam Chan, "Ming T'ai-tsu's Manipulation of Letters".

118) Dardess, *Confucianism and Authcracy*, 193－197, 225.

119) Dardess, *Confucianism and Authcracy*, 199, 221－222, 250; Farmer, *Zhu Yuanzhan and Early Ming Social Legislation*, 101－110.

120) Huang Chin-hsing, "The Cultural Politics of Autocracy", 283－290.

121) 『論語』, 「爲政」, "四十而不惑."

글을 모아 출판하였는데, 이때 그는 동시에 '향鄕'(township. 縣 아래의 행정단위)의 활성화를 요구하기도 하였다. 그에 따르면, 향에서는 그 지역의 합의에 의해 지도자가 선출되고 지방 차원에서 제도가 유지되어야 했다.[122] 방효유는 신유학을 소리 높여 지지하였다. 그가 보기에 신유학은 북송의 문학적 문화나 자신의 스승들 일부가 매혹되었던 공리적 사상보다 우월한 것이었다.[123] 송나라는 방효유의 모델이었다. 그는 송나라가 한나라와 당나라보다 나으며 주나라만큼이나 좋다고 생각하였다. 왜냐하면 송나라 300년 동안은 도덕적 가치가 진정으로 중시되었기 때문이다. 또 송나라의 학學은 고대의 학에 근접한 것이었다.[124] 1500년 동안 학자들은 도道에 대한 확신이 없었으나, 신유학이 그 의문에 답을 해 줄 수 있었다는 것이다.[125] 방효유의 전략은, 송나라를 명나라가 모방할 역사적 모델로 다루는 것이었다. 송나라는 명나라 시대와 이상적인 고대를 매개하였고, 송나라의 철학자들은 인간과 궁극적 진리를 매개하였다.[126] 1400년도 회시會試(metropolitan examination)의 급제 문장들은 고금의 황제들에 대해 성인인가 아닌가를 묻는 문제와 황제가 얼마나 많은 도덕적 권위를 가져야 하는지의 문제를 다루었다. 그 글들은 황제가 성인에는 못 미치되 통치자로서의 막대한 중요성을 지님을 강조하는 데 합의하고 있었고, 궁극적 가치로서의 통일성(모든 인간들이 공유하고 있는 도덕적 마음의 통일성)을 중시하고 있었다.[127]

---

122) Dardess, *Confucianism and Autocracy*, 264－287; Mote, "Fang Hsiao-ju", Goodrich and Fang, *Dictionary of Ming Biography*, 427－433.

123) 〔明〕方孝孺, 『遜志齋集』, 권14, 438.

124) 『遜志齋集』, 권12, 64－65, 358－359; 권14, 438.

125) 『遜志齋集』, 권18, 539. 薛瑄 또한 유사한 주장을 하였다. 朱熹가 '道'의 함의를 명료히 한 이후로는 더 이상 도에 대해서 쓸 필요가 없고, 士들은 대신 실천에 힘써야 한다는 것이다. Julia Ching, "Hsueh Hsuan", Goodrich and Fang, *Dictionary of Ming Biography*, 616－619.

126) 『遜志齋集』, 권6, 169－170.

127) 이 會試의 試題와 답안지는 台灣學生書局 編, 『明代登科錄彙編』 第1冊에 수록되어

방효유는 영락제의 찬탈을 받아들이지 않고 끝내 그의 씨족들과 함께 처형되고 말았다.[128] 그런데 새로운 정권은 신유학을 부정하지 않고, 오히려 학자들과 신유학자들을 지원하는 일련의 프로젝트를 시작하였다. 특히 1415년에는 사서오경에 대한 신유학적 주석과 도덕철학에 대한 신유학자들의 저술을 모아 출판하였다. 『오경대전五經大全』, 『사서대전四書大全』, 『성리대전性理大全』이 그것이다.[129] 또 주체朱棣는 본인이 성왕聖王의 의발衣鉢을 이었다고 주장하면서 스스로의 손으로 저술을 남겼다. 바로 『성학심법聖學心法』(*The Mind Method of Sage Learning*)이라는 책인데, 그 안의 핵심 개념은 주희의 「중용장구서中庸章句序」에서 따온 것이었다. 태조와 마찬가지로 주체 역시도 전기제국의 통치자 이상—특히 당 태종—과 신유학적 모델을 동시에 주장하였다. 그런데 그는 자신의 아버지보다는 훨씬 더, 학에 관한 권위가 송나라 신유학 스승들에게 속함을 인정하였다.[130]

명나라 황제가 신유학적 성인됨을 주장하고 나선 이 마당이야말로 신유학자들이 자신들의 입지를 공고히 할 계제였는지 모른다.[131] 그러나 실제는 그보다 좀더 복잡하였다. 왜냐하면 바로 황제의 신유학적 성인됨의 주장이 있었기 때문에, 일부 신유학자들은 스스로 거리를 두고 자신들은 참여하지 않을 것임을 명백히 하면서 사士들 간의 네트워크를 형성하는 일과 가르치는 일로 돌아섰다. 가장 유명한 사례가 15세기 초반 많은 지도적 관리들을 배출

있다. 이 시험과 1385년의 시험과는 대조된다. 1385년 시험은, 수험자들이 통치자의 총체적 권위를 찬양하기를 요구하고 분명히 요구하고 있다. 林慶彰, 「五經大全之修纂」, 377－381 참조.

128) Elman, "Where is King Ch'eng".

129) 林慶彰, 「五經大全之修纂」.

130) 李焯然, 「立國之道」; 〔明〕朱棣, 『聖學心法』. 그 내용 및 朱棣가 신유학에 헌신한 것을 긍정적으로 평가한 것으로는, Hok Lam Chan, "The Chien-wen, Yung-lo, Hung-hsi, and Hsüan-te reigns", 218－221 참조.

131) Elman, *A Cultural History of Civil Examinations*, 69－119.

한 지역인 강서江西 출신의 오여필吳與弼이었다. 철학 연구에서 오여필은 주희의 신유학적 주지주의로부터 내향적 반성에로의 전회를 나타낸다. 그리고 그것은 16세기 전반에 왕수인과 더불어 흥기될 (황제가 아닌) 사 차원의 신유학부흥을 예고하는 것으로 생각된다.132) 우리는 또한 오여필을 통해서 신유학을 개인 정체성의 기초로서 받아들이는 가능성의 부활을 엿볼 수 있다. 정부 관직, 문학적 추구, 심지어는 신유학적 학문 텍스트의 생산으로부터도 등을 돌린 오여필은 원칙에 의거한 독립성의 사례를 당대 사람들에게 제공하였다. 그러한 그의 행동은 그의 아버지를 놀라게 하였다. 왜냐하면 당시 정권 하에서는 정치참여의 거부는 불충不忠으로 여겨질 수도 있었기 때문이다. 오여필의 아버지 오부吳溥(1363~1426)는 1400년도의 회시에서 일등으로 급제하여 건문제建文帝에 의해 한림학사翰林學士로 임명되었으나, 영락제의 찬탈 이후 영락제에게로 귀순하였고 1408년부터 죽을 때까지 남경국자감南京國子監(the Nanjing National University)의 책임자를 맡았다.

오여필은 자기변혁을 추구하는 여정을 일기로 남겼다. 그 일기는 영락제가 즉위한 직후인 1425년부터 시작하여 1449년의 토목보土木堡의 변變이라는 국가위기 동안에도 계속되었고, 1468년 죽음을 앞두고서 끝맺는다. 첫해의 열 몇 개 정도의 항목은 신유학의 세계로 은거하게 된 일과 관계가 있다. 오여필의 여정은 두 개의 꿈으로부터 시작된다. 첫 번째 꿈에서 그는 두 명의 성인, 공자와 문왕文王을 본다. 그리고 그들에게 '타고난 도덕적 앎 및 편안한 경지에 이른 도덕적 실천'(生知安行)에 대해서 묻는다. 이 두 가지 테마—옳음을 알 수 있는 것과 스스로에게 장애를 일으키지 않고 그에 따라 행동할 수 있는 것—는

132) 明初 신유학 및 그 당시 학술에 대한 평가로는 Wing-tsit Chan, "The Ch'eng-Chu School of Early Ming" 참조; 吳與弼에 대해서는 Wilhelm, "On Ming Orthodoxy" 참조. 吳與弼에 대한 나의 접근은 Kelleher, *Personal Reflections on the Pursuit of Sagehood*를 통해 이루어졌으며, 侯外廬, 『宋明理學史』 및 容肇祖, 『明代思想史』로부터도 도움을 얻었다.

오여필에게 평생의 화두가 된다. 오여필은 또한 문왕의 도통으로 보이는 책을 목도한다. 명대의 사도 여전히 성현의 계보에 들어가는 일을 상상하는 것이 가능했던 것이다.[133] 그 다음 꿈에서 오여필은 주희를 본다. 그리고 주희가 예의(decorum)와 행복함을 결합하고 있음에 숙연해진다. 그 다음 일기 항목은, 당시 널리 논의되던 의혹에 대한 한밤중의 몽상을 기록하고 있다. 그 의혹이란, 송나라의 두 번째 황제 태종이 자신이 후계자로 선택되었음을 선포하기 위해 자신의 형인 첫 번째 황제를 병상에서 살해했다는 것이다.[134] 이 의혹을 통해 오여필은 진정한 왕 즉 성왕은 제국을 얻기 위하여 단 한 사람의 무고한 사람도 죽이지 않을 것이라는 생각을 한다. 그리고 통치자에게 도덕적 통치자됨을 가르치기 위해서는 가르치는 이의 마음이 근본적으로 '완전히 양심적이어야'(純乎天理) 한다는 생각을 하게 된다.[135]

나는 일기 서두에 나오는 이 세 항목을 신유학적 입장의 재천명으로 이해한다. 통치자 자신의 주장이건 다른 사람들이 통치자를 위해서 한 주장이건 간에, 어떤 주장에도 불구하고 후대의 통치자들은 성인이 아니며 성왕의 권위는 학자인 공자에게로 전해졌다는 입장, 요즘 세상에서는 주희가 그 전통을 대표하며 사들은 개인적 노력을 통해 성인들에게로 연결될 수 있으므로 현재에도 그 전통을 지속시킬 수 있다는 입장의 재천명이다. 오여필에게 신유학은 살아 있는 전통이었다. 신유학은 황제에 의해 통제될 수 없는 것이었으며, 사들이 성인의 권위를 주장하는 것은 여전히 가능한 것이었다. 2년 뒤의 일기 조항에서 그러한 점을 재확인할 수 있다. 2년 뒤의 일기에서 오여필은 순舜이 천명을 받은 것이나 공자가 (천명을 받지는 못했지만) 모든 통치

133) 〔明〕吳與弼, 『康齋集』, 권11, 1a.

134) 15세기에 있었던, 송나라 개창자들의 도덕성에 대한 懷疑는 Chu Hung-lam, "Intellectual Trends in the Fifteen Century" 참조.

135) 『康齋集』, 권11, 1a.

자의 스승이 될 역할을 부여받은 것은 사실 같은 일임을 주장한다. 통치자가 되라는 명이나 스승이 되라는 명은 모두 개인이 덕을 가지고 있어서 생겨난 반응이었다는 것이다. 따라서 오여필에게 중요한 것은 자신의 덕을 향상시키는 일이었다.136)

오여필은 지성계와 정치권력 일반이 신유학을 따른다고 선언한 세계에서 살고 있었다. 그럼에도 불구하고 그는 신유학이 원래 가졌던 변혁적 힘을 회복시키고자 하였다. 그는 자아수양을 진지하게 받아들였으며, 과거시험과 당대의 정치적 사회로부터 철수하고 황제의 권력에 영합하기를 거부하였다. 이 모든 방식을 통해서 오여필은 세상과 불화하였다. 동시에 그는 문왕이나 공자, 주희의 반열에 오르고자 하였다.

오여필은 주희와 같은 방식의 기업가적 지성(intellectual entrepreneur)은 아니었지만, 사 사회 속에 스스로를 보다 도덕적으로 우월한 사의 전범으로서 분명히 자리매김하였다. 비록 그의 가르침은 신유학 중심의 과거시험을 준비하는 선생들의 가르침과는 분명히 달랐지만, 오여필도 결국 선생의 역할을 수행한 것이었다. 오여필의 학생 중에는 학인으로서의 생을 지속한 이들도 있었고 관직으로 나아간 이들도 있었다. 오여필은 15세기에 유행한 도통에 대한 관심을 공유하고 있었다. 그러나, 친구들에게 준 시, 친구들의 거주지와 영지를 특징짓는 서재나 작업장, 정자 등을 위해 쓴 기문記文 등에서 분명히 강조한 바와 같이, 조정을 벗어난 삶은 곧 학學을 추구하는 삶을 의미하였다. 마지막에 가서 오여필은 자신이 나랏일에 관심이 있음을 분명히 하였다. 그래서 그는 황제가 특사를 파견하여 자신을 태자의 선생으로 모시고자 했을 때 10가지 논점을 담은 글을 올리기도 했던 것이다.(1146년에서 1457년에 이르는 기간 동안에는 다섯 번이나 관직에 추천되었으나 오여필은 늘 사양하곤 했었다.)

136) 『康齋集』, 권11, 10b.

신유학을 포섭하고자 하는 국가의 부와 권력의 지원을 받아서 신유학은 전에 없이 주류적인 현상이 되었다. 그러나 공적인 후원이 극점에 달한 바로 그때에, 좋은 지위를 누리던 젊은 사들에 의해 정치와 도덕 간에 구분을 지어야 한다는 주장이 개진되었다. 오여필이 성인의 학에 헌신하고자 결심하였을 때, 그 결심은 명나라 황제는 물론 송나라 황제들조차도 성인일 수 없다는 결론과 불가분의 관계에 있었다.

이러한 압력에 맞서서 다시금 정치와 도덕을 통일하고자 한 후대의 통치자들이 있으니, 가장 유명한 예가 바로 가정제嘉靖帝(1522~1566 재위)이다.[137] 그러나 우리는 또한 다음과 같은 신유학자들의 예를 무수히 들 수 있다. 자신의 통치자관을 천명하는 저작들을 남긴 신유학자들의 예[138], 목숨을 바쳐서 황제의 권위남용에 원칙 있는 저항을 한 신유학자들의 예, 동지들 간의 네트워크를 만들어 낸 신유학자들의 예, 자신의 고향에서 지방 리더십을 부활시키기 위해 신유학을 활용하는 데 힘쓴 신유학자들의 예 등이 그것이다.[139] 특히 왕수인의 자취를 좇아 전국을 휩쓴 강학講學 열풍은 사 공동체를 체계적으로 동원하고 조직하였다.[140] 조정은 왕수인 사상에 의해 재차 활력을 얻게 된 신유학운동을 억누르고자 하였으나 역시 실패하였다. 17세기 초반에 정치 시스템과 별개로 존재하는 사들의 조직은 새로운 전국적 조직의 형태를 띠었다. 그들은 구성원의 명단, 집회, 회보를 동반하였고, 사들을 고무하는 동시에 정부에도 결정적 영향을 미치고자 하였다.[141]

---

137) Huang Chin-hsing, "The Cultural Politics of Autocracy"; Fisher, *The Chosen One*; 그리고 Chu Hung-lam, Review of Carney T. Fisher, *The Chosen One*.

138) 朱鴻林, 「明儒湛若水撰帝學用書'聖學格物通'的政治背景與內容特色」.

139) Bol, "Culture, Society, and Neo-Confucianism", 269－280; Hauf, "The Community Covenant".

140) Peterson, "Confucian Learning in Late Ming Thought", 738.

141) Busch, "The Tung-lin Shu-yuan"; Atwell, "From Education to Politics".

17세기와 18세기의 위대한 세 명의 청나라 황제는 도통道統과 정통政統을 자기 개인 속에서 통합함으로써 자신들이 정치와 도덕 간의 구분 그리고 통치자와 사 간의 긴장을 종식시켰다고 주장하였다. 사실 그 황제들은 신유학자들이 요구한 바 있는 헌신적인 관료행정의 전범들이 되었고, 명말 양명학의 골치 아픈 발전에 저항하여 주자학을 적극 옹호하였다. 그들은 신유학적 기준에 근거하여 관리들과 사들 앞에 현현하였다. 그러나 일군의 학자들은 그들의 목적이 황제의 뜻에 저항하는 신유학자들을 봉쇄하려는 데 있었다고 주장하였다. 이렇다고 할 때, 청나라 황제들은 도통과 정통을 동시에 대표하는 특유의 존재들이 되었다. 유학자들이 정치권력에 저항할 만한 독립적 근거는 더 이상 남아 있지 않고, 한때 송나라 유학자들과 명나라 유학자들이 발휘하였던 '도道'의 비판적 기능은 그리하여 소멸되고 말았다.[142] 그런데 그때는 이미 신유학이 더 이상 사들의 사상의 중핵을 차지하고 있지 않게 된 시대였다.

신유학은 통치자와 사 지식인 간에 새로운 긴장을 만들어 내었다. 그 긴장은 황제의 입지를 강화하기보다는 사의 입지를 훨씬 더 강화하였다. 신유학을 통해서 사들은 스스로를 제국시스템의 참여자인 동시에 그 시스템으로부터 거리를 둔 학자라고 생각할 수 있었다. 왜냐하면 신유학은, 국가가 원하든 원하지 않든, 사들 스스로가 자신들을 조직하고 또 자신들을 둘러싼 세계에 대해 책임질 수 있는 근거를 제공하였기 때문이다. 신유학자들이 그러한 입장을 기꺼이 택하고자 한 것은, 세상의 도덕은 정치권력에 의해 창조된 어떤 것이 아니라 모든 인간에게 부여된 보편적 특질을 배양한 결과라는 확신과 관계가 있다. 이제 우리는 그러한 확신의 근거를 살펴볼 차례가 되었다.

---

142) Huang Chin-hsing, *The Price of Having a Sage-Emperor*, 19.

제5장 학

신유학의 정치관은 다음과 같은 일련의 주장들로 다시 서술될 수 있다. 정치는 도덕과 구분되는 것이다. 정치를 책임지고 있는 사람들은 올바른 도덕관을 받아들일 필요가 있는데, 도덕에 대한 권위는 정치적 권위를 쥐고 있는 이들보다는 도덕을 갈고 닦은 이들에게 있으며, 도덕은 정부의 훈령과 무관하게 누구나 실천할 수 있다. 이와 같은 주장을 하면서 신유학자들이 사용한 어휘는 바로 '학學'이라는 것이었다. 이때 학과 정치 사이에도 역시 구분이 이루어진다. 정치는 학에 의해 인도되어야만 하는데, 학에 대한 권위는 학을 올바르게 수행하는 법을 아는 이들에게 있을 뿐, 학에 종사하고 사회 변혁을 위해서 정치적 입지를 가질 필요는 없다. 신유학자들에게 '도덕'과 같은 어휘가 무엇을 의미했는지를 이해하고자 한다면, 우리는 신유학자들이 말하는 '학'이 무엇을 의미하는지를 알아볼 필요가 있다.

1. 이론과 실천으로서의 신유학적 학

신유학자들에게 '학學'이 무엇을 뜻했는지 알아보기 위해서는 일단 다음 두 가지를 구분하는 것이 유용하다. 우리는 과거(the past)에 대한 관찰자의 입장에 서 있는데 그러한 우리는 신유학자들이 그 당시 실제로 무엇을 하고 있었다고 생각하는가, 그리고 신유학자들 스스로는 자신들이 무엇을 하고 있다고 주장하는가? 바로 이 두 가지를 구분해야만 하는 것이다. 역사학자들은, 문화가 사람을 형성하고, 사람들은 자신들이 배운 것을 내면화하고 자신들이 속하고 싶은 집단의 가치를 채택하며, 사람들 앞에 놓인 선택들은 그들이 살고 있는 사회에 의해 정의된다고 전제하는 경향이 있다. 이것을 극단적인 형태로 표현해 보면 다음과 같다. 사람들은 백지이며, 사회는 그 위에다가 그 사회의 문화를 쓴다. 그리고 사람들은 자신들이 배운 것을 내면화하기 때문에 자신들이 행위하는 방식이 어떻든 자신들에게 자연스러운 것이라고 믿는다.

이러한 견해를 받아들인다면, 윤리적 행위에 관한 전통적 유교 모델이라는 것이 존재하게 되고 신유학의 철학이란 그 모델의 정당화에 불과하다고 간주하는 경향을 가지게 된다.—윤리적 행위에 관한 전통적 유교 모델이란 삼강三綱(the Three Bonds : 君爲臣綱 · 父爲子綱 · 夫爲婦綱), 오륜五倫(the Five Relations : 君臣有義 · 父子有親 · 夫婦有別 · 長幼有序 · 朋友有信), 오상五常(the Five Constant Virtues : 仁義禮智信) 등의 학설[1]에 의해 대표되는 어떤 것을 말한다.— 다시 말해서, 신유학자들의 철학 활동은 사람들이 자기 스스로 생각하는 방법을 보여 주고자 하는 데 목적이 있는 것이 아니라, 전통적 모델이 모든 인간들에게 자연스러운 것이라는 철학적 근거 위에서 사람들로 하여금 전통적 모델을 모방하도록 설득하는 데 목적이 있다는 말이 된다.

학이 실제로 어떤 모델을 내면화하는 과정(a process of internalization)이라는 견해를 지지하는 증거를 신유학자들 내에서 찾을 수도 있다. 『논어』의 첫 구절인 "배우고 때로 익히면 즐겁지 아니한가"(學而時習之, 不亦說乎)에 대한

1) 이 漢代 학설에 대한 논의 및 그것이 신유학에서 어떤 위치를 갖는지에 대해서는 Kwang-ching Liu, "Socioethics as Orthodoxy" 및 해당 논문집의 서문을 참조하라.

주희의 설명을 생각해 보자.

> 학學은 본받는 것(效)을 뜻한다. 인간 본성(人性)은 모두에게 있어 선하다. 그러나 그 선함을 깨닫는 과정에서는 먼저 깨닫는 자가 있고 나중에 깨닫는 자가 있다. 나중에 깨닫는 자는 먼저 깨닫는 자가 하는 것을 본받아야 한다. 그래야만 선함을 이해할 수 있고 자신들의 원래 상태로 돌아갈 수 있다…… 정자程子께서 말씀하시기를, "배우는 사람은 이것을 실천에 옮겨야 한다. 지속적으로 연습하다 보면 배운 것이 자신의 일부가 될 것이다" 하였다.[2)]

이 발언은 자기반성(self-reflection)이나 자기 자신의 도덕적 의식에 대한 자각이 필요 없으며, 심지어는 선생의 모델을 모방하는 학생에게는 인간 본성의 선함이 별 관계가 없다는 것까지도 암시하고 있다. 자신의 태생적 선함을 깨달아 가고 있다고 생각하는 학생은, 사실은 다만 자신이 원래는 깨닫지 못하고 있었던 어떤 것을 믿게끔 자신을 설득하고 있는 중인 것이다. 실제로 주희는 학생들이 암송·시연할 수 있는 모델을 담고 있는 많은 저작들을 생산하기도 하였다. 예컨대 젊은이들에게 적절한 행위를 훈련시키는 『소학』(*Elementary Learning*), 가족생활에서의 통과의례를 수행하기 위한 핸드북인 『가례家禮』(*Family Rituals*) 같은 것이 그것이다.[3)]

『가례』에 실려 있는 바 예의 수행을 위한 상세한 규정들을 따른다는 것은, 타인에 의해 지시된 행위와 규범을 내면화한다는 점에서 모방으로서의 학의 사례이다. 이러한 접근법을 사회적 관계의 영역에까지 확장시킨 신유학자들의 사례들이 있는데, 이 경우 학은 사회적 상호작용(social interaction)을 예식으

2) 『四書章句集注』, "學之爲言效也. 人性皆善, 而覺有先後, 後覺者必效先覺之所爲, 乃可以明善而復其初也……程子曰, ……學者, 將以行之也. 時習之, 則所學者在我." 번역은 Gardner, *Zhu Xi's Reading of the Analects*, 31.

3) Ebrey, *Chu Hsi's Family Ritual*; Kelleher, "Back to Basics".

로 변화시키는 과정으로 보일 수도 있다. 얼핏 보기에 이것은 13세기 중엽 지방의 저명인사인 요로饒魯가 시도한 바로 보인다. 그는 궁리窮理로서 이해되어진 격물格物이야말로 배움의 근본적인 방법이라고 설명할 때 그와 같은 언명을 하였다.

격물은 가장 숨겨져 있는 구석까지, 겉에서 속까지, 거친 데서 섬세한 데까지 완전히 이해하는 것이다. 속 안에는 또 속이 있고, 섬세한 것 안에는 또 더 섬세한 것이 있다. 한 겹을 뚫으면 또 한 겹이 있다. 예컨대, 자식은 반드시 효도해야 하고 신하는 반드시 충성해야 한다는 것과 같이, 분명하여 알기 쉬운 것을 겉이라 한다. 그런데 효라는 것과 충이라는 것은 효와 충이라는 말 한마디로 다 밝혀질 수 없다. 효를 가지고 말하자면, 집에 있을 때 공경하고 부모를 보살필 때 즐거움을 드리고 부모가 병환 중일 때 걱정하고 부모의 상을 당해서는 슬퍼하고 제사를 지낼 때 엄숙히 하는 것, 이 모든 것이 효 안에 있는 항목들로서 이른바 속이다. 그런데, 집에 있을 때 공경한다고 했는데 어떻게 해야 공경한다는 것인가? 예컨대, 드나들 때 주의하고 오르내리거나 오갈 때 조심하는 것, 감히 트림이나 기침을 하지 않는 것, 감히 수그리거나 기대지 않는 것, 추울 때 감히 옷깃을 펴지 않는 것, 가려울 때 감히 긁지 않는 것 등이 모두 공경의 구체적 항목들이다. 이와 같이 하면, 집에 있을 때 공경을 바치는 것은 겉이 되고, 그 안에 있는 구체적이고 세세한 항목들은 속이 된다. 그런데 이러한 것들은 공경을 유지할 때 밖으로 드러나는 것일 따름이다. 옥을 쥐는 일이나 가득 찬 것을 받들 때와 같은 지극한 공경스러움의 경우는, 보이지 않는 것을 보고 들리지 않는 것을 듣는 지경에 이른다. 그렇게 하면 더 이상이 없는 골수에 이르게 되는 것이다. 격물을 하고 또 하여 더 이상 격물할 것이 없는 경지에 이르면 그것이 궁극적인 지점이다. 거친 것과 섬세한 것에 대해서도 마찬가지이다…… 겉만 보고 속을 보지 못하거나 거친 것만 보고 섬세한 것을 궁구하지 않으면, 그것은 완전하지 않은 것이다. 그런데, 속만 궁구하고 겉은 버려두거나 섬세한 것을 찾되 거친 것을 버려두는 것도 역시 완전하지 않은 것이다. 겉과 속, 거친 것과 섬세한 것에 모두 이르러야 비로소 '격물'이다.[4)]

요로는 효孝를 전통적인 윤리규범으로 간주하고서 사회적 기대와 경전에 기초하여 올바른 행위의 상세한 규범적 목록을 만들었다. 그런데 좀더 자세히 살펴보면, 그는 리 혹은 효의 리를 파악하는 일이든 다른 어떤 종류의 행위규범을 파악하는 일이든, 그것들이 다 자기 자신 속에 있는 어떤 공경의 차원을 발견하는 일을 의미한다고 주장하고 있는 듯하다. 일련의 행위들은 그것이 어떠한 것들이라고 묘사될 수 있는데, 그러한 묘사가 비록 중요한 것이기는 하지만 그것만으로는 충분하지 않다. 이것이 바로 정신적·육체적 격물의 과정 즉 학學의 과정이 필요한 이유이다.

지도적 위치에 있던 신유학자들은 도덕이라는 것이 사람의 외부로부터 주입되는 것이 아니며 학이라는 것 또한 모델을 학생들에게 주입시킴으로써 실현되는 것이 아니라고 단호하게 주장하였다. 정이의 경우, 그는 윤리적 행위는 모델에 따르도록 자신을 훈련시키는 것만으로 성취될 수 있는 것이 아니라고 주장하였다. 그 모델이 올바른 것이라고 모든 이가 동의하더라도 자기 내부에서 무엇인가를 발견해 내야만 한다는 것이다.[5] 신유학의 역사에서 텍스트 생산에 관한 한 가장 위대한 사람이라고 할 수 있는 주희 또한 비슷한 견해를 가졌다. 그에 따르면 타인의 가르침에만 의존하는 것은 학생

---

4) 侯外廬 等,『宋明理學史』, 728－729; 〔元〕饒魯,『饒雙峰講義』, 권2의『禮記』「內則」및「祭儀」인용, "格物, 窮至那道理恰好閫奧處,自表而裏,自粗而精,裏之中又有裏,精之中又有至精. 透得一重, 又有一重. 且如爲子必孝, 爲臣必忠, 顯然易見, 所謂表也. 然所以爲孝, 所以爲忠, 則非忠孝一言之所能盡. 且以孝言之, 如居致敬, 養致樂, 病致憂, 喪致哀, 祭致嚴, 皆是孝裏面節目, 所謂裏也. 然所謂居致敬者, 又若何而致敬? 如進退周旋愼齊, 升降出入揖遊, 不敢噦噫嚏咳, 不敢欠伸·跛倚, 寒不敢襲, 癢不敢搔之類, 皆是致敬中之節文. 如此, 則居致敬又是表, 其間節文之精微曲折又是裏也, 然比持敬之見於外者然耳. 至於洞洞屬屬, 如執玉捧盈而弗勝, 以至視於無形, 聽於無聲, 則又是那節文裏面骨髓. 須是格之又格, 以至於無可格, 才是極處. 精粗亦然,……若見其表, 不見其裏, 見其粗而不窮其精, 固不盡然, 但窮其裏而遺其表, 索其精而遺其粗亦未盡, 須是表裏精粗無不到, 方是格物."

5) Bol, "Cheng Yi as Literatus", 180.

과 도덕적 발달 간에 보다 큰 거리를 만들어 낸다. 진정한 출발점은 자아 내부에 있다.[6]

확실히 신유학자들은 사람들이 백지(blank slates)라고 생각하지 않았다. 그런데 신유학자들이 '누군가를 바로 그 사람이게끔 하는 것'과 '자신이 (궁극적으로) 될 수 있는 것을 깨달아 가는 과정으로서의 학'을 구분했다는 사실은 그들의 입장을 복잡하게 만든다. 신유학자들은 한 개인의 행동은 별도의 개입이 없을 경우 대체로 그 사람 특유의 기질에 의해 결정된다고 생각하였다. 그러나 동시에 신유학자들은 다음과 같은 주장을 전개하였다. (1) 모든 생명을 창조하고 지탱하는 '통합적이고 조화로우며 일관된' 과정들이 존재한다. (2) 생물학적 존재로서의 인간 또한 그러한 과정들의 산물이기 때문에, 인간은 자기 내부에 '통합적이고 조화로우며 일관된' 질서에 필요한 원리들을 가지고 있다. (3) 인간은 자신이 본래적으로 가지고 있는 리를 의식하고 그에 따라 행동함으로써 '통합적이고 조화로우며 일관된' 사회를 만들어 낼 수 있다. 이러한 견해에서는, '학'은 우리가 본래적으로 가지고 있는 것을 실현하는, 그리하여 '도덕'을 존재하게끔 해 주는 과정이다. 주희는 다음과 같이 설명하고 있다.

사람이 이 생명을 갖는다는 것은, 하늘이 사람에게 인의예지仁義禮智의 본성을 부여하고 군신부자君臣父子의 윤리를 명하며 사물이 따라야 할 규범을 만들었음을 말한다. 사람은 기질氣質에 치우침이 있고 사물에 대한 욕망에 가려짐으로 말미암아, 자신의 본성을 분명히 보지 못하고 윤리를 어지럽히며 규범을 어그러뜨려서 제자리로 돌아올 줄 모르게 된다. 반드시 학을 통해서 바로잡아야 한다. 그러한 뒤에야 마음을 바르게 하고 자신을 닦으며 가족을 질서 있게 하고 나라를 다스릴 수 있게 되는 것이다. 이것이 바로 사람이 학을 하지 않을 수 없는 이유이다. 학을 하는

---

6) 『朱熹集』, 권40, 1865, 「答何叔京」.

방법은 우선 기문사장記問詞章을 말하는 것이 아니니, 이는 성인이든 바보이든 귀하든 천하든 다르지 않다.[7]

이러한 사례 속에서 학은 인간의 내재적인 것을 밖으로 드러낸다. 신유학자들은 자신들이 현실을 이해할 수 있는 패러다임을 창조하는 것이 아니라 스스로의 속에서 정말 실재하는 것들을 찾아내고 있다고 주장하였다. 그것들은 사람들이 무엇이라고 생각하든 관계없이 실재할 것이었다.

다음과 같이 가정해 보자. 신유학자들은 인간들 속에는 도덕적 나침반을 제공할 수 있는 어떤 실재가 존재한다고 전제하면서, 자신들이 그 실재적인 것에 표현을 부여할 수단을 재발견했다고 생각하였다. 비록 다른 이들은 이것을 (외적 규범의) 내면화 과정이라고 생각한다 하더라도, 신유학자들은 (그 과정을 통해) 실현되는 것은 인간들이 실제로 가지고 있는 어떤 것이라고 주장하였다. 비록 인간들이 1400년 동안 자신들이 실제로 가지고 있는 그 어떤 것을 깨닫지 못해 왔다고 해도 말이다. 학은 우리로 하여금 우리 자신의 현실과 우리가 의식하게 된 어떤 (규범적) 상태의 완전한 일치를 궁극적으로 경험하게끔 해 주는 것이다. 우리가 텍스트에서 발견하는 윤리적 행위의 형태들은 사실 내적인 기초를 가진 것이다. 따라서 외적인 모델은 텍스트나 습속에서 최초로 현현하는 것이라는 사실이 곧 그것들이 우리 자신의 진정한 자아에 근거를 두지 않은 허위의 것임을 의미하는 것은 아니다.(신유학자들만이 이러한 주장을 한 것은 아니다. 인간 윤리에 대한 현대의 사회생물학적 접근들도 윤리적 의미를 가진 어떤 실재적인 것이 인간 내부에 있다고 설정한다.)[8]

---

7) 『朱熹集』, 권14, 546(1194년 상소문), "人之有是生也, 天固與之以仁義禮智之性, 而敎其君臣父子之倫, 制其事物當然之則矣. 以其氣質之有偏, 物欲之有蔽也, 是以或昧其性以亂其倫, 敗其則而不知反. 必其學以開之, 然後有以正心修身, 而爲齊家治國之本. 此人之所以不可不學, 而其所以學者, 初非記問詞章之謂, 而亦非有聖愚貴賤之殊也."

신유학자들, 그리고 사회생물학자들의 말이 맞다고 가정해 보자. 그렇다고 하더라도, 신유학자들이 말했듯이 인간들이 이것을 천 년 넘게 이해하지 못해 왔을 수 있다. 도덕의 근원과 그 실현 과정을 제대로 이해하지 못하는 한 도덕적 사회는 존재할 수 없다는 말도 성립된다. 신유학자들의 주장은 우리가 자연스럽게 도덕적으로 행동한다는 말이 아니다. 전혀 그렇지 않다. 그보다는, 우리가 제대로 배우기만 한다면 인간으로서의 우리 자신에게 생래적으로 갖추어져 있는 도덕적 안내자를 우리 스스로 의식할 수 있게 된다는 말이다. 그러므로 이 세계에 도덕을 실현한다는 것은 우리 각자에게 있는 그 어떤 것을 의식할 수 있느냐에 달려 있게 되는 것이다.

바로 이 지점이 '내면화'(internalization)가 등장하는 지점이다. 단순히 내면화해야 하거나 혹은 믿어야만 하는 것은 (구체적인 행동규범이 아니라 : 역자주) '이론'(theory)이다. 우리는 인간으로서 그 어떤 것을 본래부터 태생적으로 가지고 있고, 바로 그렇기 때문에 그것을 개인적으로 체험할 수 있다. 신유학의 이론은 바로 그것을 실제로 이해하고 수양하고 실현하는 방법에 대한 것이다. 고대와는 달리 현대(신유학자들이 살고 있던 바로 그 시대)는 올바른 이론적 이해와 자의식(self-consciousness)에 의존한다. 정이는 그 차이를 다음과 같이 설명하고 있다.

옛날에 학을 하는 사람들은 쉬웠고, 오늘날 학을 하는 사람은 어렵다. 옛사람들은 8세에 소학小學에 들어가고 15세에 대학大學에 들어갔다. 그곳에서 문채文采는 눈을

8) 예컨대 사회생물학적 입장을 나타내는 유명한 두 가지 경우를 보라. Pinker, *The Blank Slate*; Edward O. Wilson, *Consilience*. "Biological Basis of Confucian Ethincs: Or, A Reason Why Confucianism Has Endured for So Lon"이라는 제목의 논문에서 Donald Munro는 주장하기를, 생물학적 차원에서 도덕을 논한 것이야말로 가치에 대한 국제적 담론에 대한 중국 윤리학자들의 기여라고 한다. *A Chinese Ethics for the New Century*, 47−59 참조.

기르고, 성음聲音은 귀를 기르고, 위의威儀는 사지를 기르고, 가무歌舞는 혈기를 기르고, 의리義理는 마음을 길렀다. 오늘날은 이 모든 것이 사라지고 오직 도덕적 원리(義理)만이 마음을 기른다. 그러니 노력을 해야 하지 않겠는가?[9]

고대에서의 학은, 말하자면 사람들로 하여금 서로 조화를 이루게 하는 문제였다. 그것은 규범을 명료히 정의하고 몸과 감각을 훈련함으로써 달성될 수 있었다. 유비적으로 말하자면, 고대인들은 사람들을 문화의 언어 속에 흠뻑 젖어들게 함으로써 사람들을 가르쳤다. 그러나 신유학이 흥기한 시대의 학은 흠뻑 젖어드는 데 있는 것이 아니라—고대의 문화 언어는 더 이상 말해지지 않고 더 이상 완비되어 있지 않으므로— 그 문화 언어의 보편적 규칙을 정신적으로 제대로 이해하는 데 그 핵심이 있었다. 새로운 시대의 학이란 훈련(training)의 문제라기보다는 일단 생각(thought)의 문제이다.

내 생각에, 이것은 극단적인 입장에 대한 서술이기도 하다. 만약 언어의 보편적 규칙이 생래적이라면, 그 오랜 기간 동안의 혼란된 역사적 용례의 부담으로부터 그 언어를 해방시켜서, 보편적 규칙을 실현하는 새롭고 합리적이며 순수한 언어로 말하는 것이 가능해야만 한다. 왜 역사적 지식에 연연해야 하는가? 신유학자들은 자신들의 입장이 세세한 규칙들과 과거 모델의 내면화를 옹호하는 것으로 비추어지기를 원하지 않았지만, 그럼에도 불구하고 역사적 모델과 고전적 교훈을 부정하지는 않았다.—효의 실천에 관하여 전개된 요로의 격물에 대한 토론을 보라.— 그렇다면 우리가 해결해야 할 문제는, 어떻게 신유학자들이 학이란 생래적인 것들을 실현하는 일 혹은 자아 속의 어떤 것을 발견하는 일이라고 주장하는 동시에 역사적 모델과 고전적 교훈을 높

9) 『二程集』, 遺書 21a, 268, "古之學者易, 今之學者難. 古人自八歲入小學, 十五入大學, 有文采以養其目, 聲音以養其耳, 威儀以養其四體, 歌舞以養其血氣, 義理以養其心, 今則俱亡矣. 惟義理以養其心爾, 可不勉哉?"

이 평가할 수 있었는지를 이해하는 일이다.

이 수수께끼를 풀 수 있는 방법은, 신유학자들의 '학'은 '학에 대한 이론'과 더불어 존재한다는 사실을 인정하는 것, 그리고 그 이론은 그 이론을 내면화한 이들에게 앎을 얻고 생각하고 느끼고 선택하는 일상적인 인간 경험을 이해해 낼 수 있는 용이한 수단을 제공한다는 점을 인정하는 것이다. 신유학자들의 학 이론은 인간 경험의 다양한 측면들을 나누는 방법, 그리고 그것을 일관된 전체로 조직화하는 방법을 일러 줄 뿐 아니라, 역사적 모델에 대한 존중을 정당화해 준다. 앞으로 살펴보겠지만, 그 이론은 신유학자들로 하여금 자신들의 생각이 고전에 충실할 뿐 아니라(자신들이 순전히 만들어낸 것이라는 점을 부정하고) 학이 정치·사회적 행위자로서의 인간이 행위하는 방식을 변화시킬 것이라는 주장을 할 수 있게 해 주었다.

학에 대한 신유학의 기획은 '어떻게 배워야 하는지'에 대한 논의, 즉 이론에 대한 논의와 분리될 수 없다. 송·원·명대 동안 신유학자들은 자신들이 강학講學(discoursing on learning 혹은 discussing how to learn)이라고 부른 활동에 종사하였다. 사士가 삼라만상의 자연스러운 과정들, 문명의 역사, 인간의 조건을 잘 사유하는 방법을 배우기만 한다면 학은 제대로 작동하는 것이었다. 텍스트를 외우고 올바른 모델을 숙달하는 것은 부차적인 것이었다.

신유학의 이론은 개념들이 어떻게 상호 연결되어 있고 그 개념들이 정의하는 과정들은 어떻게 작동하고 있으며 그 개념들은 실천 속에 어떻게 테스트되고 입증될 수 있는지에 대해 설명하였다. 신유학의 경우, 우리가 공자의 『논어』를 대할 때처럼 어떤 사상가의 분절된 언명 '뒤에 놓여 있는' 이론을 추론해 갈 필요는 없다.(이론이 명시적으로 앞에 드러나 있으므로: 역자 주) 물론 이것이 철학적 논술을 남기지 않은 정호·정이 형제의 경우에는 해당되지 않는 말일 수도 있다. 정씨 형제의 주된 개념에 대한 분석은 대체로 그들의 제자들이 남긴 강의기록에 의존하고 있기 때문이다.[10] 그러나 정씨 형제는 그들의 학생들과 더불어 자신들의 개념에 대하여, 그리고 그 개념들이 어떻게 상호 정합적인가에 대하여 논의하였다.

이론이 중요했다는 사실을 보여 주는 증거들은 매우 많다. 그 증거 중의 하나는 핵심 용어들에 대한 용어사전이 출현했다는 사실이다. 예컨대 30개의 용어를 간단히 주해한 정단몽程端蒙의 『정몽재성리자훈程蒙齋性理字訓』(*Glosses of Terms for Nature and Principle*)[11]이나, 더욱 많은 분량으로 된 진순의 『북계자의北溪字義』(*Meanings of Terms*)[12] 등이 있다. 신유학자들은 자신들의 학에 대한 체계적인 설명을 담은 강의들을 행하고 출판하였다.[13] 먼저 발언의 기록들을 사용하여 학의 이론에 대해 체계적으로 소개하였는데, 『근사록』이 그 예이다.[14] 그리고 주돈이의 『태극도설』을 위시하여, 각기 다른 개념들이 어떻게 연결되는지를 보여 주기 위하여 도圖(다이어그램)를 이용한 것이 있다. 12세기에는 이원강李元綱이 『성문사업도聖門事業圖』(*Diagrams of the Sage Enterprise*)를 통해서 신유학의 다양한 주제들을 설명하였다.[15] 13세기에는 신유학의 스승 왕백王柏이 70개의 차트를 모아서, 도圖는 문자 이전의 독창적인 가르침 형식이라는 주장을 하였다. 그의 후계자 중 한 사람인 허겸許謙은 도를 사용하여 학생들에게 사서에 대한 주희의 주석을 설명하였다.[16] 주희는 때때로 공들여 만든 도를 활용하였는데, 주희의 해석자들은 그 도를 통해 주희의

10) Graham, *Two Chinese Philosophers.*
11) 〔宋〕程端蒙, 『程蒙齋性理字訓』.
12) 〔宋〕陳淳, 『北溪字義』(영역: *Neo-Confucian Terms Explained*).
13) 예컨대 陳淳의 嚴陵講義(*Neo-Confucian Terms Explained*, 177－186에 번역 수록) 및 朱熹의 玉山講義.
14) 朱熹・呂祖謙 編, 『近思錄』; Zhu Xi and Lü Zuqian, *Reflection on Things at Hand.*
15) 〔宋〕李元綱, 『聖門事業圖』.
16) 〔宋〕王柏, 「研幾圖」. 이것은 명나라 때 재구성한 것이지만, 원본 도표를 포함하고 있다. 程元敏, 『王柏之生平與學術』, 284－291. 許謙의 圖表는 학생들이 기록한 강의에 포함되어 있다. 〔元〕許謙 著, 『讀四書叢說』.

철학을 설명할 수 있다고 생각하였던 것이다.[17] 도圖에 관하여 중요한 것은, 그러한 도들은 개념들 간의 '관계'에 초점을 맞춤으로써 학생들에게 서로 다른 많은 개념들이 관계의 체계를 이루고 있음을 단번에 알 수 있게 하는 수단을 제공해 주었다는 사실이다.

신유학자들은 당대의 다른 사들 및 예전의 유학자들과 스스로를 구별하기 위하여 학에 대한 자신들의 이론을 사용하였다. 앞으로 살펴보겠지만, 그것은 또한 '전통윤리'의 어휘를 새롭게 이해할 수 있는 수단을 그들에게 제공하였다. 그러나 학에 대한 이론을 이슈화하는 것은 동시에 추상화에 이르는 길이기도 했다. 우주가 작동하는 방식, 고대문명의 기원, 현재의 인간 조건 등에 대하여 주장을 펼치면서 신유학자들은, 그들 자신의 표현을 빌리자면, 구체적이지 않고 눈에 보이지도 않는 '형이상形而上'(above form)의 사안에 대하여 이야기해야만 하였다.

여기서 나는 먼저 송나라 때 홍기한 일련의 이론들과, 그 이론들이 해결하고자 했던 몇몇 주된 모호한 점들과 긴장들, 그리고 신유학자들이 옹호하였던 윤리에 대한 새로운 관점들로부터 논의를 시작하도록 하겠다. 이어서 나는 그 이론들에 기초하여 세워진 새로운 커리큘럼에 대하여 논하겠다. 그 커리큘럼의 일부는 원나라와 명나라 초기에 공식적으로 채택되어 모든 사들이 응당 알아야 할 지식이 되었다. 끝으로 나는 명나라에서 일어난 이론적 담론의 부활에 대하여 논하겠다. 명나라 때는, 많은 신유학들자에게 있어 실천이란 텍스트를 마스터하고 텍스트에 대해 저술하는 일이 되었는데, 그러한 상황 속에서 새로운 담론이 나타났다.

17) Wing-tsit Chan, *Chu Hsi, New Studies*, 276－288.

2. 천지, 문명, 그리고 인간의 조건

리와 기로서의 '천지'

신유학을 창건한 사상가들은 진정한 가치들은 자연 자체에 그 가치의 기초가 있다고 주장하였다. 여기서 자연이란 천지가 생명을 일으켜 내는 과정을 의미하였다. 그 당시 이러한 주장은 그들을 고문가들로부터 분리시켜 주었다. 현대의 가치의 향방에 대하여 주장할 때 고문가들은 고대, 성왕, 경전에 대한 해석에서 그 가치들의 기초를 찾았다. 그런데 그 고문가들은 고대의 성왕들이 이루어 낸 문명 창조와 천지 사이에 필연적 관계가 있다는 주장을 더 이상 믿지 않았다. 어떤 면에서 신유학자들의 주장은 전통적인 사유—우주는 유기적 통일체, 그것도 인간을 포함하는 유기적 통일체라는 사유—에 대한 중시를 의미하는 것이기도 하였고, 만물의 자연스러운 전개과정에서 도덕적으로 의미 있는 규칙성과 일관성을 찾는 일이기도 하였다.

문제는 어떻게 하면 유기적 세계관을 배움의 방법과 연결시킬 것인가 하는 점이었다. 즉, 어떻게 하면 유기적 세계관이란 것이 만물의 통일성을 중시해야 한다는 일반적인 생각 이상의 것이 될 수 있는가 하는 점이었다. 모든 것은 기氣로 이루어졌다는 생각은 오랫동안 정설로 받아들여져 왔는데, 바로 그 생각을 가지고서 위의 문제를 해결하고자 하는 첫 번째 시도가 이루어졌다. 기는 질료(돌의 경우처럼 응축된 고체로 있기도 하고, 물의 경우처럼 액체가 되기도 하고, 공기의 경우처럼 희박해지기도 한다)와 질료 안에 내재하는 에너지의 결합이다. 그래서 기는 보통 'material force'로 번역된다. 4장에서 지적한 바와 같이, 기의 운동(movement)과 질(quality)은 음과 양이라는 두 가지 종류에 의해 이해된다. 음과 양은 순차적으로 차례차례 작동한다. 한 해의 순환을 예로 들 수 있다. 봄의 더운 날씨의 상승(양기)으로부터 시작하여 여름의 정점을 거쳐 가을의 추위의 상승(음기)으로 이어지고, 그것은 겨울에 절정을 맞는다. 혹은 낮(양)과 밤(음)의 순환을 예로 들 수도 있다. 음과 양의 순환은 종종 변화의 오행五行(다섯 가지 단계 혹은 요소: 木·火·土·金·水)과 결합된다. 오행은 음양의 순환을 묘사하기 위해 사용될 수 있을 뿐 아니라, (다섯 요소의 의미로 사용될 경우) 만물(색, 맛, 방향, 촉감 등)을 기의 다섯 가지 다른 질로 분류하기 위하여 사용될 수도 있다. 유서 깊은 우주감응(cosmic resonance)이론은, 한 현악기의 현 울림이 공명을 위해 다른 현악기의 같은 음조의 현 울림을 촉발시키듯이 비슷한 기의 것들은 서로 공명한다는 전제에 기초해 있다. 예컨대 『예기』「월령月令」("Monthly Ordinances")편은, 해당 연도의 거대한 순환과 조화를 이루기 위해 옷, 음식, 장소, 일을 바꾸어야 한다고 통치자에게 말하면서, 그렇게 하지 않을 때에는 자연의 진행을 문란케 할 것이라고—예컨대 봄에 겨울 색을 입는 것은 늦서리를 발생시킬 것이라고— 경고한다. 이러한 사상은 변화를 멈추게 하려는 것이 아니라 정치권력이 변화의 순환에 맞추도록 하려는 것이다. 왜냐하면 맞추어지지 않을 경우 자연이 궤도를 잃어 자연재해가 발생하며 왕조는 불안정하게 될 것이기 때문이다. 우주감응이론에 의하면 자연계와 인간계는 상호 영향을 미친다.

그러나 초기 신유학 철학자들은 「월령」 식과는 다르게 기氣 사상을 활용하였다. 즉 그들은 합당한 행동을 정의하기 위하여 기 사상을 활용하지는 않았던 것이다. 대신, 장재는 기가 어떻게 작동하는지에 대한 개념에 기초해서 학學의 이론을 발전시켰다. 그는 개개인의 사士가, 고대의 성인들이 그러했던 것처럼, 자신의 마음을 음기/양기의 변화가 전개되는 패턴에 어떻게 조화시킬 수 있을지를 물었다. 그러한 조화가 가능하다면 사사건건 일어나는 일에 대한 각자의 반응은 천지(자연계)의 작용에 내재해 있는 유기적 조화를 사회 속에 실현하는 데 일조할 것이었다. 장재는 기가 '보이지 않고 미분화된 태허

太虛(Great Void)'와, '태허로부터 응축되어 구체적인 사물을 형성하게 된 기氣'의 두 가지 상태로 존재한다고 단정하였다. 그의 도식에 따르면, 사물이 소멸하면 그 기는 흩어져서 태허로 돌아간다. 한 걸음 더 나아가 장재는, 모든 사람이 이 미분화된 기를 가지고 있으며 그 미분화된 기 안에는 통합되고 일관된 유기체로 발전될 패턴과 힘이 내재해 있다고 가정하였다. 보다 단순하게 말하자면, 개인은 우주의 축도이다. 천지의 핵심에는 생명을 부여하는 그 어떤 것이 존재하듯이 인간 역시 그러하다. 그 어떤 것이란 바로 '인간 본성'이 응당 그러해야만 하는 어떤 것이며, 생명의 엔진이자 창조 그 자체이다. 그러나, 모든 인간들이 똑같은 생명의 엔진을 가지고 있다고 하더라도 그 체질은 사람마다 다르다. 장재에 따르면, 기질(physical constitution)은 본성의 표현을 왜곡하고 구속함으로써 사람들로 하여금 편견과 편향성에 의해 행동하게 만든다. 그리고 이기심을 자극함으로써 사람들로 하여금 자신들이 지닌 잠재력을 조화로운 사회 창건을 위해 실현할 수 없도록 만든다. 기질적 차원의 존재로만 살아가는 이들은 그들을 둘러싼 사물에 휘둘리게 된다. 사물들은 그러한 사람들을 자극하고 정신 못 차리게 하여, 그런 사람들을 이기심의 압도적 영향 하에 둔다. 그들의 마음은 그들의 진정한 본성과 조화를 이루지 못한다. 이렇다고 할 때, '학學'은 기질을 통제하기 위하여 몸을 훈련하는 과정—예컨대 예의 부지런한 수행—이며, 그러한 단련을 통해 마음을 속에 있는 '태허'에 조화시키는 과정이다. 학의 결과, 사람은 비록 이기적이고 편향된 사람들의 세계 속에서 산다고 할지라도 일상 속에서 조화로운 패턴을 위한 잠재력을 본능적으로 간파하는 마음에 의해 인도되어 간다. 그러한 사람은 사물에 적절하게 반응하여, 그 패턴들이 실현되고 사람들이 제자리로 돌아가게끔 만든다. 이것이야말로 성인됨이 의미하는 바이며 학이 의미하는 바라고 장재는 결론지었다.18)

후대에 몇몇 사상가들이 장재의 기 사상을 다시 환기하기는 하였지만, 북송 후반기에는 정호·정이 형제가 보다 많은 추종자들을 얻었다. 정호·정이 형제는 창조라는 것이 기의 지속적인 변화를 수반한다는 것을 부정하지는 않았지만, 그들은 그 과정을 인도하는 그 어떤 것에 더 초점을 맞추었다. 장재는 리理라는 단어를 사용하여 그 인도하는 어떤 것을 묘사한 바 있지만 그것을 학의 초점으로 삼지는 않았는데, 정호·정이 형제는 리를 학의 초점으로 삼았으며 그러한 과정에서 리에다 새로운 함의를 부여하였다. 리라는 용어는 긴 역사를 가지고 있다. 그 용어는 초기 철학 문건, 법 관련 문헌, 문학비평, 몇몇 불교학파에서 모습을 드러낸 바 있다. 신유학의 '리理'는 'principle'이라고 가장 빈번히 번역되어 왔는데, 나는 아래에 설명하는 이유로 인해 많은 경우 윌라드 피터슨(Willard Peterson)을 따라서 'coherence'(일관성)로 번역하고자 한다.

'리'라는 용어는, 작동의 원리, 발언의 논리/논증/일관성, 부분을 연결하는 관계의 시스템 혹은 패턴 등을 지칭하는 묘사적 용어(descriptive term)로 사용되었다. 그것은 또한 규범적 용어(normative term)로도 사용되었는데, 이 경우 '리'는 어떤 것이 그에 따라 기능해야만 하는 표준, 모든 부분들이 함께 작동하는 것을 보장하는 표준을 의미하였다.[19] 리는 사물이 어떻게 작동하는지를 묘사하는 용어로 사용되어 온 동시에, 사물이 어떻게 작용해야만 하는지를 판별해 내는 규범적 용어로 사용되어 온 사실에 주목하라. 오늘날 우리는 묘사적인 것과 규범적인 것 사이에 분명한 구별을 둔다. 우리는 사물이 실제로 어떠하다는 묘사로부터 사물이 어떠해야만 한다는 (규범적) 언술을 만들

18) Kasoff, *The Thought of Chang Tsai*, 第2장에서 4章까지.

19) '理' 개념에 대한 고전적 연구는 Wing-tsit Chan, "The Evolution of the Neo-Confucian Concept Li as Principle"이다. 鄧克明은 『宋代理概念之發展中』에서 '理'라는 용어가 北宋시기에 가진 다양한 용법에 주목하였다. 그러나 그는 '理'가 결국 '法'과 상당히 유사한 의미를 가지게 되었다고 주장한다.

어 내는 것이 불가능하다고 생각한다. 다음 장에서는 신유학자들이 어떻게 하여 묘사적인 것과 규범적인 것을 통합할 수 있었는지를 설명해 보겠다. 일단 여기서는 다음과 같이 이야기해 두는 것으로 충분할 것이다. 어떤 사물의 리에 대하여 이야기한다는 것은 또한 그 사물이 성공적으로 작용할 수 있는 방식에 대하여 이야기하는 것이기도 하였다. 그리고 그 성공은 곧 그 사물이 보다 큰, 자족적인, 유기적인 전체의 일부로서 조화롭게 기능할 수 있게끔 작동함을 의미하는 것이었다.

리는 모든 사士들에게 알려진 용어로서, 그것은 널리 알려진 이음절어인 리회理會로 사용되었는데, '리회'는 보통 무엇이 어떠한지를 혹은 어떠해야 하는지를 '이해하다'로 번역된다. 보다 중요하게는, 리理라는 용어는 과거시험답안의 질을 판정하는 데 사용되었다. 시험관들은 과거시험답안을 문리文理, 즉 문학적 형식(文)과 주제의 이해(理)에 기초하여 점수를 매겼다. 좋은 문학적 형식을 지녔음에도 리를 잘못 파악하는 경우가 가능하였다. 여기서 리는 'correct reasoning'[20]으로 번역될 수도 있겠다. 이 모든 경우들에서 리는 마음이 파악하는 어떤 것이지, 물질적인 것이 아니었다.

정호·정이 형제와 주희는 리를 학에 근본적이게끔 만드는 세 가지 중요한 주장을 전개하였다.(아래에서 그 각각에 대해 자세히 논할 것이다.)

첫째, (예컨대 나무와 같은) 모든 개체와 (예컨대 부모에게 자식됨과 같은) 모든 사태는 그에 해당하는 리를 갖는다. 그 의미는, 모든 개체에는 규범 혹은 표준이 있다는 것이다.

둘째, 마음이 어떤 것의 리를 완벽한 확실성을 가지고 절대적으로 파악하는 일이 가능하다.

---

20) 『宋會要輯稿』(하버드대학 온라인 판본)에 실린 시험답안지에 관계된 문헌에서, 理는 대략 70회 정도 사용된다.

셋째, 모든 리는 하나의 리이다.

그리하여, 우주의 작동을 주로 기의 관점에서 묘사했던 장재와는 대조적으로, 정호·정이 형제와 주희는 지속적이고 변하지 않는 것은 리라고 하면서 기를 매개로 한 창조의 과정이 리를 따라서 전개되며 모든 일과 사태는 그것이 우주의 일부인 이상 동일한 리를 가진다고 하였다. 길이라는 뜻의 용어인 도道는 리의 또 다른 이름일 뿐이다. 진순은 자신이 쓴 신유학 용어의 주해서에서 다음과 같이 설명하였다.

> 도道는 길이다.…… 사람들이 두루 다니는 공통된 길이다. 도의 일반적인 의미는, 일상생활과 인간관계에서 행해야 할 리라는 것이다.…… 리는 형상이 없다. 그것은 스스로 그러하므로 천天이라고 불린다. 천은 리를 의미한다. 하나의 기원을 갖는 기(一元之氣)가 퍼져서 사람을 낳고 사물을 낳는다. 그리하여 길과 맥락이 생기는데, 그것이 곧 사람과 사물이 다녀야 할 길이다.

> 도와 리는 대체로 하나의 것이다.…… 리에 비해 도는 더 넓고, 리는 더 실질적이다. 리는 확고하여 변하지 않는다는 뜻을 가지고 있다. 그리하여, 영구히 다닐 수 있는 것은 도이고, 영구히 바뀌지 않는 것은 리이다. 리는 형상이 없는데 어떻게 볼 수 있는가? 그것은 사물이 마땅히 따라야 할 규범이다.…… 사물이 응당히 그러해야만 하는 것이 곧 '당연當然'이니, 딱 그러하여 더할 것도 덜할 것도 없다.[21)]

리란 무엇인가? 모든 일과 사태가 규범을 갖는다고 말하는 것은 다음과

---

21) 『北溪字義』, 38, 41－42(번역은 *Neo-Confucian Terms Explained*, 105－106, 112에 실린 내용을 약간 수정), "道, 猶路也.……人所通行, 方謂之路.……道之大綱, 只是日用間人倫事物所當行之理.……理無形狀, 以其自然而言, 故謂之天……此天字是說理.……一元之氣流出來, 生人生物, 便有個路脈, 恁地便是人物所通行之道"; "道與理大概只是一件物……與理對說, 則道字較寬, 理字較實, 理有確然不易底意. 故萬古通行者, 道也; 萬古不易者, 理也. 理無形狀, 如何見得? 只是事物上一個當然之則便是理.……只是事物上正合當做處便是'當然', 即這恰好, 無過些, 亦無不及些, 便是'則'."

같은 신유학자의 주된 관심사에 접속하는 것이다. 그 관심사는 바로, 인간이 어떻게 행동해야 하고 사물과 사태가 어떻게 기능해야 하는지를 알 수 있는 가능성이다. 그런데 신유학자들은 또한 그들이 살았던 시대의 다음과 같은 전제를 공유하고 있었다. 시스템과 구조적 관계를 이해하는 것이 가능하며, 부분을 전체의 관점에서 파악하는 것이 가능하다는 것. 이 점을 염두에 두면서, 나는 우리가 리에 대한 신유학자들의 용례를 다음과 같이 이해할 수 있다고 생각한다. 모든 사물은 기로 이루어져 있다, 그러나 사물의 리는 사물이 어떻게 작동하는지 그리고 어떻게 기능해야 하는지를 결정한다. 진순은 다음과 같이 설명하였다.

> 두 기(음과 양)의 작용에 의해 태곳적부터 생명을 낳고 낳는 일이 끊이지 않았다. 그러나 기만 있다고 하면 안 된다. 반드시 지도하는 것이 있어야 한다. 리가 바로 그것이다. 리는 기 가운데서 추축이 된다.[22]

첫째, 사물은 그 나름의 독특한 구조를 갖는다. 나무의 구조는 잎, 가지, 줄기, 뿌리의 상호연결성이며, 가지와 뿌리의 관계가 그러하듯이 그 구조 안에서 한 부분은 다른 부분과 연결된다. 마찬가지로 가족의 구조는 부모와 자식을 연결시키며, 그 안에서 나름의 사회적 역할과 실천이 만들어진다. 둘째, 사물은 그 나름의 독특한 방향과 발전 과정을 가지고 있다. 나무가 하루 단위의, 그리고 1년 단위의 순환을 거치게 되어 있고 일정한 수명을 가지고서 성장하듯이, 부모와 자식의 상호영향관계도 마찬가지로 시간에 따라 변화한다. 셋째, 사물은 보다 큰 전체의 부분으로서 존재하며, 다른 사물

22) 『北溪字義』, 6(번역은 *Neo-Confucian Terms Explained*, 38에 실린 내용을 약간 수정), "二氣流行, 萬古生生不息, 不成只是空個氣, 必有主宰之者, 曰理是也. 理在其中爲之樞紐."

과의 관계 속에서 독특한 기능을 수행한다. 어떠한 종류의 나무는 생태계에서 그 어떤 종류의 역할을 수행하고, 특정 나무로부터 나온 목재는 특정 종류의 도구를 만들기 위하여 사용될 수 있다. 마찬가지로, 성년이 된 자식은 부모와 관련하여 수행해야 할 독특한 역할이 있고, 부모-자식 관계는 보다 큰 가족단위체에서 일정한 기능이 있으며, 가족은 보다 큰 사회관계망 속에서 일정한 기능이 있다. 리는 사물이 어떠해야만 한다고 말할 수 있는 방법을 제공하기 때문에 신유학자들에게 핵심적인 개념이다. 그러나 이 경우 리는 사물에 대한 관점의 선택 문제와 관련을 맺게 되기 때문에 자연히 다음과 같은 의문이 제기된다. 나무는 생태계의 일부로 간주되어야 하는가, 아니면 철을 제련하는 데 쓰이는 숯의 재료로 간주되어야 하는가? 달걀은 닭이 될 운명인가, 아니면 오믈렛이 될 운명인가? 인간의 기능은 성인이 되는 데 있는가, 아니면 노동력의 자원 즉 사고파는 대상인 노비가 되는 데 있는가?

리에 대한 앎(knowledge of li)은 앎에 대한 앎(meta-knowledge)이다. 즉 그것은 어떠한 것이 어떻게 구성되는지, 그리고 시간이 흐르면서 어떻게 발전해 나가며 어떠한 역할을 수행해야 하는지에 대한 앎이다. 비록 사물이 물질성을 갖는다는 점에서 기이고 사태 역시 그 작동에 있어 기의 운동을 수반한다는 점에서 기이지만, 사물과 사태에 질서를 부여하고 명을 내리는 것은 리이다. 모든 사물과 사태는 리를 지니고 있다. 그래서 우리는 모든 사물이 리를 가진다는 점에서는 서로 비슷하다고 말할 수 있고, 리가 모든 것에서 같은 역할을 수행한다는 점에서 모든 것의 리는 서로 비슷하다고 말할 수 있다.

그렇다면, 적어도 정호·정이 형제와 주희에 관한 한, 사물 속의 리는 고대인들이 사물의 성性이라고 지칭했던 것, 즉 사물이 작동함에 있어 따라야 할 본래적이고 불변하는 규범과 같다는 말이 성립한다. 다시 진순은 말한다.

> 성性은 곧 리理이다. 왜 리라고 하지 않고 성이라고 하는가? 리는 세상의 사람과 사물에 공통되는 리를 일반적으로 말하는 것이고, 성은 내 안에 있는 리이다. 하늘로부터 이 도리를 받아서 내가 가지게 된 것이므로 성이라고 한다. 성性이라는 글자는 생生이라는 부분과 심心이라는 부분으로 이루어져 있다. 사람이 태어나면서 마음에 이 리를 구비하게 되므로 성이라는 이름으로 부르는 것이다.[23)]

이에 대한 설명은 다음과 같을 것이다. 자두나무 리의 총체성은 자두 씨 바로 그 안에 존재할 것이며, 씨앗이 자라면서 자두나무 속에서 지속적으로 작동할 것이다. 비슷하게, 한 인간의 리가 가진 총체성은 태아에 존재할 것이다. 부모-자식 관계의 리 또한 모든 인간에게 주어진 리의 부분이다.

우리는 오늘날 자연적인 것(나무)과 문화적인 것(부모-자식 관계)을 구분할지도 모른다. 나무는 어떠한 방식대로, 그것의 리를 따라서 필연적으로 발달해야만 한다. 그렇지 않으면 그것은 존재할 수 없다. 반면에 인간은 사회적 규범을 창조하고, 그런 다음에 그것을 지킬지 말지—부모는 자식을 등한시할 수 있고, 자식은 부모를 멸시할 수 있다—를 선택한다는 것이다. 신유학자는 그러한 구분이 존재함을 부정한다. 부모-자식 관계의 리는 나무의 리만큼이나 실재적이고 똑같이 필수적이라는 것이다. 만약 영아가 등한시되면 영아는 죽을 것이며, 부모-자식 관계의 리는 실현되지 않을 것이다. 다음에서 다룰 고대에 대한 부문에서 논하겠지만, 역사적 이유 때문에 리는 특정한 문화적 형식 속에서 표현된다. 그런데 사람들이 자신들에게 부여된 리와 합치하지 않는 것도 가능하다. 왜 그것이 그럴 수 있는지, 그에 대해서 무엇을 할 수 있는지는 그 다음 부문인 인간 조건에 대한 단락에서 논하겠다.

---

23) 『北溪字義』, "性即理也. 何以不謂之理而謂之性? 蓋理是泛言天地間人物公共之理, 性是在我之理. 只這道理受於天而爲我所有, 故謂之性. 性字從生從心, 是人生來具是理於心, 方名之曰性."

창조의 과정은 그 시작 이래로 현재까지 전개되어 왔고, 원리들은 우주의 역사 속에서 존재하게 된 각 개체 안에 존재한다. 마치 원리들이 자두 씨 안에 존재하듯이, 우주 안의 생명과 생장을 지도하는 모든 원리들은 그 전체가 다 처음부터 거기에 있었다. 분석적으로 말하여, 리는 기와 구분되고 기보다 선재先在한다. 왜냐하면 모든 것의 리는 각 사물이 존재하게 되기 이전에 우주에 내재해 있기 때문이다. 그러나 리는 기와 분리되어 존재할 수 없다. 자두나무의 리는 씨에 뿌리박혀 있고, 인간의 활동이 일어나면서 리는 인간 활동 속에 존재하게 된다,

신유학자들은 한 걸음 더 나아가 리의 통일성(unity)과 동일성(identity)을 주장한다. 리의 통일성이 보다 이해하기 쉽다. 우주는 단일하고, 모든 것을 포괄하는 시스템이며, 하나의 도道에 따라 작동한다. 대안적인 우주가 없고, 대안적인 도도 없다. 어떠한 개별 사물이나 사태도 우리가 선택하거나 거부해도 좋을 만큼 대안적인 리를 가지고 있지 않다. 그리하여 모든 개별 사물의 리는, 모든 리가 연결되어 있는 통합된 시스템으로서의 우주의 리의 일부이다. 리는, 과학자들이 '통일장 이론'(unified field theory) 혹은 '모든 것의 이론'(theory of everything)이라고 부를 그 어떤 것의 신유학적 기초이다.

리의 동일성이란, 모든 리는 같은 리라는 의미이다. 이것이 어떻게 가능한가에 대해서는 두 가지 이해 방식이 있다. 첫 번째는 리의 통일성으로부터 도출되는 이론적 가정이다. 우주의 전개 전체, 그리고 그 안의 모든 것에 대한 모든 리를 함유하고 있는 씨앗이 있다고 가정해 보자. 그리고 모든 창조된 사물들은 그 씨앗을 가지고 있다고 가정해 보자. 각 사람(그리고 각 나무)은 자신의 존재 그 자체에 대한 리인 동시에 다른 모든 것에 대한 리인 어떤 것을 가진다는 말이 그로부터 성립하게 된다.

주희는 주돈이로부터 태극太極이라는 말을 빌려 와서 리의 통일성과 동일

성을 지칭하였다. 각 사물은 리의 전체성(totality)을 받는다. 사물 간, 그리고 사람 간의 차이는 그 전체성의 어떤 부분에 그들이 접근할 수 있는가의 결과물이다. 주희가 사용한 유비에 따르면, 그것은 공터에 나와서 모든 불빛을 보는 것과, 집안에 있으면서 창문을 통해 빛의 일부만 보는 것의 차이와 같다. 이 때문에 인간은 말(馬)이 볼 수 있는 것보다 더 많은 것을 볼 수 있다는 것이다. 그러므로 차이는, 한 사물이 전체성의 얼마나 많은 부분에 접근 가능한가에 달려 있다. 그리고 이것은 그 사물을 이루는 기에 의해 결정된다.[24] 진순은 다음과 같이 설명한다.

> 태극은 리일 뿐이다. 리는 본래 둥글다(즉, 완전하다). 그러므로 태극의 리는 본래 구분되어 있지 않다. 리는 형상이 없고 경계와 나뉨이 없다. 그러므로 모든 만물이 각기 태극을 가지고 있다. 그러나 그 각각의 태극의 본체는 구분되어 있지 않다. 오직 인간의 기만이 바르고 통해 있어서 만물 중에서 가장 영명하다. 그리하여 구분되어 있지 않은 본체를 이해할 수 있다. 사물의 기는 편벽되고 막혀 있어서 사람만큼 영명하지 않다. 그러므로 구분되어 있지 않은 본체를 가지고 있어도 그것을 이해할 수는 없다.[25]

정호·정이 형제와 주희는 또 천리라는 용어도 사용하였다. 천리는 앞에서 'moral conscience'와 'universal coherence'라는 말로 번역되었는데('innate coherence' 혹은 'total coherence'라는 말로도 번역할 수 있다), 이것은 한 개인이 의존할 수 있는 도덕적 길잡이로서 부여받은 리의 전체성을 지칭하기 위한 것이었다.

---

24) Ivanhoe, *Confucian Moral Self-Cultivation*, 47－48; Chung Tsai-chun, *The Development of the Concepts of Heaven and of Man*, 228－233.

25) 『北溪字義』, 72(번역은 *Neo Confucian Terms Explained*, 191에 실린 내용을 약간 수정), "太極只是理, 理本圓, 故太極之理本渾淪. 理無形狀, 無界限間隔, 故萬物無不各具得太極, 而太極之本體各各無不渾淪. 惟人氣正且通, 爲萬物之靈, 能通得渾淪之體. 物氣偏且塞, 不如人之靈, 雖有渾淪之體, 不能通耳."

진순은 리의 동일성을 이해할 두 번째 방법을 지적한다. 그것은 바로 인지(cognition)를 통한 방법이다. 인간을 우주의 다른 사물과 구분해 주는 것은 인간이 보다 많은 것을 볼 수 있다는 사실이다. 인간이 그럴 수 있는 것은, 애초에 보다 적은 부분이 막혀 있기 때문—그들의 기가 보다 투명해서—이기도 하고, 학을 통해 창문을 보다 넓게 열어서 그 이전보다 더욱 많은 것을 보게 되었기 때문이기도 하다. 신유학자들은 리가 모든 사물에 구조, 과정, 기능을 부여한다고 생각하였는데, 이때 마음(mind 혹은 mind-and-heart)이란 인간으로 하여금 그러한 리(구조, 과정, 기능적 관계)를 볼 수 있게 하는 일련의 기능들의 집합(set)이다. 신유학자들은 각 사물을 일관되게 하고 이해 가능하도록 만드는 그 어떤 것을 식별해 내고 있는 것이다. 리가 모든 사물이 본래부터 가지고 있는 '일관성'(coherence)을 나타낸다고 생각해 보자. 그렇다면 우리가 사물에서 이해하는 일관성은 바로 다른 모든 사물이 가지고 있는 바로 그러한 일관성이자 우리 자신의 정신적 기능의 특성임을 알 수 있다. 이것을 달리 이야기하면 다음과 같다. 어떤 사물이 그 자신의 일관성을 가지고 있다고 할 때, 어떤 사물의 그러한 일관성은 바로 다른 사물의 일관성과 같은 것이다. 각 사물이 그 자신의 일관성을 가질 때조차 일관성 그 자체는 변하지 않는다. 어떤 것의 리를 본다는 것은 그것의 일관성을 본다는 것으로, 그 일관성은 사물에도 있고 우리 마음 속에도 있다.[26)]

신유학자들은 이러한 사상이 갖는 함의에 대해서는 서로 의견을 달리하게 되었다. 마음을 기질의 한 측면으로 보는 이들은 그것의 변화성을 강조하였다. 어떤 사람들은 둔하여 열심히 노력하지 않는 한 작은 빛만 보게 될 것이고, 또 어떤 사람은 똑똑하게 태어난다. 마음을 기질의 한 측면으로 보는

26) 理에 대한 이러한 논의, 특히 理를 coherence로 이해하는 것은 Peterson, "Another Look at Li"에 의지한 것이다.

사람들, 그들 중에 정이와 주희에 따르면 인간 본성, 즉 타고난 일관성은 마음의 리였다. 마음의 임무는 그 자신의 리, 그 자신의 본성을 의식해 내는 것이었다. 다른 이들, 그 중에서 육구연과 왕수인에 따르면 마음은 리 자체였다. 그들의 초점은 마음을 활성화시켜서 마음이 늘 자신의 일관성으로부터 사물에 반응하게끔 하는 데 있었다. 내 생각에는 양측 모두에게 다음과 같은 논평을 할 수 있을 것 같다. 모든 사물이 일관성을 가지고 있다고 믿는 것, 그리고 모든 사물이 보다 큰 일관된 전체에 속해 있다고 믿는 것, 그렇게 믿는 일 자체가 사물과 자아에서 일관성을 찾아내는 일의 일부였다.

고대와 성인

천지와 도덕을 리로 이해하는 신유학자들의 입장은 보편주의적이며 역사적 차원을 넘어서(ahistorical) 있다. 어떤 권위적 인물이 포고했다고 해서, 경전에 그렇다고 서술되어 있다고 해서 그들의 주장이 참이 되는 것은 아니었던 것이다. 주희가 황제에게 다음과 같이 설명한 바와 같다.

> 폐하께서는 제가 드리는 말씀이 제가 지어낸 것이 아니라 옛 성현의 말씀임을 아셔야 합니다. 그리고 그것은 옛 성현이 지어낸 것이 아니라 천지의 규범과 표준이 가진 본래적 원리임을 아셔야 합니다…… 성인들도 그것을 어길 수 없습니다.[27]

그럼에도 불구하고 신유학자들은 자신들의 사상이 고대에서의 문명 창조와, 그 과정에서 이루어진 선왕 혹은 성인의 역할, 그리고 그 문명에 그 이후에 어떻게 몰락했는지를 설명할 수 있음을 보여 주어야만 했다. 게다가 신유

27) 『朱熹集』, 권11, 485－486(1188년의 상소문), "知臣之所言, 非臣所爲之說, 乃古先聖賢之說. 非聖賢所爲之說, 乃天經地義自然之理. 雖以堯舜禹湯文武周孔之聖, 顏曾伋軻之賢, 而有所不能違也."

학자들은 문화적 형식(cultural forms)의 창조에 대해서, 그리고 그 문화적 형식이 권위를 가졌던 이유에 대해서도 설명해야만 했다. 그리고 처음에는, 문명의 기원과 가치의 기초의 관계에 대해 매우 다른 입장을 가지고 있던 이들에 대해서도 대응해야만 하였다.

이러한 사안에 대한 신유학자들의 설명은 다음과 같다. 당시 인간들이 처해 있던 상황에 대해 몇몇 사람들이 일관성을 가지고 대응하였을 때, 그리고 인간이 생산적인 조화로움 속에서의 삶을 가능케 하는 환경을 창출해 냈을 때, 문명은 시작되었다.(그 이전의 사람들은 살기 위해 금수와 경쟁해야 하는 처지에 있었다.) 문명의 창조자들이 문명 창조의 의미를 의식하였든 하지 못했든 그것은 중요한 문제가 아니다. 그들은 통합된 사회질서의 리에 대해 자연스러운 통찰을 가지고 있었기 때문에, 농기구와 같은 물건들을 발명하고 정부와 문서기록 같은 제도를 조직할 수 있었다. 그들이 만들어 낸 정부와 문서기록 같은 것들은 통합된 사회질서의 리를 실현하고 지속적인 삶을 가능케 하였다. 완전히 순수하고 투명한 기를 본래부터 부여받아서, 사물의 일관성을 조명해 냄에 있어 마음이 아무런 장애를 만나지 않는 것, 이것이 바로 성인됨의 의미였다. 그리고 이것이 바로 고대인들이 성인을 '나면서부터 아는 사람'이라고 생각한 이유였다. 성인들이 창조한 것은 리에 형식을 부여한 것이었으므로 결코 '인공적'인 것이 아니었다. 그리고 그것은 누적적인 과정이었다. 성인들이 각기 나름의 업적을 추가해 감으로써 문명은 일관되고 통합된 사회질서가 되었고, 그곳에서 사람들에게는 각자의 역할이 부여되었으며 모든 이들의 안녕이 확보되었다. 물론 모든 통치자들이 성인이었던 것은 아니지만, 성인이 아닌 이들은 새로운 성왕이 나타나서 기존의 것을 교정하고 새로운 것을 추가할 때까지 예와 과거의 제도를 지속할 수 있었다. 첫 번째 성왕이 미래를 위해 완비된 청사진을 가지고 있었던 것은 아니다. 성인들은 자신들에게 일어나는 상황들에 대응했을 뿐이고, 좋은 질서 상태를 이루기 위해 필요한 것들을 행하였을 뿐이다. 그러한 식으로 해서 완비되고 적절한 문명이 형성되기에 이른 것이다.[28] 문명이란, 문명화된 삶을 위한 리가 구현된 것이자, 인간의 타고난 본성의 자연스러운 발로이며, 우주에서 지속되고 있는 생명에의 참여자로서의 인간 역할이 실현된 것이었다.

고대에 사람들은 과거로부터, 그리고 윗사람들로부터 전수받은 모델을 모방하는 데 의존하였다. 그러나 권력자는 더 이상 성인이 아니게 되었고, 나아가 이기심의 노예로서 과거의 모델을 무시하게 되었다. 권력자들은 이런 식으로 스스로 잘못된 길에 들어서게 되었으며, 더 나아가 다른 이들마저도 잘못된 길로 인도해 갔다. 그리하여 삼대의 마지막 왕조인 주나라는 쇠락하게 되었다. 그런데 이번에는 새로운 성왕이 출현하지 않았다. 이 때문에 왕이 아닌 성인 즉 공자가 나와 가르치기를 선택하였고, 후대를 위한 길잡이로서 경전을 확립하였다. 신유학자들이 생각하기에는 『논어』 및 그 밖의 텍스트로부터 다음과 같은 사실이 명백해 보였다. 공자는 학생들에게 오직 하나의 해결책이 있을 뿐임을 깨닫게 하려고 하였다. 그 하나의 해결책이란, 학생들 스스로 성인이 되는 법을 배워야만 한다는 것이었다. 더 이상 통치자가 타고난 성인이 되리라는 희박한 가능성에 의존해서는 안 되었다. 그러나 어떻게, 그리고 왜 학學을 해야 하는지에 대한 공자의 진정한 가르침은 무시되었고, 성인의 학은 11세기에 이르기까지 망실되었다. 그럼에도 불구하고 많은 경전들이 후대로 전해졌다. 따라서, 사들이 경전을 제대로 읽는 법을 안다면—사들이 무엇을 위해 경전을 읽어야 하는지를 안다면— 그들은 성인들이 보았던 것을 볼 수 있는 수단을 연마할 수 있게 되는 것이었다.

28) Bol, *This Culture of Ours*, 306–311.

인간의 조건

신유학자들은 고대의 종말과 사람들이 타고난 리를 실현하지 못한 실패의 책임이 욕망에 휘둘리는 인간의 면모에 있다고 보았다. 주희가 설명하였듯이, 천지는 궤도에서 이탈하지 않았지만 인간성이 욕망의 강한 영향 하에 있게 되면 인간들은 천지를 닮기를 그치게 된다. 욕망에 따라 산다는 것—예컨대, 신유학자들 자신들이 잘 나갈 때 그랬듯이, 자신의 이해관계에 의존해 있는 시스템에서 산다는 것—이 확실히 가능한 일이기는 하지만, 그것은 곧 실재하는 보편적인 어떤 것, 세상의 참된 이해관계에 부합하는 어떤 것을 무시하는 일이 된다. 조화로운 세계를 이루기를 바라는 이에게 두 개의 정당한 길이 주어질 일은 있을 수 없고 앞으로 있지도 않을 것이다.[29] 신유학자들에게 있어 욕망은 실재적인 동시에 대부분의 사람이 피할 수 없는 것이다. 속세를 떠남으로써 욕망을 중지시키려는 것—신유학자들이 불교적 해결책이라고 본 것—은 정치적 사회적 책임으로부터 회피하는 것을 의미하는 것이므로, 그것은 곧 자신들의 원래 목적을 배반하는 것이다.

욕망은 외적 자극에 대한 물리적 신체의 본능적 반응이라고 신유학자들은 생각하였다. 갈증이 나거나 허기질 때 마음이 자연스럽게 신체를 인도하는 것을 보아도 알 수 있듯, 마음은 몸을 의식하고 있다. 기질(physical constitution)은 감각을 통하여 자신을 둘러싼 세계와 끊임없이 상호작용하고 있으므로, 욕망이란 불가피하다. 이러한 종류의 반응은 의식적 반성 없이 기의 차원에서 일어나는데(주희가 보기에, 마음은 기로 이루어져 있다), 바로 이 점에 초기 기사상의 유산이 있다. 같은 범주의 기로 이루어진 각기 다른 사물들은 서로에게 끌린다. 이러한 견해는 외부 사물이 우리 내부의 반응을 자극하는 것으로 본다. 예컨대 우리는 음식을 보면 침을 흘리고, 음악의 리듬에 맞추어 움직인

29) Chung Tsai-chun, *The Development of the Concepts of Heaven and of Man*, 122.

다. 기가 우리의 길잡이가 될 때 문제점은 우리 모두가 제각기 다른 기를 가지고 있다는 사실이다. 자연스러운 이기심은 사람마다 다르며(각자 자기 자신의 '氣質之性'〔physical nature〕을 가지고 있다), 욕망의 충족에 기초한 사회에서는 각자가 목전의 욕망을 달래기 위한 것만 움켜쥐려 들기 때문에, 그 사회는 곧 자기만족을 위한 난폭한 경쟁으로 빠져들게 된다. 이 문제에 대한 전통적인 해결책은, 외적인 유혹을 피하려 하거나 올바른 모델대로 살게끔 자신을 훈련시키거나 자기 이해관계를 보다 생산적인 목적으로 인도하기 위하여 상벌에 의존하는 것이었다.

이 모든 해결책에 반대하여, 신유학자들은 마음은 기질을 의식할 뿐 아니라 모든 인간이 나면서부터 가지고 있는 리의 통일성을 자각한다고 주장하였다. 기는 사람마다 다르기 때문에, 누군가는 더디고 누군가는 빠르며 누군가는 둔하고 누군가는 똑똑하다. 그래서 위에서 말한 자각이 보장되어 있는 것은 아니다. 그러나 마음이 희미한 빛을 붙잡아 '인욕人欲'(human desire)과 '천리天理'(innate coherence) 사이에서 선택을 행할 가능성은 언제나 존재한다. "인욕과 천리 간에 일정한 경계선은 없다"고 주희는 말했다. 그러나 매 상황마다 이루어져야 할 천리와 인욕 간의 구분은 존재하는 것이었다.[30] 그리고 그 구분을 인식하기 위해서는 양자의 차이에 대하여 조심스럽게 주의를 기울여야 하는 경우가 많다. 한 가지 예가 인욕과 천리 간의 성격을 잘 드러내 줄 것이다. 주희는 "먹고 마시는 것은 천리이고, 맛있는 음식을 요구하는 것은 인욕이다"라고 말하였다.[31] 몸에 영양을 공급하는 것은 리—이것은 조화로운 기능을 유지한 상태에서 생명이 지속되도록 해 준다—이고, 말초적인 매력을 가진 것을 요구하는 것은 선정적인 데 매몰되거나 혹은 남에게 인기를 얻고

30) 『朱子語類』, 권13, 224.
31) 『朱子語類』, 권13, 224.

자 하는 것으로서 이기적인 것이다.

리를 자각함으로써 개인이 사태에 자연스럽게 반응하는 법을 배울 수 있다는 생각은 신유학자들로 하여금 욕망(欲, desire)과 감정 반응(情, emotional responses) 간의 구분을 할 수 있게 해 주었다. 어떤 것에 대해 분노나 행복감을 느끼는 것은 물론 물리적 자극만으로 추동될 수 있다. 그러나 리에 대한 자각으로부터 나온 분노와 기쁨을 가지고 반응할 때, 그 반응은 공동선(common good)에 봉사하게끔 되어 있다. 이러한 자각을 가진 사람은 계산할 필요나, 어떤 수단이 희망하는 목적에 가장 잘 봉사할 것인가를 생각할 필요가 없다. 신유학자들은 정情(emotion, or feeling)이라는 용어를, 리에 대한 자각을 통해서 걸러진 감정 반응을 지칭하기 위하여 사용하였다. 마음은 사람 자신의 내적 리와 외부세계에 대한 감정 반응 사이에 연결을 제공한다. 마음 속 리의 자각을 수양하는 일은 세계에 적극적으로 참여하는 일에 걸림돌이 되지 않는다. 장재와의 논쟁 중에 정호는 이와 관련된 유명한 언명을 한 바 있다. 외부 사물을 의식하는 것은 내적인 고요함을 유지하고자 하는 노력을 망쳐 놓는다고 장재가 불평하자 정호는, 장재가 내內와 외外 사이에 그릇된 구분을 하고 있다고 주장하였다. 무엇을 하고 있건 마음이 리를 자각하는 일은 유지될 수 있다는 것이다. 부연해서 설명하면 다음과 같다.

> 천지는 그 마음으로써 만물을 포용하지 사사로운 마음을 사용하지 않는다. 성인 역시 그러하다. 자신의 정情을 가지고 만물 그 자체의 모습대로 대하지 사사로운 정을 사용하지 않는다. 그러므로 군자의 학은 매우 넓고 공정하다. 사물이 다가오면 자연스럽게 반응한다.…… 만약 외부의 자극을 구구하게 가로막으려 들면 끝이 없을 것이다.…… 성인이 기뻐할 때는 그 사물이 기쁘게 할 만하여 기뻐하는 것이고, 성인이 화를 낼 때는 그 사물이 화를 내게 할 만하여 화를 내는 것이다. 성인의 기쁨과 분노는 마음에 매여 있지 않고 사물 자체에 달려 있다.[32]

미리 생각하지 않고 계산하지 않고 사물에 대해 자연스럽고도 올바르게 반응하는 이러한 상태를 얻는 일은 인간 조건의 실질적인 변화를 동반하는 것으로, 그것은 실천 속에서 체험되는 것이다. '학學'이 바로 그 변화이다.

3. 해결책으로서의 '학', 문제로서의 '학'

학學에 대한 신유학의 프로그램은 이론적인 기초로부터 시작한다.—『근사록』의 첫 번째 주제가 바로 그러한 이론적 기초이다.— 심心, 성性, 리理 등의 용어는 이미 천 년 넘게 사용되어 오던 것이었는데, 그것들은 이제 복잡한 용어체계의 일부로서 특정한 의미를 갖게 되었다. 따라서 그러한 용어들을 이해하는 일은 학생들에게 힘든 일이었음에 틀림없다.[33] 학의 성격 자체가 바뀌었던 것이다. 14세기의 관찰자가 표현하였듯이, 신유학의 위대한 발견은 학이 습관을 기르거나 격언을 암송하거나 타인을 모방하는 일이 아니라는 것이었다. 대신, "도道를 모르면 학에 대해서 이야기할 수 없고, 마음을 밝히지 못하면 학을 할 수 없다"[34]고 일컬어졌다. 그런데 실천으로서의 학에 종사한다는 것은 무슨 뜻인가?

학은 두 종류의 노력을 결합한다. 첫째, 자아 외부에 있는 사물의 리를

32) 『二程集』, 文集, 권4, 460－461(전체 번역은 Wing-tsit chan, *A Source Book in Chinese Philosophy*, 525－526), "天地之常, 以其心普萬物而無心; 聖人之常, 以其情順萬物而無情. 故君子之學, 莫若廓然而大公, 物來而順應.……苟規規於外誘之除, 顧其端無窮, 不可得而除也.……聖人之喜, 以物之當喜; 聖人之怒, 以物之當怒. 是聖人之喜怒, 不系於心而系於物也."

33) 소위 '義理之學' 내의 용어에 얽힌 혼란은 13세기 과거시험의 주제였다. 〔宋〕陳耆卿, 『篔窗集』, 권7, 3b－4a.

34) 〔明〕蘇伯衡, 『蘇平仲文集』, 권4, 35下, 「心學圖說後序」. "不知道, 不可以言學; 不明心, 不可以爲學."

깨닫는 일을 실천하는 것, 즉 '격물치지格物致知'이다. 둘째, 자아 외부에 있는 사물의 리를 깨닫는 일과 동시에 자아 내부 즉 마음의 리를 자각하는 것이다. 주희는 이를 다음과 같이 표현하였다. "리를 이해하고 나면 그것이 모두 원래 내 마음 속에 있던 것이지 외부로부터 더해진 것이 아님을 알 수 있다."[35] 리가 이미 마음 속에 있기 때문에(인간 본성이 마음의 리이다), 바로 그 이유 때문에 사물의 리를 깨닫는 일이 애초에 가능하다. 그리하여 무엇의 리를 밝히는 일은 마음의 본성 자체를 밝히는 일이 되고, 영원한 진리이자 변치 않는 어떤 것을 실현하는 일이 된다. 이론상, 진정한 이해는 객관적인 것이지 주관적 해석의 문제가 아니다. 그것은 절대적인 것으로, 새로운 증거에 의해 수정될 수 있는 잠정적 결론이 아니다. 시간이 더 흐름에 따라 우리는 더 많은 것을 깨달을 수 있을지 모르나, 우리가 이미 깨달은 것의 타당성은 의심되지 않는다. 그러나 이것이 곧 실천 상에서 일어날 수 있는 착오를 배제한 것은 아니었다. 그래서 주희는 착오를 줄이기 위한 정밀한 독서, 스승과 친구의 교정 역할을 강조하였다.

사물과 마음에 공히 본래부터 있는 리를 보아 내는 것은 학의 실천에 있어서 근본적인 긴장을 유발한다. 비록 신유학자들은 자신들이 내외를 합일시켰다고 자부했을지라도, '외면적' 접근과 '내면적' 접근 사이의 긴장은 정씨 형제 시절부터 이미 분명하였다. 한편으로, 학은 사물의 리를 밝히기 위한 격물의 누적적 과정으로 해석될 수 있었다. 그 과정은 리에 대한 마음의 자각을 점차 확대해 가고 마음의 기를 보다 투명하게 하고자 하는 것이었으며, 일상에서 사물에 보다 쉽사리 일관되게 대응하게 됨을 약속하는 것이었다. 또 다른 한편으로, 학은 내적인 리의 상태—신유학자의 용어를 사용해서 말하자면,

35) 『朱子語類』, 권10, 161, "及理會得了, 又皆是自家合下元有底, 不是外面旋添得來."(Yu Ying-shih, "Morality and Knowledge in Chu Hsi's Philosophical System", 239에서 인용)

마음이 그 자신의 본성을 실현한 상태—를 이루고 유지하는 것으로 해석될 수 있었다. 그 과정은 자아와 사물의 리(물론 자아의 리와 사물의 리는 동일한 것이다)에 충실한 방식으로 사물에 자연스럽게 대응하게 됨을 약속하는 것이었다. 외면적인 것으로부터 시작하게 될 경우, 내면적인 것은 그저 리를 파악하기 위하여 마음을 고요한, 주의 깊은, 집중된, 공정한 상태로 유지하는 문제였다. 반면에 내면적인 것으로부터 시작하게 될 경우, 외면적인 것은 그저 제대로 반응하기 위하여 외부세계에서 일어나는 일을 의식하는 문제였다.

독서는 사물의 리를 보아 내기 위한 격물의 외면적이고 누적적인 과정의 좋은 예이다. 내적으로, 사람은 주의를 산만하게 하는 것들을 물리치고 전제와 편견들을 고려 대상에서 제외하면서 목전의 텍스트에 주의를 집중하여 질서 있는 방식으로 텍스트를 독해해 간다. 독서의 목적은 텍스트에 대한 일관된 이해에 도달하는 것이며, 독서의 의미는 텍스트 각 부분 모두가 어떻게 필연적으로 조화를 이루는지를 이해하는 것이다. 다른 해석이나 관점을 참조할 수도 있지만, 특정 순간에 이르면 독자는 '이해하고' 텍스트의 리는 명백해진다. 주희의 표현을 빌리자면, '활연관통豁然貫通'(to comprehend as all connected with total clarity)하는 것이다.[36] 리를 본다는 것은 사물들을 묶어주는 연결고리, 상호관계, 관계성, 결합 등을 본다는 것으로, 그것들은 문제가 되는 현상을 일관된 전체로 만들어 준다.

왜 독서를 하는가에 대한 내면주의적 답변은 다음과 같다고 하겠다. 독서는 리를 보는 경험을 위해 좋은 훈련이 된다. 그리고 사士들은 또한 과거시험을 준비하고 있기 때문에, 리를 위한 독서는 그들이 이미 행하고 있는 작업과 유사하다. 왜 독서를 하는가에 대한 외면주의적 답변은 다음과 같다고 하겠

---

36) 理를 통찰해 내기 위한 독서법에 대한 朱熹의 논의는 Zhu Xi, *Learning to be a Sage*, 128－162 참조.

다. 리는 항상되고 변치 않으므로, 성인의 저작과 경전을 읽는 것은 앎을 빨리 축적하기 위한 가능한 가장 좋은 수단을 제공한다. 주희는 다음과 같이 설명한다.

> 아주 옛날 문자가 없던 시기에는 배우는 사람들이 읽을 책이 없었다. 중간 급 이상 되는 사람들은 책을 읽지 않고도 (리를) 얻었다. 그러나 성현이 나타나서 활동하신 이후로는 도道는 경전에 자세하게 실리게 되었다. 공자와 같은 성인도 경전과 분리되어서는 학學을 추구할 수 없었다.[37)]

결국, 독서는 저항이 가장 적은 선택지였던 것이 아니라, 책 중에는 신유학자들이 추구하는 종류의 앎을 더 많이 가지고 있는 것들이 있었던 것이다. 그런데 이 과정은 사들의 학의 다른 측면에도 적용될 수 있었다. 정이는 다음과 같이 설명한다.

> 매 사물마다 그에 해당하는 리를 가지고 있으니, 그 리를 완전히 궁구해야 한다. 궁리窮理에는 여러 가지 방법이 있다. 독서를 하여 의리를 밝힐 수도 있고, 옛날과 지금의 인물들을 논하고 시비를 분별할 수도 있으며, 맞이하는 상황과 사물을 그에 맞는 합당함을 가지고 정리할 수도 있다. 이 모든 것이 궁리이다.[38)]

---

37) 『朱熹集』, 권43, 2012, "上古未有文字之時, 學者固無書可讀, 而中人以上, 固有不待讀書而自得者. 但自聖賢有作, 則道之載於經者詳矣. 雖孔子之聖, 不能離是以爲學也."(Yu Ying-shih, "Morality and Knowledge in Chu Hsi's Philosophical System", 246－247에서 인용)

38) 『二程集』, 遺書, 권18, 188, "一物上有一理, 須是窮致其理. 窮理亦多端: 或讀書, 講明義理; 或論古今人物, 別其是非; 或應接事物而處其當, 皆窮理也." 이를 Wing tsit Chan은 사뭇 다르게 번역하였는데(Wing tsit Chan, *A Source Book in Chinese philosophy*, 560－561), 나는 Graham, *Two Chinese Philosophers*, 76에 실린 번역을 선호한다. 遺書, 권18, 193 및 권19, 247 참조.

초점이 사회정치적인 데 맞추어져 있었다는 사실, 그리고 일단 리가 밝혀지고 나면 핵심을 장악한 것이라는 전제, 이 두 가지 점은 왜 신유학자들이 대체로 자연계의 지식에 관심을 갖지 않았는지를 설명하는 데 도움이 된다. 신유학의 학은 자연 질서에 대한 일정한 견해에 기초하고 있었고, 주희는 대부분의 사람들보다 자연계에 더 관심을 가졌다. 그러나 주희는 자연계에 대한 지식을 자기 입장의 보편성을 확인하는 데 사용하였다. 주희는, 사실적 지식의 공동 창고(the common store of factual knowledge)에 항목을 추가하거나 다음 사람이 가지지 못한 어떤 지식에 도달하고자 하는 목적을 가지고 사물의 범주나 개별 사물을 심도 있게 분석하는 일은 하지 않았다.[39] 원래 『격물편格物編』(*Collection on Investigating Things*)라는 제목을 가진 14세기의 책은 자연현상에 상당한 관심을 기울였으나, 그 탐구는 사물들 자체를 통해서가 아니라 앞선 시기 텍스트들의 인용을 통해 이루어진 것이었다.[40] 신유학의 프레임워크를 채택한 의사/의학이론가가 적어도 한 명이 있기는 하였지만, 내가 받은 인상은, 신유학사상가들은 의학저작을 저술하는 데에는 관심을 갖지 않았다는 것이다.[41]

그리하여 신유학의 커리큘럼과 사들의 관심사가 학생들에게 길잡이 역할을 하였다는 것을 전제한 상태에서, 또 한 가지 지적할 사항이 있다. 고대인들을 통해서 학생들은 자신의 생각과 고대인들의 생각을 관통하는 리를 볼 수 있었기 때문에, 고대인들은 새로운 적실성(relevance)을 얻게 되었다는 점이

39) Yung Sik Kim, *The Natural Philosophy of Chu Hsi*, 320−323. 김영식은 다음과 같이 지적한다. "事物의 理는 사물이나 현상 자체보다 더 근본적인 차원에서 해당 사물의 이해나 설명을 제공할 수 있는 간단한 개념이나 원리가 아니다." Graham, *Two Chinese Philosophers*, 79 참조.

40) 〔元〕張九韶, 『理學類編』. 포괄하는 범위가 格物이라는 용어에 걸맞지 않게 협소하다는 지적을 받고, 저자는 책의 제목을 나중에 바꾸었다.

41) Furth, "The Physician as Philosopher of the Way".

다. 군신관계에 대한 정이의 다음과 같은 언급을 생각해 보라. 군신관계는 그 자체의 리를 갖는 것이지만 그것은 다시 군君과 신臣이라는 두 가지 역할로 나뉘며, 그 각각의 역할은 나름의 관점을 가진다. 그리고 군과 신이라는 두 가지 역할은 군신관계의 다른 측면이라는 차원에서 다시금 고려될 수 있다. 다음 예문에서 정이는 애당초 군신관계가 어떻게 성립되는지를 다루고 있다.

> 관직이 없는 현자가 어찌 스스로 관직을 추구하겠는가? 만약 스스로 추구한다면 신뢰를 얻을 수 없을 것이다. 그래서 옛사람들은 통치자가 존경과 예를 다하여 초대한 다음에야 관직에 응하였다. 이렇게 한 것은 스스로를 대단하다고 여겨서가 아니라, (맹자가 말한 바와 같이) 통치자가 덕德을 존중하고 도道를 즐기는 수준이 그 정도가 아니면 그를 위해 일할 가치가 없기 때문이다.[42]

이것은 확실히 이치(理)에 닿는다. 자천自薦하는 관리지망생은 그 이기심을 의심받게 되어 통치자로부터 신뢰를 얻지 못할 터이고, 진정으로 현신賢臣을 원함을 보여 주지 않는 통치자는 자신의 신하가 공평무사한 조언자 및 행정가로서 역할을 다하리라는 것을 신뢰할 준비가 되어 있지 않으므로 섬김을 받을 가치가 없을 터이다.

리의 통일성으로 인해 일련의 신유학자들은, 학學의 누적적 성격을 주장하는 동시에 어떤 시점에 가면 모든 것이 일관된 전체로서 현현하리라는 전망을 유지할 수 있었다. 방금 전에 인용한 언명을 듣고서 학생은 다음과 같이 질문하였다. "격물格物은 매 사물마다 따져 보는 것입니까? 아니면 한 사물을

42) 『近思錄』, 권7, 1a, "賢者在下, 豈可自進以求於君? 苟自求之, 必無能信用之理. 古之人所以必待人君致敬盡禮而後往者, 非欲自爲尊大. 蓋其尊德樂道之心不如是, 不足以有爲也."(Wing-tsit Chan, *A Source Book in Chinese Philosophy*, 523－524에 번역됨)

따져 보고 만 가지 리(萬理)를 알게 되는 것입니까?" 이에 대한 정이의 답은, 그것은 누적적 과정이라는 것이다.

> 어떻게 일시에 다 관통할 수 있겠는가? 하나의 사물을 따져 보고 뭇 리에 관통할 수 있다고는 안회도 감히 그렇게 말하지 않았을 것이다. 반드시 오늘 한 건을 따져 보았으면 내일 또 한 건을 따져 보아야 한다. 그러한 과정이 쌓인 뒤에야 모든 것이 시원하게 관통하는 순간이 올 것이다.[43]

그러나 리의 통일성은, 어떤 것의 리를 보는 일은 다른 것의 리를 보는 것과 같다는 것을 의미할 수 있다. 그래서 다른 때에 정이는 다음과 같이 결론지을 수 있었다.

> 격물궁리格物窮理란 세상 모든 사물을 다 궁구하는 것은 아니다. 하나의 경우에서 완전히 궁구하고 나면 나머지 것도 유추가 가능하다. 효孝를 예로 들어 보자. 한 가지 일에서 궁리가 충분히 이루어지지 않으면 다른 일을 궁구한다…… 마치 온갖 길이 다 수도에 이르지만, 한 길만 택해도 수도에 이를 수 있는 것과 같다. 궁리가 가능한 것은 바로 만물이 모두 하나의 리로 관통되기 때문이다. 모든 사물과 일들이 아무리 작은 것이라도 다 이 리를 가지고 있다.[44]

내가 보기에, 정이에게 있어 내적인 상태와 정신적 태도의 수양—정이가

43) 『二程集』, 遺書, 권18, 188, "格物須物物格之, 還只格一物而萬理皆知? 怎得便會貫通? 若只格一物便通衆理, 雖 顏子亦不敢如此道. 須是今日格一件, 明日又格一件, 積習既多, 然後脫然自有貫通處." Wing tsit Chan은 이를 사뭇 다르게 번역한다. Wing tsit Chan, A Source Book in Chinese philosophy, 560－561. 앞의 각주 38(遺書, 권18, 193 및 권19, 247) 참조.

44) 『二程集』, 遺書, 권15, 157, "格物窮理,非是要盡窮天下之物,但於一事上窮盡,其他可以類推.至如言孝,其所以爲　者如何,窮理如一事上窮不得,且別窮一事,或先其易者,或先其難者,各隨人深淺,如千蹊萬徑,皆可適國,但得一道入得便可.所以能窮者,只爲萬物皆是一理,至如一物一事,雖小,皆有是理."(권15, 152 및 권17, 175 참조)

'경이직내敬以直內'(straightening the internal as the basis)[45]라고 부른 것—은 외면적으로 리를 이해하는 작업을 뒷받침하는 것이었다. 그러나 정호는 학을, 자연스러운 도덕적 행동을 가능케 하는 지속적인 정신의 상태에 도달하는 문제라고 보았다. 공부는 이 목적에 봉사하는 것이다. 정호는 인仁(모든 덕 중에 최고의 것)을 진정으로 자각하는 것의 의미에 대해 설명하였다. 그 설명의 핵심은 내면주의자의 관점을 옹호하는 것이었다.

배우는 사람은 먼저 인仁을 알아야 한다. 인한 사람은 사물과 혼연히 한 몸을 이룬다. (다른 주요 덕들인) 의義·예禮·지知·신信은 모두 인이다. 이 리를 깨달아서 성誠과 경敬으로써 보존하면 된다. 긴장해서 지킬 필요도 없고, 철저히 찾아 나설 필요도 없다. 마음이 해이해지면 긴장해서 지켜야 한다. 마음이 해이해지지 않으면 긴장해서 지킬 필요가 있겠는가? 리를 아직 얻지 못했으면 철저히 찾아 나서야 한다. 잘 보존되어 있으면 철저히 찾아 나설 필요가 있겠는가? 이 도는 사물과 짝을 이루어 존재하지 않는다. 크다는 말로도 지칭할 수 없다. 천지의 작용이 모두 나의 작용이다. 맹자는 "만물이 다 내 안에 구비되어 있다", "자신을 돌이켜보아 성誠하라"라고 말하였다. 그것은 큰 즐거움이다. 자신을 돌이켜보아 성하지 않으면, 그것은 마치 자신과 사물이 별개의 두 가지인 것과 같다. 결국 네 자신을 사물과 통합하지 못할 터이니, 어찌 즐거움이 있을 수 있겠는가?…… (仁을) 보존하면 (자신과 사물을) 합할 수 있을 것이다.…… 양지良知(선을 알아보는 타고난 능력)와 양능良能(선을 행하는 타고난 능력)은 사라져 본 적이 없다. 지난날의 습관적 마음이 없어지지 않고 남아 있는 한, 이 마음(仁)을 보존하고 자기 습관으로 만들어야 한다. 시간이 지나면 옛 습관을 떨칠 수 있을 것이다. 이 일은 매우 간단해서, 걱정거리란 단지 유지할 수 없을까 하는 걱정뿐이다. 자기 것으로 구현할 수 있으면 즐거울 것이고, 지키지 못할까 하는 위험도 없게 될 것이다.[46]

45) 『二程集』, 遺書, 권15, 149.

46) 『二程集』, 遺書, 권2a, 16－17(Wing tsit Chan, *A Source Book in Chinese philosophy*, 523－524에 실린 번역을 약간 수정함), "學者須先識仁. 仁者渾然與物同體, 義·禮·

정호에게 있어 깨달음이란 어떤 광대한 느낌, 우주만물과 하나 되는 즐거운 느낌(a joyful sensation)이었다. 정호는 이 상태에 들어갈 수 있었으니—그러한 능력은 우리 모두에게 원래부터 있는 것이다—, 그것은 바로 사물에 자연스럽게 반응하면서 타인도 그러한 조화와 평형의 상태에 동참하게끔 돕는 것이었다. 조화와 평형의 상태는 곧 바로 자아, 사회, 우주의 바른 상태이다.[47]

비록 정이가 정호보다 20년을 더 살았지만, 정호의 제자 상당수는 불교 승려들에게 의지하여 정호 계통의 사상을 부활시켰다. 그들은 자기반성을 통한 돈오(sudden enlightenment through self-reflection)라는 선禪의 사상이 자신들의 성인됨의 추구와 어긋나지 않는다고 믿었다.[48] 주희 생전에 육구연은 리의 통일성을 직관적으로 이해하고 의지로써 그것을 작동시킬 수 있다고 믿은 대표적인 인물이었다. 이러한 육구연의 가르침이 갖는 호소력을 경계하여 주희는 학에 대한 누적적 접근을 더욱 강하게 옹호하게 되었다.[49]

어떻게 배워야 할지를 배우기, 그리고 위기지학

신유학적 의미에서 배운다는 일은 일단 학學의 방법을 배울 것을 요구한다. 그런데 학의 이론이란 그 사안에 대한 다른 이해들을 참작하는 과정이며, 그로 인해 신유학 프로젝트에서 이론적 논의가 필수적이게 된다. 이리하여

知·信皆仁也. 識得此理, 以誠·敬存之而已, 不須防檢, 不須窮索. 若心懈則有防, 心苟不懈, 何防之有? 理有未得, 故須窮索, 存久自明, 安待窮索? 此道與物無對, 大不足以名之. 天地之用, 皆我之用. 孟子言: '萬物皆備於我', 須反身而誠, 乃爲大樂. 若反身未誠, 則猶是二物有對, 以己合彼, 終未有之, 又安得樂?……若存得便合有得. 蓋良知·良能, 元不喪失. 以昔日習心未除, 卻須存習此心, 久則可奪舊習. 此理至約, 惟患不能守. 既能體之而樂, 亦不患不能守也."

47) Graham, *Two Chinese Philosophers*, 96－107, 127－130.

48) 이 현상에 대한 사례 연구로는 Borrell, "ko-wu or kung-an?" 참조.

49) 주희와 육구연의 관계에 대해서는 Tillman, *Confucian Discourse and Chu Hsi's Ascendancy*, 187－230 참조.

다른 사람의 길잡이가 될 수 있는 사람, 신유학의 학자이자 선생, '리학대사理學大師'(the Daoxue master)를 위한 특별한 자리가 마련된다. 그 리학대사의 인생경력은 자아의 변화로 특징지어지며, 그의 전기는 더 이상 그가 누린 공식적 지위의 관습적인 나열이 아니라 그의 가르침과 저술에 대한 설명으로 이루어지게 된다.[50)]

학은, 사士들이 관직을 가지고 있건 가지고 있지 않건, 사들이 전국과 지방의 권력자들에 대한 비판자로서 공적 삶에 참여하는 것을 정당화한다. 그리고 불교에 대해서도 학은 사의 입지를 강화시켜 준다. 불교는 도덕에 대해 진지한 이들과 사회정치적 자기이해를 초월하기를 추구하는 이들에게 호소력을 지녀 왔으며, 그간 전국에 걸친 지방사회에서의 교육, 경제적 하부구조(economic infrastructure), 공적 공간(public space), 정신적 보살핌(spiritual care)에서 주된 공급원 역할을 해 왔다. 그런데 신유학자들은 불교가 (어려움에 빠져 있는 이들을 돕기보다는 자기 스스로의 구원에 관심을 가진다는 점에서) 이기적이라고 비판하였다. 이러한 신유학자들의 비판이 부정직한 것일 수도 있었고, 신유학의 불교철학에 대한 이해 또한 적어도 주희의 경우 피상적이었다. 그러나 신유학자들은 모든 사물은 리와 기로 이루어져 있다는 사상을 통해서 사물은 (우리 자신의 욕망이 불러낸 가공의 산물이라기보다는) 그 자체로 실재하며, 신유학적 학學은 사람들로 하여금 사물 자체에서 그 사물들의 규범을 발견할 수 있게끔 해 준다는 주장을 펼 수 있었다. 그것은 또한 사람들의 기질 차이가 자아수양의 노력에 관계가 있다는 견해로 이어졌다. 끝으로, 신유학자들은 이기심과는 구별되는 감정이 존재한다고 보았고, 그와 같은 감정에 대한 긍정적 평가를 통해서 외부세계와의 교섭과 참여가 자아

50) 신유학자들의 자전적 자아성찰에 대한 논의는 Pei-yi Wu, *The Confucian's Progress* 및 같은 저자의 "Self-Examination and Confession of Sins in Traditional China" 참조. 여기서 내가 거론하는 것은 제자나 친구들에 의해 쓰인 신유학자들의 전기이다.

수양에 필수적이라고 주장할 수 있었다.[51)]

신유학은 '마음'을 학의 핵심으로 만들었다. 주희에 의하면, 사람들은 마음이라는 수단을 통하여 사물과 자아에 있는 리를 인식하며, 마음으로 인해 사태에 책임 있게 반응하는 것이 가능해진다.

> 심心은 주재主宰를 말한다. 활동의 경우에나 가만히 있을 경우에나 모두 주재 역할을 한다. 활동이 없을 때는 작용이 없고 활동이 있을 때만 주재가 있는 것이 아니다. 주재는 자신 속에서 모든 것을 포괄하면서 체제를 만든다. 마음은 성性과 정情을 통합한다. 그러나 구별할 수 없게끔 성과 정을 하나로 뭉그러뜨리는 것은 아니다.[52)]

육구연이 보기에 작동 상태에 있는 마음은 곧 리 그 자체였는데, 주희와 육구연 모두에게 있어 학은 더 이상 경전의 텍스트를 숙달하는 일이나 좋은 문체로써 글을 짓는 능력—과거시험제도가 테스트하던 두 가지 일—과 동일시될 수 없었다. 주희는 인仁이라는 용어에 대한 공자의 용법이 주희 자신이 마음(心)이라는 말을 통해 의미한 바와 같다고 생각하였다. 그러나, 주희가 의미한 바의 마음은 『논어』에서 공자가 활용한 용어체계의 일부가 아니었다. 그리고 그것은 맹자가 말한 바와의 심心과도 같지 않았다. 맹자의 심은, 도덕의 출발점이라고 맹자가 간주한 어떤 성향 혹은 감정을 의미하는 것이었다.[53)] 도덕적 행위가 리를 의식하고 있는 마음으로부터 나와야만 하는 한, 학은 단순히 어떤 외부적 표준에 따라서 올바르게 행동하는 일이나 예의 규칙에 따라서 무엇인가를 행하는 일로 환원될 수는 없었다.[54)]

---

51) Charles Wei-hsun Fu, "Chu Hsi on Buddhism".

52) 『朱子語類』, 권5, 94, "心, 主宰之謂也. 動靜皆主宰, 非是靜時無所用, 及至動時方有主宰也. 言主宰, 則混然體統自在其中. 心統攝性情, 非儱侗與性情爲一物而不分別也."

53) Gardner, *Zhu Xi's Reading of the Analects*, 79; Bloom, "Three Visions of Jen", 23－33.

54) Wm. Theodore de Bary는 이 점에 대해 많은 저술을 남겼다. *Neo-Confucian Orthodoxy*; *The Message of the Mind*; *Learning for Oneself* 등 참조.

중국철학에 대한 어떤 권위자가 강하게 주장한 바와 같이, 주희의 학 이론은 사람들로 하여금 자기 스스로의 사유를 등한시하게 하면서 "개인이 스스로 생각하여 선을 선택하기보다는 복종을 배우도록 하는 데 강조점이 있었다"라고 생각해야 할까? 혹은 "결론은 명백하다. 내부의 주재자가 분명해질 때까지 개인은 다른 권위자들이 존재하는 외부의 영역에서 주재자를 찾아야만 한다. 외부적 권위자들이 가르치는 내용이란 내부의 주재자가 맑은 상태에 있을 때 드러낼 내용과 같다"[55]라고 생각해야 할까? 이러한 주장의 핵심은 결국, 우리는 태생적 성인이 아니므로 내부의 주재자가 분명치 않다는 것, 현재 존재하는 통치자는 옛 성왕들의 등가물이므로 그 통치자의 말은 다 본래적인 리의 표현이라는 것이다. 그러므로 우리는 외적인 권위를 받아들여야 한다는 것이다. 여기다가 주희의 경권經權 논의를 추가할 수도 있을 것이다. 주희는 성인이 아닌 자들이 원칙(經)으로부터 벗어나서 자기 나름의 임기응변(權)를 행하는 것에 대해 매우 유보적이었다.[56]

내가 보기에는, 주희는 일관되게 황제의 통치와 고대 성인의 통치를 구별하였다. 그리고 현재의 통치자가 성인이 아닌 한 그들의 발언과 행동은 고대 성인과 같은 권위를 누릴 수 없다고 주장하였다. 그러나 또 다른 가능성이 있을지도 모른다. 신유학자들이 학의 방법에 대해 매우 많은 시간을 들여가며 논의한 것은, 매 상황마다 스스로 리를 깨달아야 하기보다는 모든 것에 일괄적으로 적용되는 규칙을 위한 학의 방법을 정당화하고자 했기 때문이다.(즉 일괄적으로 적용되는 규칙을 찾다보면 생길 수 있는 오류를 막기 위해 학의 방법에 대해 길게 논한 것이다 : 역자 주) 육구연과는 대조적으로, 주희는 학생들이

55) Munro는 *Images of Human Nature*의 "The Ruler and Ruled: Authoritarian Teachers and Personal Discovery"장에서 이와 같은 주장을 하고 있다.

56) Wei Cheng-t'ung, "Chu Hsi on the Standard and the Expedient". 내가 보기에, Wei Cheng-t'ung의 결론은 Monro와는 다르다.

학의 과정에서 저지를 수 있는 여러 가지 오류에 대해 매우 우려하였다. 이를테면, 학생들은 결론으로 곧바로 도약해 버릴 수도 있었고, 텍스트에 자신들의 견해를 투사해서 독해할 수도 있었으며, 자기 자신을 변혁시키기보다는 자신의 이해관계에 봉사하는 식으로 학에 종사할 수도 있었던 것이다.

이러한 학(주희가 강조하는 학)이 진정 신유학자들이 주장한 바의 '위기지학爲己之學'(learning for oneself : 남의 기준에 영합하지 않고 스스로의 참된 발전을 위해 노력하는 학)인가? 나는 실로 그러하다고 생각한다. 그런데 주희가 생각한 학의 주된 형식이 텍스트의 공부였음은 분명하다. 앞에서 논한 첫 번째 점에 대해서는 다음 인용문을 참고할 수 있다.

> (『대학』에서 말하는) 지선至善은 그 궁극을 가지고 말하는 것이다. 그 궁극을 이해해야 할 뿐 아니라 그 궁극에 맞게 행동해야 한다. 예컨대, "통치자로서 그는 인仁에 머물러야 한다"는 확실히 그 하나의 (궁극으로서의) 인이다. 그런데 인은 여러 가지 부류가 있어서 맥락에 따라 보아야 한다. 이 일이 이와 같아야 한다면 그것이 인이고, 저 일이 저와 같아야 한다면 그 역시 인이다. 만약 이해를 못하여 단지 하나에만 집착한다면 한쪽으로 치우치게 될 것이다.57)

이 경우에, 덕德에 대한 판단은 경직된 정의에 고착되기보다는 맥락 안에서 보는 데 달려 있다. 이것은 신유학자들의 '리일분수理一分殊' 사상의 예이기도 하다.(리일분수에 대해서는 다음 장에서 논의할 것이다.)

내가 들 다음번 사례는 『중용』의 첫 부분 해석에 대한 것이다. 전기제국시기의 해석과 신유학적 해석을 비교해 보자.

---

57) 『朱子語類』, 권14, 270－271, "至善, 只是以其極言. 不特是理會到極處, 亦要做到極處. 如'爲人君, 止於仁', 固是一個仁, 然仁亦多般, 須是隨處看. 如這事合當如此, 是仁; 那一事又合當如彼, 亦是仁. 若不理會, 只管執一, 便成一邊去."

하늘이 명한 것이 본성이고, 본성을 따르는 것이 도道이며, 도를 닦는 것이 가르침이다.[58]

이 구절에 대한 한나라와 당나라 시기의 해석은, 창조의 과정은 인간에게 어떤 도덕적 잠재력을 부여하였다는 전제로부터 출발한다. 인간들은 자신들의 활동 속에서 이 잠재력을 따라야 하며, 그 과정에서 타인들이 따를 수 있는 모델을 만들게 된다. 보다 구체적으로 말하면 다음과 같다. 오행五行은 사람들에게 다섯 종류의 기氣를 부여한다. 자극이 주어지면 각각의 경우에 따라 서로 다른 도덕적 행태(different virtuous behavior : 仁義禮智信)를 보이게 되는데, 바로 다섯 종류의 기 때문에 그와 같이 다른 도덕적 행태들이 나타나는 것이다. 그 도덕적 행태들은 본능적 반응이다. 모방할 가치가 있는 행태로 만들어지기 위해서는 그것이 '조율되고 확충될' 필요가 있다. 그런데 사람마다 각기 다른 급수의 다른 종류의 기를 부여받는다. 그리하여 누군가는 현명하고 누군가는 우둔하며, 누군가는 보다 자비롭고 누군가는 보다 의롭다. 모든 이가 무엇인가를 생래적으로 부여받지만, 평등하게 같은 양을 부여받는 것은 아니다. 그래서 바르게 행동하기를 배우기 위해서는 사람들에게 모델이 필요하다. 이상적으로 말해서, 통치자야말로 모든 덕을 적절한 수준으로 갖추어서 타인이 따를 수 있는 모델이 되어야 한다. 요컨대 이러한 견해는 덕스러운 행동의 출현을 설명하되, 그 초점은 모델을 만들고 모방하는 데 놓여 있지 마음의 수양에 놓여 있지 않다.[59] 그런데 신유학자들에게 있어 도道와 인간 본성은 같은 것이었다. 그것들은 같은 리였고, 모든 사람은 같은 급수의

58) "天命之謂性, 率性之謂道, 修道之謂教."(What heaven ordains is called [human] nature; to follow this nature is called the Way; cultivation of the Way is called instruction.) Gardner, "Confucian Commentary and Chinese Intellectual History", 403을 따른 번역.

59) [漢]鄭玄·[唐]孔穎達, 『禮記正義』; 「中庸」, 권52, 19a. 이와 관련해서는 Gardner, "Confucian Commentary and Chinese Intellectual History", 403 참조.

전체성(totality)을 가지는 것이었다. 각자의 기질 상의 차이는 있지만, 모든 이는 공히 자각(awareness)을 기르는 일에 힘써야 했다. 가르침은 모방할 전범을 창조해 내는 일이 아니라, 사람들에게 자각을 기르는 법(how to cultivate awareness)을 보여 주는 것이었다.[60)]

또 다른 예는 『논어』로부터 온다. 공자가 제자들에게 "나의 도를 관통하는 하나의 실마리가 있다"라고 말하자 증자曾子가 "네"라고 대답하였다. 이에 다른 제자들이 그 의미에 대해서 물었는데, 증자는 "스승님의 도는 오직 충忠(loyalty)·서恕(reciprocity)일 따름이다"라고 대답하였다.[61)] 이 말은 두 가지 기준에 호소하고 있는 것으로 이해된다. 첫째, '충'은 하위자가 상급자에게 갖는 윤리이므로, 상급자의 요구를 행위의 기준으로 받아들이고 그것을 충족시키기 위해 최선을 다하라는 것이다. 둘째, '서'는 수평적 관계의 윤리이므로, 스스로를 기준으로 받아들여서 스스로에게 요구하는 것보다 더 많은 것을 다른 이에게 요구하지 말라는 것이다. 그러나 주희가 보기에 성인의 마음이란 그 실질 혹은 구조의 면에서 '혼연渾然한 하나의 리'로서, 그 적용과 기능에 있어 매 상황이 요구하는 만큼 다양하게 표현되는 것일 뿐이었다. 그리고 주희는 이 두 측면은 곧 '마음'과 '마음의 리'를 완전히 드러내고, 이 마음으로부터 다른 사물로 뻗어나가 다른 사물들이 제자리를 찾게 되는 것을 의미한다고 보았다. 마음의 수양은 세계에 질서를 가져오기 위한 중심과 기초가 되는 것이었다.[62)]

---

60) 『四書章句集注』, 20－21. 번역은 Chan, *A Source Book in Chinese Philosophy* 98을 약간 수정.

61) 『論語』「裏仁」, "參乎! 吾道一以貫之.……夫子之道, 忠恕而已矣." D. C. Lau는 이를 다음과 같이 번역한다. "The way of the Master consists in doing one's best(zhong 忠) and in using oneself as measure to gauge others(shu 恕). That is all."(Confucius, *The Analects*, 74)

62) 『四書章句集注』, 論語集注, 47－48. 이 장과 관련한 朱熹의 이해에 대해서는 Makeham, *Transmitters and Creaters*, 제8장 "The Rhetoric and Reality of Learning to

마지막 사례는 모든 덕 중에 으뜸가는 덕인 인仁에 대한 주희의 설명으로부터 온다. 정호는 인을 자아와 사물의 합일에서 생기는 의식(consciousness)으로 이해하였다.[63] 그리고 그것을 생래적인 도덕적 지침(innate moral guide)으로 정의하였다. 주희는 정호의 견해를 되돌리고 싶었다. 그런데, 맹자가 그러했던 것처럼, 주희 역시 왜 인의예지의 네 가지 덕이 인간 본성의 일부라고 말할 수 있는지, 인간 본성이 선하다는 말의 의미는 무엇인지 설명할 필요가 있었다. 주희의 해결책은 창조의 진행 과정을 개개인의 윤리적 수양과 실천이 전개되는 프레임워크로 다루는 것이었다. 주희는 정호·정이 형제의 말을 인용하여 "천지의 마음은 사물을 낳는 것"이라고 말하였다. 존재하게 되는 모든 사물은 바로 이 '마음'을 받는 것이었다. 인仁이란 무엇인가? '사물을 낳는 마음'이 갖는 덕이다. 그리고 '사랑'이란 곧 창조 과정이 지속되는 것을 보고자 하는 것이다. 그러한 '사랑'은 인이 실천 영역에서 적용된 것이라고 간주할 수 있다. 기타의 덕들—의, 예, 지—에 의미를 부여하는 것은 바로 이러한 태도로서, 기타의 덕들은 생명을 지속시키는 데 기여하는 역할이라는 관점에서 이해된다.[64] 이러한 관점에 따르면 각 개인의 역할은 조화롭고 통합된 창조 과정이 튼실히 지속되게끔 도와주는 것이다. 개별 원리들과 행위들을 공부할 때나 상황들에 대응할 때, 우리는 바로 이러한 관점을 견지해야 한다. 전기제국시기에는 거대한 우주의 과정이 가장 잘 표현되는 영역은 국

---

be a Sage". 주목할 것은, 송나라 때 여전히 통용되고 있던 何晏의 注解는 그 장을 다음과 같이 이해하고 있다는 사실이다. "夫子之道, 唯以忠恕一理, 以統天下萬事之理." 그리고 이 주해는 '忠'을 '盡中心'(realizing the centered mind)으로 해석하고 '恕'를 '忖已度物'(taking oneself as the measure of things)로 해석한다.([魏]何晏 等, 『宋本論語注疏』, 권11, 192.)

63) 앞의 각주 47(Graham, *Two Chinese Philosophers*, 96－107, 127－130) 참조.

64) 『朱熹集』, 권67, 3542－3544. 번역은 Wing-tsit Chan, *A Source Book in Chinese Philosophy*, 466 참조. 仁에 대한 孟子, 程顥, 朱熹의 이해에 대해서는 Bloom, "Three Visions of Jen" 참조.

가체계를 통해 구현되는 사회적 영역이라고 이해되었는데, 이제는 그 거대한 우주의 과정이 자아 내부로 들어오게 되었다. 따라서 미래를 위한 책임은 학에 헌신하는 개인에게 달려 있게 된 것이다.

물론 주희가 자신의 학자적 삶의 많은 부분을 경전 주석을 저술하는 데 바친 것 또한 사실이다. 그의 『사서집주』는 도학에 대한 안내이자, 학생들이 리의 이해를 실천하는 데 매개가 될 수 있는 텍스트들에 대한 안내이다. 그러나 주희는 경전에 집착하는 일을 이렇게 경고하였다.

> 경전에는 주해가 있어서 그것을 통해 경전을 이해한다. 경전을 이해하고 나면 주해는 신경 쓸 필요가 없게 된다. 경전을 통해서 리를 이해한다. 리를 얻고 나면 경전이 필요 없게 된다. 경전에 뜻이 매여 있으면 언제 벗어나서 이해(comprehend)를 이루겠는가?[65]

그런데 주희는 또 이렇게 말하기도 하였다. "성인은 말은 모두 천리天理(innate coherence)와 자연自然(so-of-themselves)이다.…… 육경六經은 삼대三代의 책이다. 성인(공자)의 손을 거쳐 온 그 책들은 모두 천리이다."[66] 그렇다면 도대체 왜 학생들이 그 경전들과 성인의 말씀으로부터 이탈하기를 원하겠는가? 게다가 일관된 이해를 얻고자 하는 목적으로 독자에게 호소하는 경전을 읽는 일은 쉽게 그 자체로 목적이 될 수 있으며, 일정한 수준의 만족을 약속하는 도전적인 일이다. 주희가 다음과 같이 말한 대로이다.

> 독서를 하면 반드시 관통처, 동東과 서西가 모두 만나는 그 지점을 알아야만 한다.

65) 『朱子語類』, 권11, 192, "經之有解, 所以通經. 經既通, 自無事於解, 借經以通乎理耳. 理得, 則無俟乎經. 今意思只滯在此, 則何時得脫然會通也."

66) 『朱子語類』, 권11, 179, 190, "聖人言語, 皆天理自然.……六經是三代以上之書, 曾經聖人手, 全是天理."

그 지점을 알아서 주의를 기울이면, 지난 일과 앞의 일을 생각할 필요도 없이 저절로 핵심이 있게 된다.[67]

새로운 커리큘럼이 등장하고 학의 이론이 전에 없이 체계적으로 설명되면서, 학생들은 자신들이 추구하는 것이 무엇인지 보다 분명히 알게 되었다. 그리고 추구하는 것을 얻었을 때, 그것을 이야기하는 방법에 대해서도 보다 분명히 알게 되었다. 경전은 그 자체로 이해되어야만 하는 어떤 것이라기보다는, 각자의 이해를 테스트하는 방법이 되었다. 주희는 1200년 서거할 무렵 전국적인 영향력을 가지고 있었다. 일련의 사람들에게 있어 신유학은 이제 어떤 의미로는 완성된 것이었다. 학생들은 커리큘럼을 숙달하고 그들이 배운 것을 실천할 필요가 있었으나, 학의 이론과 학의 이론의 기초를 이루는 천지와 인간에 대한 이해는 완벽해졌다. 13~14세기에 이르자 일련의 선생들은 사서四書에 대한 자신의 주석을 쓰기보다는 주희와 그 제자들의 주석을 가르치기 시작하였고, 또 다른 사람들은 한 걸음 더 나아가 주석에 대한 주석을 쓰기 시작하였다. 그러한 텍스트들을 마주하거나 신유학적 선생을 만난 이들에게, 학은 스스로를 변혁시키는 체험으로서 그 의미가 지속되었다.—이 점에 대해서는 우리가 확인할 수 있을 만큼의 충분한 개인 차원의 진술이 남아 있다.— 그런데 철학적 사고방식을 가진 학자들은 점점 더 주희의 프레임워크 안에서 작업을 진행하였다.[68] 일련의 사람들은 신유학 사상의 다양한 흐름들을 결합시키는 것을 자신의 사명으로 삼았다. 예컨대 원나라 시기의 오징은 스스로의 작업에 대해, 내면적 수양을 강조하는 (정호와 육구연 전통 내의) 이들

---

67) "讀書, 須是知貫通處, 東邊西邊, 都觸著這關捩子, 方得. 只認下著頭去做, 莫要思前算後, 自有至處." Zhu Xi, *Learning to Be a Sage*, 131에서의 번역.

68) 이러한 태도의 예가 '金華四先生'이다. 侯外廬 等, 『宋明理學史』, 645－675; Bol, "Examinations and Orthodoxies", 46－57.

과 외면적 앎의 추구를 강조하는 주희와 같은 이들 간의 긴장을 해소시키는 일이라고 생각하였다.[69] 오징의 경우에서 내가 인상적이라고 생각한 것은, 그의 목적이 학 이론의 통일이었다는 사실이다.

신유학의 커리큘럼이 과거시험을 위해 반드시 배워야 하는 것이 되자, 일련의 신유학자들은 두려움을 가지기 시작했다. 자신들의 가르침이 국가가 명령하는 커리큘럼으로 되면 사들은 그 배운 바를 실천으로 옮기는 데 소홀하게 되지 않을까, 그러다 보면 도덕적 변혁(moral transformation)이라는 본래 목적이 훼손되지 않을까? 또 다른 사람들은 진정한 학(true learning)과 과거시험을 위한 학(examination learning) 사이의 구분이 사라졌다고 주장하였다.[70] 그러나 사실은, 원나라 과거제도는 극도로 제한된 것이었고 권력자들의 충분한 지지도 받지 못하였다. 사들을 정부에 충원하는 과거시험체제와 도학을 결합시키는 데서 오는 부정적 결과가 분명하게 드러나게 된 것은 명나라 때 이후부터였다.

4. 명대에 일어난 강학의 부흥

송나라 때는 신유학의 입장을 숙지하는 것이 선택의 문제였다. 많은 경우, 신유학을 공부한다는 것은 다수의 사士로부터 괴리되는 선택이었다. 대다수의 사들은 과거시험을 통과하여 관직을 얻고 사회적 신분상승을 꾀하고자 하였는데, 신유학을 공부한다는 것은 그 모든 것으로부터 일정한 거리를 두는 어떤 사람이 되는 것을 의미하였다. 송나라 신유학자들은 신유학이 천

69) Gedalecia, "Wu Ch'eng and the Perpetuation of the Classical Heritage in the Yuan." 元代 지성계에 대한 광범위한 연구로는 三浦秀一(Miura Shūichi), 『中國心學の稜線』.
70) Bol, "Examinations and Orthodoxies", 47.

년 이상의 공백 끝에 처음으로 성인이 되는 길을 열었다고 믿었다. 그리고 그 학學을 통해 세상을 변혁시키고 있다고 믿었다. 그들은 자신들의 가르침을 학교와 사당을 통해 전파하여 예禮를 행하고 강학講學을 하며 텍스트를 출판함으로써 세상을 변혁시키고 있다고 믿었던 것이다. 송나라 신유학자들은 신유학의 관점에서 경전, 역사, 문학이 어떻게 이해될 수 있는지를 보여줌으로써 문화전통의 많은 부분을 재해석해 내는 데 성공하였다. 조정이 사회변혁보다는 왕조의 생존에 더 관심을 기울이고 있을 시절에, 신유학을 신봉하는 사들과 은퇴한 관리들은 지방사회의 복지를 증진시키고자 하는 프로그램을 통해 활약하였다. 13세기에는, 자신들이 성인의 학을 대표한다는 것을 조정이 인정하게끔 설득하는 데 성공하였다. 신유학자가 된다는 것은, 인사이더에 속한다고 주장하는 아웃사이더가 되는 일이자 정통을 위해 발언한다고 주장하는 비정통적 인물이 되는 일이었다.

1400년대 중반에는 상황이 많이 달라졌다. 이제 신유학의 입장은 사들이 과거시험에 합격하려면 설령 동의하지 않는다 하더라도 배워야만 하는 어떤 것이 되었다. 신유학을 비판한다는 것은 소수자의 입장을 취하는 것이었으며, 현 상태와 불화한다는 것을 의미하였다. 신유학의 사상이 무엇이고 그것이 어떻게 적용되어야 하는지에 대한 작업은 이미 완수된 것으로 보였다. 1415년, 조정에서는 사람들이 알아야 할 필요가 있는 모든 것들을 정리하여 사서, 오경, 성리에 대한 세 권의 대전大典(『四書大全』, 『五經大全』, 『性理大全』)으로 편찬해 내었다. 신유학자들은 항상 도를 아는 것이 가능하다고 주장하여 왔는데, 이제 도는 알려졌다고 주장할 수 있게 되었다. 설선薛瑄의 견해에 따르면, 주희가 이미 도를 밝혀 놓았기 때문에 더 저술할 필요는 없고, 필요한 것이라고는 도를 실천에 옮기는 일뿐이었다.[71] 그런데 사실, 설선 자신의

71) Cze-tong Song and Julia Ching, “Hsüeh Hsüan”, 617.

커리어가 보여 주듯이, 그는 다른 사람들로 하여금 정주학 체계가 실질적으로 의미하는 바를 끊임없이 상기시켜야만 했다. 정주학이란 일상에서 사람들이 행동하는 방식을 변혁시키는 것을 목적으로 하는 것이며, 책 공부 이상의 것이며, 자신의 정체성의 기초로 삼아야 하는 것임을 깨닫게 만드는 일이 끊임없는 과제로 주어졌던 것이다. 설선은 또한 학의 이론이 아직 미완의 프로젝트임을 보여 주고자 하기도 했다. 그에 따르면, 근본적인 개념에 대해 더 말해져야 할 것이 남아 있었다.72)

당시에 자행되었던 숙청과 처형이 분명히 보여 주듯이, 이 무렵에 의로움을 위하여 권력자들을 비판하는 일은 혹독한 결과는 가져올 수 있었다. 어떤 황제들은 자신이 학에 대한 신유학의 견해를 공유한다고 주장하면서 신유학을 자기 권위의 이데올로기적 지주로 다루었다.73) 비록 그들의 정직성에 의문을 제기할 수 있을지라도, 명나라 사회정책이 강한 신유학적 뿌리를 가진 지방 도덕공동체의 이상에 중심을 두고 있었다는 것에는 동의할 수 있을 것이다. 그 이상은 안정, 복지, 교육을 약속하였으며, 사회관계에서 가족과 도덕적 행위의 중요성을 인정하였다. 사들은 그러한 시스템을 비판하거나 그와는 별개로 자기 나름으로 옳다고 여기는 어떤 것을 행하기 위해 결집하는 대신에, 이 시스템이 제대로 작동하도록 돕게끔 되어 있었다.74)

15세기 후반의 상황을 살펴보자. 1449년에 만리장성 북쪽으로 원정을 나선 황제를 몽고족이 포로로 사로잡는 사건이 일어났는데, 이 사건을 시발로 해서 연이은 정치적 혼란이 있었다. 그리고 경제가 점차 다시 활성화되면서 몇몇 지식인들이 신유학의 전제들에 도전하기 시작하였다. 일생동안 신유학

72) 예컨대 薛瑄이 학생들에게 보낸 편지를 보라.(『薛敬軒集』, 권1, 2b－4a) 철학적 주제에 대한 논의는 陳來, 『宋明理學』, 206－216 참조.

73) Elman, "The Formation of 'Dao Learning' as Imperial Ideology".

74) 明初의 상황이 어떻게 程朱學으로부터의 이탈을 위한 토대를 마련했는가에 대한 또 다른 견해로는 Wing-tsit Chan, "The Ch'eng-Chu School of Early Ming", 45.

을 실천하기를 추구하였던 이들 가운데에서도 의견차이가 생겨나고 있었던 것이다. 이것은 곧 강학講學과 신유학활동주의(Neo-confucian activism)의 재활성화로 이어질 것이었다.

한편에는 여전히 주희의 프레임워크 안에서 작업을 하는 이들이 있었다. 예컨대, 장무章懋의 경우를 보자. 그는 황제가 너무 욕망에 매몰되어 있다고 간언을 하다가 곤장형을 받고 투옥되었었다. 이후 고향인 금화金華(송나라와 원나라 시기에는 婺州였다)로 낙향한 그는 지방의 사들을 결집하여 신유학의 유산을 회복하고 지방사회에서 활동적인 역할을 하는 데 남은 40년의 대부분을 바쳤으며, 주자학이 성인이 되는 배움으로서 부적합한 길잡이라고 주장하는 이들에 맞서 주희의 입장을 옹호하였다. 장무는 그러한 활동을 통해 전국적인 명성을 쌓은 끝에, 종국에는 남경의 국자감國子監 좨주祭酒(the director of the National University)에까지 올랐다.75)

다른 한편으로 진헌장陳獻章이 있었다. 장무가 반대하였던 것은 바로 이 진헌장의 학에 대한 견해였다. 진헌장은 매우 총명한 학생으로, 20세의 나이에 거인擧人(passing the provincial examination)이 되었으나 회시會試(the provincial examination)에서는 연속으로 두 번 낙방하였다. 이에 그는 하급관직을 하느니 차라리 강서江西지방으로 가서 오여필吳與弼로부터 배우고자 하였다. 오여필로부터 감화를 받기는 했지만 자기 스스로의 길은 찾지 못했다고 느껴서, 이듬해 집으로 돌아와서 스스로 공부하였다. 그 이후 일어난 일에 대해서 진헌장은 다음과 같이 묘사하였다.

> 매일 침식을 잊은 채 책을 통해서 그것을 찾아나갔다. 여러 해 동안 그와 같이 했지만 결국 아무 것도 얻지 못했다. *소위 "얻지 못했다"(未得)는 것은 내 마음(吾心)*

75) Bol, "Culture, Society, and Neo-Confucianism", 278-280; Dimberg and Ching, "Chang Mou".

과 이 리(此理)가 모여 합치하지 않았다는 것이다. 이에 나는 그 번잡함을 다 버리고 내가 가지고 있는 핵심을 정좌靜坐(quite sitting)를 통해 추구하였다. 오랜 시간이 지나자 나는 내 마음의 본체가, 어떤 사물이라도 있는 것처럼, 놀랍게도 스스로를 드러내는 것을 볼 수 있었다. 일상의 교섭과정에서 나는, 말이 재갈을 따르듯, 내가 원하는 바를 따랐다. 사물의 리를 체인하고 성인의 가르침을 살펴보는 일에서도, 샘물에 근원이 있는 것처럼 두서가 있었다. 이에 나는 거대한 자신감을 얻어서 말했다. "성인됨의 노력이 바로 여기에 있지 않은가."[76]

궁극적으로 진헌장이 자신의 깨달음에 도달하는 데는 10년간의 고독한 노력이 필요했다. 그 깨달음이란, 사물과 경전의 리를 이해하는 일은 자기 마음의 근본적 측면을 명료하게 보아 내는 데 달려 있다는 것이었다. 그는 사물과 텍스트의 리를 이해하는 것이 마음을 바로세우는 방법이라고 보지 않고, 대신 자기 것으로 흡수하고 통합하기 위하여 자신의 깨달은 마음을 사용함으로써 "내가 곧 도이다"(我就是道)라는 결론에 도달하였다. 마음이 열려 있고 감수성이 있는 한, 마음은 사물이 목전에 주어질 때마다 자연스럽게 반응할 것이고 그 반응은 언제나 올바를 것이었다. 이제 고대인을 모방하거나 권위 있는 모델을 받아들일 필요는 없어졌다. 그래서 그의 한 제자는 진헌장이 정호·정이 형제를 건너뛰어 공자에게로 직접 이어져 있다고 주장하기까지 했다.[77] 학에 대한 진헌장의 이론인 '자득지학自得之學'(the learning of apprehending it for and in the self)은 세상의 사건들에 의해 위협받지 않는 내적

---

76) 〔明〕陳獻章, 「複趙提學僉憲」(번역은 Jen Yu-wen, "Ch'en Hsien-chang's Philosophy of the Natural", 57을 약간 수정), "惟日靠書冊尋之, 忘寢忘食, 如是者亦累年, 而卒未得. 所謂未得, 謂吾心與此理, 未有湊泊吻合處也. 於是舍彼之繁, 求吾之約, 惟在靜坐. 久之然後見吾心之體, 隱然呈露, 常若有物, 日用間種種應酬, 隨吾所欲, 如馬之禦銜勒, 體認物理, 稽諸聖訓, 各有頭緒來歷, 如水之有源委也. 於是渙然自信曰: 作聖之功, 其在茲乎." 인용문 속의 흘림체는 필자가 추가한 내용임.

77) Jen Yu-wen, "Ch'en Hsien-chang's Philosophy of the Natural", 64, 70－74.

고요함을 갖춘 사士를 만들기 위한 것이었다.

> 부귀와 빈천, 오랑캐와 환난, 이 모든 것이 내 마음을 어지럽힐 수 없다. 이 상태를 일러 '자득自得'(apprehending it for and in yourself)이라 한다.…… 이와 같은 사람은 천지天地가 크다는 것에도, 삶과 죽음의 변화에도 흔들리지 않는다.…… 그런 사람의 글을 살펴보면, 그가 내부를 중시하고 외부를 가벼이 여김을 알 수 있다. 관직에 어렵게 나아가고 쉽게 은거한다.…… 꼿꼿하기가 홀로 서 있는 듯하다.[78]

진헌장의 사상이 가진 위험은, 세상으로부터 영향 받지 않는 태도가 곧 세계로부터 유리된 상태를 낳을 수 있다는 점이었다. 그러나 진헌장 자신은 그것을 위험으로 보지 않았고, 자신의 정치적·학문적 커넥션을 유지하였으며, 다시 관직을 얻고자 시도하였고, 자신의 제자들을 끌어 모았다.

오늘날의 입장에서 돌이켜보면, 진헌장은 15세기에 살면서 스스로를 15세기 당대의 일반적인 학으로부터 이탈 중이라고 여겼던 사람들과 함께 묶일 수 있는 것으로 보인다. 그와 같은 사람들은 15세기 당시의 일반적 학의 풍토에 대해 불만을 가지고 있었다. 그들은 많은 사람들이 스스로를 진정으로 변혁시키지도 않으면서 자신이 옳은 일을 하고 있는 것으로 착각하고 있다고 보았다. 그리하여 그들은 자기의 내부에서 무엇인가를 찾아내는 데 관심을 기울였다. 자기 내부의 그 무엇이란, 사태에 자연스럽게 대응하기 위해 장애물들로부터 자신을 자유롭게 하는 상태로서의 중中일 수도 있고, 통일성이나 일관성 혹은 만물과 하나 되는 감각일 수도 있다. 그들 모두에게 있어, 세계 속에서 도덕적 행위자가 된다는 것은 내외內外가 분리되어 있다는 감각

78) 陳獻章, 「贈彭惠安別言」; 「李文溪文集序」, "富貴貧賤夷狄患難一也, 而無以動其心, 是名曰自得." 這樣的人, "不知天地之爲大, 死生之爲變……徐考其實, 則見其重內輕外, 難進而易退……卓似有以自立." Jen Yu-wen, "Ch'en Hsien-chang's Philosophy of the Natural", 82에서 인용.

의 극복을 요구하는 것이었다.[79]

사물에 반응하기 전의 내적 상태에 초점을 맞춘다는 것은 어떤 면에서 보면 주희와 달라지는 것이지만, 또 다른 면에서는 주희와 달라지는 것이 아니기도 하다. 주희 역시 '정좌'가 '경敬'(inner mental attentiveness)을 유지하는 데 유용한 테크닉이라고 믿었던 것이다. 경은, 고요한 마음의 상태이자, 무엇인가를 제대로 잘 받아들일 수 있는 마음의 상태이며, 공평한 마음의 상태였다. 그런데 주희는 우리가 마음을 사용하여 우리들 자신의 마음을 들여다볼 수 있다(以心觀心)고는 생각하지 않았다.(그는 불교의 명상가들이 그렇게 한다고 비판하였다.) 그렇게 하기보다는 리를 밝히는 일과 짝을 이루어서 내적 고요의 상태에 도달하는 것, 바로 그러한 과정이야말로 각각의 사태에 일관되게 반응할 수 있게끔 해 주는 것이었다.[80] 마음만 가지고는 적절치 않다는 것이다. 마음은 자신이 대응하고 있는 사물의 리를 의식하게끔 되어야만 하는 것이었다. 그런데 인간 본성에 대한 주희의 이러한 주장의 핵심에는 다음과 같은 생각이 깔려 있었다. 진행 중인 생명 및 세계의 질서 창조에 대한 앎을 가능하게 해 주는 위대한 덕들은 근본적으로 이미 현존하고 있는데, 그것은 마음에 의해 파악될 수 있는 것으로서 다름 아닌 마음의 본성(理)이다. 그런데, 정호와 육구연은 일찍이 다음과 같이 생각한 적이 있었다. 사물에 반응함에 있어 (리보다는: 역자 주) 그와 같은 의식(awareness) 자체에 의지하면 왜 안 되는가?

리를 보기 위해 책을 공부하는 것이 도덕적 깨달음을 활성화시키는 데 도움이 된다고 생각하지 않는 사람들이 있었다. 그들의 대변자 역할을 한 이가 바로 왕수인이었다. 마음, 리, 현상세계를 이해하는 왕수인 특유의 방식

79) 이 시기에 대한 나의 이해는 Youngmin Kim, "Redefining the Self's Relation to the World"에 많이 빚지고 있다.
80) 『朱熹集』, 권67, 3540.

은 배움의 방법에 대한 새로운 이론적 프레임워크를 제공하였다. 그리고 그 결과, 도덕적 활동주의(moral activism)는 사물에 대한 앎으로부터 더욱 확실히 분리되게 되었다. 그런데 왕수인은 그 자신 상당한 수준의 배움을 축적한 사람이었으므로 이러한 결과는 아마도 왕수인 자신의 예상과는 다른 것이었을 수 있다.

왕수인이 원래부터 신유학에 대한 헌신이 있었던 것은 아니었다. 그가 거인擧人이 될 무렵, 그는 이미 오랫동안 대나무를 관찰했으나 리를 이해하는 데 실패한 것으로 알려졌다. 그러한 실패는 주희 식 격물이론의 경험적 이해가 과거시험이나 (왕수인의 경우) 신유학의 사명을 재활성하는 데 필수적이지 않았다는 증거로 보인다. 그러한 일 이후에도 왕수인은 문학, 무술, 도교적 육체수양기술, 불교적 명상에 성공적으로 종사하였다. 왕수인은 1499년에 과거시험에 합격하고 관계에 들어갔다. 그는 빠르게 승진하여, 한때는 조정에서 학생들에게 강의를 하였다. 그때 왕수인은 학생들에게 성인이 되고자 결심하라고 말한 것으로 알려져 있지만, 그 자신은 아직도 그 방법을 찾고 있었던 것 같다. 1508년에 이르러 그는 당대의 가장 권세 있는 환관을 비판하는 데 가담한 죄로 남서부 오지로 귀양을 갔다가, 리는 사물이 아니라 자신의 마음에서 찾아야 한다는 갑작스런 깨달음을 얻게 되었다. 왕수인의 견해는 처음에는 신유학적인 것으로 보이지 않았으나, 왕수인은 곧 자신이 성인과 경전에 충실하다고 역설하였다.[81] 왕수인이 주희의 학 이론에 대한 당대의 견해에 직접적으로 이견을 제시하였던 것은 사실이다. 그러나 왕수인은 주희의 말년 이론이 자신의 결론과 같다고 주장하고자 하였다. 다시 말하여, 왕수인은 신유학적 정체성을 가진 사람으로 시작하지는 않았으나 자신이 주희의

81) Wing-tsit Chan, “Wang Shou-jen”, 1409－1410. 王守仁의 깨달음에 관한 자세한 내용은 Wei-ming Tu, *Neo-Confucian in Action* 참조.

후계자라고 주장하게 된 것이다. 그리고 그것은 상당히 성공적이었다.

왕수인은 "마음이 곧 리이다"(心卽理)라는 명제로부터 자신의 기본 학설을 시작하였다. 심즉리 명제를 받아들인다는 것은, 공식적으로 인정된 견해 중에서 두 가지 근본적인 가르침으로부터 이탈하는 것이었다. 하나는 "본성이 곧 리이다"(性卽理)라는 가르침이고, 다른 하나는 마음을 바로하기(正心) 위한 최고의 방법은 격물궁리格物窮理라는 가르침이다. 마음과 리가 똑같은 것이라면 두 가지 결론이 도출된다. 첫째, 마음을 활성화시키기 위한 노력이 경주되어야 하며, 마음을 바로잡기 위하여 외부적인 역량에 호소하는 것은 잘못된 것이다. 둘째, 세상과의 관계 속에서 리를 실현하는 일은 마음을 활성화하는 데 달려 있다. 사물에 대한 앎을 얻을 필요나, 자신의 생각을 점검하기 위하여 성인의 견해, 경전, 스승, 혹은 동료 학생들의 견해를 참조할 필요는 없다.

'심즉리'라고 이야기하는 것이 왜 그렇게 중요했는가?[82] 신유학자들 일반과 마찬가지로 왕수인 또한 사람들이 어떻게 도덕적으로 행동하기를 배울 수 있는가에 대해 고민하였고, 자신의 사상을 인간 본성에 정초시켰다. 그리하여 도덕적 행동은 자아로부터 나온다고 말해질 수 있게 되었다. 리를 마음으로부터 구분하는 것은 정반대의 효과를 가져온다고 왕수인은 주장하였다. 즉 우리는 마음과 리를 별개의 것으로 생각하게 되고, 이로 말미암아 행위의 질(the quality of our action)과 동기의 성격(the nature of our motivation)을 구분할 수 있다고 주장하게끔 된다는 것이다. 이 때문에 일부 사람들은 고대 주나라를 구한 패자覇者(the hegemon lords)의 행동이 리에 합치한다고 여기게 되었다는 것이다. 그 사람들도 그 패자들의 마음이 공동선(common good)에 대한 헌신이 아닌 이기심에 의해 추동되었다는 것을 알지만, 그럼에도 불구하고 주

82) 이어지는 내용은 Youngmin Kim, "Redefining the Self's Relation to the World", 68－114에 근거하고 있다.

나라를 구한 것은 당시 상황으로 볼 때 좋은 일이었다고 여기게 되었다는 말이다. 왜 이것이 문제가 되는가? 만약 우리 행위가 일반적으로 공유하는 가치를 충족시키는 것으로 보이기만 하면 된다면, 우리는 그러한 외양뿐인 도덕적 행동을 이기적 목적 추구를 위장하는 데 사용할 수 있기 때문이다. 그 결과 세상은 표리부동, 위선, 사기판이 될 것이며, 그러한 세상에서 사람들은 상대방이 공동선을 위해 행동하리라고 신뢰할 수 없게 된다. 이전 시대의 신유학사상가들과 마찬가지로 왕수인 역시 행동은 도덕적 헌신에 의해 추동되어야 한다고 주장하였다. 자기 스스로로부터 생겨난 도덕적 목적에 의해 추동되지 않는 행동은 선하다고 간주될 수 없었다.[83)]

그런데, 마음이 곧 리라고 생각하면서 이것이야말로 모든 인간의 본래적인 자연스러운 조건이라고 주장한다면, 그 리는 무엇을 의미하는가? 마음은 세상 사물을 위한 원리와 표준의 목록 같은 것은 가지고 있지 않으며, 리의 통일성과 하나됨이야말로 마음의 본래 조건이라는 말이 된다. 성인이 성인으로 태어난다고 말하는 것, 그리고 그들이 본능적으로 선한 것을 안다고 말하는 것은, 그들이 도덕적 판단을 할 수 있는 타고난 능력이 있다는 말이지 그들이 세상의 세세한 것에 대한 어떤 것을 본래부터 알고 있다는 말이 아니다. 그런데, 사람들이 의식하지는 못하더라도 사실 똑같은 상태에 있고 모든 마음이 근본적으로 통일되고 일관되어 있다면, 왜 사람들은 악을 행하는 것인가? 마음이 본래적 상태를 떠나 사물을 의식하자마자, 의지가 활성화되자마자, 거기에 각자 반응해야 할 상황이 생겨난다. 그것이 비록 인지(perception)에 대한 감정적 반응(emotional response)의 문제에 불과할지라도 말이다. 이것이 이기심으로의 통로를 열어 놓는다. 우리는 마음의 본래적 측면으로부터

---

83) Youngmin Kim, "Redefining the Self's Relation to the World", 75−76; Wang Yang-ming, *Instructions for Practical Living*, 251−252 참고.

반응할 수도 있고, 이기적 이해관계로부터 반응할 수도 있다.

그러나 마음은 고정된 실체가 아니다. 마음은 근본적으로 일관되어 있기(coherent) 때문에 마음의 본래적 리에 일치하는 것과 일치하지 않는 것을 구별할 수 있다. 바로 그 지점에서 사람은 여타의 다른 식이 아닌 어떤 특정한 식으로 행동하기를 선택할 수 있다. 그렇기 때문에, 마음은 선한 것(마음의 본래적 리를 유지하는 것을 의미한다는 뜻에서)과 악한 것(마음의 본래적 리에 어긋나는 것을 의미한다는 뜻에서)을 구별할 수 있다고 말할 수 있다. 마음의 본래적 상태와 이기적 이해관계가 틈입한 상태를 구분할 수 있는, 즉 선과 악을 구분할 수 있는 마음의 능력을 왕수인은 양지良知(선에 관한 본래적 앎)라고 불렀다. 그러한 마음의 능력은 모든 인간에게 본래적으로 있는 것이다. 그리고 그것은 직관적인 것이며, 잃어버릴 수도 파괴할 수도 없는 완벽한 것이라고 왕수인은 단정하였다. 요는 단순하게도, 양지를 활성화시켜서 그에 따를 것이냐, 그리하여 선을 행하고 악을 제거할 것이냐를 결심하는 문제였다. 말년에 왕수인은 이러한 사상을 사구교四句教(the Doctrine of the Four Axioms)로 알려진 가르침 속에 담았다.

> 선도 악도 없는 것이 마음의 본체요, 선과 악이 있는 것이 뜻의 움직임이다. 선과 악을 하는 것이 양지요, 선을 행하고 악을 제거하는 것이 격물이다.[84]

---

84) "無善無惡心之體, 有善有惡意之動, 知善知惡是良知, 爲善去惡是格物."(Having no good and no evil is mind-in-itself; Having good and having evil is the activity of the will; Innate knowing is knowing the good and evil [in the activity of the will]; Performing good and getting rid of evil is the rectification of actions. * 마지막 구절의 rectification of action이란 격물에 대한 왕수인의 해석을 번역한 것이다. 주희의 경우는 사물의 理를 이해하기 위하여 사물을 검토·조사한다는 것으로 격물을 해석하였다.) Peterson, "Confucian Learning in Late Ming Thought", 719에서 번역된 바를 따름; Wing-tist Chan은 다음과 같이 번역한다. "In the original substance of the mind there is no distintion between good and evil. When the will is active, however, such distinction exists. The faculty of innate knowledge is to know good and evil. The investigation of things is to know good

왕수인의 가장 중요한 제자 두 명은 사구교를 정반대로 해석하였다. 한 사람은 사구교를, 선과 악에 대해 생각하고 선과 악을 알아보게끔 배움을 하며 선을 행하고 악을 피하라는 명령으로 이해하였다. 다른 한 사람은, 왕수인이 제시한 출발점으로부터 시작하였다. 만약 마음이 본래 그 자체일 뿐 어떤 구분이나 구별이 없는 것이라면, 선과 악이라는 것은 현상에 대해 상대적으로 이루어지는(자아로부터 오느냐 외부로부터 오느냐의 여부에 따른) 판단이며, 선과 악은 그 자체로서 실재하는 것이 아니다. 선이든 악이든, 사람은 선와 악을 구분하려고 시도하기보다는 선과 악을 초월해 있는 그 어떤 것으로서의 마음에 의지해야 한다. 이렇게 볼 때 선과 악을 구분하는 문제는 별 관계없는 사안이 된다. 왕수인은, 두 해석이 각기 다른 부류의 사람들에게 걸맞은 것이라고 양자 모두에 대해 동의해 주었다.[85]

왕수인의 입장은 매우 논쟁적인 것이었다. 그는 외부 사물(텍스트, 역사, 정부의 세계 등. 그것들에 대해 왕수인은 많은 것을 알고 있었다)에 대한 앎을 얻고자 하는 노력과, 도덕적·사회적으로 책임지는 존재로서 자아를 변혁시키는 문제를 분리시켰다. 도덕적·사회적으로 책임지는 존재란, 선에 대한 자신의 앎을 외부 사물에로 확장시키는 존재이다. 왕수인에게 핵심 이슈는 사물에 반응할 수 있는 자아 내부의 진정한 기초에 대해 생각하는 법을 사士들에게 보여 주는 것이었다. (앎이 행동에 선행한다고 생각한 주희에 반대하여) 왕수인은, 음식을 먹기 전까지는 맛을 알 수 없으며 어떤 것에 대하여 실제로 생각하기 전까지는 그것에 대한 생각을 품을 수 없다고 주장하였다. 만약 왕수인처럼 사물을 고정된 실체가 아니라 지속적으로 변천하는 사태와 행위들로 생각한다면 그와 같은 주장은 말이 된다. 사태와 행위의 의미는 상황이

---

and remove evil." (Wang Yang-ming, *Instruction for Practical Living*, 244.)

85) Peterson, "Confucian Learning in Late Ming Thought", 719－722.

변함에 따라 변한다. 그러한 세계를 성공적으로 다루기 위해서는 (목전의 시공간과는) 다른 시공간에서 행동에 대한 규칙을 발견해 내려 하기보다는, 독립적이고 유연하게 대응하는 법을 배워야 한다.86)

왕수인은 생전에 전국적 규모의 추종자를 거느렸고, 사후에는 그의 가르침이 몇 세대에 걸친 제자들에 의해 전파되고 발전되었다. 1550년 경에 이르면 지식인들은 학에 대한 주희의 이론보다 왕수인의 사상을 더 중시하였다. 거대한 집회에서 사들과 관리들은 왕수인의 사상을 토론하였고, 새로운 사상가들이 나타나서 전국을 여행하며 학에 대한 자신들의 견해를 강설하였다. 그러한 강회에 참석하고자 하는 이들 중에는 사와 평민이 공히 포함되어 있었다.

그런데 비록 왕수인의 중요한 편지와 대화가 『전습록』으로 편집되었을지라도, 이번에는 텍스트의 생산보다는 영감을 주는 강의가 우선시되었다. 그러한 강의는 스스로의 마음에서 자신들이 필요한 것을 찾기를 권유하는 데 목적을 두고 있었다. 새로운 운동에 상당한 활력을 불어넣은 것은, 왕수인 사상의 지지자들에게 있어 새로운 사고방식에 대해서 이야기하는 것은 곧 그 새로운 사고방식의 실천이기도 하였다는 점이다. 강학講學은 네트워크를 만들고 사들의 공동체를 집결해 내었다. 그것은 학을 통해 사회를 변혁시키는 방법으로 간주될 것이었다. 왕수인 사상의 으뜸가는 지지자들 중 일부는 과거시험을 통해 관직을 가질 자격을 얻었음에도 정부의 관직을 맡지 않는 쪽을 선호하였다. 이 신유학자들이 점점 더 권력과 불화하게 되면서, 1579년에 조정은 강학을 중지시키는 방법으로 서원의 폐쇄를 시도하였다.

어떤 관점을 취하느냐에 따라 이 모든 일에 딸린 위험도 달라보였다. 공공의 삶은 사의 전문 영역이라고 믿었던 이들은, 간신히 글줄이나 읽는 이들조

---

86) Youngmin Kim, “Redefining the Self’s Relation to the World”, 93－112.

차 성인과 선생 노릇을 할 수 있다는 생각에 실색하였다. 세계에 대한 지적인 앎과 도덕적 깨달음 간에 실재적 관련이 있어야 한다고 계속해서 믿은 사람들도 있었다. 양명학파는 자기 자신의 성향을 신뢰하는 것이 가장 중요하다고 여기기 때문에 결국에는 공유가치(shared value) 혹은 규범적 함의를 가진 공유이론(shared theory)의 가능성 자체를 침식하게 된다고 비판한 사람들도 있었다. 또 다른 사람들은 중요한 것은 선善으로서 선은 인간 본성에 실재적 기초를 가지고 있다고 주장하되 자연스러움(spontaneity)보다는 도덕적 노력이 더 중요하다고 강조하면서, 그러한 생각을 기반으로 하여 사들을 조직하고자 시도하였다.[87)]

그러나 이제 분명해진 것은, 공통된 신유학의 기초가 두 가지 다른 학의 이론을 지지할 수 있게 되었다는 사실이다. 두 가지 다른 학은 두 가지 다른 방향성을 지니고 있었는데, 둘 중 어느 것도 전적으로 만족스러운 것은 아니었다. 그래서 17세기 말에 이르면 많은 진지한 지식인들이 신유학적 전제를 요구하지 않는 종류의 학에 경도되어 갔다.

신유학의 핵심 내용은 학學의 방법에 대한 이론이며, 학의 방법을 이해하고 배운 것을 실천에 옮기는 것이 신유학을 가르치는 이들의 주된 관심사였음을 이 장은 주장하였다. 사士들이 주희의 『사서집주』를 공부하든 왕수인의 양지이론을 공부하든, 배움의 주제는 배움(學) 그 자체였다. 그리고 배움의 목적은 자신을 세계 속의 책임 있는 행위자로 변혁시키는 것이었다. 특정한 인간관계는 언제나 존재하고 실재하였다. 그것이 통치자와 피치자 사이와 같은 정치적 관계든, 부모와 자식 사이와 같은 사회적 관계든 말이다. 그러나

---

87) 王守仁 이후의 시기에 대해서는 Peterson, “Confucian Learing in Late Ming Thought”, 723－769.

관계 자체가 행위를 결정하는 것은 아니었다. 각 개인들은 여전히 어떻게 행위해야 할지를 알아내야만 했다. 공통된 문제를 확인하기 위하여 일단 차이를 인정해 보자. 주희는 원리의 이해를 통한 앎의 누적적 획득을 요구하였고, 왕수인은 선을 아는 생래적 능력을 활성화시키기를 요구하였다. 왜 두 입장이 사들에게 먹혔는가?

만약 모든 사물과 사태가 원리를 가지고 있다면, 어떤 것이 다른 것보다 낫다고 어떻게 말할 수 있는가? 행위는 때로는 천리와 합치하고 때로는 이기적 욕망과 합치한다는 것이 주희의 대답이었다. 그러나 그와 같은 대답은 (천리의 존재를 믿지 않는 이들에게) 실제로 주희가 합치하고자 노력했던 것이 무엇일까 라는 질문을 던지게 만든다. 유사한 질문을 왕수인에게도 던질 수 있다. 왕수인은 사람들이 생래적 능력을 통해 선과 악의 차이를 알 수 있다고 말하는 동시에, 마음의 본체(the mind in itself)는 선도 악도 아니라고 주장하였다. 그렇다면, 마음이 선과 악의 차이를 알기 위하여 의지하는 바는 무엇인가? 마음의 지력(intelligence)은 그저 그것을 할 줄 알 뿐이라는 것이 왕수인의 대답이었다. 그러나 그와 같은 대답은 (그렇다고 믿지 않는 이들에게) 선악의 구별을 할 때 마음의 길잡이 역할을 하는 것은 무엇일까 라는 질문을 던지게 만든다. 주희나 왕수인이 모두 자신들의 대답이 진실이라고 믿었을 것임을 나는 의심하지 않는다. 그럼에도 불구하고, 나는 그들의 주장이 실질적 힘을 가진 어떤 것으로 성립하기 위하여 또 다른 어떤 것에 의지하고 있었다고 본다. 그것이 바로 다음 장의 주제이다.

제6장 믿음

주희는 『대학』이 자아 외부에 있는 사물의 리理를 파악하는 데서부터 시작하는 순차적인 프로그램의 윤곽을 제공한다고 보았다. 그렇다고 『중용』이 덜 중요하다고 생각한 것은 아니었다. 주희는 『대학』과 『중용』이 비록 각기 다른 이슈에 대하여 이야기하고 있지만, 두 텍스트가 완전히 조화를 이룬다고 생각하였다.

자아 내부에는 세계에 (제대로) 반응하기 위해 필수적인 어떤 기초가 존재하는데, 『중용』은 바로 그 내부적 기초에 초점을 맞춘다. 『중용』은 다음과 같은 세 가지 정의로부터 시작한다.

> 하늘이 명한 것이 본성(性)이요, 본성을 따르는 것이 도道요, 도를 닦는 것이 가르침(教)이다.[1)]

그런 다음 도道는 매일매일의 실천에 필수불가결하다고 주장한다.

---

1) "天命之謂性, 率性之謂道, 修道之謂教."(What heaven imparts to man is called the nature; To follow our nature is called the Way; Cultivation of the Way is called education.)
 * 이를 앤드류 플락스(Andrew Plaks)는 다음처럼 번역한다. "By the term 'nature' we speak of that which is imparted by the ordinance of Heaven; by 'the Way' we mean that path which is in conformance with the intrinsic nature of man and things; and by 'moral instruction' we refer to the process of cultivating man's proper palce in the world." Plaks, *Ta Hsueh and Chung Yung*, 25.

도는 잠시라도 우리로부터 떨어질 수 없다. 떨어질 수 있으면 도가 아니다.2)

주희는 이 말을 다음과 같은 의미로 이해한다. 도(理 혹은 coherence)는 우리 안에 인간 본성으로서 완전하게 존재한다. 따라서 도와 우리 본성으로부터 어긋나는 일은 우리 자신의 도덕적 자아에 진정으로 근거하지 않는 어떤 것 때문에 일어나는 것이다.

그 다음 『중용』은 중中(equilibrium)과 화和(harmony)의 두 가지 상태를 구분한다. 주희에게 있어 중中은 내적인 상태이고, 화和는 그것의 외적 등가물이다. 중은 우리 '본성'(즉 우리의 天理)의 선동되거나 자극되지 않은 상태를 묘사하고, 화는 자극에 대한 우리의 정서적 반응이 본성에 의해 인도될 때 나타나는 결과적 상태를 묘사한다.

희노애락이 아직 발發하지 않은 상태를 중中이라고 하고, 발하여 모두 절도에 맞는 것을 화和라고 한다. 중은 천하의 대본大本이고, 화는 천하의 달도達道이다. 중화中和를 이루면 천지가 제자리를 잡고 만물이 길러진다.3)

주희는 다음과 같이 설명한다. 본성은 하늘이 인간에게 부여한 것이므로 중中은 위대한 기초가 된다. 그리고 그것으로부터 천하의 모든 리理가 나온다. 화和는 본성과 조화를 이루는 것을 의미하므로 그것은 보편적인 길이다. 그리고 하늘 아래 모든 것은 이 길로 나아가게 되어 있다. 우리는 기본적으로 모든 사물과 한 몸을 이루고 있으므로, 화가 실현되면 모든 사물이 융성하게 될 것이다. 우리의 마음이 바를 때 천지의 마음이 바르고, 우리의 기氣가 그러

---

2) "道也者, 不可須臾離也, 可離非道也."

3) "喜怒哀樂之未發, 謂之中; 發而皆中節, 謂之和. 中也者, 天下之大本也; 和也者, 天下之達道也. 中也者, 天下之大本也; 和也者, 天下之達道也. 致中和, 天地位焉, 萬物育焉." 이상 『中庸』; Wing-tsit Chan, *A Source Book in Chinese Philosophy*, 98의 번역을 따름.

한 바름과 조화를 이루면 천지의 기 역시 조화를 이룰 것이다.[4]

이번 장에서 제기하는 질문은 다음과 같은 것이다. 우리가 자아에서 발견하고 외부세계에 반응할 때 사용하는 것은 무엇인가? 내가 주장하고자 하는 바는 다음과 같다. 신유학적 자아의 핵심에 있는 것은, 분명하지 않은 전제나 철학적 명제가 아니라 믿음(믿음에 대한 의식적인 헌신)이라는 것이다.

1. 판단과 동기의 문제

배움의 과정은 사물과 자신에게 있는 리에 대한 의식을 배양하는 것을 목적으로 한다. 언제나 리라는 것이 있기 때문에, 이론적으로는 언제나 리와 조화되는 반응이 있고, 그것은 일관되어 있다. 그래서 학생들은 리를 깨닫도록 자기 자신을 훈련할 필요가 있다. 그런데 독서에 의한 앎의 획득, 그리고 어떤 주제의 모든 다른 측면들을 철저히 탐구함으로써 이루어지는 앎의 획득—요로饒魯가 효의 경우에서 설명했듯이—이 곧 구체적인 특정한 맥락에서 어떻게 행위해야 하는지의 문제를 해결해 주는 것은 아니다. 사건은 시간에 걸쳐 전개되고, 행위자들 간의 관계는 변화하고, 의미는 상황에 따라 달라질 수 있게 마련이다. 김리상金履祥(1232~1308)은 이 문제를 다음과 같이 표현하였다.(김리상의 추종자들은 그를 주희의 계승자로 간주하였다.)

> 고금古今의 덕행德行은 부드러울 수도, 강할 수도, 곧을 수도, 맑을 수도, 조화로울 수도, 인위적 간섭이 없을 수도, 힘들 수도 있다. 나는 일정한 방법에 집착할 수 없다. 반드시 선善을 택하여 그에 따라야 한다. 이것이 이른바 '옳은 것을 택한다'는 것이다. 그런데 선은 정해진 주인이 없다. 그것은 한 가지일 수도 있지만, 저번에

4) 『四書章句集注』, 20-21, 주희의 해석.

이것을 행하여 맞았던 것이 이번에 행하면 틀릴 수도 있다. 그것은 하나의 기준일 수도 있지만, 이번 일에 적용하면 틀릴 수 있는 것이 저번에 적용하면 맞을 수도 있다. 이것이 옛사람들이 말하는 '옳음을 옮김'(移是)이다.[5]

김리상에게 그 반응이란 것의 도덕적 의미는 상황의존적인 것이었다.

덕德이라는 것은 행위를 지칭해서 말하는 것이고, 선善이라는 것은 리理를 지칭해서 말하는 것이다.…… 고금의 덕은 모두 전범이다. (각기 다른 때들이) 행동을 규정하는 것은 같지 않으므로, 정해진 하나의 전범에 구속되어서는 안 된다. 맞는 선을 택하는 데 달려 있다. 천하의 리는 선할지라도 때에 따라서 중中을 취해야 하니, 일정한 기준에 구속되어서는 안 된다.[6]

만약 외부 권위를 참조하는 것으로는 도덕적 선택을 어떻게 해야 할지를 알 도리가 없다면, 도덕적 선택을 어떻게 해야 하는지는 어떻게 알 수 있단 말인가? 그가 모든 것은 리를 가지고 있다고 생각했다는 사실로는 문제를 해결할 수 없다. 어떤 행동이 주어진 상황 하에서 일관된(coherent) 것인지를 알아낼 때까지, 끊임없이 확장되는 연결고리 속에서 특정 사례를 살펴보면서 해당 사태의 리를 생각해 낼 필요가 있었다는 식으로 말할 수도 있을 것이다. 그러나 그것은 김리상이 도달한 결론이 아니었다. 그 대신 김리상은, 올바른 정신적 상태를 유지하는 데 해결책이 있다고 주장하였다. "비교하고 대조해 보아서 (늘 '중'을 이루는) 일은, 순수하게 진실하

5) 〔元〕金履祥, 『資治通鑒前編』, 권4, "古今德行, 或柔或剛, 或正直, 或清, 或和, 或無爲, 或勤勞. 在我不可拘一定之法, 必擇其善者從之, 所謂審其是也. 然善無定主, 均一事也, 或施之彼時則爲是, 而施之此時則爲否. 均一節也, 或用之此事則爲非, 而用之彼事則爲是者, 此古語所謂移是." 이 인용문을 제공해 준 李宗翰(Lee Tsong-han)에게 감사한다.

6) 『資治通鑒前編』, 권4, "德指行而言, 善指理而言……古今之德皆可師也, 而制行不同, 不可拘一定之師. 惟在於擇其善而已. 天下之理雖善也, 而隨時取中, 則又不可拘一定之主."

고 일정한 마음을 가진 사람이 아니라면 그 누가 정확히 선택하여 오차가 없을 수 있겠는가?"7)

그러나 비록 김리상이 올바른 선택을 안다고 할지라도 그가 과연 거기에 따라서 행동할 것인가? 이것이 바로 '안다는 것'이 책을 읽는 문제로 이해될 때 피할 수 없이 생기게 되는 문제라고 왕수인은 생각하였다. 사람들은 자신이 어떻게 해야 하는지를 알고 있으면서도, 그 앎을 행동으로 전환시키지 않을 수도 있는 것이다. 앎과 행동의 이러한 괴리는 주희 역시 걱정한 문제였다. 주희의 해결책은, 동기의 질(the quality of one's motivation)을 판단할 능력을 기르자는 것이었다. 어떤 식으로 행동하고자 하는 우리의 경향이 이기적 이해관계에서 나온 것인가. 혹은 도덕감각(moral sense)에서 나온 것인가? 주희에게 있어서 이것은 우리 모두가 알 수 있고 느낄 수 있는 것이었다. 마음은 자신의 도덕적 본성—우리 모두에게 공히 존재하는 천리—을 자각하게 될 수 있기 때문이다. 왕수인에게 있어서 이것은 양지의 문제였고, 모든 사람에게 양지는 가능한 것이었다. 사람들은 그들이 모든 연결고리를 보아 낼 때까지 역동적인 상황을 탐구하려고 할 필요가 없었다. 무엇보다도, 주희와 왕수인은 모두 공리적 사고(utilitarian thinking)를 거부하였다. 즉, 가능한 결과를 계산하여 가장 이득이 되는 것을 발견하고 해당 결과를 얻기 위한 행동을 취하는 것에 반대한 것이다. 대신 주희와 왕수인은 모두, 우리가 우리 자신의 본래적 도덕 감수성에 호소할 수 있고 우리의 동기가 옳은지 옳지 않은지를 알 수 있는데, 행동이 옳기 위해서는 동기가 옳아야만 한다고 주장하였다. 이론적으로 이 말은 맞다. 마음의 천리는 또한 통합되고 조화로운 우주의 리이기도 하기 때문이다. 『중용』의 말을 빌리자면, "중화中和를 이루면 천지가 제자리를 잡고 만물이 길러진다."8)

---

7) 『資治通鑑前編』, 권4, "所以參比會同之者, 非純誠有定之心, 其孰能精擇而無差也哉?"

우리는 주희의 천리와 왕수인의 양지를 우리가 흔히 쓰는 '양심'(conscience)이라는 말과 동일시할 수 있다. 맹자가 제안한 바와 같이 모든 미각이 쓴 것보다 단 것을 선호하듯이, 우리는 과거나 현재 사람들이 모두 같은 양심을 가지고 있다고 믿고 싶을 수도 있다. 그러나 우리는 신유학의 경우에 무엇이 '양심'을 형성하는지 물어볼 필요가 있다. 왜냐하면 그것이야말로 신유학자들로 하여금 도덕적인 것과 이기적인 것을 구별하게 만드는 것이기 때문이다. 양심을 형성하는 바로 그것이야말로 '도덕적인 것'이 의미하는 바의 근본적인 뜻을, 그저 이기심의 부재라고 말하는 것을 넘어 보다 실질적으로 정의할 수 있다. 윌리엄 시오도르 드 배리(Wm. Theodore de Bary)가 다음과 같이 표현한 바와 같다. "통일의 실마리, 균형을 이룬 중용, 기반을 이루고 있는 가치, 혹은 모든 것을 포괄하는 개념을 찾는 것은 신유학 가르침의 근본적인 목적이었다."[9]

2. 믿음으로서의 통일성

신유학적 도덕 감수성이 통일성(unity)에 대한 믿음이었다고 말하는 것은 일견 너무 환원적으로 들릴지 모른다. 그러나 통일성은 많은 맥락에서 각기 다른 모양을 띠고 나타난다. 먼저 정치적인 통일성이 있는데, 이때의 통일성은 중앙집권적 관료시스템을 의미하기보다는(신유학자들은 종종 중앙집권적 관료시스템이 분권적 시스템에 대해 우위를 갖는다는 생각에 이의를 제기하였

8) "致中和, 天地位焉, 萬物育焉." 도덕적 동기(주희)와 功利(utility)의 차이에 대한 논의는 Tillman, *Utilitarian Confucianism*. 이 문제들에 대한 또 다른 해결책으로는 Graham, "What Was New in the Ch'eng-Chu Theory of Human Nature" 참조.

9) De Bary, *Neo-Confucian Orthodoxy*, 216.

다), 정부의 구성원들이 이익집단들의 연합을 대변하는 것이 아니라 동일한 도덕적 헌신을 공유하게 될 것이라는 믿음을 의미하였다. 또 학學의 이론에는 일관성(consistency)의 가능성에 대한 믿음이 있다. 그것은 현재를 사는 신유학자들이 고대 성인의 사상을 완전히 재서술할 수 있었고, 그리하여 도통을 확립할 수 있었다는 믿음이다. 그리고 리 자체의 동일성(identity)과 통일성(unity)이 있다. 그 밖에, 완벽한 정합성(integrity) 혹은 진실성(sincerity, 誠)의 상태에 대한 믿음이 있다. 이 상태에서는 정서적 반응(情)이 천리와 완전히 공명하며, 마음은 항상 이기적 욕망을 극복하고 기질을 조절할 수 있다. 또 사회적 조화의 가능성에 대한 믿음이 있다. 이러한 조화 속에서는 모든 사람들이 통합된 유기체 내의 자기 자리를 부여받는다. 또 사상 혹은 실천의 본말을 연결시켜 일관된 전체로 만드는 일관一貫사상이 있는데, 여기에는 지리支離하게 여겨지는, 즉 "세세하게 분절된 것들이 자신이 속할 전체에 대한 감을 잃고서 전시되는 식으로"[10] 보이는 학과, 신유학의 관점에서 '이단'으로 분류되는 불교나 도교 류의 자기수양방식에 대한 신유학자들의 반감이 있다.

통일성에 대한 믿음은 좋은 것을 분간해 내는 데 있어 정신적인 필터 역할을 한다. 통일성은 인간세계가 어떠해야 하며 물리적 세계가 어떻게 전개되어 왔는지에 대한 믿음이다. 어떤 사람이 다른 어떤 사람의 동기에 대해 판단해야만 하는 상황에 처하게 되었을 때, 옳고 좋은 것이란 곧 통일성(unity), 일관성(coherence), 상호연결성(interconnectedness), 지속성(continuity), 무봉성無縫性(seamlessness), 조화(harmony), 통합(integrity), 전체(whole), 항상성(constancy)을 유지하고자 하는 목표에 가장 잘 들어맞는다고 그 개인이 감지하는 바로 그것이다. 이를 믿음이라고 말하는 것은, 그것이 매우 깊이 각인되어 있어서

10) Metzger, *Escape from Predicament*, 14.

의문의 대상이 되지 않는다는 점을, 그리고 그것이 각 개인의 마음에게 감지의 차원(at a sensory level)에서 마음의 경향성을 테스트해 볼 수 있는 방법을 제공한다는 점을 인정하는 것이다. 우리는 왜 그러한지 설명할 수 있다고 확신할 수 없을 때조차도 무엇이 일관되어 있다고 감지한다. 그렇다고 해서 '통일성'이 획일성으로 타락하거나, 합의가 모방으로 변질되거나, 일관성이 독단으로 흐를 수 있는 가능성을 부정하는 것은 아니다.

위에서 인용한 김리상의 구절은 다음과 같이 시작한다. "덕은 행위를 지칭해서 말하는 것이고, 선은 리를 지칭해서 말하는 것이며, 통일성(一)은 마음을 지칭해서 말하는 것이다. 사물을 참조하여 판단을 내리는 것은 마음이 통일성을 이룰 수 있는가(克一)에 달려 있다."[11] 김리상은 여기서 『서경』의 「함유일덕咸有一德」("All shared a Unifying Virtue")에 나오는 어떤 구절에 대한 주희의 설명에 의존하고 있다. 『서경』의 그 구절은 다음과 같다.

> 덕은 항구적인 전범이 없다. 선을 주인으로 삼는 것, 그것이 전범이다. 선은 항구적인 주인이 없다. 선은 통일성을 이룰 수 있는 것(克一)과 일치한다. 그래서 백성들은 모두 말한다. "위대하도다, 왕의 말씀은!" 또 말하기를, "통일되도다, 왕의 마음은!" 왕께서는 앞선 왕들의 유산을 보호하고 백성들의 삶을 보살핀다.[12]

누가 이 구절의 의미에 대해, 그 선한 사람—그가 누구든 간에—을 특정한 사람이라기보다는 전범과 선생으로서 간주하라는 말입니까 라고 묻자 주희

11) 『資治通鑒前編』, 권4, "德指行而言, 善指理而言, 一指心而言. 所以參會考比之者, 又在於此心之克一而已." 기존의 여러 주석들에 의하면 克一이라는 표현은 지속적임, 변치 않음, 한마음됨, 확실함을 이룰 수 있느냐로 풀이되었다. 여기서 나는 다소 이상하더라도, 여러 가지 정의(definition)가 가능하도록 '통일성을 이룰 수 있음'으로 번역한다.

12) 『尚書』(十三經注疏本), 「商書・鹹有一德」, "無常師, 主善爲師. 善無常主, 協於克一. 俾萬姓鹹曰: '大哉王言.' 又曰: '一哉王心'. 克綏先王之祿, 永底烝民之生."

는 다음과 같이 답하였다.

아니다. 횡거(장재)는 "덕은 천하의 선을 주인으로 삼고, 선은 천하의 통일성에 근원을 두고 있다"라고 말씀하셨는데, 이 말이 가장 좋다. 이 네 구절(덕은 항구적인 전범이 없다. 선을 주인으로 삼는 것, 그것이 전범이다. 선은 항구적인 주인이 없다. 선은 통일성을 이룰 수 있는 것(克一)과 일치한다)은 세 가지 단락으로 이루어져 있는데, 각 단락은 다른 단락들과 유사하다.

덕德이란 대략적으로 말한 것이니, 거기에는 길덕吉德이 있고 흉덕凶德이 있다. 그러니 반드시 선善을 주인으로 삼아야 길하게 된다. 선 또한 대략적으로 말한 것이고, 이 상황에서는 선하고 저 상황에서는 선하지 않으며, 저기서는 선하고 여기서는 선하지 않으며, 어제는 선하지 않고 오늘은 선한 경우가 있다. 통일성을 이룰 수 있는 것(克一)과 일치해야만 선이 된다. 이 (통일된) 마음으로 선의 정도를 측정한다. 그러므로 횡거가 "근원을 두고 있다"라고 말한 것은 선이 통일성(一)에 의해 결정되는 것처럼 말한 것일 뿐이다. 선은 통일성에 의해 결정되어지기 마련인 것이다. 덕은 일(事)의 차원에서 말해지는 것이고, 선은 리의 차원에서 말해지는 것이며, 통일성(一)은 마음의 차원에서 말해지는 것이다. 이 장의 경우, 통일성(一)이라는 글자에 정신精神이 담겨 있다. 섬세하게 살펴보아야 한다. 이 마음이 통일되어야만 변함이 사라지고 항상성(常)이 있게 된다.[13]

또 다른 곳에서, 선은 무엇을 자신의 주인으로 삼느냐는 질문이 제기되었다. 이에 주희는 "양심良心을 주인으로 삼을 뿐이다"[14]라고 답하였다. 간단히

---

13) 『朱子語類』, 권79, 2033, "非也. 橫渠說'德主天下之善, 善原天下之一', 最好. 此四句三段, 一段緊似一段. 德且是大體說, 有吉德, 有凶德, 然必主於善始爲吉爾. 善亦且是大體說, 或在此爲善, 在彼爲不善; 或在彼爲善, 在此爲不善; 或在前日則爲善, 而今日則爲不善; 或在前日則不善, 而今日則爲善. 惟須'協於克一', 是乃爲善, 謂以此心揆度彼善爾. 故橫渠言'原', 則若善定於一耳, 蓋善因一而後定也. 德以事言, 善以理言, 一以心言. 大抵此篇只是幾個'一'字上有精神, 須與細看. 此心才一, 便終始不變而有常也."

14) 『朱子語類』, 권87, 2263, "有人問: '善'字不知主何而言? 朱熹回答: 這只主良心."

말해서, 사물을 정리해 낼 수 있는 마음의 생래적 능력에 의지한다는 것이다. 동시에 판단을 해 낼 수 있는 마음의 상태는 '통일된'(unified) 상태에 있다고 말해졌다.

이상(ideal)으로서의 '통일성'은 제국시스템과 그것의 전통적 이데올로기에 너무도 충실한 일부였기 때문에 별도의 정당화를 필요로 하지 않았다고 주장할 수 있을는지 모른다. 사실 그렇다. 그러나 핵심은, 신유학자들이 그 통일성을 제국시스템으로부터 빼내어 자아 내부에 위치시켰다는 점이다. 그렇게 한 것도 (신유학 특유의 것이 아니라) 송나라 지성계에 널리 퍼져 있던 생각이었다고 주장할 수 있을는지 모른다. 그 역시 사실일 것이다. 그러나 신유학자들 말고는 그 누구도 그것을 마음의 기초로 만들 정도로 밀고 나가지 않았다. 신유학자들은 우주, 인간사회, 학설, 마음의 통일성을 예외스러울 정도의 집요함을 가지고 주장하였다.

우주의 통일성

신유학자들은 모든 창조물 즉 '천지만물'이 단일한 기원과 단일한 전개를 가진 일관되고 통일된 전체라고 생각한다. 장재는 이 통일성을 기氣로써 설명하였다. 기 덕분에 장재는, 모든 창조물들이 작동하는 과정에서 이원성을 띠게 되지만 그것이 동시에 일원적이라고 주장할 수 있었다.[15] "유有와 무無, 허虛와 실實이 모두 하나의 것이다. 하나가 될 수 없으면 본성을 실현한 것이 아니다."[16]이와 유사하게, 모든 것을 포괄하는 역易의 성질을 논하면서 주진朱震(1072~1138)은 다음과 같이 주장하였다.

---

15) 「正蒙」; 『張載集』, 8－9.

16) 「正蒙」; 『張載集』, 63, "有無虛實通爲一物者, 性也; 不能爲一, 非盡性也."

음陰과 양陽을 넘어서지 않는다. 궁구해 보면 일一일 뿐이다. '일'이란 천지의 근본이요 만물의 시작이다. 음양은 움직임과 고요함(動靜)의 근원이다. 그러므로 태극太極이라고 한다. 학學은 이 지점에 이르러서 그친다.17)

"학은 이 지점에 이르러서 그친다"는 이 언명이야말로, 통일성의 지점에 도달한다는 것은 곧 그 모든 것이 믿음에 달려 있는 어떤 지점에 도달하는 것임을 시사한다.

우주의 통일성은 인간사회를 포괄한다. 문화적 · 역사적 세계와 천지와의 필연적인 연관성을 부정하는 동시대인들에 반대하여 정이는 다음과 같이 주장하였다.

어찌 인간의 도를 이해하면서 하늘의 도를 이해하지 않을 수 있겠는가? 도는 하나이다. 어찌 인간의 도는 인간의 도일 뿐이고, 하늘의 도는 하늘의 도일 뿐이겠는가? 『중용』에서는 다음과 같이 말하였다. "자신의 본성을 실현하면 남의 본성을 실현할 수 있고, 남의 본성을 실현할 수 있으면 사물의 본성을 실현할 수 있고, 사물의 본성을 실현할 수 있으면 천지의 '변화와 기름'(化育, the transformative and nurturing process)에 참여할 수 있다."18)

정이와 주희에 있어 리 즉 사물의 본래적 일관성에 대한 생각은 이 통일성을 '이해할 수 있는'(intelligible) 것으로 만들어 주었다. 신유학자들은 중요한 용어들을 정의할 때면 늘 '리理'를 사용하였다. '도道'란 무엇인가? 천도天道는? 인간 본성은? 그 모든 것이 리였다. 그런데 주희가 주장한 대로 만약

---

17) 〔宋〕朱震, 『漢上易傳』, 作者原序, "不越乎陰陽二端, 其究則一而已矣. 一者, 天地之根本也, 萬物之權輿也. 陰陽, 動靜之源也, 故謂之太極, 學至於此止矣."

18) 『二程集』, 遺書, 18, 182, "安有知人道而不知天道者乎? 道一也, 豈人道自是人道, 天道自是天道? 中庸言: 盡已之性則能盡人之性, 能盡人之性則能盡物之性, 能盡物之性, 則可以贊天地之化育."

리가 하나이고 모든 사물이 리의 통일성을 부여받는다면, 모든 사물은 근본적으로 같다고 할 수 있다. 정이는 사람의 '본성'이 곧 그 사람의 개별적 성격이라는 일반적인 견해에 반대하였다. 그는 모든 인간이 유사하다는 주장을 하기 위하여 그런 반대를 한 것이 아니라, 인간은 유기적인 우주 속으로 완전히 통합되어 간다는 주장을 하기 위하여 그런 것이었다. 주희에게 있어 이것은 모든 사물이 똑같이 천리 즉 태극의 완전한 자질을 부여받는다는 것을 의미하였다. 다른 한편, 인간이 다른 부류와 다른 까닭은 자신의 깨달음을 증진시켜서 행위를 바꿀 수 있기 때문이었다.

세계를 일관되고 포괄적인 시스템 즉 '하나'로 간주하는 것이 차이에 대한 부정을 의미하는 것은 아니다. '리일분수理一分殊'(li is one but is manifestations are many)라는 정주학의 학설은 바로 이것에 대한 이론이다. 물리적 우주라는 관점에서 보면 이것은, 비록 모든 사물이 하나의 리라는 통일성을 가지고 있다고 할지라도 각 사물은 또한 자기 나름의 리에 의해 작동한다는 것을 의미한다. 인간이라는 관점에서 보면 이것은, 비록 모든 사람이 똑같이 리의 통일성을 가지고 있다 할지라도 각자 특정한 관계망 속에서 특정한 역할을 가지고 있으며 그에 따라 대우받아야 함을 의미한다.

주희의 스승 이동李侗(1093~1163)은 "리의 하나됨(理一)에 대하여 걱정하지 말라. 어려운 것은 나누어짐(分殊)일 뿐이다"[19]라고 하였지만, 모든 사람이 이에 동의한 것은 아니었다. 정호, 육구연, 왕수인에게 있어서 리의 통일성은 마음의 초점이었다. 육구연은 "우주를 채우고 있는 것은 하나의 리일 뿐"이라고 말하고, 또 다른 곳에서는 "우주가 내 마음이고 내 마음이 우주이다"[20]

---

19) "理不患其不一, 所難者分殊耳." 朱熹의 理一分殊에 대한 이해는, Wing-tsit Chan, *Chu Hsi: New Studies*, 297－300 참조. 이에 관한 해석의 역사 및 李侗의 언명은 董玉整, 『中國理學大辭典』, 506－507 참조.

20) 『陸九淵集』, 권12, 161, "塞宇宙, 一理耳"; 같은 책, 권36, 483, "宇宙既吾心, 吾心即宇宙."

라고 하였다. 그러나 주자학파에게는, 그 학설은, 그러니까 여전히 구분을 지을 필요가 있음을 강조하는 말이었다. 리일분수의 설은 학學에 있어서 난제에 해당한다고 주희는 말하였다. 리의 통일성의 관점에서 보면 잉태하고 생성시키는 힘들(乾과 坤)을 가리켜 모든 삼라만상의 아버지와 어머니라고 할 수도 있지만, 실질적인 역할과 구현의 관점에서 보면 개인의 어머니와 아버지는 그러한 잉태하고 생성시키는 힘들과는 다르다. 그러나 "이른바 리일理一은 분수分殊의 속을 관통하여, 서로 분리된 적이 없다."[21] 사물들을 지나치게 '하나'라는 관점에서 보면 각자가 가진 의무의 특수성을 무시하게 되고, 사물의 통일성을 무시하면 특수성과 이기성으로 흐르게 된다. 동시대인 누군가가 설명했듯이, 사람들은 세상의 모든 아버지들을 자신의 아버지와 마찬가지로 대우하는 일과, 자신의 친족에 대해서만 이기적으로 신경 쓰고 타인에 대한 의무를 저버리는 일, 이 두 경향성 모두를 피할 필요가 있다.[22] 마음은 해당 사물에 적합한 방식으로 각 사물에 반응할 때조차도 통일성에 대한 의식(awareness)을 유지할 필요가 있다.

고대에서 사회의 통일성

신유학자들은 리의 통일성이 명백하게 드러나지 않는 사회에 자신들이 살고 있다는 사실을 인정하였다. 그들은 사회가 왜 그러한지에 대한 설명을 생리적 용어—각 개인들이 부여받은 기는 다양한데, 기는 개인으로 하여금 외적 자극에 대한 이기적인 반응에 다소 취약하게끔 만든다는 것—를 통해 설명하면서, 학을 통한 자아의 변화에서 그 해결책을 찾았다. 그런데 신유학자들은 사회가 언제나 그 모양이라고 생각하거나, 인간은 그 물리적 존재 때문에 불화와 투쟁

21) 『朱熹集』, 권37, 1655－1656, "所謂理一者, 貫乎分殊之中而未始相離耳."
22) 『陳亮集』, 권23, 260－261.

의 세계를 만들게끔 운명지어져 있다고 생각하지는 않았다. 내가 보기에, 고대에 완전하게 통합된 사회질서가 존재하였다는 신유학자들의 주장은 역사적 주장이라기보다는 믿음을 천명한 것이었다. 그것은 고대—요・순・우임금의 시대와 삼대(하・상・주)—와 그 이후의 제국들 간에 진정한 구분이 존재한다는 믿음, 바로 그러한 믿음에 기초한 주장이었다.

고대에 완벽한 사회가 존재하였다는 생각은 새로운 것이 아니었다. 고문가들은 정부를 공동이익을 봉사하는 주체로 변혁시키고자 하여, 정부에게 왕조를 유지하는 것 이상의 목표를 부여하였다. 그 과정에서 고문가들은 그러한 목표의 정당화 기제로서 고대에 완벽한 사회가 존재했다는 사고를 진작하였다. 그리하여 고대에 완벽한 사회가 존재했다는 사고는 새로운 이데올로기적 무게를 지니게 되었다. 신유학자들은 한 걸음 더 나아가 통일성이야말로 자연스러운 사회적 조건이며, 분열은 타락이라고 생각하였다. 신유학 독본인 『근사록』은 다음과 같이 설명한다.

> 온 세상에서부터 한 나라, 한 가족, 만사에 이르기까지, 화합하지 않는 경우는 그들을 갈라놓는 무엇인가 있기 때문이다. 갈라놓는 것이 없다면 화합할 것이다. 천지가 생겨나고 만물이 생성되는 경우도, 모든 것이 화합하여야 이루어진다. 화합하지 않는 경우에는 갈라놓는 것이 있다. 임금과 신하, 아버지와 자식, 친척, 친구 간에도 갈라짐이나 원망거리가 있는 경우에는 비방이나 잘못이 그들 사이를 갈라놓고 있는 것이다. 그 갈라놓는 것을 제거하고 합치면, 조화로움과 질서를 이루지 않을 것이 없다.[23]

23) 『近思錄』, 권8; Zhu Xi and Lü Zuqian, *Reflections on Things at Hand*, 207(Ⅷ. 8), "凡天下至於一國一家, 至於萬事, 所以不和合者, 皆由有間也, 無間則合矣. 以至天地之生, 萬物之成, 皆合而後能遂. 凡未合者, 皆有間也. 若君臣父子親戚朋友之間, 有離貳怨隙者, 蓋讒邪間於其間也. 去其間隔而合之, 則無不和且洽矣."

『근사록』에 따르면 고대에는 사람들이 분열하지 않았다고 한다.

> 옛날에는 영주에서 높은 관리, 그 아래 사람들에 이르기까지 지위가 그 지위를 가진 사람의 덕德에 걸맞았다. 종신토록 그 자리를 차지한 것은 자신들의 분수대로 얻었기 때문이다. 만약 지위가 덕에 걸맞지 않으면 통치자는 그를 승진시켰다. 사士는 학學을 추구한다. 학이 완성되면 통치자가 그를 찾는다. 아무도 조작하지 않는다. 농부, 기술자, 상인은 자신들의 일에 부지런하고 정해진 바대로 누린다. 그러므로 각자의 마음이 정해져 있고, 천하의 마음이 하나로 통일될 수 있었다. 후세에는, 보통사람들에서 높은 지위에 잇는 이들까지 모두 날마다 존귀함과 영광됨에 뜻을 둔다. 농부, 기술자, 상인은 날마다 부유함과 사치에 뜻을 둔다. 수많은 사람들의 마음이 서로 이익을 다툰다. 그리하여 천하가 어지러움에 빠진다. 그러니 어떻게 하나됨을 이룰 수 있겠는가? 세상이 어지러워지지 않음을 보기가 어렵다.[24]

이기심, 인간사회의 자연 상태인 본래적인 통일성보다는 자기 자신의 이해관계에서 사물을 보고 행동하는 것이 문제인 것이다. 왕수인도 마찬가지 견해를 가졌다.

> 이 가르침의 핵심은 요, 순, 우임금을 거쳐 차례로 전해 내려온 것으로, 이른바 "인심은 위태롭고 도심은 은미하니 정밀함과 한 마음을 가지고 진실로 그 중中을 잡으라"는 것이다. 그 구체적인 항목은 순임금이 설契에게 명한 것으로, 이른바 "부자유친父子有親, 군신유의君臣有義, 부부유별夫婦有別, 장유유서長幼有序, 붕우유신朋友有信"의 다섯 가지일 뿐이다. 요순시대, 삼대 이후로, 가르치는 사람은 오직

---

24) 『近思錄』, 권8; Zhu Xi and Lü Zuqian, *Reflections on Things at Hand*, 206(Ⅷ. 5), "古之時, 公卿大夫而下, 位各稱其德, 終身居之, 得其分也. 位未稱德, 則君擧而進之. 士修其學, 學至而君求之. 皆非有預於己也. 農工商賈, 勤其事而所享有限, 故皆有定志, 而天下之心可一. 後世自庶士至於公卿, 日志於尊榮. 農工商賈, 日志於富侈, 億兆之心, 交騖於利, 天下紛然, 如之何其可一也? 欲其不亂難矣!"

이것을 가르쳤고 학생들은 오직 이것을 배웠다. 당시에는 사람들이 다른 견해를 갖지 않았고, 또 집집마다 다른 관습을 갖지도 않았다. 오직 이것을 자연스럽고 편안하게 행하는 사람을 성인이라고 불렀다.…… 아래로도…… 모두 이 가르침을 받아, 오직 덕행을 완성하는 데 힘썼다.[25)]

학교에서는 오직 덕을 완성하는 것을 주요 업무로 삼았다. 그런데 사람마다 재능이 달라서, 혹자는 예악에 뛰어나고 혹자는 정치와 교육에 뛰어나고 혹자는 공적인 사업과 농업에 뛰어나다. 그러므로 덕의 완성을 위해 학교에 보내져서 자신들의 능력을 더욱 정밀하게 만들었다. 그 덕으로 인하여 관직을 맡게 될 때는 평생토록 바꾸지 않고 그 직분에 종사하게 하였다. 그들을 임용하는 사람은 오직 그들과 하나의 마음, 하나의 덕이 되어 함께 천하의 백성들을 편안하게 만들기만을 알 뿐이었다. 그 임용하는 사람은 임용된 사람의 재능이 적합한지 아닌지만을 볼 뿐 지위의 높고 낮음으로 그 중요성을 따지지 않았고, 또 일의 수고로움이나 한가로움으로 그 일의 좋고 나쁨을 따지지 않았다. 일을 맡아 봉사하는 사람도 오직 임용자들과 하나의 마음, 하나의 덕이 되어 함께 천하의 백성들을 편안하게 만들기만을 알 뿐이었다.…… 당시에는 사람들이 모두 조화롭고 만족하였다. 그들은 서로를 한 가족처럼 생각하였다. 능력이 떨어지는 사람은 농부, 공인, 상인의 위치에 만족하여 각자 맡은 일을 열심히 하며 서로의 삶을 지탱시켜 주고 도와줄 뿐, 높은 자리에 대한 욕망이나 외부적인 것에 경쟁이 없었다.…… 그들의 심학心學은 순수하고 밝아서 만물을 하나의 몸으로 보는 인仁을 온전하게 간직할 수 있었다. 그리하여 그들의 정신은 흘러 모든 것에 미치고 그들의 지기는 모든 곳에 두루 통달하였다. 그리하여 자신과 다음 사람 간에 구분이 없었고 사물과 자신 간에 구분이 없었다. 사람의 몸에 비유하자면, 눈은 보고 귀는 듣고 손은 쥐고 발은

---

25) 『傳習錄詳注集評』 卷中; Wang Yangming, *Instructions for Practical Learning*, 118－119, “其教之大端, 則堯・舜・禹之相授受, 所謂‘道心惟微, 惟精惟一, 允執厥中’: 而其節目, 則舜之命契, 所謂‘父子有親, 君臣有義, 夫婦有別, 長幼有序, 朋友有信’五者而已. 唐・虞・三代之世, 教者惟以此爲教, 而學者惟以此爲學. 當是之時, 人無異見, 家無異習, 安此者謂之聖,……下……, 莫不皆有是學, 而惟以成其德行爲務.”

> 걸어서 한 몸의 기능을 완수하는 것과 같다…… 바로 성인지학이 지극히 쉽고 간단하며 알기 쉽고 행하기 쉬운 까닭이다. 배움이 쉽사리 가능하고 재능이 쉽사리 완성되는 것은 바로 핵심이 모두 같이 가지고 있는 마음의 본체에 달려 있기 때문이다. 지식과 기능은 이 차원에서 더불어 논할 바가 못 된다.[26]

그리하여 고대는 실천의 차원에서 통일성의 의미를 생각할 때 참고점(a point of reference)으로 기능하였다. 신유학자들은 행동의 가치를 그 결과에 의해 판단하는 이들을 조소하면서, 그러한 공리적 전략을 채택하는 것은 이득과 유리함을 도덕의 척도로 삼는 일이라고 경고하였다. 도덕적 동기에서 행동하는 것은 진정한 본성과 본래의 마음에 따라 행동하는 것이다. 결과에 대하여 근심할 필요는 없다. 왜냐하면 도덕적 동기에 따라 행동하면 조화와 질서의 세계가 도래한다는 사실을 고대세계가 보여 주었기 때문이다. 이러한 견해는 철학적 언어를 통해서도 지지되었다.

학설의 통일성

신유학 학설의 타당성은 과학적 주장과 역사적 주장에 기초해 있었다. 과학적 주장이란, 생물학적 존재로서의 인간이 어떻게 물리적 우주에 통합되는가에 대해 신유학자들이 타당한 이해를 가지고 있었다는 것을 말한다. 역사

---

26) 『傳習錄詳注集評』 卷中; Wang Yangming, *Instructions for Practical Learning*, 119－121, "學校之中, 惟以成德爲事: 而才能之異, 或有長於禮樂, 長於政敎, 長於水土播値者, 則就其成德, 而因使益精其能於學校之中. 迨夫擧德而任, 則使之終身居其職而不易. 用之者惟知同心一德, 以共安天下之民, 視才之稱否, 而不以崇卑爲輕重, 勞逸爲美惡: 效用者亦惟知同心一德, 以共安天下之民,……皆相視如一家之親. 其才質之下者, 則安其農·工·商·賈之分, 各勤其業, 以相生相養, 而無有乎希高慕外之心.……蓋其心學純明, 而有以全其萬物一體之仁, 故其精神流貫, 志氣通達, 而無有乎己之分, 物我之間: 譬之一人之身, 目視, 耳聽, 手持, 足行, 以濟一身之用,……此聖人之學所以至易至簡, 易知易從, 學易能而才易成者, 正以大端惟在復心體之同然, 而知識技能非所與論也."

적 주장이란, 신유학자들이 재발견했다는 학설이 실제로 공자, 맹자, 그리고 고대 성인들의 학의 길이었다는 주장이다. 신유학자들의 주석과 글들은 그들의 학설이 계속해서 올바르게 이해되는 일을 보장하는 데 중요하였다. 주석들은 신유학의 학설이 어떻게 인간 조건과 맞아떨어지는지를 설명하였고, 신유학의 학설이 공자의 생각과 연장선에 있음을 보여 주었으며, 학의 올바른 방법을 전수하는 수단을 제공하였다.

「중용장구서中庸章句序」에서 주희는 이 모든 이슈들을 제기하였는데, 그 중에서도 학설의 통일성에 대하여 특별히 중요한 주장을 하였다.[27] 위에서 언급한 구절에서 왕수인이 "이 가르침의 핵심은 요, 순, 우임금을 거쳐 차례로 전해 내려온 것"이라고 말했을 때, 이것은 바로 주희의 「중용장구서」를 따른 것이었다. 주희의 「중용장구서」는 『중용』이라는 텍스트의 목적—도를 배우는 방법에 대한 기록의 보존—을 밝히는 데서 시작된다. 그리고 나서 곧바로 먼 고대에서 도학을 처음으로 어떻게 분명히 설명하였는지를 논하고 있다.

『중용장구』「서」

『중용』은 왜 씌어졌는가? (공자의 손자인) 자사子思께서 도학의 전수가 끊길까 걱정하여 쓰셨다. 그 옛날 신적인 성인께서 하늘의 일을 이어 궁극적인 표준을 수립하셨을 때, 도통道統의 전수는 시작되었다. 경전에 나타난 바를 보자면 다음과 같다.

그 중을 꽉 잡으라. 允執厥中[28]

이것을 요임금이 순임금에게 전수해 주었다. 그리고 순임금이 다시 다음과 같은

---

27) 『四書章句集注』, 17－19. Irene Bloom & Peter Bol eds., *Sources of Song Neo-Confucianism*(未出版)을 위한 Wing-tist Chan의 번역 원고를 채택; 또한 de Bary, *The Message of the Mind*, 28－29 참조. 『中庸章句序』에 대한 치밀한 독해로는 餘英時, 『朱熹的歷史世界』, 37－67이 있다.

28) 『論語』, 「堯曰」.

내용을 우임금에게 전수하였다.

인심은 위태롭고　　人心惟危
도심은 은미하다.　　道心惟微
정밀함과 한마음됨으로　　惟精惟一
그 중을 꽉 잡으라.　　允執厥中[29]

요임금의 한 마디 말은 완전하고 모든 것을 포함하고 있다. 그러나 순임금은 요임금의 한마디에다가 반드시 이런 식으로 해야 실현될 수 있음을 보여 주기 위하여 다시 세 마디를 덧붙이셨다.[30]

이 구절에서 처음으로 쓰이는 도통道統이라는 표현은, 도를 올바르게 이해했기 때문에 가치에 대하여 권위를 가지게 된 사람들의 계보를 의미한다. 주희는 자신의 주장을 서문의 뒷부분에서 재차 전개한다. 그에 따르면, "중中을 꽉 잡으라"는 표현이야말로 학설을 적절히 표현한 말이며, 그 이후에 나온 네 구절은 다만 '중'을 꽉 잡는 방법에 대한 부연설명일 뿐이라는 것이다. 이어서 주희는, 이러한 말의 의미를 독자가 어떻게 이해해야 하는지를 명료히 한다.

내가 논해 보겠다. 순수한 지력과 의식으로서의 마음은 오직 하나일 뿐이다. 그러나 인심人心과 도심道心의 차이가 있다. 인심은 물리적 형태가 갖는 개인의 특수함에서 유래하는 반면, 도심은 본성과 운명의 올바름에서 유래한다. 그렇기 때문에 지각知覺(consciousness)의 차원에서 같지 않게 된다. 결과적으로 인심은 위태하고 불안하며, 도심은 은미하여 보기 어렵다. 그런데 인간은 모두 물리적 형태를 갖는다.

---

29) 『尙書』, 「大禹謨」. 이 구절을 朱熹가 어떻게 활용하였는지에 대한 상세한 논의는 Elman, "Philosophy Vs. Philology" 참조.

30) "中庸何爲而作也? 子思子憂道學之失其傳而作也. 蓋自上古聖神繼天立極, 而道統之傳有自來矣. 其見於經, 則'允執厥中'者, 堯之所以授舜也. '人心惟危, 道心惟微, 惟精惟一, 允執厥中'者, 舜之所以授禹也. 堯之一言, 至矣, 盡矣! 而舜復益之以三言者, 則所以明夫堯之一言, 必如是而後可庶幾也."

그러므로 가장 지력이 뛰어난 사람도 인심이 없을 수 없다. 인간은 모두 성性을 갖는다. 그러므로 가장 바보 같은 사람도 도심이 없을 수 없다. 인심과 도심은 (마음이라는) 아주 작은 곳에 섞여 있다. 우리가 그것을 다스릴 줄 모르면, 위태한 것은 더 위태하게 되고 은미한 것은 더 은미하게 된다. 그리고 천리天理의 공정함은 인욕人欲의 사사로움을 이길 수 없다. 정밀함에 의해 그 두 마음의 사이를 잘 살펴서 섞이지 않게 하고, 한마음됨으로 그 본심의 바름을 지켜서 괴리되지 않게 한다. 이에 쉼 없이 종사하여 반드시 도심이 자신의 주인이 되고 인심이 그 명령을 듣게 한다. 그러면 위태로운 것은 안정되고 은미한 것은 드러나서, 활동할 때든 고요할 때든 지나치거나 모자라는 류의 잘못이 없게 될 것이다.[31)]

주희에 따르면, 마음은 하나(the single mind)이되 의식(consciousness)에는 두 가지 기원(source)이 있다. 그런데 과연 그러한지 진실성을 입증하기 위하여 성인에게 의존할 필요는 없다. 그것은 그저 마음이 보편적으로 작동하는 방식일 뿐이다. 수수께끼처럼 들리는 네 문장은 그와 같은 마음의 현실을 감안하여 이해될 수 있다. 기질(physical constitution)이 사람마다 다르므로 사람들은 각기 다른 욕망을 갖는다. 그러나 사람이라면 누구나 도덕적 본성으로서의 '천리天理' 즉 유기적 전체로서의 우주의 총체적 리를 갖는다. 학學의 목적은 이것을 감지하여, 그것에서 나오는 경향이 기질로부터 나오는 욕망을 이겨내게끔 하는 것이다. 그런데, 이와 같은 보편적 주장은 다음과 같은 역사적 주장과 결합된다.

---

31) "蓋嘗論之: 心之虛靈知覺, 一而已矣, 而以爲有人心·道心之異者, 則以其或生於形氣之私, 或原於性命之正, 而所以爲知覺者不同, 是以或危殆而不安, 或微妙而難見耳. 然人莫不有是形, 故雖上智不能無人心, 亦莫不有是性, 故雖下愚不能無道心. 二者雜於方寸之間, 而不知所以治之, 則危者愈危, 微者愈微, 而天理之公卒無以勝夫人欲之私矣. 精則察夫二者之間而不雜也, 一則守其本心之正而不離也. 從事於斯, 無少閑斷, 必使道心常爲一身之主, 而人心每聽命焉, 則危者安·微者著, 而動靜雲爲自無過不及之差矣."

요·순·우임금은 천하의 위대한 성인이요, 천하를 넘겨주는 것은 천하의 큰일이다. 천하의 위대한 성인으로서 천하의 큰일을 했는데 전해 준 경계의 말은 이처럼 짧으니, 거기에 더할 리理가 어찌 있으리요?[32]

주희의 주장은 다음과 같다. 제국을 처음 창건한 사람들이 이 학설을 통치의 열쇠로 간주했으니만큼, 우리도 이 학설을 권위 있는 것으로 간주해야 한다. 이 사상은 성왕과 신하들에 의해 지속되어 온 것이다. 그러나 공자의 경우는 다르다. 공자는 중요한 정치적 인물은 아니었지만, 그의 성취는 첫 세대 성인들의 성취를 능가한다. 왜냐하면 공자는 다른 사람들이 학을 이해하지 못했을 때 학을 이해했을 뿐 아니라, 다른 사람들이 학을 이해하는 일이 가능하도록 만들었기 때문이다.

그 이래로 성인이 성인에게로 (그 도를) 전하였다. 임금으로서는 탕湯(재위 BC 1751~1739 ?)·문文(재위 BC 1171~1122)·무武(재위 BC 1121~1116)가, 신하로는 고요皋陶·이윤伊尹·부열傅說·주공周公·소공召公이 있었으니, 모두 이 덕분에 도통의 전수를 이어받았다.[33] 공자는 합당한 자리를 얻지는 못했지만, 과거의 성인들을 잇고 앞으로 올 세대를 계몽시켰으니, 그 공이 요순보다도 뛰어나다.[34] 다만 당시에 직접 보고 이해할 수 있었던 이들로는 안회와 증자가 있어 그 핵심을 이어받았다. 그것이 다시 공자의 손자인 자사에게로 이어졌을 때는, 성인과의 시간적 거리가 이미 멀고 이단이 일어난 상태였다.[35]

---

32) "夫堯·舜·禹, 天下之大聖也. 以天下相傳, 天下之大事也. 以天下之大聖, 行天下之大事, 而其授受之際, 丁寧告戒, 不過如此. 則天下之理, 豈有以加於此哉?"

33) * 皋陶는 舜의 신하이다. 伊尹은 湯을 도와 商나라를 세웠다. 傅說은 商나라 高宗의 신하이다. 周公과 召公은 周나라 成王의 신하이다.

34) * 朱熹는 이 부분을 『孟子』「公孫丑上」에서 인용하고 있다.

35) "自是以來, 聖聖相承: 若成湯·文·武之爲君, 皋陶·伊·傅·周·召之爲臣, 旣皆以此而接夫道統之傳, 若吾夫子, 則雖不得其位, 而所以繼往聖·開來學, 其功反有賢於堯舜者. 然當是時, 見而知之者, 惟顔氏·曾氏之傳得其宗. 及曾氏之再傳, 而複得夫子之孫子思, 則去聖遠而異端起矣."

그런 다음 주희는 이 학學이 처한 위태로운 상태에 대해 주장을 전개한다. 공자의 모든 제자들 중에서 오직 두 명만이 학을 제대로 이해했다. 더욱이 공자의 손자가 『중용』을 저술할 당시에 여러 다른 견해들이 출현해 있었다. 어떻게 하여 자사가 이 책을 쓰게 되었는지, 주희는 다음과 같이 설명하고 있다.

> 자사는 공자로부터 시간적 거리가 멀어질수록 진짜 가르침이 멀어지는 것을 두려워하였다. 이에 요순 이래 전해져 온 뜻을 바탕으로 하고 평소에 듣던 아버지와 스승의 말씀으로 확인하여, 다시 서로 연역해서 이 책을 만들어 후대에 배우고자 하는 이들을 가르치고자 하였다. 그가 걱정한 바가 깊고, 그가 말한 바가 절실하며, 그가 고려한 바가 심원하고, 그가 설명한 바가 상세하다. 그의 '천명天命', '성性을 따름'이라는 말은 도심에 대해 말한 것이고, 그의 "선을 택하여 굳게 잡으라"[36]라는 말은 정밀함과 한마음됨에 대해 말한 것이며, "군자는 항상 때에 맞추어 중中을 유지한다(時中)"[37]라는 말은 중中을 잡는 것에 대해 말한 것이다. 그는 천 년도 더 지난 시대에 살았지만 말한 바가 원래 뜻과 다르지 않고 부절符節처럼 딱 들어맞는다. 그는 과거 성인들의 책을 살펴서 골랐다. 핵심 원칙을 천명하고 은미한 점을 드러내는 것이 이처럼 분명하고 완전한 것이 없다.[38]

이처럼 『중용』이 원래 학설과 완전히 일치함을 주장한 데 이어, 주희는 『맹자』 역시 원래 학설을 좀더 부연한 것이라고 강조한다. 그러나 학의 전수는 맹자에서 끝나고, 여타의 가르침들이 홍성하게 되어 종국에는 불교와 도

36) *『中庸』, 22장.

37) 『尙書』, 「大禹謨」.

38) "子思懼夫愈久而愈失其眞也, 於是推本堯舜以來相傳之意, 質以平日所聞父師之言, 更互演繹, 作爲此書, 以詔後之學者. 蓋其憂之也深, 故其言之也切; 其慮之也遠, 故其說之也詳. 其曰'天命率性', 則道心之謂也; 其曰'擇善固執', 則精一之謂也; 其曰'君子時中'同上書, 則執中之謂也. 世之相後, 千有餘年, 而其言之不異, 如合符節. 曆選前聖之書, 所以提挈綱維・開示蘊奧, 未有若是之明且盡者也."

교가 도덕에 대한 사유를 지배하는 세상이 되고 말았다는 것이다.

> 이후에 다시 전해져 맹자에게 이르렀다. 그는 이 책의 뜻을 밝히고 앞선 성인들의 전통을 이을 수 있었다. 그런데 맹자가 죽고 나자 그 전통은 끊어지고, 우리 도는 단지 말과 글에게 맡겨지게 되었다. 이단의 이론이 날로 달로 새로이 번성해져서, 도교와 불교의 추종자들이 나타났다. 그들의 이론이 리理에 가까울수록, 진짜를 더욱 크게 어지럽히게 되었다.[39]

이 지점에서 주희는 11세기와 정호 · 정이 형제로 넘어간다. 정호 · 정이 형제의 사상은 자사가 저술한 내용을 보다 명료히 하였다. 다시 말해서 그들의 사상은 원래의 학설을 부연한 것이다.

> 다행히 이 책은 없어지지 않아서, 정호 · 정이 형제가 출현하였을 때 이를 참고하여 천 년 동안 전해지지 않던 실마리를 이을 수 있었다. 이 책으로 인해 근거할 곳이 있어서 도교와 불교의 사이비함을 공격할 수 있었으니, 자사의 공이 매우 크다. 그런데 정호 · 정이 형제가 없었더라면 그 말에 기초하여 마음을 이해할 수 없었을 것이다. 안타깝도다, 정호 · 정이 형제가 설명한 바는 전해지지 않고, 석돈石敦이 편집한 것은 단지 그들의 제자들이 기록한 것에 기반한 것이다.[40] 그래서 근본적인 사상은 분명하지만 은미한 말은 아직 분석되지 않았다.[41]

---

39) "自是而又再傳以得孟氏, 爲能推明是書, 以承先聖之統, 及其沒而遂失其傳焉. 則吾道之所寄不越乎言語文字之閑, 而異端之說日新月盛, 以至於老佛之徒出, 則彌近理而大亂真矣."

40) 石敦(1145년 진사), 『中庸集解』.

41) "然而尚幸此書之不泯, 故程夫子兄弟者出, 得有所考, 以續夫千載不傳之緒; 得有所據, 以斥夫二家似是之非. 蓋子思之功於是爲大, 而微程夫子, 則亦莫能因其語而得其心也. 惜乎! 其所以爲說者不傳, 而凡石氏之所輯錄, 僅出於其門人之所記, 是以大義雖明, 而微言未析."

정씨 형제는 텍스트로서의 『중용』에 대해 구체적인 설명을 남기지 않은 채 세상을 떠났다. 배우는 이들에게 이러한 상황은 해석의 여지가 남아 있음을 의미하였다. 그런데 불행히도 배우는 이들은 핵심을 잃고 불교와 도교로 빠져들고 있었다. 주희 앞에 놓인 것은 바로 그러한 상황이었다.

> 제자들이 스스로 부여한 설명들은 비록 상세하고 곡진하며 많은 새로운 면을 밝히기는 하였지만, 스승의 이론을 배반하고 도교와 불교로 흘러들어 가는 오류를 범한 것도 있었다. 나는 어린 시절 그것들을 읽고 의문을 가졌다. 반복하여 깊이 생각한 끝에, 어느 날 홀연히 그 핵심을 얻었다는 생각이 들었다. 그리하여 여러 이론들을 모아서 그 공통된 정곡에 도달하였다. 이에 『중용장구』 한 편을 완성하여 후대 군자들의 평가를 기다린다. 나중에 한두 명의 동지들과 함께 다시 석돈石敦의 책을 편집하되 번잡하고 어지러운 부분들은 빼어내고 '집략輯略'이라는 이름을 붙였다.[42] 그리고 일찍이 논변하고 (다른 해석들을) 취사선택한 뜻을 기록하여 따로 '혹문或問'으로 만들어서 뒤에 부록으로 만들었다. 그 결과, 『중용』의 의미는 그 세세한 뜻과 조목별 해석이 맥락관통하고, 상세한 요목들이 체계를 이루어서 크고 작게 모두 거론되었다. 게다가 여러 해석들은 같고 다름, 장점과 단점이 분명하게 드러나고 각 의미가 이제 충분히 이해할 수 있게 되었다. 도통을 전했는지는 감히 함부로 말할 수 없으나, 처음 배우는 이들은 얻는 바가 있기도 할 것이다. 그렇다면 멀리, 그리고 높게 나아가는 데 도움이 될 수도 있을 것이다.[43]

그리하여 주희는 자신이야말로 정호・정이 형제뿐 아니라 맹자, 자사, 공

42) 두 개의 장으로 축약된 集注로 『朱子遺書』에 실려 있다.

43) "至其門人所自爲說, 則雖頗詳盡而多所發明, 然倍其師說而淫於老佛者, 亦有之矣. 熹自蚤歲即嘗受讀而竊疑之, 沈潛反複, 蓋亦有年, 一旦恍然似有以得其要領者, 然後乃敢會衆說而折其中, 既爲定著章句一篇, 以俟後之君子. 而一二同志複取石氏書, 刪其繁亂, 名以輯略, 且記所嘗論辯取舍之意, 別爲或問, 以附其後. 然後此書之旨, 支分節解・脈絡貫通・詳略相因・巨細畢舉, 而凡諸說之同異得失, 亦得以曲暢旁通, 而各極其趣. 雖於道統之傳, 不敢妄議, 然初學之士, 或有取焉, 則亦庶乎行遠升高之一助雲爾."

자, 나아가 첫 세대 성인들에게까지도 충실한 텍스트를 산출해 내었다고 자부하면서, 자신의 텍스트는 시대에 걸맞은 방식으로 도학을 명료히 설명하였다고 주장하였다.

수천 년에 걸친 변화 속에서 유지된 도학의 통일성, 그리고 회복된 연속성이 바로 여기서의 테마이다. 이 테마는 호소력을 갖는 동시에 질문을 유발시키기도 했다. 왕수인의 제자는, 만약 양지가 단일한 것(良知一而已)이라면 왜 서로 다른 성인들이 텍스트(이 경우는 『주역』을 지칭)를 해석하면서 서로 다른 원리들을 발견하였습니까 라고 물었다. 이에 대한 왕수인의 대답은 주희가 내켜했을 정도보다 더 많은 차이의 여지를 허용하는 것이었다.

> 핵심이 양지에서 나온 것이라면, 각자가 나름대로 설명을 한다 한들 무슨 해가 되겠는가?…… 양지가 같다면 여기저기 다른 곳이 있어도 무방하다.[44]

사구교 학설에 대한 왕수인의 접근법은 주희의 접근법과 뉘앙스에서 달랐지 실질에 있어서는 그리 다른 것이 아니었다. 왕수인은 도덕적 마음을 본래 마음으로 간주하였다. 다만 욕망이 침투해 오면 그 본래의 마음이 인심의 상태로 되는 것이다. 그리하여 왕수인은 사람들로 하여금 선을 알아보는 태생적 능력을 활성화시켜 본래적 마음을 회복하기를 요청하였다.[45]

생애의 지적 여정의 상당 부분 동안 주희는 북송대 도덕철학자들의 유산을 일관되고 정합적인 학설로 만드는 데 골몰하였다. 주희는 북송대 도덕철학자들의 저작을 편집하고 그 학파의 역사를 만들었으며 다른 해석들을 논박하였다. 당시 상당한 추종자를 거느리고 있던 육구연과 주희 간의 차이를

---

44) Wang Yangming, *Instructions for Practical Learning*, 230, "大要出於良知同, 便各爲說何害?……良知同, 更不妨有異處."

45) Wang Yangming, *Instructions for Practical Learning*, 16—17.

해소하고자 하는 시도가 있었지만 성공하지는 못했다.[46] 주희의 사후에, 육구연의 추종자들은 육구연의 직관적인 접근법을 계속 진작시켜 나갔는데, 주희의 입장에 보다 동정적이었던 한 관찰자는 당시의 학자들이 사물의 궁극적 일관성에 대한 추상적 사변을 하는 데 빠져 도덕적 행위를 소홀히 하고 있다고 지적하기도 했다.[47]

어떤 이들은, 16세기에 발생한 주희와 왕수인 간의 거대한 학설상의 차이를 너무 이른 시기까지 소급하지 말아야 한다고 주장한다. 그들에 따르면, 주희 학파와 육구연 학파 간에는 그렇게 날카로운 구분이 존재하지 않았고, 양자가 다 '심학心學'(learning of the mind)에 관심이 있었다고 한다.[48] 일리 있는 이야기이지만, 주희의 견해에 대해 육구연의 견해가 가진 도전은 왕수인 이전부터 신유학자들에게 실질적인 근심거리였다. 비록 당대에는 대체로 간과된 것 같지만, 정호의 견해는 상당한 지적 난제를 던지는 것이었다. 내가 보기에 이슈는, 신유학 학설의 통일성을 주장할 필요가 분명히 느껴지고 있었다는 것, 그리고 어떠한 분명한 모순들도 해결될 수 있다고 믿고자 하는 욕망이 존재했었다는 것이다. 이러한 점은 원나라 시기 오징吳澄의 저작에서도 분명하게 나타난다. 그리고 왕수인보다 상당히 이전 시기인 1489년에 이미 정민정程敏政(약 1445~1500)은, 당초에 주희와 육구연 간에 존재하던 불일치들이 궁극적으로는 해결될 수 있다는 것을 보여 주기 위해 두 사람 사이에 오간 편지들을 주석하고 그 저작에다 『도일편道一編』(*The Way is One Collection*)이라는 이름을 붙였다.[49]

---

46) 동시대 다른 사상가들과 朱熹와의 논쟁에 대해서는, Tillman, *Confucian Discourse and Chu Hsi's Ascendancy* 참조.

47) [宋]黃震, 『黃氏日抄』, 권82, 「撫州辛未冬至講義」.

48) De Bary, *Neo-Confucian Orthodoxy*와 *The Message of the Mind*; 『黃氏日抄』. 두 가지로 분기된 것이 원나라 때 일어난 현상이라고 보는 견해로는 三浦秀一, 『中國心學の稜線』 참조.

왕수인은 학설의 통일성과 연속성에 대한 이러한 관심사를 공유하였다.

나의 「발본색원론拔本塞源論」(뿌리를 뽑고 근원을 틀어막자는 논의)이 세상에 밝혀지지 못한다면, 세상에 성인이 되고자 공부하는 사람들은 날로 많아지되 날로 그들의 일은 어려워질 것이다. 그들은 날로 짐승과 오랑캐와 같은 상태에 빠지되, 그러면서도 스스로는 성인의 학에 종사한다고 생각할 것이다.[50]

그리고 그는 「주자만년정론朱子晩年定論」("Conclusions Reached by Master Zhu Late in Life")을 서술하여 자신의 입장이 주희의 입장과 완전히 일치한다는 것을 보여 주고자 하였다. 양명학이 퍼져 나가 주자학파와 양명학파 간에 적대적인 분위기가 형성되면서, 양자를 매개하려거나 양자 가운데 어느 한쪽이 옳다고 주장하는 앤솔로지(anthology)들이 등장하기 시작하였다.[51] 오직 하나의 참된 학설이 있을 수 있다는 생각은 신유학의 필수요소였다. 학에 대하여 다른 이해들이 서로 양립할 수 없다고 느껴졌을 때, 신유학은 자신의 권위를 상당히 잃게 되었다고 생각된다.

마음의 통일성

통일성에 대한 신유학적 믿음의 마지막 측면은, 통일적 정신상태를 경험하고 유지하려는 학學과 관계가 있다. 이것은 리理에 대한 정신적 경험, 이해해야만 하는 모든 것이 어떻게 하여 서로 무봉無縫하게 연결되어 있는지를 알아차리는 순간과 연결되어 있다.[52] 바로 그 순간에 마음의 리와

---

49) 程敏政, 『道一編』.

50) 『王陽明全集』, 118, "夫拔本塞源之論不明於天下, 則天下之學聖人者, 將日繁日難, 斯人倫於禽獸夷狄, 而猶自以爲聖人之學."

51) Thomas Wilson, *Genealogy of the Way*.

52) 〔明〕王禕, 『王忠文公集』, 권14, 296－297, 「釋儒」.

사물의 리가 만나며, 마음은 모든 리가 하나의 리임을 이해한다.[53] 주희가 설명한 대로라면, 총체적 리(total coherence)의 경험은 누적적 노력의 소산이다.

> 오래도록 노력하다 보면 어느 날 활연하게 관통하는 때가 와서, 뭇 사물의 겉과 속, 정밀한 부분과 거친 부분이 모두 이해되지 않는 부분이 없을 것이다. 나의 마음의 총체적 실체와 위대한 작용은 모든 것을 밝히게 될 것이다.[54]

그러나 정신적 상태로서의 통일성은, 우리가 많이 알든 적게 알든 유지될 필요가 있다는 점에서, 노력해서 다가가야 할 목표가 아니라 학을 하는 과정에서 발견되고 유지되어야 할 상태이다. 왜냐하면 그것은 우리를 편견으로부터 벗어나게 해 주고 사물을 분명하게 볼 수 있게 해 주기 때문이다. 내적 평형의 상태로서의 그것은, 사물에 어떻게 대응해야 하는지에 대한 결정을 내리는 장場이다. 통일성의 상태에서 마음은 그 자신의 척도를 갖는다. 그 척도는 마음이 산란한 상태에 있는지, 혹은 분열되어 있는지의 여부를 알려 줄 수 있다. 그러한 마음상태에서 생겨나서 마음의 공평무사함을 왜곡하고 마음의 평정을 뒤흔들고자 하는 반응이 감지될 수 있는데, 이것은 개인적인 욕망이 침투해 오고 있다는 표시이다. 요컨대, 마음의 통일된 상태를 위협하는 그 모든 것들은 마음의 기초로서의 천리와 일치하지 않는 어떤 것으로 분류될 수 있다.

주돈이는 학을 통해서 성인이 되는 방법에 대해 다음과 같이 설명하였다.

---

53) 永樂시기의 신유학자인 薛瑄이 바로 이렇게 이야기한 많은 사람들 중의 하나였다. Wing-tsit Chan, "The Ch'eng-Chu School of Early Ming", 35.

54) 『四書章句集注』, 「大學」 8; Wing-tsit Chan, *Chu Hsi: New Studies*, 305의 번역, "至於用力之久, 而一旦豁然貫通焉, 則衆物之表裏精粗無不到, 而吾心之全體大用無不明矣."

통일됨(一)이 핵심이다. 통일된 것은 욕망이 없다. 욕망이 없으면, 고요할 때는 비어 있고 활동할 때는 곧게 된다. 고요하고 비어 있으면, 분명히 밝힌다. 분명히 밝히면, 이해하게 된다. 활동하여 곧으면, 공정하다. 공정하면, 널리 포괄하게 된다. 분명히 밝혀서 이해하고 공정하여 널리 포괄하면, 거의 완전하다고 할 수 있다.[55]

우리가 주돈이와 마찬가지로 우주는 유기적 전체의 상태로 존재하며 마음은 원래 그러한 상태에 공명한다고 전제한다면, 욕망이란 묵상하는 마음을 산란케 하는 그 모든 것들을 의미한다. 즉 욕망은, 마음이 자신의 주변에서 일어나는 것들을 조명하고 이해하는 것을 방해하며, 활성화된 마음이 사물들을 공평무사하게 보고 적절히 반응하는 것을 저지한다.

오랜 세월 동안, 과연 어떠한 마음의 상태를 추구할 것인지, 그리고 그러한 마음의 상태는 어떻게 체험될 수 있고 유지될(혹은 복구될) 수 있는지에 대한 많은 토론이 존재하였다. 내가 보기에, 통일된 마음상태를 공평무사한 이해를 위한 수단으로 간주하는 입장과, 통일된 마음상태를 그 자체로서 근본적인 도덕적 의미가 있는 것으로 간주하는 입장 사이에는 구분이 존재한다. 예컨대, 전통적으로 경敬은 행위를 통해 존경을 표시하는 것을 뜻하였는데 정이와 주희는 이것을 일종의 정신적 상태로 정의하였다. "경敬으로써 내면을 곧게 하고, 의義로써 외부를 정연하게 한다."[56] 'inner mental attentiveness' 혹은'seriousness'로 번역되는 경은[57] 스스로를 주의가 집중된 상태로 유지하고자 하는 노력을 나타낸다.

---

55) 『周濂溪先生全集』, 『通書』, 20장; Wing-tsit Chan, *A Source Book in Chinese Philosophy*, 473, "一爲要. 一者無欲也, 無欲則靜虛・動直, 靜虛則明, 明則通; 動直則公, 公則溥. 明通公溥, 庶矣乎."

56) "敬以直內, 義以方外." 程頤는 『易經』 坤卦의 卦辭를 활용하였다.

57) 陳淳, 『北溪字義』, 32－36(*Neo-Confucian Terms Explained*, 97－103)에서의 논의 참조. 내가 보기에 Daniel Gardner의 '敬' 번역인 'inner mental attentiveness'가 Wing-tist Chan의 번역인 'seriousness'보다 더 전달력 있는 번역이다.

경을 통일성과 동일시할 때, 그것은 단순히 특정 순간에 '하나'의 사물에 집중하여 마음이 산란되지 않게 하는 것을 의미한다. 이것은 다음과 같은 정이의 언명을 따른 것이다. "일一에 집중하는 것을 경敬이라 한다. 떠나 버리지 않는 것을 일一이라고 한다."58) 이것은 사실 더욱 큰 함의를 지니고 있다. 마음을 집중되고 산란되지 않는 상태로 유지하는 일은 리를 이해하여 자연스럽게 일관된 반응을 행사하는 데 있어 핵심적인 것으로 받아들여졌고,59) 전통적으로 'sincerity'와 같은 것이었던 성誠은 선을 향한 마음에 충실한 것을 의미하게 되었다. 즉 그 자신의 천리와 하나가 되는 마음을 위한 용어가 된 것이다.60) 정이는 또한 이렇게 말하였다. "일一에 집중하는 것을 경敬이라 한다. 일一은 바로 성誠이 의미하는 바이다.'61)

경敬을 보다 적극적으로 해석하는 입장에 따르면, 경은 마음이 '통일성' 그 자체에 집중되어 있는 상태이다. 경의 상태는 통일성에 집중함으로써 얻어질 수 있다는 것이다. 장식張栻은 비록 정이의 발언 중 첫 번째 부분에 의지하기는 했지만, 정이와는 다른 주장을 펼쳤다. 즉 통일성에 집중하는 것과 완전한 도덕적 상태인 인仁한 상태 간에는 직접적 연관이 있다는 것이다. 장식의 주장에 따르면, 도道는 창조의 상태를 지탱한다. 그리고, 도와 완전히 일치되는 본성을 타고난 인간들은 도덕적 행위를 통해 그 본성을 실현함으로써 도를 지탱한다. 위험은, 우리가 산란하게 되어 창조의 과정을 훼손하게 될지도 모른다는 데 있다. 그래서 우리는 통일성에 집중해야만 한다. 이러한 통일성에 대한 감각을 배양하는 사람은 산란됨이 없이, 언제나 통일

---

58) 『北溪字義』, 35; Neo-Confucian Terms Explained, 100, "主一之謂敬, 無適之謂一."
59) 朱熹는 자주 '敬'과 '主一'을 논했다. 『朱子語類』, 권6, 92 · 103; 권12, 206－208; 권17, 371 및 『朱熹集』, 권47, 2275.
60) 朱熹가 『大學』과 『中庸』 중에 나오는 '誠'에 대해 논한 것으로는 『四書章句集注』, 5, 36이 있다.
61) 『朱子語類』, 권6, 103, "主一之謂敬, 一者之謂誠."

성을 실현하는 도정 위에 있다.62) 다시 말해서, 창조의 통일된 과정을 보장하기 위하여 우리는 통일성 그 자체에 마음을 집중시켜야만 한다. 통일성에 대한 믿음은 올바른 생각과 경향성을 위한 필터가 된다.

이러한 견해는 모든 면에서 공유되던 믿음, 즉 통일성이 특히 중요하고 유의미한 정신적 체험이라는 믿음과 잘 들어맞는다. 그리고 이것은 선불교에서 말하는 깨달음과 크게 다르지 않다. 육구연의 가르침을 체계화하고 전파하는 데 많은 공헌을 한 양간楊簡(1141~1226)은 자기반성과 관련한 훈계에 대해 생각하는 과정에서 다음과 같은 묘사를 개진한 바 있다.

> 홀연히 텅 빈 상태를 깨달았다. 거기에는 안과 밖의 경계가 없었다. 하늘, 땅, 인간, 만물, 온갖 변화, 온갖 일, 밝은 것과 어두운 것, 존재와 존재하지 않음이 합하여 아무 흠 없는 한 몸을 이루었다.63)

이러한 관점이라면 사물들을 분별하는 일은 통일된—즉 도덕적인— 태도를 유지하는 데 위협으로 보일 수 있다. 이를테면, 양간의 제자는 통치자와 백성을 한 몸으로 생각할 필요가 있다고 역설한 적이 있는데, 그 이유인즉슨 사회적 신분에 따른 그들의 차이에 의해 인도된다면 마음의 통일성이 깨어질 수 있다는 것이었다.64)

명나라 때에는 '주일主一'(concentrating on unity)이 '마음을 통일 상태로 유지함'을 의미한다고 보는 견해가 점점 더 보편화되었다. 예컨대 담약수湛若水는 주희가 선호한 대로 하나의 사물에 집중하게 되면 그것은 오히려 마음의 통일성을 파괴하게 된다고 생각하였다. 담약수가 보기에, 마음을 통일된 상

62) [宋]張栻, 『南軒集』, 권36, 9ab.

63) 陳來, 『宋明理學』, 193, "忽覺空洞無內外・無際畔, 三才・萬物・萬化・萬事・幽明, 有無通爲一體, 略無縫罅."

64) 侯外廬, 『宋明理學史』, 601.

태로 유지하는 것은 다른 어떤 것도 마음을 침해하지 못하게 하는 것을 의미하는 것이었다.[65] 왕서王恕(1416~1508)는 "통일성이 마음의 리이다"라고 말하였다.[66] 진헌장의 경우, 리는 마음 속에 존재하는 것으로서, 다른 것으로 환원될 수 없는 단일한 원천이었다. 마음을 비우는 것(마음을 열어놓고 완전히 수용적 자세가 된다는 긍정적 의미에서의 비움)과 마음을 통일된 상태로 유지하는 것은 필수적이다. 왜냐하면, 그렇게 하지 않을 경우 우리는 도의 통일성을 우리가 언어와 경험을 통하여 배운 것에로 환원시키게 되기 때문이다. 모든 감각이 갖는 단편적 성격, 모든 텍스트와 언어가 갖는 분절적 성격은 마음의 고유한 통일성을 잡아낼 수 없다. 사물에 도덕적으로 반응한다는 것은 정신적 통일 상태에서 반응한다는 것이다.[67]

'리일분수理一分殊'와 '주일主一'을 강조함으로써 주희는, 통일성 혹은 하나됨에 대한 정신적 감각을 유지하기만 하면 사물과 상황의 특수성에 대해 주의를 기울일 필요가 없다고 믿는 이들을 공박하고자 하였다. 신유학 캠프 내에서 주희가 가졌던 근심의 근원을 찾기 위해서는 굳이 멀리 갈 필요도 없다. 정호는 다음과 같이 주장한 바 있다.

> 배우는 사람은 먼저 인仁을 알아야 한다. 인仁한 사람은 *사물과 혼연히 한 몸을 이룬다.* (다른 주요 덕들인) 의義·예禮·지知·신信은 모두 인仁이다. 이 리理를 깨달아서 성誠과 경敬으로써 보존하면 된다. 긴장해서 지킬 필요도 없고, 철저히 찾아 나설 필요도 없다. 마음이 해이해지면, 긴장해서 지켜야 한다. 마음이 해이해지지 않으면, 긴장해서 지킬 필요가 있겠는가? 리를 아직 얻지 못했으면, 철저히 찾아 나서야 한다. 잘 보존되어 있으면, 철저히 찾아 나설 필요가 있겠는가?[68]

---

65) 〔明〕湛若水, 『心論』, 1a.
66) 〔明〕王恕, 『石渠意見』, 권2, 4b, "一即心之理也."
67) 〔明〕陳獻章, 『陳獻章集』, 57, 131, 217.
68) 程顥, 「識仁篇」(Wing-tsit Chan, *A Source Book in Chinese Philosophy*, 523의 번역을

정호는 창조의 통일성, 자아 속에 존재하는 유기적 전체로서의, 창조를 인도하는 '천리天理'의 존재를 전제하였다. 내가 보기에 정호는 그러한 전제 하에서, 모든 사물의 통일성에 대한 믿음을 진정으로 유지하는 사람은 인仁을 실천할 것이며 다른 모든 덕들은 사지가 전체 몸에 맞아들어 가듯이 제자리를 찾게 될 것이라고 주장하는 데 만족하였다. 부도덕하다는 것—이기적이라는 것—은 분열하여 그 통일감을 잃어버리고서 어느 한 부분을 다른 부분보다 더 가치 있는 것으로 대한다는 것이다.[69] 양시楊時는 자아와 만물 간의 통일이야말로 인을 정의하며, 인이란 단순히 모든 것에 대한 사랑을 의미한다는 견해를 제시하였다. 그에 대해 주희는 다음과 같이 반대하였다. "통일성은 인을 실체로 만들어 주는 현실이 아니다."[70] 즉 인은 의식의 상태가 아니라는 것이다.

그럼에도 불구하고, 정호의 관점은 송나라, 원나라, 명나라에 걸쳐 리의 통일성 및 자기 자신과 천지만물과의 통일성이라는 의식에 근거하여 사물에 반응하는 마음의 능력의 근본적인 중요성을 강조하는 사람들로부터 거듭된 지지를 획득하였다.[71] 호거인은 진헌장 같은 일부 사람들이 격물을 희생해 가면서까지 '천지만물과 하나됨'(與天地萬物爲一體)을 실천한다고 비판한 바 있지만, 그러한 호거인조차도 사물들이 사실 일관되어 있다고 스스로를 설득할 수 있는 정도인 학學의 초기 단계에서만 격물궁리가 필요하고, 그 다음에는 오직 경敬만이 중요하다고 보았다. 왜냐하면 리의 통일성은 결국 마음 속에

약간 수정), "學者須先識仁. 仁者渾然與物同體. 義・禮・知・信, 皆仁也. 識得此理, 以誠敬存之而已, 不須防檢, 不須窮索. 若心懈則有防. 心苟不懈, 何防之有? 理有未得, 故須窮索. 存久自明, 安待窮索?" 인용문 속의 흘림체는 필자가 추가한 내용임.

69) Graham, *Two Chinese Philosophers*, 97.

70) Wing-tsit Chan, *A Source Book in Chinese Philosophy*, 595; Bloom, "Three Visions of Jen", 23－33, "彼謂物我爲一者, 可以見仁之無不愛矣, 而非仁之所以爲體之真也."

71) 陸九淵은 송나라 때의 가장 유명한 사례이다. 조금 알려진 원나라 시기의 사례로는, 宋濂이 쓴 陳樵의 傳記 참조. 『宋濂全集』, 400.

있기 때문이다.[72] 이렇게 볼 때, '주일主一'이란 결국 믿음을 유지하는 일에 대한 것이었다고 나는 생각한다.

이것은, 김리상이 '순수하게 진실한 마음'(純誠之心)은 옳은 판단을 내릴 수 있다고 했을 때 의미한 바, 주희가 '도심道心'이란 도덕적 마음을 뜻한다고 했을 때 의미한 바, 정호·정이 형제 및 그 밖의 사람들이 '천리天理'라는 말을 했을 때 의미한 바가 결국 통일성에 대한 믿음이었음을 말해 준다. 그러한 믿음은, 그것이 믿음이라는 사실을 스스로는 느끼지 못할 정도로 그러한 감각을 배양했을 때 성립된다.

이것은 왕수인에게도 적용된다. 『대학문』에서 왕수인은, 주희가 순차적인 단계로 간주했던 것이 사실은 동시적으로 일어나는 활동들을 다른 관점에서 묘사한 것이라고 주장하였다. 그런데 그 말이 성립하기 위해서는—왕수인은 왜 그것이 그렇게 성립해야 하는지에 대해 설득력 있는 설명을 제공한다— 왕수인이 가진 애초의 전제를 받아들여야만 한다.

> 대인大人이란 천, 지, 만물을 하나의 몸으로 보는 사람이다. 그는 천하를 하나의 가족으로 보며, 중국中國을 하나의 사람으로 본다. 물리적인 외형으로 구분하여 너, 나를 나누는 사람은 소인이다. 대인이 천, 지, 만물을 하나의 몸으로 보는 것은 굳이 의도해서 그런 것이 아니라 그의 마음 속의 인이 본래 그와 같은 것이다. 천, 지, 만물과 하나되는 것이 어찌 대인뿐이겠는가? 소인의 마음일지라도 그렇지 아니함이 없다. 그저 소인은 스스로 작게 만들 뿐이다.[73]

72) 〔明〕胡居仁, 『居業錄』, 17; Youngmin Kim, "Redefining the Self's Relation to the World", 60－67에서 논의됨.

73) 王守仁, 「大學問」; Wang Yangming, *Instructions for Practical Living*, 272, "大人者, 以天地萬物爲一體者也. 其視天下猶一家, 中國猶一人焉. 若夫間形骸而分爾我者, 小人矣. 大人之能以天地萬物爲一體也, 非意之也, 其心之仁本若是, 其與天地萬物而爲一也, 豈惟大人, 雖小人之心亦莫不然, 彼顧自小之耳."

왕수인의 견해에 따르면, 모든 사물들과 하나되는 느낌은 인간의 마음에 자연스러운 것이다. 명명덕明明德, 친민親民, 지어지선止於至善은 이 감수성을 실천 속에서 표현한 것에 다름 아니다. 그리고 실천의 차원에서 '양지良知'에 의해 명료화되는 것은 바로 이러한 윤리이다. 사회에 도덕적으로 참여한다는 것의 의미를 밝힌 그의 유명한 진술인 「발본색원론拔本塞源論」에서 왕수인은 똑같은 전제를 주창한다.

> 성인의 마음은 천, 지, 만물을 하나의 몸으로 본다. 세상 사람들을 그는 같은 가족구성원이든 아니든, 관계가 멀든 가깝든 간에 모두 혈기를 지닌 형제자식과 같은 친근함으로 대한다. 그리하여 그는 세상 사람들이 늘 안전하기를 바라며 그들을 가르치고 기르기를 원함으로써 만물과 한 몸이고자 하는 마음을 실현한다. 세상 사람들의 마음은 그 처음 상태는 성인과 다를 바가 없다. 다만 이기심이 끼어들면서 물욕에 가려지게 되니, 본래 크던 것이 작아지고 본래 통하던 것이 막히게 되는 것이다. 그리하여 사람마다 각자의 (이기적인) 마음을 가지게 되어 심지어는 아버지, 아들 , 형제마저도 원수 보듯 하게 되는 지경에까지 이르게 되는 것이다. 성인은 바로 이러한 점에 대하여 걱정하였다. 그리하여 그는 천, 지, 만물과 한 몸이 되고자 하는 인을 미루어 나가 세상을 교화하고자 하였으며, 그것을 통해 모두 이기심을 극복하고 가려진 것을 걷어내어 모두 같이 가지고 있는 마음의 본체를 회복하고자 하였다. 이 가르침의 핵심은 요·순·우임금 차례로 전해 내려온 것으로, 이른바 "도심은 은미하니 정밀함과 한마음을 가지고 진실로 그 중中을 잡으라"는 것이다.[74]

74) Wang Yangming, *Instructions for Practical Living*, 118－119, "聖人之心, 以天地萬物爲一體, 其視天下之人, 無外內遠近: 凡有血氣, 皆其昆弟赤子之親, 莫不欲安全而教養之, 以遂其萬物一體之念. 天下之人心, 其始亦非有異於聖人也, 特其間於有我之私, 隔於物欲之蔽, 大者以小, 通者以塞, 人各有心, 至有視其父·子·兄·弗如仇仇者. 聖人有憂之, 是以推其天地萬物一體之仁以教天下, 使之皆有以克其私, 去其蔽, 以複其心體之同然. 其教之大端, 則堯·舜·禹之相授受, 所謂"道心惟微, 惟精惟一, 允執厥中."

비록 주희와 왕수인이 많은 점에서 다르다 할지라도, 그들은 인간이 하나의 유기적 전체의 일부라는 믿음을 공유하였고, 학의 목표는 개인으로 하여금 그 점을 깨달아서 인간사회에서 그러한 통일성을 실현하는 데 참여하도록 하는 것이라는 믿음을 공유하였다. 그들은 또한 이기성—즉, 통일성보다는 개별 자아의 이해가 행위를 추동하는 그러한 관점에서 행위하는 것—에 대한 두려움을 공유하였고, 이 문제에 관하여 해결책이 있다는 데 동의하였다. 그 해결책이란 곧 인간이 자신의 마음에 의지하는 법을 배우는 것이었고, 이때의 마음이란 우리가 살펴보았듯이 일단 통일성에 초점을 맞추는 것이었다.

통일성에 대한 믿음—유기적 시스템으로서의 우주의 통일성, 통합된 사회적 질서로서의 고대의 통일성, 보편적이고 불변하는 학설의 통일성, 하나됨을 경험하는 마음의 통일성—은 신유학자들이 살았던 시대와 충돌하는 것이었다. 불교와 도교라는 대안적 도덕질서가 계속해서 융성하였고, 신유학의 견해는 사士들에게 그 타당성을 충분히 납득시키지 못하였으며, 외세의 침략과 정복이 계속되고 자연재해가 발생하였다. 또한 사들은 학설을 재해석하였으며, 황제에서 하층민에 이르기까지 사람들의 마음은 이기심과의 싸움에서 패배하였다. 통일성에 대한 믿음은 신유학자들이 살고 있던 세계가 그러한 통일성의 세계와는 매우 다르다는 생각과 함께 존재하였다.

그런데 세계가 어떠한가와 세계가 어떠해야만 하는가 사이의 근본적 긴장은 신유학자들에게 공동의 목적을 부여하였다. 통합된 질서를 현재에서 복원하기 위하여 신유학자들은, 현 상태의 세계가 바람직하지 않다는 것을 인정하는 데서 출발하였다. 전기제국시스템의 포괄적인 위계질서는 천지의 인간적 등가물로서 정당화된 바 있었고, 그것은 통일성을 실현한 것이라고 주장된 바 있었다. 그런데 그것이 현실에서 사실 그렇지 않았던 것이라 한다면,

그러한 주장은 예식과 저술을 통해 상징적으로 전개된 것이었다고 하겠다. 그런데 신유학자들은 통일성에 대한 믿음의 초점을 '제국시스템'으로부터 각 개인이 구현하고 그에 따라 행동할 수 있는 어떤 것이라고 할 수 있는 '마음'으로 옮겼다. 신유학자들은 제국에 대한 고전적 사유를 내재적인 것으로 만들었다.

제국이라는 생각 자체가 내재적인 어떤 것이 되자, 정치적 질서만이 통합, 조화, 지속성, 통일성을 획득할 수 있는 유일한 방법이라는 허구(fiction)를 유지할 필요가 없어졌다. 물론 합당한 사람이 정부를 이끌기만 한다면 정부가 그러한 위대한 목적에 봉사할 수 없는 것은 아니었다. 그러나 실제에 있어서 정부는 그렇게 하지 않고 있었고, 당면한 상황 속에서 그렇게 할 것 같지도 않았다. 그리하여 무언가 유의미한 차이를 만들어 보기 위하여 신유학자들은 다른 사람들을 설득하여 자신들의 대의를 공유하게끔 만들어야 하였고, 자기들 스스로 공동선을 위해 일할 방안을 찾아야만 하였다. 그리하여 우리는 사회 속의 운동으로서 전개된 신유학에 대해 살펴보아야 한다.

제7장 사회

신유학자들은 통일성이야말로 옳고 좋은 모든 것의 궁극적인 척도라고 믿었다. 그러했던 그들이 도덕적 권위의 궁극적인 근원은 정치, 역사, 문화의 바깥에 있는 것으로서 그 근원은 진정한 학學에 종사하는 이들에게 귀속될 수 있다는 주장을 했다는 사실, 그리고 그러한 주장을 통해 자신들과 정치·사회적 질서 사이에 긴장을 만들어 냈다는 사실은 역설적으로 보일 수도 있다. 사士로서의 그들은 전국적인 사회·정치적 엘리트의 일부였다. 정부에 봉직하는 것은 그들의 특권이었고, 전국적 엘리트로서의 그들의 지위는 현 정치체제의 생존에 달려 있었다. 게다가 그들이 상정하는 이상적 세계는 긴장, 역설, 모순, 양가성(ambivalence)이 없는 세계였다. 성왕聖王들의 세계에서는 모두가 하나의 공동체 안에서 얽혀 살았다. 그 세계에서는 사람들이 어떻게 살아야만 하는가와 사람들이 실제로 어떻게 살았는가 사이에 분열이 없었다. 그 세계에서는 정치적, 경제적, 사회적, 문화적 질서가 동일하였다.

그러나 역설은 없다. 권력자들은 성인이 아니며 사들은 이기성에 의해 행동한다는 것을 신유학자들은 인정하였다. 황제들은 때때로 폭군이었고, 사들은 때때로 경고를 받아야 할 대상이었다. 어떤 신유학자의 표현에 따르자면, "잔꾀로써 자신을 죽이지 말고, 통치로써 다른 사람을 죽이지 말고, 과거시험 공부로써 자손을 죽이지 말고, 학술로써 후세를 죽이지 말아야" 한다.[1] 세상

1) 王禕, 『華川巵辭』, 8ab, "以智術殺身, 以政術殺人, 以舉業殺子孫, 以學術殺天下後

을 바로잡는 일은, 진정한 학을 추구하고 그에 따라 행동하기를 선택하는, 세상에 대한 책임을 공유하는 이들에게 달려 있었다.

남송, 원, 그리고 다시 명나라의 후반기에 신유학자들은 사士 교육의 독특한 프로그램을 창안하여 사들에게 성인이 되라고 권면하였다. 그 교육은 가족에 대한 대안을 제시하였고, 지방사회의 여건을 개선하기 위해 자발적 제도(voluntary institutions)를 이끌어 나가라고 사들을 추동하였다. 그들은 전위요 선각자였다. 즉 다른 이들에게 모범이 될 사람들이었다. 또한 내가 지칭하는 바 '스스로 감독하는 도덕공동체'(self-supervising moral communities)를 만들어 내는 과정에서 지도적 위치에 있을 사람들이었다. 그들의 사명에 핵심적인 것은, 기존 정부와 종교 기관과는 구별되는 자기네 시도만의 특수성을 유지하는 것이었다. 자신들의 행위가 여타의 대안들과 다르다고 구별하는 과정에서 신유학자들은 사들에게 모종의 결단을 내리기를 촉구하였다. 그 결단은 신유학의 관점에서 보자면 '의義'(righteousness)냐 '리利'(profit)냐의 선택, 이기심을 추구할 것이냐 도덕적 본성에 충실할 것이냐의 선택과 같은, 인생에 있어 근본적인 도덕적 선택에 해당하는 것이었다. 이러한 시도에 동참한다는 것은 권력이나 부를 추구하는 것과는 다른, 또한 정치와 사회의 영역에서의 현상유지에 급급해하는 것과는 다른 어떤 것이었다. 그것은 어떤 저의나 이기적인 목적에서가 아니라 개인의 마음에서 우러나는 도덕적 동기의 기초 위에서 행동할 수 있는 기회였다. 나는 이것을 '자발주의'(voluntarism)에의 헌신이라 부르고, 이 용어를 '의義'에의 헌신에 의해 추동된 행위들을 묘사하는 데 사용하고자 한다. 교육, 가족, 지방사회를 위한 신유학의 프로그램들을 특징짓는 자발적 제도에는 종종 의義라는 레벨이 붙었다.—예컨대, 형편이 어려운 사람에게 곡식을 빌려 주는 창고는 의창義倉이라 불렸다.— 이 '의'라는 말은 때때

世." 이와 비슷한 남송대의 언명으로는 吳曾, 『能改齋漫錄』, 권18, 503 참조.

로 'charitable'이나 'community'라고 번역되기도 하는데, 신유학자들 스스로 도덕적으로 책임 있는 행동이라고 본 것과 사회적으로 용인되고 법적으로 요구되는 행위 간에 현저한 거리가 있는 이상 자발주의는 도덕적으로 의미가 있다. 물론 앞으로 살펴보게 되듯이, 전례 없이 법을 통해 스스로 감독하는 도덕공동체의 설립을 명령하게 된 명나라 초기에는 그러한 거리가 매우 감소하였지만 말이다.

'순수한' 신유학자가 있기도 하고 보다 순응적인 신유학자가 있기도 하였지만, 대체로 신유학자들은 자신들을 타락한 사회를 사는 의로운 소수로 간주하면서 거기에 따르는 특징을 유지해 나갔다. 그러나 신유학자들 중에서 순수한 이들은 불교도를 모방하지 않는 동시에 구성원들을 정치권력이나 사회·경제의 요구로부터 절연시킨 류의 공동체를 창조하고자 하였다. 반면 순응적인 부류는, 자신들이 체제의 요구를 수용한다기보다는 체제가 자신들의 프로그램을 채택하게끔 만들고 있다고 자평하였다.

자신들의 특색을 유지하고자 하는 신유학자들의 시도는 두 가지 면에서 양가성을 낳게 되었다. 신유학자들은 당대의 정치적, 문화적, 사회적, 경제적 질서에 대해 의문을 품을 수는 있었지만, 그럼에도 불구하고 여전히 당대의 질서를 고려하지 않을 수 없었던 것이다. 그리고 정부와 지방엘리트들은 그들 자신의 입장에서 얼마나 신유학자들의 행위를 수용할 수 있을지를 결정해야만 했다. 13세기에 신유학자들은 사士 사회와 조정에서 자신들의 프로그램을 진척시키는 데 큰 성공을 거두었다. 주희가 죽던 1200년만 해도 여전히 조정은 도학道學을 위학僞學(거짓된 배움, false learning)이라 하여 금지하였는데—금지조치의 일례로서, 과거시험 후보자는 자신이 도학의 추종자가 아님을 인증해야만 했다—, 1212년에 이르러서는 관학官學에서 학생들에게 『논어』, 『맹자』에 대한 주희의 주석을 가르치는 것을 허락하게 된 것이다. 그리고 1241년에 이르러 조정은 왕안석을 공묘孔廟(the Confucian Temple)에서 제거하고 대신 주희, 정호·정이 형제, 주돈이, 장재를 안치하는 것을 허락하였고,[2] 16세기에 이르러서는 비록 유사한 저항을 하긴 하였지만 이윽고 왕수인을 공묘에 포함시키는 데 동의하게 된다.[3] 물론 신유학자들을 공묘에 안치시킨다고 해서 그것이 곧 조정에서 신유학자들이 상소문이나 경연經筵 강의 혹은 시강侍講 등에서 주장한 내용을 수용하였다는 것을 의미하는 것은 아니고, 또 과거시험을 위해 신유학의 텍스트들을 읽는다고 해서 그것이 곧 사들이 그 텍스트에 담긴 주장들을 수용하였다는 것을 의미하는 것도 아니다. 그러나, 국가의 공인이나 관련 인사 소추의 중단 같은 현상은 분명 신유학자들이 자기들 주장의 중요성을 사士 공중公衆(the literati public)에게 설득시키는 데 점점 성공하고 있다는 표시였다고 할 수 있다.

1. 송원시기 사들의 학을 위해 선택지를 제공하다

북송시기에, 과거시험을 위한 교육에 의해 스스로를 사士라고 부를 수 있는 사람들의 인력풀이 확대되었는데, 인력풀의 확대는 신법新法이 시행되던 시기에 최고조에 달했다. 신법시기에는 관학시스템에 전례 없는 투자가 이루어졌고, 관학은 3단계를 거쳐 현縣 단위까지 내려갔다. 과거시험의 내용에도 변화가 생겨, 학교에서 가르칠 내용과 시험에서 테스트할 내용이 되는 국가적 커리큘럼이 만들어졌다. 12세기 초의 어느 때에는 거의 20만 명이 관학에 등록하였다. 관료제의 크기가 두 배가 됨에 따라 확대된 기회는 부유하고

2) Schirokauer, “Neo-Confucians Under Attack”, Thomas Wilson, *Genealogy of the Way*, 39－47.

3) Chu Hung-lam, “The Debate over Recognition of Wang Yang-ming”.

권세 있는 지방 가문을 교육의 길로 끌어들였다. 동시에 다양한 새로운 경제 제도와 사회조직들에 의해 지방사회 가문들의 역할을 정부가 대신하면서 지방사회에서 정부의 역할이 확대되어 갔다. 이러한 상황은 사士 지위—정부가 관리를 충원할 수 있는 대상으로 인정하고 특권을 부여한 유일한 지위—에 들어가고자 하는 지방사회 가문들에게 또 다른 인센티브를 제공한 셈이 되었다. 과거시험공부에 대한 투자를 할 경우 예상되는 명백한 보상 중에는 등록 학생에 대한 세금 면제, 지방관리와의 접촉, 아전(clerks)과 소송의 요구로부터의 보호, 다른 지도층 지방 가문과의 인맥 쌓기 등이 있었다.[4]

남송대에 이르자 관료제는 절반쯤으로 줄어서 2만 명 정도의 공무원 규모가 되었다. 학교시스템은 과거시험교육에 대한 독점을 상실하였고, 정부는 지방교육에 대한 지출을 감축하였다. 그럼에도 불구하고 사 교육을 추구하는 사람들의 수는 계속해서 증가하였다. 이렇게 되자 사가 과거시험에 합격하거나 관직을 얻는 것이 전보다 한층 더 가망 없는 일이 되었는데—주희의 500여 제자들 중 삼분의 일이 관직을 가졌던 상황에 비해 그러하다[5]— 이러한 상황은 그들에게 선생으로서의 커리어와 저술에 대한 시장을 새로이 열어주었다. 그리하여 관직을 가졌던 사람들보다 관학·사숙私塾·서원에서 선생으로 일한 사람들의 숫자가 훨씬 더 많아지게 되었다.[6]

관학시스템은 과거제도와 밀접하게 관련이 있었다. 제도적 관점에 볼 때 관학시스템은 관리를 모집하는 수단이었다. 남송대에는 각 주와 현에 하나의

---

4) 新法 이전에 이미, 과거시험을 치를 만한 수준의 교육 수준만 있으면 士 신분을 가질 수 있게끔 하자고 요구한 사람들이 있었다. 그러나 그런 요구에 대한 저항이 존재했다는 사실은 다음의 사례를 통해 알 수 있다. 11세기 중반의 규정에 의하면, 州學(prefectual school)에 들어가려는 학생은 이미 州 단위 과거시험을 통과한 두 사람의 추천을 받아야만 하였다. 周愚文, 『宋代的州縣學』, 167.

5) Wing-tsit Chan, *Zhuzi menren*, 15.

6) 陳雯怡의 『由官學到書院』, 294－337에는 士 신분을 정의하고 士 커리어를 쌓는 데 있어 교육이 담당한 역할에 대한 논의가 있는데, 그 부분에 의지하였다.

관학이 있을 뿐이었다. 지원자는 시험을 쳐서 현학縣學(county school)에 들어갔다. 입학하고 나면 학생들은 숙식을 제공받고 주학州學(prefectural school)에 입학하기 위한 시험을 치를 수 있었다. 주학에서는 그 다음 높은 수준에 맞는 학생들을 선발하기 위한 시험을 치렀다. 그 위의 수준으로는 송대의 경우 예부시禮部試가 있었고, 송대 이후에는 향시鄕試가 있었다. 3년에 한 번 치러지는 예부시에 통과하면, 전시殿試를 통과하여 진사에 급제할 것이 보장되었다.—명나라의 경우 향시를 통과한 거인擧人(provincial graduates)도 관직을 얻었다.— 학교 중에서 숙식이 제공되는 곳은 매우 제한된 수였다. 주학의 경우 수백 개, 현학의 경우 수십 개 정도였다.7) 명나라의 경우, 부府(prefecture)에는 40명, 주州(subprefecture)에는 30명, 현縣(county)에는 20명 등으로 처음에는 공인된(그리고 생활비를 보조받는) 학생 즉 생원의 숫자에 인원할당수를 두었다. 그러나 20년이 채 안 되어 할당인원수를 늘렸고, 결국 생활비 보조 없이 학생들을 공인해 주었다.(그리하여 보다 상위의 시험을 치를 자격을 허용하였다.) 물론 그렇다고 하여 진사급제자 수를 확대한 것은 아니다.8) 공인된 학생의 숫자는 과거시험에 참여하기를 원하는 사람들의 숫자보다 훨씬 적었다. 남송의 경우, 학생들은 생활비 보조를 받는 공인학생의 자격이 없이도 응시할 수 있었다. 13세기 중엽에 이르면 40만 명이 일련의 과거시험에 참여하였는데, 그와 같은 수준의 교육을 받은 이의 숫자는 그보다 다섯 배 정도는 많았던 것 같다.9) 명대 후기에는 50만 명의 공인학생이 있었던 것 같고, 그보다 10배는 많은 사람들이 공인학생 자격을 추구하였다.10) 남송대 이후 남자 인구의 10퍼센트

---

7) 周愚文, 『宋代的州縣學』, 23-24.
8) Hucker, "Ming Government", 31.
9) 각 州에 할당된 쿼터와 합격률에 기초하여 계산하였다. Chaffee, "Education and Examination in Sung Society", 48, 59. 이 숫자가 지닌 함의에 대한 논의로는 Bol, "The Examination System and the Shih".
10) Peterson, "Confucian Learning in Late Ming Thought", 714-715.

가 일정 수준의 사 교육을 받았다고 추산할 수 있다.

신유학의 관점에서 볼 때, 선생과 학교에 대한 이러한 수요, 즉 정부가 공급할 수 있는 정도를 초과하는 수요는 기회이자 도전이었다. 이 거대한 잠재적 청중은 도덕수양보다는 과거시험과 사 신분에 더 관심이 컸다. 신유학의 수사법은 도학을 공립학교에서 제공하는 공부와 대비시켰다. 신유학자들은, 신유학은 공자가 위기지학爲己之學(learning for oneself)이라 부른 그 어떤 것이며 과거시험을 위한 교육은 그저 위인지학爲人之學(learning for others)에 불과하다고 주장하였다. 위기지학은 자신의 천리를 의식하여 그것을 현실 속에 실현하는 것이었고, 위인지학은 그저 사들을 다른 이들의 기준에 맞게끔 훈련시키는 것이었다.[11] 교육이란 사람의 잠재력을 발전시키는 것이어야 한다는 생각은 폭넓게 공유되고 있었으나—그것은 신법에서 추진한 교육의 목적이기도 하였다—, 신유학자들은 기준을 더욱 강화하여 사는 성인됨과 세상을 구하는 일을 목표로 삼아야만 한다고 제안하였다. 정호는 그 당시에 황제에게 다음과 같이 설명하였다.

> 핵심은 전 세계가 변혁되고 완성될 때까지 선을 택하고 자아를 수양하는 것입니다. 그리하여 평민 및 그 이상의 모든 사람들이 성인의 도에 이르게 하는 것입니다.[12]

주희의 경우, 그의 청중들 중 많은 사람들이 사 신분을 열망하는 가문 출신들이었는데, 주희는 그들에게 사회적 야심을 넘어 보다 높은 도덕적 목표를 추구하라고 요구하였다.

---

11) Bol, "Chu Hsi's Redefinition of Literati Learning", 151, 156－160.
12) 程顥, 「請修學校尊師儒取士箚子」, 『二程集』, "其要在於擇善修身, 至於化成天下, 自鄉人而可至於聖人之道." de Bary, "Chu Hsi's Aims as an Educator", 192－193에서 인용되고 논의됨.

> 옛날에 학學을 하는 사람들은 사에서 시작하여 성인이 됨으로써 끝났다. 이것은 사가 되는 법을 알았던 이는 성인이 되는 법을 알았다는 것을 말한다. 오늘날은 사는 많으나 성인되기를 추구한다는 이는 들어보지 못하였다.[13]

스스로를 과거시험과 관학의 외부에 위치시킴으로써 신유학자들은 중요한 것은 이기심이냐, 아니면 도덕에의 헌신이냐의 문제라고 주장할 수 있게 되었다. 주희의 사후 40년이 지나 관학들이 도학의 중요성을 인정하기 시작했을 때까지도 이와 같은 수사법은 여전히 흔하였다. 신유학자들은 공교육과 사교육 사이에 분명한 대비가 있다고 주장하였다. 그들에 따르면, 학교시스템은 사들에게 정부의 공무원이 되는 일을 준비시키는 것이었다. 남보다 앞서 나가서 일자리를 얻고자 하는 사들은 학교에 들어갔고, 그에 따라 학교는 명예와 이익을 좇는 길이 되었다. 반면 '도덕적 원리의 실체'를 실현하고자 하는 이들은 사적으로 강의하는 선생들에게 의지하였다.[14]

이러한 주장에는 일리가 있었다. 정부의 학교들은 시험을 염두에 두고 가르쳤다. 매년, 매달, 매주 시험이 있었고, 시험의 내용이 무엇이든 그 시험을 통과하기 위해서는 상당히 잘 정의된 특정한 문장형식으로 작문할 것이 요구되었다.—노력의 정도, 목적의 진실성, 사유의 질 등을 이유로 후보자들을 낙제시키는 것보다 작문에서의 실수로 낙제시키는 것이 보다 쉬웠다.— 남송대에는 진사가 되기 위해 과거시험을 치는 사람은 자신의 작문실력(詩賦·論·策)을 테스트할지, 경전에 대한 지식을 테스트할지를 선택할 수 있었다. 후자는 원래 신법

---

13) 『朱熹集』, 권74, 3873, "古之學者, 始乎爲士, 終乎爲聖人. 此言知所以爲士則知所以爲聖人矣. 今之爲士者衆, 而求其至於聖人者, 或未聞焉."

14) 時少章, 「嚴州二先生祠堂記」. 時少章은 유명한 士 가문 출신이지만, 1253년(그의 나이 50대) 과거시험에 합격할 때까지 선생으로서 커리어를 이어 갔다. 이 글은 1235년 당시 지방행정관을 위해 지은 것으로, 官學에 신유학자를 위한 사당을 건립하는 일이 좋음을 주장하고 있다. 그러나 양자간의 긴장은 내재되어 있었다.([元]吳石道, 『敬鄉錄』, 권11, 11b－12a 참조)

시기에 생긴 것으로(그러나 신법적인 주석을 요구하지는 않았다), 경전 구절의 의미에 대해 풀어쓰는 글이나 논論(prose essay), 책策(treatises on policy) 등을 가지고 시험을 보았다. 1315년, 그리고 명나라 시기 과거시험이 다시 시행될 때에는 모든 수험생들에게 사서四書 및 자신이 선택한 경전에서 나온 구절에 대한 글과, 다양한 문학적 형식에 맞춘 작문과, 책策을 쓸 것이 요구되었다. 15세기 말에 이르자, 사서에 대한 작문은 팔고문八股文(eight-legged essay)이라는 엄격하게 구조화된 형식에 의거해서 씌어져야만 했다.[15]

이처럼 신유학자들은 사교육 차원의 신유학 선생들과 함께하는 도덕적으로 책임 있는 교육이냐, 아니면 관학에서 이루어지는 과거시험 준비훈련이냐 둘 중 하나를 선택하라고 주장하였다. 그런데 이러한 주장은 교육에 있어서의 다양성과 남송대 사상의 다양성을 침해하였다. 과거시험 준비훈련과 지적으로 흥미로운 커리큘럼을 동시에 제공하는 선생들과 학교들이 있을 수 있었는데 말이다. 예컨대 절강성 중앙의 무주婺州(현재의 金華)에서의 상황을 살펴보자. 그곳은 주희와 함께 신유학 교본 『근사록』을 편찬하였던 여조겸 덕분에 신유학의 중심이 되었다. 여조겸이 정부 관료로 봉직하지 않을 때는 학생들이 그의 집에 몰려들었다. 그곳에서는(또 다른 곳에서도) 사기업 형태의 출판업자들이 소식蘇軾과 그 가족들의 글들의 새로운 판본을 제공하였다. 그러한 저작들은 과거시험에 유용한 작문의 전범이 될 뿐 아니라 정부, 도道, 성인됨에 대한 사유의 핵심을 담고 있기도 하였다. 주희와 뜻을 같이하는 사람들 사이에서조차도 소식과 그 가족들의 저작은 인기가 있었다. 때문에 주희는 자신의 친구들에 대해 소식처럼 생각하지도 않으면서 소식처럼 작문

15) 송나라의 과거시험에 대해서는 周愚文, 『宋代的州縣學』, 173－216; Lee, *Education in Traditional China*, 381－382 참조. 송나라 과거시험에 있었던 두 가지 경로에 대해서는 『宋會要輯稿』, 選舉 4, 31a－34b; 選舉 5, 1b－2a 및 24a－24b 참조. 원나라와 명나라의 시스템에 대해서는 Elman, *A Cultural History of Civil Examinations*, 35, 41－42, 387－399 참조.

할 수 있다고 생각한다고 비판하였고, 소식과 그 가족들에 대해서는 불교·도교적 경향을 가지고 있다고 비판하는 글을 쓰기도 했다.[16]

무주는 진량陳亮(1143~1194)의 고향이기도 하였다. 진량은 1193년에 과거에 급제하였는데, 그보다 훨씬 전부터 선생이자 저술가로서 명성을 얻었다. 진량은 북송의 고문가들을 높이 평가했지만, 진량의 명성은 그가 보여 준 경세經世(statecraft)에 대한 역사적 접근법에 기인하고 있었다. 그것은 주희가 고대를 이상화하고 개인도덕에 초점을 맞춘 것과 정반대되는 것이었다. 당시 지도적 위치에 있던 경세학자 섭적葉適(1150~1223)은 인근 온주溫州 출신이었는데, 무주에서 제자들을 가르쳤고 많은 추종자들을 거느렸다. 섭적은 1198년에 위학僞學의 주모자 중의 하나로 간주되었지만, 그와 주희는 이미 서로 다른 길을 가고 있었다.[17] 무주는 남송 시기에 과거시험에서 최다 합격자를 제출한 주州의 하나였다. 12세기 말엽에는 매 시험마다 약 열 명의 급제자를 배출할 정도로 경쟁이 매우 심한 곳이었다.[18] 이와 같은 성공의 많은 부분은

16) 蘇軾의 중요성, 특히 科擧시험교육에서 갖는 중요성에 대해서는 Bol, "Reading Su Shi in Southern Song Wuzhou"와 田中正樹(Tanaka Masaki), 『蘇氏蜀學考』 참조. 소식을 겨냥한 주희의 공격에 대해서는 Bol, "Chu Hsi's Redefinition of Literati Learning", 151, 156−160 참조. 지방 士들이 소식에게 기울인 관심에 대한 사례 연구로는 Bol, "Intellectual Culture in Wuzhou ca. 1200"이 있다.

17) 經世學者의 저술에 대한 토론으로는 周夢江, 『葉適與永嘉學派』가 있다. 陳亮에 대해서는 Tillman, *Ch'en Liang on Public Interest and the Law* 및 *Utilitarian Confucianism* 참조. 신유학의 대안으로서의 葉適 및 기타 經世學者에 대해서는 Chu Ping-tzu, "Tradition Building and Cultural Competition", 362−442 및 Bol, "Reconceptualizing the Nation in Southern Song" 참조.

18) 1125년 이후, 婺州는 매번 14명을 省試(metropolitan examination)에 보내도록 허락받았다. 王懋德·吳相湘, 『金華府志』, 권18, 12a−15b. Chaffee(*The Thorny Gates of Learning in Sung China*, 125)의 계산에 따르면, 婺州·溫州, 台州 이 3개의 州는 1/200의 합격률을 할당받았다. 朱熹에 따르면, 別試(avoidance examination)뿐 아니라 太學試(the National University examination)에도 각별히 의존한 浙東의 州가 네 곳 있었는데, 婺州는 그 중의 하나였다. 급제생 수가 할당된 쿼터를 초과했을 때(예컨대 1190년에는 17명), 많은 婺州 사람들이 이러한 방식으로 省試 참가 자격을 얻었다고 결론내릴 수 있다.

부유한 가문의 재정지원으로 운영되는 사립학교가 번성한 데 있었다. 그 중 일부는 신유학의 영향을 받았다. 예컨대 곽흠지郭欽止(1128~1190)는 1160년에 석동서원石洞書院을 세웠는데, 곽흠지 본인이 일찍이 신유학자인 장구성張九成(1092~1159)의 문하에서 공부한 바 있었고 그의 자식들은 주희의 추종자가 되었다. 석동서원은 적어도 30년 동안 활발히 활동하였다. 유명한 시인 육유陸游, 경학가經學家(classicist) 당중우唐仲友(1136~1188, 그 자신 무주 출신이었다), 경세학자 진부량陳傅良(1137~1203), 온주 출신의 섭적[19] 등 많은 명사들이 그곳을 방문하였다. 그러나 그 밖의 다른 사람들은 신유학이나 섭적의 경세학파 어느 쪽과도 관련이 없었다. 1182년에 당중우는 무주에 돌아왔는데, 그의 커리어는 태주台州의 지주知州(prefect)로 있으면서 보여 준 부도덕한 행위와 부정행위에 의해 파괴되었지만, 그의 명성은 아직도 유지되고 있었다. 그는 '박학博學'(broad learning) 계열의 학자로서, 경전, 경세, 지리, 천문, 시문, 역사에 대한 저술을 하였다. 그는 돌아온 후 가르침을 펴서 오래지 않아 백 명이 넘는 제자를 거느리게 되었고, 이웃의 동양현東陽縣으로 가서 안전의숙安田義塾의 책임자가 되었다. 안전의숙은 부자 오문병吳文炳이 기금과 도서관을 기증하여 1174년에 세운 서원으로, 그곳에서 당중우는 한림학사 주진朱震으로부터 배운 서기徐畸를 계승하였다. 서기는 구양수·증공曾鞏과 유사한 고문古文을 구사하는 것으로 유명하였는데, 주진은 『역경易經』의 술수지학術數之學(numerological studies)을 연구하는 한편 정이程頤의 사상과 한당漢唐시기 사상의 종합을 시도하였다. 당중우를 계승하여 책임자가 된 인물은 부인傅寅(1148~1215)으로, 그는 아무런 관직도 맡지 않았다. 부인은 『우공禹貢』(*Tribute of Yu*)이라는 초기 지리 관련 저술을 출판하였고 한 편의 유서類書(encyclopedia)

19) 葉適의 記文(inscription)은 그 서원의 역사를 기술하고 있다. 『葉適集』, 권9, 154-156. 1677년 후손이 만든 紀念集에는 1172에 쓴 記文과 내방객들의 글이 포함되어 있다. 郭鈇, 『石洞遺芳』.

를 편찬하였는데, 이 유서는 나중에 또 다른 학교의 책임자가 된 장여우章如愚(1196년 進士)의 『군서고색群書考索』(*Investigation of the Multitude of Books*)의 기초가 되었다.[20] 이상에서 거론한 바와 같은 선생들과 학교들은 지적으로 절충적(eclectic)이었으며, 학생들을 과거시험에 맞게 준비시켰다. 또한 그들은 박학博學(broad learning)에 관심을 가졌다.

주희는 도학道學의 독자성을 유지하되 당시 다양했던 지적 문화의 한 갈래에 불과한 것으로 취급되지 않고자 하였다. 그와 같은 생각은 여조겸呂祖謙과 한편을 이루었던 사실에서 분명히 드러난다. 여조겸은 북송의 최고 명문가 출신이었다. 그의 선조들에는 제상과 조정대신들, 정씨 형제의 후원자 및 그 제자들이 다수 포함되어 있었다. 그의 일족은 북쪽으로부터 피난하여 무주에 도착한 뒤 무주의 지방정부로부터 거처를 제공받았다. 그의 집안내력과 그가 보여 준 주희의 가르침에 대한 후원은 특별히 환영받았다. 여조겸은 1160년대 말에서 1170년대 초에 정식의 조직을 구성하였고,[21] 그가 죽고 나자 여조겸의 후원자들은 지방관을 설득하여 여조겸을 위한 사당을 짓게 하였다. 그 사당은 약 30년 뒤에 이택서원麗澤書院으로 발전하였다.[22] 여조겸은 신유학이 널리 알려지도록 노력을 기울였다. 그는 주희와 함께 서적 상인으로 하여금 그 지방의 수요를 충당하기 위하여 『논어정의論語精義』(*the Essential Meaning of the Analects*) 최소 일백 권을 운반해 오도록 한 바 있으며,[23] 지방의

---

20) 이 학교들과 선생 및 서적에 대한 역사는 Bol, "Zhang Ruyu, the Qunsh kaosuo, and Diversity in Intellectual Culture" 참조.

21) 呂祖謙의 연보에 따르면, 州 수도 소재지, 武義縣 明招山 가족묘지에 있는 별장에서 학생들을 만나곤 했다. 『東萊呂太史文集』, 附錄, 年譜, 1a－8b. 1168, 1169, 1170, 1173년에 학생들을 위해 만든 규정에 대해서는 같은 책, 別集, 권5 참조. 呂祖謙이 '同志'라고 부른 공동체는 과거시험교육을 받으러 여조겸에게 온 많은 학생들 중에서 선발되었다. 같은 책, 권7, 6b 참조.

22) 1208년에 세워진 여조겸 사당을 위해 쓴 樓鑰의 記文. 『攻瑰集』, 권55, 760－762; 1237년에 건립된 東萊書院에 대해서는 〔宋〕袁甫, 『蒙齋集』, 권30, 11a－12a 참조.

23) 『東萊呂太史文集』, 別集, 권8, 9b.

찬조자를 찾아서 주돈이周敦頤의 『통서通書』와 정이의 『역전易傳』(*Commentary on the Change*) 출간을 후원토록 하였다.[24] 이 모든 일에서 여조겸은 모범적인 신유학자였다. 그러나 그는 또한 각별한 문학적 재능을 가진 이를 위해 치러진 특별 과거시험에 합격하여 조정의 명으로 북송대 문장의 가장 중요한 앤솔로지인 『송문감宋文鑑』(*the Mirror for Song Literature*)을 편찬한 바 있는데, 더 중요하게는 과거시험 준비 기회를 부여하는 명목으로 학생들을 모집하기도 했다. 이처럼 문학과 과거시험공부에 시간을 투자했다는 점에서 여조겸은 일부 신유학자들이 볼 때 넘지 말아야 할 선을 넘은 것이었다. 그리하여 장식張栻은 그러한 일에 반대하는 편지를 여조겸과 주희에게 보내기도 하였는데,[25] 주희 역시 반대를 표명하면서 그가 '말도 안 되는' 책들(즉 과거시험공부를 위해 출판된 책들)을 무주에서 출판되게 하였다고 힐난하였다. 이에 여조겸은 다음과 같이 자신을 변호하였다.

> 당신은 과거시험공부가 자신을 완성하고 사물을 완성하는 데 무익하다고 말한다. 그러나 지난날 금화金華에서는 혼자 학學에 종사할 뿐 더불어 강론하고 갈고 닦을 이가 없었다. 내가 과거시험의 훈련을 없애 버리면 이 지방의 사士들은 서로 관계를 맺을 기회가 없어 단절되었다는 느낌을 받게 될 것이다. 그러므로 나는 과거시험 훈련의 기회를 제공하여 그들이 참가하도록 하였다. 그런데 그 와중에 나는 자질이 훌륭한 이를 골라서 그들에게 따로 이야기하였다. 그 결과 근래에 많은 사람들이 우리의 방향으로 선회하였다. 지난 가을 이래로는 열흘에 한 번씩만 (과거시험 관련) 강의를 하고 있으니, 그렇게 해서 그들을 머무르게 하려는 것일 뿐이다. 학學을 위하여 마땅히 강론해야 되는 바에 대해서는 감히 소홀히 하지 않고 있다.[26]

---

24) 『東萊呂太史文集』, 別集, 권7, 6a.

25) 『南軒集』, 권25, 6b, 권22, 4a 참고.

26) 『東萊呂太史文集』, 別集, 권7, 6b, "垂喻科擧之習, 於成已成物誠無益, 但往在金華, 兀然獨學, 無與講論切磋者. 閭巷士子, 舍擧業則望風自絕, 彼此無緣相接, 故開擧業一路, 以致其來. 卻就其間, 擇質美者告語之. 近亦多向此者矣. 自去秋來, 十日一課, 姑存之而已. 至

그는 학생들의 과거시험 준비를 돕지 않으면 당시 상황에서 경쟁할 수 없다고 생각했던 것 같다. 나중에 주희는, 경전의 항구적 진리라는 관점에서 사유하지 않은 점이나 근본적으로 역사적 관점을 지녔다는 점에서 여조겸은 진정한 신유학자가 아니라고 비판하였다. 그러나 여조겸 역시도 도학을 전파하기 위해서는 대안적인 커리큘럼이 필요하다는 점에는 동의하고 있었다.27)

새로운 커리큘럼

주희는 포괄적인 커리큘럼을 만들어 내는 데 리더십을 발휘하였다. 그러한 활동을 통해 그는 도학이야말로 사士들의 학學의 모든 영역에 적합하다는 사실을 보여 주고자 했던 것으로 보인다. 그런데 그와 같은 과정에서 주희는 관학官學(state school)에서 제공되는 과거시험 훈련보다는, 번성하는 중이었지만 내용상 절충적이었던 사립학교 및 서원들과 더 경쟁을 하였다. 주희의 새로운 커리큘럼은 새로운 사유방식을 담은 현대적 텍스트들로 구성되었다. 주희와 그의 동료들은 주돈이, 장재, 정호·정이 형제의 저작과 말씀들을 주석을 달아 펴내었다. 북송대 사상가들의 텍스트들은 주희의 어록 및 문집과 더불어 일련의 유교철학자들을 새롭게 정의하였다. 마찬가지로 중요한 일은 사서四書라는 새로운 세트의 경전의 출현이었다. 『논어』와 『대학』를 논하면서 주희는 30명이 넘는 권위자들(주로 정호·정이 형제와 그 추종자들이었지만)을 인용하였다. 그리고 주희 자신이 『중용』과 『대학』에 대해 주의를 기울인 주석을 달아서, 이 두 텍스트들을 신유학 학설의 주된 전달 수단으로 변모

於爲學所當講者, 則不敢怠也." 呂祖謙은 글을 일부 뽑아서 학생들 과거시험공부를 도운 것에 대해 주희에게 사과하였다. 같은 책, 別集, 권8, 3a. 가르침과 과거시험에 관한 朱熹와 呂祖謙의 서로 다른 입장에 대해서는 市來津由彦(Ichiki Tsuyuhiko), 『朱熹門人集團形成の硏究』, 396-429 참조.

27) 『朱子語類』, 권121, 2939; 권122, 49-58.

시켰다.[28] 오경五經에 비해 사서는 개인의 수양이라는 이슈를 명시적으로 제기한다. 주희의 손을 거치면서 이 책들은 이전 해석과는 분명히 다른, 일관된 철학의 전달체가 되었다. 그리고 도학이 곧 고대 성인의 학이라는 주희의 주장의 증거로 기능하게 되었다.[29]

주희는 전통적인 오경도 소홀히 하지 않았다. 호안국胡安國은 오경 중 신법의 커리큘럼에서 배제된 『춘추春秋』에 정이의 관점을 적용하였는데, 유보적인 생각이 있기는 했지만 주희는 『춘추』에 대한 호안국의 주해를 받아들였다. 그는 『역경易經』에 대해서도 두 개의 저작을 남겼다. 『역학계몽易學啓蒙』(*the Introduction to the Study of the Change for Beginners*)과 『주역본의周易本義』(*the Original Meaning of the Zhou Change*)가 그것이다.[30] 또 그는 채침蔡沈(1167~1230)에게 명하여 『서경書經』의 주석서인 『서집전書集傳』(*Collected Commentary on the Book of Documents*)을 짓게 하였고,[31] 제자들과 함께 신법 커리큘럼에서 거부된 예에 관한 경전을 연구하여 『의례경전통해儀禮經傳通解』(*The Comprehensive Explication of the Classic of Ceremonies and Rites and Its Commentaries*)라는 총괄적인 저작을 남기기도 했다.[32] 동시에 그는 『시경詩經』의 주석서인 『시집전詩集傳』(*the Collected Commentaries on the Book of Odes*)도 저술하였다.[33]

주희는 역사에도 손을 대었다. 그는 일종의 정호·정이 학파의 사상사를 저술하였다. 그리고 북송 경세가들의 전기 모음을 편찬하였는데,[34] 이후 그의 손자가 그것을 남송대 경세가로까지 확장시켰다.[35] 또한 『통감강목通鑑綱

---

28) Balazs and Hervouet, *A Sung Bibliography*, 44.
29) Gardner, *Chu Hsi and the Ta Hsueh*; *Zhu Xi's Readings of the Analects*.
30) Zhu Xi, *Introduction to the Study of the Classic of Change*.
31) [宋]蔡沈, 『書集傳』.
32) 朱熹 等, 『儀禮經傳通解』.
33) 朱熹, 『詩集傳』.
34) 『伊洛淵源錄』.
35) 朱熹·李幼武, 『宋名臣言行錄』.

目』(*the Digest of the Comprehensive Mirror for Aid in Government*)을 통해서 주희와 그의 제자들은 사마광司馬光의 거대한 편년사編年史(chronological history)인 『자치통감資治通鑑』(*Comprehensive Mirror for Aid in Government*)의 의미를 변화시켰다. 『자치통감』의 원래 의미는 역사는 국가를 다스리는 데 필수적인 원리들을 제시한다는 것이었는데, 이제 『통감강목』에 이르러 그 의미는 개인의 정치적 행동에 대해 도덕적 판단을 내리게끔 학생들을 훈련하는 것으로 바뀌게 된 것이다.[36] 주희는 문학도 소홀히 하지 않았다. 그는 문학 전통의 초석 역할을 하는 텍스트인 『초사楚詞』(*the Songs of Chu*)에 대한 집해를 출간하였다. 그리고 고문운동의 초석 역할을 하는 텍스트인 한유의 문집에 대해서도 교정본과 주석을 펴내었다.[37]

주희는 또 『소학小學』(*the Elementary Learning*)과 『근사록』을 편찬하였다. 이 텍스트들은 어떻게 배우고 행동해야 하는가에 대한 질문을 다루고 있기 때문에 매우 중요하였다. 『소학』은 어린 학생들의 지도를 위한 것으로, 경전과 역사서, 송대 신유학 텍스트 및 기타 문헌의 인용문을 빌려 다음의 사안들에 대해 설명하고 있다. 1) 교육의 도덕적 목적, 2) 오륜五倫(the Five Relationship: 父子·君臣·夫婦·長幼·朋友)에서의 도덕교육의 실현, 3) 사회의 도덕적 행위자로서 자신을 중시하는 일(敬身, reverencing oneself). 이 가운데 경신敬身은 마음, 의태(comportment), 복장, 식사행위 등의 수양을 통해 이루어지는 것이었다.[38] 또 다른 책인 『근사록』은 정씨 형제, 장재, 주돈이의 어록과 저술의 인용문들로 구성되어 있다. 그 인용문들의 배열 목적은, 신유학의 첫 세대들이 우주, 학學, 자아수양, 가족, 정부에 봉직하는 일(혹은 봉직하지 않는 일), 정부와 제도, 교육, 불교와 도교, 고대와 송대의 성현들 등에 대해 어떻게 생각했

36) 朱熹, 『資治通鑑綱目』.

37) 朱熹, 『楚詞集解』; 『昌黎先生集考異』.

38) Kelleher, “Back to Basics”.

는지를 보여 주기 위함이었다.[39] 일부 신유학자들은 학생들이 사서를 읽기 전에 이 두 책을 먼저 읽어야만 한다고 생각하였다.[40]

송나라 때 출간된 전체 출판물의 관점에서 보면 주희와 그의 학파에서 나온 텍스트들은 수많은 것들 중의 일부분에 불과하였다. 주희도 그 사실을 잘 알고 있었다. 주희는 한때 학교와 과거제도개혁안을 구상한 바 있다. 그 개혁안은 (복수의 주석들과 함께하는) 경전, 역사들, 철학자들, 문학에 대한 포괄적인 공부를 요청하는 것이었다. 즉 그 개혁안은 자신이 속한 학파를 특권화한 것이 아니었다. 아마도 주희는 그러한 포괄적 저작들에 대한 공부가 근본적으로 자신의 입장을 침해하는 것이 아니라고 생각했던 것으로 보인다. 그러나 주희는 그 개혁안을 제출하지는 않았다.[41] 주희에 견줄 만한 학의 넓이를 가진 또 다른 예들(당중우와 여조겸의 경우와 같은)을 찾아보는 일은 충분히 가능하지만, 그러한 학의 넓이를 주희와 같이 철학적 일관성과 결합시킨 경우는 없다. 결과적으로, 역사적 · 철학적 · 경전적 · 문학적 작품으로 이루어지는 주희의 저작물들의 총체는 공들여 구상된 지적 어젠다(intellectual agenda)의 역할을 하였다.

일부 신유학 선생들은 나중에 주장하기를, 더 이상 아무것도 씌어질 필요가 없을 정도로 주희가 저술을 집대성하였으므로 학생들은 단지 학의 프로그램과 자이수양에 참여하기만 하면 된다고 하였다. 그러나 실제로는 주희의 저작으로 인해 더 많은 주석과 독서필기讀書筆記, 어록語錄, 철학적 단문短文, 편지, 문집, 기본 교재, 전기傳記, 선집選集 등이 저술되고 출판되었다. 주희의 저작이 제공한 것은 일종의 신유학 담론 내부의 프레임워크였다. 즉 후대

39) Zhu Xi and Lü Zuqian, *Reflections on Things at Hand.*
40) Chu Ron-Guey, “Pluralism in the Chu Hsi School”, 1257—1265.
41) 이 방안에 담긴 커리큘럼에 대한 논의는 de Bary, *The Liberal Tradition in China*, 40—42 참조.

학자들은 학과 관련된 신유학의 담론에 대한 대안을 제기하기보다는 그 담론 내부에 공헌하는 저작들을 생산하게 되었던 것이다. 그리하여 주희의 저작은, 공유된 텍스트의 지식, 공통된 어휘, 공통된 토론거리를 가진 독자와 주석가들의 공동체를 창조해 내었다. 이제 텍스트를 공부하는 것이 좋은 신유학자가 되는 한 방법이 된 것이다. 주희와 육구연을 모두 찬양하였던 손응시孫應時(1154~1206)는 다음과 같은 말을 남긴 바 있다. "경학經學(classical studies)이란, 리理를 궁구하고 본성을 실현하며 도道를 수립하고 덕德을 완성하는 방법이다."42)

서원

커리큘럼을 만드는 일은 사士들이 그 커리큘럼을 공부할 장소를 만드는 일과 함께 이루어졌다. 그 장소가 바로 서원이다. 중국 후기제국시기의 서원은 남부의 사립학교들이 번성한 데서 기원한다. 서원 중 일부는 부유한 가문이 자신들 가문의 일원들에게 과거시험공부를 시키기 위하여 돈을 댄 것이었는데, 보다 야심 있는 서원의 경우는 명성 높은 선생들을 초빙하고 외부인들도 환영하였다. 서원 중 다른 일부는 선생 자신들—은퇴한 관료 혹은 지방의 학자들—에 의해 설립되었는데, 학생들이 경비를 대었다. 주희의 경우에 그러했듯이, 학생들이 먼 지방으로부터 오는 경우도 있었다. 비록 선생들이 특정한 지적 관심사를 가지고 있기는 했어도, 처음에 서원들이 특정한 커리큘럼에 헌신한 것은 아니었다. 서원들은 학생들에게 고급교육을 위한 기회를 제공하였고, 지방 사 엘리트들에게 지적인 중심지를 제공하였으며, 기부자들에게 상당한 위신을 세워 주었다.43)

42) [宋]孫應時, 『燭湖集』, 권9, 4b－5b, "經學所以窮理・盡性・立道・成德."
43) Walton, *Academies and Society in Southern Song China*, chaps. 3－5.

신유학자들은 곧 서원을 자신들의 학을 전수할 수 있는 장소로 간주하기 시작하였다. 정부가 설립한 학교에서 신유학에 대한 논의가 배제되던 시절에는 특히 그러했다. 서원으로 인해 신유학자들은 멤버십을 단속할 수 있었고, 커리큘럼을 설정하여 자신들의 교육적 목적에 맞는 교육방법을 실천할 수 있었다. 신유학 서원의 설립자들이 서원을 관학과 과거시험교육으로부터 구별시켰기 때문에, 신유학 서원은 위기지학爲己之學의 추구를 대변하였다. 일부 사람들에게 이것은 신유학 서원이 가진 매력의 일부였다. 학생들은 자신들 나름의 스타일로 옷 입고 말하고 걸음으로써 주목을 끌었다.[44] 일부 신유학 서원들은 학생들의 행동에 대한 규칙을 만들었는데, 그 규칙으로는 앉는 법(다리를 벌리거나 꼬지 않고 꼿꼿한 자세 유지하기), 듣는 법(노려보거나 귀를 쫑긋하지 않기), 옷 입는 법(단순하고 깨끗하게 입기, 머리와 발은 언제나 맨살을 드러내지 않기), 먹는 법(정해진 시간에만 담백하게 먹기, 술은 잔치 때만 마시기), 쓰는 법(초서가 아닌 정서로 쓰기), 타인을 부르는 법(직위 이름을 사용하지 말고, 태어난 순서에 따라 연장자나 형 대접을 하면서 부를 것), 여가 시간 활용하는 법(장기를 두지 말고, 현악기를 뜯거나 투호를 하기), 하인을 다루는 법(엄정하되 친절히 하기) 등이 있었다.[45] 신유학 서원들이 다른 곳들과 다르다는 것은, 특히 선생의 입장에서, 다음과 같은 점을 보여 주고자 했다는 사실에서 분명히 드러난다. 그들은 신유학을 공부하는 학생이라면 스스로에 대한 규율이 있고, 방종하지 않으며, 올바르고, 해이하지 않으며, 엄격하고, 방탕하지 않으며, 순간에 충실하지 미래의 이익을 위해 교활하게 계획을 세우지 않는다는 것을 보여 주고자

44) Chaffee, "Chu Hsi in Nan-k'ang", 426. 陸遊는 이 점에 대해 매우 방어적(defensive) 심리를 가지고 있었음을 지적하였다. 『老學庵筆記』, 권9, 8b.

45) 程端蒙, 『程蒙齋性理字訓』. 번역은 Meskill, *Academies in Ming China*, 52－55를 따름. Wing-tsit Chan("Chu Hsi and the Academies", 398) 은 이런 규정들이 원래 초급학교를 위한 것이었으나 나중에 서원으로까지 확장되었다고 본다. 呂祖謙과 학생들 사이의 규정은 이미 살펴본 바 있는데, 여조겸 역시 유사한 규정을 포함시켰다.

했던 것이다. 이러한 사실과, 자신들만의 특성을 유지하고자 하는 욕망은 오직 자신들만이 사회를 변혁시킬 수 있다는 신유학적 확신에 무게를 실어 주었다.[46)]

그런데 신유학의 서원들이 성취하고자 한 것은 무엇이었을까? 주희는 오랫동안 폐허 상태로 있던 강서 남강南康의 백록동서원白鹿洞書院을 1180년에 다시 일으켜 세우고 그 게시문揭示文을 발표하였는데, 이것은 가장 영향력이 있는 가이드라인이 되었다.

> 옛 성현들이 사람들에게 학을 하는 방법을 가르치신 뜻은, 도덕적 원리를 익히고 자신을 수양하여 타인에게로 확대하여 나가는 것이 아님이 없다. 그들은 명성과 관직을 좇는 수단으로서 암기와 아름다운 문장 짓기에 종사하는 것을 원하지 않으셨다...... 만약 네가 리理의 당연함을 알아서 스스로를 채근하여 반드시 그렇게 하고자 한다면, 규칙과 금지조항 같은 것을 다른 사람이 만들어 설치한 다음에 그렇게 하려 들겠는가? 요즘에는 보면 학교에는 규칙이 있고 학생들은 천박한 방식으로 다루어진다. 규칙을 만드는 것은 옛사람들의 뜻에 반드시 일치하는 것이 아니다...... 단지 성현들이 사람들에게 가르치신 바 학을 하는 방법의 핵심 되는 원리만을 골랐다...... 반드시 그 원리들을 따르고 그것을 위한 책무를 지겠다는 것을 다짐하라...... 이를 이행하지 않거나 방기하면 다른 사람이 만든 규칙이 대신하게 될 것이다.[47)]

---

46) 이에 대한 葉適의 논의는 『葉適集』, 권27, 554; 권29, 92・607 참조. 이 참고자료를 알려준 祝平次(Chu Ping-t'zu)에게 감사한다.

47) 『朱熹集』, 권74, 3894(de Bary and Bloom, *Sources of Chinese Tradition* I, 741－742에 실린 번역을 약간 수정), "古昔聖賢所以教人爲學之意, 莫非使之講明義理, 以修其身, 然後推以及人, 非徒欲其務記覽, 爲詞章, 以釣聲名, 取利祿而已也……苟知其理之當然, 而責其身以必然, 則夫規矩禁防之具, 豈待他人設之, 而後有所持循哉? 近世於學有規, 其待學者爲已淺矣. 而其爲法, 又未必古人之意也……特取凡聖賢所以教人爲學之大端……諸君其相與講明遵守, 而責之於身焉……其有不然, 而或出於此言之所棄, 則彼所爲規者, 必將取之."

유교 텍스트의 인용문을 활용하여, 주희는 학을 어떻게 추구할 것인가에 대한 본질적인 원리를 정의하였다. 그 원리는 주제, 방법, 실천이 결합된 것이었다. 주제는 "학을 하는 사람은 이것을 배워야만 한다"(學者, 學此而已)라고 하여 강조된 것으로, 바로 '오륜五倫'이었다. 방법은 박학博學(study) · 심문審問(inquiry) · 신사愼思(pondering) · 명변明辯(making distinction)을 통한 '궁리窮理'였다. 실천은, 수신修身(懲忿 · 窒欲 · 遷善 · 改過)에서부터 처사處事(개인적 이익을 꾀하지 않고 리에 의해 인도되어야 함)와 접물接物(남이 자기에게 하지 말았으면 하는 것은 남에게 하지 말고, 실천에서 얻지 못하는 것이 있으면 자기 자신에게 그 원인을 찾으라)에까지 이르는 모든 것이었다.[48)]

후대에게 백록동서원이 갖는 의미란 다음과 같은 것들이었다. 1) 학이란 자아수양의 과정이며, 그러한 학에 자신을 헌신하고자 사들이 공동체를 형성할 수 있다는 것, 2) 관학에서 흔히 사용하는 규칙이나 벌칙보다는 자신들이 종사하는 일 자체의 원칙에 의해 인도될 수 있다는 것(비록 학생들이 자신의 조언을 따르지 않을 때는 그러한 규칙을 활용해야 한다는 것이 주희의 생각이었지만), 3) 그렇게 함으로써 과거시험교육에 대한 실질적인 대안을 확립하고 있다는 것. 학생들은 자신들이 신유학의 서원에 있고자 자발적으로 선택했기에 그곳에 있는 것이었다.

그런데 주희는 별로 알려진 바 없는 어떤 서원이 있던 자리를 단순히 재건한 것이 아니었다. 물론 주희는 정부가 세운 학교에 다니는 학생들도 자신이 제시한 관점에 의해서 학을 바라보기를 바랐지만, 그는 지방에 있는 관학들을 개선하거나 늘리려고 하지 않았다. 당시 남강南康의 지주知州로 있으면서 궁핍한 현縣 세 곳의 관리를 맡고 있었으므로, 그의 힘으로 할 수 있는 일이 분명했는데도 말이다. 주희 자신의 증언에 의하면, 남강에는 강력한 사士 공

48) 『朱熹集』, 권74, 3893.

동체가 없었고, 과거시험의 응시생도 많지 않았다. 다른 곳에서 제자들과 이야기할 때 표명한 바와 같이, 그는 정부의 자금으로 주와 현의 학교를 배움의 중심지로 강화하는 일—예컨대 신법시기의 삼사법三舍法(the graded school system)을 복구하는 일 같은—에 명백히 반대하였다. 그 근거는 거대한 수요를 감안할 때 너무 많은 비용이 든다는 것이었다. 주희 자신이 알고 있었던 대로, 이러한 입장은 학생들이 관학시스템에 의해 지원받아야 한다고 주장했던 정호·정이 형제의 입장과는 다른 것이었다.[49] 대신 주희는 정부에게 두 가지 것을 원하였다. 첫째는 조정이 자신이 하는 일의 정당성을 인정해 주는 것이었다. 즉 명시적으로 자신의 사업을 허락해 주고, 서적류를 선물해 주며, 되도록 황제가 직접 쓴 패변牌匾(official signboard)을 내리는 것이었다. 둘째는 자신이 이미 완수한 것에 동의해 주는 것이었다. 주희는 지방 사 엘리트들로부터 초지와 현금 기부를 받은 것 이외에 정부의 관리와 자금, 토지, 노동력 등을 사용하여 건축공정을 진행시켰었다. 이것은 그와 뜻을 같이하는 정부 사람들이(그들이 어디에서 봉직하든) 정부의 자원을 활용하여 서원건립을 지원하는 선례로 남게 되었다. 그러나 조정에서는 (주희가 절강에서 새로운 직위를 받을 때까지) 동의하지 않았다. 주희는 정부에서 동의해 주지 아니면 직위를 그만두고 서원의 책임자 역할을 하겠다고 강력하게 주장하였지만 조정의 입장은 마찬가지였다.[50]

요컨대, 주희가 염두에 두고 있었던 것은, 관학의 주현州縣 학교체제와 더불어 신유학의 학교도 정부에서 인정해 주는 것이었다. 이 신유학의 학교들은 신유학 선생들에 의해 관리되고 지방 사士의 지원을 받았는데, 주희는 학생들의 과거시험 준비에 책임을 지지 않으면서도 정부 자원을 활용하는

49) 朱熹의 견해는『朱子語類』, 권109, 4288 참조. 정호·정이 형제의 견해에 대해서는『近思錄』; Zhu Xi and Lü Zuqian, *Reflections on Things at Hand*, 264－265 참조.
50) Chaffee, “Chu Hsi in Nan-k’ang”.

서원을 꾀하였던 것이다. 백록동서원의 경우, 그 건축물은 잘 유지되기도 하고 파괴당하기도 하는 등 명나라에 이르기까지 늘 좋은 상태에 있었던 것은 아니지만, 주희가 있을 동안만큼은 매우 성공적이어서 그 지역의 학자들을 끌어들이는 자석 역할을 하였다. 국가의 공인과 후원은 학생들이 서원에 참여하도록 북돋았다. 그리고 주희는, 해시解試에 합격한 그 지방 학생들로 하여금 다음 시험을 위해 상경하기 전까지는 서원에서 여름을 보내도록 해야 한다고 요청하였다.

주희의 사후에도, 그리고 신유학에 붙은 위학僞學이라는 딱지가 떼어진 뒤에도 신유학의 서원들은 계속 건립되었다. 그 서원들도 백록동서원에 의해 만들어진 패턴—서원과 그 커리큘럼에 대한 이데올로기적 관리, 지방 엘리트들로부터의 지원, 조정의 공식적 인정 요구, 지방정부로부터의 재정 지원—을 계속해서 따랐다. 그 중 일부는 신유학의 큰 스승들에게 바쳐진 사당을 연장한 것이었다. 주희는 일찍이 그러한 시도들을 고무한 바 있었다. 모든 서원들이 다 신유학에 헌신한 것은 아니었지만, 조정이 인정하고자 하는 정도나 지방정부가 지원하고자 하는 것 이상으로 서원이 건립되었다. 그런데 정부에 참여한 신유학자들은 자신들의 영향력과 자원을 활용하여 지방정부의 학교들과 공존하게 될 서원들을 점점 더 많이 건립해 나갔다. 송나라 말엽이 되면, 스스로를 신유학운동의 일부라고 생각하는 사와 관리들에 의하여 대략 60여 개의 서원이 그와 같은 모델에 기초해서 세워졌다.[51] 건강建康(오늘날의 南京)에 세워진 유명한 명도서원明道書院이 그 한 예이다. 정호程顥를 기념하여 세워진 이 서원은 1256년에 공인을 받았는데, 5개 현에 걸쳐 4900무畝의 땅을 받았다. 주州정부는 서원에다 그 선생과 시자侍者(attendants)의 월급과 용돈, 학생들의 장

51) 관련 서원의 명단은 吳萬居, 『宋代書院與宋代學術之關系』, 247－250 참조. 白鹿洞書院을 비롯한 여러 서원에 관계된 朱熹의 활동에 대해서는, Wing-tsit Chan, "Chu Hsi and the Academies" 참조.

학금과 용돈, 정호의 후손에 대한 지원금 등으로 매월 5000관을 주었다(한때는 서원이 매년 10만 관의 돈을 받기도 했다).[52]

1264년에 조정은 명령을 내려 모든 서원의 산장山長(academic headmaster)은 공식적인 위임을 거쳐야 하게끔 조치하였다(비록 이것은 오직 공식적으로 인가받은 서원의 책임자에게만 적용되는 것 같았지만). 이것은 이원적 교육시스템을 공식적으로 허가해 준 셈이었다. 그와 같은 산장 중의 한 명이었던 구양수도歐陽守道는 이 일을 축하하면서도, 동시에 산장이라는 직위는 순정한 학술인의 몫이라는 점을 분명히 하였다. 즉 산장이 공식적인 지위를 가진 것이라고 할지라도 그들은 공식적인 커리어보다는 학에 더 관심을 가진 사람이어야만 한다는 것이었다. 왜냐하면 서원들이 비록 커리어에 경도된 사들을 돕는 경우도 있었지만 정부의 일부가 될 생각이 없는 사들을 위한 공간도 만들어야 했기 때문이었다.[53]

몽고족의 원나라에 의해 남부가 정복되어 흡수된 지 20년이 채 안 되어 서원에 대한 정부의 지원은 재개되었다. 법에 의해 서원에 대한 침탈은 금지되었고, 사적으로 서원을 건립하는 이들에 대해서는 특별한 인정을 해 주었다. 그러나 동시에 관학시스템도 초급교육의 수준까지 확대하라는 명령이 내려졌다. 정부는 곧 산장을 임명하고 봉급을 주는 책임을 다시 맡았으며, 전부田賦의 소득을 서원에게 재정지원으로서 부여하였다. 1315년에 이르러서는 과거시험도 재개되었는데, 이때부터의 과거시험은 사서四書를 기반으로 하는 것이었다(물론 훨씬 전부터 신유학은 남부의 사들 사이에서 주류의 학으로 자리잡은 상태였지만). 그리고 주희와 그 밖의 신유학의 큰 스승들이 서원에 봉헌되었다.[54]

---

52) 이러한 상황에 대해서는 Walton, *Academies and Society in Southern Song China*, 54－86 및 215－218 참조.

53) Meskill, *Academies in Ming China*, 14－16.

송대 말기와 원대에 이루어진 정부의 신유학에 대한 지원은 무엇을 의미하는가? 일련의 학자들의 주장에 따르면, 서원과 주희의 신유학이 정부의 후원을 받으면서부터, 그리고 산장의 지위가 정규관료제에 진입하는 하나의 방법이 되면서부터 서원은 정부기구의 일부가 되어 원래의 독립성을 잃게 되었다고 한다.[55] 그러나 실제 서원들과 산장들을 검토해 보면, 정반대가 오히려 사실이었다. 관학들이 점점 더 서원들과 신유학의 커리큘럼에 영향을 받았던 것이다.[56] 원나라 서원의 역사는, 원나라의 서원이 주희가 시작하여 추동해 간 흐름과 연장선에 있음을 보여 준다. <표 7-1>이 보여 주듯이, 원나라 서원의 성장은 정확히 송나라 때 활발했던 지역과 주희가 제자를 두었던 지역—복건福建을 제외하고는—에서 이루어졌다.(도표는 가장 서원이 많은 성에 대한 통계를 포함하고 있다. 그리고 북송과 남송을 구분하지 않았는데, 그것은 북송시기의 서원건립은 미미했기 때문이다.)

송나라의 마지막 세기 동안에 신유학은 성공을 거두었다. 송나라 서원의 절반 이상이 이 시기에 건립되었다.[57] 점점 더 많은 과거응시생들이 자신들의 답안지에 신유학의 사상을 활용하고 주희를 권위자로 인용하였다.[58] 게다가, 남송 시험관의 약 삼분의 이가 신유학자들이 많은 성省이었던 강서江西, 양절兩浙(오늘날의 浙江과 安徽, 江蘇의 일부), 그리고 복건 출신이었다.[59] 그러나 성공은 비판 또한 불러일으켰다. 신유학자들이 너무 배타적이라고, 과거의 위대한 인물들을 헐뜯는다고, 문학과 경세에 적절한 관심을 쏟지 않는다고

---

54) 徐梓, 『元代書院研究』, 44－51, 제4・5・7장.

55) 徐梓, 『元代書院研究』, 174－182.

56) 陳雯怡, 『由官學到書院』, 183－192.

57) 陳雯怡, 『由官學到書院』, 156－157.

58) 1220년과 1230년에 이미 省試와 太學試는 그러한 신유학의 영향을 받았다. De Weerdt, *Competition over Content*, 331－345.

59) 岡元司(Oka Motoshi), 「南宋期科擧の試官をめぐる地域性」, 233－274.

<표 7－1> 송원명청 시기에 일부 省에 건립된 서원들

省	주희의 문인	관리가 건립한 경우				가문이 건립한 경우				알 수 없음				합계				
		송	원	명	청	송	원	명	청	송	원	명	청	송	원	명	청	전체
江西	79	26	8	79	122	179	81	188	128	19	5	20	73	224	94	287	323	928
浙江	80	16	6	75	144	125	24	88	152	15	19	36	99	156	49	199	395	799
福建	164	13	3	76	129	38	3	18	19	14	5	13	14	65	11	107	162	345
湖南	14	13	3	55	133	41	15	34	91	16	3	13	52	70	21	102	276	469
廣東	4	12	3	103	203	19	4	42	131	8	3	11	8	39	10	156	342	547
江蘇	7	6	2	46	71	16	4	7	23	7	0	13	21	29	6	66	115	216
四川	7	7	3	40	202	16	0	11	77	8	2	12	104	31	5	63	383	482
安徽	15	4	2	63	69	12	10	23	18	4	3	13	8	20	15	99	95	229
河南	1	9	3	86	210	8	7	15	27	3	2	11	39	20	12	112	276	420
합계		108	51	972	2190	502	181	507	935	101	63	220	721	697	298	1699	3868	

* 자료의 소스: 陳谷嘉·鄧洪波, 『中國書院制度硏究』, 354－359. 朱熹의 門人이 건립한 서원에 대해서는 陳榮捷, 『朱子門人』 第二册 참조. 450곳이 넘는 宋代 서원의 이름이나 장소, 건립자에 대해서는 吳萬居, 『宋代書院與宋代學術之關系』, 299－338을 보라.

공격하는 사람들이 있었다.[60] 또 신유학자들이 문학과 경세에 관심을 갖기는 하지만 그것은 오직 자신들의 관점에 의한 것일 뿐이라고 주장하는 사람들도 있었다.[61] 주희의 사위인 황간黃幹과 같은 이는 도통은 한 세대에 한 사람에게만 전수된다고 보았는데, 이에 맞서 복수의 도통이 존재할 수 있다

60) 〔宋〕俞文豹, 『吹劍錄』, 外集, 「序」. 일부 신유학자들은 문학과 정치는 신유학의 범주에 포함되지 않는다고 생각하였다. 〔元〕劉壎의 『隱居通義』 가운데 신유학과 관련된 세 장들을 참조. 문학가들의 비판에 맞서 그와 같은 신유학의 문학배제적 성향을 옹호한 경우로는 〔元〕呂浦, 『竹溪稿』, 권2, 3a－6a 참조. 문학이 어떻게 하여 신유학 범위 내로 포함될 수 있는가에 대한 논의로는 〔宋〕李耆卿, 『文章精義』, 第1·92·95·99 참조. 심미적 체험에 대한 전통적 문학가들의 입장과 신유학의 입장의 차이를 분석한 것으로는 Fuller, "Aesthetics and Meaning in Experience"가 있고, 신유학과 문학 간의 긴장을 개관한 것으로는 馬積高, 『宋明理學與文學』이 있다. 博學을 정당화하려는 신유학적 시도(그러나 이 경우도 講學과 窮理와는 별개의 어떤 것으로 이해되었다)로는 〔宋〕祝穆의 『古今事文類聚』에 실린 편집자 서문을 참조.

61) 道學과 經世學을 결합할 필요에 대해서는 呂祖謙의 『曆代制度詳說』에 대한 彭飛의 서문 참조. 신유학의 원칙에 기반하여 美文(belles lettres)을 집성한 것으로는 真德秀, 『文章正宗』이 있다.

고 주장하는 사람들도 있었다.[62] 또 신유학의 큰 스승들에 대한 어떠한 비판도 텍스트로부터 삭제되어야 한다는 주장[63]에 대해, 신유학은 독서에 치중한 나머지 마음의 중요성을 망각했다고 생각하는 사람들도 있었다.[64] 그런데 이러한 비판들은 점점 더 많은 사들이 신유학의 메시지에 귀기울이고자 한다는 사실에 대한 인정이기도 하였다. 송대 후반기의 신유학자들을 비난하고 있는 어떤 글은, 신유학의 사들이 성공가도를 달리는 와중에도 자신들의 독자성을 유지했다는 사실의 증거 역할을 하기도 한다.

> 그들은 단지 사서四書, 『근사록』, 『통서通書』, 「태극도太極圖」, 『동서명東西銘』, 『어록』과 같은 책만 읽는다. 자신들의 학은 정심正心·수신修身·제가齊家·치국治國·평천하平天下하는 것인 양한다. 그리하여 다음과 같은 슬로건을 내세운다. "백성들을 위하여 궁극의 기준이 되고, 천지의 마음을 확립하고, 만세토록 이어갈 평화의 단초를 만들고, 앞선 성인들을 위하여 끊어진 학을 잇는다." 그들은 태수太守나 감사監司가 되어 봉직할 때는 반드시 자기네 현인들을 위하여 서원과 사당을 세운다. 혹은 사서를 간행하여 주석을 달고, 어록을 지나치게 많이 편집한다. 그러한 다음에 그들은 현자賢者라고 불리게 되며, 그렇게 되어 명성을 구하고 수입 좋은 관직을 얻는다. 과거시험을 위한 작문은 항상 (그들의 문장을) 인용하고, 가장 높은 순위의 급제를 하고 유명해진다.…… 이에 사람들은 그들을 모방하게 되고, 조금이라도 비판이 있으면 그들 패거리는 그 비판자를 소인으로 몰아버린다. 임금이라 할지라도 논박할 수 없으니, 그들의 기세당당함이 이와 같다.[65]

---

62) Chu Ron-Guey, "Pluralism in the Chu HsiSchool", 1265－1267. 원나라 때에는 道統을 계승하였다고 주장하는 파가 적어도 세 개 있었다(북부에 있는 수도, 江西, 浙江). Wing-tsit Chan, "Chu Hsi and Yuan Neo-Confucianism", 197－201.

63) (元)程榮秀가 1333년에 李心傳의 『道命錄』을 위해 쓴 序文.

64) 나는 文及翁이 書院을 위해 쓴 記文을 이런 방식으로 이해하고 있다. 번역은 Walton, *Academies and Society in Soutern Song China*, 69에 따름.

65) (宋)周密, 『癸辛雜識』, 169頁, "其所讀者止『四書』·『近思錄』·『通書』·『太極圖』·『東西銘』·『語錄』之類, 自詭其學爲正心·修身·齊家·治國·平天下. 故爲之說曰: 爲生民立極, 爲天地立心, 爲萬世開太平, 爲前聖繼絶學. 其爲太守, 爲監司, 必須建立書

원나라시기에 과거시험의 복구를 위한 토론이 시작되었을 때, 일부 신유학자들은 전통적인 사장詞章시험을 복구하는 데 반대하였을 뿐 아니라 사서와 주희의 주석에 대하여 시험을 치르는 데도 반대하였다.[66] 그러나 다른 사람들은 그러한 과거시험과 신유학의 융합을 환영하였다. 상세하게 작성된, 영향력 있는 초급 및 고급 과정의 커리큘럼으로는 정단례程端禮의 『정씨가숙독서분년일정程氏家塾讀書分年日程』(*Daily Schedule of Study in the Cheng Family School*)이 있다. 이 커리큘럼은, 학교는 사립으로 유지하되 주희의 「백록동서원게시白鹿洞書院揭示」와 과거시험교육을 완벽하게 통합하는 것을 목적으로 하고 있었다.[67]

2. 송원시기 가족에 대한 대안

신유학자들은 자신들이 당시의 관습과 어떻게 다른지를 분명히 하면서 자신들의 방식으로 사士들을 끌어들였고, 자신들의 노력을 인정하고 지원하라고 정부에 요구하였다. 이런 식으로 사들의 학學에 대한 대안적 모델을 만들어 내었듯이, 신유학자들은 이번에는 일반화된 가족형태에 기반하기는 하되 그것과는 다른 대안적 가족모델을 만들어 내었다. 그리고 학교교육에

院, 立諸賢之祠, 或刊注『四書』, 衍輯語錄, 然後號爲賢者, 則可以釣聲名, 致膴仕; 而士子場屋之文, 必須引用以爲文, 則可以擢巍科, 爲名士.……於是天下歸趨之, 稍有議及, 其黨必擠之爲小人, 雖時 君不得而辨之矣. 其氣焰可畏如此." 周密은 이 경우에 또 다른 텍스트를 인용하고 있다. 신유학에 대한 周密의 태도 및 그에 대한 명나라 사람들의 적의에 대해서는 石田肇, 「周密と道學」 참조.

66) 姚大力, 「元朝科擧制度」.

67) 程端禮, 『程氏家塾讀書分年日程』. 이 텍스트에 대한 논의는 de Bary, "Chu Hsi's Aims as an Educator", 212－215 참조; 부분 번역은 de Bary and Bloom, *Sources of Chinese Tradition*, 816－819.

대한 신유학자들의 접근법이 국가에서 제공하는 교육과 사적 영역의 종교교육을 무시하였듯이, 가족에 대한 신유학자들의 견해는 가족이 국가와 종교에 대해 맺는 관계를 무시하였다.

국가의 관점에서 볼 때, 그리고 우리가 아는 한도 내에서의 사회적 관점에서 볼 때 가족(家)이라는 것은, 친족(kinship)이라는 생각에 바탕을 둔 경제적(economic)이고 전례적(ritual)인 조직(corporation)이다. 아버지와 아들들은 가산家産(family property)을 차지하고 있다가, 아버지가 죽으면 보통 그 가산은 아들들 사이에 균등분배된다. 법적으로 말하여, 각 소유의 단위는 등록된 호주에 의해 이끌어지는 호구(戶, household)이다. 국가는 각 호구로 하여금 해당 토지에 대한 세금 납부의 책임을 지우고, 각 호구의 전체 재산에 근거하여 다른 의무들을 부과한다. 비록 정부는 재산을 각각의 호구로 분할하지 않는 가족들을 전통적으로 칭송해 왔지만, 실제로는 독립호구수가 늘어나면 세수도 늘어나는 덕을 보았다. 전례典禮의 단위로서의 가족은 혈연으로 연결된 그 호구들의 구성원을 포함하였다. 그 혈연은 상喪의 의무에 의해 정의되었는데, 이론적으로 다섯 세대에 걸치게 되어 있었다. 상喪과 제사의 의무에 맞물린 것은 후손을 확보하여 그 의무가 끊이지 않게끔 하는 일이었다. 11세기가 되자 혈연의 유대를 어떻게 유지할 것인가에 대한 관심이 다시금 일어났다. 결국 새로운 형태의 족보가 출현하고, 또 후손에게 제산을 물려주는 새로운 방식이 등장하였다. 의장義莊(the charitable estate)이 바로 그것인데, 여기서 나오는 수입은 영원히 가족구성원과 후손들을 돕는 데 사용하게끔 되어 있었다. 족보와 의장은 상례喪禮가 요구하는 다섯 세대를 뛰어넘어 혈연적 유대를 유지하기를 고무하였다. 그리하여 송나라 때부터는 상례의 단위를 넘어 공통된 선조를 가진 후손들끼리 계속해서 친족유대를 유지하는, 씨족(族, lineage)이라는 형태의 사회그룹이 퍼져 나갔다.

부를 토지에 기초하고 있는 가족에게 재산의 분할은 엄청난 문제들을 야기하였다. 아버지나 할아버지가 돈을 빌리는 일은 후손이 받을 유산을 침해하는 것으로 간주될 수 있었다. 아버지보다 결혼한 아들이 먼저 죽을 경우에는 그의 몫을 상속할 후계로서 조카를 데려올 수 있었는데, 여의치 않아 부인 쪽 가족에서 누군가를 데려와야 할 경우에는 그 사람의 가족에 대한 충성도가 의심될 수 있었다. 재산분할은 하향적 사회이동(downward social mobility)의 유도원인이었다. 각 호구는 그 전 세대(generation)에 비해 줄어든 몫을 받게 된 것이다. 이것은 특히 사士 가문에 해당되는 일이었다. 왜냐하면 사 가문의 가족들은 평균적 호구에 비해 훨씬 많은 아들(넷 혹은 다섯)을 가졌기 때문이다.[68] 12세기에 만들어진 부유한 가족에 대한 지침서인 원채袁采(약 1140~1190)의 『원씨가범袁氏家範』(*Precepts for Social Life*)은 가족의 윤리적 규범에 대한 주장이 그 경제적 이해관계에 기초해서 전개되고 있다.[69] 그리고 남송대의 많은 법률 안건들은 가족들끼리 경제적 이유로 상대를 관청에 고발하는 일이 흔했음을 보여 준다. 가족의 전례생활에는 종교전문가들이 개입하여(병과 죽음, 그리고 이미 죽은 사람을 다루는 예식 등에서 특히 그러하였다), 무당들은 병을 일으켰다고 생각되는 귀신을 쫓아내고 승려들은 화장과 장례를 관장하며 도사들은 다양한 의식을 거행하였는데, 이것 역시 일종의 경제적 관계였다. 죽은 자와 산 자를 매개하는 실질적 기술과 그 영역에 대한 이론적 지식을 가진 종교전문가들의 서비스를 구매함으로써, 가족들은 귀신들의 영역에서 일어나는 예기치 못한 힘들을 통제하고자 하였던 것이다.

신유학자들은 법률적 혹은 경제적 실체로서의 가족에 대해서는 별로 할

---

68) 1148년에서 1256년까지 과거시험자 명단에 기재된 형제들의 수를 당시 士 가족을 대표하는 것으로 간주한 것임. 이에 관련한 논의는 Chaffee, "Status, Family and Locale" 참조.

69) Ebrey, *Family and Property in Sung China*.

말이 없었다. 그것은 국가의 주된 관심사였다. 신유학자들은 혈연에 기초한 전례단위로서의 가족에 초점을 맞추었다. 혈연에 기초한 전례단위로서의 가족은 지방사회의 기본적인 구성단위로서 작용할 수 있었다. 일련의 11세기 사상가들은 예禮를 폭넓은 이론적 관점에서 사유하였다. 그들에게 있어 예는 질서 있고 조화로운 세계를 위한 모델이었고, 삶의 모든 측면을 조화시키는 데 사용될 수 있는 실천의 총체였으며, 오랫동안 도교와 불교에 물든 주민들을 그 영향으로부터 떼어놓을 수 있는 비강제적 수단이었다. 예는 구체적인 차원에서 논의되기도 하였다. 신법시기에 황제, 황족, 관리, 일반 백성을 위한 다양한 예가 보급되었다. 일부 학자들은 가족생활을 위한 예의 지침을 저술하기도 했는데, 사마광이 그 유명한 예이다.[70)]

처음부터 신유학자들은, 예는 단순한 예식이 아니라 리理에 사회적 표현을 부여하는 수단으로 이해되어야 하다고 주장하였다. 장재張載는 다음과 같이 이야기한 바 있다.

> 예禮는 리理이다. 먼저 리를 궁구하기를 배워야 한다. 예는 그 올바름(義)을 실천하는 방법이다. 리를 알면 예를 제정할 수 있다. 예는 리의 뒤에 온다.[71)]

장재·정이·주희는 모두 특히 가족생활에 필요한 예를 만드는 데 필요한 이해를 자신들이 가지고 있다고 생각하여, 정합적인 예의 체계를 구상해 내는 데 주력하였다. 아울러 그들은, 그 구상들이 경전에서 발견될 수 있는 내용과 일치하는 동시에 자신들이 살고 있는 시기의 습속에도 적합하다고 생각하였다.

---

70) Ebrey, *Confucianism and Family Rituals in Imperial China*, 45－56.

71) 『張載集』, 語錄 3, 326－327, "蓋禮者理也, 須是學窮理, 禮則所以行其義, 知理則能制禮, 然則禮出於理之後."

어떤 한 측면에서 볼 때, 그들이 진정으로 당시의 습속과 충돌하는 고대의 형식으로 돌아가기를 요구한 것은 사실이었다. 종법宗法제도(the descent line heir system)가 바로 그것인데, 이 제도는 조상에게 제사지낼 때 적장자嫡長子(the eldest son of the deceased)가 전권을 행사하는 것이었다. 이 제도의 취지는 관직을 맡고 있는 가족구성원의 권위나 가족 중의 연장자의 권한을 보장하기보다는 수세대에 걸친 가족의 영속성을 보장하기 위한 것이었다.[72] 사실 장재와 정이는 예의 측면에서뿐 아니라 재산분할에 있어서도 종법제도를 찬성하였다. 이들은 세가世家(great family)들이 그 재산을 나눈 끝에 결국 몰락하게 되는 일을 장자상속제도가 막아 주고, 그리하여 대대로 이어지는 일군의 관리가문(official families)을 형성해 주리라 믿었던 것이다.[73] 그런데 이러한 생각은 주희와 그 학파에게는 채택되지 않았다.

주희와 그의 학생들은 후기제국시기에 가장 영향력 있는 예의 교범이 될 『주자가례朱子家禮』(*Master Zhu's Family Rituals*)를 편찬하였다. 『주자가례』는, (주희가 너무 어렵다고 생각했던) 사마광司馬光의 『가의家儀』(*family rites*)를 채택하고, 조상에 대한 제사 부분에서는 정이의 종법체계를 수용하였다.[74] 신유학적 서원들이 관학에 대한 일종의 대안이었듯이, 『주자가례』 역시 국가가 규정한 전례시스템에 대한 하나의 대안이었다. 신법정부는 예에 대한 포괄적 매뉴얼인 『정화오례신의政和五禮新儀』(*the Zhenghe Reign Period New Ceremonies for the Five Categories of Rites*)를 반포한 바 있는데, 그 내용은 많은 부분이 황제에 관련된 예식이었지만 동시에 관리와 (역사상 최초로) 백성들의 혼례婚禮·관례冠禮·상례喪禮에 대한 별도의 내용도 담고 있었다. 그런데 거기서는 가묘

72) Ebrey, *Chu Hsi's Family Ritual*, 16-22, *Confucianism and Family Rituals in Imperial China*, 56-61.

73) Birge, *Women, Property, and Confucian Reaction*, 144-145.

74) 司馬光의 家儀를 실행하는 데 따르는 어려움에 대해서는 『朱子語類』, 2266-2267; 2294-2295 참조.

家廟(ancestral temple)를 짓는 권리를 품급이 있는 관리(ranked official)에 국한시키고 있었다.[75] 이에 주희는 자신의 커리어 초기에, 『정화오례신의』가 지방 정부의 전례뿐 아니라 '사서士庶'(사와 백성) 가족의 전례에도 적용될 수 있게끔 수정을 시도하였고, 또 '호례지사好禮之士'(예를 좋아하는 지방의 사)가 다른 사람들의 예 집행을 도와줄 수 있도록 위임해 주는 방식을 건의하였다.[76] 그러다가 결국 그는 『주자가례』를 지어 직접 대안을 만들어 내는 쪽을 택하였다.[77] 도학을 추구하기로 선택한 사들에게 『주자가례』는 자신의 가족에게 적용할 수 있는 지침이었다. 그들은 가족 내 연장자들을 설득하지 못할 경우에는 후손들에게 그것의 실행을 요구하였다.

『주자가례』는 관례冠禮, 계례笄禮(남녀의 성년의식), 혼례婚禮, 상례喪禮, 계절 제사, 조선제사祖先祭祀 등의 예식을 자세하게 묘사하고 있지만, 주희가 서문에서 설명하고 있는 바와 같이 『주자가례』의 함의는 그러한 예를 실천하는 데에만 국한되는 것이 아니다.

> 예에는 근본(本)이 있고 형식(文)이 있다. 가정에서 예가 시행되는 것을 가지고 말해 보자. 명분名分을 지키는 것 그리고 애愛와 경敬의 실질은 근본이다. 관혼상제冠婚喪祭에 따르는 예식의 드러냄과 구체적인 사항(儀章度數)은 문文이다. 근본은 가정에서 나날이 작용해야 할 본체여서, 하루라도 닦지 않을 수 없다. 문은 인간존재의 길을 규율하는 수단의 전부이다.[78]

---

75) (宋)鄭居中, 『政和五禮新儀』. 이 典禮에 대해서는 권178－179; 183－220 참조. 家廟에 대해서는, 권135 참조.

76) 『朱熹集』, 권69, 3628－3638. 1148~1149년에 작성됨.

77) 『政和五禮』에 대한 주희의 견해는 『朱子語類』, 2266－2267; 2294－2295. 한 서원의 開幕式에서 주희는 『政和五禮』의 핵심에 대해 논하였다.(같은 책, 2295)

78) 『朱子家禮』, 「序」(번역은 Ebrey, *Chu Hsi's Family Ritual*, 3, 18에 실린 것을 약간 수정), "凡禮, 有本·有文. 自其施於家者言之, 則名分之守·愛敬之實, 其本也; 冠婚喪祭, 儀章度數者, 其文也. 其本者, 有家日用之常體, 固不可以一日而不修; 其文又皆所以紀綱人道之始終." 婚禮가 어떻게 그러한 주희의 견해를 담고 있는지를 통찰력 있게

『주자가례』의 「통례通禮」("general principle")는 각 집의 사당(offering hall)이 가져야만 하는 합당한 구조에 대한 이야기로 시작한다. 그런 다음에는 그것을 넘어서, 입어야 할 옷, 세대 내의 여러 관계 및 실천사상 등에 대하여 자세히 묘사한다. 그것은 경제적인 면(예컨대, 아들과 며느리는 사유재산을 가질 수 없다), 사회적인 면(부모와의 관계에서 어떻게 행동해야 하는지), 문화적인 면(초등 단계 교육), 일체의 도덕적인 면 등을 모두 포괄하고 있다. 예는 하나의 호구(household)에만 관련된 것이 아니라, 종족 내의 다른 구성원들도 그 예 안에 함께 고려된다.

『주자가례』는 누구를 위한 것인가? 『주자가례』의 텍스트에서 분명히 밝히고 있듯이, 그때까지의 전통과는 달리, 관직에 있는 사람의 가족을 위한 것이 아니라 군자나 도덕적인 사람을 위한, 즉 사리私利(self-interest)가 아닌 정의로움(righteousness)에의 헌신으로 말미암아 행동하는 사람들을 위한 것이다. 동시에 분명한 것은, 사士 가족(a literati family)을 위한 것이라는 점이다. 즉 하인을 거느리고 예와 제사에 쓸 용도의 땅을 충분히 가진 사람들을 위한 것이라는 사실이다. 내가 보기에, 신유학의 커리큘럼과 서원이 "배운 사람은 어떤 사람인가?"라는 질문에 대한 대답이었듯이 『주자가례』는 "가족은 어떠해야만 하는가?"에 대한 신유학적 대답이었다. 당시에는 사 가문은 씨족이어야만 한다는 것, 즉 공통의 조상으로부터 나온 일련의 사람들이 일정 수준의 혈연적 연대를 유지하는 그룹으로 존재해야 한다는 생각이 점점 보편화해 가고 있었고, 『주자가례』는 그러한 생각에 잘 들어맞았다.[79] 동시에 『주자가례』는, 일부 사 가문들이 어려운 친족을 돕기 위해 만든 의장義莊(charitable estates)의 이념에도 잘 들어맞았다. 의장을 통하여 그들은 친족이 혼례·상례 및

분석한 것으로는 de Pee, "The Tirual and Sexual Bodies of the Groom and the Bride".

79) Ebrey, "The Early Stages in the Development of Descent Group Organization".

기타 공동의 전례에서 사의 외관을 유지할 수 있게끔 도와주었고, 친족성원들을 위한 학교를 지원하였으며, 친족성원들이 과거시험을 치르기 위해 여행할 때도 도움을 주었다.[80)]

가족과 친족의 근본형태가 지방의 습속에 의해 지배되기보다는 규범적 텍스트에 의해 정의된 일관된 예식규정에 입각하여 제도화될 필요가 있다는 견해에 모든 이들이 다 동의한 것은 아니었다. 사실 원래는, 반드시 가족을 예를 수행하는 집단으로 볼 필요조차 없었다. 원채의 『원씨가범』이 가족에 대한 엘리트들의 생각을 보다 대표적으로 반영하고 있다. 원채는 지방관의 입장에서 그 책을 저술하였는데, 그에 따르면 가족은 사리私利에서 출발하는 사람들로 이루어진 조직이기는 하지만 공리功利(utility)에 호소할 때 사람들은 보다 더 협조적으로 되고 조화로워지며 법규를 준수하게 된다는 것이다.[81)] 원채는 산 사람과 귀신을 매개하는 서비스에 관해서도 불교와 도교의 전문가들을 배제해야만 한다고는 생각하지 않았다. 『주자가례』는 시행 초기에는 잘 받아들여지지 않았다. 왜냐하면 당시는 불교적 장례행위와 화장 관습이 보편적이었는데도 불구하고 『주자가례』는 불교적 전례를 채용하는 데 특히 반대하였기 때문이다. 그럼에도 불구하고 12~13세기의 적극적인 신유학자들은 이 새로운 프로그램을 채택하기 시작하였다.[82)]

『주자가례』는 예에 관한 매뉴얼의 전통에서 새로운 초석이 되었다. 주희의 텍스트는 거듭 인쇄되었고, 후대의 신유학자들은 거기에 대한 주석을 내고 자신들 나름의 수정본을 만들어 출판하였다. 명나라 때에는 공식적 자격을 얻어, 정부 차원에서 예에 대한 가이드를 펴낼 때 『주자가례』가 사용되었

80) Walton, "Charitable Estates as an Aspect of Statecraft".

81) Ebrey, *Family and Property in Sung China.*

82) Ebrey, "Cremation in Sung China". 黃幹은 婚禮와 喪禮에 모두 적용하여 실천한 예이다. 近藤一成(Kondō Kazunari), 『宋代の士大夫と社會』.

다. 그러나 명나라 때에 이르면 세계世系(descent line)가 장자長子를 통해 이어진다는 생각이 포기된다.[83] 이것은 의미심장한 변화이다. 왜냐하면 이것은 예의 단위로서의 가족에 대한 신유학자들의 초점이 씨족으로 확장되어 갔다는 것을 의미하기 때문이다. 이 점은 의장義莊의 경우를 통해서도 조명될 수 있다. 재산을 소유하는 단위로서의 한 가족의 자산을 떼어 내어 씨족을 위한 의장을 만들어 냈을 때, 그 가족이 속한 씨족의 모든 구성원들 혹은 자산을 내놓은 그 씨족 내의 모든 후손들은 그 의장의 혜택을 입게 되었다. 다시 말해서, 씨족은 어떤 개인의 오복五服(five mourning grades)에 속하지 않는 이들까지 포함한 모든 자식들의 후손을 그 구성원으로 두게 된 것이다. 이것은 주희가 제창한 소종법小宗法과는 대비되는 것이다. 씨족에 관한 한 없어서는 안 될 것이 족보였다. 그래서 사 가문들은 대부분 이미 족보를 편찬하고 있었는데도 불구하고, 『주자가례』 자체에는 그러한 내용이 없다. 그러나 원나라에 이르자 신유학자들은 족보 편찬—그것을 통한 종족 건설—을 장려하기 시작한다. 신유학자들은 씨족을 이루는 가족들이 사회 속에서 도덕적 행위자로 활동하게끔 하려는 목표를 가지고 있었으며, 족보 편찬은 그러한 목표를 달성하기 위한 프로그램 중의 하나였다. 족보의 서문에서 신유학자들은 종족 내 가족들 간의 예 질서를 유지하는 필수적인 수단으로서 족보를 찬양하였다. 족보로 인하여 종족은 공동체 내의 사회적 조화를 위한 초석으로 기능하게 될 것이었다.[84] 예컨대, 1346년 무주婺州의 신유학자 여포呂浦는 다음과 같이 썼다.

하늘이 이 백성을 낳으셔서 씨족이 있게 되었다. 자손이 많아서 수천 년에 이르도

83) Ebrey, *Chu Hsi' Family Rituals*, 26.

84) Bol, "Local History and Family in Past and Present"; Hymes, "Marriage, Descent Groups, and the Localist Strategy".

록 낳고 낳아 무궁하게 되었다. 처음에는 한 사람과 그에 해당하는 기氣의 몫이 있었다. 그 기는 이제 번다하게 나누어졌지만, 친하고 소원하고 두텁고 얇은 구별이 없을 수 없다. 그러나 그 시초의 관점에서 보면 여전히 같은 기이다. 그 기가 자손들에게 나누어졌다고 한들 어찌 다른 기가 되리요? 우연히 중심이 되는 조화로운 기가 이쪽 분파에 있어서 부귀를 누린들, 어찌 같은 씨족 중에 빈천한 자를 긍휼히 여기지 않으리요? 현명하고 능력 있는 이가 어찌 바보 같고 못난 이들을 차마 버리리요? 이에 대대손손의 계보를 기록하여 족보를 만들어서, 통합하여 그 좋은 일과 나쁜 일을 모두 함께한다. 그러므로 한 씨족 전체를 한 가족처럼 대하고, 같은 기를 나눈 사람들을 한 몸으로 간주하고, 친족을 친족으로 대하는 뜻을 한껏 발휘한다. 이것이 사람들도 씨족에 관심을 보여 주고 족보가 씨족에 도움이 되는 이유이다. 그러나 세상풍속이 쇠락하면 기를 같이하는 사람들도 서로 멀어져 창과 방패처럼 되는 경우가 많다. 그리되면 씨족과 족보에 무슨 관심이 있으리요.[85)]

강서 무주의 저명한 학자인 위소危素(1303~1372)는 이 족보의 서문에다 다음과 같이 썼다.

맹자는 말하기를, "중용의 덕을 가진 이가 그러지 못한 이를 길러 주고, 재능 있는 이가 재능 없는 이를 길러 준다. (그래서 사람들이 어진 부형이 있는 것을 즐기는 것이다)"라고 하였다. 그런데 한 가족의 역사(책)는 한 나라의 역사와 다를 수밖에 없다. 한 나라의 사람들은 많아서, 선을 표창하고 악을 벌주기 위해서는 법이 반드시 엄해야 한다. 한 가족의 경우는, 자신의 몸을 바르게 하여 모범을 보이고 성인의 경전과 현인의 주석의 뜻을 가지고서 가르치며 양심이 본래 가지고 있는 것을

85) 『太平呂氏宗譜』, 序(呂浦, 1346년), "天生蒸民, 有氏族焉. 子孫衆多, 至累千百而生生無窮者, 其初一人之身, 一氣之分也. 是氣者既繁, 雖不能無親疏厚薄之別, 然本其初觀之, 同是氣, 則均子孫也, 奚以异哉? 偶然冲和之氣, 在此一枝, 則富且貴者, 安得不恤其貧與賤? 而賢能者, 又安得視其愚不肖而忍棄之乎? 于是世系紀焉, 譜牒作焉, 所以統之而同其休戚也. 故處一族如一家, 視同氣犹一體, 莫不致其親親之意焉. 此族之所由睦, 而譜之不爲無補于族也. 然世衰俗靡, 同氣胡越, 至相矛盾者多矣, 何有于族, 又何有于譜哉?"

> 발휘하여 일을 점검하게 해야 한다. 그리하면 사람마다 다 사士와 군자다운 행위를 할 수 있게 될 것이다. 타고난 자질이 고르지 않아서…… 부형父兄에 의해 바르게 될 수 있다. 현명과 현명하지 못함은 하늘에 의해 결정되는 것이다. 여씨呂氏의 자손은 가군(呂浦)께서 족보를 만드신 뜻을 생각하여 보다 나아지도록 노력해야 한다. 그러면 그들의 선이 족보에 기록될 것이다.[86)]

이러한 일이 어떻게 사회를 변혁시킬 수 있는지에 대한 명징한 서술은, 방효유方孝孺가 자신의 스승인 송렴宋濂의 씨족 족보를 위해 쓴 서문에서 발견할 수 있다.

> 관직이 없는 사士는 가족을 화목하게 함을 통해 천하를 변혁시킬 수 있다. 천하는 넓디넓은데 가족을 화목하게 만듦을 통해 어떻게 천하를 변혁시킬 수 있는가? 사람들은 모두 자신들의 씨족을 화목하게 하고 싶어 하는데, 그 길을 얻지 못해서 고 근심한다. 내가 먼저 하면 누가 차마 포기하고 본받지 않겠는가? 씨족이 전부 화목하면 천하에 누가 선하지 않음에 가담하겠는가? 선하지 않은 자가 횡행할 수 없으면 완벽한 다스림이 거의 이루어질 것이다. 씨족을 화목하게 만드는 데는 세 가지 길이 있다. 족보를 만들어서 씨족구성원들 간에 관계를 짓는다. 둥지를 처음 튼 조상의 묘를 찾아서 (구성원 간의) 마음을 잇는다. 친족 간의 예를 강화하여 그 은혜로움을 기른다.…… 이 세 가지를 병행하면 사士도 천하를 변혁시킬 수 있는데, 하물며 관직을 가진 사람이야! 천하의 풍속을 바꾸는 것도 어렵지 않은데, 하물며 가까운 동네야! 가까우니 하기 쉽고 관직에 있으니 변혁하기 쉽다. 그럼에

86) 『太平呂氏宗譜』, 序(危素, 1350년), "雖然, 孟子曰: '中也, 養不中, 才也, 養不才.' 今夫一家之書與一國之史, 不得不異. 一國之人眾矣, 而彰善癉惡, 其法必嚴. 一家者……以吾正其身以率之, 又從而申之以聖經賢傳之旨. 發其良心之固有, 察其行事之明切, 由是人人有士君子之行. 其生質不齊者……爲父兄者, 姑盡其訓迪之道可也. 若夫賢不肖, 天實爲之. 爲呂氏之子孫, 尚思君作譜之意, 凜焉而起畏, 惕然而自勵, 勉勉孳孳, 惟日不足, 吾見其善之書於譜者……." 이 危素의 序는 『孟子』 「離婁下」를 인용하고 있다. 비록 危素의 문집에는 이 글이 실려 있지 않지만, 危素는 허다한 族譜의 서문을 썼다.

도 불구하고 행하지 않고 변혁하지 않는 것은, 길을 아는 자가 드물기 때문이다. 길을 알고 지위가 있으면 사람들이 우러러 보지 않겠는가? [87]

예의 실체로서의 가족(family)과 씨족(lineage)을 건립하는 주된 목적은, 가족과 씨족을 사회적 맥락에서 작동하는 도덕적 실체로 만들기 위해서였다. 가족의 존망은 가족의 재산 및 권력과 큰 관계가 있고, 가족의 생물학적 연속성은 이성 간의 번식활동과 관계가 있다. 그런데 내가 생각하기에, 가족을 굳이 예의 구성물로 다루려는 이유는, 재산이나 권력이나 번식활동 같은 것이 중요하지 않은 척하려는 것이 아니라, 왜 가족이 중요하고 어떻게 가족이 행동해야 하는가에 대한 대안적인 기초를 수립하고자 하기 때문이다. 혼례라는 관점에서 볼 때 신부가 아내로, 신랑이 남편으로 변하는 일은 그들 각자가 남과 여라는 이성 간 파트너십으로 변화하는 과정 속에 포함되게 된다.[88] 마찬가지로 양자를 들여 상속인으로 삼는 일은, 경제적인 관점에서도 물론 중요하지만 그것을 예와 도덕적 의무의 관점에서 다루게 되면 초점은 '재산'에서 '예의 효용'이라는 지점으로 옮겨 가게 된다.[89]

가족과 종족의 사안에 관하여 신유학자들이 예에 중점을 부여하자, 아내가 남편의 가족과 맺는 관계도 재고되게 되었다. 송나라 엘리트의 일반적인

87) 『遜志齋集』, 권13, 414, "士有無位而可以化天下者, 睦族是也. 天下至大也, 睦吾族, 何由而化之? 人皆欲睦其族而患不得其道, 吾爲之先, 孰忍棄而不效乎? 有族者皆睦, 則天下誰與爲不善? 不善者不得肆, 至治可幾矣. 睦族之道三: 爲譜以聯其族, 謁始遷之墓以系其心, 敦親親之禮以養其恩.……斯三者並行, 雖士可以成化, 況有位者乎? 不難於變天下之俗, 況鄉閭之近者乎.近者宜其易爲, 有位者宜其易化. 然而莫爲且莫化者, 知道者鮮也. 知道而有位, 人焉得而不望之乎?"

88) De Pee, "The Ritual and Sexual Bodies of the Groom and the Bride", 86－90.

89) * Ann Waltner(*Getting an Heir*, 70－74)가 지적했듯이 신유학자들은 두 가지 입장을 취할 수 있었다. 그 하나는, 다른 성으로부터 온 상속인은 다른 氣를 가지고 있으므로 자신이 계승하게 된 선조를 제사를 통해 불러낼 수 없을 것이라는 주장이다. 다른 하나는, 감정의 진정성이 氣의 다름을 극복할 수 있을 것이라는 주장이다.

관습에 따르면, 아내들은 결혼할 때 가져온 지참금을 소유・관리하다가 남편이 죽거나 이혼하는 경우에는 친정으로 돌려보냈다. 자식 없이 남편이 죽었을 때에는 누가 남편의 유산을 상속할지를 직접 결정하였으며, 얼마든지 재혼할 수도 있었다. 이와 같은 관습에 반대하여 신유학자들은, 아내는 완전히 남편 가족의 일부가 되어야 한다는 생각을 장려하였다. 진정으로 덕망 있는 아내는 자기 몫의 재산을 가지지 않고(맏아들이 아닌 아들들도 마찬가지) 자신의 지참금을 남편 가족에게 증여해야 하며, 친정보다 시댁을 자신의 가족으로 간주하고 남편 사후에는 수절해야 한다는 것이었다.[90] 게다가, 신유학자들은 예에 기반한 가족의 맥락 바깥에서 이루어지는 여성의 제도화된 성적 역할에 대해서도 극력 반대하였다. 예컨대 남성의 성적 파트너로서의 기생제도에도 반대한 것이다.[91]

부인의 시댁으로의 완전통합 및 과부의 수절은, 원나라 때에 이르러서야 비로소 법률적 힘을 가지게 되었다. 초기에 원나라 정부는 각 호구(와 그 호구들이 지고 있는 국가에 대한 의무들)가 지속되기를 바라는 동시에, 역연혼逆緣婚(levirate marriage: 죽은 자의 형이나 아우가 그 미망인과 결혼하는 관습)을 통해 세대의 지속성을 확보하는 몽고 관습을 한인漢人들에게도 적용하고자 하였다. 이러한 상황에서 법적인 예외를 인정받고자 할 때에 과부정절 관념이 근거로 작용하였다. 그리고 바로 그러한 시점에서, 여성들은 결혼할 때 가져온 지참금에 대한 권리를 잃어버렸고, 수절미망인으로서 시댁에 남거나 아니면 친정이 아닌 시댁으로 하여금 자신의 재혼을 안배하게끔 하는 처지에 놓이게 되었다. 1330년에 이르러 조정은 정식으로 한인에게 역연혼을 적용하는 것을 위법으로 정하였는데, 그러기 전부터 과부의 정절을 장려하는 것은 국가의

90) Birge, *Women, Property, and Confucian Reaction*, 143－199.
91) Bossler, "Shifting Identities", 33－37.

정책이 되어 있었다. 정절과부가 있는 호구는 공식적인 표창을 부여받았고, 그 덕망을 인정하는 차원에서 노역을 면제받았던 것이다. 이 정책들은 명나라 법률에서도 채택되었다.[92]그 밖에 명나라 초기 정부는 사가 기생과 어울리는 것에 반대한 초기 신유학자들의 입장을 이어받아서 사들의 기생방 출입을 금하였다.[93]

신유학자들은 당대 사 가문들의 관습적 행위라고 여겨지는 것들에 반대하였지만, 자신들의 이슈를 선택하는 데는 매우 신중하였다. 어떤 사안들에 대해서는 명백한 언급 없이 지나가 버리기도 했다. 이를테면 엘리트 가족 사이에서 당시에 퍼져 나가던 전족纏足 같은 습속에 대해서는 아무런 언급도 하지 않았다.[94] 대신 그들은, 과부수절의 경우처럼 자신들이 이슈화를 시도할 때나 자신들의 견해가 국가의 지원을 얻을 수 있을 때에는 사회적 습속에 대해 상당한 영향력을 행사하였다. 그러나 의도와 결과가 일치하는 것은 아니었다. 애초에 과부정절의 목적은 아내를 가부장적 가족에 영원히 구속시키는 것이었고, 죽은 남편에 대한 아내의 '충성'은 신하가 통치자에게 바치는 충성과 같은 것이었다. 도덕적 정언명령으로 요구되었던 것은 통일성(unity)과 연속성(continuity)의 유지였다. 하지만 이것이 그와 같은 구속이 행복하거나 성공적이었다는 뜻은 물론 아니다.

과부를 지속적으로 지원해야 하는 시댁에 대한 보상은 시대에 따라 달라지는 사안이었다. 어떤 가문의 과부에 대한 지방정부의 승인은 뼈대 있는 집안이라는 징표였다. 명나라 말기에는 정절을 지키기 위한 과부의 자살이나 개가하지 않고 과부로 사는 삶이 찬양되었는데, 그와 같은 것들은 좀더 다른 맥락에 서 있는 것이다. 그것은 전례상의 의무를 준수한 것을 찬양한 것이

92) Birge, "Women and Confucianism from Song to Ming", 227－239.
93) Bossler, "Shifting Identities", 33－37.
94) Ebrey, *The Inner Quarters*, 37－43.

아니라, 아내의 열정적 헌신을 찬양한 것이었다. 이런 점에서 그것은 사뭇 비非신유학적이었다고 할 수 있다. 18세기에는 정절에 대한 위협에 맞서 자살을 택하는 더욱 극단적인 현상이 나타났는데, 이것의 의미는 또 다른 것이었다. 그것은 국가의 후원 하에, 가족과 충성을 중시하던 사회윤리가 보다 개체적인 윤리인격으로 변화해 가는 것과 관련이 있다.[95]

신유학의 원리대로 사는 가족은 어떠한 이들일까? 그들은 바로, 친족들 간의 조화를 확립하고 조상과의 연속성을 유지하며 후손들을 교육시키고, 어려움에 처한 사람을 구제하고 뜻을 같이하는 다른 성씨의 가家들과 함께 이웃의 정신적·물질적 복지를 진작시키기 위해 지방관리들과 합작하는 이들일 것이었다. 시간이 흐르면 그 가족은 상례喪禮에 의해 통합이 유지되는 몇몇 호구(household)를 넘어 씨족이 될 것이다. 족보들이 선언하는 바와 같이, 그 씨족들은 통합된 사회질서의 모델이자 그 모델의 실현을 위한 구체적 단계였다. 내가 보기에, 족보에 기반한 씨족은 가장의 죽음 뒤에 생겨나는 재산분할에도 불구하고 세대(generation)을 넘어서까지 가家들 간의 연속성을 유지해 갈 수 있는 방법이었다.

수세대에 걸친, 그리고 엄격하게 규제되는 가족 코뮌(family commune)—그 안에서 복수의 가들이 공동의 재산을 소유하고, 자기들을 위한 학교를 유지하며, 성공적으로 자식들이 관리가 되게끔 하는—을 창조하고자 하는 것은 시대착오적인 발상일 수도 있다. 그러나 그것은 유구하게 이어져 온 이상이기도 했으므로, 그러한 가족들은 유교 전통의 당대적 체현이라는 점에서 신유학과 관련될 수 있을지도 모른다. 다만 나는, 그러한 가족들이 신유학과 잘 들어맞는 것인지는 잘 모르겠다.[96] 학자들에 의해 많이 연구된, 가家의 유명한 사례로는

95) 정절관의 이러한 변화에 대한 나의 이해는 Theiss, *Disgraceful Matters*에 기초한 것이다. 개괄은 26−27 참조.

96) 예컨대 徽州의 王姓家族은 처음에 累世同居(multigenerational communal family)를 시

무주婺州 포강浦江의 정씨鄭氏 집안을 들 수 있다.[97] 같은 지역에서 많은 혈족들이 계속해서 거주하는 경우에조차도 정씨 집안과 같은 수세대에 걸친 그러한 공동체적 가족을 유지하기는 어렵다. 자식들이 분가를 희망함으로써 재산과 관련한 분규가 있게 되지만, 가족은 구성원들이 법정에 가는 것을 막을 법률적 권한이 없다.[98] 대부분의 경우에, 씨족은 훨씬 더 유동적인 체제를 지닌 느슨한 조직이었다. 한동안은 상당한 권위를 갖기도 하지만, 또 다른 기간 동안에는 그렇지 못하기도 하는 조직이었던 것이다. 그러한 조직을 이루는 구성원들은 종종 씨족을 어려운 시절에 대비한 유용한 보험으로 간주하기도 하였고, 자신의 목적을 위해 활용할 수 있는 자원으로 간주하기도 하였다.[99] 게다가 원칙적으로 공동체적 가족을 만드는 시도 자체를 반대하는 것도 가능하였다. 정씨 집안의 경우를 모방하여 황씨黃氏 가족의 성원들이, 이미 재산이 분할된 뒤임에도, 혈족들을 설득하여 공동체적 가家를 형성해 보려고 시도한 바 있었다. 그것은 모든 집을 공동소유화하고 모든 토지를 하나의 호구 하에 등록하며 유동자산도 한군데에 모아 두고 공구들도 하나의 권위 하에 주관되도록 하며 각자의 하인들로 하여금 모두를 자신의 주인으로 대하도록 하는 것이었다. 그러나 신유학자들은 이에 대해 반대하였다. 그 이유는 간단했다. 그와 같은 통일성은 군사적 기율에 의존하게 되고, 결국 상벌을 주는 능력에 의존하게 될 것이라는 점이다. 게다가 그것은 진정한

도하였으나, 11세기에 이르자 몇 개의 지파로(그 중 일부에게 더 유리한 방식으로) 분열되었다. 13세기에 이르러 이 지파들은 累世同居 방식이 아니라, 族譜에 기초한 族을 만들어 혈연연대를 회복하고자 시도하였다. 中島樂章(Nakajima Gakushō), 『累世同居から宗族形成へ』.

97) Dardess, “The Cheng Communal Family”; Langlois, “Authority in Family Legislation”; 黎小龍, 「義門大家庭的分布」; 漆俠, 「宋元時期浦陽鄭氏家族」.

98) 川村康(Kawamura Yasushi), 「宋代'法共同體'初考」.

99) 遠藤隆俊.(Endō Takatoshi), 『宋代における同族ネットワークの形成』; Sangren, “Traditional Chinese Corporations”.

의미에서의 통일성이 아니었다. 왜냐하면, 진정한 통일성은 각 개인들 모두의 마음 속에 있는 공동된 가치들을 실현하여 실제로 다른 사람들에게 영향을 줄 수 있는 정직성과 성실성으로 발전시킬 때 비로소 가능한 것이기 때문이다.[100] 달리 말하면, 구성원들이 자발적으로 참여할 때만 비로소 가능한 것이라고도 할 수 있을 것이다.

3. '사'의 자발주의, 그리고 송원시대의 공동체

송대에 '관호官戶'(official household : 가족구성원 중에 품계를 가진 사람이 있는 호구)는 지방정부로부터 다음과 같은 서비스의 제공을 기대할 수 있었다. 시자侍者와 교통수단 및 봉록의 지급, 대부분의 부세賦稅의무의 면제, 법정에 출두할 의무의 면제 등. 그리고 그러한 집안의 후손들은 그와 같은 특권을 계승하고자 시도할 수 있었다.[101] 관리가 없는 집안의 경우, 그 지방의 다른 사士 집안과 한 그룹에 들어가기를 원한다면 사 교육을 꼭 받을 필요가 있었고, 결혼 등을 통해 동등한 집안들과 관계를 만들 필요가 있었으며, 교육 · 종교 · 난민구제 · 지역방위 등의 일을 원조함으로써 공동체에 혜택을 주는 지방사업에 기여할 필요가 있었다.[102] 그러나 지방 엘리트, 사士, 지방관리들이 파괴적인 행동을 하는 경우도 있었다. 일부 사람들은 자신들의 강력한 재정적 위치를 활용하여 농민들을 빚더미에 올라앉게 만들기도 했고, 지방 아전들을 매수하여 자신들의 토지를 부세 대상에서 제외시키거나 소송을 통해 적수들에게 위해를 가하기도 하였다.[103]

100) 〔明〕蘇伯衡, 『蘇平仲文集』, 권7, 9b－12b.

101) Mcknight, "Fiscal Privileges and the Social Order in Sung China".

102) 지방 엘리트 형성에 대한 나의 이해는 Hymes, *Statesmen and Gentlemen*에서 왔다.

이러한 맥락 하에서, 12세기 신유학자들은 사들에게 도道를 배우고 가족을 개혁시키며 지방사회에서 의미 있는 변화를 이끌어 내라고 설득하였다. 신유학자들은 먼저, 자신들의 비전을 공유하고 지방사회에서의 리더십을 제공하기 위해 함께 노력할 사들의 공동체를 형성하고자 하였다. 어느 정도는 신유학자들이 지방 사 공동체라는 생각 자체를 발명하고 있었다고도 할 수 있다. 여조겸呂祖謙이 과거시험 준비의 제공과 도를 가르치는 일 양자를 모두 다음과 같은 근거에서 정당화한 것을 상기해 보라.

> 내가 과거시험 훈련을 없애버리면 이 지방의 사들은 서로 관계를 맺을 기회가 없어 단절되었다는 느낌을 가지게 될 것이다.[104]

이 경우에도 다른 경우들과 마찬가지로 이미 대안들이 존재하고 있는 상태였다. 국가는 재화와 서비스를 뽑아 낼 수 있게끔 백성들을 조직화한 시스템을 가지고 있었는데, 그 시스템은 이론상 국가와 사회를 매개하는 엘리트들의 존재를 고려하지 않은 것이었다. 서비스와 세금을 제공하는 의무를 측정하기 위하여 각 호구는 자신들이 가진 상대적 부에 의해 등록되고 등급이 매겨졌다. 지방토지세 할당의 비율을 측정하기 위하여 토지가 측량되고 등록되었다. 이에 대한 대가로, 국가는 흉작이 들 때 구제해 주고 산적들로부터 보호해 주었으며 범죄자들을 처벌하고 분쟁을 해결하기 위해 법정을 설치하였다. 국가 이외에도 다른 조직들이 있었다. 주로 불교 사원들이었는데, 그들

---

103) 지방사회에서의 官戶(official household)와 士의 戶 간의 차이에 대해서는 梁庚堯, 『宋代社會經濟史論集』, 第2冊, 474－536 참조. 梁庚堯는 근친 중에 관리가 없는 士의 戶보다는 관리(혹은 퇴직관리)가 있는 가족들에게서 이러한 문제가 더욱 심화되었다고 생각한다.

104) 『東萊呂太史文集』, 別集, 권7, 6b, "閭巷士子, 舍舉業則望風自絕, 彼此無緣相接." 이 장의 각주 26 참조.

은 사적으로 평신도들의 공동체를 형성·지원하였고 자선사업을 장려하였다. 지역당 분포한 불교 사원의 숫자는 그 어떤 정부기구의 숫자보다도 많았다. 지방의 기록에 의하면, 1200년 무주 한 지역만 해도 다양한 크기의 사원이 400곳 넘게 설립되어 있었다(1200년과 1480년 사이에 또 300개가 설립되었다).[105] 그보다 숫자가 훨씬 많은 곳들도 있었다. 11세기 중반 경, 복건의 건녕建寧에는 912곳의 사원이 있었다고 한다. 사원이 있는 곳에는 평신도들의 조직이 있었고, 그 조직들은 어려움에 처한 구성원들을 돕기 위하여, 특히 장례를 위하여 돈을 출자하였다.[106] 사들은 이러한 조직에도 참여하였고, 부유한 가족들에게는 사원과 절을 건립하는 데 기부할 것이 기대되었다. 또 각 지역은 그 지역을 지원하고 보호할 지역의 신들과 조직을 가지고 있었는데, 더욱 중요한 것은 12세기 동안에 일련의 지방신들(local deities)들이 구역성區域性의 신들(regional gods)로 변모하였다는 사실이다. 그 구역성의 신들은 주州 경계를 넘어서 펼쳐진 사원네트워크를 가지고 있었다.[107] 비록 일부 관리들은 그러한 지방신앙들에 대해 정부로부터 '정통正統'(orthodox)으로 공인되지 못한 '음사淫祠'(profane)라고 하여 공격했지만, 사 가문들이 지방신앙에 참여하였다는 사실은 분명하다.[108]

요약건대, 구성원들의 이해관계에 봉사하고 지역을 보호하고자 하는 종교활동은 이미 가문과 지방정부 사이의 공간에 존재하고 있었다. 정부는 그들의 존재를 무시하지 않았다. 지방관리들 스스로 공식적 제사를 위한 사당을 유지하였던 것이다. 신도들이 보기에, 확실히 그 신들은 지방관리들이 필적할 수 없는 힘을 가지고 있었다.[109] 주희는 사람들이 귀신이라고 생각하는

105) 『重修金華府志』, 권13, 10a－54b.
106) Von Glahn, "Chu Hsi's Community Granary in Theory and Practice", 246－248.
107) Hansen, *Changing Gods in Medieval China*, 128－159.
108) 小島毅, 「正祠與淫祠」.
109) Boltz, "Not by the Seal of Office Alone". 鬼神이 관리, 엘리트, 비엘리트의 삶에 연관

것이 사실은 지능과 의지를 가진 존재가 아니라 기氣의 발산에 불과하다고 주장하였으나, 일부 신유학자들은 여전히 그러한 신앙활동에 연루되어 있었다.[110] 경제는 부단히 상업화되었고, 그 속에서 마을들은 정기적으로 열리는 시장으로, 정기적으로 열리는 시장은 영속적인 시장으로 연결되어 갔다. 이러한 상황은 지방정부와 가문 사이에 존재하는 또 다른 네트워크를 창조하였고, 부가 생성되는 것을 촉진하였다. 그렇게 생성된 부는 종교활동과 신유학 프로젝트에 투자될 수 있었다.

조직화된 강학講學, 특히 신유학 서원에서 이루어지는 조직화된 강학은, 신유학에 공감하는 사들을 결집시켰다. 강학이 없었더라면 그들은 상대적인 고립 속에서 작업했을 수도 있는 사람들이었다. 서원들은 신유학 강사들에게 장소를 제공함으로써, 선생들이 신유학의 리더로서 명성을 쌓는 것을 가능케 하였다. 서원이라는 환경은 학생들에게 새로운 방식의 학學을 가르쳤고, 그 새로운 방식 속에서 이슈를 두고 이루어지는 제자들 간의, 그리고 제자와 스승 간의 상호 토론은 텍스트를 암송하고 과거시험용 작문을 하는 것보다 훨씬 더한 지적인 중요성을 가지고 있었다. 서원은 예를 제정하고, 참여자들에게 어떻게 예를 실천해야 하는지를 가르쳤다. 또한 서원은 사士들을 지원하였는데, 그 사들 중의 일부는 다른 지역에서 온 사람들이었다. 서원은 그들에게 숙소와 식사를 제공하였다. 서원에의 귀속 여부는 특정한 학學의 방식에 대한 헌신을 공유하고 있느냐를 기준으로 결정되었지, 신분이나 부를 기준으로 결정되지는 않았다. 동시에 서원은 사들에게 관리가 된 신유학자들과 연분을 쌓을 수 있는 기회도 제공하였다. 요컨대, 서원은 공통의 문제에 대해 토론하고 공통된 학學의 프로그램에 종사하는 동지들 간에 초지역적 네트워

된 방식의 무수한 예들을 다음에서 찾을 수 있다. (宋)洪邁, 『夷堅志』 및 Hymes, *Way and Byway*에 실린 民間宗教체계 내의 神跡故事.

110) Gardner, “Ghosts and Spirits in the Sung Neo-Confucian World”.

크를 만들어 내었다.111) 사회적 네트워크를 만들어 낸 것이다. 또한 그렇게 형성된 사회적 네트워크는 결혼에 의한 연대를 만들 수 있는 토대를 제공하였다. 실로 남송 말엽에 가면, 일부 사람들에게는 결혼 상대를 고르는 사회적 가치 기준으로서는 관리이냐의 여부보다 신유학자이냐의 여부가 더 중요하게 받아들여졌다.112)

신유학적 공동체 형성에 관계된 또 다른 제도는 주희가 생전에 적극적으로 그 건립을 추동하였던 '도통사道統祠'(the shrine for successors to the Way)이다. 도통사는 13세기 초반에 남송 대부분의 주州로 퍼져 나갔다. 이 도통사는 원래 주돈이와 정호·정이 형제에게 바쳐진 것으로, 맹자 이후 실종된 도를 11세기의 큰 스승들이 되찾았음을 찬양하는 것이었다. 그리하여 이 도통사들은 관학 계통의 공묘孔廟에서 제공하는 유학에 대한 설명에 도전장을 던졌다. 신유학의 입장에서 볼 때, 관학 계통의 공묘에는 진정한 학을 이해하지 못한 다양한 고금의 인물들이 포함되어 있었다(1241년까지만 해도 왕안석이 포함되어 있었다). 한편, 지방 인물들을 기념하기 위해 세워진 향현사鄕賢祠와는 달리 도통사는 전국적 성격을 가진 것이었다. 지방의 사들은 초기 신유학 스승들이 한번도 방문한 적이 없는 곳에까지 도통사를 건립하여 자신들의 도에 대한 헌신을 증거하였다. 주희가 지적한 바와 같이, 도통의 계승자들은 관직과 권력을 통하지 않고 학을 통해 영향력과 명성을 얻을 수 있는 가능성을 보여 주었다.113) 그리하여 도통사는 전국적 운동과 지방 공간 사이에 연결고리를 만들어 내었다. 도통사로 인해 지방 사들은 신유학의 창시자들과 보다 직접적인 관련을 맺을 수 있었다. 그들은 신유학 창시자들의 초상화를 보고 저작을 읽으면서 그 의미를 토론할 수 있었다. 그리하여 지방 사들은, 자신들

---

111) Walton, *Academies and Society in Southern Song China*, 제5장.

112) Bossler, *Powerful Relations*, 174－175.

113) 『朱熹集』, 권79, 4094－4096.

지역의 신유학자들을 위해 또 다른 사당을 건립한다든지 자신들 지역의 스승을 신유학 창시자들과 함께 모신다든지 하는 방법으로, 나름대로의 방법으로 무엇인가를 추가로 시행할 수 있었다.114)

세 번째로 거론할 신유학의 제도는 '지방적' 혹은 '공동체적' 맹약, 즉 향약鄕約이다. 향약은 구성원들 서로 간에 도덕적 행위를 권면할 목적을 가지고 공식적으로 뭉친 것으로, 장재張載의 학생인 여대균呂大鈞(1031~1082)에 의해 시작되었다. 장재는 『주례周禮』의 정전제井田制(the well-field system)에서 감화를 받아서 지방사회조직을 위한 모델을 구상한 바 있는데, 아마도 그러한 노력의 일환이었을 것이다. 향약은 그 자체로 신법의 보갑법保甲法의 대안이었다. 자발적인 성격을 띤 공동체적 자기규율시스템이지, 법적 강제를 통해 사회에 부과되는 시스템이 아니라는 점에서 그러하였다. 다른 한편, 향약은 일반 신도들로 이루어진 종교조직에 대한 대안이기도 하였다. 여조겸은 '동지同志'(common resolve)들 간의 관계라는 차원에서 학생들의 단체를 조직하고 행동규범을 마련하였는데, 몇 년에 걸쳐 그 규정을 직접 개정한 끝에 학교 내부의 행동규범에 불과하던 것을 공식적인 맹약으로 발전시켰다. 그 맹약은 구성원들 서로 간에 어떻게 관계를 맺어야 하는지를 정의하고 있다.115) 주희는 여대균의 텍스트를 개정하여 역사적으로 가장 오래 지속된 향약 모델을 만들어 내었는데, 여조겸의 판본은 바로 그 주희 판본의 형성에 크게 공헌하였다. 이후 주희는 여대균의 텍스트를 개정한 판본을 가지고서 백록동서원에서 향약을 시행하였다.116)

향약은 매달 정기모임을 통해 시행되었다. 그 모임은 공자에 대한 공식적

---

114) Neskar, "Shrines to Local Former Worthies" 및 *The Politics of Prayer*.

115) 학생들에 관하여 呂祖謙이 만든 규정에 대해서는 이 장의 각주 21 참조.

116) 呂祖謙과 朱熹의 향약에 대한 논의는 Übelhör, "The Community Compact" 참조. 朱熹 鄕約의 原文은 『朱熹集』, 권75, 3903－3912에 있다. 축약 번역은 de Bary and Bloom, *Sources of Chinese Tradition*, I, 751－754.

인 제사의식으로부터 시작한 다음, 향약규정을 낭독하고 토론하였다. 자신들 스스로 선행과 악행으로 규정한 것들이 무엇이었는지 상기한 다음, 스스로 행한 바에 대해서 설명하고 토론하고 평가하여 그것들을 정식으로 기록하였다. 선행의 기록은 소리 내어 읽혀지고, 악행의 기록은 침묵 속에서 돌려 읽혀졌다. 그런 다음 식사를 함께 하고, 오락이나 체육활동 혹은 그 밖의 다른 사안에 대한 토론으로 넘어갔다. 이러한 모임은 지방 사들을 대상으로 한 것이었으며, 모임에서는 나이순으로 자리를 배정하였다. 이 규정에는 두 가지 예외가 있었다. 사가 아닌 참여자는 공식적으로 정해진 자리에 앉히지 않았고, 고관의 신분을 가진 사람은 나이순으로 앉히기보다는 특별 손님으로서 자리를 배정하였다.

향약은 구성원 간에 상호의무의 연대를 맺게 하였다. 그리고, 그러한 연대는 모임의 바깥으로까지 확대되었다. 일상생활에서 다른 구성원과 교제할 때는 나이의 순서에 따른 예절을 준수할 것이 요청되었다. 그리고 다른 구성원들의 장례와 혼사에 출석해 주어야 했다. 또 공식적으로 통보를 받았을 때는 자신들이 가진 재산, 공구, 교통수단, 하인 등을 빌려 주어서 타인을 도와야 하였다. 그렇게 하지 않으면 잘못을 저지른 것으로 되었고, 잘못을 교정하지 않으면 향약으로부터 퇴출되게끔 되어 있었다.

서원과 사당이 그러했듯이, 송나라의 향약이 형성하는 신유학적 사士 공동체 또한 각기 다른 가족들로부터 구성원을 충원하였다. 향약은 지역에 사는 모든 사람들을 조직화하거나 관계된 가족들의 구성원 모두를 대상으로 하는 것이 아니었다. 그리고 유지해야 할 선행과 악행의 유형에 대한 동의 여부는 구성원들 자신에게 달려 있었다. 주희의 향약 판본은 가족, 일, 가족 바깥의 조직생활, 타인을 도와야 하는 책임의 관점에서 무엇이 선행인지를 상당히 자세히 공들여 정의하고 있다. 더욱 흥미로운 것은, 피해야 할 악행을 규정한 것이다. 술 취해서 싸우기, 도박, 부정직, 해코지, 다양한 형태의 자기 권력 확대, 자화자찬 등이 그러한 피해야 할 악행들이다. 지방사회에서 엘리트들이 지속적으로 도덕적 행위를 하느냐 여부는 현실상 그러한 목적에 봉사하는 자율적 공동체를 형성하느냐 여부에 달린 것으로 여겨졌다.

네 번째로 거론할 요소는, 각종 형태의 경제지원이었다. 이 점은 논쟁적이다. 모든 신유학자들이 가족 범위를 벗어나는 공동체제도를 만드는 데 사들이 관여해야 한다고 생각한 것은 아니었기 때문이다.[117] 일부 신유학자들은 그러한 일에 함께할 방도를 찾아야 한다고 생각하였다. 예컨대 어떤 서원의 졸업생들은 자기들끼리 합의하기를, 흉작을 이용한 곡식 투기를 하지 말자고 결의하였다. 그러나 이러한 것은 뜻을 같이하는 이들 사이에서 맺은 사적인 약속이었지 제도적인 구속력을 지닌 것은 아니었다.[118] 또 다른 일부 신유학자들은 지방 사가 정부의 책임 영역을 침해할 수 있다는 생각에 반대하였다. 진량陳亮은 주희에게 보낸 편지에서, 자신은 그러한 공동체운동에 참여하지 않겠다고 밝힌 바 있다.

> 저는 제가 속한 지역에 살면서 가족 바깥의 일에는 관여하지 않습니다. 비록 세상에서 좋은 일이라고 생각하고 여러 유학자들이 두루 행하는 일이며 제가 쉽게 할 수 있는 일들이겠지만, 사창社倉・의역義役(役의 의무 수행을 돕는 것)・진제賑濟(relief) 등에도 조금도 간여하지 않습니다.[119]

어떤 경우들에서는, 목적이란 오로지 사 공동체의 혜택뿐이었다. 일부 지

117) 예컨대 陸九淵이 그러하였다. Hymes, "Lu Chiu-yuan, Academies, and the Problem of the Local Community" 참조.

118) 呂祖謙이 郭澄을 위해 쓴 墓志銘(『東萊呂太史文集』, 권13, 4a) 참조.

119) 『陳亮集』, 권28, 339; Tillman, *Ch'en Liang on Public Interest and the Law*, 55, "亮之居鄉, 不但外事不幹與, 雖世俗以爲甚美, 諸儒之所通行, 如社倉・義役及賑濟等類, 亮力所易及者, 皆未嘗有分毫幹涉."

방에서는 가난한 사 가문의 결혼과 장례에 자금지원을 해 주기 위해 씨족의 재산에 근거해서 의장義莊을 만들었던 것이다.(그러나 많은 경우, 가난하게 되어 버린 이전 관료 자손들에게 그 혜택이 돌아갔을 것이다.) 정부의 토지를 사용하여 관리들도 그러한 제도를 만들었는데, 그 경우에도 부자들이 기부하도록 요청되었다.[120] 그러나 다른 경우들은, 보다 많은 대중들의 복리를 위한 것이었다. 단일가문이 해낼 수는 없고 지방 관리들은 맡을 준비가 되어 있지 않은 프로젝트들, 예컨대 쌀농사에서 매우 중요한 관개사업 같은 것은 '공신호의 지사公信好義之士'(Public-spirited literati who care about righteousness)들이 지도력을 발휘하였다.[121] 도시의 경우에는 상인들과 공인(craftsman)들이 길드 조직을 가지고 있었지만, 해당 지역에 뿌리를 둔 활동을 발기하는 것은 사들의 몫이었다.[122] 지방의 가문들 간에 노역의 의무가 공평히 관리되도록 하는 데서도 신유학 사들은 주도적 역할을 담당하였다. '의역義役'이라 불린 그 방법이 12세기 중엽 무주에 출현하자, 다른 지방의 관리들도 곧 유사한 제도를 장려하였다. 그 제도 하에서는 각 호구가 균등하게 기부하거나 토지를 출자하였다. 부세賦稅의 관리 같은 성가시고 비용이 많은 드는 서비스를 각 호구들이 돌아가면서 맡았고, 그에 대한 비용은 의역제도에서 나온 자금으로 충당하였다. 이러한 자선기금과 규약의 활동은 지역마다 다르고 시간의 추이에 따라 달라졌다. 그리고 그것들은 다른 목적을 위해서도 사용되었다. 예컨대 가난한 이의 구제를 위해서도 사용되었다. 송나라 때에 이르면 이러한 제도는 보편적이 되었고, 원나라에서도 계속 장려되었다.[123] 마찬가지로, 원나라 때

---

120) Walton, "Charitable Estates as an Aspects of Statecraft", 267－270.

121) 이 점과, 南宋시기에 출현한 '中間領域社會'(mediating society)에 대해서는 斯波義信(Shiba Yoshinobu), 「南宋における"中間領域"社會の登場」, 188－192 참조.

122) 前村佳幸(Maemura Yoshiyuki), 『烏青鎮の內部構造』.

123) 王德毅, 「南宋義役考」, 260; McKnight, *Village and Bureaucracy in Southern Sung China*, 158－170; 高樹林, 「元代賦役制度研究」, 元代에 대한 분석은 106－111.

무주의 신유학 사士들은 엘리트 간의 공평함을 확보하기 위하여 자발적으로 그 지역 전체의 부세명책賦稅名冊(tax roll)을 수정하였다. 그때의 대의는 '의義'를 위한다는 것이었다.124)

가장 유명한 경제제도는 주희가 제창한 사창社倉(community granary) 혹은 의창義倉(righteous granary)이었다. 처음에 일부 신유학자들은 이 제도가 신법의 청묘법靑苗法과 너무 유사하다고 하면서 지방의 일에 국가가 간섭하는 길을 여는 것이 아니냐고 반대하였다. 신법 이전에는 상평창常平倉(Ever Normal Granary system : 가격을 안정시키고 난민 구제를 하기 위하여 곡식을 사고파는 시스템)이 있었는데, 신법은 그것을 농민에 대한 일종의 대부업으로 변화시켰다. 동시에 신법의 주창자들은 부유한 사람이 토지를 살 수 있는 한도를 정하였다. (또한 나이든 곤궁한 사람과 고아들에 대한 지원을 강제하였고, 교육의 기회를 넓혔다.) 반면 일련의 보수주의적 반대자들은, 국가는 자신의 행정책임에만 주력해야지 사회를 변혁시키려고 하지 말아야 한다고 주장하였다. 일부 신유학자들은 훨씬 더 급진적인 비전을 가지고 있었다. 그것은 바로, 정전제 하에서 토지를 균등하게 분배하고, 덕 있는 지방 엘리트들이 교육과 관리를 맡는다는 내용의 비전이었다. 물론 주희는 정전제의 회복이 가능하다고 보지는 않았지만 말이다.125) 남송대에 정부는 더 이상 농촌에 대부를 제공하지 않고 주와 현의 행정중심지에 있는 상평창을 통해 가격안정을 확보하고자 하였다. 동시에 가난한 자와 기근의 구제를 위해 창고시스템을 유지하였다. 이러한 것들 중 어느 것도 특별히 잘 작동하지 않았다. 그것들은 공식기구의

---

124) 이는 浙江 婺州의 예이다. Dardess, "Confucianism, Local Reform, and Centralization". 南宋 말에서 元代에 걸친 徽州지역 지방 엘리트 관련 활동리더십에 대한 논의는 中島樂章(Nakajima Gakushō), 『明代鄕村の紛争と秩序』, 66－148 참조.

125) 급진적 비전에 대해서는 Ching, "Neo-Confucian Utopian Theories and Political Ethics" 참조. 朱熹에 대해서는 Tillman, Ch'en Liang on Public Interest and the Law, 49－55 참조.

일부였고, 융통성의 부재, 방치, 부정행위에 시달렸다. 부자들을 자선행위로 유도하는 것도 그렇게 효과적이지 않았다.126)

주희가 사창을 건립한 목적은 농민들에게 낮은 이자를 제공하는 스스로 지속가능한 수단(a self-sustaining means)을 창출하기 위해서였다. 주희의 사창은 지방정부나 유력한 가족들의 출자에 의존하였다. 주희는 이미 복건福建에서 그러한 시도에 관계한 바 있었고, 1181년에는 절동浙東에서 상평창의 제거提擧(commissioner)로 봉직할 때도 조정에 일반적인 모델을 성공적으로 제시한 바 있었다. 유력한 지방가문은 사창을 건립하라고 지방정부에게 건의할 수 있었다. 그 유력한 가문들은 사창을 위한 자본을 상평창으로부터 빌리거나 스스로 출자할 수 있었다. 그리하여 20퍼센트의 이자를 물리는 것이었다. 일단 충분한 자본을 마련하여 처음에 빌린 것을 성공적으로 되갚고 나면, 그 다음부터는 행정비용 정도만을 농민에게 물릴 수 있게 된다. 해당 지역의 관습과 조건에 따라서 다른 모델들도 제안되었다. 이것이 정부의 시책, 특히 많은 비판을 받은 신법의 청묘법과 다른 점은 자발성을 가졌다는 점이다. 사창은 지도적 위치에 있는 사 집안으로부터 발기가 되었고, 그 집안은 (지방정부가 장부를 검사하기는 할지라도) 그 제도의 유지에 책임을 졌다.127) 주희는 무주의 한 사창의 기문記文에다 다음과 같이 설명한 바 있다.

> 청묘법 시행의 원래 취지는 나쁘지 않았다. 문제는 (농부들에게) 곡식이 아닌 돈을 지급한 점, 향鄕이 아닌 현縣에 설치한 점, 지역의 도덕적인 사士가 아니라 관리들에게 일을 맡긴 점, 그리고 측은지심, 충성심, 혜택을 얻고자 하는 마음에서 아니라 조세수입을 증가시키고자 하는 마음에서 시행한 점이다.128)

---

126) Von Glahn, "Chu Hsi's Community Granary in Theory and Practice", 229－233.

127) Von Glahn, "Chu Hsi's Community Granary in Theory and Practice", 221－227, 234－241.

128) 『朱熹集』, 권79, 4115－4117, "則青苗者, 其立法之本意固未爲不善也. 但其給之以錢而

신유학자들에게 있어서 사창은 리理의 통일성에 따르는 행동의 의미가 실질적으로 발현된 것이었고, 인간의 지속적 생존과 번영을 바라는 천지의 근본적 바람이 실질적으로 실현된 것이었다.129) 주희의 학學에 대한 금지가 해제된 뒤부터 사창제도는 빠르게 인기를 얻어 나갔다. 남송대 말에는 60개의 현에서 사창이 존재하였으며, 몇몇 현에는 10개가 넘게 있기도 했다.130) 그러나, 농촌공동체 내의 취약한 구성원들을 보조하기 위해 성립한 시장메커니즘 기반의 이 제도는, 종종 정부 출자의 토지로부터 자원을 얻어 곤궁한 사람(특히 버려진 아이들)을 돕는 자선기관으로 변화되었다. 또 어떤 사창들은 상평창을 모방하여 곡식을 싼 값에 샀다가 비싼 값에 되팔았는데, 그런 사창들은 점점 더 지방정부의 관리에 의존하게 되었다.131) 그리하여 지방정부는 점차로 사창을 지방의 관리에 유효한 수단으로 간주하였다. 그러나 동시에, 유력한 가문들은 사창을 지방경제에 대한 자기 역할을 증대시켜 나가는 방법으로 간주하였다. 그들에게 있어 사창은 정부의 허가를 받아가면서 자신의 이해관계에 충실할 수 있는 길이었다.132)

…*…*…*…*…

12세기 이래로 신유학 커리큘럼의 전파와 정교화, 서원의 설립, 사당의 건립, 향약의 설치, 의장과 사창의 건립 등의 현상이 남부의 여러 지역에서 잇따랐다. 내가 보기에, 그런 일들을 주도한 사람들의 신분보다는—그들이

不以穀, 其處之以縣而不以鄉, 其職之以官吏而不以鄉人士君子, 其行之以聚斂亟疾之意而不以慘怛忠利之心."

129) 梁庚堯, 『宋代社會經濟史論集』, 第2冊, 427－473. 신유학사상의 관점에서 黃榦이 社倉을 해석한 것에 대해서는 431－432 참조.

130) 63개의 社倉 리스트는 梁庚堯, 『宋代社會經濟史論集』, 第2冊, 447－453 참조. 그 중 61개가 1182~1271년 사이에 건립되었다.

131) 梁庚堯, 『宋代社會經濟史論集』, 第2冊, 456－457.

132) 戸田裕司.(Toda Hiroshi), 『黃震の廣德軍社倉改革』.

현역 혹은 퇴직한 관리이건 사이건— 그것들이 개인, 가문, 사 공동체와 관계된 자발적 제도들이라는 사실이 더 중요하다. 게다가 그것들은 상호연결된 활동들로 보인다. 이 점을 나는 두 가지 예를 통해 설명하겠다.

어떻게 개인의 변화와 공동체를 관계지을 수 있는지 신유학자들이 처음 알아차리기 시작했던 때로부터 첫 번째 예를 들고자 한다. 이 예는 무주 금화현金華縣의 반씨潘氏 집안의 구성원과 관계된다. 그들의 활동은 전적으로 지방적 성격을 띤 것이었다. 그들은 전국적 명성을 가지고 있지 않았으며, 씨족의 나머지 구성원들을 자기편으로 만드는 데 충분한 성공을 거두지도 못한 상태였다.[133] 반경헌潘景憲(1134~1190)은 1180년대 초에 주희의 모델을 따라서 사창을 하나 건립하였다. 그의 계획에 따르면 총 9개가 될 사창 중에서 첫 번째 사창을 만든 것이었다.[134] 이 사창의 건립은 반경헌과 그의 씨족인들이 십년 넘게 신유학활동에 관계해 온 끝에 나온 결실이었다. 반경헌의 딸은 주희의 아들과 결혼하였고, 동생 반경량潘景良은 여조겸의 딸과 결혼하였다.[135] 반경헌의 부탁에 따라 장식은 그의 아버지 반호고潘好古(1101~1170)의 묘비에 제題(grave inscription)를 써 주었고, 여조겸은 반호고의 동생을 위해 행장行狀(record of conduct)을 써 주었다.[136] 이 일이 있기 전인 1163년에 반경헌은 여조겸과 함께 진사에 급제하였으나, 제시되는 모든 관직을 사양하고는 물러나 금화현의 관청소재지로부터 몇 마일 떨어진 곳에 가족공동묘지, 은퇴용 별장, 개인수양용 청당廳堂·장서루藏書樓·강당講堂으로 이루어진 복합단지를 조성하고 내방객들을 접대하기 위해 15에이커의 토지를 출자하였다. 주희는 반경헌을 위하여 여기에다 '가암可庵'[137]이라는 이름을 붙여 주었다.

---

133) 이 설명은 Bol, "Intellectual Culture in Wuzhou ca. 1200"에 기초한 것이다.

134) 朱熹가 潘氏를 위해서 쓴 墓志銘은 『朱熹集』, 권93, 4731－4734; von Glahn, "Chu Hsi's Community Granary in Theory and Practice", 229－233 참조.

135) 『朱熹集』, 권93, 4731－4734; 『東萊呂太史文集』, 권4, 9b.

136) 『東萊呂太史文集』, 권12, 7a－9b; 別集, 권10, 16a.

이때까지 주희는 반경헌 및 그의 가문 사람들과 편지로써 도학의 우월성에 대하여 논해 오곤 하였다.[138] 반씨네 가문의 일부 사람들은 여조겸이 자신의 학생들을 위해 만든 규약에도 참여했던 것으로 보인다.

반경헌은 상당히 조숙했던 나머지 9세 때에 신동들을 위해 수도에서 열린 암송과 서예 대회에 출전하였다. 그러했던 그는 여조겸으로 인해 과거시험공부가 아닌 도학 쪽으로 관심을 돌리게 되고, 이후 그의 일생을—그리고 그의 가문의 재산 상당 부분을— 사 공동체 내에서 지적 존재감을 확보하고 지방공동체의 리더로서 사는 데 바쳤다. 그의 동생 반경유潘景愈(1190년 진사)는 여조겸의 학생이 되었고, 주희와도 서신왕래를 하였다. 반씨 형제의 아버지가 서거했을 때, 신유학적 상례의식을 채택하도록 설득한 이는 다름 아닌 여조겸이었다.[139] 반경헌은 순수한 인생을 살고 싶었고, 검소함의 모델이 되었으며, 불교적 정신세계에 관심을 가졌다. 그러나 그는 사회적 참여 또한 원하였다. 반경유에게 쓴 편지에서 주희는 자아수양(修身)은 연속적 과정으로서, 텍스트의 암송보다는 텍스트에 대한 사유가 더 중요하며 동시에 경敬의 실천이 요구된다고 설명하였다. 반경유에 대한 편지에서 주희는 또 지속적인 자기규율로서의 자아수양에 대해 논하였는데, 그것은 어떤 궁극적 욕망을 극복함에 의해 성취되는 해방감과는 다른 어떤 것이라는 요지였다. 그는 또 역사를 읽는 것은 자기변혁의 수단으로는 한계가 있다고 경고하였다. 주희가 그러한 경고를 한 이유는, 사들이 많이 읽고 알기를 원하면서도 성인의 말씀 속에 있는 리에 대해 심오하게 생각하는 데는 실패한 나머지, '우리의' 학學은 공허한 말뿐이고 불교야말로 실질적인 자기계발의 수단이라고 오도된 결론에

137) 이 이름은 『論語』 「裏仁」편의 "朝聞道, 夕死可矣"(아침에 도를 들으면 저녁에 죽어도 좋다) 구절에서 따온 것이다. '可庵'에 대해서는 韓元吉, 『南澗甲乙稿』, 권15, 31a－34a 참조.

138) 『朱熹集』, 권46, 2232－2242.

139) 『東萊呂太史文集』, 권12, 7a－9a; 別集, 권10, 13b－17a.

이르게 되기 때문이었다. 주희는 반경유에게 경고하기를, 소식蘇軾과 같은 문장文章의 대가들을 공부하는 것은 도덕적으로나 지적으로 의심스러운 일이라고 하면서, 사들이 사서四書보다는 그런 문장을 읽고자 하는 현실에 개탄하였다. 그리고 반경유에게 권고하기를, '공명功名'과 같은 비루한 것들이 세상이 움직이는 길이라고 생각하지 말고 선한 자와 악한 자를 명백히 구별한 뒤에 선한 자와 함께하라고 하였다. 도덕수양에 대한 반씨 형제의 관심은 그들 친척들의 행위와 대비된다. 반경규潘景珪(1127~1201 이후)는 신유학 반대파인 진회秦檜 일파와 관계를 맺었다가, 사악하고 악행을 묵과하며 부패한 인물이라고 거듭 공격받은 뒤 관직으로부터 물러나야만 하였다.140) 또 1190년에 반경기潘景夔는 종교조직에게서 재산을 탈취하여 전단專斷했다는 혐의로 통판通判(vice-prefectship)의 직위로부터 쫓겨났고, 반경련潘景連은 1208년에 부패를 이유로 지주知州(prefectship) 자리에서 물러났다.141)

신유학이 우세를 점한 끝에 이제 관직의 자리를 활용하여 자신들의 학學과 활동을 진작시킬 수 있게 된 시대에서 두 번째 사례를 들어 보겠다. 황간黃幹(1152~1221)은 주희의 제자 중에서 가장 충성스러운 학생으로, 나중에 주희의 사위가 되었고 주희의 전기를 저술하기도 했다. 1195년까지 황간은 정부에 들어가려고 시도하지 않았다. 나중에야 주희의 재촉으로 새로운 황제에게 직위 하나를 청하여 말직을 하나 받았을 뿐이다. 이어서 그는 일련의 주와 현 차원의 직위를 맡아서 큰 성공을 거두었지만, 중앙 조정의 직위는 거절하였다. 그 밖에 황간은 주희가 실로 도통을 계승했음을 보여 주기 위해 노력하였고, 그 결과 자신 또한 유명한 선생이 되었다.142) 사士의 일원이자 관리로

140) 『宋會要輯稿』, 方域 4, 21a 및 職官 74, 11b; 〔元〕脫脫, 『宋史』, 권393, 12001 및 권404, 12225.

141) 『宋會要輯稿』, 職官 75, 36a; 권74, 11b.

142) Balazs and Hervouet, *A Sung Bibliography*, 450－454.

서, 그는 사당과 학교, 사창의 건립을 진작하였다. 신유학을 신봉하는 다른 관리들과 마찬가지로 그는 소송 건을 판결할 때면 법조문보다는 리를 거론하였고, 어떤 경우들에서는 법을 무시하면서까지 리를 따랐다.143) 법관이자 동시에 선생으로서 황간은, 아내는 시댁의 완전한 일원이 되어야 하고 과부는 수절해야 하며 아내의 지참금은 시댁의 재산으로 취급되어야 한다는 견해를 진작시켰다.144) 그는 또 신유학을 신봉하는 지방관리들의 네트워크를 만들어서 지방 사들의 각종 제안들을 지원하였다. 황간은 다음과 같은 사의 비전을 가지고 있었다. 그것은 바로, 사는 마땅히 개인으로서, 가족의 일원으로서, 학자로서, 지방의 활동가로서, 관리로서의 행동을 통해 조화로운 사회를 실현해야 한다는 것이다. 그와 같은 사는, 도덕적 권고를 통해 갈등을 해소하고 예를 실천하며 신유학적 학學에 참여하고 괴로운 자에게 원조를 제공할 것이었다.145)

4. 자발주의에서 입법으로: 명나라의 건국

남송에서 원나라에 이르는 기간 동안, 신유학자들은 학學과 정신수양에 대한 자신들의 방안, 가족 간의 단결, 공동체 형성, 선행을 촉진시키고 자신들의 생각을 실천에 옮기기 위해 사당, 서원, 향약, 사창을 건립하고 출판사업을 전개하였다. 그러한 프로그램은 전국적인 것이었지만—신유학의 사들은 동일한 텍스트를 읽고 유사한 예를 실천했으며 비슷한 제도를 건립하였다—, 동시에

143) Aoki Atsushi, "Sung Legal Culture". Aoki의 지적에 따르면, 실제로는 理를 근거로 삼는 판결의 경우도 여전히 訴訟摘要(legal brief)에 기초해야만 하였다. 黄榦에 관한 논의는 Birge, *Women, Property and Confucian Reaction*, 185−196 참조.

144) Birge, *Women, Property and Confucian Reaction*, 185−196 참조.

145) 近藤一成(Kondō Kazunari), 『宋代の士大夫と社會』.

그것은 특정 지방의 사士 그룹들이 무엇인가를 실제로 실천할 때야 비로소 제대로 작동할 수 있는 것이었다. 지방 사들의 자발적 노력은 국가가 명하는 시스템과는 대조되는 것이었다. 그들은 그것을 하는 것이 옳다고 생각해서 그렇게 한 것이지, 법적으로 요구되어서 그렇게 한 것이 아니었다. 이득을 보려거나 벌을 회피하기 위해서라기보다는, 모든 사람에게 존재하는 도심道心의 추동에 귀를 기울이면서 천리天理에 의해 행동한 것이었다. 다른 한편, 그들은 스스로를 정부와 사회에 책임지는 사회정치적 엘리트로 간주하고 활동한 것이었다. 그러한 점에서 정부와 가족으로부터 거리를 두는 공동체를 형성한 종교적 활동과는 대비된다. 사들은 신유학적인 프로젝트를 진행하기 위해 엘리트 삶의 일부를 이루는 정치적·문화적·경제적·사회적 활동에의 참여를 포기할 필요가 없었다. 신유학자들은, 국가가 신유학을 세 번이나 억압하려 했지만 그때마다 실패했다고 지적할 수 있었다. 신유학의 관점에서 볼 때는, 국가가 신유학에 의존하고 있는 것이지 신유학이 국가에 의존하고 있는 것이 아니었다.[146] 그럼에도 불구하고 일부 진지한 신유학자들은 관리가 되어, 종종 자신의 위치가 갖는 권력을 사용해서 자신들의 프로그램과 제도를 후원하였다. 그리고, 앞서 서원, 사창, 공공의 의장義莊의 경우에 살펴보았듯이, 신유학자들은 적극적으로 자신들의 행동에 대한 정부의 승인을 촉구하였고 나아가 정부의 재정지원까지 얻어 내고자 하였다. 그 목적은, 지방사회에 존재하는 자발적인 사들의 리더십에 대한 정부의 후원을 확보하기 위해서였다.

그러나 1368년 명나라의 건국에서부터 15세기 후반에 이르는 시기 동안 신유학의 자발주의는 지방사회에서 대체로 사라졌다. 일견 가장 명백한 이유는 14세기 중엽의 내전과 더불어 시작된 경제침체이다. 남동부 일원과 북부

146) 이러한 주장은 李心傳의 『道命錄』 서문에 제시되어 있다.

지방에서 생긴 극적인 인구감소는 상업경제에 파괴적인 영향을 주었다. 돌이켜 보면, 사회안정을 최우선으로 한 명나라 초기 정부의 정책들이 아마도 경제성장으로의 복귀를 저해했을 것임을 알 수 있다.[147] 이러한 상황을 나타내는 한 지표는, 명나라가 시작된 첫 세기 동안에 서원의 수가 격감했다는 사실이다. 전 시기를 통틀어서 보면 명나라 때의 서원 숫자는 매우 인상적이지만, 대부분 16세기에 설립된 것들이었다.[148] 신유학적인 성향을 가진 서원이든 아니든 서원이 존재하려면 지방사회에 —부유한 가족의 수중에든 지방정부의 수중에든— 부의 잉여가 존재해야 한다.

지방의 자발주의가 사라졌다고 해서 그것이 곧 훨씬 적은 사람들이 신유학사상을 배우고 있었다는 것을 의미하는 것은 아니다. 사를 관리로 채용하기 위한 주된 수단으로 과거제도가 다시 도입되면서 신유학 커리큘럼이 채택되었다. 그리하여 명나라의 정치 엘리트는 원나라의 정치 엘리트에 비해 신유학에 대해 훨씬 더 능통하게 되었다. 원나라 후반에 이미, 인간 본성과 자아수양에 대한 신유학사상이 개인 도덕에 대한 바른 사유법이라는 합의가 생겨나고 있었는데, 이것은 신유학보다는 문학, 역사, 경세학에 더 관심이 있는 사들 간에서도 그러하였다.[149] 13세기의 과거시험용 유서類書는 그 점을 이렇게 설명하고 있다. "정이를 통해서 마음을 변혁시키고, 소식을 이용해서 학學을 변혁시킨다."[150] 그리고 동시에 주희를 그 시대의 공자로 받아들이

147) von Glahn, "Ming Taizu ex Nihilo?"

148) Meskill, *Academies in Ming China*, 23－24, 28. Meskill은 曹松葉의 1929년도 연구를 인용하여 다음과 같이 지적하고 있다. 명나라 통치 초기 백 년 동안은 書院의 重建·重修 및 建立 비율이 매년 한 건이 채 되지 않았다가 1460~1500년 동안에는 매해 세 건으로 증가하였다. 明나라 서원의 대다수는 명나라 마지막 150년 동안 건립되었는데, 북쪽으로는 河南, 남쪽으로는 廣東으로까지 확장되었다.

149) Bol, "Examinations and Orthodoxies".

150) 〔宋〕劉達可, 『璧水群英待問會元』, 권44, 6b; 권45, 7ab, "以伊洛之所以倡大聖大賢之文者而變其心. 以三蘇之所以倡宗工钜儒之文者而變其學." 이 참고 자료를 제공해 준 Hilde De Weerdt에게 감사한다.

고 있다. 공자가 경전을 정의했듯이 주희는 경전에 대한 주석을 정의했다는 것이다. 게다가 오여필吳與弼이나 진헌장陳獻章 같은 명초의 사들은 신유학을 삶의 방식으로 받아들이고 개인수양에 그들 인생의 많은 부분을 바쳤다. 그러나 그들은 사적인 가르침 말고는 공동체 프로젝트에는 착수하지 않았다(비록 오여필은 족보 편찬을 도와주기는 했지만).[151]

아마도 (지방에서의 고발과 숙청도 포함되는) 명초의 피비린내 나는 숙청이, 가문 외부의 어떤 프로젝트에도 참가하는 것을 조심하게 만들었을 것이다. 그런 활동은 타인의 고발을 불러올 수도 있었던 것이다. 어떤 학자가 주장한 바대로, 원대 후기 신유학자들은 오직 강한 군주만이, 심지어 독재적인(autocratic) 군주만이 14세기의 부패, 실정, 사회분열을 종식시킬 수 있을 것이라고 결론을 내리고, 지방사회 차원의 노력이 아닌 중앙의 리더십에 믿음을 걸었을지도 모른다.[152] 그러나 내 생각으로는, 명 태조와 관료 간의 독재적 관계를 넘어서 정부와 사회 간의 관계에 주목해 보면 상황이 다르다. 내전 이후의 척박해진 땅에다 사회안정을 이루려는 과정에서 우리는 신유학이 그 중심적 역할을 했음을 확인할 수 있다. 그러한 신유학의 역할은 사士 활동가들에게 영감을 불어넣음으로써가 아니라 새로운 사회질서의 모델을 제공함으로써 가능하였다.

명대 초기의 사회정책은 '스스로 감독하는 도덕공동체'(self-supervising moral community)라는 신유학의 비전을 입법화하여 보편적이고 의무적인 것으로 변모시켰다. 놀랍게도 명 태조의 학자 출신 조언자들 중 많은 사람들이 송렴宋濂처럼 무주 출신이었다. 무주에서 그들은 신유학 선생, 족보·족보의 편찬, 공동체적 가문 건립, 재정개혁 등의 일에 관계하였었다. 그런데 같은 사

151) 方孝孺『遜志齋集』(1983), 권14, 316)도 서로 다른 학술 간에 장벽이 생기는 것에 반대하였다.

152) Dardess(*Confucianism and Autocracy*)는 이 점을 가장 상세히 논하고 있다.

람들이 이제는 상호부조, 도덕교육, 엘리트 리더십을 결합하고자 하는 자신들의 노력이 입법화될 필요가 있다고 결론을 내리게 된 것이다.[153] 방효유方孝孺는, 비록 명 태조와의 관계는 긴밀하지 못했지만, 송렴의 수제자로서 자기규율적 공동체로서의 지방사회 비전을 명료하게 만들었다.[154] 송렴, 방효유 및 여러 사람들은 모두 씨족의 건설과 족보 편찬의 옹호자들이었다. 그들은, 남송 때에는 오직 관리와 사 가문에게만 합당하다고 여겨졌던 씨족조직을 모든 가문에로 보급할 수 있다고 생각하였다.[155]

명 태조 주원장朱元璋은 황제가 되는 과정에서 신유학의 자발주의적 활동이 실현되는 것을 목격한 바 있었다. 그는 한때 무주 포강浦江의 정씨鄭氏 가족공동체가 고대의 대동大同이상(the ideal communitarian society of antiquity)이 실현된 것이라고 묘사하기도 하였다. 정씨 가족이 법과 마찰을 일으켰을 때조차도 명 태조는 그 가족공동체를 모델로 인정하면서 특별한 호의를 보여주었다.[156]

사와 지방정부가 그 비용을 댈 수 없었기 때문에 자발주의는 소멸하였다. 그러나 자발주의라는 사회적 목표는 기존 제도 속에서, 그리고 지방사회를 스스로 감독하는 도덕공동체로 변화시키고자 하는 새로운 제도 속에서 나름 현실화하게 되었다. 새로운 시스템의 구성요소는 다음과 같은 내용들을 포함하였다. 첫째는 양장제糧長制(the tax captaincy system)이다. 이 제도는 부유한 호구로 하여금 부세용 곡물을 해당 지방에서 목적지까지 운송하는 일을 책

153) 법률적 해결책으로의 전환에 대해서는 Langlois, "Political Thought in Chin-hua" 및 Dardess, *Confucianism and Autocracy*, 224－250, 278－287 참조.

154) Dardess, *Confucianism and Autocracy*, 266－278, 278－283.

155) Dardess, "The Cheng Communal Family", 48－52. Michael Szonyi가 *Practicing Kinship*에서 지적하였듯이, 15세기에 이르면 族은 더 이상 士의 전유물이 아니었다.

156) Dardess, "The Cheng Communal Family", 39－45. 1393년, 明 太祖는 鄭氏 중에서 30세가 넘는 남자들을 수도로 불러 올려서 관직을 주는 것을 고려하였다.

임지게 하는 것이었다. 둘째는 이갑제里甲制(the village tithing system)이다. 이 제도는 110호구를 한 단위로 묶은 뒤, 그 중 (토지 보유와 성인 남자의 수로 따져보았을 때) 가장 부유한 10호구가 각각 (10개의 호구로 이루어지는) 하나의 갑甲을 영도하게 하는 것이었다. 이장里長(village head)의 지위는 그 10호구 간에서 돌아가며 맡게 되어 있었는데, 이 제도의 설립 목적은 세금의 징수, 치안, 상호부조, 도덕의 발전 등을 원활히 하기 위해서였다. 셋째는 사학社學(the community school)이다. 이 제도는 모든 젊은 남자들이 도덕교육을 받게끔 하는 것이었다. 넷째는 노인제老人制(the elders system)이다. 이 제도는, 현縣을 단위로 몇몇 연장자들이 관리 및 아전들과 독립적으로 농촌공동체의 사법적 권한을 행사하는 것이었다. 다섯째는 예비창預備倉(the relief granary system)이다. 이 제도는 공동체에게 상당히 높은 수준의 자기경영권(self-management)을 허용하는 것이었다.

이러한 정책들과 더불어 정부는, 그와 같은 시스템이 어떻게 작동해야 하는지를 설명하고 그것을 정당화하는 비전을 해설한 문서들을 전국적으로 배포하였다. 세 편의 '대고大誥'(Great Instructions)와 '교민방문教民榜文'(Placard of Instructions to the People)이 바로 그것이다. 이 문서들은 법적 효력을 가지고 있었고, 주민 전체에게 고지되었다. 자기규율적 지방공동체를 위해 내려진 '교민방문'은 지방의 연장자와 이장里長들에게 전에 없던 사법적 권위를 부여해 주었다. 이러한 시스템은 실제적인 일—세금을 걷고 운반하는 일, 지방 사법질서의 유지—을 수행하는 이외에, 나아가 예의 조직으로서도 기능하였다. 각 공동체는 자기 나름의 사직단社稷壇(the Soils and Grains)을 만들고 제사일정을 짰으며, 각 구성원들이 돌아가면서 그에 대한 책임을 졌다. 그 제사에서 구성원들은 "강한 자를 제어하고 약한 자를 돕는다"(抑強扶弱, Oath to Restrain the Strong and Support the Weak)는 맹세를 통해서 향약에 대한 자신들의 헌신을 새로이 하였다. 그 밖에 또 새로운 공동체 예식이 있었는데, 현의 행정소재의 성황城隍(the city god temples)에서 거행되는 예식과 유사한 것이었다. 거기서도 맹세의식이 행해졌는데, 불교와 도교 전문가들은 이러한 예식들에서 배제되었다. 반년마다 거행되는 향음주례鄕飮酒禮(the community drinking ceremony)에서는, 연장자들과 이장이 덕 있는 사람들과 무뢰배들을 지명하면, 덕 있는 사람을 현창하고 악행을 저지른 사람의 이름을 적게 되어 있는 정자에다 기록하여 그들의 이름이 전시되도록 하였다.[157]

다른 학자들이 주목한 바와 같이, 명 초기의 사회정책은 주민들에 대한 단순한 관리보다는 사회통합(및 자원의 운용)에 더 관계가 있었다.[158] 이것은 조정이 '농촌개혁을 긍정적인 해결로서' 간주한 결과였다.[159] 신법의 사회입법과 대조되는 점은, 신법에서는 지방정부가 지방의 사회경제적 제도들을 관리한 데 비해 주원장은 지방정부의 간섭으로부터 지방공동체와 그 제도를 절연시키고 공동체가 스스로를 감독하게끔 한 것이었다. 이러한 점에서 볼 때, 명 초기의 사회적 프로그램은, 관료들의 활동주의(activism)와 관료적 기업가 정신을 통해 지방사회를 개선하고자 한 신법보다는, 정신과 내용 면에서 주희의 '권유방勸諭榜'(Placard of Encouragement and Instruction)에 훨씬 더 가깝다.[160] 그러나 그것은 입법화된 프로그램(legislated program)이었지, 사들의 자

157) 이 부분의 서술은 George Jer-lang Chang, "Local Control in the Early Ming"의 자세하고 체계적인 논의에 기초한 것이다. 鄕村制度의 연혁에 대해서는 Schneewind, "Visions and Revisions" 참조. 明初의 立法 그리고 「榜文」 및 기타 문건의 전문 번역에 대해서는 Farmer, *Zhu Yuanzhang and Early Ming Social Legislation* 참조. 預備倉(relief granary)에 대해서는 星斌夫(Hoshi Ayao), 『中國社會福祉政策史の研究』, 제4장을 보라. 이 사안에 대한 정보를 알려준 陳松(Chen Song)에게 감사한다. 鄕村의 宗教儀式에 대해서는 Taylor, "Official and Popular Religion", 144－148 참조.

158) 나는 Heijdra, "The Socio-economic Development of Rural China"로부터 이러한 결론을 도출하였다.

159) 이는 Anita Marie Andrew가 「大誥」를 연구한 끝에 내린 결론이다. "Zhu Yuanzhang and the Great Warnings", 208.

발주의에 의한 것이 아니었다.

공동체의 리더들을 '양민良民'(good commoners)이라고 묘사한 사회질서 속에서 사는 어디에 위치하는가? 내 생각에 그 대답은 두 가지이다. 첫째, 관학의 중건重建, 추천을 통한 학생모집, 과거시험제도의 부활은 사 가문들에게 정체성을 유지할 제도적 수단을 부여해 주었다. 1391년에, '사자士子'(literati student)는 남과는 다른 복장을 할 권리를 부여받았다. 그리고 관호官戶와 퇴직 관리에게만 부여되던 면역免役의 혜택이 생원生員에게까지 확장되었다.[161] 둘째, 농촌의 질서는 부유한 사 가문이 어떻게 행정적 관리를 해 나가느냐에 달려 있었다. 주원장은 모든 사람을 포괄하는 비전을 구상하였으나, 그렇다고 해서 평등한 질서를 꿈꾼 것은 아니었다. 주원장의 정책은 나이와 재산에 따른 위계적 구분이 분명해질 것을 요구하였고, 또 나이와 재산, 배움이 더 많은 사람들이 지방사회에서 리더십을 발휘할 것을 요구하였다.[162] 양장糧長(tax captains)은 (가족 인구수와 토지 보유의 면에서) 가장 큰 호구들로부터 선발되었다. 그들은 관리와 사에게 할당된 복장을 하고 송원시대 사의 생활방식을 유지하였으며, 문학文學과 도학道學 방면의 성취를 추구하였다.[163] 무주에서는 포강 정씨鄭氏가 양장의 직위를 가졌는데, 구성원 가운데 한 명이 토지소유를 허위로 보고해서 처형당한 뒤로도 직위를 계속 유지할 수 있었다.[164] 이장은 마을에서 가장 부유한 집안에서 나왔으며, 식자층일 것이 요청되었다. 이러한 몇 가지 요소에서 볼 때, 이장이나 양장, 연장자의 역할은

160) 『朱熹集』, 권100, 5100－5102; 번역은 de Bary and Bloom, *Sources of Chinese Tradition*, 749－751.

161) 吳金成, 『明代社會經濟史研究』, 21－27.

162) Farmer(*Zhu Yuanzhang and Early Ming Social Legislation*, 39, 83－84)는, 明初 社會政策에서는 위계적 구분이 지배적이었다고 지적하였다.

163) 小山正明, 『明清社會經濟史研究』.

164) Dardess, "The Cheng Communal Family", 39－42.

사 가문의 원로 멤버에게로 돌아갔을 가능성이 높다. 남송대와 원대의 남동 지방에 씨족조직이 보급됨에 따라 나타난 결과 중의 하나는, 관리들과 친족 관계에 있다고 주장할 수 있는 사람들의 숫자가 늘어났다는 점이다. 관직을 누린 과거의 사실이 전혀 없는 가족들이 점점 더 많이 씨족을 형성하였고(그렇게 형성된 씨족을 통해 관직경력자들과 연결됨 : 역자 주), 명나라의 법률은 씨족조직 형성을 장려하였다.[165] 우리는 그 씨족 중의 일부 지파支派에서 그 아들들을 교육시켰으리라고 예상할 수 있다. 더 이상 국가적 의무가 아닌데도 마을들은 사학社學을 건립하였고, '대고大誥'를 공부하는 사람들에게는 인센티브가 주어졌다.[166]

요컨대, 명대 초기 정부는 신유학 프로그램을 제도화하였다. 도덕적 자아수양은 국가 교육에 핵심적이었으며 신유학적 가족모델의 많은 부분이 채택되었는데, 이번에는 그 모델의 적용 대상을 모든 가족들에게로 확장하고자 하였고 주민들에 대한 도덕적 교화도 규칙적으로 행해지게끔 제도화된 것이다.[167] 송원시기에 사士 자발주의의 성공 요건은, 해당 지역에 공헌할 만한 재부를 가진 사 가문이 많이 존재하느냐는 것이었다. 남부 전역에 그러한 요건이 가능했던 것은 아니어서, 가문들은 이제 염출할 만한 자금이 별로 없었다. 그런데 이번에는, 신유학자들의 공동체 프로그램이 다름 아닌 국가에 의해 강제되면서 더 이상 자발적인 염출을 요구받지 않게 된 것이다.[168]

---

165) 문서상으로는 裏甲制가 110개의 호구조직에 기반했다고 할지라도, 실제로는 자연스러운 촌락구성에 대체로 부응하였을 것이라는 주장이 설득력 있다. Brook, "The Spatial Structure of Ming Local Administration"; George Jer-lang Chang, "Local Control in the Early Ming", 115－126.

166) George Jer-lang Chang, "Local Control in the Early Ming", 147－155.

167) Farmer, "Social Order in Early Ming China".

168) * 명초 정부에게 대안이 있었을까? 예컨대, 사적인 부를 증가시키는 조치를 취함으로써 사회적 안정을 추구할 수 있었을까? 그것은 남송과 원나라의 경세사상가들이 사회를 변혁시키기 위하여 채택한 조치였는데, 그러한 견해가 명 초기에 여전히 존재하고 있었는지 질문해 볼 필요가 있다. 그리고 그러한 견해가 존재

5. 대규모의 중흥과 자발주의의 복귀

지방 사 공동체의 재출현은 16세기에 신유학 자발주의의 중흥을 촉진하였다. 그 중흥은 새로운 신유학적 '강학講學'(discoursing on learning) 사조와 일찍이 존재했던 공동체제도의 재건을 결합한 것이었다. 경제가 회복되고 엘리트 가족들이 다시 부유해져 출자할 만한 능력이 생기게 되면서 그러한 일이 가능해진 것이다. 명청시대 무주婺州의 동양현東陽縣에서 가장 유력한 사 중의 하나이자 관료를 역임한 씨족이었던 노씨盧氏의 역사는 이 점을 잘 보여준다. 노씨는 명 태조 시기에 양장糧長을 맡았는데, 그 중 4명이 '공표안空票案'(blank receipts tax cases) 사건으로 인한 대규모의 처형 와중에 목숨을 잃었다.[169] 15세기 후반이 되자 노씨의 구성원들은, 조세부담의 형평성을 추구하는 공동체 차원의 노력을 조직화하고 난민구제사업을 행했으며 이자 없이 자신들의 창고로부터 대부를 하고 길과 다리를 보수하였다.[170] 명초에 입법화한 향촌제도의 쇠락이 그러한 자발적 활동을 위한 공간을 만들어 준 것이다. 명나라 초기에 규정한 바의 현물조세 및 복잡하고 비용이 많이 드는 운송 시스템은 상업화하는 경제와 들어맞지 않았고, 이갑제와 차역제差役制(labor service system)는 너무 경직되어 있어서 변화에 적응할 수 없었다. 그래서 지방 정부는 연장자와 이장의 독립적 권한 행사를 축소시켰다. 일부 지역에서는 신유학자들이 정부에서 커리어를 추구하기보다는 학學의 지역적 전통을 되살리고자 헌신하였다. 황제를 비판했다는 이유로 1478년 퇴출된 장무章懋는 고향으로 돌아와 주자학을 가르치는 데 남은 수십 년을 바쳤다. 그는 진헌장

했었다면, '利'를 '義'보다 선호하는 전략에 대한 반대는 무엇이었을까 하는 점도 질문해 볼 필요가 있다.

169) 『雅溪盧氏家乘』(205－206頁) 속의 盧道清과 賈光의 傳記에 자세히 나와 있다. 婺州의 신유학부흥에 대해서는 Bol, "Culture, Society, and Neo-Confucianism" 참조.

170) 〔明〕盧格, 『荷亭辯論』, 後錄 5, 1a－5b, '盧溶의 傳記'.

의 비판으로부터 주자학을 방어하였고, 고향 금화부金華府에서 사들을 조직하여 서원과 사당을 중건하는 한편 지방 사들에게 송원시대 선배들이 수립한 모델로 돌아갈 것을 촉구하였다. 이러한 활동을 통해 그는 전국적 명성을 얻었고, 잠시 남경南京의 국자감 좨주(the chancellor of the National University)라는 높은 관직으로 복귀하기도 했다.[171]

장무의 시대에서 그는 더 이상 예외적인 경우가 아니었다. 왕수인은 1519년 영왕寧王의 반란을 평정한 뒤에 향약을 설치하여 사회의 조화를 복구하고자 하였고, 수백 명에 이르는 청중들 앞에서 '강학講學'을 하였다. 진헌장의 학생인 담약수湛若水는 1505년에서 1540년까지의 기간 동안 남경에서 일련의 중요한 관직을 맡고 한때는 국자감을 지휘하기도 하였는데, 그는 1540년에 광동廣東으로 은퇴한 뒤에 36개의 서원을 건립하고 4000명이 넘는 학생을 가르쳤다고 한다.[172] 담약수는 학생들이 과거시험에 참여해야 한다고 촉구하였으며(과거시험에 참여해야 할 의무가 있다고 주장할 필요를 느꼈다는 것이 놀랍다), 동시에 지리支離(fragmentary)한 학(그의 관점에서 본 주희의 학)이나 자기 자신 속으로 몰입되어 버린 학(그의 관점에서 본 왕수인의 학) 가운데 어느 한쪽을 추구하는 것의 위험을 경고하였다. 그런데 담약수는 오륜 가운데서도 (부모 자식의 관계 혹은 임금과 신하의 관계보다) 친구 사이의 관계가 가장 중요하다고 보았다. 그는 서원을 사들이 '수처체인천리隨處體認天理'(realizing innate coherence wherever they may be in whatever they are doing)의 능력을 훈련하기 위하여 한정된 기간 동안 머무는 곳으로 생각하였다.[173] 담약수와 같은 이들은 모두 정부의 권력자들과 종종 충돌을 빚었으며, 세상 돌아가는 모습에 개탄하였다. 그들의 추종자 가운데 특별히 유명한 이들 일부는 인생의 많은

171) Bol, "Culture, Society, and Neo-Confucianism", 273－289.
172) Peterson, "Confucian Learning in Late Ming Thought", 707.
173) Meskill, *Academies in Ming China*, 102－107에 담약수의 규정이 많이 번역되어 있다.

부분을 가르침과 강학講學으로 보냈다.

서원의 복구는 사 교육에 대한 수요에 대응한 것이었다. 적어도 많은 선생들의 입장에서 보면, 서원의 복구는 그저 과거시험을 준비하기보다는 자아수양을 진지하게 고려하고자 하는 욕구에 부응한 것이었다. 주희의 백록동서원이 1465년에 중건되었을 때 오여필의 학생인 호거인胡居仁은 산장山長의 직위를 수락하였는데, 그가 둔 첫 번째 규정은 바로 "방향을 올바르게 설정하고 뜻을 확립하라"는 것이었다.[174] 일부 서원들은 신유학의 경계를 넘어서는 광범위한 커리큘럼을 제공하였다. 1480년에 건립된 굉도서원宏道書院은 학생들에게 사서四書와 오경五經, 『가례家禮』, 고문古文, 당시唐詩, 과거시험의 문장, 경세의 학, 병법, 수리(water conservancy), 진재賑災(famine relief) 등을 공부하고 자기 행실의 선악 부분을 기록하며 궁술과 현악기를 배워야 한다고 요구하였다.[175]

이전에 존재했던 각종 활동—서원과 강학, 참여자 간의 규약, 과거의 종사(past masters)를 기리는 사당 등—이 부흥한 것은 왕수인이 지방관으로서 강서江西의 길안부吉安府를 다스리고(1516~1520) 난 뒤의 발전 상황으로부터 잘 알 수 있다.[176] 왕수인은 서원을 높이 평가하였다. 그는 사들로 하여금 도덕을 실천하도록 권면한다는 점에서 서원을 관학시스템과는 다른 별도의 수단으로 인정하였다.[177] 왕수인의 제자 한 명은 다음과 같이 기록하고 있다.

지금 우리는 (국가의) 학교 바깥에 서원을 다시 세운다. 학교의 설립은 이미 오래

---

174) Meskill, *Academies in Ming China*, 56−57, "正趨向以立其志."

175) Meskill, *Academies in Ming China*, 57−61.

176) 江西의 상황, 그리고 士의 族이 담당한 중요한 역할에 대해서는 많은 연구들이 있다. Hauf, "The Jiangyou Group"; Lu Miao-fen, "Practice as Knowledge"; 呂妙芬, 『陽明學士人社群』; 張義曦, 『社群・家族與王學的鄉裏實踐』.

177) Meskill, *Academies in Ming China*, 81−84.

전부터 이루어졌음을 알고 있다. 오래되었으니 기본이 되었고, 기본이 되다 보니 시시하게 여겨지고, 시시하게 여겨지다 보니 소홀해졌다. 소홀해졌으니 학學의 도道가 소원해졌다. 서원의 건립은 최근 일이다. 최근의 일이다 보니 새롭고, 새롭다 보니 관심이 가고, 관심이 가다 보니 결의에 차게 되고, 결의에 차다 보니 학의 도가 닦인다. 지금 행해지는 일은 통치와 교육의 급선무이다.[178]

왕수인의 강의는 사람을 감동시키는 힘이 있었다. 강서에 있을 때 그는 매일 강학을 하였다. 그리하여 6년이 지난 뒤 관리 한 명이 주관하여 철학 강학 시리즈를 열었을 때는 매우 많은 청중들이 몰려들었다. 왕수인의 강학을 들은 사람 중의 일부는 '석음회惜陰會'(the Time Miser's Association)를 만들었다. 구성원들이 매달 5일씩 만나서, 양지를 실천하고자 하는 결심을 유지하게끔 서로 도와주고자 하는 것이 목적이었다. 그들의 조직은 예식, 상호평가, 선행과 악행의 기록, 규약을 준수하겠다는 공식적인 맹세, 서로간의 계약 등의 면에서 볼 때 주희의 향약을 본뜬 것이었다. 이 조직은 새로운 구성원을 받아들여 가면서 적어도 30년은 지속되었다.[179] 모임을 만든 지 10년 후 그 구성원들은 지방관리, 은퇴한 관리, 왕수인의 학설을 옹호하는 사 등의 후원을 얻어서 서원을 건립하였다. 그리고 이것을 선례로 삼아서 연달아 세 개의 새로운 서원이 건립되었다. 그 후 또 '사향회四鄕會'(the Association of the Four Localities)라는 것이 설립되었고, 이어 길안吉安의 다섯 현에서 뜻을 같이하는 사들끼리의 연례모임이 만들어졌다. 또한 '전심당傳心堂'(Transmitting the Mind Hall) 및 왕수인과 그의 네 제자를 기념하는 사당을 만들기 위한 기금이 조성

178) 『王陽明全集』, 권35, 「年譜」, "今於學校之外複立書院……乃知學校之設既遠, 遠則常, 常則玩, 玩則怠, 怠則學之道其疏乎. 書院之作既近, 近則新, 新則惕, 惕則勵, 勵則學之道其修乎. 玆舉也, 立政立教之先務." Meskill, *Academies in Ming China*, 92－93에 번역되어 있음.

179) Meskill, *Academies in Ming China*, 119－122.

되었고, 1570년대에 이르러 위에서 언급한 연례모임의 장소는 이른바 '구읍회관九邑會館'(아홉 읍의 사람들이 모인다는 의미)이 되었다. 이와 같은 과정을 거쳐 서원이 비상하게 늘어나서, 길안과 부근의 두 부府에만 약 100개의 서원이 생겼다. 지지의 정도는 서원의 기금출연자 명단을 보면 분명하게 드러난다. 574명의 기금출연자가 있었는데, 그 가운데 44퍼센트만 관리로 등록되어 있다. 신유학적 사士와 관리들이 자신들의 이념을 표방하기 위해 조직—종종 동지회同志會(common resolve associations)라고 부름—을 만들고 서원을 지을 때면 다른 곳에서도 같은 패턴이 전개되었다.[180]

양명학 전파의 결과 중 하나가 매우 구조화된 공식 조직의 형성이었다는 사실은 모순적으로 보일 수도 있겠다. 왕수인과 그의 추종자들은 커리큘럼을 만드는 것보다는 청중에게 직접 호소하여 청중의 양지良知를 추동시키는 데 더 관심이 있었다. 모임이 가져다주는 정서적 카타르시스—왕수인은 합창과 같이 동기를 고양시키는 활동을 권장하였다[181]—는 개개인의 행동을 부추겼다. 아마도 우리는 구조화된 공식 조직의 형성이라는 현상을 일종의 보상작용으로 설명해야 할 것이다. 구조화된 순서에 따라 진행하는 식으로 학이 이루어지지 않기 때문에, 그 학에 헌신하는 이들은 공동체를 형성할 또 다른 구조화된 방식들을 추구했던 것이다.

왕수인의 제자들은 남부의 각 성省을 돌아다니며 강학회를 열어 왕수인의 사상을 전파하였다. 1553~54년에는 북경에서 강회講會(Lectures[or discourse] assemblies)가 열렸는데, 수천 명의 청중이 참석하였다. 이번 운동은 왕수인을 만나 본 적 없는 신진세대의 강학자들에 의해 이루어졌다. 여기에서 나여방羅汝芳(1515~1588)은 청중들의 마음을 열 수 있었는데, 청중들이 그 메시지를

180) Meskill, *Academies in Ming China*, 87-91, 118, 122, 127.
181) Meskill, *Academies in Ming China*, 107.

이해하기 위해 특별한 교육을 받아야 할 필요도 없었다. 그 강회에서 한 번은 4~5만 명의 사람들이 몰려들어서, 나여방의 강론을 전하기 위해 따로 '전성자傳聲者'(hollerers)를 고용할 정도였다고 한다.[182] 강력한 권세를 가지고 있던 대학사大學士(grand secretary) 장거정張居正(1525~1582)은 이러한 모임이 갖는 정치적 함의를 놓치지 않았다. 그는 조정에 대한 사들의 대항을 종식시키기 위하여 1579년에 서원철폐를 명령하였다. 장거정은 사물의 올바른 질서에 대해 나름의 모델을 가지고 있었다. 그에게는 국가의 이해관계가 지대하게 중요한 것이었다. 국가의 제도가 공공질서의 기초였고, 중요한 것은 관리들의 의견이었다.[183]

억압은 오래가지 않았다. 장거정이 서거한 지 얼마 되지 않아서 왕수인은 공식적으로 공묘孔廟에 모셔지면서 진유眞儒(true Confucian)로 인정받았다.[184] 왕수인의 메시지는 논쟁적이었지만, 왕수인 학설의 전파는 비판자들마저 자기들 나름의 강회를 갖도록 만들었다. 17세기 초반, 일련의 양지론 지지자들은 양명학 추종자 일부가 보여 주는 지나치게 특이하고 자기몰입적이며 감정적인 경향에 개탄하였다. 이에 그들은, 도덕의 구현은 의지와 지속적인 노력을 필요로 한다고 믿는 사들과 관리들을 모아 전국적 조직을 만들었다. 그렇게 하여 만들어진 동림서원東林書院은 강회를 열어서 구성원 명단을 만들고 규약을 정하며 출판활동을 하였다. 이리하여 그들은 남동부지역에서 추종자들을 얻은 데 이어, 지성계와 사士 여론의 방향을 변화시키고 자신들의 구성원들을 정부에 포진시켜 개혁을 추진함으로써 전국적인 명성을 얻었다. 그러나 설립된 지 22년 만인 1625년에 동림서원은 탄압을 받아서, 지도자 중 6명이 감옥에서 사망하였다.[185] 송나라나 원나라 때에는 이에 해당하는

182) Joanna F. Handlin Smith, *Action in Late Ming Thought*, 42.

183) Peterson, "Confucian Learning in Late Ming Thought", 727–742.

184) Chu Hung-lam, "The Debate over Recognition of Wang Yang-ming".

사士 조직이 존재한 적이 없었다.

명나라 이전의 전통으로부터 달라진 것은 이것만이 아니다. 신유학의 중흥은 사에만 해당되는 것이 아니었고, 신유학 선생들이나 그 청중이 사에만 국한된 것도 아니었다. 예외적일지언정 그 자신 사라고 하기 어려울 정도로 적은 교육경력을 가진, 그러나 카리스마를 갖춘 신유학 강학자들도 존재하였다.[186] 신유학자들은 『주자가례』를 여러 번 개정하고 자기네 가문을 위한 가훈을 만드는 등 씨족조직을 진흥시켜 나갔다.[187] 그와 같은 과정에서 제시된 사회적 비전은, 씨족의 조직과 족보가 보편화되어 이제 더 이상 사에게만 국한되지 않는 사회상을 제시하였다. 하심은何心隱(1517~1579)의 경우, 자신의 씨족을 공동체적 가족 형태로 변모시키고자 그는 자신의 씨족구성원들을 설득하였다. 그는 '천하위일가天下爲一家'(천하가 한 가족)라는 가족 관념을 가지고 있었으며, 오륜 중에서 친구관계가 가장 중요하다고 생각하였다. 이러한 것들은 나이와 성별에 의한 위계보다는, 가족이 갖는 공동체적 성격이 그에게 가장 관심 있는 부분이었음을 보여 준다.[188] 한편, 여성을 도덕적 모범으로 찬양하는 것에도 새로운 관심이 증폭되었다. 그런데 이번에는, 정부가 인정하는 대로 단순히 여성들이 정절을 지켰다는 사실 때문이 아니라, 여성들이 정절에 대한 자신들의 도덕적 헌신을 지키기 위해 기꺼이 죽음을 택하였다는 사실 때문이었다.[189]

---

185) Peterson, "Confucian Learning in Late Ming Thought", 754－766. 東林書院의 활동에 대해서는 Busch, "The Tung-lin Shu-yuan" 참조. 정치 관련 부분에 대해서는 Ray Huang, "The Hung-wu Reign", 536－544 참조.

186) 王艮과 顏均(1504~1596)은 가장 유명한 사례이다. Peterson, "Confucian Learning in Late Ming Thought".

187) Ebrey, *Confucianism and Family Rituals in Imperial China*; Lee, *Education in Traditional China*, 506－507.

188) Peterson, "Confucian Learning in Late Ming Thought", 735－737.

189) Carlitz, "Shrines, Governing-Class Identity, and the Cult of Widow Fidelity".

백성들의 생계를 개선시키고자 하는 공동체 활동의 리더십 역시 송원대의 선례와는 달라졌다. 사士들과 여타의 사람들 특히 상인들과의 경계선은 여전히 분명하였으나, 그러한 경계선을 넘어서고자 하는 새로운 조직들이 계속해서 생겨났다. 게다가 백성들에게 혜택을 베푸는 데 그치지 않고, 백성들로 하여금 스스로를 서로에게 책임을 지는 도덕적 행위자로 간주하게 하려는 시도들도 생겨났다.

이러한 변화는 향약의 사용에서 분명히 드러난다. 송원대에는 사 가문의 구성원들이 신유학을 일상적으로 실천하기 위해 씨족의 단위를 넘어서는 향약을 만들었는데, 이제 입법화를 거친 공동체가 생명력과 효력을 잃게 된 상황에서 향약은 그 지역의 백성들을 조직화하는 대안적 수단으로 간주되었다. 마찬가지로, 사창 또한 부유한 사 가문이 가난한 사람들을 위해 운용하는 조직으로 간주되기보다는 그룹을 이룬 가족들에 의해 비축되고 운영되는 제도로 간주되었다.[190] 가장 유명한 향약 텍스트는 왕수인의 것이었다. 왕수인은 영왕寧王의 반란 때 체포되었다가 양민 신분으로 풀려난 마을사람들을 위해 그 텍스트를 저술하였다.[191] 그 목적은, 사람들로 하여금 스스로 뽑은 지도자를 중심으로 공동체를 형성함으로써 선행을 하고자 하는 의도를 유지케 하는 데 도움이 되도록 하기 위해서였다. 그러고 나면 그들은 강당을 짓고, 자기 몫의 비용을 대고, 갈등을 해소하고, 지방관원의 토색질로부터 스스로를 보호하고, 자신들의 땅을 경작하여 세금을 납부하고, 혼례와 상례를 적절히 거행하고, 채권자가 땅을 몰수하는 것을 막고, 모임을 만들어서 자신들의 선행과 악행을 기록해 둘 것이었다. 많은 왕수인의 추종자들은 강서와 그 밖의 지방에서 향약을 설치하고자 노력하였다.[192]

190) Heijdra, "The Socio-economic Development of Rural China", 486－491.
191) Wang Yangming, *Instructions for Practical Living*, 298－309.
192) Hauf, "The Community Covenant".

특별히 주목할 것은, 구성원들의 도덕적 진보와 타인에 대한 자선을 목적으로 하는 조직이 탄생하였다는 점이다. 그 조직들은 회비를 징수하였고 멤버십 명단도 가지고 있었다.[193] 최초의 '동선회同善會'(benevolent society)는 신유학에 헌신하는 이들에 의해 조직되었다. 그들은 지금까지 논한 지방사회활동에 참여하고 있었고, 왕수인에 동조하고 있었다. 하남河南 출신의 양동명楊東明(1548~1624)은 최초의 동선회 중 하나를 건립하였는데, 그 조직은 도로와 다리의 건설, 장례식 비용의 지급에 자금을 활용하였다. 양동명은 또한 곡물가격의 평준화를 위해 곡물창고를 설립하였고, 가난한 사람들을 위해 경작지를 안배해 주었다. 이 밖에 그는, 사학社學을 건립하고 둑의 수리에 관계하였으며 지역 연장자들을 위한 향음주례鄕飮酒禮를 부활시키고 사 교육의 개선을 위한 조직을 만들었다.[194] 동림서원의 운영자인 고반룡高攀龍 역시도 이 모든 형태의 지방활동주의에 관계하였으며, 고반룡의 가까운 추종자인 진용정陳龍正(1585~1645) 또한 마찬가지였다. 고반룡이 창립한 선회善會(benevolent society)는 그가 죽은 지 한참 뒤인 1671년까지도 모임이 계속되었는데, 사회에 대한 그의 강학 내용은 주자학적 의미의 학을 다룬 것이 아니라 아래로부터 사회를 변혁시키는 방법으로서 가족의 덕이 갖는 중요성에 대한 것이었다. 여기서 말하는 가족의 덕이란 명 태조가 포고한 「성유육조聖諭六條」("the Six Maxims")의 내용을 의미하였다(그리고 그 내용은 사실 주희의 「勸諭榜」으로부터 직접 따온 것이었다). 또 진용정은, 그와 같은 조직에서 만든 자선기구들은 정부의 빈민구제나 불교 사원의 활동과는 달라야 함을 분명히 하였다. 씨족 단위의 활동을 넘어서는 사士 자발주의는, 이처럼 국가제도나 종교적 활동과는 다른 별개의 어떤 것으로서 다시 한 번 제시되었던 것이다. 그러나 진용정은

---

193) 이러한 조직에 대한 특히 중요한 논의들로는 Joanna F. Handlin Smith, "Benevolent Societies" 및 夫馬進, 『中國善會善堂史研究』가 있다.

194) Joanna F. Handlin Smith, *Action in Late Ming Thought*, 65−83.

서원들을 집어삼켰던 정치화로부터는 거리를 두기를 희망하였다.195)

명 후반 사들의 자발주의가 가진 포용성은 명 초기 사회입법에 그 뿌리를 둔 것이었다. 이상적 사회는 모든 사람들을 포함하는 것이어야 한다는 생각은 명나라 신유학자들이 사회적 차원에서 자신들의 사명을 이해하는 방식의 일부가 되었다. 그런데 16세기 말이 되면, 도덕적 수양운동, 공동체 건설, 지방사회 활동주의는 더 이상 신유학만의 영역이 아니게 되었다. 이것은 어느 정도는, 종교적 경쟁자들이 자신들의 역할을 주장한 결과이기도 했다. 예컨대 불교 승려 주굉株宏(1535~1615)은 개인적 변혁의 수단으로 방생放生을 추구하는 평신도회를 만들었고,196) 천주교 선교사들은 그들대로 개인의 수양과 선행을 위한 공동체 조직을 만들었다.197) 임조은林兆恩(1517~1598)의 삼교합일三教合一운동은 수신당修身堂(self-cultivation hall)을 만들어서 참여자들로 하여금 스스로 불교, 도교, 유교의 방식을 선택하도록 했는데, 이 조직은 자기들만의 독특한 복장까지 가지고 있었다.198)

신유학의 철학은 개인적 도덕수양과 사회적 책임을 띤 행동을 연결시켰다. 그런데 그러한 연결은 비성리학적 방식으로도 가능했다. 이는 각기 다른 사회적 그룹에 적합한 선행과 악행을 일일이 적시한 '공과격功過格'(ledgers of merit and demerit)이 유행한 데서도 분명히 드러난다.199) 원황袁黃(1533~1606)은 공과격 사용의 적극적인 옹호자로서, 공과격이 과거시험의 급제나 득남과 같은 기복적 수단으로 아주 효과적이라고 주장하였다. 그리고 그는 이러한 주장을 펴기 위해 신유학 이론뿐만 아니라 인과응보의 사상에까지 호소하였

195) Joanna F. Handlin Smith, "Benevolent Societies", 310－320.
196) 株宏에 대해서는 Chün-fang Yü, *The Renewal of Buddhism in China* 참조.
197) Farmer, *Zhu Yuanzhang and Early Ming Legislation*; Zürcher, "Christian Social Action in Late Ming Times" 및 "Confucianism and Christian Religiosity in Late Ming China".
198) 林兆恩의 운동에 대해서는 Berling, *The Syncretic Religion of Lin Chao-en* 참조.
199) 예컨대 Sakai Tadao, "Confucianism and Popular Educational Works", 345－362.

다. 원황 또한 많은 양명학자들과 마찬가지로 개인의 행동이 개인의 운명을 결정한다고 생각하였으나, 그의 경우는 신유학을 거꾸로 뒤집었다고 할 수 있다. 왜냐하면 그의 생각에 따르면, 선행을 하는 이유는 자기 자신의 이익을 얻기 위해서이기 때문이다. 신유학자들은 여전히, 도덕적 행동이 도덕적인 이유는 그 동기가 천리天理 혹은 양지良知에 있기 때문이지 그로 인한 이익 때문이 아니었다. 그러나 신유학 지도자들의 반대에도 불구하고, 공과격의 인기는 식지 않았다.200)

신유학은 도덕공동체를 만들고자 하는 자발적인 노력에서 중심적 위치를 차지하였다. 살펴본 바와 같이 종교적 운동들이 그러한 신유학의 위치에 도전한 바 있었다. 그런데 종교적 운동가들뿐만 아니라, 세속적인 사들 중의 일부도 그 도전의 대열에 동참하였다. 학술 전통과 관직에의 열망은 사를 다른 사람들과 구별시켜 주던 요소이자 유가를 다른 종교적 전문가들과 구별시켜 주던 요소였다. 이제 신유학의 중심적 위치에 도전하는 사람들은 바로 그러한 점으로부터 등을 돌렸다. 하남河南 출신의 여곤呂坤(1536~1618)은 지방의 복지, 공공교육, 도덕적 진보를 통하여 공공선에 봉사하는 데 깊은 관심을 가진 사람들 중의 하나였다. 그런데 그는 자아수양에 관한 한 신유학적 관념론자가 아니었다. 그는 자신의 잘못을 교정하고자 할 때, 잘못을 저지르지 않게 해 줄 어떤 것을 자기 내부에서 찾기보다는, 소위 '사실에 기초한 방식'에 의존하였다. 지방 엘리트가 지방정부와 합작하는 방식에 대해 고민할 때도 그는 지방관리에게 더 중점을 두었다.201) 도덕적 관념론으로부터 경세학으로의 전환은 동림서원의 후계자들을 통해 더없이 분명하게 드러난다. 1629년에 그들은 국가적 차원의 변혁을 도모하는 복사複社(the Restoration

200) Brokaw, *The Ledgers of Merit and Demerit*, 95－156.
201) Joanna F. Handlin Smith, *Action in Late Ming Thought*, 第5~8章.

Soceity)를 설립하였는데, 약 2~3천에 달하는 복사의 등록회원들은 도덕적인 인간이 되는 것이 시대의 병폐를 고칠 수 있는 해결책이라는 신유학적 확신을 가지고 있지 않았다. 대신 그들은 지방사회와 전국 단위의 정치에서 문제를 해결할 수 있는 실제적인 제도적 수단에 주목하였다.[202] 명나라 말의 학자들—나중에 이들은 고증학으로 알려진 새로운 사 학술의 첫 세대로 간주됨—은 동림서원보다는 복사에 더 걸맞은 입장이었다. 왜냐하면 그들의 학의 목적은 더 이상 성인됨(sagehood)이 아니었으며, 그들의 인식방법은 신유학적 통일성의 믿음에 의존하지 않았기 때문이다.

202) Atwell, "From Education to Politics".

결론: 중국의 역사와 신유학

중국의 역사에서 신유학이 행한 커다란 역할에 대해 생각해 보자. 나는 신유학이 정치 방면에서 독재를, 사상 방면에서 정통(orthodoxy)을 지원했는가 하는 질문보다는, 당송변혁기의 거대한 국가적·사회적 변화에 신유학이 어떤 식으로 관련을 맺고 있는가 라는 질문에 더 관심이 있다. 나는 신유학을 정치적·사회적·경제적·문화적 체제로서의 전기제국질서가 붕괴함에 따라 등장한 대안적 해결책으로 간주한다. 신유학을 대안이라고 부르는 이유는, 북송시기의 지배적 해결책 역할을 한 것은 신법이었기 때문이다. 신법은 8세기 후반에 처음 명료화되기 시작해서 11세기에 이르러 널리 통용되었던 고문古文 프로젝트의 궁극적 실현이었다. 즉 (1) 전국적 엘리트로서의 사士는 학學을 통해서, 유교 경전에 나타난, 과거에 이루어진 문명에 대한 체계적 이해를 얻을 수 있었다. (2) 그러한 이해를 지침으로 삼아 그들은 새로운 스타일의 문학적·문화적 실천을 할 수 있었다. 그 실천은 그들이 어떻게 세상을 바로잡고자 하는지를 드러내 주었고, 아울러 그들의 헌신과 능력의 수준을 보여 주었다. (3) 글쓰기를 통해 자신을 증명함에 따라 그들은 조정에서 권력을 쥘 수 있었다. (4) 사회를 보다 통합된 사회적 질서로 변화시키고 모든 이들의 삶을 개선시키기 위해 그들은 조정에서 정부의 활동과 제도를 개혁할 수 있었다. 신법은 당시 일어나고 있던 사회적·경제적 현실의 변화—거대 사족의 과두정치의 종식, 경제적 삶의 상업화와 사적 소유, 남부의 성장, 사의 지위가 교육에 의해 좌우됨—를 수용했을 뿐 아니라, 그 변화들을 촉진시키기까지 했다. 왕안석의 위대한 통찰은, 반대파 일부의 주장처럼 진행 중인 변화를 중지시키는 것이 아니라, 오히려 진행 중인 변화를 수용함으로써 정부와 경제가 확장되고 성장할 수 있다는 것이었다. 보다 크고 보다 강하고 보다 부유한 정부란, 경제사상에 관한 한 제로섬(zero-sum) 견해를 가진 보수파가 말한 바대로 사람들이 반드시 가난해져야만 한다는 것을 의미하는 것이 아니었다. 그러나 신법은 경제, 사회, 문화의 방면에서 보다 큰 개입을 초래하는 것이었고, 그것은 권세 있는 지역 가문들의 지배에 도전하는 것이었다.

신법의 정권·체제는 거대한 규모의 상업과 농촌 대부업에 개입하였다. 그리고 신법의 정권·체제는 시골에 있는 세대들을 원칙적으로 지방정부의 명령 하에 두는 체제로 조직화하였고, 국가적 커리큘럼과 학교체제를 제도화하였다. 이러한 정책은 부유한 상인과 지주들의 즉각적 이해(interest)에 충돌하는 것이었다. 그러나 이 정책들은 또한 권세 있는 자들에게 사가 될 수 있는, 즉 자신들을 국가적 엘리트의 일원으로 간주하여 관직에 나아가고자 경쟁할 수 있게 되는 기회를 제공하였다.

첫 번째 신유학자들(주돈이, 장재, 정호·정이 형제 및 그들의 추종자들)은 신법에 관한 한 보수적 반대파의 일부였다. 그런데 그들은 몇몇 방면에서 다른 신법 반대자들과 달랐다. 그들은 문학적 성취나 배움보다는 윤리적 행동이 개인의 가치를 측정하는 데 있어서 더욱 중요한 지표라고 생각하였다. 그들은 역사를 초월하는 진리를 추구하였으므로, 역사의 교훈에 관심을 갖지 않았다. 옛 성인의 배움에 대한 근거를 구할 때는 경전의 텍스트를 충분한 근거로 간주하기보다는 자연철학적 근거를 추구하였다. 그들 중 일부는 탈중앙집권적이어서, 지역사회에서의 사의 리더십을 선호하였다. 그러나 그들은 관직 경력을 지닌 가문 출신으로, 스스로를 (이상적으로는 세습적이게끔 되어 있는) 전국적 정치엘리트의 일부로 간주하였다.

남송대에 이르러서야 신유학은 신법이라는 해법에 대한 으뜸가는 대안으로 간주되게 되었다. 신유학은 사 계층에서 자신들의 청중을 창출함을 통해 성공하였다. 내가 말하는 사士란, 식자층(literati)으로서 특징적인 교육을 추구하는 이들이다. 신유학의 주도적인 지성이자 조직가인 주희는 자신이 관직을 가진 자(爲官者)뿐 아니라 사士인 사람들(爲士者)에게도 호소하고 있음을 인정하였다. 선배들의 철학적 학설에 기초하면서 동맹자들의 견해를 차용하고 수정한 끝에, 주희는 황제와 사에게 공히 적용되는 학學의 이론을 만들어 내었다. 이렇게 형성된 그의 이론은 도덕적 권위와 책임을 개인에게 귀속시켰다. 다른 한편, 그것의 실현을 위해서는 진지한 자기변혁(self-transformation) 프로그램이 요청되었다. 자신을 수양한 사람들에게 어떻게 행동하라고 말하는 것은 조정과 정부의 특권이 아니었다. 사들은 학을 통해 지적인 차원에서 전국적 엘리트의 일부가 될 수 있었고, 지역사회에서 책임을 자임함으로써 학을 실천에 옮길 수 있었다. 그들은 자신들의 가문을 변화시켰고, 생각을 공유하는 사들의 지역적 공동체를 창조해 내었다. 그들은 지역사회의 조건을 개선하기 위한 자발적 제도를 만들기 위해 자신들이 지닌 자원을 사용하였다. 통일성—그것이 가진 의미들 모두에서—은 우선적으로 사들에게 달려 있었고, 정부에의 의존은 부차적이었다.

초기 신유학자들을 제외한 11세기 사상가들은 대체로 정치사상가였다. 사회와 관련하여 정부가 작동하는 방식을 변화시키는 것이 그들 학의 목표였다는 점에서 정치사상가였다고 할 수 있는 것이다. 반면, 남송에서 등장한 신유학적 대안은 지방사회에 대해 정부가 덜 간섭하는 대신, 지방의 사들이 정부를 대신하여 책임을 떠맡는 비전을 구상하였다. 이와 같은 신유학 모델은 교육과 공동체 사업에 투자할 돈을 가진 유복한 가문들에게서, 특히 남쪽

지방의 번영하던 지역에서 신봉자를 얻었다. 북송대에 비해 남송대에는 과거 시험이 점점 더 공정성을 잃으면서 보다 작은 비율의 관직자가 과거시험을 통해 배출되었다. 그리고 관료제는 교육에 바탕한 능력본위제의 성격을 점차 잃어 갔다. 이러한 조류는 원나라 때까지 지속되었다. 이러한 상황에서, 한때 관직자를 배출한 바 있던 가문들은 후손들이 공적인 지위를 누릴 수 있게끔 보장해 줄 있는 새로운 방식을 찾게 된 것이다. 신유학은 바로 그러한 시기에 널리 퍼져 나갔다.

그런데, 이 모델을 창조한 것이 진정 신유학이었을까, 아니면 사회적 · 정치적 조건들이었을까? 일반적으로, 지방사회 엘리트들은 정부가 토지보유와 상업에 간섭하지 않기를 원했다. 그들은 세금이 경감되기를 원하였고, 세수가 지역사회에 사용되기를 바랐다. 그들은 교육의 기회와 지역 조건을 향상시키기 위해 스스로 발 벗고 나섰다. 같은 시기에, 정부는 종종 국방의 문제에 골몰하고 있었다. 신유학자들은 사들—그들에 대한 정의가 어떻게 내려지든, 지역사회 엘리트들은 스스로를 '사'라고 불렀다—을 위한 사상을 가지고 그러한 조건들에 부응하였으며, 사적인(private) 교육제도의 잠재력을 눈여겨보았다. 보다 중요하게는, 12세기 말에 이르러서 사 교육을 위한 일관된 신유학 프로그램과 자발적인 사 리더십 하의 사회변화가 자리를 잡았다. 신유학자들은 지방활동주의(local activism)를 다음 두 가지를 통해 정당화하였다. 첫째, 지방활동주의를 삶과 자아를 총체적으로 해명하는 이론에 연결시켰다. 둘째, 지역사회에 대한 책임을 엘리트 특권에 연결시켰다. 신유학 프로그램은 조정의 반대에도 불구하고 퍼져 나갔다. 급기야 조정은 신유학자들이 학學과 가치에 대한 권위를 차지하는 것을 인정할 수밖에 없었다.

이 책에서 나는 남송에서 홍기한 신유학의 대안—주희의 동시대인인 섭적과 같은 사상가에 의해서 제출된 '경세' 어프로치—에 대해서는 상세히 다루지 않았다. 경세사상가들은 국가가 국방을 유지하는 것에 그치지 않고 어떻게 사적 경제 성장을 촉진시킴으로써 나라의 물질적 부를 증가시킬 수 있는가 하는 데에도 관심을 가졌다. 그들의 견해는 경제적으로 발전된 지역에서 호응을 얻었다. 그럼에도 불구하고 경세사상가들은 정치이론가들이었을 뿐, 정부 관직에 대한 전망이 없는 전국의 엘리트 사 계층에 호소한 사회운동조직자들은 아니었다.[1)]

지방사회 사들에게 신유학이 퍼져 나가면서 생기게 된 결과는 무엇인가? 지방자발주의(local voluntarism)가 중요성을 더해 가면서, 이상을 실현하는 수단으로서의 정부 관직의 가치는 쇠락하였다. 물질적 보수라는 점에서는 정부 관직이 여전히 충분한 보상을 해 주었지만—정부 관직은 관리들에게 재정적 특권과 법적 면제 특권을 제공하였다—, 이제 정부의 바깥에서도 이상을 추구하고 공공선에 복무할 수 있는 길이 존재하게 된 것이다. 송나라 이후부터 18세기 이전까지 정부가 적절한 수준의 관리 급료를 제공하고자 한 경우가 드물었다는 점은 놀라운 일이다. 그것은, 정부는 관리들이 자신들의 직위를 통해서 이익을 추구하리라고 전제하고 있었음을 보여 준다. 이러한 상황은 정부 관직을 도덕적으로 고매한 소명으로보다는 이익 확보의 수단으로 보게 만들었다. 확실한 것은, 조정은 북송대의 신법과 같은, 사회변혁의 능동적 주체가 되기 위한 제도적 재정비를 거의 다시는 시도하지 않았다는—그러려고 시도했을 경우에는 실패하였다— 사실이다. 어떤 의미에서, 제국 정부에 대한 북송대의 비판은 한 번 더 반복되었다. 일찍이 북송대에는 정부가 공공선보다 자신의 보존에 더 관심을 보인다는 비판이 제기된 바 있었다. 그러나 이번에는 북송에서의 경우와는 달리, 사들이 정부의 바깥에서 활동하는 상황이었다는

1) 예컨대, Bol, “Reconceptualizing the Nation in Southern Song”; Lo, *The Life and Thought of Yeh Shih*; Jaeyoon Song, “Shifting Paradigms in Theories of Government”; 張義德, 『葉適評傳』; 周夢江, 『葉適與永嘉學派』.

점이 다르다. 신유학자들이 정부에서 일하고 있었을 때에는, 그들은 지방 엘리트의 희생 위에 국가의 역할을 확장하고자 시도하기 보다는 신유학적 배움의 확산과 지방자발주의를 지원하였다. 이것은 관리됨의 의미에 관하여 중요한 함의를 갖는 것이었다. 신유학자들은 정부가 할 수 있는 일이 무엇인지를 묻기보다는 인간으로서 관리가 어떻게 행동해야 하는지를 물었고, 자신들이 창조해 내는 개인적 모델의 성격에 점점 더 초점을 맞추었다. 이상적으로 말하여, 신유학자들은 사람들이 자기 스스로에 대해 책임을 지도록 설득하였던 것이다. 내가 보기에 그 결과로서 나타난 것은 정치의 인격화와 도덕화였다. 그러나 전국적 차원의 이데올로기와 '유교적 가치'(Confucian values)에 대한 권위는 끝내 조정으로 되돌아오지 않았다. 때때로 명나라 황제들이 그러한 권위를 주장하고자 시도하기도 했지만, 그와 같은 주장에는 많은 이의가 제기되었다.

얼핏 보기에 명나라의 개창은 정부가 사회, 문화, 경제 전반에 개입하는 적극적 활동국가 모델(the model of activist state)로의 회귀처럼 보였다. 확실히 명나라 개창자의 사회정책—공유하고 있는 도덕을 가지고서 스스로를 규율하는 지역공동체를 법제화하는 일—은 사회에 대해 일제히 보조를 맞출 것을 요구하며 개입하는 것이었다. 그러나 내가 볼 때 그것은 신법 류의 활동국가 모델로의 회귀가 아니었으며, 확장하는 상업경제에다 정부의 활동을 연결시키는 일도 아니었다. 명나라 개창자의 목표는 정부를 최소한으로 유지하여 지역공동체에 개입하거나 해를 가하지 못하게 하려는 것이었다. 그리고, 만약 방효유의 유작들이 믿을 수 있는 지표라면, 그러한 것은 명나라 개창자의 손자인 건문제의 정책목표이기도 하였다. 지역 리더들의 사법적 권력이 영락 연간을 지나서도 존속했는지는 따져 볼 문제이다. 비록 영락제가 공식적으로는 신유학 이데올로기를 후원했을지라도, 찬탈에 의해 집권하였으며 권력기반이 북방

국경에 있던 황제가 신유학의 사회적 비전을 공유했을지는 분명치 않다. 그러나 자발주의가 사라진 것은 기껏 한 세기 정도였을 뿐이다. 공동체시스템이 붕괴하기 시작하자 신유학 행동가들에 의해 지도되는 사 자발주의로 복귀하게 되었던 것이다. (명초의) 공동체시스템이 붕괴한 것은 다음과 같은 상황에 처하게 되었을 때 융통성을 발휘하지 못했기 때문이 아닐까 생각된다. 인구의 증가, 상업화의 재시작, 교육을 통해 사士의 신분을 확보하기 위한 사적인 부(private wealth)의 투자, 관직을 가진 엘리트 가문과 과거시험후보들이 지방시스템에서 부여한 자신의 역할을 하기 주저함.

중간시기(middle period, 고대와 근대 사이)의 역사를 연구하는 이들은, 중간시기의 많은 현상들이 명말에 이르러 재차 나타나는 것에 놀라곤 한다. 상업화, 이데올로기적 흥분, (종종 紳士[gentry]라고 불리는) 지방 엘리트 활동주의, 관료체제 내외에서 일어나는 조정과 사의 분리 등의 현상이 명말에도 나타나고 있는 것이다. 그러나 명 후기 자발주의는 명 후기 신유학 담론과 마찬가지로 송원대의 자발주의와는 다르다. 무엇보다도 명 후기 자발주의는 보다 포괄적이다. 나는 이 차이가 명 초기의 사회입법(social legislation) 때문에 생겨난 것이라고 본다. 그리고 양명학이 성공적이었던 이유는, 양명학이 개인의 도덕적 노력을 재점화했을 뿐 아니라 공적인 삶에 참여할 수 있는 새로운 사士 방식을 제공하였고 명 초기의 정책 저변에 있던 이상(ideals)의 수액을 빨아들일 수 있었기 때문이 아닌가 생각한다. 송대에서는 사가 표적이었고, 자발적 공동체 제도는 곧 사 가문이 선행의 책임을 맡는다는 것을 의미하였다. 그러나 명 후기에 신유학의 청중, 특히 왕수인 가르침의 청중은 사가 아닌 사람들을 포함하게 되었다. 어떤 향약들은 사 가문의 대표들뿐 아니라 공동체의 모든 가문들을 포괄하고자 하였다. 그리고, 지방사회에 선행을 하고자 조직된 모임들은 사가 아닌 재력가들까지 포함하게 되었다. 이 시기 신유학의 학설은 지식의 축적 대신 도덕적 동기를 강조하고, 마음은 자각(awareness)의 축적적 배양(cumulative cultivation)을 통해서보다는 의지(will)를 통해 도덕적 지침을 제공할 수 있다고 주장하였다. 이러한 주장은 사회적 책무가 모든 배경의 사람들의 의무라고 간주한 시대에 잘 들어맞았다.

명 후기에, 제한적 정부(limited government)와 지방자발주의로 특징지어지는 신유학 모델은 다른 류의 지방 종교적·세속적 조직(local religious and secular organizations)에 의해 채택되었다. 명 후기에 나타난 조직적 활동의 정도—서원, 각종 회, 자선단체의 활동, 그리고 생겨난 조직의 지속기간—는 송나라와 원나라의 선례들을 초월한다. 왜 그러한지에 대해 나는 기껏해야 추측해 볼 뿐이다. 이러한 새로운 조직들은(회비를 걷고 회원리스트를 가진 조직의 경우조차도) 위계적인 구조를 가진 조직이나 전도운동보다는 복수의 결절점으로(mutinodal) 이루어진 사회적 네트워크에 훨씬 가까워 보인다. 송나라의 경우에는, 주희가 신유학을 사회운동으로 변화시키는 데 큰 역할을 하였고, 주희의 사후에는 주희의 저작이 올바른 사상을 정의하는 데 큰 역할을 하였다. 두 경우 다 주희와 그의 저작은 이데올로기적 중심과 시금석을 제공하였다고 할 수 있다. 반면, 명 후기에는 공유된 이데올로기보다는 사회적 네트워크에 의존하였다. 그것은 왕수인 사후에 사士 지식인들 간에 상대주의가 증대하고 서로 다른 이데올로기적 입장—예컨대 신유학과 기독교—을 동시에 유지하고자 하는 일부 사람들이 늘어나면서 신유학자들 사이에 지적인 통일성이 명백히 무너진 현상과 궤를 같이한다.

제한적 정부와 자발적 공동체 리더십을 결합한 신유학 모델은 청나라의 정복을 거치면서도, 그리고 신유학이 지성계의 중심적 지위를 잃으면서도 살아남았다. 그러나 내가 보기에 청 초기의 지방사회 리더십은 명대의 경우가 보여 준 것과 같은 이데올로기적 고취감이 결여되어 있었다. 17세기 후반과 18세기 전반에 걸쳐 청나라 황제는 자신이 마침내 정치적 권위(정치에서의 正統)와 도덕적 권위(도덕에서의 道統)의 통일을 이루어 내었다고 주장하였다.2) 그러나 그는 명초 사회입법의 복원을 시도하지 않았으며, 제한적 정부와 지방 엘리트 리더십의 모델을 바꾸지도 않았다. 그런데 청 제국의 정책은 사서四書와 주희의 주석을 과거시험의 중요한 과목으로 유지하고 있었다. 그것은 제국의 엘리트들로 하여금 왜 사회적 도덕이 개인에게 뿌리박고 있어야 하는지에 대한 주희의 설명을 숙지하도록 만드는 것이었다. 사들의 지성계가 철학으로부터 멀어진 이후에도 이것은 지속되었다.

고증학의 흥기에 대한 설명은 이 연구의 범위를 넘어서는 것이다. 그러나 나는 고증학이 신유학과 중요한 지점에서 단절적이라고 생각한다. 당시 사상계의 취향은 물리적 세계, 고대, 역사, 경전, 그리고 각종 문헌에 대한 연구로 쏠렸는데, 그와 같은 연구들은 신유학의 전제 위에서 행해진 것이 아니었다. 그 연구들은 학생들을 성인의 길로 인도하고자 하는 학學의 프로그램의 일부가 아니었다. 그것은 성인의 학을 드러내는 것도 아니었고, 천리에 대한 의식이나 양지를 배양하는 것도 아니었다. 내가 보기에, 고증학은 학자들이 파악해야 할 사물의 리가 존재한다는 전제를 가지고 진행된 것이 아니었다. 요컨대, 의미의 추구는 통일성에 대한 믿음에 기초해 있지 않았고, 마음 속의 리를 조명하는 것은 학의 목적이 아니었다. 그보다는, 고증학은 사물에 필연적인 리가 존재한다는 전제를 회피하며, 그러한 상황 하에서 어떤 의미와 앎이 있을 수 있는지를 물었다. 그들의 대답은 이러했다. 앎이란 앎을 증진시키는 어떤 사실적 결론에 도달함으로써 가능해지는 것이며, 그러한 사실적 결론이란 처음에는 분명하지 않더라도 증거를 조심스럽게 다루다 보면 형성될 수 있다.3) 내가 보기에, 이러한 고증학과 동시대 유럽의 경험주의 간에는

2) Huang Chin-hsing, *The Price of Having a Sage-Emperor.*

중요한 차이점이 있다. 유럽의 경우, 세계에 내재하는 일관성을 발견한다는 사상은 전통적 권위를 타파하는 데 근거를 제공하였다. 그러나 중국의 경우, 일관성과 통일성의 내재적 가치는 오히려 의심되었다.

그런데 사들 속의 지적 운동으로서의 고증학은 신유학과 공유하는 점들이 있었다. 비록 학을 달리 정의하기는 했지만, 고증학 지지자들 역시 학이 사에게 지적 훈련과 수양의 수단이 된다는 것은 인정하였다. 고증학자들은 초기에 역사, 문학, 자연계, 수학 등을 탐구 주제로 삼았지만, 점차 경전과 고대에 초점을 맞추어 새롭고 다른 주석 전통을 만들어 내었다. 중국의 고대는 여전히 중요하였다. 다만 이번에는 성인됨을 추구하는 이들의 도덕적 앎(moral knowledge)의 근원으로서 중요한 것이 아니라, 누적적 연구(cumulative research)의 대상으로서, 그리고 학의 방법론의 가장 중요한 실험장(testing ground)으로서 중요하였다. 끝으로 고증학자들은, 신유학자였던 선배들과 마찬가지로, 정치권력으로부터 자유로운 학술활동(intellectual life)의 독립성을 주장하면서도 동시에 조정과 관료집단의 후원과 인정을 추구하였다.

내가 처음에 중국의 역사에 대해서 배우기 시작할 때 '유학'(Confucianism)은 순전히 역사적 주제였다. 즉 유학을 철학의 중국적 전통의 일부로 확립시키고자 시도한 몇몇 20세기 사상가들의 노력에도 불구하고 그것은 내던져 버린 과거의 일부였다. 비록 20세기에 이르러 삶의 모든 영역에서 국가의 개입 정도가 신법시기 이래로 가장 커지기는 하였지만, 나는 유학이 역사적 주제 훨씬 이상의 것임을 확신한다. 그것은 현재를 생각하는 데 있어 자원으로서 남아 있는 것이다. 개인의 자율성과 책임이라는 신유학적 관심이 그러하듯이, 어떻게 하여 사회시스템, 정부, 경제, 문화가 인간의 공동체와 복지를

3) 學 방면에서 신유학으로부터 이탈한 것에 대한 보다 상세한 논의는 Bol, "Looking to Wang Shizhen" 참조.

증진시키게끔 할 수 있을까 하는 일반적인 유학의 관심사는 오늘날 중국에도 적실한 것이다. 공산당 이데올로기가 적실성을 잃어 가고 관료제가 부패해 가는 가운데, 공유된 세계질서에 대한 참여는 늘어 가고 사적인 부는 각별하게 증가하고 있는 것이 오늘날의 현실이다. 그러한 현실은 공유된 지적 기초를 새롭게 찾기 위한 길을 열어 놓았다. 이러한 관심사를 제기할 배움의 새로운 형성이 요구된다고 할 때, 그 배움의 청중은 누구인가? 현재의 상황 하에서, 그러한 배움의 형성은 이데올로기와 사회적 실천으로서는 어떤 모습을 갖추게 될 것인가?

참고문헌

Andrew, Anita Marie, "Zhu Yuanzhang and the Great Warnings (Yuzhi Da Gao): Autocracy and Rural Reform in the Early Ming", Ph. D. diss., University of Minnesota, 1991.

Andrew, Anita M[arie] and John A. Rapp, *Autocracy and China's Rebel Founding Emperors: Comparing Chairman Mao and Ming Taizu*, Lanham, MD: Rowan & Littlefield Publishers, 2000.

Aoki Atsushi, "Sung Legal Culture: An Analysis of the Application of Laws by Judges in the Ch'ing-Ming Chi [集]", Special Issue: New Directions in the Study of Sung History, *Acta Asiatica* 84 (2003), 61－79.

Asim, Ina, "Aspects of the Perception of Zhou Ideals in the Song Dynasty (960－1279)", In *Die Gegenwart des Altertums: Formen und Funktionen des Altertumsbezugs in den Hochkulturen der Alten Welt*, ed. Dieter Kuhn and Helga Stahl, Heidelberg: Edition Forum, 2001, 459－480.

Atwell, William S, "From Education to Politics: The Fu She", In *The Unfolding of Neo-Confucianism*, ed. Wm. Theodore de Bary and Conference on Seventeenth Century Chinese Thought, New York: Columbia University Press, 1975, 333－368.

Balazs, Etienne and Yves Hervouet, *A Sung Bibliography / Bibliographie des Sung*, Hong Kong: Chinese University Press, 1978.

Bao Weimin [包伟民], *Songdai difang caizheng shi yanjiu* [宋代地方财政史研究], Shanghai: Shanghai guji chubanshe, 2001.

_____, "'Songdai jingji geming lun' fansi" ['宋代經濟革命論'反思], *Guoji hanxue* [國際漢學] 7 (1999), Ⅲ－34.

Berling, Judith A, *The Syncretic Religion of Lin Chao-en*, Neo-Confucian Studies, New York: Columbia University Press, 1980.

Berthrong, John H, *Transformations of the Confucian Way*, Boulder, CO: Westview Press, 1998.

Birdwhistell, Anne D, *Transition to Neo-Confucianism: Shao Yung on Knowledge and Symbols of Reality*, Stanford: Stanford University Press, 1989.

Birge, Bettine, "Women and Confucianism from Song to Ming: The Institutionalization of

Patrilineality", In *The Song-Yuan-Ming Transition in Chinese History*, ed. Paul Jakov Smith and Richard von Glahn, Cambridge: Harvard University Asia Center, 2003, 212−240.

____, *Women, Property and Confucian Reaction in Sung and Yüan China (960−1368)*, Cambridge: Cambridge University Press, 2002.

Bloom, Irene, "Three Visions of Jen", In *Meeting of Minds: Intellectual and Religious Interaction in East Asian Traditions of Thought*, ed. Irene Bloom and Joshua A. Fogel, New York: Columbia University Press, 1997, 8−42.

Bol, Peter K, "Chao Ping-wen (1159−1232): Foundations of Literati Learning", *China Under Jurchen Rule: Essays in Chin Intellectual and Cultural History*, ed. Hoyt C. Tillman and Stephen West, Albany: SUNY, 1995, 115−144.

____, "Cheng Yi as a Literatus", In *The Power of Culture*, ed. Willard Peterson, Kao Yu-kung and Andrew Plaks, Hong Kong: Chinese University of Hong Kong Press, 1994, 172−194.

____, "Chu Hsi's Redefinition of Literati Learning", In *Neo-Confucian Education: The Formative Stage*, ed. Wm. Theodore de Bary and John Chaffee, Berkeley: University of California Press, 1989, 151−187.

____, "Examinations and Orthodoxies: 1070 and 1313 Compared", In *Culture and the State in Chinese History*, ed. Theodore Huters, R. Bin Wong and Pauline Yu, Stanford: Stanford University Press, 1997, 29−57.

____, "The Examination System and the Shih", *Asia Major*, 3d ser., 3, no. 2 (1990), 149−171.

____, "Government, Society and State: On the Political Visions of Ssu-ma Kuang (1019−1086) and Wang An-shih (1021−1086)", In *Ordering the World: Approaches to State and Society in Sung Dynasty China*, ed. Robert Hymes and Conrad Schirokauer, Berkeley: University of California Press, 1993, 128−192.

____, "Intellectual Culture in Wuzhou ca. 1200: Finding a Place for Pan Zimu and the Complete Source for composition", In *Proceedings of the Second Symposium on Sung History*, Taibei, 1996, 788−738.

____, "Local History and Family in Past and Present", In *The New and the Multiple: Sung Senses of the Past*, ed. Thomas H. C. Lee, Hong Kong: Chinese University Press, 2004, 307−348.

____, "Looking to Wang Shizhen: Hu Yinglin (1551−1602) and Late Ming Alternatives to Neo-Confucian Learning", *Ming Studies*, no. 53 (2006), 99−137.

____, "Neo-Confucianism and Local Society, Twelfth to Sixteenth Century: A Case Study", *The Song-Yuan-Ming Transition in Chinese History*, ed. Paul Jakov Smith and Richard von Glahn, Cambridge: Harvard University Asia Center, 2003, 241−283.

____, "Reading Su Shi in Southern Song Wuzhou", *East Asian Library Journal* 8, no. 2 (1998), 69−102.

_____, "Reconceptualizing the Nation in Southern Song: Some Implications of Ye Shi's Statecraft Learning", In *Thought, Political Power and Social Forces*, ed. Ko-wu Huang, Taibei: Institute of Modern History, Academia Sinica, 2002, 33－64.

_____, "Reconceptualizing the Order of Things in Northern and Southern Sung", In *Cambridge History of China*, vol. 5, pt. 2, ed. John Chaffee, Cambridge: Cambridge University Press, forthcoming.

_____, "Seeking Common Ground: Han literati Under Jurchen Rule", Harvard Journal of Asiatic Studies 47, no. 2 (1987), 461－538.

_____, "The Sung Context: From Ou-yang Hsiu to Chu Hsi", In *Sung Dynasty Uses of the I Ching*, ed. Kidder Smith, Jr., Joseph Adler, Peter Bol and Don J. Wyatt, Princeton: Princeton University Press, 1990, 26－55.

_____, "Su Shih and Culture", In *Sung Dynasty Uses of the I Ching*, ed. Kidder Smith, Jr., Joseph Adler, Peter Bol and Don J. Wyatt, Princeton: Princeton University Press, 1990, 56－99.

_____ (Bao Bide) 〔包弼德〕, "Tang Song bianxing de fansi: yi sixiang de bianhua wei zhu" 〔唐宋變型的反思: 以思想的變化爲主〕, *Zhongguo xueshu* 〔中國學術〕 I, no.3(2000), 63－87.

_____, *"This Culture of Ours": Intellectual Transitions in T'ang and Sung China*, Stanford: Stanford University Press, 1992.

_____, "Wang Anshi and the *Zhou li*", Paper presented at the conference Premodern East Asian Statecraft in Comparative Context: The *Rituals of Zhou* 〔Zhouli 周禮〕 in Chinese and East Asian History, Princeton University, 2006.

_____, "When Antiquity Mattered", In *Perceptions of Antiquity in Chinese Civilization*, ed. Dieter Kuhn and Helga Stahl, Heidelberg: Edition Forum, 2008, 209－236.

_____, "Whither the Emperor? Emperor Huizong, the New Policies and the Tang-Song Transition", *Journal of Song and Yuan Studies*, no. 31 (2001), 103－134.

_____, "Zhang Ruyu, the Qunshu kaosuo and Diversity in Intellectual Culture: Evidence from Dongyang County in Wuzhou", In *Qingzhu Deng Guangming jiaoshou jiushi huadan lunwenji* 〔慶祝鄧廣銘教授九十華誕論文集〕, Shijiazhuang: Hebei jiaoyu chubanshe, 1997, 644－673.

Boltz, Judith Magee, "Not by the Seal of Office Alone: New Weapons in the Battle with the Supernatural", In *Religion and Society in T'ang and Sung China*, ed. Patricia Buckley Ebrey and Peter N. Gregory, Honolulu: University of Hawaii Press, 1993, 241－305.

Borrell, Ari, "*Ko-wu or Kung-an?* Practice, Realization and Teaching in the Thought of Chang Chiu-ch'eng", In *Buddhism in the Sung*, ed. Peter Gregory and Daniel A. Getz,Jr. Honolulu: University of Hawaii Press, 1999, 62－108.

Bossler, Beverley, *Powerful Relations: Kinship, Status and the State in Sung China (960－1279)*,

Cambridge: Harvard University, Council on East Asian Studies, 1997.
_____, "Shifting Identities: Courtesans and Literati in Song China", *Harvard Journal of Asiatic Studies* 62, no. 1 (2002), 5－38.

Breisach, Ernst, *Historiography: Ancient, Medieval and Modern*, Chicago: University of Chicago Press, 1983.

Brokaw, Cynthia, *The Ledgers of Merit and Demerit: Social Change and Moral Order in Late Ming China*, Princeton: Princeton University Press, 1991.

Brook, Timothy, "The Spatial Structure of Ming Local Administration", *Late Imperial China* 6, no. 1 (1985), 1－55.

Busch, Heinrich, "The Tung-lin Shu-yuan and Its Political and Philosophical Significance", *Monumenta Serica* 14 (1955), 1－163.

Cai Fanglu 〔蔡方鹿〕, *Songdai Sichuan lixue yanjiu* 〔宋代四川理学研究〕, Beijing: Xianzhuang shuju, 2003.

Cai Shen 〔蔡沈〕, *Shu ji zhuon* 〔書集傳〕, Taibei: Xin wenfeng chuban, 1984.

Cai Xiang 〔蔡襄〕, Cai Xiang quanji 〔蔡襄全集〕, Fuzhou: Renmin chubanshe, 1999.

Carlitz, Katherine, "Shrines, Governing-Class Identity and the Cult of Widow Fidelity in Mid-Ming Jiangnan", *Journal of Asian Studies* 56, no. 3 (1997), 612－640.

Chaffee, John W, "Chu Hsi in Nan-k'ang: Tao-hsüeh and the Politics of Education", In *Neo-Confucian Education: The Formative Stage*, ed. Wm. Theodore de Bary and Johrn Chaffee, Berkeley: University of California Press, 1989, 414－431.

_____, "Education and Examinations in Sung Society (960－1279)", Ph. D. diss., University of Chicago, 1979.

_____, "Status, Family and Locale: An Analysis of Examination Lists from Sung China", In *Ryū Shiken hakushi shōju kinen Sōdaishi kenkyū ronshū* 〔劉子健博士頌壽紀念宋史研究論集〕, ed. Kinugawa Tsuyoshi 〔依川強〕, Kyoto: Dōhōsha, 1989, 341－356.

_____, *The Thorny Gates of Learning in Sung China: A Social History of Examinations*, Cambridge: Cambridge University Press, 1985.

Chaffee, John and Wm. Theodore de Bary, eds, *Neo-Confucian Education: The Formative Stage*, New York: Columbia University Press, 1989.

Chan, Hok Lam, "The Chien-wen, Yung-lo, Hung-hsi and Hsüan-te Reigns, 1399－1435", In *The Cambridge History of China*, vol. 7; *The Ming Dynasty, 1368－1644*, ed. Frederick W. Mote and Denis Twitchett, Cambridge: Cambridge University Press, 1988, 182－304.

_____, "Ming T'ai-tsu's Manipulation of Letters: Myth and Reality of Literary Persecution", *Journal of Asian History* 29, no. 1 (1995), 1－60.

Chan, Wing-tsit (Chen Rongjie) 〔陳榮捷〕, "The Ch'eng-Chu School of Early Ming", *Self and*

Society in Ming Thought, ed. Wm. Theodore de Bary, New York: Columbia University Press, 1970, 29－52.

_____, "Chu Hsi and the Academies", In *Neo-Confucian Education: The Formative Stage*, ed. Wm. Theodore de Bary and John Chaffee, Berkeley: University of California Press, 1989, 389－413.

_____, "Chu Hsi and Yuan Neo-Confucianism", In *Yuan Thought: Chinese Thought and Religion Under the Mongols*, ed. Hok-lam Chan and Wm. Theodore de Bary, New York: Columbia University Press, 1982, 197－232.

_____, *Chu Hsi: New Studies*, Honolulu: University of Hawaii Press, 1984.

_____, "The Evolution of the Neo-Confucian Concept Li as Principle", *Tsing-hua Journal of Chinese Studies*, n.s. 4, no. 2 (1964), 123－147.

_____, "Wang Shou-jen", In *Dictionary of Ming Biography, 1368－1644*, ed. L. Carrington Goodrich and Chao-ying Fang, New York: Columbia University Press, 1976, 1408－1416.

_____, *Zhuzi menren*〔朱子門人〕, Taibei: Taiwan xuesheng shuju, 1982.

Chan, Wing-tsit, comp. and trans., *A Source Book in Chinese Philosophy*, Princeton: Princeton University Press, 1963.

Chan, Wing-tsit, ed., *Chu Hsi and Neo-Confucianism*, Honolulu: University of Hawaii Press, 1986.

Chang, George Jer-lang, "Local Control in the Early Ming (1368－1398)", Ph. D. diss., University of Minnesota, 1978.

Chang Hao, "The Intellectual Heritage of the Confucian Ideal of Ching-shih", In *Confucian Traditions in East Asian Modernity: Moral Education and Economic Culture in Japan and the Four Mini-dragons*, ed. Tu Weiming, Cambridge: Harvard University Press, 1996, 72－91.

Chen Chun〔陳淳〕, *Beixi ziyi*〔北溪字義〕, Beijing: Zhonghua shuju, 1983.

_____(Ch'en Ch'un), *Neo-Confucian Terms Explained: The Pei-hsi tzu-i*, Trans. Wing-tsit Chan, New York: Columbia University Press, 1986.

Chen Gujia〔陳谷嘉〕and Deng Hongbo〔鄧洪波〕, *Zhongguo shuyuan zhidu yanjiu*〔中國書院制度研究〕, Hangzhou: Zhejiang jiaoyu chubanshe, 1997.

Chen Lai〔陳來〕, Song Ming lixue〔宋明理學〕, Taibei: Hongye chuban, 1994.

Chen Liang〔陳亮〕, Chen Liang ji〔陳亮集〕, ed. Deng Guangming〔鄧廣銘〕, Beijing: Zhonghua shuju, 1987.

Chen Qiqing〔陳耆卿〕, Yun chuang ji〔篔窗集〕, Yingyin Wenyuange Siku quanshu, Taibei: Taiwan Shangwu yinshuguan, 1983.

Chen, Wen-Yi (Chen Wenyi)〔陳雯怡〕, "Networks, Communities and Identities: On the Discursive Practices of Yuan Literati", Ph. D. diss., Harvard University, 2007.

_____, *You guanxue dao shuyuan: cong Zhidu yu linian de hudong kan Songdai jiaoyu de yanbian* 〔由官學到書院: 從制度與理念的互動看宋代教育的演變〕, Taibei: Lianjing chuban shiye, 2004.

Chen Xianzhang 〔陳獻章〕, *Chen Xianzhang ji* 〔陳獻章集〕, Beijing: Zhonghua shuju, 1987.

Chen Zhengfu 〔陳正夫〕 and He Zhijing 〔何植靖〕, "Shilun Cheng Zhu lixue de tedian, lishi diwei he lishi zuoyong" 〔試論程朱理學的特點歷史地位和歷史作用〕, In *Lun Song Ming lixue* 〔論宋明理學〕, ed. Zhongguo zhexue shi xuehui 〔中國哲學史學會〕 and Zhejiang sheng shehui kexue yanjiu suo 〔浙江省社會科學研究所〕, Hangzhou: Zhejiang renmin chubanshe, 1983, 314－327.

Cheng Duanli 〔程端禮〕, *Cheng shi jiashu dushu fennian richeng* 〔程氏家塾讀書分年日程〕, Annot. Jiang Hanchun 〔江漢椿〕, Hefei: Huangshan shushe, 1992.

_____, *Wei zhai ji* 〔畏齋集〕, Yingyin Wenyuange Siku quanshu, Taibei: Taiwan Shangwu yinshuguan.

Cheng Duanmeng 〔程端蒙〕, *Cheng Mengzhai xingli zixun* 〔程蒙齋性理字訓〕, Siku quanshu cunmu congshu, Ji'nan: Qi Lu shushe chubanshe, 1997.

Cheng Gongxu 〔程公許〕, *Cangzhou chen fou bian* 〔滄洲塵缶編〕, Yingyin Wenyuange Siku quanshu, Taibei: Taiwan Shangwu yinshuguan, 1983.

Cheng Hao 〔程顥〕 and Cheng Yi 〔程頤〕, *Er Cheng ji* 〔二程集〕, Ed. Wang Xiaoyu 〔王孝魚〕, Beijing: Zhonghua shuju, 1981.

Cheng Minsheng 〔程民生〕, "Lun Songdai shidafu zhengzhi dui huangquan de xianzhi" 〔論宋代士大夫政治對皇權的限制〕, In *Songshi yanjiu lunwen ji* 〔宋史研究論集〕, Ningxia: Ningxia renmin chubanshe, 1993.

Cheng Minzheng 〔程敏政〕, *Dao yi bian* 〔道一編〕, Siku quanshu cunmu congshu, Ji'nan: Qi Lu shushe chubanshe, 1997.

Cheng Yuanmin 〔程元敏〕, *Wang Bo zhi shengping yu xueshu* 〔王柏之生平與學術〕 2 vols, Taibei: Xuehai chubanshe, 1975.

Chia, Lucille, *Printing for Profit: The Commercial Publishers of Jianyang, Fujian (11th－17th centuries)*, Harvard-Yenching Institute Monograph Series 56, Cambridge: Harvard University Asia Center, 2002.

Ching, Julia, "Neo-Confucian Utopian Theories and Political Ethics", *Monumenta Serica* 30 (1972－1973), 1－56.

Chongxiu Jinhua fu zhi 〔重修金華府志〕, 1480.

Chu Hung-lam (Zhu Honglin) 〔朱鴻林〕, "Ch'iu Chun's Ta-hsueh yen-i pu and Its Influence in the Sixteenth and Seventeenth Centuries", *Ming Studies*, no. 22 (1986), 1－32.

_____, "The Debate over Recognition of Wang Yang-ming", *Harvard journal of Asiatic Studies* 48, no. 1 (1988), 47－79.

_____, "Intellectual Trends in the Fifteenth Century", *Ming Studies*, 27 (1989), 1－33.

_____, "Ming ru Zhan Ruoshui zhuan dixue yongshu 'Sheng xue ge wu tong' de zhengzhi beijing yu neirong tese" 〔明儒湛若水撰帝學用書'聖學格物通'的政治背景與內容特色〕, *Zhongyang yanjiu yuan Lishi yuyan yanjiu suo jikan* 〔中央研究院歷史語言研究所集刊〕 62, no. 3 (1993), 495－530.

_____, Review of Carney T. Fisher, *The Chosen One: Succession and Adoption in the Court of the Ming Shizong*; *Hanvard journal of Asiatic Studies* 54, no. 1 (1994), 266－277.

Chu Ping-tzu, "Tradition Building and Cultural Competition in Southern Song China (1160－1220): The Way, the Learning and the Texts", Ph. D. diss., Harvard University, 1998.

Chu Ron-Guey, "Pluralism in the Chu Hsi School: Disputes Between Li Fangtzu and Huang Kan", In *Guoji Zhuzixue huiyi lunwenji* 〔國際朱子學會議論文集〕, ed. Zhong Caijun 〔鍾彩鈞〕, Taibei: Zhongyang yanjiu yuan, Zhongguo wen zhe yanjiu suo choubei chu 〔中央研究院中國文哲研究所籌備處〕, 1993, 1235－1270.

Chung Tsai-chun, *The Development of the Concepts of Heaven and of Man in the Philosophy of Chu Hsi*, Taibei: Academia Sinica, Institute of Chinese Literature and Philosophy, 1993.

Clark, Hugh, *Community, Trade and Networks: Southern Fujian Province from the Third to the Thirteenth Century*, Cambridge: Cambridge University Press, 1991.

Confucius: The Analects, Trans. D. C. Lau. Harmondsworth, Eng: Penguin, 1979.

Danjō Hiroshi 〔檀上寛〕, *Minchō sensei shihai no shiteki kōzō* 〔明朝専制支配の史的構造〕, Tokyo: Kyūko shoin, 1995.

_____, "Ming Qing xiangshen lun" 〔明清鄉绅論〕, *Riben xuezhe yanjiu Zhongguoshi lunzhu xuanyi* 〔日本學者研究中國史論著選譯〕, Beijing: Zhonghua shuju, 1993, 2: 453－483.

Dardess, John W, *Blood and History in China: The Donglin Faction and Its Repression, 1620－1627*, Honolulu: University of Hawaii Press, 2002.

_____, "The Cheng Communal Family: Social Organization and Neo-Confucianism in Yuan and Early Ming China", *Harvard Journal of Asiatic Studies* 34 (1974), 7－52.

_____, *Confucianism and Autocracy: Professional Elites in the Founding of the Ming Dynasty*, Berkeley: University of California Press, 1983.

_____, "Confucianism, Local Reform and Centralization in Late Yuan Chekiang, 1342－1359", In *Yuan Thought: Chinese Thought and Religion Under the Mongols*, ed. Hok-Iam Chan and Wm. Theodore de Bary, New York: Columbia University Press, 1982, 327－374.

Davis, Richard L, "Historiography as Politics in Yang Wei-chen's Polemic on Legitimate Succession", *T'oung Pao* 69, no. 1－3 (1983), 33－72.

de Bary, Wm. Theodore, "Chen Te-hsiu and Statecraft", In *Ordering the World: Approaches to State and Society in Sung Dynasty China*, ed. Robert Hymes and Conrad Schirokauer, Berkeley: University of California Press, 1993, 349－379.

_____, "Chu Hsi's Aims as an Educator", In *Neo-Confucian Education: The Formative Stage*, ed. Wm. Theodore de Bary and John W. Chaffee, Berkeley: University of California Press, 1989, 186－218.

_____, *Learning for Oneself*, Columbia University Press, 1991.

_____, *The Liberal Tradition in China*, New York: Columbia University Press, 1983.

_____, *The Message of the Mind in Neo-Confucianism*, New York: Columbia University Press, 1989.

_____, *Neo-Confucian Orthodoxy and the Learning of the Mind-and-Heart*, New York: Columbia University Press, 1981.

_____, *The Trouble with Confucianism*, Cambridge: Harvard University Press, 1991.

_____, "The Uses of Neo-Confucianism: A Response to Professor Tillman", *Phiiosophy East and West* 43, no. 3 (1993), 541－555.

de Bary, Wm. Theodore and Irene Bloom, eds. *Sources of Chinese Tradition*, vol. 1, New York: Columbia University Press, 1999.

de Pee, Christian, "The Ritual and Sexual Bodies of the Groom and the Bride in Ritual Manuals of the Sung Dynasty (Eleventh Through Thirteenth Centuries)", In *Chinese Women in the Imperial Past: New Perspectives*, ed. Harriet T. Zumdorfer, Leiden and Boston: Brill, 1999, 53－100.

De Weerdt, Hilde Godelieve Dominique, "Byways in the Imperial Chinese Information Order: The Dissemination and Commercial Publication of State Documents", *Harvard Journal of Asiatic Studies* 66, no. 1 (2006), 145－188.

_____, *Competition over Content: Negotiating Standards for the Civil Service Examinations in Imperial China (1127－1279)*, Cambridge: Harvard University Asia Center, 2007.

_____, "The Composition of Examination Standards: Daoxue and Southern Song Dynasty Examination Culture", Ph. D. diss., Harvard University, 1998.

Deng Keming〔登克銘〕, *Songdai li gainian zhi kaizhan*〔宋代理概念之開展〕, Taibei: Wen jin chubanshe, 1993.

Dimberg, Ronald G and Julia Ching, "Chang Mou", In *Dictionary of Ming Biography, 1368－1644*, ed. L. Carrington Goodrich and Chao-ying Fang, New York: Columbia University Press, 1976, 96－97.

Ditmanson, Peter, "Contesting Authority: Intellectual Lineages and the Chinese Imperial Court from the 12th to the 15th Centuries", Ph. D. diss., Harvard University, 1999.

Dong Guodong〔凍國棟〕, *Zhongguo renkou shi: Sui Tang Wudai shiqi*〔中國人口史: 隋唐五代時期〕, ed. Ge Jianxiong〔葛劍雄〕, Shanghai: Fudan daxue chubanshe, 2002.

Dong Yuzheng〔董玉整〕, *Zhongguo lixue dacidian*〔中国理学大辞典〕, Guangzhou: Ji'nan daxue chubanshe〔暨南大学出版社〕, 1995.

Du You〔杜佑〕, *Tong dian*〔通典〕, Beijing: Zhonghua shuju, 1984.

Ebrey, Patricia Buckley, *The Aristocratic Families of Early Imperial China: A Case Study of the Po-Ling Ts'ui Family*, Cambridge: Cambridge University Press, 1978.

_____, "Art and Taoism in the Court of Song Huizong", In Stephen Little et al., *Taoism and the Arts of China*, Berkeley: University of California Press, 2000, 101－118.

_____, *Confucianism and Family Rituals in Imperial China: A Social History of Writing About Rites*. 1991.

_____, "Cremation in Sung China", *American Historical Review* 95, no. 2 (1990), 406－428.

_____, "The Early Stages in the Development of Descent Group Organization", In *Kinship Organization in Late Imperial China*, ed. Patricia Buckley Ebrey and James L. Watson, Berkeley: University of California Press, 1986, 16－61.

_____, *Family and Property in Sung China: Yuan Ts'ai's Precepts for Social Life*, Princeton: Princeton University Press, 1984.

_____, *The Inner Quarters: Marriage and the Lives of Women in the Sung Period*, Berkeley: University of California Press, 1993.

Ebrey, Patricia Buckley, ed., *Chu Hsi's Family Rituals: A Twelfth-Century Chinese Manual for the Performance of Cappings, Weddings, Funerals and Ancestral Rites*, Princeton: Princeton University Press, 1991.

Elman, Benjamin A, *A Cultural History of Civil Examinations in Late Imperial China*, Berkeley: University of California Press, 2000.

_____, "The Formation of 'Dao Learning' as Imperial Ideology During the Early Ming Period", In *Culture and the State in Chinese History: Conventions, Accommodations and Critiques*, ed. Theodore Huters, R Bin Wong and Pauline Yu, Stanford: Stanford University Press, 1997, 58－83.

_____, "Philosophy Vs. Philology: The Jen Hsin Tao Hsin Debate", *T'oung Pao* 69, no. 4－5 (1983), 175－222.

_____, "Where Is King Ch'eng", *T'oung Pao* 79 (1993), 23－68.

Elvin, Mark, *The Pattern of the Chinese Past*, Stanford: Stanford University Press, 1973.

Endō Takatoshi〔遠藤隆俊〕, "Sōdai ni okeru dōzoku nettowāku ni keisei: Han Chūen to Han Chūon"〔宋代における同族ネットワークの形成—范仲淹と范仲温〕, In *Sōdai shakai no nettowāku*〔宋代社会のネットワーク〕, ed. Sōdaishi kenkyūkai〔宋代史研究会〕, Tokyo: Kyūko shoin, 1998, 77－118.

Fan Zhongyan〔范仲淹〕, *Fan Wenzheng gong quanji*〔范文正公全集〕, Sibu congkan chubian, Shanghai: Shangwu yinshuguan, 1929.

Fang Xiaoru〔方孝孺〕, *Xunzhi Zhai ji*〔遜志齋集〕, Guoxue jiben congshu, 1983.

_____, *Xunzhi Zhai ji*〔遜志齋集〕, Wenyuange Siku quanshu, Taibei: Taiwan Shangwu yinshuguan, 1983.

_____, *Xunzhi Zhai ji* 〔遜志齋集〕, Ningbo: Ningbo chubanshe, 1996.

Farmer, Edward L, *Early Ming Government: The Evolution of Dual Capitals*, Cambridge: East Asian Research Center, Harvard University, 1976.

_____, "Social Order in Early Ming China: Some Norms Codified in the Hungwu Period", In *Law and the State in Traditional East Asia: Six Studies on the Sources of East Asian Law*, ed. Brian E. McKnight, Honolulu: University of Hawaii Press, 1987, 1-36.

_____, *Zhu Yuanzhang and Early Ming Social Legislation: The Reordering of Chinese Society Following the Era of Mongol Rule*, Leiden: Brill, 1995.

Feng Dawen 〔冯达文〕, *Song Ming xin ruxue luelun* 〔宋明新儒学略论〕, Canton: Guangdong renmin chubanshe, 1997.

Fisher, Carney T, *The Chosen One: Succession and Adoption in the Court of Ming Shizong*, Sydney: Allen and Unwin, 1990.

Fogel, Joshua A, *Politics and Sinology: The Case of Naito Konan (1866-1934)*, Cambridge: Council on East Asian Studies, Harvard University, 1984.

Foster, Robert Wallace, "Differentiating Rightness from Profit: The Life and Thought of Lu Jiuyuan (1139-1193)", Ph. D. diss., Harvard University, 1997.

Fu, Charles Wei-hsun, "Chu Hsi on Buddhism", In *Chu Hsi and Neo-Confucianism*, ed. Wing-tsit Chan, Honolulu: University of Hawaii Press, 1986, 377-407.

Fu, Charles Wei-hsun and Wing-tsit Chan, *Guide to Chinese Philosophy*, Boston: G. K Hall, 1978.

Fu Zhengyuan, *The Autocratic Tradition and Chinese Politics*, Cambridge: Cambridge University Press, 1993.

Fuller, Michael A, "Aesthetics and Meaning in Experience: A Theoretical Perspective on Zhu Xi's Revision of Song Dynasty Views of Poetry", *Harvard Journal of Asiatic Studies* 65, no. 2 (2005), 311-356.

_____, *The Road to East Slope: The Development of Su Shih's Poetic Voice*, Stanford: Stanford University Press, 1990.

Fuma Susumu 〔大馬進〕, *Chūgoku zenkai zendō shi kenkyū* 〔中国善会善堂史研究〕, Kyoto: Dōhōsha, 1997.

Fumoto Yasutaka 〔麓保孝〕, *Hoku Sō ni okeru Jugaku no tenkai* 〔北宋に於ける儒學の展開〕, Tokyo: Shoseki bunbutsu ryūtsūkai, 1967.

Furth, Charlotte, "The Physician as Philosopher of the Way: Zhu Zhenheng (1282-1358)", *Harvard Journal of Asiatic Studies* 66, no. 2 (2006), 423-460.

Gao Congming 〔高聰明〕, *Songdai huobi yu huobi liutong yanjiu* 〔宋代貨幣與貨幣流通研究〕, Baoding: Hebei daxue chubanshe, 1999.

Gao Shulin 〔高樹林〕, *Yuandai fuyi zhidu yanjiu* 〔元代賦役制度研究〕, Song shi yanjiu congshu, Baoding: Hebei daxue chubanshe, 1997.

Gardner, Daniel K, *Chu Hsi and the Ta Hsueh: Neo-Confucian Reflections on the Confucian Canon*, Cambridge: Council on East Asian Studies, Harvard University, 1986.

_____, "Confucian Commentary and Chinese Intellectual History", *Journal of Asian Studies* 57, no. 2 (1998), 397–422.

_____, "Ghosts and Spirits in the Sung Neo-Confucian World: Chu Hsi on *kuei-shen*", *Journal of the American Oriental Society* 115, no. 4 (1995), 598–611.

_____, *Zhu Xi's Reading of the Analects: Canon, Commentary and the Classical Tradition*, New York: Columbia University Press, 2003.

Gates, Hill, *China's Motor: A Thousand Years of Petty Capitalism*, Ithaca: Cornell University Press, 1996.

Ge Jinfang 〔葛金芳〕, *Song Liao Xia Jin jingji yanxi* 〔宋遼夏金經濟研析〕, Wuhan: Wuhan chubanshe, 1991.

Ge Shengzhong 〔葛勝仲〕, *Danyang ji* 〔丹陽集〕, Yingyin Wenyuange Siku quanshu, Taibei: Taiwan Shangwu yinshuguan.

Ge Zhaoguang 〔葛兆光〕, *Qi shiji zhi shijiu shiji Zhongguo de zhishi, sixiang yu xinyang* 〔七世纪至十九世纪中国的知识 ・思想与信仰〕, Shanghai: Fudan daxue chubanshe 〔復旦大学出版社〕, 2000.

Gedalecia, David, *The Philosophy of Wu Ch'eng: A Neo-Confucian of the Yuan Dynasty*, Bloomington: Research Institute for Inner Asian Studies, Indiana University, 1999.

_____, *A Solitary Crane in a Spring Grove: The Confucian Scholar Wu Ch'eng in Mongol China*, Wiesbaden: Harrassowitz Verlag, 2000.

_____, "Wu Ch'eng and the Perpetuation of the Classical Heritage in the Yuan", *China Under Mongol Rule*, ed. John D. Langlois Jr., Princeton: Princeton University Press, 1981, 186–211.

_____, "Wu Ch'eng's Approach to Internal Self-Cultivation and External Knowledge-Seeking", In *Yuan Thought: Chinese Thought and Religion Under the Mongols*, ed. Hok-lam Chan and Wm. Theodore de Bary, New York: Columbia University Press, 1982, 279–326.

Goodrich, L. Carrington and Chao-ying Fang eds., *Dictionary of Ming Biography, 1368–1644*, New York: Columbia University Press, 1976.

Graham, A. C, *Two Chinese Philosophers: The Metaphysics of the Brothers Cheng*, La Salle, IL: Open Court, 1992 〔1958〕.

_____, "What Was New in the Ch'eng-Chu Theory of Human Nature?", In *Chu Hsi and Neo-Confucianism*, ed. Wing-tsit Chan, Honolulu: University of Hawaii Press, 1986, 138–157.

Grant, Beata, *Mount Lu Revisited: Buddhism in the Lift and Writings of Su Shih*, Honolulu: University of Hawaii Press, 1995.

Grove, Linda and Christopher Daniels, eds., *State and Society in China: Japanese Perspectives on Ming-Qing Social Economic History*, Tokyo: University of Tokyo Press, 1984.

Guan Changlong〔关长龙〕, *Liang Song daoxue mingyun de lishi kaocha*〔两宋道学命运的历史考察〕, Shanghai: Xuelin chubanshe, 2001.

Guan Lüquan〔關履權〕, *Songdai Guangzhou de haiwai maoyi*〔宋代廣州的海外貿易〕, Guangdong: Guangdong renrnin chubanshe, 1994.

Guo Fu〔郭鈇〕, *Shi dong yi fang*〔石洞遺芳〕, Jinhua congshu. N. p.: Hu shi Tuibu zhai〔胡氏退補齋〕, 1862.

Guo Zhengzhong〔程正忠〕, *Liang Song chengxiang shangpin huobi jingji kaolue*〔两宋城乡商品货币经济考略〕, Beijing: Jingji guanli chubanshe, 1997.

Halperin, Mark, *Out of the Cloister: Lay Perspectives on Buddhism in Sung China, 960－1279*, Cambridge: Harvard University Asia Center, 2006.

Hamashima Atsutoshi, "The City God Temples (chenghuangmiao) of Chiangnan in the Ming and Qing Dynasties", *Memoirs of the Research Department of the Toyo Bunko* 50 (1992).

Han Jingtai〔韓經太〕, *Lixue wenhua yu wenxue sichao*〔理學文化與文學思潮〕, Beijing: Zhonghua shuju, 1997.

Han Xiuli〔韓秀〕 et al., *Sishu yu xiandai wenhua*〔四書與現代文化〕, Zhuzi baijia yu xiandai wenhua congshu, Beijing: Zhongguo guangbo dianshi chubanshe, 1998.

Han Yuanji〔韓元吉〕, *Nanjian jia yi gao*〔南澗甲乙稿〕, Yingyin Wenyuange Siku quanshu, Taibei: Taiwan Shangwu yinshuguan, 1983.

Hansen, Valerie, *Changing Gods in Medieval China, 1127－1279*, Princeton: Princeton University Press, 1990.

_____, *The Open Empire: A History of China to 1600*, New York: Norton, 2000.

Hartwell, Robert M, "Demographic, Political and Social Transformation of China, 750－1550", *Harvard Journal of Asiatic Studies* 42, no. 2 (1982), 365－442.

_____, "Markets, Technology and the Structure of Enterprise in the Development of the Eleventh-Century Chinese Iron and Steel Industry", *Journal of Economics History* 26 (1966), 29－58.

Hatch, George, "Su Hsun's Pragmatic Statecraft", In *Ordering the World: Approaches to State and Society in Sung Dynasty*, ed. Robert Hymes and Conrad Schirokauer, Berkely: University of California Press, 1993, 59－75.

Hauf, Kandice J, "The Community Covenant in Sixteenth-Century Ji'an Prefecture, Jiangxi", *Late Imperial China* 17, no. 2 (1996), 1－50.

_____, "The Jianyou Group: Culture and Society in Sixteenth-Century China", Ph. D. diss., Yale University, 1987.

He Yan [何晏], Xing Bing [邢昺] and Lu Deming [陸德明], *Song ben Lunyu zhushu* [宋本論語註疏], Shanghai: Shangwu yinshuguan, 1929.

He Yousen [何佑森], "Liang Song xuefeng de dili fenbu" [兩宋學風的地理分布], *Xinya xuebao* [新亞學報] 1. no. 1 (1955), 331－379.

Heijdra, Martin, "The Socio-economic Development of Rural China During the Ming", In *The Cambridge History of China*, vol. 8, pt. 2; *The Ming Dynasty, 1368－1644*, de. Denis Twitchett and F. W. Mote, Cambridge: Cambridge University Press, 1998, 417－518.

Heng, Chye Kiang, *Cities of Aristocrats and Bureaucrats: The Development of Medieval Chinese Cities*, Honolulu: University of Hawaii Press, 1999.

Higashi Ichio [東一夫], *Ō Anseki shinpō no kenkyū* [王安石新法の研究], Tokyo: Kazama shobō, 1970.

Hirotsune Jinsei [廣常人世], *Gen Min Shindai shisō kenkyū bunken mokuroku* [元明清代思想研究文献目錄], Tokyo: The author, 1967.

Holcombe, Charles, "Immigrants and Strangers: From Cosmopolitanism to Confucian Universalism in Tang China", *Tang Studies* 20/21 (2002－2003), 71－112.

Hon, Tze-Ki, *The Yijing and Chinese Politics: Classical Commentary and Literati Activism in the Northern Song period, 960－1127*, Albany: State University of New York Press, 2005.

Hong Mai, [洪邁], *Rong Zhai sui bi* [容齋隨筆], Shanghai: Shanghai guji chubanshe, 1978.

Hoshi Ayao [星斌夫], *Chūgoku shakai fukushi seisakushi no kenkyū: Shindai no shinsaisō o chūshin ni* [中国社会福祉政策史の研究: 清代の賑済倉を中心に], Tokyo: Yamakawa shuppansha, 1988.

Hou Wailu [侯外庐], Qiu Hansheng [邱汉生] and Zhang Qizhi [张岂之], *Song Ming lixue shi* [宋明理学史], Beijing: Renmin chubanshe, 1984.

Hu Anguo [胡安國], *Chunqiu Hu shi zhuan* [春秋胡氏傳], Sibu congkan, Shanghai: Shangwu yinshuguan, 1934.

Hu Juren [胡居仁], *Juye lu* [居業錄], Congshu jicheng, Shanghai: Shangwu yinshuguan, 1936.

Hu Zongmao [胡宗楙], *Jinhua jingji zhi* [金華經籍志], N. p. : Mengxuan lou, 1926.

Huang, Chi-chiang, "Elite and Clergy in Northern Song Hangzhou: A Convergence of Interest", In *Buddhism in the Sung*, ed. Peter Gregory and Daniel A. Getz Jr., Honolulu: University of Hawaii Press, 1999, 295－339.

Huang Chin-hsing (Huang Chin-shing), "The Cultural Politics of Autocracy: The Confucius Temple and Ming Despotism, 1368－1530", In *On Sacred Grounds: Culture, Society, Politics and the Formation of the Cult of Confucius*, ed. Thomas A. Wilson, Cambridge: Harvard University Asia Center, 2002, 267－296 .

_____, *The Price of Having a Sage-Emperor: The Unity of Politics and Culture*, Occasional Paper and Monograph Series no. 10, Singapore: Institute of East Asian Philosophies, 1987.

Huang, Chun-chieh, "Imperial Rulership in Cultural History: Chu Hsi's Interpretation", In *Imperial Rulership and Cultural Change in Traditional China*, ed. Frederick P. Brandauer and Chun-chieh Huang, Seattle: University of Washington Press, 1994, 188－205.

Huang, Ray, "The Hung-wu Reign, 1369－1398", In *The Cambridge History of China*, vol 7, pt. 1; *The Ming Dynasty, 1368－1644*, ed. Denis Twitchett and Frederick W. Mote, Cambridge: Cambridge University Press, 1988, 511－584.

Huang Zhen〔黃震〕, *Huang shi ri chao*〔黃氏日抄〕, Yingyin Wenyuange Siku quanshu, Taibei: Taiwan Shangwu yinshuguan, 1983.

Hucker, Charles O, "Ming Govemment", In *The Cambridge History of China*, vol. 8, pt. 2; *The Ming Dynasty, 1368－1644*, ed. Denis Twitchett and Frederick W. Mote, Cambridge: Cambridge University Press, 1998, 9－105.

Hymes, Robert P, "Lu Chiu-yuan, Academies and the Problem of the Local Community", In *Neo-Confucian Education: The Formative Stage*, ed. Wm. Theodore de Bary and John Chaffee, Berkeley: University of California Press, 1989, 432－456.

_____, "Marriage, Descent Groups and the Localist Strategy in Sung and Yuan Fu-chou", In *Kinship Organization in Late Imperial China, 1000－1940*, ed. Patricia Buckley Ebrey and James L. Watson, Berkeley: University of California Press, 1986, 95－136.

_____, *Statesmen and Gentlemen: The Elite of Fu-Chou, Chiang-Hsi, in Northern and Southern Sung*, Cambridge: Cambridge University Press, 1986.

_____, *Way and Byway: Taoism, Local Religion and Models of Divinity in Sung and Modern China*, Berkeley: University of California Press, 2001.

Ichiki Tsuyuhiko〔市来津由彦〕, *Shu Ki monjin shūdan keisei no kenkyū*〔朱熹門人集團形成の研究〕, Tōyōgaku sōsho, Tokyo: Sōbunsha, 2002.

Ishida Hajime〔石田肇〕, "Shū Mitsu to Dōgaku"〔周密と道學〕, *Tōyōshi kenkyū*〔東洋史研究〕 49, no. 2 (1990), 249－271 (25－47).

Ivanhoe, Philip J, *Confucian Moral Self-Cultivation*, New York: Peter Lang, 1993.

Jay, Jennifer W, *A Change in Dynasties: Loyalism in Thirteenth-Century China*, Bellingham: Western Washington University, 1992.

Jen Yu-wen, "Ch'en Hsien-chang's Philosophy of the Natural", In *Self and Society in Ming Thought*, ed. Wm. Theodore de Bary and Conference on Ming Thought, New York: Columbia University Press, 1970, 53－92.

Ji, Xiao-bin, *Politics and Conservatism in Northern Song China: The Career and Thought of Sima Guang (1019－1086)*, Hong Kong: Chinese University Press, 2005.

Ji Xiuzhu〔姫秀珠〕, *Mingchu daru Fang Xiaoru yanjiu*〔明初大儒方孝孺研究〕, Taibei: Wenshizhe chubanshe, 1991.

Jiang Guozhu〔姜國柱〕 and Zhu Kuiju〔朱葵菊〕, *Zhongguo renxing lun shi*〔中國人性論史〕,

Zhengzhou: Henan renmin chubanshe, 1997.

Jiang Yibin〔蔣義斌〕, *Songdai ru shi tiaohe lun ji paifou lun zhi yanjiu*〔宋代儒釋調和論及排佛論之研究〕, Taibei:.Taiwan Shangwu yinshuguan, 1988.

Jin Lüxiang〔金履祥〕, *Zizhi tongjian qianbian*〔資治通鑑前編〕, Yingyin Wenyuange Siku quanshu, Taibei: Taiwan Shangwu yinshuguan 臺灣商務印書館, 1983.

Jin Zhongshu〔金中樞〕, "Bei Song keju zhidu yanjiu, I"〔北宋科擧制度硏究 I〕, In *Song shi yanjiu ji*〔宋史硏究集〕vol. Ⅱ, Taibei: Guoli bianyi guan, 1979, 1－72.

_____, "Bei Song keju zhidu yanjiu, xu"〔北宋科擧制度硏究續〕, In *Song shi yanjiu ji*〔宋史硏究集〕vol. 13, Taibei: Guoli bianyi guan, 1981, 61－189.

Johnson, David, "The Last Years of a Great Clan: The Li Family of Chao Chun in Late T'ang and Early Sung", *Harvard Journal of Asiatic Studies* 37, no. 1 (1977), 5－102.

_____, *The Medieval Chinese Oligarchy*, Boulder, CO: Westview Press, 1977.

Kasoff, Ira, *The Thought of Chang Tsai*, Cambridge: Cambridge University Press, 1984.

Kawamura Yasushi〔川村康〕, "Sōdai 'hō kyōdōtai' shokō"〔宋代'法共同體'初考〕, In *Sōdai shakai no nettowāku*〔宋代社会のネットワーク〕, ed. Sōdaishi kenkyūkai〔宋代史硏究会〕, Tokyo: Kyūko shoin, 1998, 119－150.

Kelleher, M. Theresa, "Back to Basics: Chu Hsi's Elementary Learning (Hsiaohsüeh)", In *Neo-Confucian Education: The Formative Stage*, ed. Wm. Theodore de Bary and John W. Chaffee, Berkeley: University of California Press, 1989, 219－251.

_____, *Personal Reflections on the Pursuit if Sagehood: An Interplay of Darkness and Light in the Journal of Wu Yu-pi*, New York: Regional Seminar in Neo-Confucian Studies, Columbia University, 1980.

Kim, Youngmin, "Redefining the Self's Relation to the World: A Study of Mid-Ming Neo-Confucian Discourse", Ph. D. diss., Harvard, 2002.

Kim, Yung Sik, *The Natural Philosophy of Chu Hsi (1130－1200)*, Philadelphia: American Philosophical Society, 2000.

Koh, Khee Heong, "East of the River and Beyond: A Study of Xue Xuan (1389－1464) and the Hedong School", Ph. D. diss., Columbia University, 2006.

Kojima Tsuyoshi〔小島毅〕, "Fukken nanbu no meizoku to Shushigaku no fukyū"〔福建南部の名族と朱子學の普及〕, In *Sōdai no chishikijin: shisō, seido, chiiki shakai*〔宋代の知識人: 思想・制度・地域社会〕, ed. Sōdaishi kenkyūkai〔宋代史硏究会〕, Tokyo: Kyūko shoin, 1993, 227－255.

_____, "Seishi to inshi: Fukken no chihōshi ni okeru kijutsu to ronri"〔正祠と淫祠: 福建の地方誌におねる記述と論理〕, *Tōyō bunka kenkyūjo kiyō*〔東洋文化硏究所〕114 (1991), 87－213.

Kondō Kazunari〔近藤一成〕, "Sai Kyō no kakyo, gakkō seisaku"〔蔡京の科擧, 學校政策〕, *Tōyōshi kenkyū*〔東洋史硏究〕53, no. 1 (1994), 24－49.

_____, "Sōdai no shidaifu to shakai — Kō Kan ni okeru rei no sekai to hango no sekai" 〔宋代の士大夫と社會—黃榦における禮の世界と判語の世界〕, In *Sō Gen jidaishi no kihon mondai* 〔宋元時代史の基本問題〕, ed. Satake Yasuhiko 〔佐竹靖彦〕 et al., Tokyo: Kyūko shoin, 1996, 389－424.

_____, "Sōdai shidaifu seiji no tokushoku" 〔宋代士大夫政治の特色〕, In *Chūka no bunretsu to saisei, san—jūsan seiki* 〔中華の分裂と再生, 三一十三世紀〕, vol. 9, Iwanarni kōza sekai rekishi, Tokyo: Iwanami shoten, 1999, 305－326.

Kong Yingda 〔孔穎達〕, "Chunqiu zhengyi" 〔春秋正義〕, In *Shisan jing zhushu* 〔十三經注疏〕, ed. Ruan Yuan 〔阮元〕, Beijing: Zhonghua shuju, 1980.

Lackner, Michael, "Die 'Verplanung' des Denkens am Beispiel der T'u", In *Lebenswelt und Weltanschauung im frühneuzeitlichen China*, ed. Helwig Schmidt Glintzer, Stuttgart: Franz Steiner Verlag, 1990, 133－156.

Langlois, John D. Jr, "Authority in Family Legislation: The Cheng Family Rules (Cheng-shih kuei-fan)", In *State and Law in East Asia: Festschrift Karl Bünger*, ed. Dieter Eikemeir and Herbert Franke, Wiesbaden: Harrassowitz, 1981, 272－299.

_____, "Political Thought in Chin-hua Under Mongol Rule", *China Under Mongol Rule*, ed. idem, Princeton: Princeton University Press, 1981, 137－185.

Lee, Thomas H. C, "Academies: Official Sponsorship and Suppression", In *Imperial Rulership and Cultural Change in Traditional China*, ed. Frederick P. Brandauer and Chun-chieh Huang, Seattle: Washington University Press, 1994, 117－243.

_____, *Education in Traditional China, a History*, Leiden: Brill, 2000.

Leeming. Frank, "Official Landscapes in Traditional China", *Journal of the Economic and Social History of the Orient* 23, pt. Ⅰ－Ⅱ (1980), 153－204.

Leung, Irene S, "'Felt yurts neatly arrayed, large tents huddle close': Visualizing the Frontier in the Northern Song Dynasty (960－1127)", In *Political Frontiers, Ethnic Boundaries and Human Geographies in Chinese History*, ed. Nicola Di Cosmo and Don J. Wyatt, London: RoutledgeCurzon, 2003, 192－219.

_____, "The Frontier Imaginary in the Song Dynasty(960－1279): Revisiting Cai Yan's 'Barbarian Captivity' and Return", Ph. D. diss., University of Michigan, 2000.

Lewis, Mark Edward, *Writing and Authority in Early China*, Albany: SUNY Press, 1999.

Li Gou 〔李覯〕, *Li Gou ji* 〔李覯集〕, Beijing: Zhonghua shuju, 1981.

Li Huarui 〔李華瑞〕, *Wang Anshi bianfa yanjiu shi* 〔王安石變法研究史〕, Beijing: Renmin chubanshe, 2004.

Li Qiqing 〔李耆卿〕, *Wenzhangjingyi* 〔文章精義〕, Beijing: Renmiin chubanshe, 1983.

Li Shimin 〔李世民〕, "Di fan" 〔帝範〕, In *Di fan chen gui* 〔帝範臣規〕, ed. Yi Li 〔伊力〕, Changsha: Zhongzhou guji chubanshe, 1994, 1－39.

Li Xiaolong〔黎小龍〕, "Yimen da jiating de fenbu yu zongzu wenhua de quyu tezheng"〔義門大家庭的分布與宗族文化的區域特征〕, *Lishi yanjiu* 1998, no. 2, 54－63.

Li Xinchuan〔李心傳〕, *Dao ming lu*〔道命錄〕, Zhibuzu zhai congshu, 1872.

_____, *Dao ming lu*〔道命錄〕, Songshi ziliao cuibian, Taibei: Wenhai chubanshe, 1981.

Li Yuangang〔李元綱〕, *Shengmen shiye tu*〔聖門事業圖〕, Baichuan xuehai, Shanghai: Bogu zhai, 1921.

Li Zhuoran〔李卓然〕, "Zhi guo zhi dao: Ming Chengzu ji qi Shengxue xinfa"〔治國之道─明成祖及其聖學心法〕, *Hanxue yanjiu*〔漢學硏究〕9, no. 1 (1991), 211－227.

Liang Gengyao〔梁庚堯〕, *Songdai shehui jingji shi lunji*〔宋代社會經濟史論集〕, Taibei: Yunzhen wenhua shiye, 1997.

Lin Qingzhang 林慶彰, "*Wujing daquan* zhi xiuzuan ji qi xiangguan tanjiu"〔『五經大全』之修纂及其相關問題探究〕, *Zhongguo wenzhe yanjiu jikan*〔中國文哲硏究集刊〕1 (1991), 361－383.

Lin Qingzhang〔林慶彰〕et al. eds., *Zhuzi xue yanjiu shumu*〔朱子學硏究書目〕, Taibei: Wenjin chubanshe, 1992.

Liu Chang〔劉敞〕, *Gongshi ji*〔公是集〕, Yingyin Wenyuange Siku quanshu, Taibei: Taiwan Shangwu yinshuguan, 1983.

Liu Dake〔劉達可〕, *Bishui qunying daiwen huiyuan*〔璧水羣・英待問會元〕, Xuxiu Siku quanshu, Shanghai: Shanghai guji chubanshe, 1995.

Liu Guanglin, "Wrestling for Power: The State and Economy in Later Imperial China, 1000－1770", Ph. D. diss., Harvard University, 2005.

Liu, James T. C, *China Turning Inward: Intellectual-Political Changes in the Early Twelfth Century*, Cambridge: Council on East Asian Studies, Harvard University,1988.

_____, "How Did a Neo-Confucian School Become the State Orthodoxy?", *Philosophy East and West* 23 (1973), 483－505.

_____, *Ou-yang Hsiu: An Eleventh Century Neo-Confucianist*, Stanford: Stanford University Press, 1967.

_____, *Reform in Sung China: Wang An-shih (1021－1086) and His New Policies*, Cambridge: Harvard University Press, 1959.

_____, "The Sung Views on the Control of Government Clerks", *Journal of the Economic and Social History of the Orient* 10, no. 2－3 (1967), 317－344.

Liu Jingzhen〔劉靜貞〕, *Bei Song qianqi huangdi he tamen de quanli*〔北宋前期皇帝和他們的權力〕, Taibei: Daoxiang chubanshe, 1996.

Liu, Kwang-Ching, "Socioethics as Orthodoxy: A Perspective", In *Orthodoxy in Late Imperial China*, ed. idem, Berkeley: University of California Press, 1990, 53－100.

Liu Liyan (Lau Nap-yin)〔柳立言〕, "He wei 'Tang Song biange'?"〔何謂唐宋變革〕, *Zhonghua wenshi luncong*〔中華文史論叢〕81 (2006), 125－171.

Liu Shuxun〔刘树勋〕, *Minxue yuanliu*〔闽学源流〕, Fuzhou: Fujian jiaoyu chubanshe, 1993.

Liu Xun〔劉壎〕, *Yin ju tong yi*〔隐居通議〕, Yingyin Wenyuange Siku quanshu, Taibei: Taiwan Shangwu yinshuguan, 1983.

Liu Yi〔劉毅〕, "Songdai huangling zhidu yanjiu"〔宋代皇陵制度研究〕, *Gugong bowu yuan yuankan*〔故宮博物院院刊〕1 (1999), 66－82.

Lo, Winston, *The Life and Thought of Yeh Shih*, Hong Kong: Chinese University of Hong Kong, 1974.

Lou Yao〔樓鑰〕, *Gong kui ji*〔攻媿集〕, Congshu jicheng chubian, Shanghai: Shangwu yinshuguan, 1935.

Lu Ge〔盧格〕, *He ting bian lun*〔荷亭辯論〕, Siku quanshu cunmu congshu, Ji'nan: Qi Lu shushe chubanshe, 1997.

Lu Jiuyuan〔陸九淵〕, *Lu Jiuyuan ji*〔陸九淵集〕, Beijing: Zhonghua shuju chubanshe, 1980.

Lu Miaw-fen (Lü Miaofen)〔吕妙芬〕, "Practice as Knowledge: Yang-ming Learning and Chiang-hui in Sixteenth-Century China", Ph. D. diss., University of California, Los Angeles, 1997.

_____, *Yangming xue shiren shequn: lishi, sixiang yu shijian*〔陽明學士人社群: 歷史, 思想與實踐〕, Taibei: Zhongyang yanjiu yuan, Jindai shi yanjiu suo, 2003.

Lü Pu〔呂浦〕, *Zhu xi gao*〔竹溪稿〕, Xu Jinhua congshu, Yongkang: Yongkang Hu shi Mengxuan lou, 1924.

Lu You〔陸游〕, *Lao xue an biji*〔老學庵筆記〕, Shanghai: Hanfen lou, 1912.

_____, *Lu Fangweng quanji*〔陸方翁全集〕, Beijing: Zhongguo shudian, 1986.

Lü Zujian〔呂祖儉〕, *Donglai Lüshi ji*〔東萊呂氏集〕, Xu jinhua congshu, Yongkang: Yongkang Hu shi Mengxuan, 1924.

Lü Zuqian〔呂祖謙〕, *Donglai Lü taishi wenji*〔東萊呂太史文集〕, Xu Jinhua congshu, Yongkang: Yongkang Hu shi Mengxuan lou, 1924.

_____, *Lidai zhidu xiangshuo*〔歷代制度詳說〕, jiangsu: jiangsu guangling guji, 1990.

Luo jiaxiang〔羅家祥〕, *Bei Song dangzheng yanjiu*〔北宋黨爭研究〕, Taibei: Wenjin chubanshe, 1993.

Lynn, Richard John, "Chu Hsi as Literary Theorist and Critic", In *Chu Hsi and Neo-Confucianism*, ed. Wing-tsit Chan, Honolulu: University of Hawaii Press, 1986, 337－354.

Ma Duanlin〔馬端臨〕, *Wenxian tongkao*〔文獻通考〕, Shi tong, Taibei: Xinxing shuju, 1963.

Ma jigao〔马积高〕, *Song Ming lixue yu wenxue*〔宋明理学与文学〕, Changsha: Hunan shifan daxue chubanshe, 1989.

Mabuchi Masaya〔馬淵昌也〕, "Gen Minsho seirigaku no ichi somen: Shushigaku no biman to Sun Saku no shisō"〔元明初性理學の一側面: 朱子學の瀰漫と孫作の思想〕, *Chūgoku tetsugaku kenkyū*〔中國哲學研究〕4 (1992), 60－131.

Maemura Yoshiyuki〔前村佳幸〕, "Goseichin no naibu kōzō: Sōdai Kōnan shichin shakai bunseki"

〔烏青鎮の內部構造—宋代江南市鎮社會分析〕, In *Sōdaibito no ninshiki: sōgosei to nichijō kūkan* 〔宋代人の認識—相互性と日常空間〕, ed. Sōdaishi kenkyūkai 〔宋代史硏究會〕, Tokyo: Kyūko shoin, 2001, 57－90.

Makeham, John, *Transmitters and Creators: Chinese Commentators and Commentaries on the Analects*, Cambridge: Harvard University Asia Center, 2003.

Massey, Thomas P, "Chu Yuan-chang, the Hu-Lan Cases and Early Ming Confucianism", Unpublished paper, 2000.

McDermott, Joseph and Shiba Yoshinobu, "Economic Change During the Song (draft dated 2003)", In *Cambridge History of China*, vol. 5, pt. 2, Cambridge: Cambridge University Press, forthcoming.

McKnight, Brian E, "Fiscal Privileges and the Social Order in Sung China", In *Crisis and Prosperity in Sung China*, ed. John Winthrop Haeger, Tuscon: University of Arizona Press, 1975, 79－100.

_____, *Village and Bureaucracy in Southern Sung China*, Chicago: University of Chicago Press, 1972.

Mencius, Trans. D. C. Lau. Harmondsworth, Eng.: Penguin Books, 1970.

Meng Peiyuan 〔蒙培元〕, *Lixue de yanbian: cong Zhu Xi dao Wang Fuzhi Dai Zhen* 〔理学的演变: 從朱熹到王夫之戴震〕, Taibei: Wen jin chubanshe, 1990.

Meskill, John, *Academies in Ming China*, Monographs of the Association for Asian Studies, Tucson: University of Arizona Press, 1982.

Metzger, Thomas A, *Escape from Predicament: Neo-Confucianism and China's Evolving Political Culture*, New York: Columbia University Press, 1977.

Min, Byounghee, "The Republic of the Mind: Zhu Xi's 'Learning (Xue)' as a Sociopolitical Agenda and the Construction of Literati Society", Ph. D. diss., Harvard University, 2007.

Mingchao kaiguo wenxian 〔明朝開國文獻〕, Taibei: Xuesheng shuju, 1967.

Miura Shūichi 〔三浦秀一〕, *Chūgoku shingaku no ryōsen: Genchō no chishikijin to ju dō butsu sankyō* 〔中国心学の稜線: 元朝の知識人と儒道仏三教〕, Tokyo: Kenbun shuppan, 2003.

Miyakawa Hisayuki, "An Outline of the Naitô Hypothesis and Its Effects on Japanese Studies of China", *Far Eastern Quarterly* 14, no. 4 (1955), 533－552.

Miyazaki Ichisada 〔宮崎市定〕, "Sōdai no shifu" 〔宋代の士風〕, In *Miyazaki Ichisada zenshū* 〔宮崎市定全集〕, Tokyo: Iwanami shoten, 1992 〔1953〕, Ⅱ, 339－375.

_____, *Tōyōteki no kinsei* 〔東洋的の近世〕, Tokyo: Kyuiku taimususha, 1950.

Miyazawa Tomoyuki 〔宮澤知之〕, *Sōdai Chūgoku no kokka to keizai: zaisei, shijō, kahei* 〔宋代中國の國家と經濟 : 財政, 市場, 貨幣〕, Tokyo: Sōbunsha, 1998.

_____, "Songdai dizhu yu nongmin de zhuwenti" 〔宋代地主與農民的諸問題〕, In *Riben xuezhe yanjiu Zhongguoshi lunzhu xuanyi* 〔日本學者研究中國史論著選譯〕, Beijing: Zhonghua, 1993, 2, 424－452.

Monod, Paul Kléber, *The Power of Kings: Monarchy and Religion in Europe, 1589－1715*, New Haven: Yale University Press, 1999.

Mori Masao 〔森正夫〕, "Sōdai igo no shitaifu to chiiki shakai" 〔宋代以後の士大夫と地域社會〕, In *Chūgoku shitaifu kaikyū to chiiki shakai to sono kankei ni tsuite no sōgō teki kenkyū* 〔中國士大夫階級と地域社會とその關系についての綜合的研究〕, ed. Tanigawa Michio 〔谷川道雄〕, Showa 57 nendo kagaku kenkyūhi bukin sōgō kenkyū, Kyoto: Kyoto daigaku, 1983, 95－103.

Mote, Frederick W, "Fang Hsiao-ju", In *Dictionary of Ming Biography*, ed. L. Carrington Goodrich and Chaoying Fang, New York: Columbia University Press, 1976, 426－433.

_____, *Imperial China, 900－1800*, Cambridge: Harvard University Press, 1999.

Munro, Donald J, *A Chinese Ethics for the New Century: The Ch'ien Mu Lectures in History and Culture and Other Essays on Science and Confucian Ethics*, Chi'en Mu Lectures, Hong Kong: Chinese University Press, 2005.

_____, *Images of Human Nature: A Sung Portrait*, Princeton: Princeton University Press, 1988.

Nakajima Gakushō 〔中島樂章〕, *Mindai kyōson no funsō to chitsujo: Kishū monjo o shiryō to shite* 〔明代鄕村の紛争と秩序: 徽州文書を史料として〕, Tokyo: Kyūko shoin, 2002.

_____, "Ruisei dōkyo kara sōzoku keisei e: Sōdai Kishū no chiiki kaihatsu to dōso ketsugō" 〔累世同居から宗族形成へ━宋代徽州の地域開發と同組結合〕, In *Sōdai shakai no kūkan to komyunikēshon* 〔宋代社会の空間とコミュニケーション〕, ed. Hirata Shigeki 〔平田茂樹〕, Endō Takatoshi 〔遠藤隆俊〕 and Oka Motoshi 〔岡元司〕, Tokyo: Kyūko shoin, 2006, 215－250.

Neskar, Ellen G, *The Politics of Prayer: Shrines to Local Former Worthies in Song China*, Cambridge: Harvard University, Asia Center, forthcoming.

_____, "Shrines to Local Former Worthies", In *Religions of China in Practice*, ed. Donald S. Lopez Jr, Princeton: Princeton University Press, 1996, 293－305.

Oh Kuemsung 〔吳金成〕, *Mindai shakai keizaishi kenkyū: shinshisō no keisei to sono shakai keizaiteki yakuwari* 〔明代社會經濟史研究━紳士層の形成とその社會經濟的役割〕, Trans. Watari Masahiro 〔渡昌弘〕, Tokyo: kyūko shoin, 1990.

Oka Motoshi 〔岡元司〕, "Nan Sō ki kakyo no shikan o meguru chiikisei: Settō shusshintachi no ichizuke o chūshin ni" 〔南宋期科擧の試官をめぐる地域性━浙東出身者の位置づけを中心に〕, In *Sōdai shakai no nettowāku* 〔宋代社会のネットワーク〕, ed. Sōdaishi kenkyūkai 〔宋代史研究会〕, Tokyo: Kyūko shain, 1998, 233－274.

Okada Takehiko 〔岡田武彦〕, *Sō Min tetsugaku no honshitsu* 〔宋明哲學の本質〕, Tokyo: Mokujisha, 1984.

Ong, Chang Woei, “Men of Letters Within the Passes: Guanzhong Literati from the Tenth to Eighteenth Centuries”, Ph. D. diss., Harvard University, 2004.

_____, “The Principles Are Many: Wang Tingxiang and Intellectual Transition in Mid-Ming China”, *Harvard Journal of Asiatic Studies* 66, no. 2 (2006), 461－494.

Ouyang Xiu 〔歐陽修〕, *Ouyang Xiu quanji* 〔歐陽修全集〕, Taibei: Shijie shuju, 1961.

_____, *Ouyang Xiu quanji* 〔歐陽修全集〕, Beijing: Zhongguo shudian, 1986.

_____, *Shi ben yi* 〔詩本義〕, Yingyin Wenyuange Siku quanshu, Taibei: Taiwan Shangwu yinshuguan, 1983.

Ouyang Xiu 〔歐陽修〕 and Song Qi 〔宋祁〕, *Xin Tang shu* 〔新唐書〕, Beijing: Zhonghua shuju, 1975.

Oyama Masaaki 〔小山正明〕, *Min Shin shakai keizaishi kenkyū* 〔明清社會經濟史研究〕, Tokyo: Tokyo daigaku shuppankai, 1992.

Pan Liyong 〔潘立勇〕, *Zhuzi lixue meixue* 〔朱子理學美學〕, Beijing: Dongfang chubanshe, 1999.

Peterson, Willard J, “Another Look at Li”, *Bulletin of Sung and Yuan Studies* 18 (1986), 13－32.

_____, “Confucian Learning in Late Ming Thought”, In *The Cambridge History of China*, vol. 8, pt. 2; *The Ming Dynasty, 1368－1644*, ed. Denis Twitchett and Frederick W. Mote, Cambridge: Cambridge University Press, 1998, 708－788.

_____, “Squares and Circles: Mapping the History of Chinese Thought”, *Journal of the History of Ideas* 49, no. I (1988), 47－60.

Pinker, Steven, *The Blank Slate: The Modern Denial of Human Nature*. New York: Viking, 2002.

Plaks, Andrew H. Ta Hsüeh and Chung Yung (*The Highest Order of Cultivation and On the Practice of the Mean*), Penguin classics, London and New York: Penguin Books, 2003.

Qi Xia 〔漆俠〕, *Songxue de fazhan he yanbian* 〔宋学的发展和演变〕, Shijiazhuang: Hebei renmin chubanshe, 2002.

_____, “Song Yuan shiqi Puyang Zhengshi jiazu zhi yanjiu” 〔宋元時期浦陽鄭氏家族之研究〕, In idem, *Zhi kun ji* 〔知困集〕, Shijiazhuang: Hebei jiaoyu chubanshe, 1992, 196－210.

Qian Bocheng 〔钱伯城〕 et al. eds, *Quan Ming wen* 〔全明文〕, Shanghai: Shanghai guji chubanshe, 1992.

Qian Mu 〔錢穆〕, “Du Mingchu kaiguo zhuchen shi wen ji” 〔讀明初開國諸臣詩文集〕, *Xinya xuebao* 〔新亞學報〕 6, no. 1 (1964), 245－326.

Qiao Chuan 〔樵川〕, Qiao Sou 〔樵叟〕 and Hai Rui 〔海瑞〕 eds., *Qingyuan dangjin* 〔慶元黨禁〕, Shanghai: Shangwu yinshuguan, 1939.

Qiu Jun 〔丘濬〕, *Daxue yanyi bu* 〔大學衍義補〕, Yingyin Wenyuange Siku quanshu, Taibei: Taiwan Shangwu yinshuguan, 1983.

Rao Lu 〔饒魯〕, *Rao Shuangfeng jiangyi* 〔饒雙峯講義〕, Siku weishoushu jikan, Ed. Wang Chaoqu 〔王朝渠〕, Beijing: Beijing chubanshe, 1997.

Rong Zhaozu 〔容肇祖〕, *Zhongguo lidai sixiang shi, 5, Mingdai juan* 〔中國歷代思想史〕, Taibei: Wenjin chubanshe, 1993.

Rossabi, Morris, ed. *China Among Equals: The Middle Kingdom and Its Neighbors, 10th－14th Centuries*, Berkeley: University of California Press, 1983.

Ruan Yuan 〔阮元〕, *Shisan jing zhushu: fu jiaokan ji* 〔十三經註疏: 附校勘記〕, Scripta Sinica ed, Nanchang: Nanchang fuxue 〔南昌府學〕, 1815.

Saeki Tomi 〔佐伯富〕, *Sōshi shokkan shi sakuin* 〔宋史職官志索引〕, Tōyōshi kenkyū sōkan Ⅱ, Kyoto: Tōyōshi kenkyūkai, 1963.

Sakai Tadao, "Confucianism and Popular Educational Works", In *Self and Society in Ming Thought*, ed. Wm. Theodore de Bary, New York: Columbia University Press, 1970, 331－366.

Sangren, P. Steven, "Traditional Chinese Corporations: Beyond Kinship", *Journal of Asian Studies* 43, no. 3 (1984), 391－416.

Saussy, Haun, *The Problem of the Chinese Aesthetic*, Stanford: Stanford University Press, 1993.

Schirokauer, Conrad, "Chu Hsi's Political Thought", *Journal of Chinese Philosophy* 5, no. 2 (1978), 127－148.

_____, "Chu Hsi's Sense of History", In *Ordering the World: Approaches to State and Society in Sung Dynasty China*, ed. Robert Hymes and Conrad Schirokauer, Berkeley: University of California Press, 1993, 193－220.

_____, "Neo-Confucians Under Attack: The Condemnation of Wei-hsueh", In *Crisis and Prosperity in Sung China*, ed. John Winthrop Haeger, Tuscon: University of Arizona Press, 1975, 163－198.

Schneewind, Sarah, *Community Schools and the State in Ming China*, Stanford: Stanford University Press, 2006.

_____, "Visions and Revisions: Village Policies of the Ming Founder in Seven Phases", *T'oung Pao* 87, no. 3－5 (2001), 317－359.

Selover, Thomas Whitfield, *Hsieh Liang-tso and the Analects of Confucius: Humane Learning as a Religious Quest*, American Academy of Religion academy series, Oxford and New York: Oxford University Press, 2005.

Shen Liao 〔沈遼〕, *Yunchao bian* 〔雲巢編〕, In *Shen shi san xiansheng wenji* 〔沈氏三先生文集〕, Sibu congkan.

Shiba, Yoshinobu 〔斯波義信〕, *Commerce and Society in Sung China*, Abridged trans. Mark Elvin, Ann Arbor: University of Michigan, Center for Chinese Studies, 1970.

_____, "Nan Sō ni okeru 'chūkan ryōiki' shakai no tōjō" 〔南宋における"中間領域"社會の登場〕, In *Sō Gen jidaishi no kihon mondai* 〔宋元時代史の基本問題〕, ed. Satake Yasuhiko 〔佐竹靖彦〕 et al., Tokyo: kyūko shoin, 1996, 185－204.

_____, *Sōdai Kōnan keizaishi no kenkyū* 〔宋代江南經濟史の研究〕, Tokyo: Kyūko shoin, 2001.

_____, “Sōdai no toshika wo kangaeru” 〔宋代の都市化を考える〕, *Tōhōgaku* 〔東方学〕 102 (2001), 1－19.

_____, “Urbanization and the Development of Markets in the Lower Yangtse Valley”, In *Crisis and Prosperity in Sung China, ed. John Winthrop Haeger*, Tuscon: University of Arizona Press, 1975, 13－48.

Shimada Kenji 〔島田虔次〕, “Sōgaku no tenkai” 〔宋學の展開〕, In Sekai rekishi 〔世界歷史〕 vol 9, Tokyo: Iwanami shoten, 1970, 423－447.

Sima Guang 〔司馬光〕, *Sima Wenzheng gong chuan jia ji* 〔司馬文正公傳家集〕, Wanyou wenku, Shanghai: Shangwu yinshuguan, 1937.

Skinner, G. William, “Introduction: Urban Development in Imperial China”, In *The City in Late Imperial China*, ed. G. William Skinner, Stanford: Stanford University Press, 1977, 3－32.

Skonicki, Douglas Edward, “Cosmos, State and Society: Song Dynasty Arguments Concerning the Creation of Political Order”, Ph. D. diss., Harvard University, 2007.

(Smith), Joanna F. Handlin, *Action in Late Ming Thought: The Reorientation of Lü K'un and Other Scholar-Officials*, Berkeley: University of California Press, 1983.

_____, “Benevolent Societies: The Reshaping of Charity During the Late Ming and Early Ch'ing”, *Journal of Asian Studies* 46, no. 2 (1987), 309－337.

Smith, Paul, *Taxing Heaven's Storehouse: Horses, Bureaucrats and the Destruction of the Sichuan Tea Industry, 1074－1224*, Cambridge: Council on East Asian Studies, Harvard University, 1991.

So, Billy K L., *Prosperity, Region and Institutions in Maritime China: The South Fukien Pattern, 946－1368*, Cambridge: Harvard University Asia Center, 2000.

Song, Cze-tong and Julia Ching, “Hsüeh Hsüan”, In *Dictionary of Ming Biography, 1368－1644*, ed. L. Carrington Goodrich and Chao-ying Fang, New York: Columbia University Press, 1976, 616－619.

Song, Jaeyoon, “Shifting Paradigms in Theories of Government: Histories, Classics and Public Philosophy in 11th－14th Century China”, Ph. D. diss., Harvard University, 2007.

Song Lian 〔宋濂〕, *Song Lian quanji* 〔宋濂全集〕, Hangzhou: Zhejiang guji chubanshe, 1999.

Su Boheng 〔蘇伯衡〕, *Su Pingzhong wenji* 〔蘇平仲文集〕, Yingyin Wenyuange Siku quanshu, Taibei: Taiwan Shangwu yinshuguan, 1983.

Su Che 〔蘇轍〕, *Longchuan lue zhi* 〔龍川略志〕, Baichuan xuehai, Shanghai: Bogu zhai, 1921.

_____, *Luan cheng ji* 〔欒城集〕, Shanghai: Shanghai guji, 1987.

Su Shi 〔蘇軾〕, *Su Dongpo ji* 〔蘇東坡集〕, Guoxue jiben congshu, Shanghai: Shangwu yinshuguan, 1933.

Su Xun 〔蘇洵〕, *Jiayou ji* 〔嘉祐集〕, Sibu beiyao.

Su Yuezong〔蘇耀宗〕, "Cong 'zun wang rang yi' dao 'rang yi zun wang': lun Wang Fuzhi dui Hu Anguo de piping"〔從'尊王攘夷'到'攘夷尊王'一論王夫之對胡安國的批評〕, *Xianggang daxue Zhongwen xi jikan*〔香港大學中文系集刊〕4 (2000), 182－213.

Sue Takashi, "The Shock of the Year Hsuan-ho 2: The Abrupt Change in the Granting of Plaques and Titles During Hui-tsung's Reign", *Acta Asiatica* 84 (2003), 80－125.

Sun Hongsheng〔孙洪升〕, *Tang Song chaye jing ji*〔唐宋茶业经济〕, Beijing: Shehui kexue wenxian chubanshe, 2001.

Sun Yingshi〔孫應時〕, *Zhuhu ji*〔燭湖集〕, N. p. :Jing yuan xuan〔静遠軒〕, 1803.

Szonyi, Michael, *Practicing Kinship: Lineage and Descent in Late Imperial China*, Stanford: Stanford University Press, 2002.

Taiping Lü shi zongpu〔太平呂氏宗譜〕, Yongkang, Daoguang〔道光〕era.

Taiwan xuesheng shuju〔臺灣學生書局〕ed., *Mingdai dengkelu huibian*〔明代登科錄彙編〕, Taibei: Taiwan xuesheng shuju, 1969.

Takahashi Yoshirō〔高橋芳郎〕, "Sōdai no shijin mibun ni tsuite",〔宋代の士人身分について〕, *Shirin*〔史林〕69, no. 3 (1986), 351－382.

Tanaka Masaki〔田中正樹〕, "So shi Shokugaku kō: shuppan kara mita Sogaku no ryūkō ni tsuite",〔蘇氏蜀學考一出版から見た蘇学の流行について〕, In *Sōdaibito no ninshiki: sōgosei to nichijō kūkan*〔宋代人の認識一相互性と日常空間〕, ed. Sōdaishi kenkyūkai〔宋代史研究會〕, Tokyo: Kyūko shoin, 2001, 227－258.

The T'ang Code 2 vols, Trans. Wallace Johnson, Princeton: Princeton University Press, 1979, 1997.

Tanigawa Michio〔谷川道雄〕, "Problems Concerning the Japanese Periodization of Chinese History", *Journal of Asian History* 21 (1987), 150－168.

_____, "Zhongguo shehui gouzao de tezhi yu shidafu de wenti"〔中國社會構造的特質與士大夫的問題〕, In *Riben xuezhe yanjiu Zhongguo lishi lunzhu xuanyi*〔日本學者研究中國歷史論著選譯〕, Beijing: Zhonghua, 1993, 2: 177－198.

Tao, Jing-shen, *Two Sons of Heaven: Studies in Sung-Liao Relations*, Tucson: University of Arizona Press, 1988.

Taylor, Romeyn, "Official and Popular Religion and the Political Organization of Chinese Society in the Ming", In *Orthodoxy in Late Imperial China*, ed. Kwang-Ching Liu, Berkeley: University of California, 1990, 126－157.

Teraji Jun〔寺地遵〕, "Nihon ni okeru Sōshi kenkyū no kichō"〔日本における宋.史研究の基調〕, *Chūgoku shigaku*〔中國史學〕I (1991), 191－210.

_____, "Sōdai seijishi kenkyū hōhō shiron"〔宋代政治史研究方法試論〕, In *Sō Gen jidaishi no kihon mondai*〔宋元時代史の基本問題〕, ed. Satake Yasuhiko〔佐竹靖彦〕, Tokyo: Kyūko Shoin, 1996.

Theiss, Janet M, *Disgraceful Matters: The Politics of Chastity in Eighteenth-Century China*, Berkeley: University of California Press, 2004.

Tian Xi 〔田錫〕, *Xian ping ji* 〔咸平集〕, Yingyin Wenyuange Siku quanshu, Taibei: Taiwan Shangwu yinshuguan, 1983.

Tillman, Hoyt Cleveland, *Ch'en Liang on Public Interest and the Law*, Honolulu: University of Hawaii Press, 1994.

_____, *Confucian Discourse and Chu Hsi's Ascendancy*, Honolulu: University of Hawaii Press, 1992.

_____, "Confucianism in the Chin and the Impact of Sung Confucian Taohsüeh", In *China Under Jurchen Rule: Essays in Chin Intellectual and Cultural History*, ed. idem and Stephen West, Albany: SUNY, 1995, 71－114.

_____, "A New Direction in Confucian Scholarship: Approaches to Examining the Differences Between Neo-Confucianism and Tao-hsueh", *Philosophy East & West* 42, no. 3 (1992), 455－474.

_____, *Utilitarian Confucianism: Ch'en Liang's Challenge to Chu Hsi*, Cambridge: Council on East Asian Studies, Harvard University, 1982.

Toda Hiroshi 〔戸田裕司〕, "Kō Shin no Kōtokugun shasō kaikaku: Nan Sō shasō no kentō" 〔黄震の廣德軍社倉改革━南宋社倉の檢討〕, *shirin* 〔史林〕 73, no. 1 (1990), 105－136.

Tonami Mamoru 〔礪波護〕, *Tōdai seiji shakaishi kenkyū* 〔唐代政治社會史研究〕, Kyōto: Dōhōsha, 1986.

Tsuchida Kenjiro 〔土田健次郎〕, *Dōgaku no keisei* 〔道学の形成〕, Tokyo: Sōbunsha, 2002.

_____, "Shakai to shisō: Sō Gen shisō kenkyū oboegaki" 〔社會と思想━宋元思想研究覺書〕, In *Sō Gen jidaishi no kihon mondai* 〔宋元時代史の基本問題〕, ed. Satake Yasuhiko 〔佐竹靖彦〕, Tokyo: Kyūko Shoin, 1996, 427－452.

Tu, Wei-ming, *Neo-Confucian Thought in Action: Wang Yang-ming's Youth (1472－1509)*, Berkeley: University of California Press, 1976.

Tuotuo 〔脱脱〕, ed. *Jin shi* 〔金史〕, Beijing: Zhonghua shuju, 1975.

_____, *Song shi* 〔宋史〕, Beijing: Zhonghua shuju, 1977.

Twitchett, Denis Crispin, *The Writing of Official History Under the T'ang*, Cambridge and New York: Cambridge University Press, 1992.

Übelhör, Monica, "The Community Compact (Hsiang-yüeh) of the Song and Its Educational Significance", In *Neo-Confucian Education: The Formative Stage*, ed. Wm. Theodore de Bary and John Chaffee, Berkeley: University of California Press, 1989, 371－388.

Uno Tetsuto 〔宇野哲人〕, *Shina tetsugakushi: kinsei jugaku* 〔支那哲學史: 近世儒學〕, Tokyo: Hōbunkan, 1954.

Uno Tetsuto 〔宇野哲人〕, Yasuoka Masahiro 〔安岡正篤〕 and Araki Kengo 〔荒木見悟〕, *Yōmeigaku binran: Ō Yōmei seitan gohyakunen kinen* 〔陽明學便覽: 王陽明生誕五百年記念〕, Yōmeigaku taikei, vol. 12, Tokyo: Meitoku shuppansha,1974.

van Ess, Hans, "The Compilation of the Works of the Ch'eng Brothers and Its Significance for the Learning of the Right Way of the Southern Sung Period", *T'oung Pao* 90, no. 4 (2004), 264－298.

Virág, Curie K, "That Which Encompasses the Myriad Cares: Subjectivity, Knowledge and the Ethics of Emotion in Tang and Song China", Ph. D. diss., Harvard University, 2004.

von Glahn, Richard, "Chu Hsi's Community Granary in Theory and Practice", In *Ordering the World: Approaches to State and Society in Sung Dynasty China*, ed. Robert P. Hymes and Conrad Schirokauer, Berkeley: University of California Press, 1993, 221－254.

_____, *Fountain of Fortune: Money and Monetary Policy in China, 1000－1700*, Berkeley: University of California Press, 1996.

_____, "Imagining Pre-modem China", In *The Song-Yuan-Ming Transition in Chinese History*, ed. Paul Jakov Smith and Richard von Glahn, Cambridge: Harvard University Asia Center, 2003, 35－70.

_____, "Ming Taizu ex Nihilo?", *Ming Studies* 55 (2007), 113－141.

Waltner, Ann Beth, *Getting an Heir: Adoption and the Construction of Kinship in Late Imperial China*, Honolulu: University of Hawaii Press, 1990.

Walton, Linda, *Academies and Society in Southem Song China*, Honolulu: University of Hawaii Press, 1999.

_____, "Charitable Estates as an Aspect of Statecraft in Southern Sung China", In *Ordering the World: Approaches to State and Society in Sung Dynasty China*, ed. Robert P. Hymes and Conrad Schirokauer, Berkeley: University of California Press, 1993, 255－279.

Wang Anshi〔王安石〕, *Linchuan xiansheng wenji*〔臨川先生文集〕, Beijing: Zhonghua shuju, 1959.

Wang Bo〔王柏〕, *Yanj ji tu*〔研幾圖〕, Jinhua congshu, Hu shi Tuibu zhai〔胡氏退補齋〕, 1862.

Wang Deyi〔王德毅〕, "Nan Song yi yi kao"〔南宋義役考〕, In *Song shi yanjiu lunji*〔宋史研究論文集〕 ed. Wang Deyi〔王德毅〕, Taibei: Taiwan Shangwu yinshuguan, 1993〔1968〕, 253－283.

Wang Maode〔王懋德〕and Wu Xiangxiang〔吳相湘〕, *Jinhua fu ji*〔金華府志〕, Taibei: Taiwan xuesheng shuju, 1965〔1578〕.

Wang Ruilai〔王瑞來〕, "Lun Songdai huangquan"〔論宋代皇權〕, *Lishi yanjiu* 1989, no. I, 144－160.

_____, "Lun Songdai xiangquan"〔論宋代相權〕, *Lishi yanjiu* 1985, no. 2, 106－120.

_____, *Sōdai no kōtei kenri to shidaifu seiji*〔宋代の皇帝權力と士大夫政治〕, Tokyo: Kyūko shoin, 2001.

Wang Shu〔王恕〕, *Shiqu yi jian*〔石渠意見〕, Xuxiu Siku quanshu 171, Shanghai: Shanghai guji chubanshe, 1995.

Wang Shuizhao 〔王水照〕, *Songdai wenxue tonglun* 〔宋代文学通论〕, Kaifeng: Henan daxue chubanshe, 1997.

Wang Wei 〔王褘〕, *Huachuan zhi ci* 〔華川卮辭〕, Jinhua congshu, Hu sm Tuibu zhai 〔胡氏退補齋〕, 1862.

_____, *Wang Zhongwen gong ji* 〔王忠文公集〕, Congshu jicheng chubian, Shanghai: Shangwu yinshuguan, 1936.

Wang Yang-ming 〔王陽明〕, *Instructions for Practical Living and Other Neo-Confucian Writing, by Wang Yang-ming*, Trans. Wing-tsit Chan, New York: Columbia University Press, 1963.

_____, *Wang Yangming Chuan xi lu xiangzhu jiping* 〔王陽明傳習錄詳註集評〕, Introduced and annotated by Wing-tsit Chan (Chen Rongjie) 〔陳榮捷〕, Taibei: Taiwan xuesheng shuju 〔臺灣學生書局〕, 1983.

_____, Wang Yangming quanji 〔王陽明全集〕, Ed. Wu Guang 〔吴光〕, Shanghai: Shanghai guji chubanshe, 1992.

Wei Cheng-t'ung, "Chu Hsi on the Standard and the Expedient", In *Chu Hsi and Neo-Confucianism*, ed. Wing-tsit Chan, Honolulu: University of Hawaii Press, 1986, 255－272.

Wei Liaoweng 〔魏了翁〕, *Heshan ji* 〔鶴山集〕, Yingyin Wenyuange Siku quanshu, Taibei: Taiwan Shangwu yinshuguan, 1983.

Wei Zheng 〔魏徵〕 and Linghu Defen 〔令狐德棻〕, *Sui shu* 〔隋書〕, Beijing: Zhonghua shuju, 1973.

Welter, Albert, "A Buddhist Response to the Confucian Revival: Tsan-ning and the Debate over Wen in the Early Sung", In *Buddhism in the Sung*, ed. Peter Gregory and Daniel A. Getz Jr, Honolulu: University of Hawaii Press, 1999, 21－61.

Wilhelm, Helmut, "On Ming Orthodoxy", *Monumenta Serica* 29 (1970－1971), 1－26.

Wilson, Edward O, *Consilience: The Unity of Knowledge*, New York: Knopf, 1998.

Wilson, Thomas, *Genealogy of the Way: The Construction and Uses of the Confucian Tradition in Late Imperial China*, Stanford: Stanford University Press, 1995.

Wood, Alan T, *Limits to Autocracy: From Sung Neo-Confucianism to a Doctrine of Political Rights*, Honolulu: University of Hawaii Press, 1995.

Wright, Arthur F, "Propaganda and Persuasion in Imperial and Contemporary China", *Rice University Studies* 59, no. 4 (1973), 9－18.

Wright, David Curtis, *From War to Diplomatic Parity in Eleventh-Century China: Sung's Foreign Relations with Kitan Liao*, Boston: Brill, 2005.

Wu, Pei-yi, *The Confucian's Progress: Autobiographical Writing in Traditional China*, New York: Columbia Univeristy Press, 1990.

_____, "Self-Examination and Confession of Sins in Traditional China", *Harvard Journal of Asiatic Studies* 39, no. 1 (1979), 5－38.

Wu Shidao〔吳師道〕, *Jing xiang lu*〔敬鄉錄〕, Xu Jinhua congshu, Yongkang: Hu shi Meng xuan lou, 1924.

Wu Songdi〔吳松弟〕, *Beifang yimin yu Nan Song shehui bianqian*〔北方移民與南宋社會變遷〕, Taibei: Wenjin chubanshe, 1993.

_____, *Zhongguo renkou shi: Liao Song Jin Yuan shiqi*〔中國人口史: 遼宋金元時期〕, In Zhongguo renkou shi〔中國人口史〕, ed. Ge Jianxiong〔葛劍雄〕, Shanghai: Fudan daxue chubanshe, 2002.

Wu Wanju〔吳萬居〕, *Songdai shuyuan yu Songdai xueshu zhi guanxi*〔宋代書院與宋代學術之關係〕, Taibei: Wenshizhe chubanshe, 1991.

Wu Yining〔吳以寧〕, *Zhu Xi ji Song Yuan Ming lixue: fu gudai shuyuan yanjiu ziliao*〔朱熹及宋元明理學: 附古代書院研究資料〕, Songshi yanjiu tongxun 16, N. p. : Zhongguo Songshi yanjiuhui, 1989.

Wu Yubi〔吳與弼〕, *Kangzhai ji*〔康齋集〕, Yingyin Wenyuange Siku quanshu, Taibei: Taiwan Shangwu yinshuguan, 1983.

Wu Zeng〔吳曾〕, *Nenggai zhai manlu*〔能改齋漫錄〕, Shanghai: Shanghai guji chubanshe, 1979.

Wyatt, Don J, *The Recluse of Loyang: Shao Yung and the Moral Evolution of Early Sung Thought*, Honolulu: University of Hawaii Press, 1996.

Xiao Gongquan〔蕭公權〕, *Zhongguo zhengzhi sixiang shi*〔中國政治思想史〕vol. 2, Taibei: Zhongguo wenhua xueyuan chubanbu, 1980.

Xiao Qiqing〔蕭啓慶〕, "Yuandai de ruhu: rushi diwei yanjinshi shang de yizhang"〔元代得儒戶—儒士地位演進史上的一章〕, *Journal of Oriental Studies* 16, no. 1－2 (1978), 151－178.

Xu Hongxing〔徐洪兴〕, *Sixiang di zhuanxing: lixue fasheng guocheng yanjiu*〔思想的转型: 理学发生过程研究〕, Shanghai: Shanghai renmin chubanshe, 1996.

Xu Qian〔許謙〕, *Du Sishu congshuo*〔讀四書叢說〕, Sibu congkan, Shanghai: Shangwu yinshuguan, 1934.

Xu Song〔徐松〕ed., *Song huiyao jigao*〔宋會要輯稿〕, Beijing: Zhonghua shuju, 1957.

Xu Xuan〔徐鉉〕, *Xu Qisheng ji*〔徐騎省集〕, Guoxue jiben congshu, Changsha: Shangwu yinshuguan, 1939.

Xu Zi〔徐梓〕, *Yuandai shuyuan yanjiu*〔元代書院研究〕, Beijing: Shehui kexue wenxian chubanshe, 2000.

Xue Xuan〔薛瑄〕, *Xue Jingxuan ji*〔薛敬軒集〕, Zhengyi tang quanshu, Fuzhou: Zhengyi shuyuan 正誼書院, 1868.

Yamanoi Yū〔山井湧〕, *Min Shin shisōsi no kenkyū*〔明清思想史の研究〕, Tokyo: Tōkyō daigaku shuppankai, 1980.

Yang Shiwen〔楊世文〕, "Ruiyi lilun yu Songdai zhengzhi"〔瑞異理論與宋代政治〕, In *Songdai wenhua yanjiu*〔宋代文化研究〕vol. 6, Chengdu: Sichuan daxue, 1996, 71－85.

Yang Weisheng〔楊渭生〕et al., *Liang Song wenhua shi yanjiu*〔兩宋文化史研究〕, Hangzhou: Hangzhou daxue chubanshe, 1998.

Yao Dali〔姚大力〕, "Jinmo Yuanchu lixue zai beifang de chuanbo"〔金末元初理學在北方的傳播〕, In *Yuanshi luncong*〔元史論叢〕vol. 2, Beijing: Zhonghua shuju, 1983, 217－224.

_____, "Yuanchao keju zhidu de xingfei ji qi shehui beijing"〔元朝科擧制度的興廢及其社會背景〕, *Yuanshi ji beiminzu yanjiu jikan*〔元史及北民族研究季刊〕6 (1982), 26－59.

Yao Mingda〔姚名達〕, *Cheng Yichuan nianpu*〔程伊川年譜〕, Zhongguo shixue congshu, Shanghai: Shangwu yinshuguan, 1937.

Yao Xinzhong, *An Introduction to Confucianism*, Cambridge: Cambridge University Press, 2000.

Yao Xuan〔姚鉉〕, *Tang wen cui*〔唐文粹〕, Sibu congkan, Shanghai: Shangwu yinshuguan, 1929.

Yao Yingting〔姚瀛艇〕, "Shilun lixue de xingcheng"〔試論理學的形成〕, In *Lun Song Ming lixue*〔論宋明理學〕, ed. Zhongguo zhexue shi xuehui〔中國哲學史學會〕and Zhejiang sheng shehui kexue yanjiu suo〔浙江省社會科學研究所〕, Hangzhou: Zhejiang renmin chubanshe, 1983, 1－13.

Yaxi Lu shi jiacheng〔雅溪盧氏家乘〕, Dongyang: Yaxi Lu shi, 2004.

Ye Mengde〔葉夢得〕, *Shilin yan yu*〔石林燕語〕, Congshu jicheng xubian, Shanghai: Shanghai shudian, 1994.

Ye Shi〔葉適〕, *Ye Shi ji*〔葉適集〕, Beijing: Zhonghua shuju, 1961.

Ye Tan〔業坦〕, *Da bian fa: Song Shenzong yu shiyi shiji de gaige yundong*〔大變法: 宋神宗與十一世紀的改革運動〕, Beijing: Shenghuo Dushu Xinzhi sanlian shuju, 1996.

Ye Xiaoxin〔叶孝信〕, *Zhongguo fazhi shi*〔中国法制史〕, Shanghai: Fudan daxue chubanshe, 2002.

Yü, Chün-fang, *The Renewal of Buddhism in China: Chu-hung and the Late Ming Synthesis*, New York: Columbia University Press, 1981.

Yu Wenbao〔俞文豹〕, *Chui jian lu waiji*〔吹劍錄外集〕, Yingyin Wenyuange Siku quanshu, Taibei: Taiwan Shangwu yinshuguan, 1983.

Yu Ying-shih〔余英時〕, "Intellectual Breakthroughs in the T'ang-Sung Transition", In *The Power of Culture*, ed. Willard J. Peterson, Andrew Plaks and Yu Ying-shih, Chinese University of Hong Kong, 1994, 158－171.

_____, "Morality and Knowledge in Chu Hsi's Philosophical System", In *Chu Hsi and Neo-Confucianism*, ed. Wing-tsit Chan, Honolulu: University of Hawaii Press, 1986, 228－254 .

_____, *Zhu Xi de lishi shijie: Songdai shidafu zhengzhi wenhua de yanjiu*〔朱熹的歷史世界: 宋代士大夫政治文化的研究〕, Taibei: Yunchen wenhua shiye, 2003.

Yuan Fu〔袁甫〕, *Meng Zhai ji*〔蒙齋集〕, Wuyingdian ju zhenban quanshu, N. p. : Guangya shuju〔廣雅書局〕, 1875.

Yuan Zheng〔袁征〕, *Songdai jiaoyu: Zhongguo gudai jiaoyu de lishixing zhuanzhe*〔宋代教育: 中國古代

教育的歷史性轉折〕, Guangdong: Guangdong gaodeng jiaoyu chubanshe, 1991.

Zeng Gong it 〔曾鞏〕, *Zeng Gong ji* 〔曾鞏集〕, Beijing: Zhonghua shuju, 1984.

Zhan Ruoshui 〔湛若水〕, *Xin lun* 〔新論〕, Bailing xueshan, Shanghai: Shangwu Hanfen lou, 1938 〔1568〕.

Zhang Fangping 〔張方平〕, *Le quan ji* 〔樂全集〕, Yingyin Wenyuange Siku quanshu, Taibei: Taiwan Shangwu yinshuguan.

Zhang Jiushao 〔張九韶〕, *Lixue leibian* 〔理學類編〕, Yuzhang congshu, Nanchang: Delu, 1916.

Zhang Liwen 〔張立文〕, *Dao* 〔道〕, Zhongguo zhexue fanchou jingcui congshu, Taibei: Hanxing shuju, 1994.

_____, *Li* 〔理〕, Zhongguo zhexue fanchou jingcui congshu, Taibei: Hanxing shuju, 1994.

_____, *Qi* 〔氣〕, Zhongguo zhexue fanchou jingcui congshu, Taibei: Hanxing shuju, 1994.

_____, *Xin* 〔心〕, Zhongguo zhexue fanchou jingxuan congshu, Taibei: Hanxing shuju, 1996.

Zhang Shi 〔張栻〕, *Nanxuan ji* 〔南軒集〕, Taibei: Guangxue yinshuguan, 1975.

Zhang Yide 〔张义德〕, *Ye Shi pingzhuan* 〔叶适评传〕, Nanjing: Nanjing daxue chubanshe, 1994.

Zhang Yixi 〔張藝曦〕, *Shequn, jiaizu yu Wang xue de xiangli shijian: yi Ming zhong wan qi Jiangxi Jishui, Anfu liang xian wei* 〔社群, 家族與王學的鄉里實踐: 以明中晚期江西吉水, 安福兩縣爲例〕, Taibei: Guoli Taiwan daxue chuban weiyuanhui, 2006.

Zhang Yong 〔張詠〕, *Guai yai ji* 〔乖崖集〕, Yingyin Wenyuange Siku quanshu, Taibei: Taiwan Shangwu yinshuguan, 1983.

Zhang Zai 〔張載〕, *Zhang Zai ji* 〔張載集〕, Beijing: Zhonghua shuju, 1978.

Zhen Dexiu 〔眞德秀〕, *Daxue yanyi* 〔大學衍義〕, Yingyin Wenyuange Siku quanshu, Taibei: Taiwan Shangwu yinshuguan, 1983.

_____, *Wenzhang zhengzong* 〔文章正宗〕, Yingyin Wenyuange Siku quanshu, Taibei: Taiwan Shangwu yinshuguan, 1983.

Zheng Juzhong 〔鄭居中〕, *Zhenghe wu li xinyi* 〔政和五禮新義〕, Yingyin Wenyuange Siku quanshu, Taibei: Taiwan Shangwu yinshuguan, 1983.

Zheng Xuan 〔鄭玄〕 and Kong Yingda 〔孔穎達〕, *Li ji zheng yi: Zhong yong* 〔禮記正義: 中庸〕, In *Shisan jing Zhushu: fu jiaokan ji* 〔十三經註疏: 附校勘記〕, ed. Ruan Yuan 〔阮元〕, Nanchang: Nanchang fu xue 〔南昌府學〕, 1815, 52. 19b－29b.

Zheng Yu 〔鄭玉〕, *Shishan xiansheng wenji* 〔師山先生文集〕, Yingyin Wenyuange Siku quanshu, Taibei: Taiwan Shangwu yinshuguan, 1983.

Zhou Dunyi 〔周敦頤〕, *Zhou Lianxi xiansheng quanji* 〔周濂溪先生全集〕, Guoxue jiben congshu, Shanghai: Shangwu yinshuguan, 1937.

Zhou Mengjiang 〔周梦江〕, *Ye Shi yu Yongjia xuepai* 〔叶适与永嘉学派〕, Hangzhou: Zhejiang guji chubanshe, 2005.

Zhou Mi 〔周密〕, *Gui xin za zhi* 〔癸辛雜識〕, Beijing: Zhonghua shuju, 1988.

Zhou Yuwen 〔周愚文〕, *Songdai de zhou xian xue* 〔宋代的州縣學〕, Taibei: Guoli bianyi guan, 1996.

Zhu Chuanyu 〔朱傳譽〕, *Songdai xinwen shi* 〔宋代新聞史〕, Taibei: Zhongguo xueshe zhuzuo jiangzhu weiyuanhui, 1967.

Zhu Di 〔朱棣〕, *Shengxue xinfa* 〔聖學心法〕, Siku quanshu cunmu congshu, Ji'nan: Qilu shushe, 1995.

Zhu Hanmin 〔朱汉民〕, *Song Ming lixue tonglun: yizhong wenhuaxue de quanshi* 〔宋明理学通论: 一种文化学的诠释〕, Changsha: Hunan jiaoyu chubanshe, 2000.

Zhu Mu 〔祝穆〕, *Gujin shiwen leiju* 〔古今事文類聚〕, Yingyin Wenyuange Siku quanshu, Taibei: Taiwan Shangwu yinshuguan, 1985.

Zhu Xi 〔朱熹〕, *Changli xiansheng ji kaoyi* 〔昌黎先生集考異〕, Shanghai: Shanghai guji chubanshe and Anhui jiaoyu chubanshe, 2001.

_____, *Chu ci ji zhu* 〔楚辭集注〕, Yingyin Wenyuange Siku quanshu, Taibei: Taiwan Shangwu yinshuguan, 1983.

_____, *Introduction to the Study of the Classic of Change (I-hsüeh ch'i-meng)*, Bilingual Texts in Chinese History, Philosophy and Religion, no. 1. Provo, Utah: Global Scholarly Publications, 2002.

_____(Chu Hsi), *Learning to Be a Sage: Selections from the Conversations of Master Zhu, Arranged Topically*, Trans. with commentary, Daniel K Gardner, Berkeley: University of California Press, 1990.

_____, *Shi ji zhuan* 〔詩集傳〕, Zhonghua zaizao shanben ed., Beijing: Beijing tushuguan chubanshe, 2004.

_____, *Sishu zhangju jizhu* 〔四書章句集注〕, Shanghai: Shanghai guji chubanshe, 2001.

_____, *Yi Luo yuan yuan lu* 〔伊洛淵源錄〕, Yingyin Wenyuange Siku quanshu, Taibei: Taiwan Shangwu yinshuguan, 1983.

_____, *Yi xue qi meng* 〔易學啓蒙〕, Taibei: Yiwen yinshuguan, 1969.

_____, *Zhou yi ben yi* 〔周易本義〕, Zhonghua zaizao shanben ed., Beijing: Beijing tushuguan chubanshe, 2003.

_____, *Zhu Xi ji* 〔朱熹集〕, Chengdu: Sichuan jiaoyu chubanshe, 1996.

_____, *Zhuzi yulei* 〔朱子語類〕, Ed. Li Jingde 〔黎靖德〕, Beijing: Zhonghua shuju, 1988.

_____, *Zizhi tongjian gangmu* 〔資治通鑑綱目〕, Zhonghua zaizao shanben ed., Beijing: Beijing tushuguan chubanshe, 2003.

Zhu Xi 〔朱熹〕, Huang Gan 〔黃幹〕 and Yang Fu 〔楊復〕, *Yi li jing zhuan tongjie* 〔儀禮經傳通解〕, Yingyin Wenyuange Siku quanshu, Taibei: Taiwan Shangwu yinshuguan, 1983.

Zhu Xi 〔朱熹〕 and Li Youwu 〔李幼武〕, *Song ming chen yan xing lu* 〔宋名臣言行錄〕, Taibei: Wenhai chubanshe, 1967.

Zhu Xi 〔朱熹〕 and Lü Zuqian 〔呂祖謙〕, *Jin si lu* 〔近思錄〕, Yingyin Wenyuange Siku quanshu,

Taibei: Taiwan Shangwu yinshuguan, 1983.

_____(Chu Hsi) and _____(Lü Tsu-ch'ien) eds., *Reflections on Things at Hand: The Neo-Confucian Anthology*, Trans. with notes by Wing-tsit Chan, New York: Columbia University Press, 1967.

Zhu Zhen 〔朱震〕, *Hanshang yi zhuan* 〔漢上易傳〕, Sibu congkan, Shanghai: Shangwu yinshuguan, 1934.

Zürcher, Erik, "Christian Social Action in Late Ming Times: Wang Zheng and His 'Humanitarian Society'", In *Linked Faiths: Essays on Chinese Religions and Traditional Culture in Honor of Kristofer Schipper*, ed. Jan A. M. De Meyer and Peter M. Engelfriet, Leiden and Boston: Brill, 2000, 268－286.

_____, "Confucian and Christian Religiosity in Late Ming China", *Catholic Historical Review* 83, no. 4 (1997), 614－653.

찾아보기

인명

서명 및 편명

사항

지은이: 피터 볼(Peter K. Bol)

미국 하버드대학교 중국사상사 담당교수. 대표 저술인 *This Culture of Ours: Intellectual Transitions in T'ang and Sung China*가 『중국 지식인들과 정체성』이란 제목으로 국내에 번역 소개되어 있다.

옮긴이: 김영민金英敏

서울대학교 정치외교학부 교수. 주요 저술로 『북계자의』(역서) 등이 있다.

예문서원의 책들

원전총서

박세당의 노자(新註道德經) 박세당 지음, 김학목 옮김, 312쪽, 13,000원
율곡 이이의 노자(醇言) 이이 지음, 김학목 옮김, 152쪽, 8,000원
홍석주의 노자(訂老) 홍석주 지음, 김학목 옮김, 320쪽, 14,000원
북계자의(北溪字義) 陳淳 지음, 김충열 감수, 김영민 옮김, 295쪽, 12,000원
주자가례(朱子家禮) 朱熹 지음, 임민혁 옮김, 496쪽, 20,000원
서경잡기(西京雜記) 劉歆 지음, 葛洪 엮음, 김장환 옮김, 416쪽, 18,000원
고사전(高士傳) 皇甫謐 지음, 김장환 옮김, 368쪽, 16,000원
열선전(列仙傳) 劉向 지음, 김장환 옮김, 392쪽, 15,000원
열녀전(列女傳) 劉向 지음, 이숙인 옮김, 447쪽, 16,000원
선가귀감(禪家龜鑑) 청허휴정 지음, 박재양・배규범 옮김, 584쪽, 23,000원
공자성적도(孔子聖蹟圖) 김기주・황지원・이기훈 역주, 254쪽, 10,000원
공자세가・중니제자열전(孔子世家・仲尼弟子列傳) 司馬遷 지음, 김기주・황지원・이기훈 역주, 224쪽, 12,000원
천지서상지(天地瑞祥志) 김용천・최현화 역주, 384쪽, 20,000원
도덕지귀(道德指歸) 徐命庸 지음, 조민환・장원목・김경수 역주, 544쪽, 27,000원
참동고(參同攷) 徐命庸 지음, 이봉호 역주, 384쪽, 23,000원

성리총서

범주로 보는 주자학(朱子の哲學) 오하마 아키라 지음, 이형성 옮김, 546쪽, 17,000원
송명성리학(宋明理學) 陳來 지음, 안재호 옮김, 590쪽, 17,000원
주희의 철학(朱熹哲學硏究) 陳來 지음, 이종란 외 옮김, 544쪽, 22,000원
양명 철학(有無之境—王陽明哲學的精神) 陳來 지음, 전병욱 옮김, 752쪽, 30,000원
주자와 기 그리고 몸(朱子と氣と身體) 미우라 구니오 지음, 이승연 옮김, 416쪽, 20,000원
정명도의 철학(程明道思想硏究) 張德麟 지음, 박상리・이경남・정성희 옮김, 272쪽, 15,000원
주희의 자연철학 김영식 지음, 576쪽, 29,000원
송명유학사상사(宋明時代儒學思想の硏究) 구스모토 마사쓰구(楠本正繼) 지음, 김병화・이혜경 옮김, 602쪽, 30,000원
북송도학사(道學の形成) 쓰치다 겐지로(土田健次郎) 지음, 성현창 옮김, 640쪽, 3,2000원
성리학의 개념들(理學範疇系統) 蒙培元 지음, 홍원식・황지원・이기훈・이상호 옮김, 880쪽, 45,000원

불교(카르마)총서

학파로 보는 인도 사상 S. C. Chatterjee・D. M. Datta 지음, 김형준 옮김, 424쪽, 13,000원
불교와 유교 — 성리학, 유교의 옷을 입은 불교 아라키 겐고 지음, 심경호 옮김, 526쪽, 18,000원
유식무경, 유식 불교에서의 인식과 존재 한자경 지음, 208쪽, 7,000원
박성배 교수의 불교철학강의: 깨침과 깨달음 박성배 지음, 윤원철 옮김, 313쪽, 9,800원
불교 철학의 전개, 인도에서 한국까지 한자경 지음, 252쪽, 9,000원
인물로 보는 한국의 불교사상 한국불교원전연구회 지음, 388쪽, 20,000원
한국 비구니의 수행과 삶 전국비구니회 엮음, 400쪽, 18,000원
은정희 교수의 대승기신론 강의 은정희 지음, 184쪽, 10,000원
비구니와 한국 문학 이향순 지음, 320쪽, 16,000원
불교철학과 현대윤리의 만남 한자경 지음, 304쪽, 18,000원
현대예술 속의 불교 동국대학교 불교문화연구원 엮음, 296쪽, 18,000원
유식삼십송과 유식불교 김명우 지음, 280쪽, 17,000원
한국 비구니의 수행과 삶2 전국비구니회 엮음, 368쪽, 18,000원

노장총서

유학자들이 보는 노장 철학 조민환 지음, 407쪽, 12,000원
노자에서 데리다까지 — 도가 철학과 서양 철학의 만남 한국도가철학회 엮음, 440쪽, 15,000원
不二 사상으로 읽는 노자 — 서양철학자의 노자 읽기 이찬훈 지음, 304쪽, 12,000원
김항배 교수의 노자철학 이해 김항배 지음, 280쪽, 15,000원

역학총서

주역철학사(周易硏究史) 寥名春・康學偉・梁韋弦 지음, 심경호 옮김, 944쪽, 30,000원
주역, 유가의 사상인가 도가의 사상인가(易傳與道家思想) 陳鼓應 지음, 최진석・김갑수・이석명 옮김, 366쪽, 10,000원
송재국 교수의 주역 풀이 송재국 지음, 380쪽, 10,000원

한국철학총서

조선 유학의 학파들 한국사상사연구회 편저, 688쪽, 24,000원
실학의 철학 한국사상사연구회 편저, 576쪽, 17,000원
윤사순 교수의 한국유학사상론 윤사순 지음, 528쪽, 15,000원
한국유학사 1 김충열 지음, 372쪽, 15,000원
퇴계의 생애와 학문 이상은 지음, 248쪽, 7,800원
율곡학의 선구와 후예 황의동 지음, 480쪽, 16,000원
퇴계 이황, 예 잇고 뒤를 열어 고금을 꿰뚫으셨소 — 어느 서양철학자의 퇴계연구 30년 신귀현 지음, 328쪽, 12,000원
조선유학의 개념들 한국사상사연구회 지음, 648쪽, 26,000원
성리학자 기대승, 프로이트를 만나다 김용신 지음, 188쪽, 7,000원
유교개혁사상과 이병헌 금장태 지음, 336쪽, 17,000원
남명학파와 영남우도의 사림 박병련 외 지음, 464쪽, 23,000원
쉽게 읽는 퇴계의 성학십도 최재목 지음, 152쪽, 7,000원
홍대용의 실학과 18세기 북학사상 김문용 지음, 288쪽, 12,000원
남명 조식의 학문과 선비정신 김충열 지음, 512쪽, 26,000원
명재 윤증의 학문연원과 가학 충남대학교 유학연구소 편, 320쪽, 17,000원
조선유학의 주역사상 금장태 지음, 320쪽, 16,000원
율곡학과 한국유학 충남대학교 유학연구소 편, 464쪽, 23,000원
한국유학의 악론 금장태 지음, 240쪽, 13,000원
심경부주와 조선유학 홍원식 외 지음, 328쪽, 20,000원
퇴계가 우리에게 이윤희 지음, 368쪽, 18,000원

연구총서

논쟁으로 보는 중국철학 중국철학연구회 지음, 352쪽, 8,000원
논쟁으로 보는 한국철학 한국철학사상연구회 지음, 326쪽, 10,000원
반논어(論語新探) 趙紀彬 지음, 조남호·신정근 옮김, 768쪽, 25,000원
중국철학과 인식의 문제(中國古代哲學問題發展史) 方立天 지음, 이기훈 옮김, 208쪽, 6,000원
중국철학과 인성의 문제(中國古代哲學問題發展史) 方立天 지음, 박경환 옮김, 191쪽, 6,800원
현대의 위기 동양 철학의 모색 중국철학회 지음, 340쪽, 10,000원
역사 속의 중국철학 중국철학회 지음, 448쪽, 15,000원
일곱 주제로 만나는 동서비교철학(中西哲學比較面面觀) 陳衛平 편저, 고재욱·김철운·유성선 옮김, 320쪽, 11,000원
중국철학의 이단자들 중국철학회 지음, 240쪽, 8,200원
공자의 철학(孔孟荀哲學) 蔡仁厚 지음, 천병돈 옮김, 240쪽, 8,500원
맹자의 철학(孔孟荀哲學) 蔡仁厚 지음, 천병돈 옮김, 224쪽, 8,000원
순자의 철학(孔孟荀哲學) 蔡仁厚 지음, 천병돈 옮김, 272쪽, 10,000원
서양문학에 비친 동양의 사상 한림대학교 인문학연구소 엮음, 360쪽, 12,000원
유학은 어떻게 현실과 만났는가 — 선진 유학과 한대 경학 박원재 지음, 218쪽, 7,500원
유교와 현대의 대화 황의동 지음, 236쪽, 7,500원
동아시아의 사상 오이환 지음, 200쪽, 7,000원
역사 속에 살아있는 중국 사상(中國歷史に生きる思想) 시게자와 도시로 지음, 이혜경 옮김, 272쪽, 10,000원
덕치, 인치, 법치 — 노자, 공자, 한비자의 정치 사상 신동준 지음, 488쪽, 20,000원
육경과 공자 인학 남상호 지음, 312쪽, 15,000원
리의 철학(中國哲學範疇精髓叢書—理) 張立文 주편, 안유경 옮김, 524쪽, 25,000원
기의 철학(中國哲學範疇精髓叢書—氣) 張立文 주편, 김교빈 외 옮김, 572쪽, 27,000원
동양 천문사상, 하늘의 역사 김일권 지음, 480쪽, 24,000원
동양 천문사상, 인간의 역사 김일권 지음, 544쪽, 27,000원
공부론 임수무 외 지음, 544쪽, 27,000원
유학사상과 생태학(Confucianism and Ecology) Mary Evelyn Tucker·John Berthrong 엮음, 오정선 옮김, 448쪽, 27,000원

강의총서

김충열교수의 노자강의 김충열 지음, 434쪽, 20,000원
김충열교수의 중용대학강의 김충열 지음, 448쪽, 23,000원

퇴계원전총서

고경중마방古鏡重磨方 — 퇴계 선생의 마음공부 이황 편저, 박상주 역해, 204쪽, 12,000원
활인심방活人心方 — 퇴계 선생의 마음으로 하는 몸공부 이황 편저, 이윤희 역해, 308쪽, 16,000원
이자수어李子粹語 퇴계 이황 지음, 성호 이익·순암 안정복 엮음, 이광호 옮김, 512쪽, 30,000원

인물사상총서

한주 이진상의 생애와 사상 홍원식 지음, 288쪽, 15,000원

일본사상총서

일본 신도사(神道史) 무라오카 츠네츠구 지음, 박규태 옮김, 312쪽, 10,000원
도쿠가와 시대의 철학사상(德川思想小史) 미나모토 료엔 지음, 박규태・이용수 옮김, 260쪽, 8,500원
일본인은 왜 종교가 없다고 말하는가(日本人はなぜ 無宗教のか) 아마 도시마로 지음, 정형 옮김, 208쪽, 6,500원
일본사상이야기 40(日本がわかる思想入門) 나가오 다케시 지음, 박규태 옮김, 312쪽, 9,500원
사상으로 보는 일본문화사(日本文化の歷史) 비토 마사히데 지음, 엄석인 옮김, 252쪽, 10,000원
일본도덕사상사(日本道德思想史) 이에나가 사부로 지음, 세키네 히데유키・윤종갑 옮김, 328쪽, 13,000원
천황의 나라 일본 — 일본의 역사와 천황제(天皇制と民衆) 고토 야스시 지음, 이남희 옮김, 312쪽, 13,000원
주자학과 근세일본사회(近世日本社會と宋學) 와타나베 히로시 지음, 박홍규 옮김, 304쪽, 16,000원

예술철학총서

중국철학과 예술정신 조민환 지음, 464쪽, 17,000원
풍류정신으로 보는 중국문학사 최병규 지음, 400쪽, 15,000원
율려와 동양사상 김병훈 지음, 272쪽, 15,000원
한국 고대 음악사상 한흥섭 지음, 392쪽, 20,000원

동양문화산책

공자와 노자, 그들은 물에서 무엇을 보았는가 사라 알란 지음, 오만종 옮김, 248쪽, 8,000원
주역산책(易學漫步) 朱伯崑 외 지음, 김학권 옮김, 260쪽, 7,800원
동양을 위하여, 동양을 넘어서 홍원식 외 지음, 264쪽, 8,000원
서원, 한국사상의 숨결을 찾아서 안동대학교 안동문화연구소 지음, 344쪽, 10,000원
녹차문화 홍차문화 츠노야마 사가에 지음, 서은미 옮김, 232쪽, 7,000원
류짜이푸의 얼굴 찌푸리게 하는 25가지 인간유형 류짜이푸(劉再復) 지음, 이기면・문성자 옮김, 320쪽, 10,000원
안동 금계마을 — 천년불패의 땅 안동대학교 안동문화연구소 지음, 272쪽, 8,500원
안동 풍수 기행, 와혈의 땅과 인물 이완규 지음, 256쪽, 7,500원
안동 풍수 기행, 돌혈의 땅과 인물 이완규 지음, 328쪽, 9,500원
영양 주실마을 안동대학교 안동문화연구소 지음, 332쪽, 9,800원
예천 금당실・맛질 마을 — 정감록이 꼽은 길지 안동대학교 안동문화연구소 지음, 284쪽, 10,000원
터를 안고 仁을 펴다 — 퇴계가 굽어보는 하계마을 안동대학교 안동문화연구소 지음, 360쪽, 13,000원
안동 가일 마을 — 풍산들가에 의연히 서다 안동대학교 안동문화연구소 지음, 344쪽, 13,000원
중국 속에 일떠서는 한민족 — 한겨레신문 차한필 기자의 중국 동포사회 리포트 차한필 지음, 336쪽, 15,000원
신간도견문록 박진관 글・사진, 504쪽, 20,000원
안동 무실 마을 — 문헌의 향기로 남다 안동대학교 안동문화연구소 지음, 464쪽, 18,000원
선양과 세습 사라 알란 지음, 오만종 옮김, 318쪽, 17,000원
문경 산북의 마을들 — 서중리, 대상리, 대하리, 김룡리 안동대학교 안동문화연구소 지음, 376쪽, 18,000원

민연총서 — 한국사상

자료와 해설, 한국의 철학사상 고려대 민족문화연구원 한국사상연구소 편, 880쪽, 34,000원
여헌 장현광의 학문 세계, 우주와 인간 고려대 민족문화연구원 한국사상연구소 편, 424쪽, 20,000원
퇴옹 성철의 깨달음과 수행 — 성철의 선사상과 불교사적 위치 조성택 편, 432쪽, 23,000원
여헌 장현광의 학문 세계 2, 자연과 인간 고려대 민족문화연구원 한국사상연구소 편, 432쪽, 25,000원
여헌 장현광의 학문 세계 3, 태극론의 전개 고려대 민족문화연구원 한국사상연구소 편, 400쪽, 24,000원
역주와 해설 성학십도 고려대 민족문화연구원 한국사상연구소 편, 328쪽, 20,000원

예문동양사상연구원총서

한국의 사상가 10人 — 원효 예문동양사상연구원/고영섭 편저, 572쪽, 23,000원
한국의 사상가 10人 — 의천 예문동양사상연구원/이병욱 편저, 464쪽, 20,000원
한국의 사상가 10人 — 지눌 예문동양사상연구원/이덕진 편저, 644쪽, 26,000원
한국의 사상가 10人 — 퇴계 이황 예문동양사상연구원/윤사순 편저, 464쪽, 20,000원
한국의 사상가 10人 — 남명 조식 예문동양사상연구원/오이환 편저, 576쪽, 23,000원
한국의 사상가 10人 — 율곡 이이 예문동양사상연구원/황의동 편저, 600쪽, 25,000원
한국의 사상가 10人 — 하곡 정제두 예문동양사상연구원/김교빈 편저, 432쪽, 22,000원
한국의 사상가 10人 — 다산 정약용 예문동양사상연구원/박홍식 편저, 572쪽, 29,000원
한국의 사상가 10人 — 혜강 최한기 예문동양사상연구원/김용헌 편저, 520쪽, 26,000원
한국의 사상가 10人 — 수운 최제우 예문동양사상연구원/오문환 편저, 464쪽, 23,000원